吴增菲先生（左）、王兆霖先生（右）

彦启森教授（左）、赵荣义教授（右）

1953 年　第一届（1952 级）学生与老师的合影
后排左起：荆元福（学生）、王兆霖、吴增菲
前排左起：彦启森、赵荣义（学生）、曹人仲（学生）

1954 年　首批暖通专业学生毕业合影，暖专 41 班荣获全校首批“先进集体”光荣称号

校长蒋南翔（前左站立 6），教务长钱伟长（前左站立 4），团委书记陈舜尧（前左站立 3）及系主任张维（前左站立 7）、吴增菲老师（前右站立 5）、王兆霖老师（前左站立 5）、彦启森老师（前右站立 4）

王兆霖先生和学生们

20 世纪 60 年代　当年的年轻助教合影，背景为没有一根钢筋的三公寓
左起：赵荣义，彦启森，刘锦梁

约 1959 年　国庆游行后教研组部分教职工合影
左起：孙祥泰，汪训昌，赵荣义，吴增菲，张玉峰，兰克强

20 世纪 60 年代初（约 1962 年） 教研组的年青人
一排左起：束际万，齐永系，莫詠芬，陈君燕，钱蓓妮，杨增萼，白葆侠
二排左起：岑焕霞，李元哲，刘先喆，胡泊，刘同生，汪遵华，孙景芳
三排左起：赵荣义，汪训昌，薛殿华，陈肇基，吴增菲，刘锦梁，蔡启林，彦启森，石兆玉

1964 年　土木建筑系供热供燃气通风专业第一届六年制毕业班合影

1983 年　热能工程系空调工程专业毕业班合影

1984 年　热能工程系空调工程专业 1979 级毕业班合影

1984 年　朱颖心用教研室唯一的一台计算机撰写毕业论文

1985 年　江亿在二教二楼进行博士论文答辩

1988 年　侯东明硕士答辩后与两位导师彦启森、江亿合影

1989 年　朱颖心博士论文答辩后合影

左起：赵荣义，彦启森，吴元炜，那景城，朱颖心，倪维斗，赵红平，方崇智（自动化系），李天铎，冯俊凯

1999 年　1994 级本科毕业班合影

1998 年　暖通空调年会（武夷山）清华建环专业校友合影

2001 年　清华校庆之际教研室搬迁到旧土木工程馆，建筑环境与设备研究所教师在旧土木馆门口合影

2000 年　1995 级本科班毕业合影

2005 年　2001 级本科班毕业合影

2006 年　江亿、朱颖心、魏庆芃访问挪威科技大学并拜访校长 Tedrikking

2009 年 8 月 12 日，中国工程院院士、清华大学建筑节能研究中心主任江亿教授和美国工程院院士、美国劳伦斯伯克利国家实验室副主任、环境能源技术部主任 Arun Majumdar 教授在美国签署了合作备忘录

2010 年 8 月　江亿、朱颖心、石文星、魏庆芃、燕达及学生 8 人，访问日本东北大学，并联合举行东北大学 - 清华大学学术周活动

2011 年　我系师生参加在美国奥斯汀举办的 Indoor Air 2011 国际会议

2012 年　江亿院士在澳大利亚举行的 Healthy Building 2012 国际会议上做大会特邀报告

2011 年　朱颖心教授在美国举办的 Indoor Air 2011 国际会议上做大会特邀报告

2011 年　张寅平教授在美国举办的 Indoor Air 2011 国际会议上任大会主持人

2015 年　李先庭教授当选国际制冷学会 E1 委员会主席

2011 年　杨旭东教授入选 ISIAQ Academy Fellow

2016 年　清华建环专业师生参加在比利时根特举行的 Indoor Air 2016 国际会议

2017 年　2013 级本科班毕业合影

心系冷暖

——清华建环专业史记

1952—2022

清华大学建筑学院建筑环境与设备研究所 著

中国建筑工业出版社

图书在版编目（CIP）数据

心系天下冷暖：清华建环专业史记：1952—2022 / 清华大学建筑学院建筑环境与设备研究所著．—北京：中国建筑工业出版社，2023.4

ISBN 978-7-112-28483-2

Ⅰ.①心…　Ⅱ.①清…　Ⅲ.①清华大学－校史－1952—2022　Ⅳ.① G649.281

中国国家版本馆 CIP 数据核字（2023）第 044149 号

本书介绍了清华大学建筑环境与能源应用工程专业自成立以来70年的发展历程，内容涵盖了各个历史时期的专业发展概述、教师队伍、办公场地及实验室、学生培养、教材及课程建设、科研成果、国际交流、主要奖项和设立机构等。本书还汇集了九篇本专业师生的回忆及访谈文章，记录了他们在清华大学建环专业的学习、生活和工作经历。本书附录给出了教师名单、历年入学的本科生和研究生名单、历年本科生教学计划、退休教授简介等内容。

本书面向清华大学建环专业在校师生、校友以及关心建环专业人才培养和发展的教育界、企业界同仁。

责任编辑：齐庆梅
文字编辑：胡欣蕊
责任校对：赵　菲

心系天下冷暖
——清华建环专业史记 1952—2022
清华大学建筑学院建筑环境与设备研究所　著

*

中国建筑工业出版社出版、发行（北京海淀三里河路9号）
各地新华书店、建筑书店经销
北京建筑工业印刷厂制版
北京云浩印刷有限责任公司印刷

*

开本：787毫米×1092毫米　1/16　印张：26　插页：8　字数：602千字
2023年4月第一版　2023年4月第一次印刷
定价：**100.00**元
ISBN 978-7-112-28483-2
（40830）

序

这是一部几代人七十年的奋斗史，更是我国暖通空调（简称为暖通）行业从无到有、从弱到强、从“跟在人家后面学”到“引领此领域在全球发展”这样一部历史。七十年中，我亲身经历了后五十年，听前辈讲述和查阅文献了解了一些前二十年的事，综合起来，我似乎成了最了解清华暖通七十年历史的人，于是也就有了综述一下这七十年历史的责任。

清华暖通是中华人民共和国最早建立的暖通老八校之一。正是在王兆霖、吴增菲、刘同生、彦启森、赵荣义、刘泰等老一代的手中，也是在当时苏联专家的指导帮助下，不仅建立了暖通专业的教学与课程体系，更是系统地创建了这一新的学科。王先生毕业于唐山铁道学院道桥专业，吴先生毕业于加州大学伯克利分校机械系，彦先生毕业于清华大学汽车专业，而赵先生则是清华大学两年建筑学专业之后改行。当时可以获得的专业教材全为俄文，但王、吴二位先生居然在半年内突击学会俄文而且完成了一批专业教材的翻译和编著，制定出了全套的暖通空调专业课程。与此同时，这些先生们也参与了我国的一些工程建设，包括第一个北京市的锅炉供暖工程和机械工厂的通风工程，1959年建成的北京人民大会堂的空调工程中，顶棚散流器送风、座椅下排风的气流组织方式，到现在还显示着优越的性能。

当时正是这一批 20 到 30 多岁的年轻人敢学敢做，发扬为了国家建设需要拼上去的精神，在几年内建立了学科和工程的基本框架，满足了国家建设的需要，完成了我国第一个五年计划开始的全面工业布局中对暖通专业的各种需求。这种为国献身的开创精神是我们这一代该好好继承的。

1959 年“大跃进”以后，到“文化大革命”前的 1965 年，先后经过三年自然灾害的困难时期和三年恢复期，暖通专业师生们克服重重困难，为了国家建设的需要，还是做出了若干件大事，其中包括：

——配合我国第一台原子能反应堆的建设，完成了其所要求的通风、净化、消除空气核污染的系列工程，一批老师和学生面对全新的核工业问题，迎难而上；

——研发出诱导器这种新型空调末端装置，实现末端温湿度环境分区可调控，满足了当时正在开发建设的第一代电子生产厂房空调需求，这是在空调末端技术上零的突破；

——实现了我国第一个 ±0.1K 恒温环境的营造，满足了当时精密机械生产与军工产业建设的急需；

——设计制造了第一台吸收式冷水机组，解决了当时缺少大容量空调制冷机组的困难，满足了三线建设的需要……

还有很多突出的成果这里就不再一一列举，可以看出当年的精神就是只要国家需要，不管有多大困难，我们都能克服，不管有没有基础条件，我们总能设法完成。正是这种精神，暖通空调这个面向各个行业、专注于营造所需求的室内热湿环境的服务型专业，满足了各领域对环境营造的需求，没有给国家的经济建设拖后腿。

1966—1976 年“文化大革命”十年，上课、科研和招生处于停滞状态，到 1969 年部分教师进入江西鲤鱼洲五七干校，部分老师染病，教学、科研和教师队伍受到严重影响。然而，即使在这样的困难条件下，为了国家的建设，为了行业的发展，各位老师还是克服困难、竭尽所能，站到行业发展的第一线。

工业生产环境控制需要诱导器，教研组建立了诱导器车间，与当时的师傅共同开始批量生产诱导器，满足了社会急需。

当时国内最早的恒温恒湿空调机组调控不过关，是我们的老师提出在膨胀阀感温包里充灌另一种工质的建议，实现了机组的正常运行。

当时为工农兵学员编写的专业教材中，已经写入利用深井回灌技术、冬储夏用，工人开始在纺织厂环境控制中尝试，这些都为后来国内大规模的水源热泵系统应用奠定了基础。

为了满足半导体技术的发展，在洁净厂房空调技术、过滤器技术等发展过程中，也留有很多老师们的汗水与创新成果。

1970 年开始招收工农兵学员，学员就在老师的指导下完成了当时北京新建的最高档涉外宾馆北京饭店贵宾楼的空调运行调节，由此开始了持续 50 余年的大型公共建筑空调运行调节与故障诊断现场实习。

1976 年教研组接到毛泽东主席遗体维持低温的任务。当时正在以半导体制冷为课题进行毕业设计的老师和同学连夜赶到唐山，从地震废墟中扒出陶瓷片，手工制成半导体制冷器件，并在北京现场日夜监控制冷装置的运行状况，圆满地完成了毛泽东主席遗体维持低温的任务。

1978 年，改革开放的春风调动了全体老师的热情，暖通空调专业开始了新一轮的飞速发展。国门打开，发现十年间世界上暖通空调领域有了大发展，怎样迎头赶上，成为当时的头等大事。

之后迎来了计算机技术大发展，当时这一发展突出反映在暖通空调领域，有模拟计算这一新的研究分析方法和数字化控制这一新的运行控制方法。面对这一形势，最初的几届研究生在老师的指导下从不同角度投入了这个方向的研究。北京清华人工环境工程公司赖以起家的计算机控制技术就是在那个时候开始发展起来的。现在已广泛应用的建筑热模拟软件 DeST 的最初模型也是在那个时候提出的。几代研究生持续研究的空调器模拟、多联机性能模拟，也开辟了空调器模拟和小型空调制冷设备这一多年持续的研究方向。

在 20 世纪 80—90 年代，暖通专业的主要任务还是为国家经济建设服务，满足工业生产和科学研究中对热湿环境的需求，满足人民衣食住行的基本需要，所以大量的工作围绕此目标展开，包括工业生产过程恒温恒湿与洁净环境的营造、农业生产温室和储藏环境的营造、地铁地下热环境营造以及城市热网系统的规划、设计、调节和运行控制。这些生产第一线的工程任务培育了一支能解决实际工程问题的教师和学生队伍，培育了

“北京清华人工环境工程公司”以及后来的清华同方，使研究成果更通畅地转换为生产力，也使暖通空调专业的发展牢牢地生长在中国大地上，与工农业生产、百姓和国家的需求息息相关，同时也极大地扩充了暖通空调的专业领域，为日后地进一步全面发展奠定了基础。

还必须提到的是当时的太阳能热利用研究和人体热舒适研究。太阳能集热器、太阳能被动房都是从 1978 年起就开始的重要研究工作。历时四十年，系列地完成了各种设计标准、设计导则、测试方法，持续推动了我国的太阳能热利用事业。2018 年李元哲教授获国家太阳能光热产业技术创新战略联盟颁发的“太阳能热利用科学技术杰出贡献奖”就是太阳能界对这一工作的认可。而人体热舒适作为本领域重要的基础性工作，由赵荣义教授开始于 1986 年，也是经过持续近 40 年的深耕，使我们走在世界上热舒适研究的前列。

20 世纪 80 年代逐渐开始的国际合作，是我们从学习、引进，到走出去、请进来，再到走在国际学术界前列的发展过程。还是在 20 世纪 80 年代初，赵荣义老师去瑞典，建立了和北欧暖通界的联系，之后本人去英国深造、朱颖心去日本深造，再到后来陆续有去美国、欧洲读博士的研究生，国人逐渐进入了 IEA 及其支持和管理的一批国际合作组织，建立了与英国 BRE、日本名古屋大学和东京大学、比利时列日大学、丹麦 DTU、瑞士的 ETH、美国的 MIT 和劳伦斯伯克利国家实验室 LBNL 等长期深入地往来交流与合作，通过大量的交往和实实在在的合作研究，我们进入了国际一流学术界，学到了很多做学问的方法、规范，也开始在共同的科学与工程问题上提出自己的看法，做出贡献。回忆三十多年的国际合作点点滴滴，真要感谢那些真心实意帮助我们的国外专家朋友们。尤其是 Fanger 教授、中原信生教授、陈义雄先生、Jean Lebrun 教授、Mark Leven 先生，这些国外专家朋友把我们带入了国际学术界，实现了从 0 到 1 的启程，使我们逐渐融入了室内环境领域全球一流的学术界。

进入 21 世纪，中国在发展，世界也有了新的变化。暖通空调领域面临着新问题、新挑战。中国进入高速城镇化发展期，室内环境的重点也从主要为生产和科研提供适宜的室内热湿环境转为营造舒适健康的人居空间。室内空气质量一下成为突出的问题，健康也成为环境营造中重点考虑的因素。我们涉及的领域又一下子从单纯的室内环境营造扩展到绿色建筑、园区环境以及城镇能源供给系统的综合研究、规划、设计和运行。杨旭东教授 2005 年从美国归来，带领课题组一头扎在农村建筑环境和能源系统研究中，使暖通所涉及的领域扩充到全社会的能源和环境问题。可持续发展、节约能源、低碳发展逐渐成为 21 世纪发展的重大课题，而这些又与我们从事的室内环境、绿色建筑、城乡能源供给系统密切相关。通过深入开展相关的基础研究、工程技术研究和政策机制研究，不知不觉中我们发现这个学科已经从以前当配角、为各行业提供服务的角色突然变为实现可持续发展、为人民营造美好生活、通过能源革命实现低碳转型这些当代社会发展的重大战略中的主角。也正是由于这些社会责任，使我们不由自主地进入了国情研究，研究全球的低碳发展态势，探讨中国能源革命和低碳发展的路径，为各级政府提供室内环境和低碳发展的政策咨询。我国在国际学术领域也不知不觉慢慢成了主导角色。本领域世界上的主要学术期刊都有我们的教师担任主编、副主编或编委，每次本领域各个主要的国际学术会议我们的教师做主旨报告的比例高于任何其他学校或研究机构，ISIAQ[①] 主席和 ISIAQ 科学院主席以及国际制冷学会 E1 委员会主席也陆续由我们的教师担任，清华暖通慢慢地真正进入了国际一流。这固然与全体师生的不懈努力、创造性工作有关，但也是 20 世纪 90 年代创建起来的良好基础的历史传承，更得益于中国社会经济发展的大好形势，以及党和国家确定的以人民为中心的发展思想和生态文明发展的基本理念。

回顾七十年走过的路，感谢几代人开创出的这一伟大事业。继承、发扬老一辈优良传统，为国、为民、求实、做真，这是我们可以从几代前辈中总结出来的真谛。我们现在承担着这些重大的社会责任、人民的殷切期望，关乎人类发展的历史使命，怎样为人民营造健康舒适的空间环境，怎样通过能源转型真正实现低碳发展，怎样提供特殊的室内空间满足各种高科技发展的需求，这些都是需要我们探索和回答的问题。前面的路还很长，希望七十年的历史成为动力，而不是包袱，激励我们冲破各种困难，继续阔步向前。

江亿

2022 年 12 月 15 日于清华园

① ISIAQ　国际室内空气质量与气候学会。

目　录

第一篇　专业初创 砥砺前行（1952—1977 年）

一、专业概述

中华人民共和国成立后，党和政府开始了建设现代化工业强国的探索。与此相适应，包括高等教育在内的全国各行业、领域都进行了调整。其中，全国院系调整是高等教育改革中非常重要的一个步骤。在这次调整中，清华大学由一所综合性大学变为多科性工业大学，开始了新中国社会主义高等教育的积极探索，为新中国工业化建设培养了一大批合格建设者，被誉为“红色工程师的摇篮”。

清华大学建筑环境与能源应用工程专业前身为“暖气通风”专修科，成立于院系调整时期。为满足我国第一个五年计划对技术人才的迫切需要，清华大学在 1952 年院系调整后设立了 15 个两年制专修科，并动员部分 1952 年入学的优秀学生入专修科学习，这一批学生也是清华建校史上“空前绝后”的一批专科学生，承担了中华人民共和国建设的重要任务。“暖气通风”专修科为这 15 个专修科之一，设立于动力机械系，即现清华大学能源动力系前身。学校从当年入学的土建类新生中动员报名，组成了 29 人的“暖气通风”专修班。暖通专修科的设立体现了当时国家对暖通人才的急需，这批专修班学生也是我国首批暖气通风专业学生之一。

专修科学生入学第一年在动力机械系进行了基础课的学习，由夏震寰讲授“流体力学”，由王补宣讲授“工程热力学和传热学”，第二年在土木工程系进行了专业课的学习。1953 年，由北京建筑专科学校转来 9 名学生并入该专修班。他们经过两年的紧张学习，于 1954 年毕业，成为我校首批“暖通”专业毕业生，班级荣获全校首批“先进集体”，见图 1.1-1。这批毕业生与同济大学 1954 年暖通专业二年专科毕业生一同组成了我国首批暖通专业毕业生。

图 1.1-1　1954 年首批暖通专业毕业学生与老师合影
（含蒋南翔校长、钱伟长教务长、陈舜瑶副教务长、张维系主任、王兆霖老师、吴增菲老师、彦启森老师；暖专 41 班在毕业时获得 1954 年学校“先进集体”光荣称号）

1953 年 2 月，按照校长顾问苏联专家、莫斯科建筑学院的萨多维奇教授的意见，暖通专业由动力机械系调整至土木工程系，萨多维奇同时建议成立暖气通风教研组及五年制暖气通风专业，并参照苏联普通高等学校供热供燃气与通风专业教学计划进行培养。1953 年 6 月，清华大学正式增设暖气通风专业，学制为五年制，见图 1.1-2，1953 年 7 月，高教部决定清华大学停招专修科。

清华大学关于增设
电子管、拖拉机、暖气三个专业，
停办测量专业的议决事项※
——清华大学第十六次校务行政会议与招生
委员会第一次会议联席会议记录
（1953 年 6 月 19 日）

时间：六月十九日下午二时半
地点：工字厅会议室
出席：蒋南翔 刘仙洲 钱伟长 陈士骅 陈舜瑶 何 礼
何东昌 史国衡 俞时模 解沛基 周寿昌 李 欧
张 维 张 仁 孟昭英 庄前鼎 章名涛 吴良镛
邹致圻 张子高 赵访熊 徐亦庄
主席：蒋南翔
纪录：周寿昌

甲：报告事项：

主席报告：中央文委及高教部已批准清华本科先改为五年制，并自今年起不招专修科学生，以便集中精力搞好五年制本科，培养出质量较高的工程师。今年招生，中央高教部已原则上同意统一招考以学校为单位录取，以便使新生程度较为整齐。

乙：讨论事项：

一、讨论一九五三年度招生计划

议决：增设电子管制造、拖拉机、暖气通风三个专业，测量专业停办，共招新生一千五百人。

……

清华大学档案，目录号 校办 1，案卷号 53003

图 1.1-2 1953 年清华大学正式增设暖气通风本科专业

1953 年夏，王兆霖、吴增菲、车世光、刘同生、彦启森等 7 位老师于土木工程系成立暖通空调教研组，王兆霖任教研组主任，由教研组承担专业课教学、辅导工作。在王兆霖的建议下，清华大学将本专业名称定为“供热、供燃气与通风专业”。同年夏，招入第一批五年制学生，两班共 60 人，由此正式开始清华暖通专业五年制学生的招生和教学工作。1953—1954 年间，教研组王兆霖与吴增菲先后翻译苏联专家马克西莫夫所著的《供暖与通风》。王兆霖翻译采暖部分为《暖房工程》册，负责暖气相关教学，吴增菲翻译通风部分为《通风工程》册，负责通风相关教学。

1954 年，清华首批暖通专修科学生（暖专 41 班）毕业，其中学生赵荣义、刘泰留校任教。吴增菲由高教部抽调至哈尔滨工业大学暖通专业进修，向苏联专家学习。

1955 年，王兆霖赴哈尔滨工业大学随苏联专家阿・约宁学习，并完成《城市燃气供应》教材的翻译。

1955 年，为扩大学校师资队伍，自全国各地调配，新增孙景芳、孙祥泰、赵桂英、刘锦梁、王民生、周启华 6 位老师进入暖通教研组。其中，孙景芳、孙祥泰进入暖气通风实验室任助理实验员，此后长期负责实验室相关工作。部分年轻助教的合影见图 1.1-3。

1957 年，教研组增加蔡启林、吴爱真两位老师（上海同济大学暖通专业本科毕业被分配到清华大学工作）。同年，教研组新增课程“燃气供应”，并搭建有煤气实验室，赵荣义赴西安冶金学院（现西安建筑科技大学）跟随苏联著名暖通专家马克西莫夫学习。

1958 年，清华首批五年制暖气通风本科学生毕业，其中李元哲作为清华大学暖通专业第一个本科毕业生留校。在 1958 年“真刀真枪的设计和高质量的产品”集内，暖通专业师生的“纸风道”研究产品被收录其中，由于钢板紧缺，通风设备的制造受到严重影响，本专业师生克服了制造技术和资料上的困难，大胆进行试验，跑遍了许多工厂和造纸合作社，向工人请教，经过数百次试验最终试制成功“纸风道”，这个举动是为国家节省钢材和木材的大胆尝试，体现了本专业师生的家国情怀。

1958 年，土木工程系新生学制改为六年，此后共招收 7 届六年制本科生。

1959 年，国家开始迎接国庆十周年的“十大建筑”建设，为了配合这些项目的设计和安装调试，教研组投入很多教师和毕业生参加设计工作。1959 年毕业的学生中也有多位留校，以保证工程设计工作。1959 年留校任教的毕业生为：赵庆珠、岑幻霞、陈君燕、齐永系、张瑞武、陈肇基、时友人，1960 年留校任教的毕业生为：钱蓓妮、肖曰嵘、汪训昌。1959 年国庆游行后暖通教研组部分教职工合影见图 1.1-4。

图 1.1-3　年轻助教合影
（右起刘锦梁、彦启森、赵荣义）

图 1.1-4　1959 年国庆游行后暖通教研组部分教职工合影
（右起兰克强、张玉峰、吴增菲、赵荣义、汪训昌、孙祥泰）

1959 年 5 月，苏联著名暖通专家马克西莫夫教授赴清华讲学，见图 1.1-5。

1959 年，吴增菲招收刘先喆、丁慧英两名通风与空气调节专业硕士研究生，为我系首批研究生，两人都是清华暖气通风专业本科毕业生，于 1963 年研究生毕业。此后 1960—1961 年，吴增菲、王兆霖共招收胡泊、汪训昌、白葆侠、杨增鄂、严惠琍、曾传钧 6 名研究生，主要进行恒温恒湿工程、气流组织方面的研究。

图 1.1-5　苏联专家马克西莫夫教授来校短期讲学留影

1960 年，清华大学建筑系与土木工程系合并成立为土木建筑系（简称土建系），暖通专业此后直至 20 世纪 70 年代末均隶属于土建系（1970 年后改称建筑工程系，简称建工系）。初入土建系时，暖通专业与给水排水专业合并为土建系的建筑学、工业与民用建筑、给水排水与暖气通风、建筑材料与制品四个专业之一。1961 年，暖通专业从给水排水与暖气通风专业中独立出来，成为土建系五个专业之一。

图 1.1-6 为春假学生集体春游合影，图 1.1-7 为 1962 年暖通教研组与研究生合影，图 1.1-8 为 1962 年暖通教研组合影。

图 1.1-6　春假学生集体春游合影

图 1.1-7　1962 年暖通教研组与研究生合影
（第一排由右向左：白葆侠、杨增鄂、钱蓓妮、陈君燕、莫詠芬、齐永系、束际万
第二排由右向左：孙景芳、汪遵华、刘同生、胡泊、刘先喆、李元哲、岑幻霞
第三排由右向左：石兆玉、彦启森、蔡启林、刘锦梁、吴增菲、陈肇基、薛殿华、汪训昌、赵荣义）

图 1.1-8　1962 年暖通教研组合影

1964 年，清华大学暖通专业已有了若干届的毕业生，所以教研组决定对已经毕业的学生进行调研，调查他们工作中的实际表现及业务水平等。用人单位普遍反映较好，认为清华学生业务水平较高，但学生们普遍反映在学校学习的“燃气”内容几乎无应用。暖通教研组对该问题作了专门研究，发现真正分配到燃气相关部门的学生很少，因此教研组决定，把“燃气”方面的课程取消。从那时候开始，专业名称改为“供热与通风”，这一专业名称一直沿用至 1978 年，见表 1.1-1。

1952—1978 年专业名称及隶属院系沿革 **表 1.1-1**

时期（年）	专业名称	隶属院系
1952—1953	暖气通风专修科	动力机械系
1953—1960	供热、供燃气与通风专业	土木工程系
1960—1961	给水排水与暖气通风专业	土木建筑系
1961—1964	供热、供燃气与通风专业	土木建筑系
1964—1970	供热与通风专业	土木建筑系
1970—1978	供热与通风专业	建筑工程系

1966—1969 年，由于“文化大革命”的原因，清华没有招生。1969 年 5 月—1970 年 7 月土建系教工部分去南昌鲤鱼洲农场劳动，部分在北京木城涧轴承厂劳动。1971 年底，部分老教师回校，进行“开门办学”，即给工农兵办学。教师们认真教学，努力向学生传授知识。1976 年“文化大革命”结束，教师们从工厂撤回学校教书。

图 1.1-9 为 1958 年进校的六年制学生毕业照，图 1.1-10 为王兆霖与学生合影，图 1.1-11 为教研组部分老师合影。

图 1.1-9　1958 年进校的六年制学生毕业照

图 1.1-10　王兆霖与学生合影

图 1.1-11　教研组部分老师合影

二、教师队伍

教研组在 1952—1977 年间不断壮大发展，多位优秀同学留校任教，也从全国各地调入了一些老师，人员最多时，教研组曾有多达 33 位老师。

- 1953 年：王兆霖（唐山交通大学，即现西南交通大学，铁道工程专业毕业，从北京建筑专科学校调入，任教研组主任，职称：教授）、刘同生（从北京建筑专科学校调入）、吴增菲（美国加州大学伯克利分校机械系硕士毕业，从清华大学动力机械系调入）、车世光（从建筑系调入，1954 年转入建筑物理教研组）、彦启森（从动力机械系汽车专业本科毕业留校任教）组建暖通教研组；
- 1954 年：刘泰、赵荣义留校任教（暖专 41 班毕业）；
- 1955 年：自全国各地调配孙景芳、孙祥泰、赵桂英、刘锦梁、王民生、周启华、王荣光、汪遵华进入教研组，其中，孙景芳、孙祥泰、赵桂英主要参与实验室工作；
- 1956 年，陈在康借调进入教研组（1958 年调离）；
- 1957 年，蔡启林、吴爱真自同济大学卫生工程系供热、供煤气及通风专业本科毕业进入教研组工作，陈心良自上海毕业进入教研组工作，1964 年调至核能技术设计研究院（简称核研院，也称 200 号）工作；
- 1958 年，李元哲本科毕业留校任教（1953 年入学的第一批本科生）；
- 1959 年，张瑞武从自动化系本科毕业留校至暖通教研组工作，赵庆珠、陈肇基、陈君燕、齐永系、岑幻霞、时友人（1954 年入学）留校任教，刘泰调至土建系任行政秘书；
- 1960 年，钱蓓妮、肖曰嵘、汪训昌本科毕业留校任教，薛殿华自列宁格勒建筑工程学院通风及空气调节专业本科毕业回国工作；
- 1962 年，石兆玉、束际万本科毕业留校任教；

- 1964 年，陈雨田本科毕业留校任教；
- 1965 年，屠峥嵘本科毕业留校任教；
- 1966 年，莫詠芬、许为全、阎雅丽自清华设计院调入教研组，张罡柱、任尽林本科毕业留校任教；
- 1970 年，葛仲、窦春鹏本科毕业留校任教；
- 1971 年，陈兆祥、倪进昌、金伯良本科毕业留校任教；
- 1974 年，第一批工农兵学员邓文华、张文成毕业留校任教；
- 1976 年，第二批工农兵学员张健毕业留校任教；
- 1977 年，第三批工农兵学员吴兴宗、陆致成毕业留校任教。

暖通教研组人数变化见表 1.2-1。

暖通教研组人数变化 **表 1.2-1**

时间（年）	1954	1965	1977
人数（人）	7	23	33

（1）历年教研组及实验室主任、党支部情况如表 1.2-2～表 1.2-4 所示。

暖通教研组主任 **表 1.2-2**

时间（年）	主任	副主任
1953—1958	王兆霖	刘泰
1958—1966	王兆霖	吴增菲

注：1966 年后，教研组与清华设计院合并开展工作。

实验室主任 **表 1.2-3**

时间（年）	主任	副主任
1954—1961	吴增菲	赵荣义
1961—1982	赵荣义	吴爱真

教研组党支部 **表 1.2-4**

时间（年）	支部书记
1954—1959	刘泰
1959—1961	时友人
1961—1968	陈肇基
1968—1976	许为全
1976—1978	石兆玉

（2）该时期主要专业课程的授课教师如表 1.2-5 所示。

主要专业课程授课教师　　表 1.2-5

主要专业课程	学时	主要授课老师
供暖通风与空气调节（其中供暖为室内采暖）	7 + 6 + 4 + 3	王兆霖、刘同生（供暖）
		吴增菲、刘锦梁、赵荣义（通风与空气调节）
供燃气（1964 年停开）	12 + 2	王兆霖、王民生
供热（教学内容为热力管网）	5 + 4	王兆霖；李元哲、蔡启林、石兆玉（1966 年后）
水泵、扇风机、制冷机	4 + 2	外专业教师（水泵，扇风机）
		汪遵华、陈在康、彦启森（制冷机）
施工组织规划	2 + 4	彦启森

三、办公场地及实验室

（一）办公场地

1953 年，随着暖气通风专业的建立，暖气通风实验室也开始建立，并于 1954 年完成。实验室与暖通专业办公室均位于清华大学旧土木工程馆。截至 1964 年统计时，暖气通风实验室已颇具规模，占地 748m^2，有仪器设备总价值 15.8 万元，共含实验员 4 人。

1964 年，由于实验需求的增加，暖通教研组搬出土木馆，在“土建基地”办公及实验，建筑面积约 1000m^2。

（二）实验室

主要的实验室或实验台如表 1.3-1 所示。这些实验室或实验台主要是为专业课教学需求而建设，体现了本专业重视“实践教学”的特点。

主要实验室或实验台简介　　表 1.3-1

序号	名称	简介
1	“供暖通风与空气调节”教学实验台	1955 年由吴增菲主持、多名教师参与设计及建设，包括暖气系统玻璃模型、管道阻力、除尘器、加热器、淋水室和恒温间等实验装置，1964 年旧土木馆实验室迁移到土建基地，重新设计建造上述实验台，多人参与建设
2	“供燃气”教学实验台	1955 年，由王兆霖指导，钱蓓妮、孙景芳共同建设燃气实验室，1964 年后教学计划中取消了燃气内容，因此实验室搬迁至土建基地后未重建
3	“供热”教学实验台	为水力模型实验台，由蔡启林、石兆玉、李元哲为主建立
4	“水泵、扇风机、制冷机”教学实验台	由彦启森在土建基地设计建立制冷机实验台，兰克强负责管理

注：另外阎雅丽负责温度、湿度、风速测量的教学工作。

四、学生培养

暖通空调专业成立于国家经济建设恢复时期，成立伊始，全国建筑行业大兴盛，专业的主要培养目标是为国家快速输送暖通方面的工程师。专业成立初期，教学计划主要参考苏联的模式建立，特点是学制长、学时多、专业课学时多、教学内容翔实、实践性教学环节多。当时苏联是世界工业强国之一，在某些领域是领先的，在当时的环境中它是我们与国际接轨的主要通道。因此学校的外语课全部改为俄语，并要求能阅读本专业俄语书籍，考试为口试（5 分制），每人一种题，很少重样。暖通教研组主张工程专业崇尚务实、重实践，抓住认识实习和生产实习的环节，使所学理论联系实际，让同学们懂得暖通是创造人们工作、生活的舒适环境，也能创造科研、生产必要的气候条件的专业。每逢暑假到国内重要建设项目实习：从认识实习、土建工长实习、专业工人实习、专业工长实习一直到毕业设计实习。专业工人实习时，金工考试从放样、下料到咬口完成一矩形弯头或三通，达到三级工为合格。

作为土木建筑系（简称土建系）的专业之一，“暖通”专业负责城市乡村供热系统、煤气系统的规划设计和施工，以及建筑物内部暖气通风系统的设计和施工，所培养学生不但要掌握各种相关理论和专业知识，还要通过一定的生产劳动培养解决生产实际问题的能力。毕业设计时蒋南翔校长提出要“真刀真枪”，因此毕业设计题目都被确定为即将进行建设的某厂的一个车间或国庆十周年的某一个大型建筑项目的设计，担负实际重点工程的暖气通风设计任务，最终施工方甚至会按同学提供的设计方案施工。甚至有的同学毕业设计答辩之后，就进入他（她）毕业设计题目的单位的专业岗位。多位同学毕业后会进入“土建综合设计院”，因此“真刀真枪”进行毕业设计。与整个土木建筑系的培养目标一样，暖通专业也以培养具有社会主义觉悟的、掌握科学理论的、既是工程师又是土木建筑科学工作者的全新建设干部。

从 1953 年开始，暖气通风专业采用五年制本科培养方案，一学年分为秋季和春季两个学期，以建筑工程师为目标培养学生。具体教学计划由暖通教研组制定，内容可参考附录三。由于将生产与科研引进教学，同时又要保证理论课程的学习，经学校决定，土建系 1955—1957 年间入校的三批本科生学制延长为五年半，1958 年入学的新生学制改为六年，六年制学生共招收 7 届，1965 年起招收的土建系新生本科学制改为 5 年。

1970 年起，土建系改名为建筑工程系（简称建工系），并开始招收三年半制工农兵学员。1971 年，暖气通风专业制定了新的本科课程，按照“人民送我上大学，我上大学为人民”的理念培养学生。由于入学学生都明确毕业后的工作方向，所以都带着明确的培养目的，围绕工程设计、运行管理的需要组织教学活动。1952—1976 年间，清华大学暖气通风专业共招收 20 批本科学生，累计 980 人，其中 1970—1976 年间共招收 6 届（其中 1971 年未招生）工农兵学员共 403 人。历年本科（专修科）培养情况见表 1.4-1。

1959 年，土木工程系开始成批培养研究生，首批土木工程系研究生共 15 名，其中 2 名为“供热、供燃气与通风专业”学生，学制四年。1966 年，停止招收研究生。直至 1978 年研究生招收恢复，学制仍为四年。1959—1964 年间，吴增菲、王兆霖、刘同生老师共招收 8 名研究生。历年研究生培养情况见表 1.4-2。

历年本科（专修科）培养情况　　表 1.4-1

在校时间（年）	班号	招收人数（人）
1952—1954	暖专 41	29
1953—1958	暖 81、暖 82	49
1954—1959	暖 91、暖 92	65
1955—1960	暖 01、暖 02	63
1956—1961	暖 11、暖 12	61
1957—1962	暖 21、暖 22	60
1958—1964	暖 41、暖 42	62
1959—1965	暖 51	37
1960—1966	暖 61	23
1961—1967	暖 71	22
1962—1968	暖 81	26
1963—1969	暖 91	26
1964—1970	暖 01	25
1965—1970	暖 001	29
1970—1974	供 01	61
1972—1976	暖 2	60
1973—1977	暖 31、暖 32	64
1974—1978	暖 41、暖 42	81
1975—1979	暖 51、暖 52	78
1976—1980	暖 61、暖 62	59

历年研究生培养情况　　表 1.4-2

序号	姓名	硕士入学年份（年）	硕士毕业年份（年）	导师
1	刘先喆	1959	1963	吴增菲
2	丁慧英	1959	1963	吴增菲
3	胡泊	1961	1964	王兆霖、刘同生
4	汪训昌	1961	1965	吴增菲
5	白葆侠	1961		吴增菲
6	杨增鄂	1961		吴增菲
7	严惠琍	1961	1965	吴增菲
8	曾传钧	1964	1968	吴增菲

其中胡泊的硕士论文题目为“关于间歇供暖设计的合理附加率的研究”，见图 1.4-1。

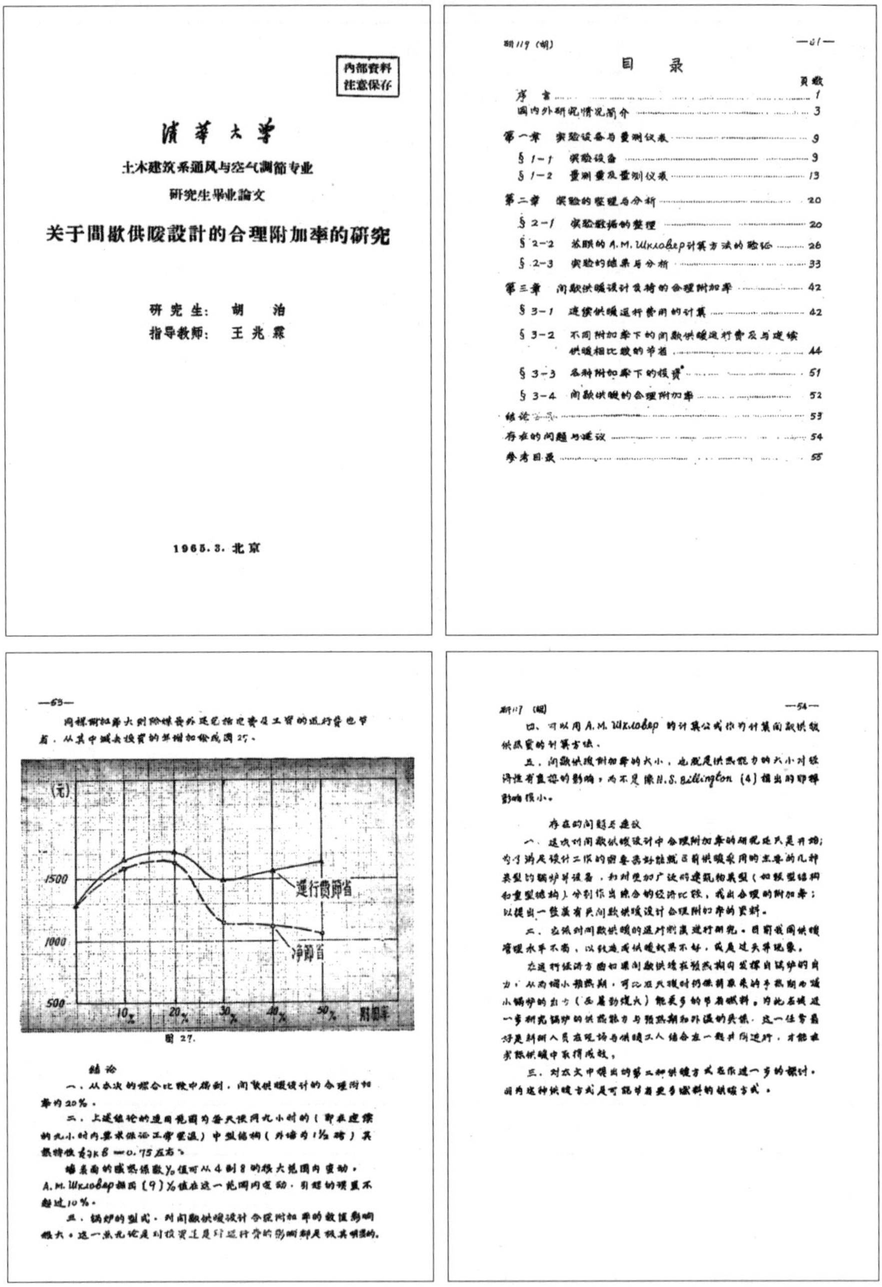

图 1.4-1　胡泊的硕士论文“关于间歇供暖设计的合理附加率的研究”

五、教材建设

王兆霖和吴增菲是清华暖通专业的奠基人。在百废待兴的“一五”之初，王兆霖完成了对苏联马克西莫夫博士的专著《暖房与通风　上册　暖房工程》教材的翻译，并于

1956 年 5 月出版，吴增菲则完成了对该书的下册《通风工程》的翻译，并于 1957 年 11 月出版，解决了专业课无教材的问题。此阶段暖气通风教研组前期主要以苏联供热、供燃气与通风专业相关教材为蓝本，进行教材的译制与编写，后期结合科研积累开展自编教材。主要成果见表 1.5-1 及图 1.5-1。

教材译制与编写主要成果　　表 1.5-1

教材名称	出版年份（年）	编写 / 译
《燃料燃烧与锅炉设备》讲义	1953	王兆霖译
《城市燃气供应》	1955	王兆霖译
《暖房与通风　上册　暖房工程》高等教育出版社	1956	王兆霖译
《供暖与通风　下册　通风工程》高等教育出版社	1956	清华大学供暖通风教研组译（吴增菲等）
《供暖通风专业概论》	1961	王兆霖编制
《通风与空气净化》	1963	清华大学土建系暖气通风专业教研组编（陈君燕）
《供热工程》	1972	清华大学建工系供热通风教研组编
《空气调节》	1973	清华大学建工系供热通风教研组编
《空调用制冷技术》	1976	清华大学建工系供热通风教研组编
《传热学》	1976	清华大学建工系供热通风教研组编
《空气自动调节》	1977	清华大学建工系供热通风教研组编

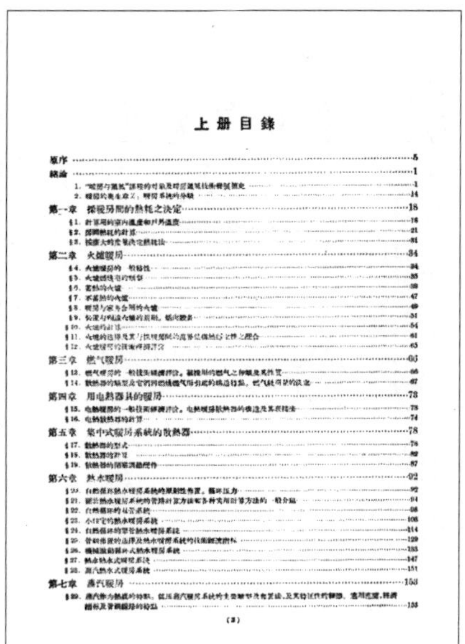
上册目錄

序 ……5
緒論 ……1
第一章　採暖房間的熱耗之決定 ……18
第二章　火爐暖房 ……34
第三章　燃气暖房 ……66
第四章　用电熱器具的暖房 ……73
第五章　集中式暖房系統的散熱器 ……78
第六章　熱水暖房 ……92
第七章　蒸汽暖房 ……153

图 1.5-1 《暖房与通风　上册　暖房工程》

1.《暖房与通风　上册　暖房工程》

1956 年，高等教育出版社出版了王兆霖译作《暖房与通风　上册　暖房工程》。

本书系根据苏联国立建筑书籍出版社出版的技术科学博士马克西莫夫教授和技术科学候补博士奥尔洛夫副教授所著 1954 年第二版的《暖房与通风　上册　暖房工程》一书译出。原著被苏联高等教育部定为“供热供燃气与通风”专业用教科书。

本书主要内容为供暖房间的热耗计算、火炉、热水及蒸汽暖房的构造、原理、布置、计算等，此外还包括了燃气、电热、真空式蒸汽、辐射、热风、农业用等特殊暖房，以及家用锅炉房，暖房系统用的控制与管理仪器设备等。本书不只对于我国高等学校暖气通风专业适用，对于暖房通风工作者（包括设计、施工工程师及技术员）也颇有参考价值。

2.《供暖与通风　下册　通风工程》

1957 年，高等教育出版社出版了《供暖与通风　下册　通风工程》。本书下册由清华大学供暖通风教研组翻译，主要由吴增菲同志负责译校。

本书系根据苏联国立建筑书籍出版社出版的技术科学博士马克西莫夫教授和技术科学候补博士奥尔洛夫副教授所著 1955 年第二版的《供暖与通风　下册　通风工程》一书译出。原著被苏联高等教育部定为“供热供燃气与通风”专业用教科书。

本书下册主要论述了工业与民用房屋中各种通风设备的用途、计算理论、工作原理、组成部件的构造形式和选择方法。其中还提到了气力输送、冷冻设备、自动调节方式、农业牲畜厩房的通风等一些特殊部分。本书不只对于我国高等学校供热供燃气与通风专业学生适用，对于供暖通风工作者（包括设计、施工工程师及技术员）和土建学院其他专业学生也颇有参考价值，见图 1.5-2。

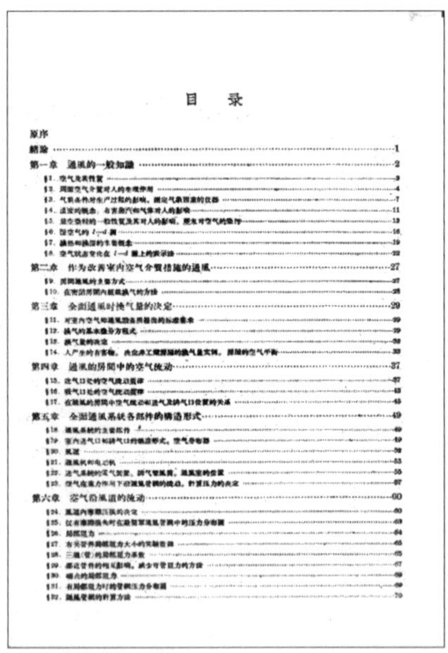

目　录

图 1.5-2 《供暖与通风　下册　通风工程》

3.《供暖通风专业概论》

1961 年，王兆霖主编了清华大学内部教材《供暖通风专业概论》。

本书包括绪论、建筑事业概述、供暖工程、通风工程、区域供热工程共五章，见图 1.5-3。

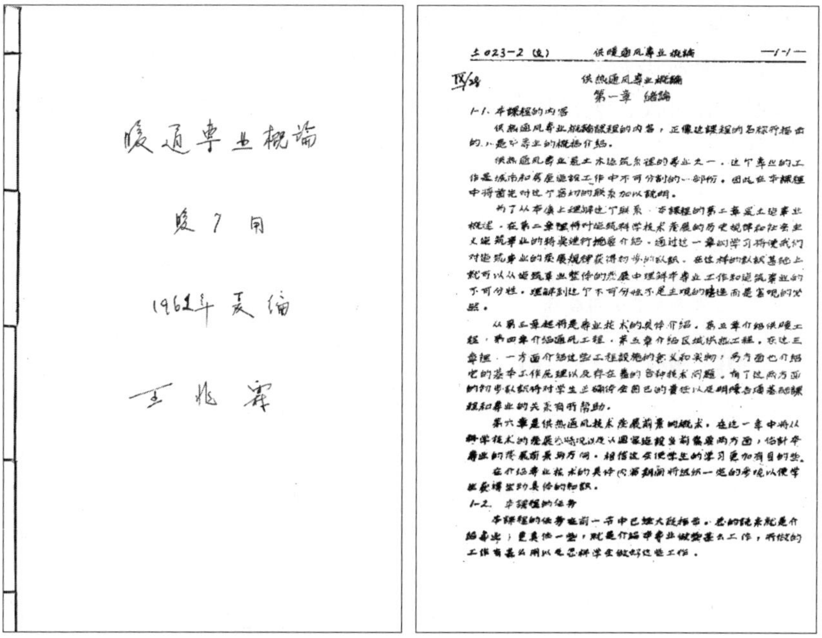

图 1.5-3 《供暖通风专业概论》

4.《通风与空气净化》

1963 年，清华大学土建系暖气通风专业教研组编写了内部教材《通风与空气净化》，主要编写人员为陈君燕，见图 1.5-4。

图 1.5-4 《通风与空气净化》

5.《供热工程》

1972 年，清华大学建工系供热通风专业教研组编写了《供热工程》。

第一部分“供暖”包括建筑围护结构的传热、供暖的设计负荷、供暖放热器、热水供暖、蒸汽供暖、辐射供暖等六章，第二部分“供热网”包括区域供热的任务和特点、热水供热网、凝结水回收、蒸汽供热入口、供热管线的设计知识、对流换热、换热器等七章，见图 1.5-5。

清华大学试用教材

供 热 工 程

第一部分 供暖

清华大学建工系供热通风专业教研组

1972.6.

目 录

· I ·

清华大学试用教材

供 热 工 程

第二部分 供热网

清华大学建工系供热通风专业教研组

1972.11.

目 录

— I —

图 1.5-5 《供热工程》

6.《空气调节》

1973 年，清华大学建工系供热通风专业教研组编写了《空气调节》。

该书包括概论、空气的物理性质、空气调节系统的空气状态变化过程、空气调节系统的全年运行调节、空气调节系统、空气调节房间热湿负荷计算、空气的净化、空气的加热、空气的喷雾处理、空气的表面式冷却过程、空气的加湿与去湿、空气在风道中的流动、空气调节房间内的气流组织、空气调节系统的消声与减振、空气调节系统的测试运行共十五章，见图 1.5-6。

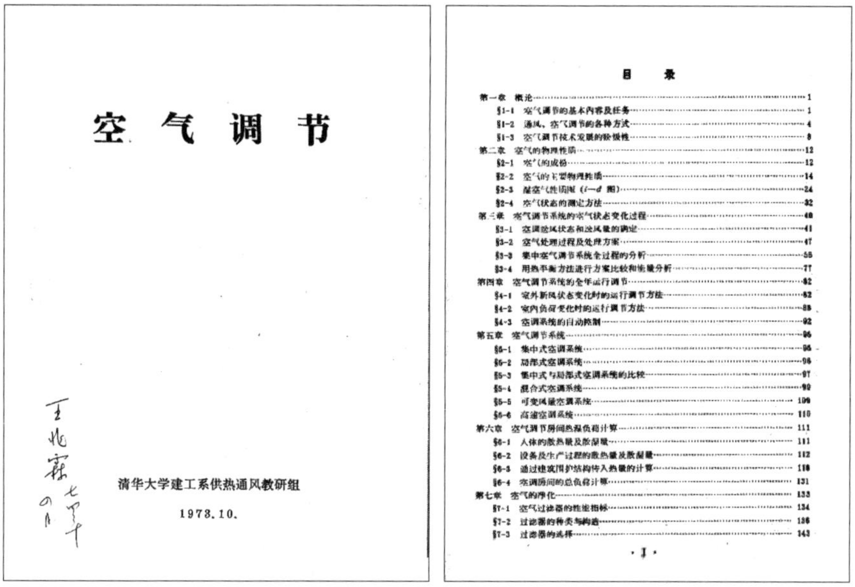
空气调节

清华大学建工系供热通风教研组

1973.10.

目　录

·I·

图 1.5-6 《空气调节》

7.《空调用制冷技术》

1976 年，清华大学建工系供热通风专业教研组编写了《空调用制冷技术》。

该书包括空调冷源概述、工程热力学基本知识、蒸汽压缩式制冷机的热力学原理、制冷剂和冷媒、制冷用压缩机、制冷装置中的热交换设备、制冷系统的设计、制冷系统的试车与运行、空调用机组、溴化锂吸收式制冷和蒸汽喷射式制冷、半导体制冷共十一章，见图 1.5-7。

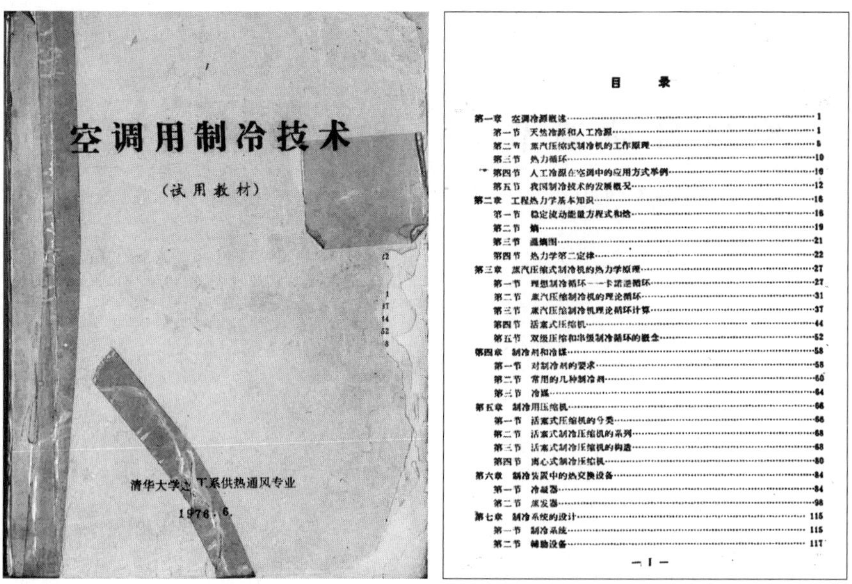
空调用制冷技术

（试用教材）

清华大学建工系供热通风专业

1976.6.

目　录

—I—

图 1.5-7 《空调用制冷技术》

8.《传热学》

1976 年，清华大学建工系供热通风专业教研组编写了《传热学》。该书包括稳态导热及传热、对流换热、换热器、辐射换热、相似理论基础、锅炉炉膛传热计算、不稳定传热共七章，见图 1.5-8。

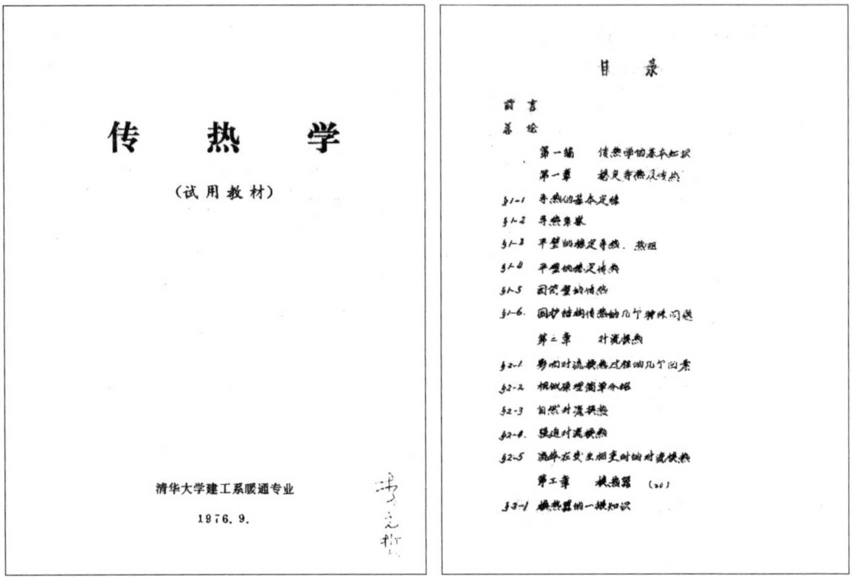

图 1.5-8 《传热学》

9.《空气自动调节》

1977 年，清华大学建工系供热通风专业教研组编写了《空气自动调节》。该书包括自动调节的基本知识、非电量的电量测法、空气的自动调节共三章，见图 1.5-9。

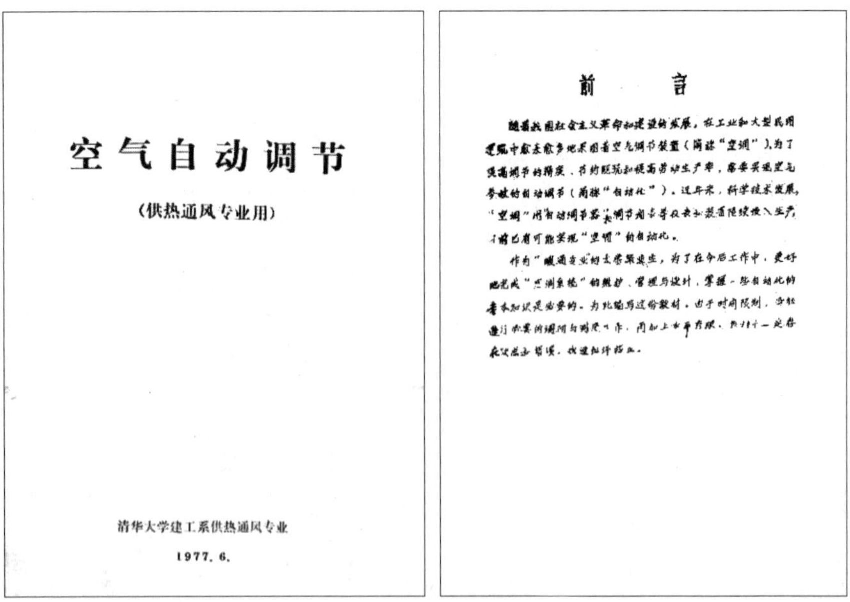

图 1.5-9 《空气自动调节》

六、科研成就

1952—1977 年，我国高等教育经历了初创探索和“文化大革命”两个阶段，教研组的发展也与这个历史背景息息相关。专业刚成立时，教研组主要精力是组织教学，随着教学工作逐步走入正轨，教研组开始针对性地开展一系列科研工作。“文化大革命”前，教研组克服了研究条件差、经费不足等困难，在“±0.1℃恒温实验室”建设、YDL75 新型诱导器研发等方面取得突出成果，并积极投身到国内重点工程建设中。“文化大革命”期间，教研组克服一系列困难，在半导体制冷、新型诱导器研发、恒温恒湿机组研发等方面取得重要进展，并成功将半导体制冷方案应用于毛泽东主席遗体保护。

1952—1977 年期间教研组取得的主要科研成果如下：

（1）1957 年，赵荣义赴西安冶金建筑学院随苏联专家、著名暖通教授马克西莫夫博士学习，进行了两年的学习科研进修，并撰写论文《太阳辐射对建筑物自然通风的影响》，与其他进修老师的论文一同发表于《南方建筑降温论文集》，于 1959 年出版。

（2）1958 年，暖通教研组师生于旧土木工程馆成功建设了“恒温室”。“恒温室”使用多级节点温度计通断控制方式，成功保证环境温度维持在 20±0.1℃，成为我国第一个“±0.1℃恒温实验室”，为国家的精密仪器、精密测量等实际工程提供恒温建筑环境技术支撑。1959 年，吴增菲、孙祥泰于长春光机所对精密光刻实验室环境调试进行了实验研究，基于这一基础，在 1954 届本科生的毕业设计项目“清华 9003 工程”建设中，成功设计精密仪器系馆的 20±0.1℃系统，1960 届本科生毕业设计项目对已建成的精密仪器系馆 20±0.1℃系统进行调试，并提出采用位式比例积分器方法实现系统控制，这一方法编入《空气调节与制冷设计手册》上册。1964 年，暖通教研组师生基于新的研究成果，于“土建基地”再次建设“±0.1℃恒温实验室”，这一恒温室成为后来人体热舒适研究的重要基础。

（3）1958 年，为了 1959 年庆祝中华人民共和国成立十周年，由赵庆珠、蔡启林、薛殿华等师生参与我国“十大建筑”建设中的空调系统设计工作和安装调试。由于很多建筑的建筑功能在当时较为新颖，没有实际建设与设计经验，因此围绕这些建筑进行了大规模的调研与实验工作。进行气流组织方案设计时，在这些建筑中采用的送回风方式主要有上送下回和上送上回，送风口为百叶送风口和散流器。

（4）1960 年，暖通教研组部分成员于清华 200 号参加了原子能反应堆建设，陈君燕、薛殿华、孙祥泰、陈心良、赵庆珠负责厂房特殊通风。其中，堆芯通风工作对于维持负压非常重要，通风管道与中子孔道焊接在一起，课题组成员进行了一系列调查、研究、实验等工作，完成了原子能反应堆通风工作的设计与建设。1964 年反应堆试验成功也体现出了该反应堆堆芯通风系统的成功。1960—1963 年，作为 200 号相关研究的后续，暖通教研组继续进行了放射性气体和放射性废水的处理研究，开设通风与空气净化课，由陈君燕编写了相关教材。

（5）1962 年，清华大学建工系暖 22 班诱导器毕业实践小组在汪训昌带领下研制了工程所需的 YDL75 新型诱导器，确定了合理的结构，提出了三种喷嘴类型、三种大小和两种盘管共 18 种规格，提出了适用于二次盘管湿冷运行和自然对流供热的热工性能经验公式和数据，研制出一套反应灵敏、使用方便、能将室温控制在（15～30）±1℃范围的风调节自动控制装置。YDL75 型诱导器系列及其自动控制装置可以满足一般民用与工艺的多房间建筑的空气调节要求。

（6）1965 年，土木建筑系暖通教研组提出了获得、表征与改造三通阀的主要静态特性分析方法，提出如何根据阀门性能来正确选择三通阀门与设计、调整三通阀门管路系统的方法，提出的实验与分析方法可用于各种流阻调节器，对于双通阀门也可大幅简化。

（7）1965 年，教研组老师共同翻译了十几篇俄文论文，并在中国工业出版社正式出版了论文集《采暖通风文集》，见图 1.6-1。

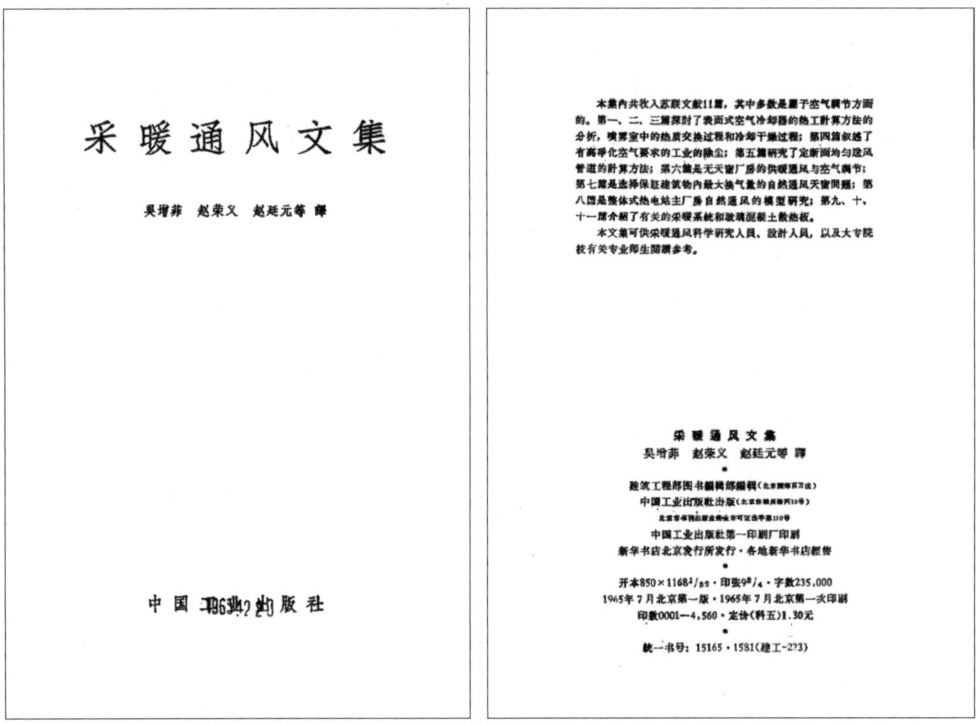
采暖通风文集

吴增菲　赵荣义　赵廷元等 譯

中国工业出版社

本集内共收入苏联文献11篇，其中多数是属于空气調节方面的。第一、二、三篇探討了表面式空气冷却器的热工計算方法的分析，噴雾室中的热质交换过程和冷却干燥过程；第四篇叙述了有高净化空气要求的工业的除尘；第五篇研究了定断面均匀送风管道的計算方法；第六篇是无天窗厂房的供暖通风与空气調节；第七篇是选择保証建筑物内最大换气量的自然通风天窗問題；第八篇是整体式热电站主厂房自然通风的模型研究；第九、十、十一篇介紹了有关的采暖系統和玻璃混凝土散热板。

本文集可供采暖通风科学研究人員、設計人員，以及大专院校有关专业师生閱讀参考。

采暖通风文集

吴增菲　赵荣义　赵廷元等 譯

建筑工程部图书編輯部編輯

中国工业出版社出版

中国工业出版社第一印刷厂印刷

新华书店北京发行所发行·各地新华书店經售

开本850×1168 1/32·印张9 3/4·字数235,000

1965年7月北京第一版·1965年7月北京第一次印刷

印数0001—4,560·定价(科五)1.30元

統一书号：15165·1581(建工-223)

图 1.6-1　论文集《采暖通风文集》

（8）1970 年，在三线建设大形势下，需要在山洞里建设原子能反应堆。山洞内极为潮湿，有较大的除湿需求，而电动制冷机有振动和噪声无法使用。在这一背景下，陈君燕课题组研发了溴化锂吸收式制冷机，制冷量达到每小时 300 万千卡，由北京制冷机厂参与加工生产（这也是北京制冷机厂的第一台产品）。这一制冷机后续在纺织厂进行了使用，工作性能良好。

（9）1970 年，赵荣义、张瑞武、钱蓓妮、齐永系、倪进昌等暖通教研组师生到北京厂桥空调设备厂参加生产劳动和新产品试制工作，与厂方人员合作成立半导体制冷试制小组、空调改进试制小组，共同完成新产品的试制和改进工作，并为新产品进行性能测定。通过厂校挂钩结合，建立了教学、生产、科研三结合的基地。张瑞武、赵荣义等开发研制成功用于吊车司机室内的半导体空调器，该项成果也用于地下指挥中心。

（10）1970—1976 年，吴增菲、汪训昌、孙祥泰、薛连第、任尽林等带领暖通教研组师生进行了诱导器相关研究及生产工作，研制出成套新型诱导器，可通过集中供给的冷风作为动力，诱导室内循环风，并使循环风通过冷却盘管冷却，从而满足一般民用与工艺的多房间建筑的空气调节要求。这是室内末端不需要风机，但实现与风机盘管加新风系统同样功能的空调末端设备。为满足社会需要，在清华建立了诱导器生产车间，满足了北京酒仙桥地区早期电子产业基地的空调需要，产品还曾出口至巴基斯坦。基于这一研究，薛殿华、杨同球制成线算图，编入 1983 年出版《空气调节设计手册》供诱导器选用。

（11）彦启森带领 1970 届学生完成北京饭店贵宾楼空调系统调试，是我国早期极为成功的一次楼宇空调调试工作，成功解决了大型空调机组运行问题。

（12）彦启森帮助北京冷冻机厂完成 LH48 等恒温恒湿机组研发。

（13）1976 年，赵荣义、张瑞武、罗继杰及半导体制冷研究课题组成员受北京市委委托，参与毛泽东主席遗体保护工作。通过严密的论证和反复试验，课题组确定了半导体制冷的最终方案。罗继杰作为组长，负责了在北京人民大会堂毛泽东主席遗体告别活动期间的现场工作。在长达一周的悼念活动中，棺内的温度一直控制在卫生部要求的标准范围内，顺利解决了遗体保护的难题。

（14）1977 年，王兆霖担任了《中国大百科全书》第一版《建筑、园林、城市规划》卷“建筑设备”主编。

七、获奖情况

1954 年校先进集体：暖专 41；

1962 年学习优良奖状和优秀毕业生奖章，见图 1.7-1：暖 21　高甫生；

1964—1965 年度“四好班”和“四好集体”：暖 61。

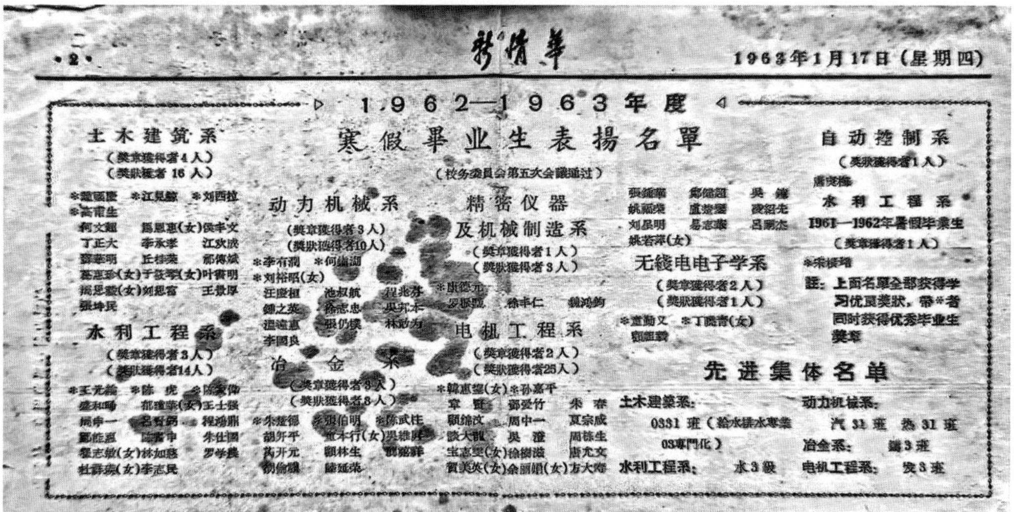
·2·　新清华　1963年1月17日（星期四）

1962—1963年度
寒假畢业生表揚名單
（校务委員会第五次会議通过）

土木建筑系
（奖章獲得者4人）
（奖狀獲者16人）
*高甫生 ……

动力机械系
（奖章獲得者3人）
（奖狀獲得者10人）

精密仪器及机械制造系
（奖章獲得者1人）
（奖狀獲得者3人）

水利工程系
（奖章獲得者3人）
（奖狀獲得者14人）

冶金系
（奖章獲得者3人）
（奖狀獲得者8人）

电机工程系
（奖章獲得者2人）
（奖狀獲得者25人）

无綫电电子学系
（奖章獲得者2人）
（奖狀獲得者1人）

自动控制系
（奖狀獲得者1人）

水利工程系
1961—1962年暑假毕業生
（奖章獲得者1人）

註：上面名單全部获得学习优良奖狀，帶*者同时获得优秀毕业生奖章

先进集体名单
土木建築系：0331 班（給水排水專業03專門化）
动力机械系：汽 31 班　热 31 班
水利工程系：水 3 級
冶金系：鑄 3 班
电机工程系：發 3 班

图 1.7-1　学习优良奖状和优秀毕业生奖章

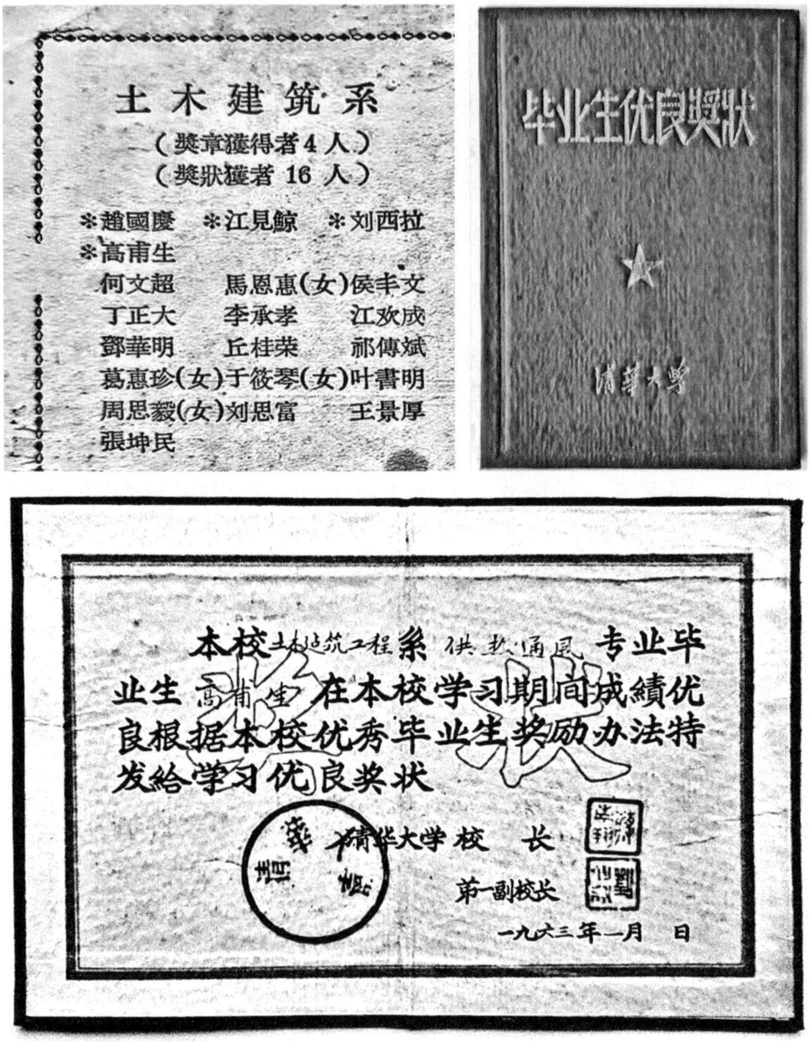

土木建筑系

（奬章獲得者4人）

（奬狀獲者 16 人）

＊趙國慶　＊江見鯨　＊刘西拉

＊高甫生

何文超　馬恩惠(女)侯丰文

丁正大　李承孝　江欢成

鄧華明　丘桂荣　祁傳斌

葛惠珍(女)于筱琴(女)叶書明

周思毅(女)刘思富　王景厚

張坤民

本校土木建筑工程系供热通风专业毕业生高甫生在本校学习期间成績优良根据本校优秀毕业生奖励办法特发給学习优良奖状

清华大学校长

第一副校长

一九六三年一月　日

图 1.7-1　学习优良奖状和优秀毕业生奖章（续）

第二篇　奋起直追 与时俱进（1978—1999 年）

一、专业概述

伴随着改革开放的步伐，清华大学暖通专业（1998 年更名为建筑环境与设备工程专业，简称建环专业）与时俱进、不断成长。本篇主要介绍 1978—1999 年期间本专业在教师队伍建设、办公场地及实验室、学生培养、教学及科研、国际交流等方面的发展与成就。在一次次理念更新、方法探索、成果突破中，清华建环逐步成长为全国高等院校建环专业的引领者。

第二部分介绍“教师队伍”。1978 年恢复招生初期，空调教研组共有教师 33 名，实验室人员 8 名，1999 年共有教师 13 名，实验室人员 5 名。该时期有大量教师退休、调离或进入校办企业工作，同时有许多后来成为本专业中坚力量的教师开始任教，包括江亿（1981 年）、朱颖心（1990 年）、李先庭（1995 年）、张寅平（1997 年）等。

第三部分介绍办公场地及实验室的建设。实验台包括用于科研的和教学的实验台两大类。科研实验台包括 4 个大型固定实验台和一系列小型实验台，其中大型固定实验台包括：散热器热工性能检测台、焓差室热工性能检测台、人工气候室、水冷表冷器及直接蒸发式空气冷却盘管测试实验台。教学实验台主要服务于各门专业课的教学工作。

第四部分介绍“学生培养”具体情况。本科生培养方面，1978 年，“供热与通风”专业在建筑工程系招收了恢复高考后的第一个班。1978—1995 年期间，本科生均按五年学制培养。1996 年起，学制调整为四年制。该时期，本科生招生人数基本为每年一个班（30 人左右）。研究生培养方面，1978 年，“供热与通风”专业开始招收研究生，本专业首批研究生包括江亿、狄洪发、夏靖和张永涛。1979 年招收何鲁敏、赵士怀、程宝义，与此同时，陆致成、倪进昌、陈兆祥成为在职硕士研究生。在本专业成立博士点之前，联合指导博士生包括江亿、朱颖心和李吉生。1991 年，“供热、供燃气、通风及空调工程”专业获批博士点，洪天真为本专业第一批博士生。1992 年，李先庭转博攻读博士学位，同年还招收了博士生王连泽。1978—1999 年期间在热能工程系招收硕士生 118 人，其中获得硕士学位 110 人，招收博士生 36 人，其中获得博士学位 31 人。

第五部分介绍了“教材建设”情况。专业基础课程使用的多为高等教育出版社和中国建筑工业出版社出版的教材，专业课程方面使用了大量空调教研组自编或编写出版的教材，包括彦启森主编的《空气调节用制冷技术》，彦启森、赵庆珠合编的《建筑热过程》，吴增菲、赵荣义、薛殿华参编的《空气调节（第二版）》，赵荣义主编的《空气调节（第三版）》等。这些教材得到了全国高校的广泛肯定，并获得了建设部优秀教材一等奖、建设部全国优秀建筑科技图书二等奖以及国家教委全国优秀教材奖等奖项。

第六部分介绍了“科研成就”。进入 20 世纪 80 年代后，随着对外开放步伐的加快，我国的经济建设呈现出快速发展的势头。本专业教研组该时期的科研工作主要围绕行业急需解决的问题开展相关的基础、应用基础和应用研究，包括服务于建筑负荷计算的建筑热环境动态模拟、服务于地铁通风空调系统设计的地铁热环境模拟、服务于制冷空调设备研发的制冷及空调设备性能研究和仿真、服务于电网削峰填谷的蓄能设备及系统研究等。针对热网设计及调控等重要需求，开展了管网水力工况分析与调节、供热规划、供热设备研发等工作。这一时期尤其突出的是自动控制设备与系统方向的研究，不仅开展了空调系统仿真研究，还开发了以 RH 控制器为代表的硬件和软件系统，应用于空调设备控制、工业和民用建筑空调工程和热网工程的控制管理中，填补了国内空白，为国内本领域后续计算机控制方面的研究和工程应用打下了良好的基础。这方面的研究成果通过以教研组教师陆致成为首的北京清华人工环境工程公司得以全面转化。以这一公司为基础，整合清华大学部分校办企业形成“清华同方”公司，1997 年成功上市，成为我国最早的高校上市企业。此外，随着国际交往的深入，教研组也开辟了一些国际前沿的研究方向，如人体热舒适、过冷水动态制冰等。总体而言，1978 年至 1999 年期间的科研工作是教研组服务于经济建设、积极追赶世界、不断开拓进取的写照。

第七部分介绍“国际学术活动”，包括：彦启森、江亿、朱颖心等与日本学术界及英国 BRE①、赵荣义与丹麦的 P.O. Fanger 教授的长期国际学术交流活动，赵荣义 1991 年发起与组织的供热通风与空气调节国际研讨会（ISHVAC），以及该时期大量的国外学者来访讲学和本专业教师赴国外访问交流活动。参与国际学术活动伊始，本专业教研组老师虚心学习，努力追赶当时暖通行业国际引领者的步伐，并通过与国际权威专家的互访、交流、合作，本专业得以快速成长。1991 年，名古屋大学中原信生教授访问我校，高度认同江亿牵头的热网控制方面的研究，肯定本专业教研组的潜力与创新精神。赵荣义与国际著名室内环境专家、丹麦科技大学 P.O. Fanger 教授进行了大量的学术交流与互访，P.O. Fanger 教授高度赞誉了赵荣义提出的“动态热舒适”理论。即使经费紧张、经验不足，赵荣义教授仍坚持开展大量的国际交流，发起与组织了系列的 ISHVAC 国际会议，得到了大量国际权威专家的鼎力支持。积跬步以至千里，随着国际学术活动的丰富，迈向 21 世纪的过程中清华建环专业也坚定地迈向国际暖通行业引领者的位置。

第八部分详细介绍本专业“获奖情况”，包括科研项目获奖、教学获奖、教师个人获奖以及学生获奖。该时期获得的主要科研项目奖项包括 2 项国家级和 21 项省部级，其中最为标志性的成果是江亿牵头完成的“集中供热网的热力学和动力学特性的在线识别与控制”，获国家科学技术进步二等奖。其他获奖的科研成果包括陆致成等完成的“供热网微机控制系统”，彦启森等完成的“北京第一棉纺织厂计算机管理系统”，赵荣义等完成的“动态热环境的人体热反应及其动态调节”，王兆霖、蔡启林、石兆玉等完成的“研究提高热力网技术”，肖曰嵘等完成的“散热器性能实验台”，薛殿华等完成的“矿用防尘、防振空调机组”，陈君燕等完成的“发酵消毒废汽余热制冷技术研究与应用”，朱颖心等完成的“地下铁道热环境研究”等。

最后一部分介绍了“工程机构”——北京清华人工环境工程公司，简称“清华人

① BRE：Free University of Brussels，布鲁塞尔自由大学。

环”的发展与成就。1989 年，在“科教兴国”“产学研结合”的时代背景下，以教研组老师陆致成、江亿、彦启森为创始人员的“清华人环”公司应运而生，作为重要校办企业为社会服务。公司成立的目标和主要特色是在暖通行业采用计算机做空调和供热的自动控制，承担了杭州磁带厂、伊朗地铁、故宫地下文物库的环境控制等非常重要的工程项目。1997 年，以清华人环公司为基础，同另外四家校内公司一起组建清华同方公司，并成功上市。凭借原清华人环公司占比最大的资产规模，原清华人环公司的领导人员也成为清华同方公司领导层的中坚力量。

二、教师队伍

1978 年恢复招生初期，空调教研组共有教师 33 名，实验室人员 8 名。1978 年，本专业教师名单：王兆霖、吴增菲、刘同生、彦启森、赵荣义、汪遵华、蔡启林、吴爱真、李元哲、张瑞武、陈肇基、陈君燕、齐永系、赵庆珠、岑幻霞、钱蓓妮、肖曰嵘、石兆玉、束际万、屠峥嵘、薛殿华、许为全、葛仲、陈兆祥、倪进昌、窦春鹏、陈雨田、陆致成、邓文华、张文成（1979 年调离）、张健（1979 年调离）、吴兴宗（1979 年调离）、方援朝（1979 年调离）。另有孙景芳、阎雅丽、周长青等实验室人员 8 名。

1978—1999 年间，教师队伍变化较多。这一时期，有 16 位教师退休，还有十几位教师离开或入职工作几年后又离职。

这一时期新入职的主要教师有：狄洪发（1981 年硕士毕业留校）、江亿（1981 年硕士毕业留校）、朱颖心（1990 年博士毕业留校）、李吉生（1994 年博士毕业留校）、李先庭（1995 年博士毕业留校）、金招芬（1996 年日本留学博士毕业归国）、李晓锋（1997 年硕士毕业留校）、张寅平（1997 年从中国科技大学调入）。

1999 年空调教研组共有教师 13 名，实验室人员 5 名。其中在职教师有：赵荣义、屠峥嵘、许为全、窦春鹏、狄洪发、江亿、朱颖心、李吉生、李先庭、金招芬、张寅平、李晓锋、朱彦武。

1978—1999 年，教研组人数构成情况变化如表 2.2-1 所示。

暖通教研组人数变化　　表 2.2-1

时间（年）	1978	1990	1999
人数（人）	33	25	13

（1）1978—1999 年，历年空气调节工程教研组及供暖通风与空调实验室情况如表 2.2-2 和表 2.2-3 所示。

空气调节工程教研组　　表 2.2-2

时间（年）	主任	副主任
1978—1982	吴增菲	彦启森
1982—1985	赵荣义	彦启森
1985—1988	彦启森	薛殿华、江亿
1988—1994	赵荣义	薛殿华、狄洪发

续表

时间（年）	主任	副主任
1994—1998	狄洪发	朱颖心
1998—1999	狄洪发	张寅平、金招芬

供暖通风与空调实验室　　表 2.2-3

时间（年）	主任
1978—1982	赵荣义
1982—1983	蔡启林
1983—1993	孙景芳
1993—1999	肖曰嵘

空气调节工程党支部书记先后由许为全、肖曰嵘、李先庭担任。

该时期本专业行政机构和党组织均隶属于热能工程系。石兆玉于 1984—1988 年任热能工程系党委副书记，朱颖心于 1997—2000 年任热能工程系党委书记。

（2）该时期主要专业课程的授课教师如表 2.2-4 所示。

空气调节工程专业课主要授课教师　　表 2.2-4

课程	授课教师	课程	授课教师
空调工程 1	赵荣义、葛仲	锅炉及锅炉房设备	蔡启林、屠峥嵘
空调工程 2	薛殿华、许为全	空气调节自动控制	张瑞武
建筑热过程	彦启森、赵庆珠	工业通风	许为全
空调用制冷技术	陈雨田、陈君燕、陈肇基	专业英语	赵荣义
供热工程	石兆玉	太阳能热利用	李元哲、岑幻霞

其他专业实践课程（如运行实习）也有多位教师参与，以 1979 级为例，如表 2.2-5 所示。

运行实习指导教师　　表 2.2-5

组别	指导教师
南京金陵饭店	蔡启林、彦启森、赵庆珠
大连金州纺织厂	彦启森、赵庆珠、张瑞武、束际万、陆致成

大多数老师均需要参加毕业设计（论文）的指导，以 1979 级为例，如表 2.2-6 所示。

毕业设计（论文）指导教师题目一览表　　表 2.2-6

小组成员	指导教师	题目
常安中、崔笑千	石兆玉	《水利工况模拟分析》
姜胜耀、姜之毅、胡永清	蔡启林	《区域供热规划》
胡运昆、吴宁雁、付小勇	李元哲、狄洪发	《被动式太阳房热工性能研究》
侯东明、王敏	赵庆珠	《高速喷淋性能研究》
林梅、李玢、王玉华	薛殿华	《北京空调器厂立式空调机组里的表冷器的改进设计》

续表

小组成员	指导教师	题目
张欢、陈福田	陈雨田	《直接蒸发式空气冷却器的计算机辅助设计》、《直接蒸发式空气冷却器的计算机校核计算》
俞宙中、江立、朱颖心、王为	张瑞武、江亿、陆致成、束际万	《空调机组模拟实验台研究》
范四川、孙望勋、周扬胜、金招芬	钱蓓妮	《清华大学微电子研究所 100 级洁净车间空调系统设计》
高世香、龚茂勤、许莉、杜建华	肖曰嵘、屠峥嵘、窦春鹏、阎雅丽	《热水暖气片换热计算分析》
吴莘馨、魏艳萍、叶明华	岑幻霞	《太阳能在中草药干燥中的应用》
焦富兴	江亿	《房间热性能分析》
朱颖心	江亿	《空调系统的仿真实验台》

其中朱颖心的毕业设计（论文）以及完成毕业设计（论文）时的照片如图 2.2-1、图 2.2-2 所示。

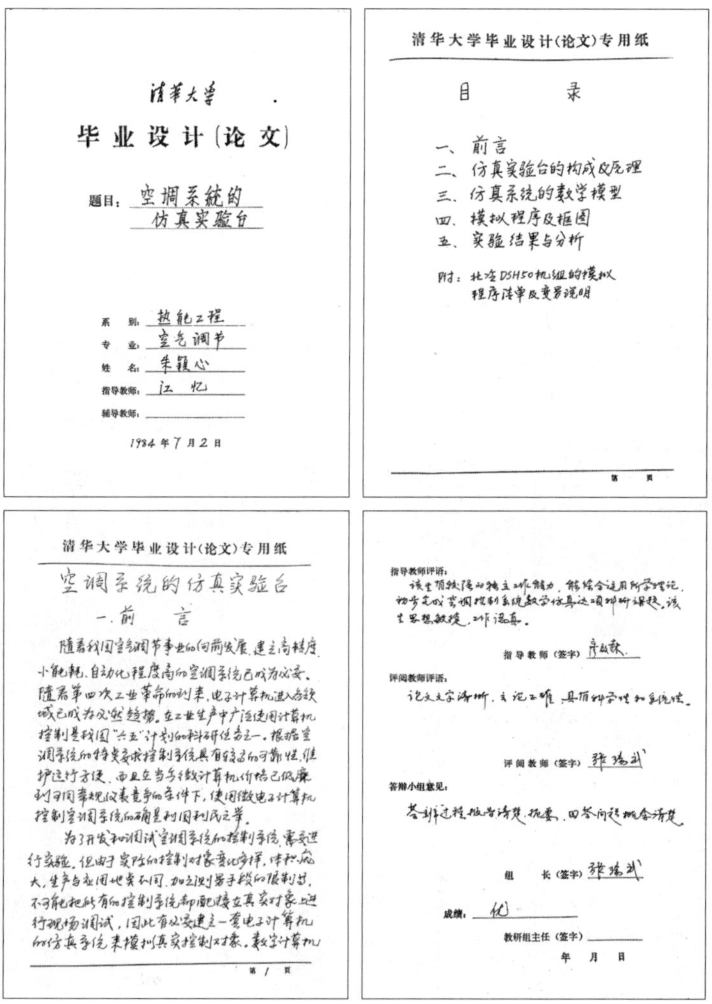
清华大学

毕业设计（论文）

题目：空调系统的仿真实验台

系　别：热能工程
专　业：空气调节
姓　名：朱颖心
指导教师：江亿
辅导教师：

1984 年 7 月 2 日

清华大学毕业设计（论文）专用纸

目　录

一、前言
二、仿真实验台的构成及原理
三、仿真系统的数学模型
四、模拟程序及框图
五、实验结果与分析

附：北冷 DSH50 机组的模拟程序清单及变量说明

第　页

清华大学毕业设计（论文）专用纸

空调系统的仿真实验台

一、前　言

随着我国空气调节事业的向前发展，建立高精度、小能耗、自动化程度高的空调系统已成为必要。随着第四次工业革命的到来，电子计算机进入各领域已成为必然趋势。在工业生产中广泛使用计算机控制是我国“六五”计划的科研任务之一。根据空调系统的特点要求控制系统具有较高的可靠性，维护运行方便，而且在当今微计算机价格已低廉到可同常规仪表竞争的条件下，使用微电子计算机控制空调系统的确是利国利民之举。

为了开发和调试空调系统的控制系统，需要进行实验。但由于实际的控制对象变化多样，体积庞大，生产与应用地点不同，加之测量手段的限制等，不可能把所有的控制系统都配接在真实对象上进行现场调试，因此有必要建立一套电子计算机的仿真系统来模拟真实控制对象。数字计算机

第 1 页

指导教师评语：
该生有较强的独立工作能力，能综合运用所学理论，初步完成空调控制系统数学仿真这项科研课题。该生思想敏捷，工作认真。

指导教师（签字）

评阅教师评语：
论文文字清晰，立论正确，具有科学性和系统性。

评阅教师（签字）张瑞武

答辩小组意见：
答辩过程叙述清楚、扼要，回答问题概念清楚。

组　　长（签字）张瑞武

成绩：优

教研组主任（签字）

年　月　日

图 2.2-1　朱颖心的毕业设计（论文）

图 2.2-2　1984 年朱颖心使用教研室惟一一台计算机完成毕业论文（江亿为指导老师）

三、办公场地及实验室

（一）办公场地

1979—1999 年本专业隶属于热能工程系期间，空调教研组位于第三教学楼东北侧的土建基地，门口挂有“空调工程实验室”的标牌，面积约 1000m^2（图 2.3-1、图 2.3-2）。

图 2.3-1　1990 年的空调工程实验室正门

图 2.3-2　1994 年空调工程实验室正门

（二）实验室

实验室包括一系列科研实验台和本科教学实验台。

1. 科研实验台

科研实验台包括 4 个大型固定实验台和一系列小型实验台，其中大型固定实验台包括：散热器热工性能检测台、焓差室热工性能检测台、人工气候室和水冷表冷器及直接蒸发式空气冷却盘管测试实验台，小型实验台包括：建筑与空调系统仿真实验台、冰蓄冷性能实验台、过冷水制冰实验台、汽车空调系统实验台、小型制冷系统实验台、空气过滤器性能检测实验台、供热系统热计量设备性能检测台等。

（1）散热器热工性能检测台

1984 年，空调教研组建立“散热器热工性能检测台”，蔡启林、肖曰嵘、屠峥嵘等多位师生参与。散热器热工性能检测台是检测散热器放热量的测量装置，是鉴定和研究散热器的关键设备。该实验台是按照国际标准化组织（ISO）于 1975 年颁布的室内采暖设备试验标准即 ISO 3147—1975～ISO 3150—1975 的条件建立的。

测试原理是能量守恒定律，即在稳定条件下，散热器的放热量等于通过其中的工质的焓降。由于散热器在密封空间里进行自然对流换热，为保证检测结果具有准确性、可靠性和可比性，国际标准化组织对一系列的条件都做出明确规定和严格要求。

本检测台采用风冷闭式，闭式小室是钢结构，尺寸为 3.55m×3.9m×2.8m（高），结合处都以建筑密封胶填嵌，气密性好。试验的稳态条件的各项参数指标都达到 ISO 标准的要求，在一小时内不小于六个等间隔时间，各参数值与平均值的最大偏差为：基准点空气温度不超过 ±0.1℃，散热器进出口水温不超过 ±0.2℃，进入散热器的流量不超过 ±2.0%。散热器进出口水温及基准点空气温度测量，在 0～100℃的测量范围内，经国家计量院鉴定，其测量误差为 ±0.08 ℃，小于 ISO 标准的 ±0.1℃的要求。流量测量经北京计量局鉴定，瞬时流量相对测量误差为 ±0.26%，测量精度超过 ISO 标准要求。经过误差分析和计算，本台在额定工况下的总精度为 ±3%（图 2.3-3）。

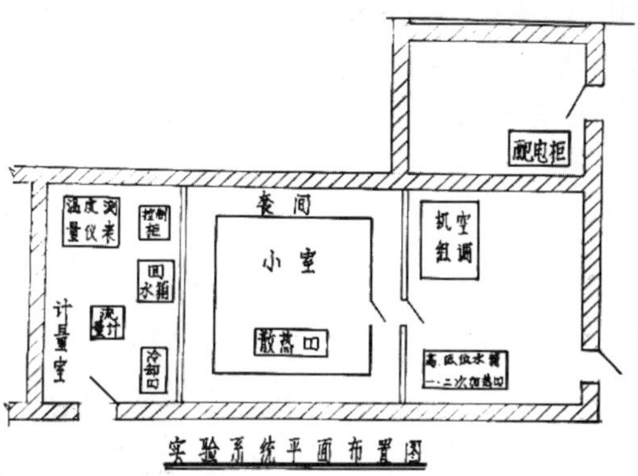

散热器实验台平面布置图

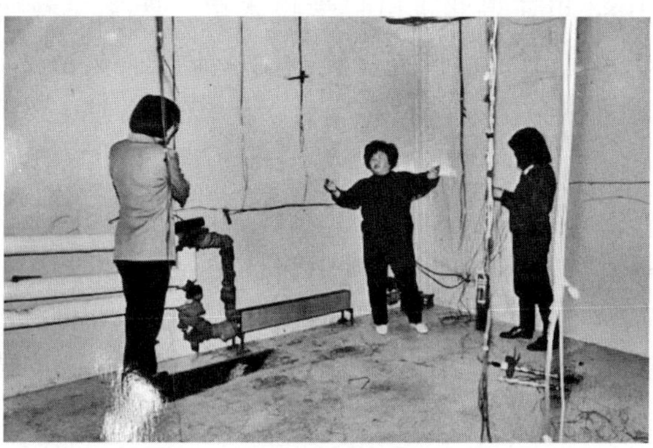

小室实景图

图 2.3-3　散热器热工性能检测台

检测台建成后一直处于满负荷运行状态，为我国散热器的性能检测、科学研究和新型产品的开发做出了重要贡献。检测台自 1981 年 5 月筹建至 1984 年 10 月进行鉴定时止，共支出基建费、仪器设备费和调试运行费等总计 8.36 万元，同期科研收入为 8.66 万元，已收回全部投资。检测台自投入运行以来，至 1986 年 11 月止，共对国内 19 省、市、自治区 130 个散热器厂的 300 件产品进行了性能检定，先后有山东、河北、陕西等，已将本检测台的散热器热工性能检测数据定为本省市地区的惟一标准检测值。城建部已将这一检测方法定为我国的标准检测法，指定本检测台为我国散热器标准检测中心。1989 年国家技术监督局批准清华大学散热器检测室为我国散热器生产许可证标准检测单位，至 1995 年年底已经为国内外散热器产品进行检测 1500 余组，创造检测收入约 150 万元。

检测台检测结果准确可靠，得到广大生产、设计和主管部门的信赖，通过检测室的指导与协作，既促进了新型散热器的开发创出优质品，又促进了工厂生产的发展。

如与山东省建筑设计院和山东济南兴华钢制水暖器材厂合作研制的横水道钢柱散热器，性能居全国同类产品之首，已超过德国工业标准值。省级鉴定后现已有国内近二十个厂家采用该项技术。山东高密采暖设备厂在本台和山东省建筑设计院合作指导下，开发新型钢制柱型散热器产品和其他新产品，使得两年内，人员由 80 人扩大到 800 人，年产值递增 100% 以上。山东济南兴华钢制水暖器材厂由本室与山东省建筑设计院指导，开发了国内一流产品，1986 年增加产值 200 万元。济南市中散热器厂产品检测后，性能优异，得到社会承认，并获得国家经交金龙奖，1985 年即增加产值 270 万元，1986 年已发展到 800 名工人，年产值可达 1500 万元，成为山东省最大的散热器生产厂。

实验台自投入使用，一直作为教学、科研和社会检测服务的基地。截至 1995 年，已经完成教学实验十届 150 人次，本科毕业论文研究 10 人。以此实验平台为基础，1993 年肖曰嵘指导硕士生童小玲完成了《钢制串片散热器换热规律及结构优化的实验研究》。通过该实验台教研组完成科研课题 6 项，其中在“铸铁散热器表面状况”的研究中，经过严格的实验、应用和探讨基础理论，并分析对比，提出将目前铸铁散热器表面的银粉漆改为油漆可提高散热能力 13%～16%，这样，每年可节约生铁约 4.5 万 t，节约电力 218 万 kWh，节约建设资金 4000 万元，此项研究为国内首创。

肖曰嵘、蔡启林、屠峥嵘、阎雅丽、窦春鹏等完成的“散热器性能实验台”项目 1984 年获得北京市科学技术奖二等奖。教研组利用检测台的条件开展大量科研工作，共获省部级科技进步奖 5 项，发表有关散热器的研究论文十余篇。其中，《串片散热器粘接工艺》获国家专利后，已转让给 150 余厂，为学校创转让收入约 17 万元。

（2）焓差室热工性能检测台

为推动房间空调器的技术发展，1991 年 12 月，国家轻工业部制定了采用能效比 *EER*[①]、冷重比和噪声三项重要指标来评价房间空调器性能，之后于 1993 年 2 月，又发布将季节能效比 *SEER*[②] 作为节能空调器的科技导向指标之一，拟用 *SEER*、除湿量和噪声对

① EER：Energy Efficiency Ratio，空调器的制冷性能系数，也称能效比。

② SEER：Seasonal Energy Efficiency Ratio，制冷季节能源消耗效率。

房间空调器进行更为科学的性能评价。为提高我国空调器的质量和能效，探明房间空调器的运行特性和影响季节能效比的因素，1993 年，空调教研组在彦启森的带领下，申请到轻工业部的经费支持，设计、建成了清华大学“焓差室热工性能检测台”（简称：焓差室），并利用该实验台开展房间空调器特性的理论和实验研究，其成果推动了《房间空气调节器》GB/T 7725—2004 的修订和我国变频空调器的技术研发、性能评价和普及应用。

彦启森组织教研组老师和研究生，依据《Methods of Testing for Seasonal Efficiency of Unitary Air-Conditioners and Heat Pumps》ANSI / ASHRAE 116—1983 标准，主持设计了半自动控制焓差室。焓差室由室内、外小室及其空气处理系统、测试系统和控制系统组成（图 2.3-4、图 2.3-5）。

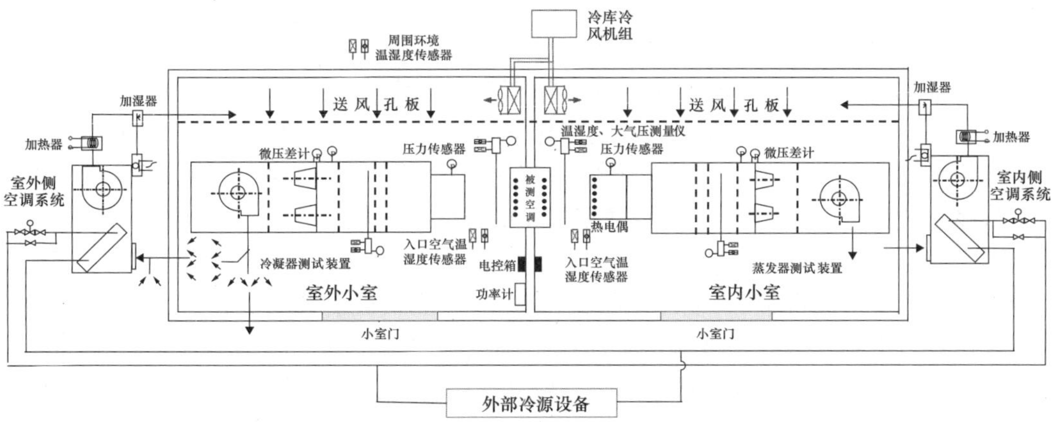

图 2.3-4　焓差室热工性能检测台结构原理图

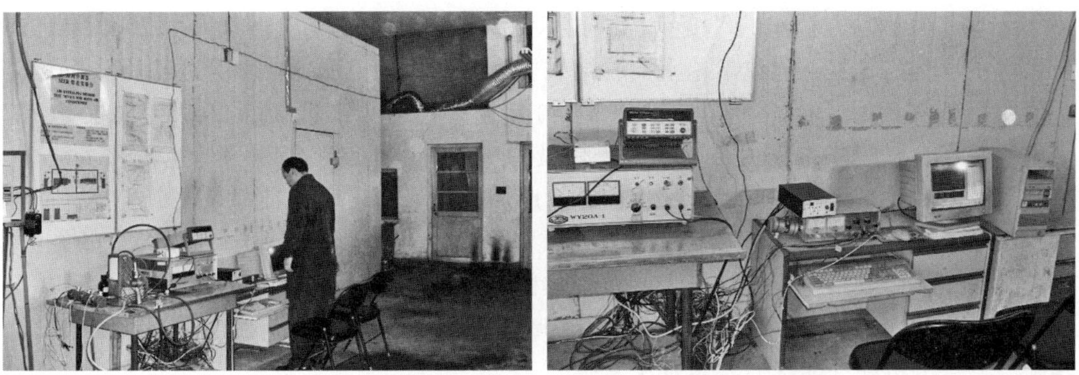

（a）　（b）

图 2.3-5　焓差室热工性能检测台

（a）田长青博士生做汽车空调实验；（b）焓差室数据采集系统

焓差室于 1993 年建成使用，教研组赵庆珠、窦春鹏、周长青工程师、胡世辉高级工程师（北京毛主席纪念堂管理局制冷专家，退休后聘用至空调教研组）以及硕士研究生史斌华等参与了建设和调试工作。调试完成后，焓差室的各项技术指标均达到了国际空调器性能测试水平，并具有测试范围宽、一台多用（可用于房间空调器、汽车空调、风冷换热器等设备性能测试，并可作为恒温恒湿环境室开展新、排风设备性能实验）等特点，为我国房间空调器等空气源热泵的特性研究、季节能效比等技术指标的确定创造了基础条件，也为教研组后期的科学研究和技术研发提供了重要的实验平台。

基于该实验平台，彦启森指导硕士生刘彤完成了硕士论文《*SEER* 实验台的建立及房间空调器动态特性的实验研究》，探明了房间空调器制冷系统的动态运行规律，揭示了空调器在开 / 停过程中的制冷剂迁移特性，探明了导致空调器启停损失的根本原因，进而提出了房间空调器 *SEER* 的测试与计算方法。1993 年彦启森代表研究团队在“全国节能空调器技术高级研讨班”上发表了《关于房间空调器季节能效比的实验方法与计算》论文，推动了我国房间空调器从额定工况性能的单点评价向季节性能评价的转型。

彦启森指导硕士生史斌华完成了硕士论文《空气－空气热泵结霜除霜动态过程研究》，利用焓差室对分体式热泵空调器的结霜与除霜特性开展实验研究，探明了蒸发器结霜对空调器性能以及热泵系统各部位制冷剂状态参数的影响规律，并提出了基于室外温度、室外换热器温度及其最大衰减斜率的综合除霜判据，其成果为多个企业的产品所采用。

以此实验平台为基础，在彦启森的指导下，葛云亭完成了博士论文《房间空调器系统仿真模型研究》，于 1995 年在《制冷学报》上发表了《冷凝器动态参数数学模型的建立与理论计算》《蒸发器动态参数数学模型的建立于理论计算》《制冷空调系统仿真数学模型的理论与实验研究》，为教研组和行业在后期制冷系统的仿真研究奠定了理论基础，这三篇论文均获得了“《制冷学报》创刊 40 年以来被引频次最高的 20 篇论文奖”。彦启森指导石文星完成了《变制冷剂流量空调系统特性及其控制策略研究》博士论文，在其博士论文期间，彦启森与清华同方、青岛海信公司合作，成立了变频空调器研发小组，通过理论分析、实验研究和技术研发，于 1997 年研发出我国第一台变频空调器（型号：KFRP-35GW），并在青岛海信实现了产业化，引领了我国变频空调器的发展。由清华大学和清华同方合作的“变频控制技术在空调上的应用”项目获得了 2000 年北京市科学技术奖三等奖，通过焓差室实验结果发表的“房间空调器热气旁通除霜分析及实验研究”论文获得了“《制冷学报》创刊 40 年以来被引频次最高的 20 篇论文奖”。基于该实验平台，陈华俊完成了《小型变频风冷热泵空调系统性能评价研究》硕士论文，完善了我国变频空调器季节性能评价体系。彦启森指导博士生田长青完成了《变排量压缩机汽车空调制冷系统特性研究》博士论文，通过理论分析和实验研究相结合的方法，对变排量压缩机及其组成的汽车空调系统的稳态与动态特性进行了深入研究，发现并揭示了变排量制冷系统存在的振荡现象及其抑制机理，为变容量压缩机与空调系统的设计匹配、特性分析和性能提升奠定理论基础。

由于教研组办公地点的变迁，焓差室于 2000 年搬迁至旧土木馆内重建，因建筑面积的限制，建成了室内外小室上、下设置（室外小室在上）全自动环境控制与数据采集的焓差室，为后期的蒸气压缩与热虹吸复合制冷系统、基站空调、变频空调器、汽车空调等空气源热泵设备的实验研究、产品研发，以及为后期多个国家自然基金项目的顺利实施提供了基础实验平台。

（3）人工气候室

人工气候室于 1989 年建立，基于土建基地已有的恒温室改造，在建筑空间中搭建一密闭恒温环境，由围护结构分隔成两独立空间，两空间由一扇门连接通行。基于该人工气候室，清华建环专业率先在国内开展人体热舒适研究。对于当时丹麦科技大学 P.O. Fanger 教授建立的人体热舒适 *PMV-PPD*[①] 模型，以及基于 *PMV* 模型建立的室内环境营造标准，赵荣义指出了稳态均匀环境引发的高能耗问题以及由此导致的空调建筑综合征等所具有的健康伤害。清华建环专业以人工气候室为平台，对动态环境人员热舒适进行探索，在国内建筑环境人员热舒适研究领域居于领先地位。

1989—2000 年之间，依靠人工气候室这一实验平台，共毕业了 3 名硕士、2 名博士。3 名硕士包括王良海《突变热环境下人体热反应的研究》（1992）、朱芳宇《动态风作用下人体热反应及其稳态模糊评价》（1994）、董静《脉动温度与动态风综合作用下人体热反应及预测》（1996）。2 名博士包括贾庆贤《送风末端装置的动态化研究》（2000）、夏一哉《气流脉动强度与频率对人体热感觉的影响研究》（2000）。赵荣义、许为全完成的科研成果"动态热环境的人体热反应及其动态调节"获得教育部科技进步奖二等奖（1998）。

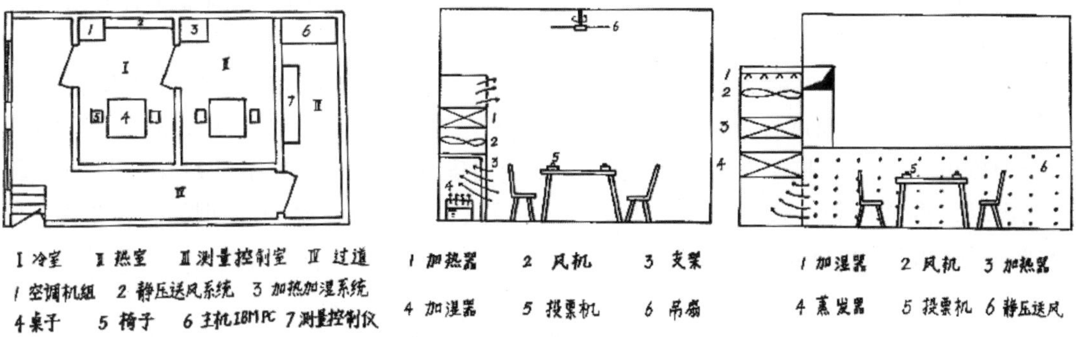

（a）　（b）　（c）

图 2.3-6　人工气候室结构示意图

（a）气候室平面图；（b）热室结构；（c）冷室结构

人工气候室分为热室、冷室和测量控制室三部分，其中热室和冷室的尺寸为 3.0m×2.5m×2.8m（高），控制室尺寸为 3.0m×1.5m×2.8m（高）。两测量室间有一连通门，以便受试者在两小室间做突变热反应实验。冷室结构如图 2.3-6 所示，由一套空调机组控制室内温湿度，送风方式采用孔板送风。热室结构如图 2.3-6 所示，内设自制电加热热风系统，另有一超声波加湿器用于加湿。为了改善热室室内温湿度均匀性，在顶棚中央设一吊扇，在实验预备阶段可用于搅拌。气候室没有新风系统，所以另设一换气扇，以在实验过程中保持一定的空气清新度。

人工气候室对空气温度和相对湿度进行测量和控制，整个测控系统均采用计算机自动测量控制技术，由一台 IBM PC 机和四台 MCS-51 单片机系统组成，其中两台单片机用于空气温度、相对湿度、壁面温度和人体皮肤温度的测量，一台单片机完成受试者投票的测量，一台单片机用于温湿度控制。IBM PC 机完成最后的数据处理、表格制作、库文件建立和打印输出功能。

---

① PMV：Predicted Mean Vote，也称为预计平均热感觉指数，定义为预计群体对于 7 个等级热感觉投票的平均值。PPD：Predicted Percentage Pissatisfied，也称为预计不满意者的百分数。

温湿度测量系统包括传感器、变送器和单片机三部分。温度传感器为北京玻璃研究所的 TX 型高精度高互换性珠状热敏电阻，测量精度为 ±0.1℃，反应时间常数为 2s。温度传感器为自制氧化锂露点温度传感器，这种温度传感器稳定性和一致性好，测量精度为 ±3%，可以满足使用要求。

在实验过程中，需要受试者逐时给出热感觉和热舒适的投票值。先前的研究人员均采用在投票纸上打分的方法，这种方法存在许多不足，为了改善投票方法，研究生自行设计制作了投票机，实现了投票的自动测量。

根据科研实验要求，气候室需要对四个参数实行控制，即热室的温湿度和冷室的温湿度。执行机构有冷室电加热器、冷室压缩机、冷室加湿器、热室加热器、热室风机、热室加湿器等六个。温湿度控制器也是采用 MCS-51 单片机制成，通过串行通信接口由上位机得到实际温湿度参数和控制方式，计算给出六路开关控制信号，对上述六个执行机构实现控制。上位机为 IBM PC-XT 微型计算机，软件采用 BASIC 语言编制，可实现实行人机窗口对话，并设置有六个功能键进行控制方式和参数的调整及显示，并且具有错误诊断和报警功能。

人工气候室主要性能指标如下：冷室温度控制范围为 10～45℃，热室温度控制范围是室温至 50℃，温度控制精度为 ±0.2℃，测量精度为 ±0.1℃，湿度的控制范围为当时湿度的 ±20%，控制精度为 5%RH，测量精度为 3%RH。为了满足动态热环境研究的需求，温度控制方式有三种，即恒温、（近似）线性升降温和周期性温度波动，升温速率最大可达 1℃/min。

（4）水冷表冷器及直接蒸发式空气冷却盘管测试实验台

1983 年，空调教研组建立了“水冷表冷器性能实验台”，由薛殿华、陈雨田、窦春鹏等多位老师参与建设，周长青工程师也做出很大贡献。1985 年彦启森、薛殿华指导硕士生张欢对实验台进行了改建，增加一套制冷系统，使得实验台既可以做水冷表冷器的性能测试实验，也可以做直接蒸发式空气冷却盘管的性能测试实验。

利用这一实验平台，教研组完成了大量针对表冷器和空气冷却盘管的性能测试，支持了多个研究生的课题研究，例如张欢的硕士论文《空调用直接蒸发式空气冷却盘管的数学模拟》，并完成了大量科研课题，例如“北京空调器厂立式空调机组里的表冷器的改进设计”，并且对外完成大量设备性能的测试服务。主要成果有：薛殿华对表冷器湿工况计算指标、评价指标进行了深入研究，通过上百组实验数据，拟合建立了多种概念清楚、使用方便、精度较高的传热计算公式。

风系统示意图如图 2.3-7 所示，空气处理流程如下：空气通过试件后，经先后两个混风装置进入测风量的喷嘴室，离开喷嘴室的空气进入混合箱，与从测试间直接回流的空气混合后进入风机，风量的调节通过电磁调速异步电机无级变速实现，由风机送出的空气进入空气处理段，空气处理段内装有冷却、干燥空气的水冷表冷器和加热空气的电加热器，加热器的功率可依靠可控硅进行无级调节，另外，由加湿器产生出来的湿蒸汽经过加湿过热器过热后被送入加热器后面的风道内，加湿器功率可依靠可控硅进行无级调节，经过冷却、干燥、加热、加湿等处理的空气再通过均匀送风管送入静压箱，然后以孔极送风的方式进入测试间，再经过风道入口段进入试件，在试件前装有收缩管段和整流格栅，以保证试件进口处气流速度均匀。

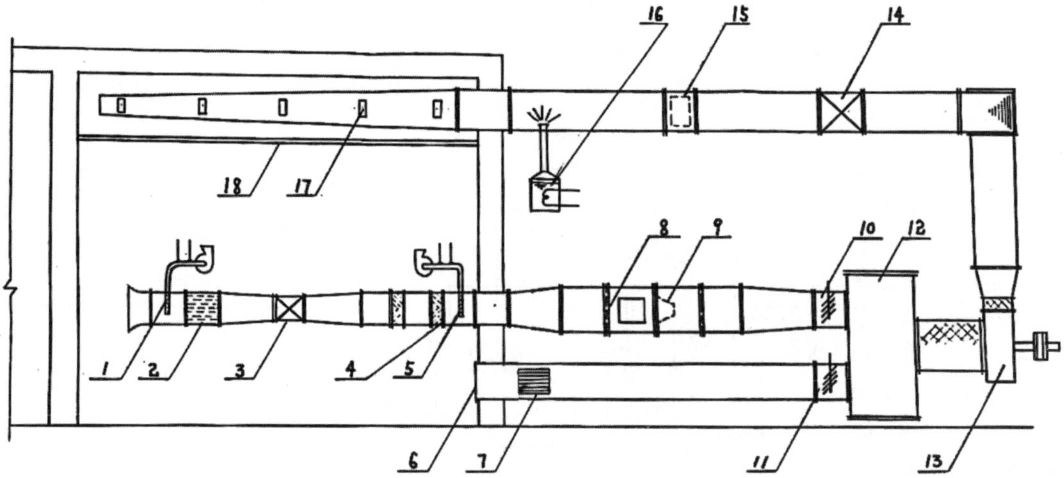

1.取样系统(1)，2.整流栅格，3.试件，4.混风器，5.取样系统(2)，6.活动百叶风口，7.自动排气阀，8.均流孔板，9.喷嘴，10.11.多叶调节阀
12.混合箱，13.风机，14.工作表冷器，15.电加热器，16.电加湿器，17.均匀送风口，18.孔板

图 2.3-7　风系统示意图

水系统示意图如图 2.3-8 所示。

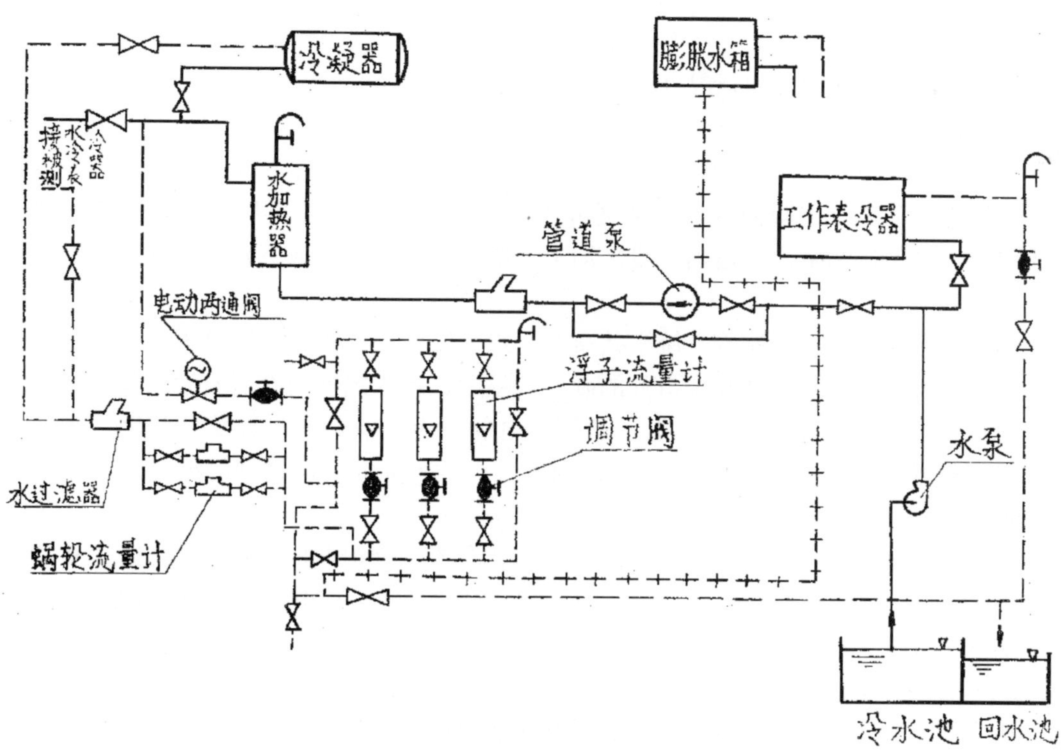

图 2.3-8　水系统示意图

制冷系统的流程图如图 2.3-9 所示。

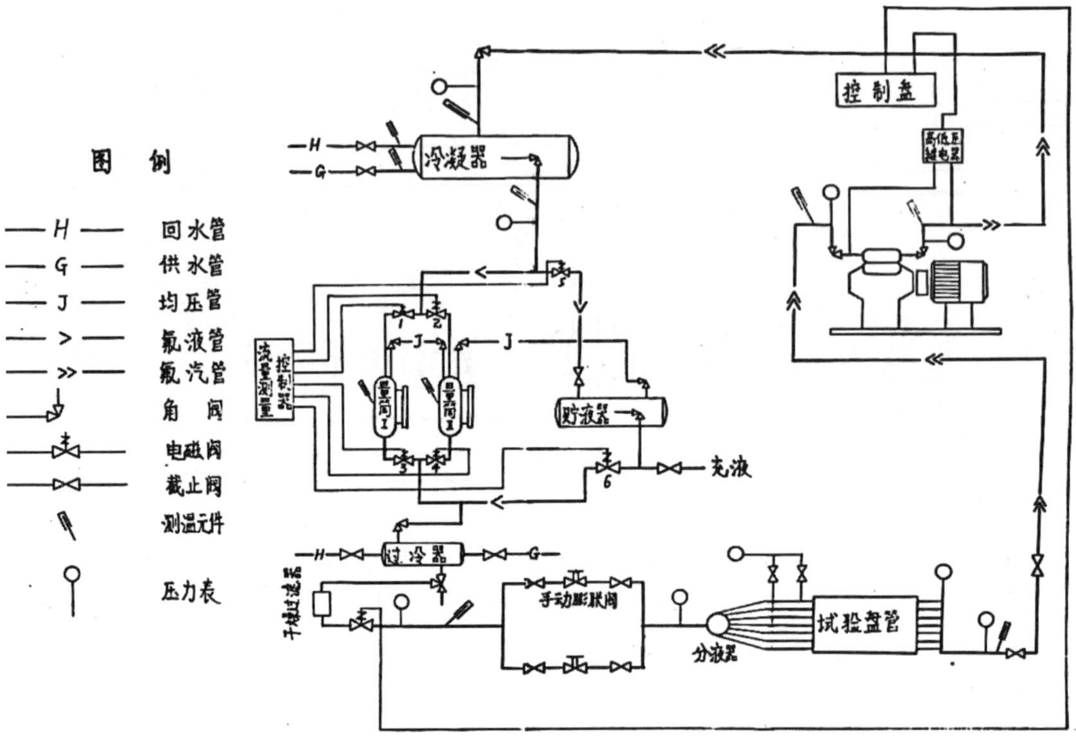

图 2.3-9　制冷系统的流程图

测量系统的测试内容包括温度、压力和流量。

1）温度测量

空气温度测量：为了测量试件进出口空气干球温度分布，在试件进口和出口各装有 10 个 WZB 型玻璃铂电阻温度计，精度可达 0.1℃，同时，用取样风机抽出一股气流通过干湿球温度计，测量试件进出口段平均干、湿球温度，温度敏感元件也是铂电阻，精度为 0.1℃。

制冷剂温度测量：在制冷系统中共布置了六个温度测点，分别测量压缩机吸气温度和排气温度、冷凝器进口处和出口处的制冷剂温度、膨胀阀前制冷剂温度、蒸发器出口制冷剂温度。温度敏感元件采用铜－康铜热电偶，使用前经清华大学自动化系热工量测实验室校验，精度优于 0.3℃。热电偶温度计被插入充满变压器油的测套管，测套管插入管道中。

冷却水温度测量：在冷凝器冷却水进出口各布置一个铂电阻温度计，精度为 0.1℃，所有感温元件都与 3456A 数字电压表、3497A 数据采集器和 HP85B 微型计算机配合使用，实现了温度自动检测。

2）压力测量

压力测量中，在制冷系统中共安装了 9 块压力表，测压缩机吸气压力、压缩机排气压力、冷凝入口制冷剂压力、冷凝器出口制冷剂压力、膨胀阀前的压力、膨胀阀后的压力、蒸发器前制冷剂压力、蒸发器后集汽管内压力、集汽管后水平管内制冷剂压力，压力表精度 0.25 级，最小分度值 0.01kg/cm^2。

3）流量测量

空气流量测量：通过试件的空气流量用喷嘴测量，喷嘴室共有三个喷嘴，喉部直径均为 100mm，根据流量大小决定使用几个喷嘴。喷嘴前后的静压差用倾斜式微压差计测量。

制冷剂流量测量：用量筒法和水冷冷凝器法分别测制冷剂流量，取两种方法所测值的平均值作为制冷剂流量。

水流量测量：水流量的测量采用浮子流量计，共有三个浮子流量计，根据水流量的大小选择不同流量计。浮子流量计的精度为 2.5%。

（5）建筑与空调系统仿真实验台

1984 年起彦启森带领研究团队在国内率先开展空调系统计算机仿真与建筑能耗管理控制系统方向的理论、实验研究工作。

1989 年，彦启森指导朱颖心完成博士论文《建筑与空调系统的数字仿真装置》，并对 1984 年的 1.0 版本的建筑与空调系统实时仿真实验台进行了大幅度地改进，建成了 2.0 版本的建筑与空调系统实时仿真实验台。

该课题组率先在国内开展了暖通空调系统自动控制的研究，并随后开发自主知识产权的暖通空调系统自动控制产品。为了能够在应用之前对自动控制产品的软件进行预先调试，需要一个建筑与空调系统的仿真实验台作为控制对象。该仿真实验台能够实时接收被调试的自动控制装置输出的执行指令，然后模拟空调系统各部件按照指令执行后，建筑室内以及系统中的各节点按照 1∶1 时间出现的流量、热量、温度、湿度、速度等热环境参数的变化，并把这种模拟参数的变化实时反馈到自动控制装置，控制装置再根据这些变化调整下一步的控制决策，发出新的指令。

该仿真实验台由两台 IBM 个人计算机、一个操作屏，以及一系列软件组成。计算机上的输入界面由 BASIC 语言编制，核心仿真软件则是一组 FORTRAN 语言编制的程序，均在 VECTOR 个人计算机的 DOS 环境下运行。而负责与个人电脑、操作屏以及被调自控产品之间进行数据传递、转换的单片机模块上的软件则由宏汇编语言编制而成。

该仿真实验台可以由使用者根据被控对象的实际情况构建建筑与空调系统，包括房间的大小、热惯性参数、个数、房间之间的隔墙相邻关系和气流连接关系，以及空调系统中的空气处理设备的类型、构成、容量、不同工况下的出力水平、风道与水管的拓扑结构、末端与各房间的连接关系等。

操作屏不仅能够显示实时仿真实验台执行被调的自动控制装置发出指令后各种参数的变化，同时还可以通过指示灯显示各设备是否在正常运转。操作屏还通过按键开关和旋钮为调试人员提供了手动输入参数的途径，包括启停某个设备、调整设定值、制造某设备的故障等。在开始仿真前，不仅需要在计算机界面上定义建筑与空调系统的构成，还需要定义操作台上各仪表及开关对应的参数与设备。所以，除了能够替代现场用于自动控制装置的开发与调试以外，还可以用于训练空调系统的运行操作人员。

该仿真实验台建成后，被应用于清华人工环境工程公司对外承接的一批空调系统自动控制的实际工程中，大大加快了自动控制产品的研发进程（图 2.3-10）。

图 2.3-10　建筑与空调系统仿真实验台

2. 本科教学实验台

空调教研组用于本科课程实验教学的实验室及实验设备信息见表 2.3-1。

课程实验教学的实验台　　　　**表 2.3-1**

实验名称	课程名称	主要实验设备
空气调节过程实验	空气调节	空调系统实验台
喷水室热工性能实验	空气调节	空调系统实验台
表冷器热工性能	空气调节	空调设备实验台
供暖系统模型演示	空气调节	暖气系统模型
压缩式制冷机性能实验	空调用制冷技术	冷冻实验台
热网水力工况实验	供热工程	水力工况实验台
散热器 *K* 值实验	测量技术及误差分析	*K* 值实验台
位式调节器实验（演示）	空调自控	位式调节实验设备
PID 调节器实验	空调自控	PID 调节实验设备
空调自控系统实验	空调自控	空调系统实验台

四、学生培养

（一）本科生培养

1977 年，全国恢复高考，我校部分专业开始招生，1978 年，“供热与通风”专业在建筑工程系招收了一个班。1979 年，为适应我国现代化发展和人民生活改善的需要，加强本专业的学科基础培养和机电类技术基础的培养，“供热与通风”专业从建筑工程系调整到热能工程系。

1979 年，教研组认为暖通空调实质上都是对建筑内的空气环境进行调控。如果把专业名称改为“空气调节工程”则不仅简明，而且对学生更有吸引力。学校很快批准了更名。1985 年，按教育部统一要求，将专业名称调整为“供暖通风与空气调节工程”。1998 年教育部统一要求，将专业名称调整为“建筑环境与设备工程”。

自 1978 年恢复招生至 1995 年期间，专业本科生均按五年学制培养。随着专业新知识、新技术层出不穷，单纯依靠增加课程门类和学时逐渐无法满足专业教学的发展需求。自 1995 年起，专业教学计划逐步开始向四年制调整，并逐步实行学分制，通过深入研究探索，形成了既突出本专业核心基础又有利于学生自主拓宽专业知识面的优化课程体系，并保持了重视实践教学环节的优点。自 1996 年起，专业本科学制调整为四年制。

本专业学生在校期间，除学习基础课与技术基础课，获得较坚实的理论基础外，专业教学的重点是空气调节、空调用制冷技术、供热工程、锅炉及锅炉房设备、工业通风、热工测量、自动控制与建筑热过程等。在教学过程中，注重近代数学、计算机及外语能力的培养，重视实验技术与工程设计能力的训练，通过实践环节的配合，着重提高学生独立工作的能力。目标是将学生培养成为德、智、体全面发展的，能从事空气调节与供热工程设计、运行管理、产品开发和科学研究的高级工程技术人才。随着时代的发展，培养目标也逐步更新完善。

本科生招生人数基本为每年一个班（30 人左右），1993 年招收了两个班。本科具体招生人数如表 2.4-1 所示。

各年本科具体招生人数　　　　**表 2.4-1**

入学年份（年）	毕业年份（年）	人数（人）
1978	1983	41
1979	1984	34
1980	1985	33
1981	1986	32
1982	1987	30
1983	1988	31
1984	1989	32
1985	1990	32

续表

入学年份（年）	毕业年份（年）	人数（人）
1986	1991	30
1987	1992	32
1988	1993	29
1989	1994	26
1990	1995	33
1991	1996	29
1992	1997	32
1993	1998	30，28
1994	1999	30
1995	2000	32
1996	2000	31
1997	2001	28
1998	2002	28
1999	2003	28

1979—1999 年专业本科生培养目标的变化情况如下所述。

（1）1979 年空气调节工程专业本科五年制课程安排

从 1978 年开始，空气调节工程专业就一直沿用五年制本科培养方案，因此 1979 版空气调节工程专业本科生的培养方案仍然为五年制。一学年分为秋季、春季两个学期，学期的长短各不相同。表 2.4-2 为 1979 年空气调节工程专业本科五年制教学计划，表中标出每学期的上课周数，以及实践环节的周数，另外每学期考试周数为 2 周。每学期的总周数为上课周数＋实践环节周数＋考试周数。表中的学时均为周学时。

1979 年空气调节工程专业本科五年制教学计划　　表 2.4-2

学年	学期	课程名	性质	学时	学期	课程名	性质	学时
第一学年	秋季学期 17.5 周	中国革命史（1）	必修	2 学时	春季学期 13.5 周	中国革命史（2）	必修	2 学时
		体育	必修	2 学时		体育	必修	2 学时
		英语	必修	4 学时		英语	必修	4 学时
		高等数学（1）	必修	6 学时		高等数学（2）	必修	6 学时
		普通化学	必修	5 学时		普通物理（1）	必修	5 学时
		工程制图（1）	必修	4 学时		工程制图（2）	必修	4 学时
	实践	公益劳动	必修	1 周	实践	金工实习	必修	6 周

续表

学年	学期	课程名	性质	学时	学期	课程名	性质	学时
第二学年	秋季学期19周	马列主义哲学（1）	必修	2学时	春季学期18.5周	马列主义哲学（2）	必修	2学时
		体育	必修	2学时		体育	必修	2学时
		英语	必修	4学时		英语	必修	4学时
		高等数学（3）	必修	6学时		复变函数	必修	3学时
		普通物理（2）	必修	4学时		普通物理（3）	必修	3学时
		普通物理实验（1）	必修	1.5学时		普通物理实验（2）	必修	1.5学时
		工程制图（3）	必修	2学时		理论力学	必修	5.5学时
		金属工艺学	必修	2学时		热力学	必修	3学时
					实践	农业劳动	必修	1周
第三学年	秋季学期16周	政治经济学（1）	必修	2学时	春季学期19周	政治经济学（2）	必修	2学时
		体育	必修	2学时		体育	必修	2学时
		材料力学	必修	6学时		机械原理与零件（1）	必修	4学时
		应用电子及电工学1	必修	5学时		应用电子及电工学2	必修	5学时
		流体力学与流体机械1	必修	5学时		流体力学与流体机械2	必修	3学时
	实践3周	公益劳动	必修	1周		传热学	必修	5学时
		军训	必修	2周	实践	专业工人实习	必修	4周
第四学年	秋季学期17周	机械原理与零件（2）	必修	5学时	春季学期19周	机械原理与零件（3）	必修	3学时
		计算机语言及程序	必修	3学时		空调工程（2）	必修	5学时
		空调工程（1）	必修	6学时		冷热源工程（1）	必修	6学时
		加选课程	选修	3～4学时		加选课程	选修	3～4学时
					实践	运行实习	必修	2周
第五学年	秋季学期15周	冷热源工程（2）	必修	7学时	春季学期5周	量测与控制（2）	必修	4学时
		量测与控制（1）	必修	6学时		加选课程	选修	7～8学时
		加选课程	选修	7～8学时	实践	毕业设计	必修	17周
	实践	运行实习	必修	2周		毕业鉴定	必修	1周

加选课程包括（括号内为总学时）：
第二外语（130）、概率与数理统计（55）、太阳能在暖通工程中的应用（40）、空气处理设备中的热湿交换（40）、计算机的应用等。

以下为 1979 年本专业五年制教学计划说明：

1）专业名称：空气调节工程专业（原为供热通风专业）。

2）培养目标：本专业培养空调工程高级技术人才。

要求学生牢固掌握本专业所必需的基础理论、基础知识和基本技能，学生具有进行一般空调工程设计的能力，具有初步科学研究的能力，能运用一种外国语阅读本专业的外文资料，身体健康，拥护党的领导，热爱社会主义制度，服从国家的统一分配，为实现我国四个现代化贡献力量。

3）毕业生将来可以从事的工作。

① 能够在设计部门从事一般采暖通风及空调工程的设计，可独立地完成收集资料、初步设计、技术设计及绘制设计图纸等设计的全过程；

② 能够在施工及运行管理单位负责本专业范围的技术工作，有一定的机电知识及能力，可以较快地适应环境工程及运行方面工作的需要；

③ 在科研工作中能承担一般科研项目，具备科学研究的基本知识与实际工作能力。

4）学制：五年。

5）在校各类活动的时间分配如表 2.4-3 所示。

在校各类活动的时间分配　　表 2.4-3

	假期	机动	公益劳动与学农	军训	实习	入学及毕业教育	考试	上课	毕业设计	总计
周数	38	4.5	3	2	14	1	14	159.5	17	253

6）学时分配。

① 理论教学总学时为 3311～3361 小时（课内）。

其中：基础课与专业基础课 2535 小时，占 76%；
专业课 526 小时，占 16%；
选修课 250～300 小时，约占 8%。

② 实践环节。

A. 实习共 14 周。

其中：金工实习，6 周；
专业工人实习，4 周；
运行实习，4 周。

B. 课程设计共 300 小时（课内外）。

其中：机械设计，100 小时；
空调工程设计，100 小时；
冷热源工程设计，100 小时。

C. 毕业设计 17 周。

D. 实验。

7）选修课程安排在第四、第五学年，每个学生必须完成 250～300 小时的选修课学习。

（2）1981 年空气调节工程专业本科五年制课程安排

1981 年的培养方案为五年制。与 1979 版相比课内学时大幅度减少，很多公共基础课程与工程基础课程的周学时数都有显著的减少。尽管 1981 级的培养方案中也有学分数，但当时的学分数相当于 1 学分为每周 0.5 课内学时，与后来实行学分制后的学分定义差别较大。

1981 版培养方案与 1979 版相比，专业课门类和内容都得到了很大的清晰化。1979

版的专业课只有“空调工程”和“冷热源工程”两门，但 1981 版则包含“建筑热过程”“空气调节”“空调用制冷技术”“供热网”“锅炉与锅炉房设备”“空气调节自动控制”，形成了相对稳定的专业课程架构。具体教学计划见附录。

（3）1985 年、1986 年供暖通风与空气调节工程专业本科五年制课程安排

1985 年空气调节工程专业本科培养方案进行了重要的修订，学制仍然为五年制，但教学计划的一个重要的变化是将一学年分为秋季、春季和夏季三个学期。其中春季和秋季学期均规范为 18 周，其中上课 16 周，考试 2 周。夏季学期为 5～6 周，实践性教学环节主要安排在夏季学期进行。课程分为校定公共基础课、系定必修课、限定性选修课和任选课。而原培养方案中的专业课均划入限定性选修课，增加了校定公共基础课“军事理论”、限定性选修课“空调工程概论”。

1986 年空气调节工程专业本科培养方案在 1985 版上进一步进行了修订，主要是调整了一些公共基础课的学时数。与 1981 版相比，课程与学时均有较大调整。课内学时降低的有：“空气调节”从 98 学时降到 56 学时，“空调用制冷技术”从 80 学时降到 48 学时，“建筑热过程”从 48 学时降到 40 学时，90 学时的“锅炉及锅炉房设备”被取消；机械类课程从 122 学时降到 64 学时，机械设计课程设计减少了一周。公共基础课中的政治哲学类课程从 206 学时降到 152 学时，“普通物理”下降了 16 学时，英语下降了 48 学时。增加的课程包括：32 学时的“供热课程设计”，40 学时的“网络计算与分析”，24 学时的“泵与风机”，48 学时的“军事理论”。增加学时的课程有：“流体力学”从 90 学时增加到 104 学时，机械制图类课程增加了 44 学时。详见附录。

（4）1992 年供热通风与空气调节工程专业指导性本科专业课程安排

1992 年空气调节工程专业本科培养方案仍然为五年制，一学年分为秋季、春季和夏季三个学期，实践环节安排在夏季学期。教学计划开始采用学分制。

与 1981 版和 1986 版相比，1992 版的培养方案又把学时要求提高到 1979 版的水平。大幅度增加了公共基础课和工程基础课的学时，增加了计算机类课程。此外，这一版的变化包括把“工业通风”从任选课改为限选课，恢复了“锅炉与锅炉房设备”，把限选课“网络计算与分析”调整为任选课“网络分析与综合”，增加了限选课“建筑概论”，大幅度增加“空调课程设计”与“供热课程设计”的学时等，详见附录。

以下为 1992 年空调工程专业五年制教学计划说明：

1）学制：5 年。

2）专业方向及培养目标：本专业培养德、智、体全面发展的，能从事空气调节与供热工程设计、运行管理、产品开发和科学研究的高级工程技术人才。

学生在校期间，除学习基础课与技术基础课，获得较坚实的理论基础外，专业教学的重点是空气调节、空调用制冷技术、供热工程、锅炉及锅炉房设备、工业通风、热工测量、自动控制与建筑热过程等。在教学过程中，注意近代数学、计算机及外语能力的培养，重视实验技术与工程设计能力的训练，通过实践环节的配合，着重提高学生的独立工作的能力。

3）毕业生将来可以从事的工作：学生毕业后，可分配到各部委的研究、设计和管理部门，也可分配到高等学校或有关生产部门工作。

（5）1994 年供暖通风与空气调节工程专业本科五年制课程安排

1994 年空气调节工程专业本科培养方案仍然为五年制。在全国高等学校本学科专业指导委员会主任彦启森的倡导下，空调教研组开展了课程体系研究与改革，根据对暖通空调行业未来发展与对人才培养需求变化的判断，组织新建了核心专业基础课，合并重组了专业课，压缩了课内学时，扩大了实践类课程的学时，调整了培养方案。因此 1994 版的培养方案产生了重大变化，详见附录。与 1992 版培养方案相比，这些变化包括：

1）加入了新的专业基础课与理论平台课程，包括必修课“人工环境学 1”“人工环境学 2”“流体网络原理”和“热湿交换过程与设备”。其中新建专业基础课“人工环境学”课程包含了原有“建筑热过程”的部分内容，理论平台课“流体网络原理”由 1986 版的限选课“网络计算与分析”以及 1992 版的任选课“网络分析与综合”更新发展而成，理论平台课“热湿交换过程与设备”则由 1986 版的任选课“热湿交换过程与设备”更新发展而成。

2）重组了部分专业课：把原“空气调节”与“空调用制冷技术”合并为“空调与制冷技术”，总学时从原来的 96 学时降到 4 学分、64 学时。把“供热工程”与“锅炉及锅炉房设备”合并为“供热工程与锅炉”，总学时从 1992 版的 80 学时降到 4 学分、64 学时。把原本一共 160 学时的“空气课程设计”与“供热课程设计”扩展为第四学年 16 学分、256 学时的“空调供热课程设计”。

3）原培养方案在第九学期进入专业课程设计，新培养方案则在第七学期完成所有主要专业课，为第八学期 16 学分的“空调供热课程设计”留出了足够的空间，而第九学期的主要任务是学习理论平台课程和选修课程。

（6）1996 年供暖通风与空气调节工程专业本科四年制课程安排

1996 年，空气调节工程专业本科培养方案从五年制调整为四年制，这是一个过渡性的培养方案。教学计划的一个重要的变化是将一学年分为秋季、春季和夏季三个学期，实践性教学环节主要安排在夏季学期进行。

与 1994 年版五年制培养方案相比，课程学分从 203 降到 184，降低了 19 学分。公共基础课和工程基础课基本没有变化，主要是专业基础课和专业课的课时降低了。除了把一些课程尽量往前提之外，调整措施还包括：取消“人工环境学 2”，把“空调供热课程设计”从 16 学分降到 12 学分，并把 8 学分放在第七学期上，把“人工环境学 1”和《热工测试技术》提前到第 6 学期上，后者学分从 4 缩减到 3 学分，毕业设计从 20 学分降到 15 学分等。1996 年空气调节工程专业本科四年制培养方案各学年、学期课程具体安排见附录。

（7）1998 年建筑环境与设备工程专业本硕贯通“四＋二”年制课程安排

1998 年起，根据学校的安排，空气调节工程专业实行四年本科加两年研究生培养的“四＋二”本硕贯通式学制。学生在本科三年级末，根据其本人志愿、学习成绩与综合能力，决定是否进入本硕贯通培养，不进入本硕贯通培养的学生仍四年本科毕业。1998 年教学计划课程总计 212 学分，其中课程学分 187，毕业论文 12 学分，夏季学期实践环节 13 学分。

本教学计划中，本硕贯通课程中的“建筑热环境学”与“空调系统过程分析与模拟”

均为原有的硕士学位课程，与 1994 版新设立的专业基础平台课程“流体网络原理”和“热质交换过程与设备”同列为本硕贯通课程。详见附录。

（8）1999 年建筑环境与设备工程专业本硕贯通“四＋二”年制课程安排

1999 年继续在 1998 年的基础上对教学计划进行调整优化，总学分从 1998 年的 212 学分调整到 206 学分。部分课程合并、改名或者调整了学分。其中包括：

1）3 学分“人工环境学 1”调整为 2 学分的“建筑环境学”；

2）以新建成的“建筑自动化”课程取代了同样 3 学分的“自控原理及热工过程控制”；

3）“热湿交换过程与设备”改名为“热质交换原理与应用”；

4）“材料力学”和“理论力学”合并为“工程力学”，总学分从 10 降到 7。

此外，教学计划中还减少了 2 学分的数学限选课，并把原来的“毕业设计”“毕业论文”环节均以“综合论文训练”取代之。

专业基础课与专业课的上课时间做了很大的调整，原则是让学生尽早接触专业相关课程。教学计划调整的措施包括：

1）“工程热力学”“流体力学”“传热学”被调到第三、四学期上；

2）“建筑环境学”与“空调与制冷技术”被从第六、七学期调到第五学期；

3）“空调供热课程设计”则在第七学期上完，以保证第八学期完全用于综合论文训练与选修课。

1998 年教育部颁布新专业目录，将“供热、供燃气、通风与空调工程”专业与“燃气供应”专业合并调整为“建筑环境与设备工程”专业（简称“建环”专业）。而清华大学建环专业通过此轮调整，已经形成了较为完整的、适应建环专业的本科四年制培养方案与教学计划。这一版教学计划也成为全国高等学校建筑环境与设备工程学科专业指导委员会于 1999 年制定《建筑环境与设备工程专业本科（四年制）教学计划总体框架和参考性教学计划》时所参考的蓝本，详见附录。

（二）研究生培养

1978 年，清华大学“供热与通风”专业开始招收研究生。1979 年，“供热与通风”专业从建筑工程系调整到热能工程系。1981 年，热能工程系成立工程热物理、热能工程、热力涡轮机三个硕士点，其中，本专业所招收的研究生属于“热能工程”硕士点。1986 年，热能工程系成立“建筑热能工程”硕士点，本专业所招收的研究生调整至该硕士点培养。1990 年，“建筑热能工程”更名为“供热、供燃气、通风及空调工程”专业（二级学科），隶属“土木工程”一级学科，所招收培养的研究生在毕业时授予工学硕士学位。1991 年，“供热、供燃气、通风及空调工程”专业获批博士点。

1978—1999 年期间在热能工程系招收硕士生 118 人，其中获得硕士学位 110 人，硕转博 3 人（其中 1 人为 2002 年转博），退学或出国 5 人；招收博士生 36 人（其中有 2 人为硕转博），其中获得博士学位 31 人，退学或出国 5 人。各年学生名单见附录一。

1978 年清华大学“供热与通风”专业开始研究生培养计划，招收了首批研究生 4 人，分别是江亿（王兆霖指导）、狄洪发（李元哲指导）、夏靖（吴增菲指导）和张永涛（吴增菲、薛殿华指导）。首批研究生于 1981 年通过硕士学位论文答辩，被授予工学硕士学位。

1979 年招收何鲁敏（彦启森指导）、赵士怀（彦启森、李元哲指导）、程宝义（吴增菲指导），与此同时，陆致成（赵荣义、张瑞武指导）、倪进昌（陈君燕指导）、陈兆祥（彦启森指导）成为在职硕士研究生。

江亿为本专业改革开放后的首批研究生之一，1978 年入学，1981 年获得硕士学位，见图 2.4-1。在王兆霖指导下进行研究，硕士论文题为《空调负荷计算用气象模型的研究》。外界气候条件的变化情况与建筑物的动态热特性是研究空调系统动态过程的基础。当时江亿在前人对气象随机模拟的基础上，提出了新的整套气象数据逐日逐时模拟模型，该模型可应用在如下几个方面：统计气象参数、比较空调方案、计算空调系统全年总能耗、动态模拟空调系统、求解房间温度的随机过程。

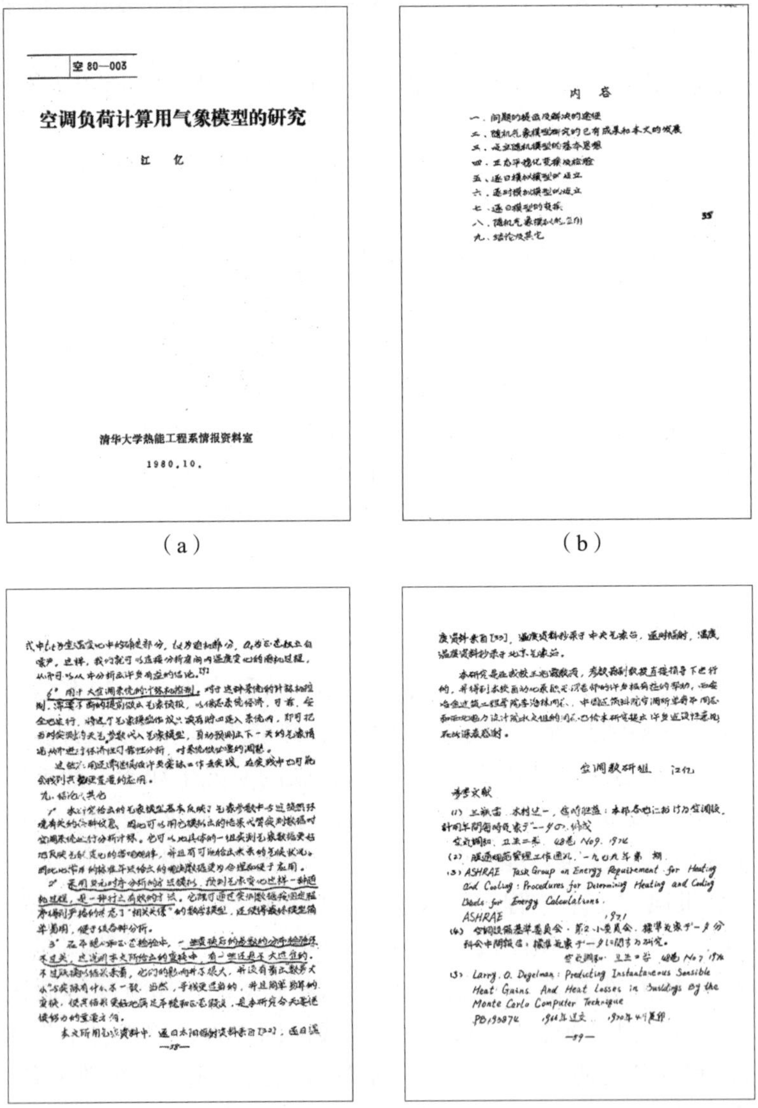

（a） （b）

（c）

图 2.4-1 江亿硕士论文

（a）江亿硕士论文封面；（b）江亿硕士论文目录；（c）江亿硕士论文结论及其他

1981 年，江亿师从王补宣攻读博士学位，于 1985 年获清华大学热能系工程热物理博士学位，见图 2.4-2。博士论文《地下空间自然环境温差利用的热物理基础研究》得到了王补宣的悉心指导和彦启森的全面辅导，以及医学科学院卫生所张希仲、建筑科学院物理所黄福其所长等多位同志的帮助。“地下空间自然环境温差的利用”（Utilization of Natural Temperature Difference in Subsurface Space，UNTDSS）是指利用大自然一年四季及昼夜的温度变化和地下土壤蓄冷蓄热能力的巧妙结合，通过人为的控制利用，产生所需要的人工环境。该论文在总结归纳当时我国已有的一些地下蓄能系统和正在进行的一些实际工程的基础上，提出 UNTDSS 概念，为解决人工环境节能问题提供了新的途径。根据长期预测 UNTDSS 热环境状况的需要，提出了求解长期不稳定导热问题

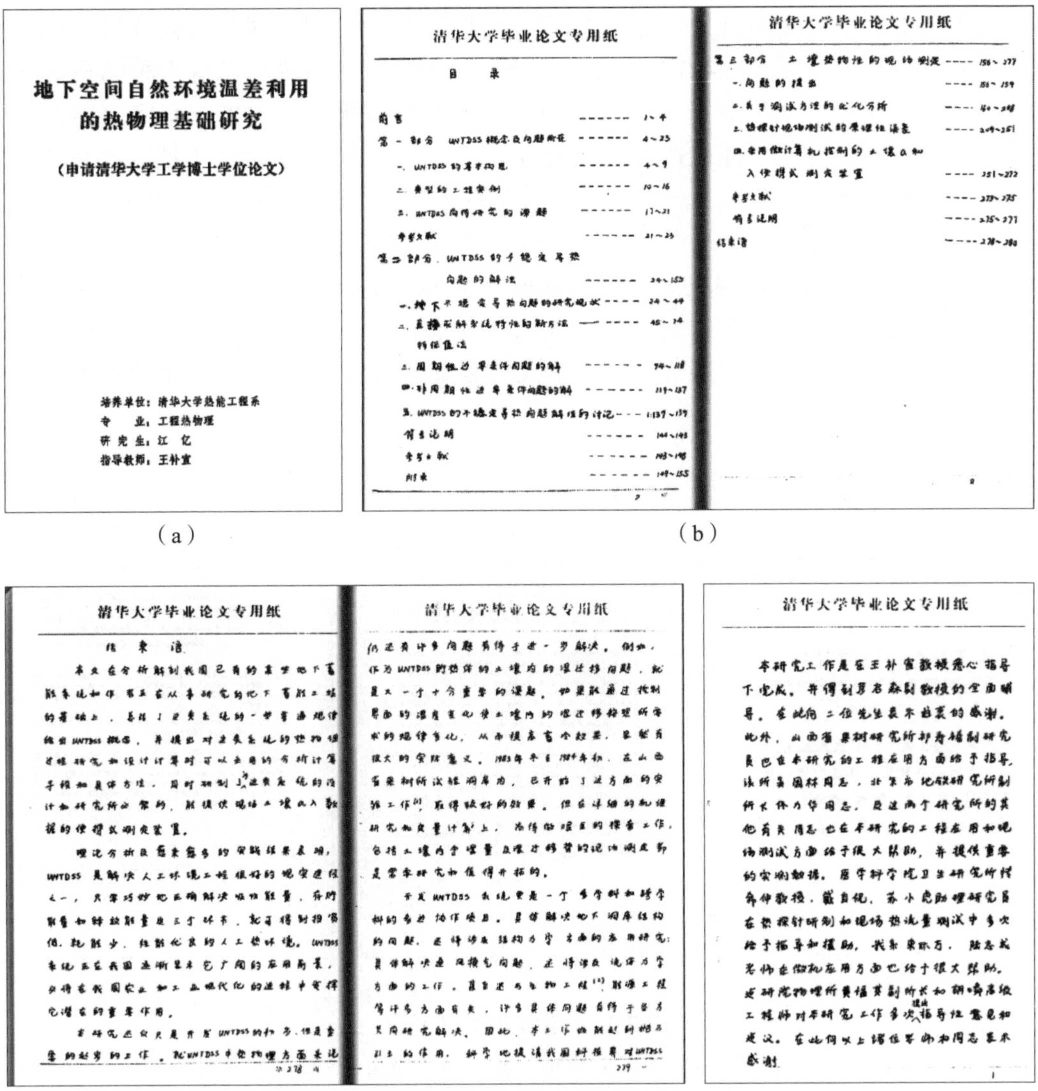
地下空间自然环境温差利用的热物理基础研究

（申请清华大学工学博士学位论文）

培养单位：清华大学热能工程系
专　　业：工程热物理
研 究 生：江　亿
指导教师：王补宣

清华大学毕业论文专用纸

目　录

（a）　（b）　（c）　（d）

图 2.4-2　江亿博士论文

（a）江亿博士论文封面；（b）江亿博士论文目录；（c）江亿博士论文结束语；（d）江亿博士论文致谢

的“特征值法”，编制了 GS83.3 通用计算机程序。另外，对 UNTDSS 计算分析所需的土壤热物理性质通过现场实测获得了准确可靠的数据，并评价了可行的测试方案。同时研制了由计算机控制的能提供现场土壤松散介质导温系数 a 和导热系数 λ 的便携式测定装置。

在本专业成立博士点之前，1986 年，彦启森指导的硕士生朱颖心转博（师从冯俊凯），由彦启森继续指导，1991 年 3 月，彦启森指导的硕士生李吉生毕业后继续攻读博士学位（开始攻读时导师为倪维斗，毕业时导师为彦启森）。

1991 年批准成立供热、供燃气、通风及空调工程博士点，洪天真成为我校本专业第一批博士生，由彦启森和江亿共同指导。1992 年，李先庭（彦启森指导）转博攻读博士学位，同年，王连泽师从彦启森攻读博士学位。

洪天真的博士论文题目为《建筑热环境的随机分析》，进行了建筑热物理基础理论及应用基础的研究，见图 2.4-3。建筑热环境受室外气象、室内热源等多种随机热扰动的影响。洪天真聚焦随机分析的方法取得了以下主要成果：提出了一套完整的根据时间序列、随机微分方程和随机过程理论的分析方法，该成果在 1992 年被国内 9 位著名学者评为具有国际领先水平，开发出一套相应的计算机程序，并和国际组织合作进行验证，该程序是目前国内广泛使用的建筑模拟软件 DeST 的基础，给出了该方法在暖通空调行业的典型应用案例，解决了建筑热环境评价和冬季供热负荷计算中长期存在的问题，展示了随机分析方法在建筑热环境领域的应用前景。部分研究内容于 1993 年获得清华大学为学生设立的林家翘奖，以本论文为基础的研究成果于 1995 年获得国家教委科技成果二等奖。

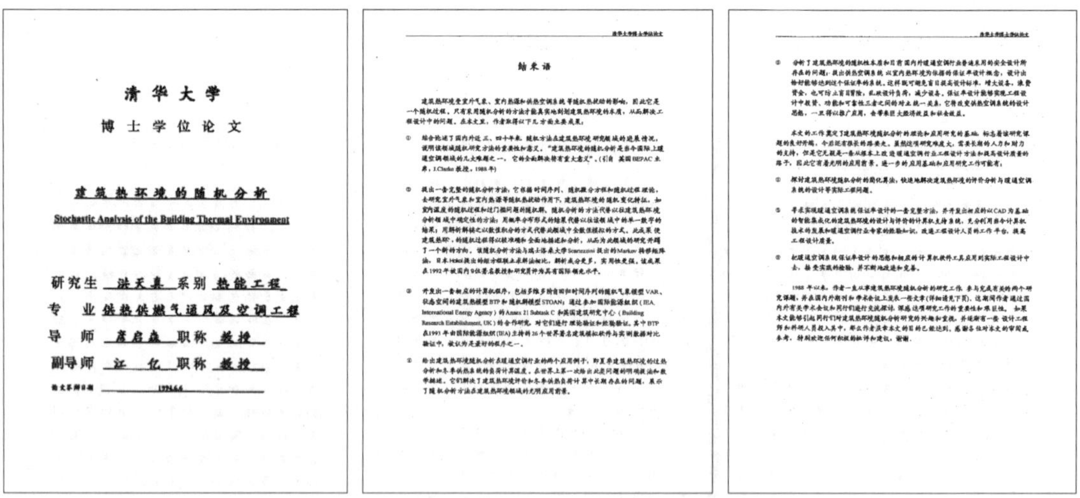

（a） （b）

图 2.4-3 洪天真博士论文

（a）洪天真博士论文封面；（b）洪天真博士论文结束语

在 2000 年 8 月以前，清华大学建筑学院建筑技术科学系博士生、硕士生培养均采用热能工程系研究生培养方案。根据培养计划，研究生培养包括学位课程、课题研究两部分。研究生培养实行导师责任制，并鼓励组成指导小组集体指导。培养计划要求，研究生在导师指导下选学有关课程、查阅文献资料、参加学术交流、确定具体课题、独立从事科学研究并应取得创造性成果。根据培养计划中要求，博士生在学期间至少在核心期刊上发表 3 篇文章，其中有 1 篇文章发表在 EI 收录的期刊上。

根据培养计划，博士生攻读学位期间所获得学位课程学分不少于 4、必修环节学分不少于 5、学科前沿课程（非学位课程）学分不少于 1、总学分不少于 10（自学课程学分另计）。直博生攻读学位期间所获得学位课程学分不少于 18、必修环节学分不少于 5、限选课程学分不少于 5、总学分不少于 28（其中考试学分不少于 23）。研究生学位课程设置如表 2.4-4 所示。此外，必修环节包括学科综合考试（2 学分）、学生活动与学术报告（2 学分）、文献综述与选题报告（1 学分），其中，学科综合考试在博士生入学一年后按一级学科统一组织，考试内容包括基础理论和专业知识，基础理论部分约占 60%，专业部分约占 40%，考试由笔试和口试两部分组成，考试内容覆盖三至四门基础理论和专科课，选题报告应包含文献综述、论文选题及其意义、主要研究内容、技术路线工作特色及难点、预期成果及可能的创新点等。博士生入学后，在导师指导下查阅文献资料、深入调查研究、确定具体课题，一般在一年左右完成选题报告，选题报告在二级学科内组织进行，并由以博士生导师为主体组成的考核小组评审。

研究生学位课程设置　　**表 2.4-4**

课程大类	课程名称	学分	考查方式
马克思主义理论课程	现代科学技术革命与马克思主义	2 学分	考试
	自然辩证法	2 学分	考试
第一外国语（基础部分）	博士生外语或其他语种第一外国语	2 学分	考试
基础理论课（数学类 1 门，不少于 3 学分）	高等数值分析	4 学分	考试
	基础泛函分析	4 学分	考试
	偏微分方程数值解法	4 学分	考试
	应用数学方法	4 学分	考试
	线性与非线性规划	4 学分	考试
	应用随机过程	4 学分	考试
专业基础课及专业课（高等传热学、高等热力学、分析与计算流体力学、流体力学四门课程中至少选一门）	高等传热学	4 学分	考试
	高等热力学	4 学分	考试
	分析与计算流体力学	4 学分	考试
	流体力学	4 学分	考试
	现代控制理论	4 学分	考试
	沸腾传热及两相流动	3 学分	考试
	热力系统及设备最优化	3 学分	考试
	过程数据的计算机处理	3 学分	考试

续表

课程大类	课程名称	学分	考查方式
专业基础课及专业课（高等传热学、高等热力学、分析与计算流体力学、流体力学四门课程中至少选一门）	热工动态学	3 学分	考试
	叶轮机械气动热力学	3 学分	考试
	燃烧过程的数值方法	3 学分	考试
	空调系统过程分析与模拟	3 学分	考试
	高等燃烧学	4 学分	考试

（三）学科评估与专业指导委员会

1988 年 10 月，全国高等工业学校“供热、通风与空调工程”专业本科生培养质量评估专家组到我校进行实地评估。时任书记贺美英、副校长梁尤能、教务长周远清等会见了评估专家组，并介绍了学校情况，教研组负责人等汇报了专业自评情况，评估专家召开座谈会，旁听专业课程，参观实验室，细致完成评估的复查工作。评估专家集中研究评估结果时，决定不用“办学优秀”的评价方法，而改用“认定办学年限”的办法，即采用二、四、六年分档的评价方法。其原因是如果按照原定的十一条标准，则只有清华大学的本专业有条件取得“办学优秀”的资格。因此，清华本专业在同年 18 所有条件参加评估的学校中排名第一，被认定为六年，即六年内不需再检查。

随着人居环境、节能、环保、绿色、生态和可持续发展等理念的提出，原有的暖通本科专业的教育改革势在必行。1998 年教育部颁布的新专业目录将“供热、供燃气、通风与空调工程”专业调整为“建筑环境与设备工程”专业。

1988 年以来，清华大学暖通专业一直主持着全国高等学校建筑环境与能源应用工程专业指导委员会（1998 年前为“全国高等学校供热通风空调及燃气工程学科专业指导委员会”，1998—2013 年为“高等学校建筑环境与设备工程学科专业指导委员会”，2012 年后为“高等学校建筑环境与能源应用工程学科专业指导委员会”）工作，长期专注教学质量的提高和教学理念的更新，致力于教学研究，不断探索新的教学方法，取得了很多成果，并逐步成长为全国建环专业院校教学改革的引领者，为推动全国同类专业的教学改革和教育水平的提高做出了很大的贡献。

五、教材建设

1984 年，空气调节工程专业基础课程教材多为高教版教材，专业课程教材多为空调教研组自编、校印刷厂印制的教材、讲义合集。

1996 年，空气调节工程专业基础课程教材多为高等教育出版社或中国建筑工业出版社出版的教材，专业课程教材多为空调教研组老师编写并印刷出版的教材。

1979—1999 年期间，空气调节工程专业课程教材多为本系空调教研组自编或空调教研组教师编写出版的教材，见表 2.5-1。

主要教材编写情况　　表 2.5-1

教材名称	出版年份（年）	编写 / 译
《建筑热过程（试用）》 《建筑热过程》	1981 1986	清华大学热能系空调教研组编，内部教材 彦启森、赵庆珠合编，中国建筑工业出版社出版
《空气调节用制冷技术》 《空气调节用制冷技术（第二版）》	1981 1985	彦启森主编，中国建筑工业出版社出版 彦启森主编，中国建筑工业出版社出版
《空气调节》 《空气调节（第二版）》	1981 1986	清华大学热能系空调教研组与同济大学共同主编， 中国建筑工业出版社出版
《空气调节》	1991	薛殿华主编，清华大学出版社出版 1991 年 6 月第一版，2020 年第 25 次印刷
《空气调节（第三版）》	1994	赵荣义主编，中国建筑工业出版社出版
《空调节能》	1984	齐永系、薛殿华、赵荣义主编 清华大学内部教材
《流体网络分析与综合》	1986	清华大学热能系空调教研组编写 清华大学内部教材
《供热锅炉房设计》	1991	屠峥嵘编著，清华大学内部教材
《供热系统分析》	1991	蔡启林编著，清华大学内部教材
《热网运行调节与控制》 《供热系统运行调节与控制》	1991 1996	石兆玉编著，清华大学内部教材 石兆玉编著，清华大学出版社出版
《供热工程补充教材》	1991	狄洪发、陈兆祥编著，清华大学内部教材

1.《建筑热过程（试用）》和《建筑热过程》

彦启森和赵庆珠教授编写了《建筑热过程》，于 1981 出版了清华大学内部版本，于 1986 年作为高等学校试用教材由中国建筑工业出版社正式出版，获得国家教委全国优秀教材奖、建设部优秀教材一等奖。

该书全面地讲述了内外扰量对房间的热作用过程（即全面考虑了房间围护结构和物体的蓄热与放热）、建筑物负荷计算的数学模型以及空调房间设计冷热负荷计算方法，以变换求解法为基本数学手段，推导出计算公式，并分析了当时所使用的各种计算方法之间的内在联系以及简化计算的途径，以方便读者获得较全面和系统的认识。为了便于本科学生和在职技术人员学习与使用，附录中简要介绍了矩阵、复数和傅立叶展开以及拉氏变换和线性系统的基本知识。故本书可供大学本科生或研究生选修及参考用，也可供在职技术人员自学用（图 2.5-1）。

2.《空气调节用制冷技术》和《空气调节用制冷技术（第二版）》

彦启森主编了高等工科院校“供热与通风”专业“制冷”课程教材《空气调节用制冷技术》，参加本书编写的有清华大学热能工程系空气调节教研组彦启森、陈肇基、陈君燕、陈雨田。1981 年由中国建筑工业出版社出版了第一版，1985 年出版了第二版，获建设部优秀教材一等奖。

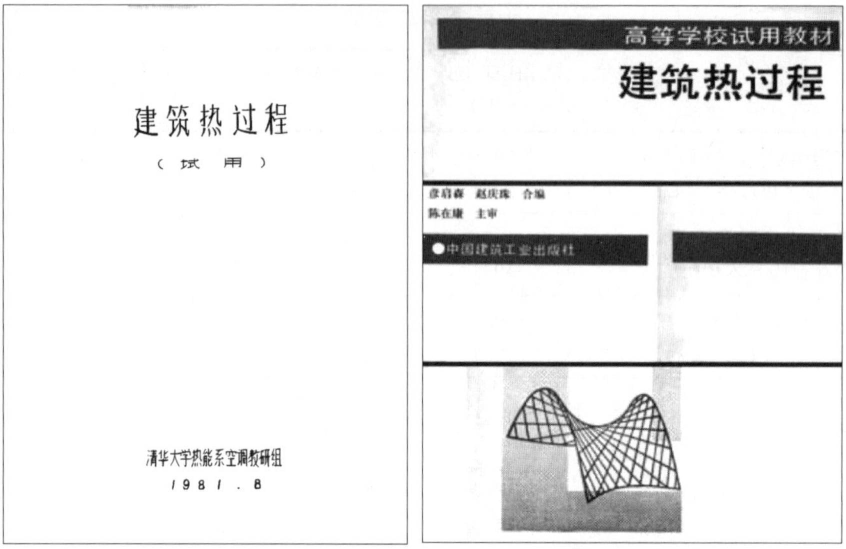

图 2.5-1 《建筑热过程（试用）》和《建筑热过程》

本书系高等院校供热通风专业“制冷”课程试用教材。内容以满足空气调节用制冷系统设计为基本要求，以单级蒸气压缩式制冷装置为主，阐述其工作原理、构造、系统设计、工作特性、运行调节等问题。并适当介绍了吸收式制冷、喷气式制冷和其他制冷方法。此外，还简述了国内外先进技术的动向和有关节能等今后发展趋势。本书也可供有关专业工程技术人员参考（图 2.5-2）。

图 2.5-2 《空气调节用制冷技术》和《空气调节用制冷技术（第二版）》

3. 《空气调节》和《空气调节（第二版）》

1981 年，中国建筑工业出版社出版了由清华大学空调工程教研组、同济大学供热通风教研室主编的高等学校试用教材《空气调节》，1986 年修订出版了第二版，获得建设部首届全国优秀建筑科技图书二等奖。其中，清华大学的吴增菲、赵荣义、薛殿华编写了第一章绪论、第四章空气的热湿处理、第十三章空调系统的能源有效利用等。

本教材系统地阐明空气调节的理论基础和国内外的先进技术与实践经验，以及本学科的最新成就，内容包括：空气的物理性质和室内热湿负荷计算、空气调节系统与运行工况、气流组织和管道设计、消声防振和测试调整、空调工程设计特点和能源的有效利用等（图 2.5-3）。

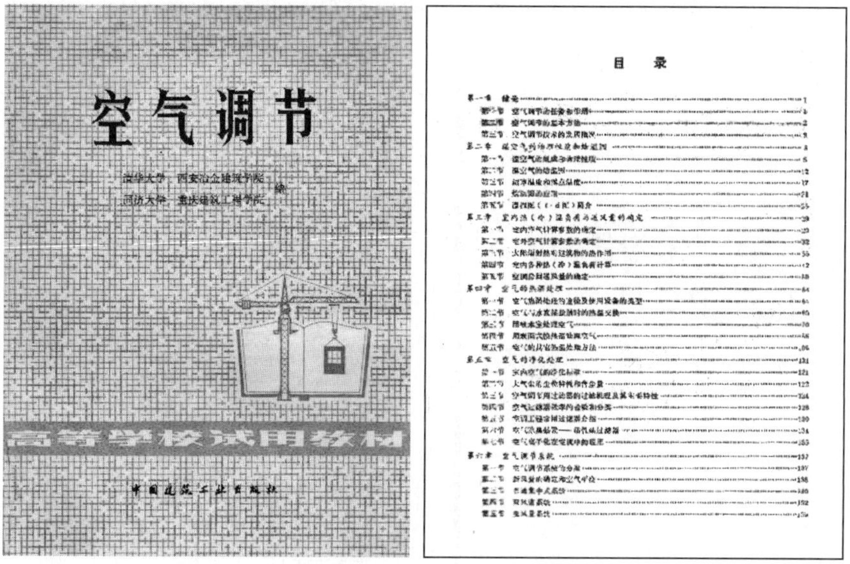

图 2.5-3 《空气调节》（中国建筑工业出版社）

4. 《空气调节》

1991 年 6 月清华大学出版社出版第一版，2020 年 1 月第 25 次印刷（图 2.5-4）。

本书由清华大学空调工程教研组承担编写任务，由薛殿华担任主编，并编写了第三章、第五章。参加编写工作的还有葛仲（第一章、第十一章）、齐永系（第二章、第九章）、钱蓓妮（第四章、第六章、第十章）和许为全（第七章、第八章）、其中齐永系还对书稿进行了审核。此外，赵荣义教授也十分关心本书的编写，不但对具体内容和写法提出了许多宝贵的意见和建议，而且还亲自为本书写了绪论。

本书是“供热通风与空气调节工程”专业主要教材。与一般的空调教材不同，本书首先阐述空气调节的基本原理，然后再介绍各种空调设备。因此，本书在介绍了湿空气的物理性质，热湿负荷和风量确定之后就介绍空气调节系统和运行调节等总体内容，然后再介绍空气的热湿处理、净化处理、通风管道设计和气流组织计算以及消声减振、测定调整等内容，这样可更加符合学生的认识规律，由于节能技术已为世界各国所重视，所以本书也介绍了这方面内容。本书编写时吸收了国内外同类教材的优点，并重点参考了我校和其他三个院校合编的《空气调节》教材。

5. 《空气调节（第三版）》

1994 年，赵荣义担任主编，赵荣义、范存养、薛殿华和钱以明合编，中国建筑工业出版社出版了《空气调节（第三版）》，该教材获建设部优秀教材一等奖，具体分工为：绪论、第一章、第五章、第七章及第九章由赵荣义执笔，第二章、第六章由钱以明执笔，第三章由薛殿华执笔，第四章、第八章由范存养执笔。

本书是高等工科院校“供热通风与空气调节工程”专业的主要教材之一，适于大学本科并按授课时间 70 学时编写。本教材在体系上与《空气调节》第二版基本相同，仍以空气的热湿处理和调节为主体适当加强空气净化部分内容。此外，不单立“空调系统的能量消费与节能措施”一章，而在各有关章节中反映与空调系统紧密相关的节能和合理利用能量的技术措施。本书的多数章节经过改写和增删，以尽量反映本门学科的新发展并加强其系统性（图 2.5-5）。

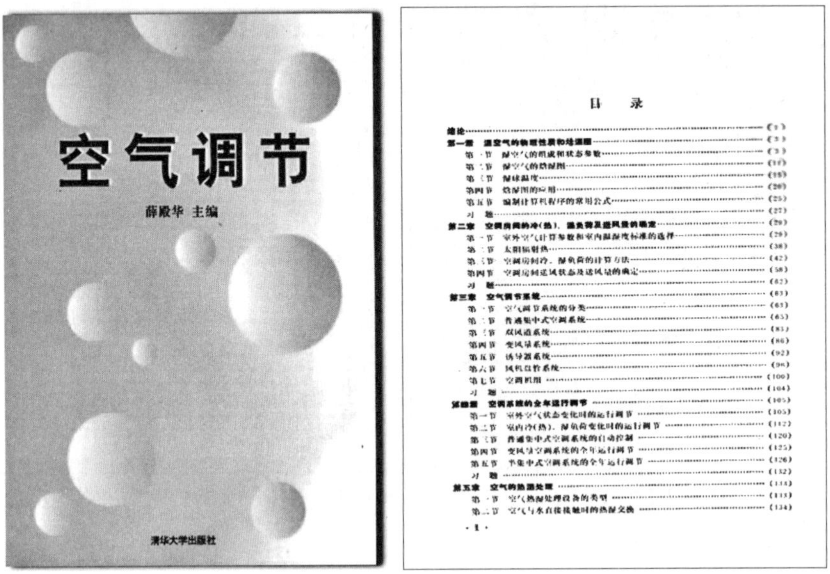

图 2.5-4 《空气调节》（清华大学出版社）

图 2.5-5 《空气调节（第三版）》

6.《空调节能》

1984 年，齐永系、薛殿华、赵荣义编写了清华大学内部教材《空调节能》。该教材介绍了有关能源的基本知识及节约能源的基本原理，指出了空调耗能的特点及节约能源的途径，并着重介绍了几项空调节能的措施，具体内容包括：空调节能概述、空调系统耗能特点及节能途径、空调系统的热能回收装置、天然能源的利用、简介部分负荷分析在空调设计中的应用共五章（图 2.5-6）。

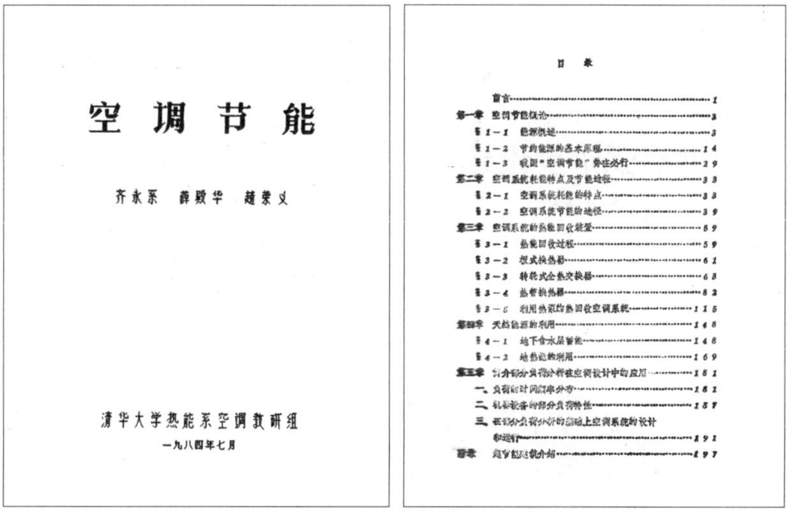

图 2.5-6 《空调节能》

7.《流体网络分析与综合》

1986 年，清华大学热能系空调教研组编写了清华大学内部教材《流体网络分析与综合》。该教材内容包括：网络图论、流体网络的分析、流体网络的综合、网络的计算机算法共四章（图 2.5-7）。

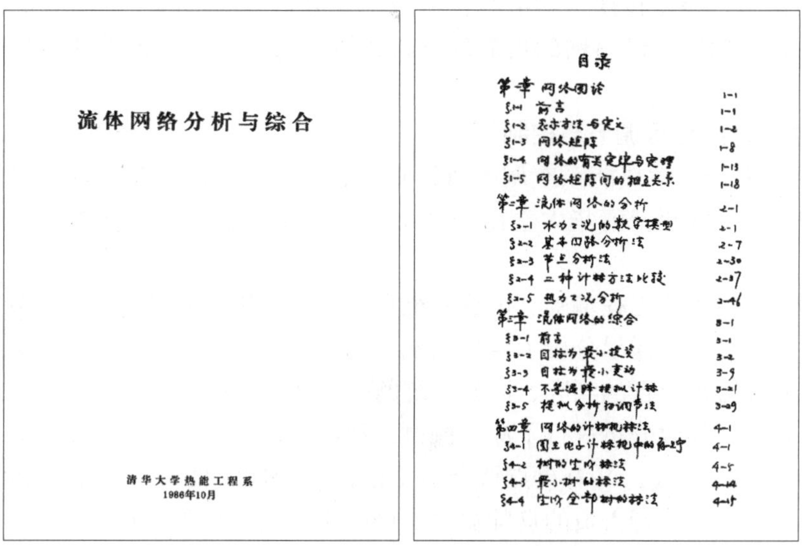

图 2.5-7 《流体网络分析与综合》

8.《供热锅炉房设计》

1991 年，屠峥嵘主编了清华大学内部教材《供热锅炉房设计》。该教材分为热水供热锅炉房设计和蒸汽供热锅炉房设计两篇。第一篇“热水供热锅炉房设计”，具体包括：设计概述、设计的原始资料、热负荷锅炉类型及台数的确定、热水供热系统及给水处理设计、送引风系统的设计、运煤除灰渣系统的设计、锅炉房的位置和布置、热水锅炉房设计步骤共八章。第二篇“蒸汽供热锅炉房设计”，具体包括：设计提要、蒸汽锅炉房设计步骤共两章（图 2.5-8）。

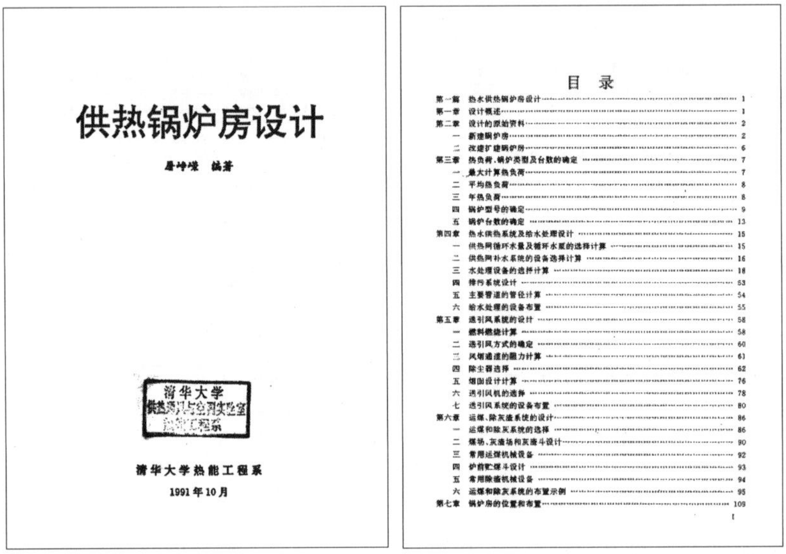

图 2.5-8 《供热锅炉房设计》

9.《供热系统分析》

1991 年，蔡启林编著了清华大学内部教材《供热系统分析》。该教材内容包括：系统分析基本概念、能量转换、热电联合供应系统分析、供热网平面布置的优选、供热网经济比摩阻的确定、供热网的可靠性分析、热电联产供热系统设计参数优选共七章（图 2.5-9）。

10.《供热系统运行调节与控制》

1991 年，清华大学热能系空调教研组石兆玉编写了清华大学内部教材《热网运行调节与控制》。1994 年，清华大学出版社出版了石兆玉编著的《供热系统运行调节与控制》。

该书内容包括供热工程基础、供热系统水力工况、热力工况、流量调节、协调运行和计算机自动监控等，详尽分析了供热系统水力工况、热力工况之间的关系以及工况失调的原因。对大流量运行的利弊、同程系统的稳定性、定压过程恒压点位置确定、多热源的优化运行以及能效分析进行了深入探讨，观点新颖。书中介绍的流量调节方法，既有多种调节方法的比较，又有重点调节方法的详细说明，体现了理论性和实用性的结合，是供热工程管理运行人员的良师益友，也可作为供热空调专业本科生、研究生以及工程设计人员的参考书（图 2.5-10）。

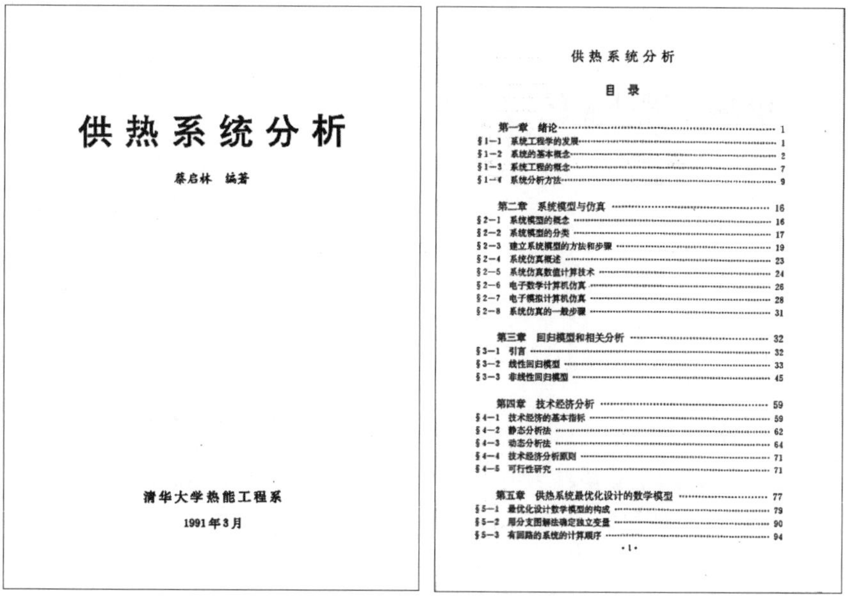

供热系统分析

目　录

·1·

图 2.5-9 《供热系统分析》

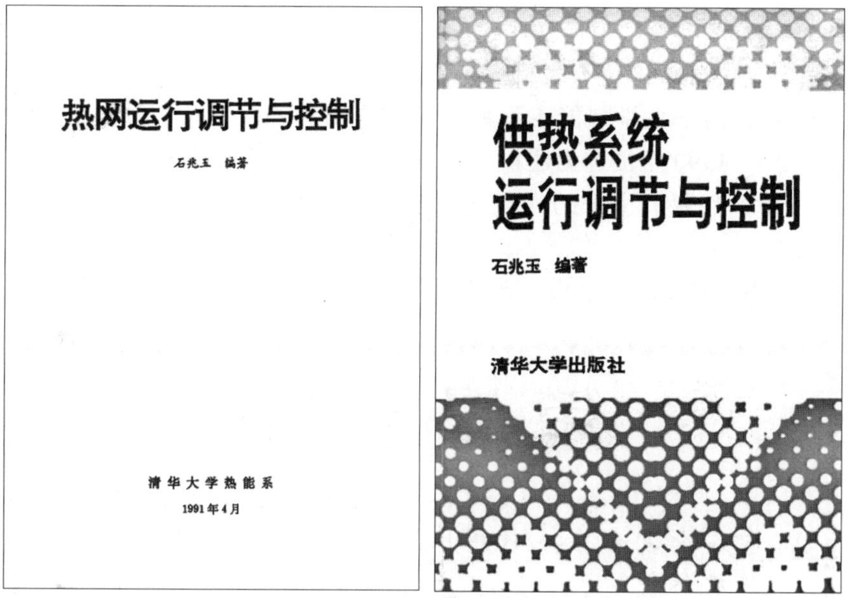

图 2.5-10 《供热系统运行调节与控制》

11.《供热工程补充教材》

1991 年，狄洪发、陈兆祥编著了清华大学内部教材《供热工程补充教材》。该教材内容包括核供热系统、地热供热系统、板式换热器、球型补偿器、预制保温管直埋敷设的设计共五章（图 2.5-11）。

其中，教材主要获奖有：

（1）1985 年，彦启森主编的《空气调节用制冷技术（第二版）》出版，获建设部优秀教材一等奖。

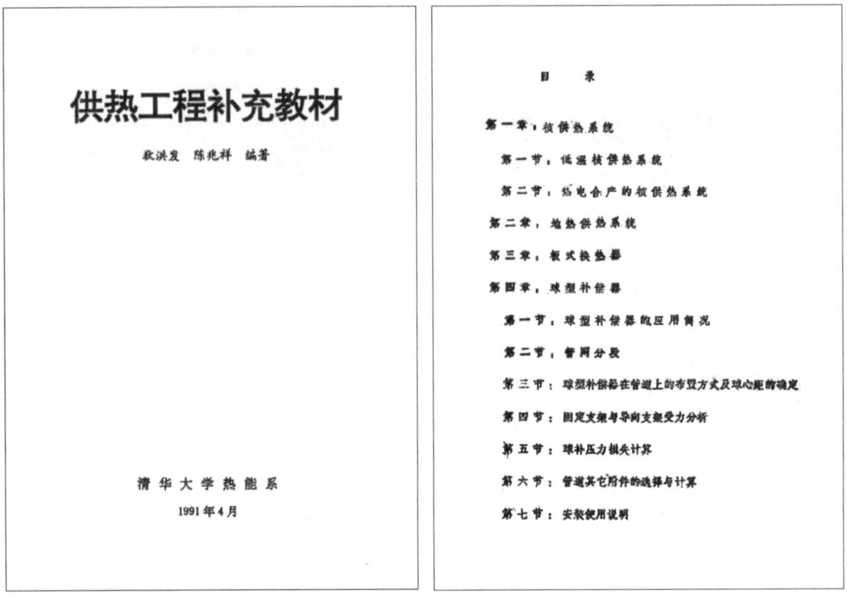

供热工程补充教材

秋洪发　陈兆祥　编著

清华大学热能系

1991年4月

目　录

第一章：核供热系统

第一节：低温核供热系统

第二节：热电合产的核供热系统

第二章：地热供热系统

第三章：板式换热器

第四章：球型补偿器

第一节：球型补偿器的应用情况

第二节：管网分段

第三节：球型补偿器在管道上的布置方式及球心距的确定

第四节：固定支架与导向支架受力分析

第五节：球补压力损失计算

第六节：管道其它附件的选择与计算

第七节：安装使用说明

图 2.5-11　《供热工程补充教材》

（2）1986 年，彦启森、赵庆珠主编的《建筑热过程》出版，在 1992 年获得国家教委全国优秀教材奖、建设部优秀教材一等奖。

（3）1986 年，清华大学热能工程系空调教研组和同济大学共同主编出版了《空气调节（第二版）》，1990 年被评为建设部首届全国优秀建筑科技图书部级奖二等奖；

（4）1994 年，赵荣义主编的《空气调节（第三版）》出版，获建设部优秀教材一等奖。

部分获奖图片如图 2.5-12、图 2.5-13 所示。

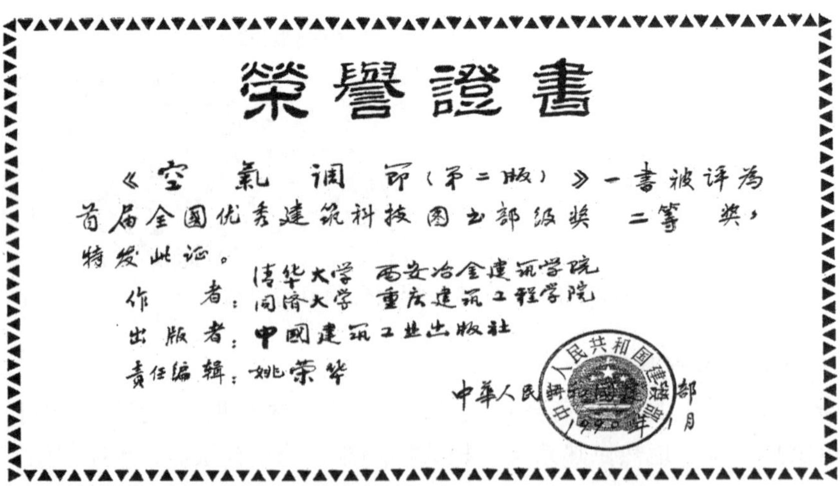

榮譽證書

《空氣调節（第二版）》一書被評為首届全国优秀建筑科技图书部级奖二等奖，特发此证。

作者：清华大学　西安冶金建筑学院　同济大学　重庆建筑工程学院

出版者：中國建筑工业出版社

责任编辑：姚荣华

中華人民共和国建设部

1990年1月

图 2.5-12 《空气调节（第二版）》获得建设部优秀建筑科技图书二等奖

图 2.5-13　彦启森、赵庆珠《建筑热过程》优秀教材获奖证书

六、科研成就

改革开放后，国家的经济恢复十分困难，当时国家给教研组的科研经费非常有限，教研组老师就采用各种办法补贴研究经费，支持开展科研工作。例如，教研组从国外获得了美国德州仪器公司出品的 TI55 可编程计算器（后来又有了 TI59），可以做复杂的科学计算和模拟分析。为了让大家都尽快学会，王兆霖把全套说明书翻译成中文。后来这套中文说明书在国外正式出版，见图 2.6-1。其稿费成了那十年间教研组主要的外汇来源，支撑教研组的对外交流活动。

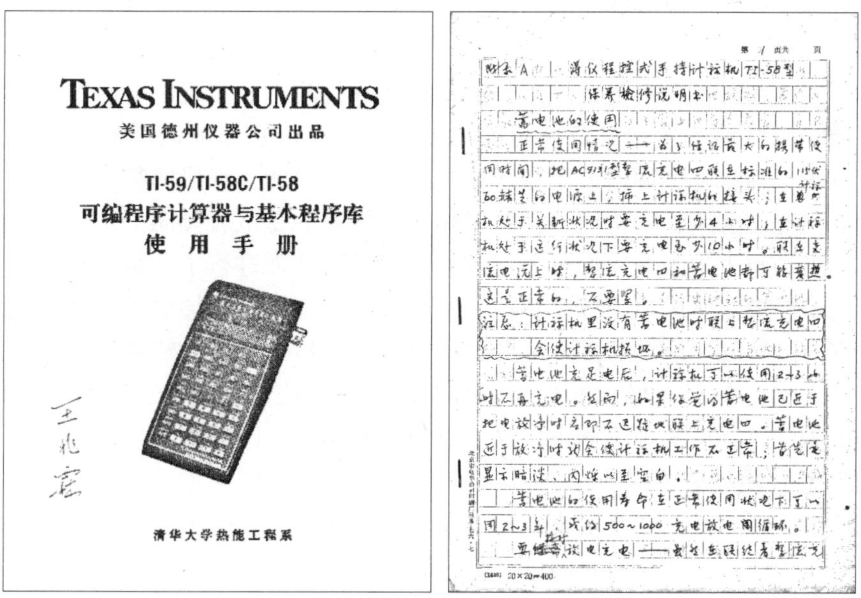

图 2.6-1　TI59 可编程计算器说明书

1978—1999 年期间教研组取得的主要科研成果如下：

（一）建筑节能与建筑环境科学基础

1. 人体热舒适

传统的空调控制方法力求创造稳态的热环境，将气流速度限制在较低的范围内，同时环境温度也保持在相对稳定的水平上。20 世纪后期，热舒适领域的研究者们开始将关注点从稳态热环境拓展到动态热环境。作为我国暖通空调领域最早与丹麦 P.O.Fanger 教授等国际热舒适领域专家建立学术交流与互访的学者，赵荣义自 20 世纪 80 年代从赴瑞典皇家理工学院、丹麦技术大学做访问学者回国之后，带领团队启动了人体热舒适研究，针对动态温度和动态气流条件下的人体热舒适特征，以及动态热环境营造手段开展研究，取得了一系列开创性的成果。

首先，为了满足实验研究的需要，赵荣义团队建设了环境参数可控可测的国内首个人工气候室，并根据不同实验的需求进行针对性改造。自 20 世纪 80 年代后期至 90 年代中期，该团队敖顺荣、王良海、朱芳宇、董静等硕士生相继以此为基础开展的瞬变热环境实验研究，和大量稳态温度、阶跃温度、动态风综合作用交叉实验研究，既为探究动态热环境对人体热反应的影响提供了量化评估，也为多节段人体体温调节模型、稳态热环境下的热感觉模糊评价模型、动态热环境人体热反应预测模型等的构建积累了实验数据。

20 世纪 90 年代后期，随着研究工作的继续推进，赵荣义团队针对气流对人体热感觉的影响进行了更为细化的定量分析研究。博士生夏一哉突破了传统采用平均速度来描述气流的局限，从实验和模拟两个方面，对中性 - 热的状况下气流脉动强度和频率的影响作用进行探索，用温度感受器的动态反应对人体热感觉的实验现象做出了很好的生理学和心理学解释。

合理利用自然风特性对机械风空气流动方式进行改进是实现舒适动态热环境的重要手段。赵荣义团队博士生贾庆贤在对前述动态气流热舒适影响研究的基础上，提出把风速概率分布、湍流度、频谱三个参数作为区分机械风和自然风的特性参数，并发现在偏暖环境下，与稳态风、随机风、正弦风相比，更多的受试者倾向于选择仿自然风。同时期，江亿指导硕士生朱颖秋通过分形理论对自然风特征进行了分析，提出新的特征参数，并建立了模拟自然风风速脉动特征的虫口模型，朱颖心指导硕士生谭刚则对自然通风建筑的室内、外气流紊动特性开展对比研究，进一步丰富了自然风的理论知识体系。

赵荣义对动态热舒适概念的提出，是对已有广泛应用的稳态热舒适理论的重大突破，扩宽了人体热舒适的理论体系，这一点应该看作是对国际学术界的一个重要贡献。

2. 建筑热环境动态模拟

建筑的根本目的是为居住者提供舒适及便利的生活工作环境。其中室内热湿状态是影响环境的主要因素。居住者长时间居住后，在对建筑物的评价中，室内的热湿状态是被评判的主要内容之一。建筑能源消耗目前越来越被认为是很严重的问题，而建筑能耗中的很大一部分都是被供暖、通风和空调系统所消耗，用来营造室内的热湿环境。因此怎样获取健康舒适的室内热湿环境，怎样设计和运行节能的室内热湿环境系统，已成为民用建筑追求的重要目标。

从 1982 年起，在彦启森的组织下，成立了建筑热模拟研讨小组，并着重开始了从谐波法出发，建立在房间热平衡基础上的计算方法和研究分析工作。江亿、赵庆珠、学生陈清焰和常安中都是这一小组的成员，为此做了开创性的工作，在此基础上完成国内第一部相关教材《建筑热过程》，1983 年陈清焰的本科毕业论文是第一次采用谐波法在房间热平衡基础上建立起来的建筑动态热过程模型。

1980 年，李元哲、江亿、狄洪发合作完成采用差分法的基于房间热平衡的建筑热过程模型，完成第一个模拟软件，主要用于太阳房模拟。1980 年江亿提出状态空间法的建筑热过程计算模型，并在当年成都的暖通空调年会上做大会报告，1982 年发表在 ASHRAE Transaction 上，这是教研组在该期刊发表的第一篇文章，也奠定了后来 DeST 的理论基础。1980 年江亿提出随机气象模型的方法，解决了当时没有逐时气象数据，无法进行逐时模拟分析的困难。

1990 年开始，江亿组建研究开发小组开始了 DeST 的初期开发工作，主要骨干有学生洪天真、张金乾、陈锋、魏庆芃、吴如宏和徐珍喜等。开发的建筑模拟版本命名为 BTP（Building Thermal Processes），是世界上能够在图形化界面上描述建筑、利用房间热平衡法做逐时动态热分析的早期软件。1990 年作为 IEA Annex 21 的国际合作项目，BTP 参加了各主要建筑模拟软件的 Benchmark 方式的比对，结果表明其主要结果都位于各主要软件结果的平均值周围。1994 年，江亿、洪天真、张金乾提出基于热平衡模型的多房间建筑模型，是世界上最初的能严格计算多房间动态传热过程的模型，提出“自然室温”概念解决了建筑和空调系统的耦合计算问题，到 1995 年开发完成第一版以 AutoCAD 为图形界面的建筑模拟仿真软件，是当时世界上第一个可以通过 CAD 方法输入建筑信息从而进行热模拟的软件。1995 年，开发的建筑模拟软件 BTP 获国家教委科技成果二等奖。

1995 年，江亿提出了用模拟分析解决建筑环境系统设计分析的基本方法：模拟辅助设计（Design by Simulation）。经过长期努力，终于在 2001 年完成了 DeST 的各个主要部分，形成了包括建筑、采光、通风、系统方案分析、设备模拟、冷站、水网、经济分析等各部分内容的模拟分析软件，实现并超过了最初的框架构想，使几代人的理想终于得以实现。

2002 年完成了专门用于住宅分析与优化的 DeST-h 版鉴定，这是第一个得到广泛使用的 DeST 版本。随着大型公共建筑节能问题受到全社会的日益关注，对建筑和环境控制系统的全面模拟分析成为社会的广泛需求，尤其是对新建建筑的节能评审与系统分析，成为 DeST 的又一主要应用领域。DeST-c（DeST 商建版）正是为适应这一需求而研究开发的。2007 年 DeST 荣获教育部科技进步一等奖，2008 年 DeST 荣获国家科技进步二等奖。江亿院士在 2007 年被国际建筑性能模拟学会 IBPSA 授予“杰出贡献奖”。

此阶段发表的主要文章为：

Jiang, Y. (1982). State-space method for the calculation of air-conditioning loads and the simulation of thermal behavior of the room. ASHRAE Transaction, 88, 122-141.

Hong T, Jiang Y (1997). A new multizone model for the simulation of building thermal performance. Building and Environment, 32: 123-128.

Jiang, Y, Hong, T. (1993). Stochastic analysis of building thermal processes. Building and Environment, 28(4), 509-518.

3. 地下空间传热与传质

地下空间的利用有着悠久历史。在早期已有地下粮库出现，包括储冰、储菜、储酒等功能。在 20 世纪 80 年代，随着世界人口增加，食品短缺、能源不足、环境污染和生态失调等一系列问题亟待解决，充分利用地下空间的重要性得到重视，已作为一种新的重要自然资源予以积极的开发，并得到了广泛和迅速的发展。目前利用地下空间贮存食品和节能的方案，主要是从地下温度常年维持稳定的角度提出的。然而，地下土壤和岩石本身，无疑也是一个可被利用的天然储热体，自然界一年四季的温度变化，可以通过地下土壤和岩体的调节而储存自然冷量和热量，从而在夏季形成冷源，冬季形成热源。因此，亟需开发利用地下空间节能的潜力。

1981—1985 年，江亿与山西果树所合作，开展“北方贮果用土窑性能及管理”研究，提出了地下空间自然环境温差利用的概念并完成了应用实例，对实际工程所面临的某些特定的理论问题和实测问题作出分析探讨，给出理论和实践上可行的分析方法和处理措施。该研究在分析解剖我国已有的某些地下蓄能系统工程的基础上，总结了这类系统的一些普遍规律，提出了“地下空间自然环境温差的利用”的概念，并提出对这类系统的热物理过程研究和设计计算时可以采用的分析计算手段和具体方法，同时研制了为这类系统的设计和研究所必需的、能提供现场土壤数据的便携式测定装置。此课题为国家“六五”攻关项目，1985 年获得山西省科技成果二等奖。

1987—1991 年，江亿、彦启森、侯东明、王四海、李先庭完成了“封闭空间内气体的浓度差引起的流动与传质”研究项目，进行了科技鉴定，获得了清华大学基础性研究成果奖推荐。该研究项目从我国果蔬贮藏技术的实际需要出发，在国内首次揭示了薄膜气调的物理过程，科学地对薄膜气调过程做了定量分析，为提高我国薄膜气调贮藏的设计和研究水平、推广果蔬气调贮藏起到重要作用，并产生了显著的经济效益。主要成果为：研制成等压静止法的硅橡胶薄膜透气率测试装置，利用可视化实验技术首次观察到薄膜气调系统中的气流流动情况，得到系统中由于气体浓度差引起的流动及三种气体相互传递过程的积分解及二维数值解，给出薄膜气调系统物理过程的动态数学模型及各种典型工况下的解。

从 1986 年开始，江亿与北京市农林科学院宗汝静研究员合作，开展大白菜产地储存研究，提出在菜地建通风式半地下窖的新方式，解决了大白菜大规模廉价储存保鲜的关键问题，成果在包括新疆伊犁在内的全国北方地区全面推广。1991 年获北京市科技成果一等奖。以后，又与北京市蔬菜所合作，研制出用于蔬菜速冷装置，并在北京市推广。

（二）空调设备与系统

1. 制冷及空调设备

党的十一届三中全会以后，随着人民生活水平的不断提高和建设“四个现代化”步伐的持续加快，为了保障我国工农业生产、持续提升人民的生活水平，夯实我国空气调节和冷热源设备的理论与技术基础，建设独立自主、赶超发达国家的制冷空调产业已成为国家的重大需求。在 20 世纪 80 年代初期，受理论分析、模拟仿真方面知识欠缺等因素的限制，我国制冷空调设备的研发大都局限于实验验证。然而，随着制冷空调设备的广泛应用，其运行能耗不断上升，如何提高制冷空调设备的效率、降低能耗变得愈发重要。由于制冷空调设备的性能随工况改变而变化，不能以某一工况点下的性能参数作为判别设备性能的优劣。实验研究受环境、场地、部件等条件限制，若仅依靠实验开展设备性能研究将消耗大量的人力、物力和财力，难以取得预期成果。因此，20 世纪 80 年代初开始，以彦启森、薛殿华、陈雨田为代表的空调教研组老师及其研究团队在制冷与热泵、空调设备仿真模型方向开展了卓有成效的创新研究工作。

1981 年，彦启森指导研究生何鲁敏率先研究了整体式空调机组的数字模拟技术，提出了可装配的“区间约束法”，以提高计算的有效性，并在国内率先采用制冷剂封闭方程来完成整体式空调机的仿真，开发了国内第一个整体式空调机的模拟器。针对集总参数法难以描述制冷空调系统的核心部件内的热质传递过程、计算精度较差的问题，1987 年，彦启森、薛殿华指导研究生张欢，建立了直接蒸发式空气冷却盘管的分布参数模型，解决了湿工况下换热器的性能仿真问题，为制冷系统的分布参数模型仿真奠定了重要基础。其间，薛殿华通过上百组实验数据，对表冷器湿工况计算指标、评价指标进行了深入研究，拟合建立了多种概念清楚、使用方便、精度较高的传热计算公式。此外，赵庆珠、薛殿华通过理论推导和实验研究，分析了高速喷雾室、喷水室以及冷却塔的传热性能，推动了直接接触式换热器的应用。1995 年，陈雨田指导研究生邢惠娟通过数值模拟分析对平流式冷凝器的性能进行研究，结果表明，平流式冷凝器具有换热好、两侧流动阻力小等优点。

控制策略与控制算法决定着制冷空调系统能否安全、可靠和节能运行。应用制冷空调设备仿真理论对设备动态特性进行分析优化、制定控制策略，结合计算机技术开发软件控制算法，实现制冷空调设备的高效控制管理、降低运行能耗，对于制冷空调设备的技术研发与优化控制至关重要。

1988 年，彦启森指导研究生徐永晖以电冰箱为对象进行了小型制冷系统的基础实验和理论研究并完成了学位论文，率先对电子膨胀阀的流量控制特性进行研究，为此后制冷系统动态特性研究奠定了基础。1995 年，刘彤在 *SEER* 实验台上开展了大量实验研究，对房间空调器制冷系统的动态特性进行了基础性的实验研究，揭示了空调器在开 / 停过程中的制冷剂迁移特性，探明了导致空调器启停损失的根本原因，提出了房间空调器 *SEER* 的测试与计算方法，对于空调系统动态仿真、性能优化和优化评价具有重要意义。1996 年，彦启森指导史斌华对空气 - 空气热泵的结霜与除霜运行特性进行了实验研究，分析了室外盘管结构对融霜的影响，并提出合理的盘管结构形式，对控制策略作了系统的实验和分析，提出了基于室外温度、室外换热器温度及其最大衰减斜率的综合除霜判据和有效的按需除霜控制方法，为我国空气源热泵产品的除霜技术发展提供了基础性的实验数据和技术指导。1997 年，陈雨田指导研究生陈涌建立了空气源热泵冷（热）水机组的制冷系统稳态数学模型和模型验证，并基于仿真模型对影响机组性能的运行参数进行了模拟分析和结构优化，为后期与企业合作研发产品提供了基础工具。1997 年，彭雄兵针对载货汽车空调，设计了新型分流式冷凝器并对原有管带式蒸发器进行改进，实验结果表明国内系统达到了日本原装系统的设计水平，并在部分指标上超过了后者、性价比更高，为汽车空调国产化奠定了基础。

随着制造业、机械行业的发展以及制冷空调技术的广泛应用，制冷系统复杂性与质量的提高，进而给空调制冷设备的设计研发提出了更高的要求，有关制冷装置的研究也从系统部件的静态特性逐渐转移到研究其动态特性。为研究房间空调器的动态特性，1995 年彦启森指导博士生葛云亭建立了基于分布参数法房间空调器的动态仿真模型，开发了国内第一个分布参数法空调器稳态和动态仿真软件，首次提出根据判断的换热器管内两相区流型建立换热器动态仿真模型的方法，实现了房间空调器稳态和动态的全过程仿真模拟。

1996 年彦启森指导博士生石文星开始研究变频空调器特性，在清华同方研发中心的资助下，与清华同方合作研发变频空调控制器，其所研发的控制器应用于海信国产变频空调器中，开启了中国变频空调器的国产化历史。在变频空调控制器研发的基础上，1998 年在国内率先开始了变制冷剂流量（即多联机）系统特性及其控制策略研究。基于空调器（仅有一个室内末端）与多联机（具有多个室内机末端）的系统结构、物理模型和运行调节规律，指出两者的相似性，并将影响多联机系统运行的因素划分为扰动和调节因素，分析其对系统性能、制冷剂状态参数的影响趋势和影响程度，探明了多联机系统室内、外机和整个系统的联合调节特性，进而搭建了国内第一个多联机特性实验系统，通过理论和实验研究，提出采用室内机电子膨胀阀控制室温、室外机集中控制压缩机吸气过热度和吸、排气压力的多联机系统自治协调控制方法（获 2000 年全国暖通空调制冷学术年会优秀论文奖），为多联机控制策略的制定提供了新思路，也为我国多联机技术的发展奠定了重要的理论基础。

2. 蓄能设备及系统

20 世纪 90 年代初，我国经济快速发展，人们生活水平逐步提高，夏天空调用电量快速上升，空调电力负荷成为高峰电力负荷的主要构成部分，许多地方甚至出现了分时限电政策。彦启森敏锐意识到蓄冷是电力“削峰填谷”的重要途径，未来发展潜力巨大，因此在当时还没有分时电价的情况下快速布局，推动了教研室在蓄冷方向的研究工作。1995 年，国家正式启动分时电价策略，准确印证了这一工作的前瞻性。

2000 年前，教研室蓄冷方向的研究工作主要由赵庆珠、朱颖心、李先庭及其指导的研究生承担，主要包括水蓄冷布水器设计，冰球、冰盘管结冰、融冰过程的理论建模，蓄冰装置研发，过冷水动态制冰，水和冰蓄冷系统设计方法，蓄冷系统的优化控制及蓄冷系统工程应用。1997 年随着张寅平由中国科学技术大学热科学与能源工程系调入教研室，教研室随之增加了相变蓄能这一研究方向。

在蓄冷实验研究方面，1992 年，教研室与清华人工环境工程公司合作建造了国内第一台冰蓄冷性能试验台。1995 年，清华大学试制出国内第一台金属蛇形盘管式外融冰蓄冷设备，蓄冰量接近工程应用，达到 50RTh。1998 年，赵庆珠等建立了国内首个全功能冰蓄冷装置热工性能实验台，该实验台可以对 80RTh 以下的各种规格、各种形式的冰蓄冷设备进行全方位的测试，供产品性能评价使用。赵庆珠、朱颖心、李先庭利用上述平台指导研究生进行了大量工况实验，整理出了冰球等蓄冷装置的蓄冷和释冷曲线，盘管式蓄冷装置的蓄冷曲线以及内融冰和外融冰释冷模型，为蓄冷设备的设计和运行控制提供了依据。

在蓄冷模拟研究方面，1992年，赵庆珠指导研究生开展了单个冰球结冰和融冰过程的数值模拟。1996年，朱颖心指导研究生对冰球蓄冷槽、盘管式内融冰蓄冷槽和蓄水槽进行了模拟仿真研究，开发了用于蓄冷空调系统模拟的动态仿真软件TSTORS，李先庭、赵庆珠建立了冰球式蓄冰罐的数学模型，获得暖通空调年会优秀论文。1998年，赵庆珠指导研究生建立了直接蒸发蓄冰槽的动态模型。

负荷预测一直是蓄冷系统优化运行的关键。1995年，赵庆珠指导研究生利用最小二乘辨识方法和反向传播神经元网络方法开展了逐时外温预测和逐时负荷预测研究，是大数据方法在国内蓄冷领域的最早应用研究。1998年，赵庆珠、李吉生指导研究生建立了外温与运行模式之间的对应关系，进而提出一种基于专家推理方法实现蓄冷系统运行模式的优化选择。

为在全国推广蓄冷技术，1998年彦启森和赵庆珠编写了全国第一套《冰蓄冷系统设计》手册。这个并不厚的油印小册子详细介绍了不同蓄冷设备性能、不同蓄冷系统特征、冰蓄冷系统的设计方法和控制方法，并在全国众多设计院、电力企业和空调用户进行技术培训和义务咨询，培养了大量工程技术人才。后来，为满足广大设计院及读者的需要，全国蓄冷空调节能技术工程中心和清华同方又将该手册电子化，成为最早的电子书之一。该手册虽未正式出版，但对推动我国冰蓄冷技术的应用和普及，提高设计水平起到了不可替代的作用。

除了对静态蓄冰技术开展研究外，1997年，江亿指导曲凯阳博士生研究过冷水特性，揭示了保证过冷水动态制冰系统中过冷却器不发生结冰的条件，研发了过冷水动态制冰实验装置，为动态冰蓄冷设备的研发奠定了重要的理论和技术基础，其博士论文“过冷水制取的基础与应用研究”获得清华大学优秀博士论文一等奖。

在相变蓄能方向，张寅平撰写了《相变贮能－理论和应用》，该书系统介绍了相变储能领域的基础理论与当时国内外的主要研究成果，为工程热物理与暖通空调等相关专业相变储能的基础与应用研究提供了参考，提出了可同时测定多组相变材料多个热物性（固、液态相变材料的比热、导热系数，相变材料相变潜热，相变温度和过冷度）的T-history（逐时温度法）方法，该方法具有装置简单、价格低廉、测试快捷、精度较高等特点，为相变材料的筛选和研制提供了热性能测试和评价的有力手段。该书建立了分析板式相变储换热器储、换热性能的理论模型，采用温度－相变界面迭代法分析了相变界面和流体温度随时间和位置的变化规律，得到了相变界面、蓄冷量和流体温度的无量纲公式，对板式相变储换热器的设计和性能优化具有普适的指导意义。张寅平、王馨和清华大学化工系杨睿合作开展了定形相变材料、潜热型功能热流体研制、热性能和应用方式与效果研究，揭示了潜热型概念热流体强化换热的机理，并通过实验测定获得了该类流体的无量纲换热准则，研发的定形相变地板应用于清华大学节能实验楼。张寅平、江亿、杨睿、王馨、博士生林坤平等因“相变贮能应用基础研究”获教育部自然科学二等奖。

在开展蓄冷技术研究的同时，教研室也积极推动蓄冷技术的工程应用。彦启森和赵庆珠牵头开发了清华同方 RH 系列冰槽，自 1992 年起开展了数十项水蓄冷、冰蓄冷的工程应用，极大地促进了我国蓄冷技术的发展。由于教研室在蓄冷技术方向的应用基础研究和产业化应用，教研室与同方股份有限公司联合完成的“蓄冰空调系统设计、控制和产品成套技术研究与开发”项目于 2001 年获得北京市科学技术奖三等奖（赵庆珠、李先庭为第 1、第 2 完成人）。

3. 空调系统节能改造

清华大学建环专业开展公共建筑节能，特别是公共建筑运行过程中的节能诊断、调试与再调适、节能改造等，起源于改革开放后每年利用暑期开展的本科生运行实习。20 世纪 80 年代以来，我国民用建筑集中空调系统应用越来越多，到 20 世纪 90 年代北京亚运会之后，特别是“南巡讲话”之后，我国社会经济发展迅速，一大批新建的各类公共建筑采用集中空调系统。但在实际运行过程中也出现了能耗偏高、室内冷热不均、运行效果不佳的问题。以空调系统为主要对象的公共建筑节能研究、实践教学与工程实践在清华建环专业逐渐发展起来，并不断推动行业和建筑节能的发展。

1995 年前后，本专业暑期运行实习过程中，由江亿、狄洪发、李吉生、李先庭等老师带队，先后对中央电视台变风量系统、大演播厅空调系统、铁路总医院（后更名为北京世纪坛医院）空调系统、北京西客站空调系统、解放军总医院西区空调系统等，开展详细的现场实测、数据分析、提出节能改造方案等，形成运行实习实践教学与大型公共建筑集中空调系统节能结合的新模式。1996 年冬季至 1997 年夏季，江亿等清华建环教师和研究生、本科生还对中南海空调系统运行和调节进行详细现场实测，积累空调系统运行的宝贵资料。彦启森、赵庆珠、朱颖心、李先庭等老师带队，与研究生一起开展各种类型冰蓄冷系统实际运行实测与节能控制研究，金招芬、朱颖心、李晓锋教师等还带领研究和本科生到上海、深圳、广州等地对超高层建筑、地铁环控系统等开展现场实测。

以这类工程实践中的实测为基础，到 2000 年前后，一批研究生选择与空调系统节能密切相关的研究课题，例如孙宁博士论文以变风量系统控制为题目，梳理定静压、变静压、总风量等控制算法对实际风机电耗的影响，朱伟峰博士研究了实际自控系统传感器在线故障诊断算法，并提出多个连续调节或通断调节空调末端、其水系统运行整体热力特征不同于单个末端热力特征的重要发现，薛志峰硕士论文结合北京南银大厦、上海金茂大厦等实际工程中变风量系统实测数据，提出变风量系统风机应根据风道 *S* 值和末端风量的不同需求尽量控制在高效工作区等。这一批研究生在校和毕业后仍然从事公共建筑和集中空调系统节能工作，进一步推动清华建环在公共建筑节能领域的研究与实践。例如，江亿带领朱伟峰、薛志峰等研究生，与本科生燕达、刘昕、齐庆梅等在 2000 年前后对北京旅游集团三十多座四星级、五星级酒店开展系统性节能诊断和分析工作，亮马河大厦、长城饭店、长富宫饭店等一批星级酒店开始了最初的节能改造工作，李吉生、李先庭等带领研究生张雁、李莹等对双安商场、翠微大厦等一批北京市商务委员会所属的大型商场开展节能工作。通过对这类集团级、同类型公共建筑的集中开展节能工作，初步形成了对标分析、指标分析、共性问题分析、共性解法等方法和成果。例如薛志峰在彦启森、江亿等指导下完成的专著《既有建筑节能诊断与改造》，就很好地总结了这一时期清华建环在公共建筑节能领域的研究与实践工作。此外，清华建环提出的“大型公共建筑”能耗特征不同于一般公共建筑，其能耗强度更高、节能潜力更大的观点，逐步得到各级政府和行业的认同。

（三）供热设备与系统

1. 管网水力工况分析与调节

1978 年王兆霖先生翻译了苏联《计算热网络的方法和算法》一书，并通过马尔可夫收敛算法、节点法、矩阵法等方法对管网联接进行建模，为开展流体网络工况模拟及自动化控制研究发挥了核心作用。根据这一方法，1984 年由空九班毕业设计完成第一个热网水力工况模拟软件，并进一步在 20 世纪 90 年代完成图形化输入输出界面，1991 年成为“RH-net”，被业内广泛使用。

1982 年《关于热电合产供热中热网部分的研究课题》被列为国家科技重点攻关课题，提出热网水力工况分析的数学模型和计算机模拟程序，并在此基础上研究出进行热网水力工况初调节和运行调节的快速可靠方法，提出选择具体供热系统的最佳供回水温度的计算方法和计算程序，解决了热网水力工况的调节计算问题。

1983—1985 年，从循环管网水力调节方法、热网模拟仿真以及相关软硬件开发等多个方面开展了深入研究。采用网络理论、数学模型（流量与压降之间的函数关系）编制计算机程序模拟分析热网水力工况，建立热水管网工况模拟实验台，验证计算机模拟分析方法的正确性。在热网水力工况方面，应用图论、网络理论编制的水力工况模拟分析软件，可在已知热网各管网阻力特性系数和水泵型号时，快速计算各种形式供热系统各管段的流量、水头降和节点压力值。利用该软件可计算热网理想工况并制订初调节方案，从而解决热网水平失调问题，该软件还可对各种形式供热系统进行运行工况的优选。

1986 年和 1988 年，应用模拟分析初调节法分别对北京龙潭小区和中关村东南供热小区进行了热网初调节，使供暖效果有了明显改善，获得了较为满意的调节效果。

1989—1990 年，由我专业毕业校友蔡长杰牵头，在国防大学二号院开展用计算机对供暖系统实施测控的研发工作，石兆玉、陆致成、蔡启林、研究生范新、寿晓峰等积极参与，提供技术支持，经过近两年努力，在节能减排、提升系统热力平衡和降低供热系统补水率方面取得了显著效果，国防大学二号院被总后勤部表彰为全军供暖节能先进单位。

关于热网水锤问题的分析，1994 年蔡启林结合石景山电厂进北京的供热线，指导李锐完成硕士论文《热水供热网水锤分析及其防止措施》。首次对我国供热系统的水锤问题进行了研究，深入分析了热水供热网水锤产生的原因及动态变化情况，建立了热网瞬态分析的数学模型和物理模型，建立了基本方程组，处理了复杂的边界条件，研究了热水供热网有蒸汽空穴水锤的计算方法，并分析了热水供热系统防止和减小水锤的措施。

在热网末端调节方面，1997 年江亿首次提出在末端用分布式变速泵代替阀门进行水力工况调节，并于《暖通空调》杂志发表文章《用变速泵和变速风机代替调节用风阀水阀》，通过五个工程实例探讨在供热空调系统中利用变速风机和变速泵代替调节用风阀水阀实现风和水系统调节的可能性。后在此基础之上，山西等地的供热热网开始使用变频泵。

2. 供热规划

教研组应用计算机模拟方法对热网设计参数、管网布局、系统优化进行了深入研究，总结了一套供热规划方法。

在供热网平面布置优选方面，蔡启林、王兆霖提出热网平面布置的优选原理，据此编制计算机程序，并应用于“大同市城市集中供热工程可行性研究”中，在可能出现的众多方案中优选最佳方案。

在供热系统设计优选方面，蔡启林、王兆霖提出了同时优选热电合产供热系统的热化系数，供热网供回水温度和管道比摩阻等四个主要设计参数的方法。采用混合函数法（SUMT）和转轴直接搜索可行方向法（DSFD），分别用 FORTRAN 语言编制了计算机优化程序。给出了两个不同规模城市供热系统的优选结果和改变 13 个参数值的敏感性分析。通过经济、技术与社会综合分析，厘清影响供水温度与供回水温差的多种因素，建立评价热媒最佳参数的目标函数，根据优化方法编制计算程序，按照限定热源形式，计算在一定供热范围内不同供热半径下的热媒最佳参数。编制 HO 程序软件，可在已知热源点位置和热用户的热负荷分布时，同时求得最佳的热化系数，供、回水温度和管道比摩阻等四个设计参数及热源设备的最优组成，并应用在北京石景山热电厂城市供热工程中。

在地区供热方式优化规划方面，蔡启林等应用系统工程的理论和方法，把地区供热系统的热源，热网和热用户三者结合起来实现地区供热系统的综合优化。编制的 PLANT 系列应用软件适用于处理供暖和工业热负荷供热系统的优化规划，可在保证整个供热系统的综合经济性最好的前提下，根据热用户的分布及热负荷的大小确定：热源方式（热电合产，区域锅炉房或分散锅炉房）以及相应的机组、热源点的分布，各个热源点分别供应哪些热用户以及供热系统的基本热力参数。

具体规划工程有大同供热规划、赤峰供热规划、北京部分地区供热规划，对改革开放后国内大范围发展城市供热系统起到重要作用。

3. 工业余热利用

1980 年陈君燕指导倪进昌完成硕士论文，开始了溴化锂吸收式制冷方面的研究。1986 年，陈君燕在石家庄华北制药厂研究利用余热进行吸收式制冷，为工业生产过程提供冷量，是最早利用工业余热解决制冷的尝试。同年，受华北制药厂节能办委托，先后编写《华北制药厂回收发酵消毒液废汽余热用于制冷的可行性报告》及其《补充报告》，并通过了国家计委节能局委托的专家评审会的评审。1987 年，“华北制药厂发酵消毒液废汽余热制冷”工程被国家计委节能局列为示范项目，并获得国家药管局科技进步二等奖。

1988 年，由王兆霖、陈君燕共同指导邵伟完成了硕士论文《溴化锂吸收式制冷机的优化与模拟研究》，以余热利用系统中溴化锂吸收式制冷机为研究对象，确立了以制冷机的总折算费用为优化的目标函数，建立了制冷机通用数学模型，成功模拟了制冷机在非设计工况下的工作情况，得到了不同的影响因素与制冷机性能间的关系曲线，并从理论上分析了这些结果的正确性。1992 年，提出废汽余热回收利用系统，解决了当时工业余热回收利用中普遍存在的问题，该系统包括余热收集与回收技术、蓄热技术、自动调节与控制技术、低品位热能制冷技术、安全技术以及其他措施和方法，适合各种工业余热的回收利用，可以在余热品位低、载体含有杂质、排量随机波动大、多个排放点不允许混合及有严防倒灌要求等多种情况，提高余热的回收利用率。

4. 供热设备

1985 年，蔡启林指导硕士生范有臣研究了有集中热源、壁温不同的封闭空间换热，从整体上对 ISO 标准的室内供暖散热器试验台的换热机理及其标准中诸技术指标进行了研究，揭示了不同壁温分布对封闭空间换热的影响，提出了封闭空间换热的“叠加作用”性质，并由实验给予了间接的验证。肖曰嵘科研工作侧重于散热器性能测试与改善研究，主持设计建造了国内首个符合 ISO 标准的散热器热工性能检测台（俗称“K”台），承担了铜管对流器特性分析、供暖水质规范化研究、供暖散热器设计参数试验研究、内热源在竖直通道内对流换热的强化、铝制侧翼平板形散热器的研究等重点科技研发课题。相关研究成果先后获得了北京市科学技术奖二等奖（1985）、国家教委科技进步二等奖（1993）等 6 项省部级奖励。

1986 年底至 1987 年初，吴爱真、李元哲和蔡启林牵头，开展了家庭两用煤炉热效率实验方法研究，对北京出产的蜂窝煤炉及机制煤球炉的正平衡热效率进行了实验。探讨了周期性及连续性燃烧的测定及计算方法，为建立民用炉热效率实验方法开展研究工作，并以实验为基础提出建立民用炉热效率测试台的建议。

（四）自动控制设备与系统

1. 空调系统仿真

空调系统仿真对于建筑与空调系统设计、建筑能耗分析、空调系统性能模拟具有重要作用。自 20 世纪 80 年代起，我国暖通空调行业逐渐开始关注建筑空调系统模拟仿真与计算机节能控制技术，清华大学空调教研组率先投入研究工作，为行业发展奠定了重要基础。

1984 年，彦启森带领研究团队在国内率先开展空调系统计算机仿真与建筑能耗管理控制系统方向的理论、实验研究工作。课题组成员包括教师江亿、陆致成，学生朱颖心、李吉生等。

1984 年江亿指导朱颖心完成本科毕业论文《空调系统的仿真实验台》，并建成 1.0 版本的建筑与空调系统仿真实验台，用于房间空调器控制器的仿真实验。该成果发表在 1985 年的第一届 CLIMA 2000 全球暖通空调学术大会，也是建筑环境与设备研究所第一篇在国际学术会议上发表的论文。1989 年，彦启森指导朱颖心完成博士论文《建筑与空调系统的数字仿真装置》，开发了一套空调系统实时仿真装置软件，包括仿真程序及数据库，用于模拟不同网络结构、不同设备组成的空调系统，成为国内第一套用于建筑与空调系统动态特性分析和控制产品研发的计算机数字仿真装置 ESCA，通过模拟建筑空调与控制系统的动态过程，为建筑空调系统的能耗分析及其自动控制系统开发提供了新的有效工具，成为 2.0 版本的建筑与空调系统仿真实验台。

1990 年，赵庆珠指导硕士生李吉生通过对 ESCA 的硬件接口、硬件方式、仿真模型以及实际应用的实验研究，建立了合理的硬件环境，在 ESCA 的基础上实现了硬件接口部分的模拟量仿真与温湿度信号仿真。ESCA 仿真装置一方面可用于模拟比较不同控制方案下的空调能耗，为实际工程筛选合适的控制策略，另一方面还为自控产品的开发提供了低成本试验环境，推动了相关企业空调系统自控产品研发。此后，赵庆珠等通过加入补偿模型，使得仿真系统具备了针对 KT-9 空调系统的应用分析条件，实现了杭州磁带厂磁带车间 KT-9 空调控制系统的开发与应用。

进入 20 世纪 90 年代之后，教研组继续在空调系统节能控制优化方向开展了更为深入的研究工作。1993 年，博士生李吉生提出了“空气处理过程的最小能耗方法”，在工况分区上摒弃了传统按室外空气状态划分工况的思路，从操作层面上把系统能耗作为优化目标引入控制软件，推动了我国空调系统节能控制前进的步伐。在此基础上，为解决优化控制中送风状态点的预测问题，李吉生提出了采用 PID 算法的简单预测方法和效果更佳的自校正控制方法，为空调系统的整体优化与协调控制奠定了理论基础。

1997 年，彦启森等提出了分别采用最小二乘法辨识、神经元网络两种方法进行逐时室外温度和空调负荷预测模型，实现了在实际应用中利用积累的实测数据和天气预报信息进行负荷预测，为冰蓄冷等空调系统的设计与优化控制提供了技术手段。

1998 年，彦启森、李吉生指导博士生孙宁对变风量系统系统稳定性和整体协调优化控制问题进行研究，指出耦合作用和非线性是影响变风量空调系统稳定性的主要因素，并提出以耦合度和非线性度为指标的稳定性定量评价方法，分析了影响变风量系统的关键因素，对变风量空调系统的推广具有重要意义。

教研组将空调系统的模拟仿真、信息通信、自动控制等技术引入到供暖空调行业，掌握了其控制的核心技术，并与多家企业、工厂开展技术合作，实现了国内中央空调自动控制、冰（水）蓄冷空调技术等相关技术从无到有的突破，推动了空调系统自动控制的技术进步，为我国暖通空调产业的快速发展做出了重要贡献。

2. 空调自控

1980 年，张瑞武、陆致成、江亿、束际万等开始了供热空调系统计算机检测、控制和管理的研究与开发工作。作为国内最早的研究小组，研究开发了基于 Z80 系列的控制器产品、基于 8051 系列的控制器产品、包括 ID 图和各种湿空气参数相互转换的汇编软件，写入固态存储器的软件库曾进入中关村计算机市场代售；研究开发了输出为占空比信号的高精度温湿度传感器和变送器，与热能工程系电厂合作研发了频率信号输出的高精度压力传感器；全面开发出拥有自主知识产权的计算器控制器硬件、软件产品。

利用这些产品，1983 年完成国内首个棉纺厂空调计算机控制系统、冰箱出厂自动检验系统、北京冷冻机厂 LH48 恒温恒湿机组的控制器等的开发。为了解决空调系统和空调器控制器的调试需求，研究开发了空调系统实时仿真装置，朱颖心和江亿将相关研究成果发表在国际会议 CLIMA2000（哥本哈根，1984），以及 Building Simulation（温哥华，1989），该研究成果也是朱颖心的博士论文主要内容。

此后，研究开发出建筑空调的计算机控制系统“RH 系统”。采用人工智能技术，开发出全套的硬件软件系统自动组态、自动生成系统。工程开发者仅需逐个定义每个控制器的传感器、执行器和要求的控制逻辑，就可以自动生成控制器软件、并产生整个系统的参数数据库。既可以通过绘制图形、定义图形界面的方式形成数据显示和菜单，又可以通过工程化的手段产生上位机人机界面。根据工程需要陆续开发出系列的控制算法，如不同空调箱结构的空气处理过程分区、变风量系统风机的转速调节、制冷机及水泵组的群控等，使当时陆续研究出的空调系统控制调节优化方法都及时地转化成标准算法进入算法库，从而在工程中得以应用。应用这套系统，1990—1997 年之间陆续完成杭州磁带厂、大连磁带厂、杭州卷烟厂、沈阳和青岛轮胎厂、北京和四川造币厂、多地的化纤厂等多个国家重点的工业建设工程，北京人民大会堂、北京毛主席纪念堂、北京故宫博物院地下库等多个重要建筑项目，伊朗德黑兰地铁 1、2 号线、北京西单地铁站等交通场站空调控制项目。“RH 系统”的完成，使得国内有了自主的用于建筑自动化的计算机控制产品，对 2000 年之后伴随公共建筑大规模建设而进入中国市场的各个国外建筑自动化产品的抗衡和抑制价格起到重要作用。

教研组还与多家企业、工厂开展了技术合作。自 1983 年起，教研组在北京冷冻厂和国棉一厂空调系统项目中，应用 ESCA 仿真装置开发调试了北京冷冻机厂生产的空调机组微控制系统、京棉一厂车间空调系统等实际工程系统的计算机控制软件，并进行系统测试、控制装置制作、控制软件开发调试等研究工作。其中，彦启森负责的“京棉一厂新品种车间空调系统计算机控制”项目获得了 1986 年全国计算机应用展览一等奖、北京市技术开发优秀项目一等奖，“北京第一棉纺织厂计算机管理系统”项目获得了 1986 年纺织工业部科学技术进步一等奖、1988 年北京市科学技术奖三等奖。

教研组和清华人工环境工程公司（人环公司）合作对柜式空调控制器进行研究，1991 年人环公司成功研发生产空调热泵冷（热）水机组，配套使用了教研组研发的控制器，实现了空气源热泵冷热水机组的“开发 - 生产 - 销售”一条龙流程。该技术为人环公司后来推出的小容量空气源热泵冷热水机组（即“户式中央空调”系列产品）提供了技术支撑。1993 年，教研组与人环公司共同完成了空气源热泵“毛细管的分布与 R 系统的平衡”研究课题，解决了当时国产风冷热泵机组冬季热泵运行时蒸发器结霜、除霜不均问题。

另一项代表性工作则是对变频空调器及多联机的研究开发。变频空调器和多联机起源于日本，由于其具有优良的部分负荷和变工况运行性能，特别适用于部分时间、部分空间使用场景。自 20 世纪 90 年代以后，国内已有部分企业开始引进日本的变频控制技术和设备。教研组瞄准这一方向，通过与清华同方（原清华人环公司）、青岛海信公司合作，开展变频空调及其控制器的研发工作，并于 1997 年研发出了中国第一台变频空调器 KFRP-35GW（1998 年开始批量生产），使清华同方和青岛海信成为国内首批可独立研发、生产变频空调器的技术团队。在变频空调器的研发基础上，1999 年，教研组建成了国内第一个热回收型多联机空调系统实验台，研究多联机系统的运行特性和优化控制策略。基于上述研究，教研组与清华同方合作完成的“变频控制技术在空调上的应用”项目获得了 2000 年度北京市科学技术奖三等奖。

3. 热网自控

1986 年，陆致成、江亿、汪仕文等人承担了“赤峰市热网微机监控系统”项目，对内蒙古赤峰市 50 余万平方米老城区的热网进行计算机控制改造（后扩展到 200 多万平方米供热面积），为此项目开发了控制器全部硬软件、通信网络设备和通信协议、系统组态软件，在全国首次实现了供热管网的计算机监测、控制和管理。该项目于 1989 年荣获国家教委科技进步二等奖，1990 年荣获国家科技进步三等奖。

此后陆续完成了沈阳热网、长春热网、抚顺热网、辽河油田热网、北安热网等的计算机控制系统工程。1990 年开始实施的沈阳沈海热网计算机控制管理工程，是国内最大的热网计算机控制系统。工程全部硬件软件、传感器、通信系统等全部为自主知识产权的产品。在此基础上研究发展出用于热网计算机控制的系列硬件软件设备，并在辽河油田热网、抚顺热网、长春热网等多个大型热网中使用，收到良好效果。

在理论层面，1993 年杨旭东完成了硕士论文《集中供热计算机控制系统研究和应用》，提出了热网调节灵敏度的概念，首次正式给出管道内流量随管道阻抗 S 值变化的解析解以及大型复杂热网解耦控制和在线故障诊断方法，并在沈阳沈海间连热网和抚顺混水热网控制中得到全面应用。1994 年接待日本名古屋大学教授、暖通空调计算机控制权威专家中原信生参观调研，被认为是世界最高水平的控制产品和调控系统。1995 年江亿应中原信生教授邀请，参加在名古屋举办的环太平洋建筑和环境可持续发展学术大会，并就沈阳工程做大会报告。1996 年，江亿等人完成了沈海热网的计算机控制系统工程，所涉自然科学基金项目“集中供热网热力学和动力学特征的在线识别与控制”，荣获 1996 年教委科技进步一等奖和 1997 年国家科技进步二等奖。1997 年，江亿首次提出管网的可调性和稳定性的概念和定量定义，并提出了矩阵法的计算方法与现场实测方法，由此形成了对管网调节相互影响关系的定量分析方法。

（五）其他设备与系统

1. 净化设备与系统

20 世纪 80 年代，在教育部科研基金支持下，赵荣义、钱蓓妮、许为全及葛仲等教师合作开展 0.1μm 洁净技术方面的研究，主要研究方向集中在气溶胶浓度检测和颗粒物过滤等方面，应用对象主要关注洁净厂房和医院洁净手术室。

洁净室等洁净空间具有颗粒物浓度低、粒径小等特点，这种特性给颗粒物的检测带来困难。但是准确检测和评价颗粒物情况是洁净技术发展的重要前提和关键技术。该研究团队着眼典型洁净空间颗粒物粒径（0.1μm），针对常见的非等动力采样场景，对采样系统的误差和浓度参数估计进行分析，并给出相应的采样效率修正公式和低浓度下颗粒物浓度检测的区间估计数学方法。同时，针对极低浓度小颗粒气溶胶检测的问题，提出了容积式检测方法，该方法经理论分析和实验研究，证明可以有效提高检测可靠性。除此之外，对常用的气溶胶发生介质邻苯二甲酸二辛酯（DOP）形成的气溶胶进行研究，发现在形成的颗粒物粒径较小时，其蒸发现象很强，在进行洁净实验时需要考虑此特点。

在洁净环境的营造过程中，过滤器的应用非常关键，该合作团队对此进行了相关研究。核孔膜作为一种可用于颗粒物过滤和大气颗粒物采样的材料，在 20 世纪 60 年代得以发展。清华大学核能技术研究所经过多方面摸索，基本掌握了其制备方法并制造了小样。赵荣义团队对于这批小样的过滤特性进行研究，该研究也有助于评价和改进核孔膜的制作工艺，进一步推广核孔膜在我国的应用。研究结果显示核孔膜的开孔率等均有相关限制，且其阻力很大，不适用于一般的高效空气过滤，研究还建立了核孔膜过滤阻力和效率随时间变化的数学模型。另外，该团队还尝试改变纤维过滤器纤维排布，将空气绕流纤维替换成空气平行于纤维流动，以求在过滤效率相似的情况下降低过滤器阻力。研究得到了纤维直径、开孔率、面风速、颗粒物粒径等参数对过滤阻力和效率的影响规律。

赵荣义还对洁净系统进行研究，建立了净化系统的数学模型，考虑过滤器效率和阻力随时间的变化而导致运行工况偏离设计工况，对相关情景进行仿真分析以指导实践。此外，赵荣义对于洁净手术室的空调系统运行和空调设计进行思考，许为全也探讨了相关内容，指出手术室气流组织应在保证洁净度的前提下，满足热舒适的要求，对于洁净手术室，应优先采用集中送新风系统，让循环风走干工况等。除此之外，许为全、薛殿华等老师还研发了可应用于小型医院手术室的净化空调机组 HFJ-13。该机组的测试结果表明，对于典型手术室，采用该机组可以达到二级手术室的净化要求。

在关注洁净技术对工业过程的应用之余，赵荣义还研究了空气负离子对于人员健康的影响。研究从负离子和室内环境空气温湿度的作用以及人员活动导致的带电颗粒对人体的健康效应出发，研究了空气负离子在不同空气温湿度和洁净度的条件下的变化情况，目的在于提出合理使用负离子发生器的条件。研究结果显示高湿环境下不宜使用负离子发生器。

2. 太阳能的建筑应用

为实现太阳能清洁能源在建筑中的利用，20 世纪 80 年代起，建环专业教师开展了太阳能热利用研究，具体包括集热器特性、太阳能供暖、示范性太阳房技术。

1980 年由彦启森负责牵头，对平板集热器进行了理论分析、实验研究和太阳能供热研究。1981 年，李元哲提出了提高平板集热器集热效率的合理措施。彦启森、岑幻霞提出真空管集热器入射角修正系数的计算方法，通过理论计算阐明了不同测定条件下真空管集热器入射角修正系数的变化规律，为真空集热器性能评定标准的制定奠定了基础。1982 年起，李元哲等人同中国科学院力学研究所合作，进行了太阳能平板型热水器主要结构参数的最佳化研究，提出了平板集热器最佳化设计的一种方法——成本 / 效率法，建立了连续控制的集热系统的数学模型及计算模拟程序，用复合型多参数寻优法寻找最佳值。1989 年的全国太阳能年会上，李元哲与北京农业工程大学合作发表了研究《一种高效能的被动供暖系统》，提出了一种热二极管集热供暖装置，这种装置的实验研究结果表明，它与常规的特朗勃墙相比可以节省大量的辅助能耗，回收年限也在合理的范围内。相关研究成果发表论文多篇，出版了《太阳热水器原理、制造与施工》。李元哲于 2018 年荣获国家太阳能光热产业技术创新战略联盟颁发的“太阳能热利用科学技术杰出贡献奖”。

在被动式太阳房领域，1983 年，李元哲、赵士怀和张家璋开展了组合式被动太阳房的最佳化的研究，用有限差分 - 反应系数法建立了一种“集热墙 - 窗 - 水墙”组合式被动太阳房的数学模型，提出了组合式被动房的围护结构保温层厚度及集热墙主要结构参数最佳化的方法，实现了技术经济性能指标的提升。1987 年，李元哲、范新、王四海实现了温室型太阳能干燥过程的动态模拟，并编制了计算程序，为实现优化控制奠定了基础。1990 年，在土建基地建成太阳能综合实验台，可以进行被动式太阳房、太阳能集热器等方面的多种实验。与建筑学院蔡郡馥、张家璋等合作，开展了全面研究，并编写了中国第一部《被动式太阳房热工设计手册》(李元哲、狄洪发、张家璋)。相关研究成果发表论文多篇，出版了《被动式太阳房的原理及设计》《被动式太阳房热工设计手册》等著作。石兆玉所承担的科研课题“北京市农村太阳房试点工程研究”于 1984 年荣获北京市科学技术奖二等奖。

3. 地铁热环境及环控系统

随着城市和经济的发展，城市交通的压力越来越大，地铁成为城市现代化交通的重要方式。我国 1969 年建成第一条地铁，经过十年运行，开始出现地下温度逐年升高等现象。怎样抑制地下温度升高的现象，怎样营造地铁的地下热环境，成为在大规模开展地铁建设时必须研究和解决的重要问题。

针对这一需求，1979 年开始，江亿等组织对当时国内惟一的北京地铁 1 号线地下热环境进行大规模测试，并提出利用冬季通风降温排除储存在地铁周边土壤中的热量，从而中止地铁热环境温度逐年上升现象的技术途径。在大规模测试的基础上提出地铁传热、通风及列车活塞风的数学模型、开发出模拟分析软件，总结了近十年地铁地下环境变化的规律，给出控制地铁热环境的“动态控制”策略及具体实施措施，该课题于 1987 年通过由国家重大装备办主持的鉴定，被专家认为具有“高的学术价值、较大的使用价值和显著的社会经济效益”“填补了我国空白，达到世界先进水平”。在江亿的指导下，朱颖心、杨旭东等人开发了通用的地铁热环境模拟软件 STESS，并在不断地应用实践中对其功能进行优化升级和更新迭代。

1987—1990 年，江亿主持承接上海地铁 1 号线热环境研究及环控方案设计，确定了地铁地下热环境控制的基本方法，并在工程中成功实施。由彦启森在 1989 年主笔完成上海地铁 1 号线环控系统方案分析与设计。1991 年上海地铁建成后，朱颖心指导李晓锋等学生在上海地铁 1 号线进行了大规模热环境及风环境测试，对环控方案实施后的效果进行了全面测试，并对 STESS 软件进行了验证。

1992 年开始，江亿作为中国项目组成员，参与伊朗德黑兰地铁工程谈判和技术方案确定。STESS 作为地铁热环境模拟软件在谈判中起到重要作用。彦启森、朱颖心、杨旭东、李先庭承担了车辆运行发热量、地下热环境、空气流动与活塞风、火灾下的烟气流动等模拟仿真工作，对项目谈判成功和工程进展起了重要作用。由江亿负责的项目组同时承担德黑兰地铁 1、2 号线地下环境控制系统和排烟系统的计算机控制管理工程。1996 年德黑兰地铁项目正式签约，成为当时中国机电对外成套出口成交额最大的项目。2000 年项目竣工，通车验收，在中东地区产生良好影响，使得中国在这一地区后续多个地铁工程中标。

1996 年，在中国软件注册中心对 STESS v1.0 软件进行了注册。作为地铁环控系统分析、方案优化和控制策略制定的有力工具，STESS 先后为广州地铁 1 号线、北京复八线、重庆地铁、南京地铁、青岛地铁、大连轻轨、沈阳地铁、天津地铁、深圳地铁、北京地铁 5 号线等十几个重点工程项目进行了环控系统专题论证和可行性研究。1999 年，朱颖心、江亿、杨旭东、李先庭、李晓锋、秦绪忠等“地铁热环境研究”的成果，获得 1999 年度教育部科技进步成果二等奖。

七、国际学术活动

（一）创办国际学术会议

1. ISHVAC 1991

首届国际暖通空调研讨会（Tsinghug-HVAC-′91）于 1991 年 9 月 23—25 日在清华大学召开。来自丹变、芬兰、瑞典、日本、比利时、加拿大、中国澳门地区及我国内地等八个国家和地区的近 60 名在暖通空调领域从事教学、研究、设计和生产的教授、研究人员和工程师参加了本届研讨会。研讨会由清华大学热能工程系发起组织，得到了国家自然科学基金委员会的资助以及全国暖通空调专业委员会和中国城镇供热协会的支持。

会议期间，P. O. Fanger 教授（丹麦，系第一届 Clima-2000 世界大会主席，北欧暖通空调学会主席）、中原信生教授（日本）、Olii Seppanen 教授（芬兰，1993 年空气质量控制国际会议主席）和 Folke Petereon 教授（瑞典）分别做了大会发言。会议按建筑能耗分析、室内环境空气质量、热舒适及气流组织、蓄能、热回收及太阳能利用、HVAC 系统和设备及模拟、仿真和控制等五个专题分三个分会场进行专题发言和交流。在为时三天的学术研讨中，与会人员精力集中、情绪饱满、讨论热烈（图 2.7-1～图 2.7-6）。

本次会议共收到国内外提交的论文 100 余篇，其中 66 篇被选定在论文集发表，25 篇作为墙报发表，论文集的质量也得到与会者的好评。

与会者一致认为本次会议是成功的。会议为交流暖通空调领域的新进展、国内外同行互相学习、取长补短以及培植新生力量等方面提供了条件，并希望这次学术会议能定期地举办下去。会议结束后，瑞典皇家工学院的 Peterson 教授立即建议在 1992 年举办以两校为主的国际研讨会，以便培养国际交流的骨干力量，为下一届更大规模的国际会议准备条件。

图 2.7-1　会议主席赵荣义宣布会议开始

图 2.7-2　P. O. Fanger 教授做大会报告

图 2.7-3　芬兰 Olii Seppanen 教授做大会报告

图 2.7-4　瑞典 Folke Petereon 教授做大会报告

图 2.7-5　日本中原信生教授做大会报告

图 2.7-6　第一届 ISHVAC 会议中原信生教授在清华大学甲所前与彦启森、赵荣义、江亿等合影

2. ISHVAC 1995

1995 年 9 月 25—27 日在北京清华大学召开了第二届清华暖通空调国际学术会议，见图 2.7-7 和图 2.7-8，20 个国家和地区的 97 名专家学者参加了会议，发表了 103 篇论文，并就暖通空调领域中的许多问题进行了广泛的交流。

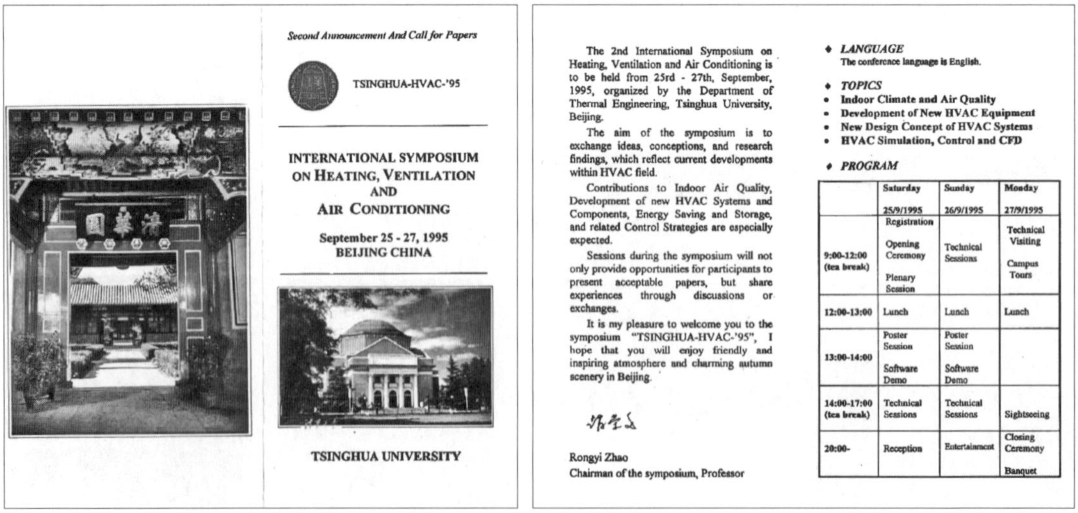

Second Announcement And Call for Papers

TSINGHUA-HVAC-'95

INTERNATIONAL SYMPOSIUM ON HEATING, VENTILATION AND AIR CONDITIONING

September 25 - 27, 1995
BEIJING CHINA

TSINGHUA UNIVERSITY

The 2nd International Symposium on Heating, Ventilation and Air Conditioning is to be held from 25rd - 27th, September, 1995, organized by the Department of Thermal Engineering, Tsinghua University, Beijing.

The aim of the symposium is to exchange ideas, conceptions, and research findings, which reflect current developments within HVAC field.

Contributions to Indoor Air Quality, Development of new HVAC Systems and Components, Energy Saving and Storage, and related Control Strategies are especially expected.

Sessions during the symposium will not only provide opportunities for participants to present acceptable papers, but share experiences through discussions or exchanges.

It is my pleasure to welcome you to the symposium "TSINGHUA-HVAC-'95", I hope that you will enjoy friendly and inspiring atmosphere and charming autumn scenery in Beijing.

Rongyi Zhao
Chairman of the symposium, Professor

◆ *LANGUAGE*
The conference language is English.

◆ *TOPICS*
- Indoor Climate and Air Quality
- Development of New HVAC Equipment
- New Design Concept of HVAC Systems
- HVAC Simulation, Control and CFD

◆ *PROGRAM*

	Saturday 25/9/1995	Sunday 26/9/1995	Monday 27/9/1995
9:00-12:00 (tea break)	Registration Opening Ceremony Plenary Session	Technical Sessions	Technical Visiting Campus Tours
12:00-13:00	Lunch	Lunch	Lunch
13:00-14:00	Poster Session Software Demo	Poster Session Software Demo	
14:00-17:00 (tea break)	Technical Sessions	Technical Sessions	Sightseeing
20:00-	Reception	Entertainment	Closing Ceremony Banquet

图 2.7-7　第二届 ISHVAC 会议宣传册

图 2.7-8　第二届 ISHVAC 会议中原信生教授在会议举办地清华主楼前留影

3. ISHVAC 1999

1999 年 11 月 17—19 日，第三届 ISHVAC 会议由清华大学和香港理工大学在广东省深圳市举办。会议主席为清华大学江亿教授和赵荣义教授，会议秘书长为香港理工大学牛建磊教授和清华大学张寅平教授，会议的 200 多篇论文全部被 EI 和 ISTP 收录，进入国际该领域研究者视野。其后，该系列会议持续发展，在国内和国际学术界逐渐具有深远的影响力。

（二）长期国际学术交流活动

1. 与日本学术界的交流

1985 年 3 月 24 日—4 月 4 日中国建筑学会暖通空调学术委员会应日本空气调和卫生工学会和日中建筑设备技术交流协会的邀请首次派代表团赴日本考察，彦启森作为代表团成员参加了交流活动。1986 年，日本空气调和卫生工学会会长藤井正一教授来清华访问交流。1986 年 10 月，江亿参加中国建筑学会暖通空调委员会组织的 6 人代表团访日参观交流，访问了名古屋大学，参观了知多市民医院的空调系统。这些活动开启了我校与日本暖通空调学术界长期以来密切的学术交流与合作的历史。

1990 年，日本暖通空调界声名卓著的学者、名古屋大学中原信生教授访问了清华大学，在学术交流中对清华团队的潜力与创新精神赞不绝口，并鼎力支持清华大学发起国际会议 ISHVAC，且在次年召开的首届 ISHVAC 会议上发表了大会的主旨报告。1992 年 7 月—1993 年 10 月，朱颖心作为日本学术振兴会外国人特别研究员在名古屋大学中原信生研究室任访问学者，加入了中原信生教授领导的日本 IEA Annex 25 的团队。

1994 年 3 月 22 日，由名古屋大学工学部中原信生研究室和中国建筑学会暖通空调委员会联合主办、日本空气调和卫生工学会、日本冷冻协会等单位协办的“日中空调・环境产业技术交流会”在日本东京新宿京王广场饭店（Plaza Hotel）举行。彦启森教授受邀做了“展望中国空调业的发展”的大会报告。彦启森从人类进步与空调、环境、能源的关系出发，结合中国经济发展对制冷空调的需求以及当时的能源结构现状，对中国空调行业的发展方向做了分析和预测。他指出，为了促进中国空调行业的健康发展，提高人民的生活品质，则必须解决降低公共建筑空调制冷能耗、发展用于长江流域供暖空调的热泵技术以及提升家用制冷空调设备能效等三个主要问题，并明确指出破解这些问题必须解决的关键技术问题。从现在看，彦启森对中国空调行业发展的路径和关键技术问题的判断是很准确的，这些年来中国空调行业一直在这些关键技术问题上不断努力创新，虽然取得了很大的进步，但还有一些关键技术（如长江流域的空气源热泵的除霜等问题）仍未得到很好的解决。

1992 年，江亿、陆致成访问了名古屋大学，并就动态热舒适、视觉环境与热舒适关系等进行了交流。1994 年中原信生教授访问清华大学，并到沈阳参观了沈海热网计算机控制工程。1995 年 3 月 16—18 日，赵荣义、江亿受中原先生邀请，赴日本名古屋大学参加第一届亚太建筑与城市环境调节国际交流会议（Environmental Technology In Pan-Pacific Countries And Methodology Of International Collaborations），江亿作为组织委员会和技术委员会成员，做了题为热网故障自动识别（Fault Detection and Diagnosis in District Heating System）的会议报告。以后中原信生教授又多次访问清华，进行学术交流。

这十数年间，还有日本东京大学、关西大学、中部大学等多个高校的学者来清华大学进行学术交流。

另外，在这十数年期间，清华大学建环专业很多教师都访问过日本，参观了日本很多在建筑节能与室内环境控制方面做得非常优秀的工程项目，学习了很多新的技术、产品与方法的研发思路和应用效果，受到了很多启发。

2. 与英国 BRE 的学术交流

Building Research Establishment（BRE）建立于 1921 年，是一家世界领先的综合建筑环境科学中心，致力于在建筑环境中创造积极影响，该团队由研究人员、科学家、工程师和技术人员组成，该组织通过独立研究产生新知识，应用于创建产品、标准和资格，以帮助确保建筑物、住宅和社区能够安全、高效、舒适、可持续发展。

1988 年，江亿作为访问学者前往英国 BRE 工作。在 BRE 当时的建筑模拟团队的带头人 Dave Bloomfield 先生的指导下，在 BRE 从事建筑热模拟方面的工作。在英国期间，Bloomfield 先生当时正在主持国际能源署 IEA 的一个大型国际合作项目“IEA Annex 21：Thermal modeling”，该项目旨在提高建筑能源与环境绩效模拟计算的现有计算程序的可信度和可用性。评估建筑热性能的计算程序可以用于设计过程的不同阶段，并且可用于评估和改进现有建筑性能的工程中。在当时，较为复杂和详细的模拟程序往往仅在专家或者从业者中使用，而简单的计算程序具有更广泛的用途，且包含在国家规范或工程指南中。因此，该项目旨在解决详细的模拟程序能够被正确使用且被广泛接受的问题，需要解决方法透明、使得方法有据可查、有适当数据以及正确指导使用的问题。江亿在 BRE 期间投身参与这一项目，深入了解了世界各国建筑热模拟研究的状况，直接参与了当时各个建筑热模拟软件的注释、评价、验证工作，并与各国同行建立了广泛的联系，这也同时奠定了后来 DeST 的开发推广的重要基础。

之后又陆续安排任美娟、洪天真等研究生到 BRE 继续参加建筑热模拟的相关工作，江亿也从 1990—1996 年间陆续访问 BRE 8 次，通过 BRE 参加 IEA-ECBCS Annex21 的工作，参加 Annex25 的工作，并建立了与欧洲各国在建筑模拟分析领域的联系。

3. 与 P.O.Fanger 教授的学术交流

1985—1986 年，赵荣义公派赴瑞典皇家理工学院 KTH 做访问学者。期间，访问丹麦技术大学，与 P. O. Fanger 教授初次建立联系并了解丹麦技术大学 International Center of Indoor Environment and Energy（ICIEE）在人体热舒适方面的诸多研究工作。出于对彼此学术思想的认可和欣赏，赵荣义和 Fanger 教授逐渐熟识，并结下深厚情谊。

1991 年，为开展国际学术交流，赵荣义组织在清华大学首次举办了国际学术会议 International Symposium of Heating，Ventilating and Air-conditioning（ISHVAC 1991）。Fanger 教授鼎力支持该会议的创办，并做了热舒适和感知空气质量方面的大会主题报告，且顺访了清华大学空调实验室。P. O. Fanger 教授于 1990—2000 年间，多次访问清华暖通教研组，并大力支持 ISHVAC 国际会议，在前几届的 ISHVAC 会议上都做了主旨发言。赵荣义也于 1999 年赴丹麦科技大学访问。两位学者就室内空气品质、建筑内人体热舒适等领域的学术思想有深入交流和讨论，为室内环境研究领域发展做出重要贡献。

（三）国外学者来访及讲学

（1）1986年，日本空气调和卫生工学会会长藤井正一教授来访进行交流，见图2.7-9。

（2）1990 年，名古屋大学中原信生教授等来访，与空调教研室相关老师进行了交流，见图 2.7-10。

图 2.7-9　在招待餐厅接待藤井正一教授（彦启森、赵荣义陪同）

图 2.7-10　名古屋大学中原信生教授等来访

（3）1990 年，英国建筑研究中心（BRE）信息技术部主任 David Bloomfied 来访教研室，就 IEA Annex 21 项目合作进行了交流。

（4）1990 年，英国 Strathclyde 大学 Joe Clark 教授来访，介绍了建筑与空调系统模拟软件 ESP，并与我教研室就建筑与空调系统模拟仿真研究进行了交流，见图 2.7-11。

（5）1990—1999年，丹麦工业大学的P.O.Fanger教授多次来访空调教研室，赵荣义、江亿、朱颖心等接待。

（6）1991 年，美籍华裔暖通空调专家陈义雄先生来访，并就建筑负荷计算做讲座。

图 2.7-11　英国 Strathclyde 大学 Joe Clark 教授来访

（7）1992 年，瑞士 ETH 大学教授来访后决定送 Roger Rabbert 博士来做一年的访问交流。

（8）1993 年，丹麦工业大学本尼邦教授来校参观，并就区域供热进行了讲学和座谈。

（9）1994 年 3 月，日本名古屋大学中原信生教授、山羽基助理教授来我校访问，进行了交流。

（10）1994 年 10 月，英国维尔士卡狄夫大学 Phillip Jones 博士等一行四人来我校访问，交流研究项目，讨论合作研究的可能性。

（11）1994 年 10 月，东京大学村上周三教授访问清华大学，做了室内气流运动模拟的专门介绍，交流双方的研究进展。

（12）1995 年 4 月，英国建筑研究中心（BRE）建筑环境部主任 David Bloomfied 来访，并就集成化建筑设计环境与我校 CIMS 中心、建筑系、土木系及我教研组部分人员座谈。

（13）1995 年 11 月，美国 LBL 国家实验室 Joe Huang 博士等、美国 ASHRAE 主席 Richard Hayter 博士来访清华，并与部分教师和研究生座谈。

（14）1996 年 5 月，来自美国加州大学的 Sowell 教授来校讲学，就 Powell DOE、HVAC 中模拟计算技术的发展及其公式推导等方面内容进行了三次讲座，同时还与教师和研究生进行了广泛的交流，并且参加了徐珍喜等硕士论文答辩。

（15）1996 年 8 月，国际 IAQ 会议的十四名专家访问空调教研室，并进行了多方面技术交流。

（16）1996 年 8 月，MIT[①] 副教授陈清焰访问空调教研室，并与教师、研究生进行了座谈。

（17）1996 年 10 月，比利时列日大学热工实验室主任 Hummy 先生来校进行学术交流，就制冷机测试技术进行了深入指导，并共同设计了实验台方案。

① Massachusetts Institute of Technology，麻省理工学院。

（18）1996 年 11 月，丹麦暖通空调协会主席 Bent Michael Nielsen 先生带领 8 名学者访问空调实验室，并进行了技术交流。

（19）1997 年 5 月，日本关西大学建筑系樱井美政教授访问空调教研组，进行讲学和学术交流，介绍了零能耗建筑的实践与新发展，并参观了京郊刘民营生态村等地。

（20）1997 年 9 月，日本名古屋大学建筑系久野觉教授、齐藤辉幸副教授等三人，以及日本中部大学建筑系山羽基副教授访问我教研组，就热舒适、废热利用和新能源、蓄冷空调系统进行了学术交流。

（21）1998 年 7 月，美国 MIT 教授 L. Glicksman，Leslie Norford，Andrew M. Scott 三位教授来华访问，就可持续发展的住宅进行了交流。

（22）1998 年 9 月，苏黎世高等工学院 Bruno Keller 教授来校做了 4 个讲座，包括：新的室外空气渗透测试方法、新型热流计、冷吊顶及下送风方式空调、围护结构的湿迁移。

（23）1998 年 10 月，比利时 Jean Leburn 教授访华，就计算机模拟分析及其应用进行了交流。

（24）1998 年 10 月，美国 LBL 实验室的 Joe Huang 等 3 人访华，就 DeST 设计分析软件进行交流。

（25）1998 年 10 月，UTRC 美国联合技术中心 J. Fraheius 等 4 人访华，就 DeST 设计分析软件进行交流，并探讨在温湿度独立处理方向上合作的可能性。

（26）1999 年 3 月，瑞士苏黎世高等工学院（ETH）教授 Bruno. Keller 来访，并就建筑设计过程中如何考虑环境控制系统进行了交流。

（27）1999 年 6 月，比利时列日大学 Jean Lebrun 教授和美国德州农工大学副教授刘敏生为北京制冷学会会员做建筑模拟分析和建筑节能报告，由清华大学热能系空调教研组组织。Jean Lebrun 教授来访我校，并就制冷系统测试分析、HVAC 系统模拟，做了 2 个专题报告，参加了陈锋博士和王鹏飞、邓宇春、杨逢君硕士的论文答辩。

（28）1999 年 7 月至 10 月，比利时列日大学 Jorre. Dewitte、Jasmrne. Petry 在清华大学热能系空调教研组合作研究，从事建筑节能的现场实测与模拟分析工作。

（29）1999 年 11 月，比利时列日大学 Jean Lebrun 教授来访，并就汽车空调做专题报告。

（30）1999 年 11 月，德国斯图加特大学 Robert. Grob 博士来访。

（31）1999 年 12 月，澳大利亚国家建筑研究中心李玉国博士来访，并就自然通风研究做专题报告。

（四）赴国外访问及讲学

（1）1985 年，彦启森参加中国建筑学会暖通空调学术委员会组织的代表团访日参观交流，见图 2.7-12。

（2）1985—1986 年，赵荣义公派赴瑞典皇家理工学院 KTH 做访问学者。

（3）1986 年，江亿参加中国建筑学会暖通空调学术委员会组织的六人代表团访日参观交流，访问了名古屋大学，参观了知多市民医院的空调系统，见图 2.7-13，并参加了在新潟县召开的日本空气调节卫生工学会的学术年会。

图 2.7-12 中国建筑学会暖通空调学术委员会代表团访日（左一为彦启森）

图 2.7-13 江亿参加中国建筑学会暖通空调学术委员会组织的六人代表团访日参观交流

（4）1987—1988 年，赵荣义公派赴丹麦技术大学 P. O. Fanger 教授研究室做访问学者。

（5）1988—1989 年，江亿公派赴英国建筑研究中心 BRE 任访问学者。

（6）1989 年，江亿赴温哥华参加 Building Simulation 国际会议。

（7）1990 年 1 月，江亿访问英国、西班牙，参加了在西班牙召开的 IEA Annex21 工作会议。

（8）1990 年，江亿、朱颖心赴欧洲访问，访问参观了英国建筑研究中心 BRE、比利时列日大学、荷兰代尔夫特大学，参加了 IEA Annex 21 工作会议，以及在比利时举行的建筑模拟国际会议。

（9）1991 年，彦启森、江亿访问英国，在英国建筑研究中心 BRE 进行了学术交流，访问了当时英国主要的建筑模拟软件公司，以及奥雅纳公司总部，交流了注册建筑设备工程师的制度，访问了一批英国空调设备工厂。彦启森还在倪进昌的陪同下出访德国斯图加特大学进行学术交流。

（10）1991 年，朱颖心赴美国 Boulder 参加 IEA Annex 21 工作会议。

（11）1992 年至 1993 年，朱颖心作为日本学术振兴会外国人特别研究员在名古屋大学任访问学者。

（12）1992 年，江亿、陆致成访日，与朱颖心一起访问了名古屋大学、山武公司、三菱重工等机构，见图 2.7-14。

（13）1992 年，江亿、陆致成访美。江亿参加了在 Portland 召开的 IEA Annex21 工作会议，陆致成、江亿访问了美国联合技术公司研究中心 UTRC，由此开始了近二十年的与 UTRC 的合作研究。

（14）1993 年 10 月—1994 年 1 月，博士生洪天真在英国建筑研究中心的系统性能预测组进行为期三个月的合作研究工作，主要是完成建筑热环境随机分析的经验验证工作，并在 BRE 发表研究报告。

（15）1993 年 4 月，李吉生、朱颖心参加在东京召开的 IEA Annex25 国际会议，就故障诊断等专题做了大会发言，并访问了名古屋大学。

图 2.7-14　在日本的合影
（左二为朱颖心，左五为江亿，右三为陆致成）

（16）1993 年 2 月，江亿与北京城建集团专家组一起出访伊朗德黑兰，开始了漫长的德黑兰地铁总承包工程的谈判。

（17）1993 年 9 月，江亿赴英国建筑研究中心 BRE 访问交流。1993 年 9 月，访问丹麦哥本哈根技术大学，并就集中供热网的调节控制及故障诊断进行讲学。

（18）1993 年 9 月，江亿、朱颖心在瑞士苏黎世参加 IEA Annex25 国际会议，并就空调系统动态模拟、传感器故障诊断、热网故障诊断等专题做了大会发言。

（19）1994 年 3 月，赵荣义访问丹麦区域供热局、瑞典皇家理工学院，9 月访问美国 MetOne 公司。

（20）1994 年 4 月，江亿赴英国建筑研究中心 BRE 访问。

（21）1994 年 10—11 月，江亿与李先庭前往伊朗，参加德黑兰地铁项目方案论证。

（22）1995 年 2 月，江亿访问伊朗参加德黑兰地铁工程谈判。

（23）1995 年 3 月，江亿访问日本名古屋，作为组织委员会和技术委员会成员出席环太平洋地区建筑和城市环境控制会议，并做了特邀报告“集中供热网故障诊断”。

（24）1995 年 3 月，彦启森赴日本参加中日空调环境产业技术交流会，做了题为展望中国空调业的发展的报告。

（25）1995 年 4 月，江亿、陆致成赴美访问了美国联合科技公司、TELTRU 公司等，并与 TELTRU 公司签订了合作协议。

（26）1995 年 4 月，江亿访比利时列日大学，就两校合作开展研究和共同培养研究生达成协议，由比利时政府基金出资支持两校的学术交流和研究生互访。

（27）1995 年 5 月，肖曰嵘应瑞士 Schlatter AG、奥地利 Vogel & Noot AG 的邀请，赴瑞士、奥地利和德国交流访问。

（28）1995 年 6 月，江亿访美，参加在圣地亚哥举行的 ASHRAE 夏季会议，并发表文章“HVAC 实时在线故障诊断的 FDS 方法”，会后还访问了美国 LBL 国家实验室，并就 DeST 做学术报告。

（29）1995 年 9 月，李先庭赴俄罗斯哈巴罗夫斯克技术大学参加第二届亚洲大洋洲火灾科学技术会议，做了题为“静止环境中火焰沿棒状燃料的传播”和“隧道网络中的烟气流动”的发言。

（30）1995 年 9 月，江亿访问英国，参加在牛津大学举行的 IEA Annex25 工作会议，并就 AHU 的实时故障诊断做了报告。硕士生周强华在由 IEA Annex25 组织的 AHU 实时故障诊断多国竞赛中，以 100% 正确的成绩获得第一名。

（31）1995 年 10 月，江亿访问英国拉夫堡大学和曼彻斯特大学，并与两校土木工程系达成在研究和教学方面合作的协议。

（32）1996 年 3 月，江亿访问波兰华沙，并出席 IEAAnnex30 工作会议。

（33）1996 年 4 月，江亿访问比利时列日大学，并做了 Designed by Simulation 讲座。

（34）1996 年 4 月，江亿访问英国建筑研究中心和环境软件公司，访问法国巴黎，出席了 IEA Annex25 工作会议。

（35）1996 年 6 月，江亿访问美国德州 ADM 大学，并做了 SVD 应用的讲座，出席在美国 San. Antonio 召开的 ASHARE 年会。

（36）1996 年 7 月，赵荣义赴日本参加国际学术会议后，访问东京燃气参观了新宿、横滨等地的 DHC 系统。

（37）1997 年，江亿参加美国联合技术公司 UTC 召开的技术年会，并做报告。

（38）1997 年 7 月，张寅平赴日本北海道札幌参加了国际蓄能大会 Inter. Conf. of Energy Storage（Megastock 97）做了口头报告。

（39）1997 年 12 月，彦启森应日本大金工业株式会社的邀请赴日本进行空调制冷领域的技术交流与参观访问。

（40）1998 年 4 月，江亿赴美国 MIT 进行讲学，主要介绍了脉动风方面的相关研究。

（41）1998 年 6 月，赵荣义赴瑞典斯德哥尔摩参加室内气流分布国际会议，做了题为非等温和间歇气流对人体热反应的影响的发言。

（42）1998 年 11 月，张寅平赴保加利亚索菲亚参加相变和化学反应储能国际讨论会，做了相变储能研究和中国的冰蓄冷应用的发言。

（43）1998 年 12 月，江亿赴比利时出席建筑中的系统模拟国际会议，并顺访英国建筑研究中心 BRE，彦启森、李先庭、江亿等于赴比利时列日大学访问，并做“VRV 空调系统”与“蓄冰空调在中国的应用”的报告。

（44）1999 年 1 月，江亿应邀访问世界银行华盛顿总部，并就中国住房改革与建筑节能做了专题报告。世界银行、美国能源部、美国环保局、中国驻美大使馆等官员参加了报告会。江亿应邀访问 UTRC（美国联合技术研究中心），并做报告：中国住房改革给 HVAC 工业带来的机遇与挑战。江亿应邀访问 LBL（美国劳伦斯伯克利实验室），并做报告，介绍设计分析工具 DeST。

（45）1999 年 4 月，江亿、张立志访美，出席 UTC（美国联合技术公司）1999 年学术年会。张立志发表论文“透湿膜除湿方法研究”。

（46）1999 年 7 月，江亿、狄洪发、朱颖心访问 MIT，研讨住宅节能方面的合作。

（47）1999 年 8 月，江亿、狄洪发、朱颖心访问 LBL，并做了中国住房改革与建筑节能的报告。

（48）1999 年 9 月，江亿、朱颖心、李先庭访日，出席在京都举行的第六届国际建筑模拟学术会议，并发表了七篇文章，演示了 DeST 软件，同时获得 Building Simulation 学术会议 2007 年在清华大学召开的主办权。

（49）1999 年，江亿访问伊朗德黑兰，主持地铁 1、2 号线的环境控制系统运行调试工作。

八、获奖情况

（一）科研项目获奖

改革开放至 20 世纪末，空调教研组围绕国家经济建设和学科发展的需要，研究领域又进一步扩充了人体动态热舒适、建筑热环境特性模拟等，并在国际学术界产生一定的影响，同时，在地铁热环境仿真与控制、建筑自动化、集中供热网的优化控制与故障诊断等应用领域都做出了一流的成果，解决了国家经济建设中的相关关键问题。在这个阶段获得的主要学术奖项包括 2 项国家级和 22 项省部级。

图 2.8-1　“国家科技进步二等奖”获奖证书（1997 年）

1997 年，“集中供热网的热力学和动力学特性的在线识别与控制”获国家科技进步二等奖，见图 2.8-1，主要完成人为江亿、陈兆祥、狄洪发、杨成汉等，杨旭东也在该项研究中做出重要贡献。本项目提出按照面积收费的机制下，热网的调节应该以末端温度均匀为目标，实现均匀供热，提出根据大型供热网的现场实时测量数据识别管网系统阻力特性和末端传热特性的方法，从而为实现热网的均匀性调节提供系统参数，提出实现各个热力站二次侧供回水温度一致的均匀性调节方法，并在沈阳市沈海热网具体实现，在满足供热效果的前提下，供热量大幅度下降。由于节约了供热热量，使得 800 万 m^2 供热面积的沈海热网每年节约热量费 1500 万元以上。这一成果在抚顺、辽河油田、长春市等多个热网中推广，取得了显著的节能效果和社会效益。

该时期，具体的国家级及省部级奖项的名单如表 2.8-1 所示。

国家级及省部级奖项的名单 表 2.8-1

序号	成果名称	奖励名称／级别／年份	获奖人员
1	供热网微机控制系统	国家科学技术进步奖／三等／1992 年	陆致成、汪仕文等共 5 人
2	集中供热网的热力学和动力学特性的在线识别与控制	国家科学技术进步奖／二等／1997 年	江亿、陈兆祥、杨成汉、狄洪发、李吉生、王良海、刘望
3	北京市农村被动式太阳房试点工程	北京市科学技术奖／二等／1983 年	石兆玉等
4	散热器性能实验台	北京市科学技术奖／二等／1984 年	肖曰嵘、蔡启林、屠峥嵘、阎雅丽、窦春鹏
5	微机控制冰箱性能试验装置	北京市科学技术奖／二等奖／1985 年	陆致成、束际万
6	研究提高热力网技术	北京市科学技术奖／二等／1987 年	王兆霖、蔡启林、石兆玉、赵红平、陈兆祥
7	北京第一棉纺织厂计算机管理系统	北京市科学技术奖／三等／1987 年	彦启森、赵庆珠、陆致成、束际万、张瑞武、江亿
8	结球白菜（大白菜）采后生理及强制通风贮藏技术研究	北京市科学技术奖／一等／1991 年	宗汝静、江亿、高丽扑、吴萍、李武
9	机电一体化全自动空调器	北京市科学技术奖／二等／1991 年	吕明、张瑞武、程晓英、肖庆瑞、郭义明、谢金铎、卢大成
10	赤峰市城市集中供热网微机监控系统	国家教委科技进步奖／二等／1989 年	陆致成、江亿等
11	串片散热器粘接工艺推广应用	国家教委科技进步奖／二等／1992 年	肖曰嵘、阎雅丽、沈观林、赵世琦、顾毓沁、傅增力
12	0.1μm 粒子洁净技术研究	国家教委科技进步奖／三等／1992 年	赵荣义、钱蓓妮、许为全
13	建筑热过程的随机分析	国家教委科术进步奖（基础类）／二等／1994 年	江亿、洪天真
14	集中供热网热力学和动力学特征的在线识别与控制	国家教委科技进步奖／一等／1996 年	江亿、陈兆祥、杨成汉、狄洪发、李吉生、王良海、刘望
15	动态热环境的人体热反应及其动态调节	教育部科技进步奖（基础类）／二等／1998 年	赵荣义、许为全
16	地下铁道热环境研究	教育部科技进步奖／二等／1999 年	朱颖心、江亿、杨旭东、李先庭、李晓锋、秦绪忠、左会刚
17	地铁热环境控制	建设部科技进步奖／二等／1989 年	江亿、佟力华、丁复华
18	采暖散热器设计参数实验研究	建设部科技进步奖／三等／1994 年	西亚庚、肖曰嵘、郭晓光、韩本厚、那景成
19	棉纺织企业计算机管理系统	北京市经济委员会技术开发优秀项目／一等／1985 年	彦启森、赵庆珠、陆致成、束际万、张瑞武、江亿
20	京棉一厂计算机管理系统	纺织工业部科学技术进步奖／一等／1986 年	彦启森、赵庆珠、陆致成、束际万、张瑞武、江亿
21	北方贮果窑洞结构性能管理及适应性研究	山西省科学技术进步奖（理论成果）／二等／1987 年	祁寿椿、江亿、吴国林、张桃花、安秀章
22	矿用防尘、防震空调机组	国务院重大技术装备成果奖／三等／1991 年	薛殿华、赵荣义、陈雨田等
23	小区供热节能控制技术	中国人民解放军科学技术进步奖／二等／1992 年	罗继杰、石兆玉等
24	发酵消毒废汽余热制冷技术的研究与应用	国家医药总局科技进步奖／二等／1995 年	陈君燕、侯凤英、任泽霈、是福欣、张瑞武、杨玉旺，王兆霖、石庆利、赵荣义

部分获奖图片如图 2.8-2～图 2.8-11 所示。

荣誉证书
等同志
你们研制的 棉纺织企业计算机管理系统 被评为
一九八五年度北京市技术开发优秀项目 二 等奖，特此发证表彰。
北京市经济委员会
一九八六年四月十八日

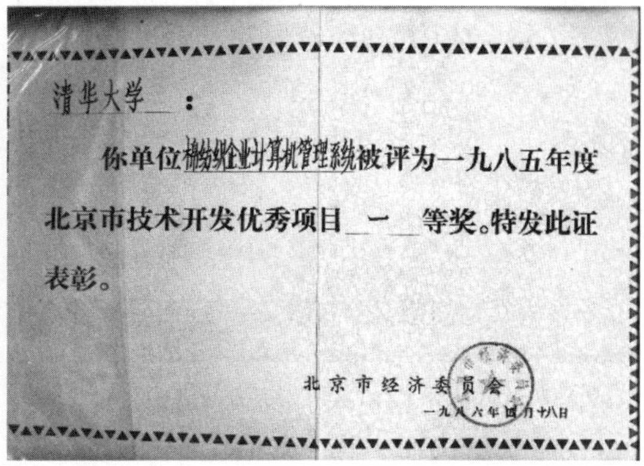
清华大学：
你单位棉纺织企业计算机管理系统被评为一九八五年度北京市技术开发优秀项目 一 等奖。特发此证表彰。
北京市经济委员会
一九八六年四月十八日

图 2.8-2　棉纺织企业计算机管理系统（1985 年）

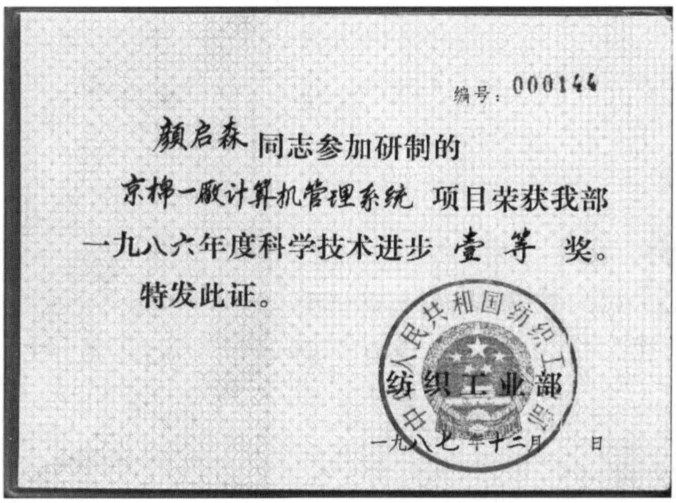
编号：000144
颜启森同志参加研制的
京棉一厂计算机管理系统 项目荣获我部
一九八六年度科学技术进步 壹 等 奖。
特发此证。
纺织工业部
一九八七年十二月　日

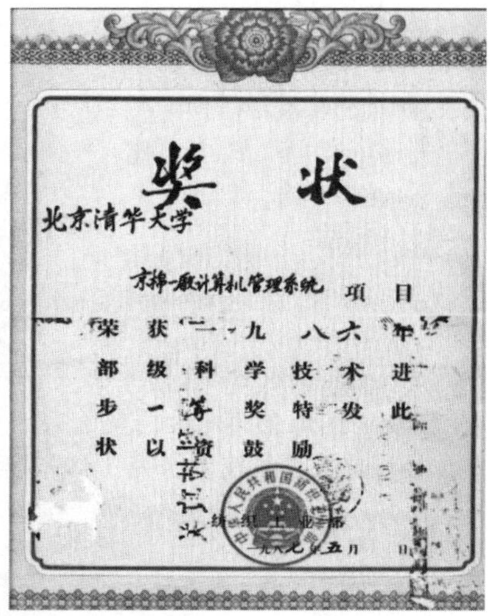
奖　状
北京清华大学
京棉一厂计算机管理系统 项目
荣获一九八六年部级科学技术进步一等奖特发此状以资鼓励

图 2.8-3　北京第一棉纺织厂计算机管理系统（1986 年）

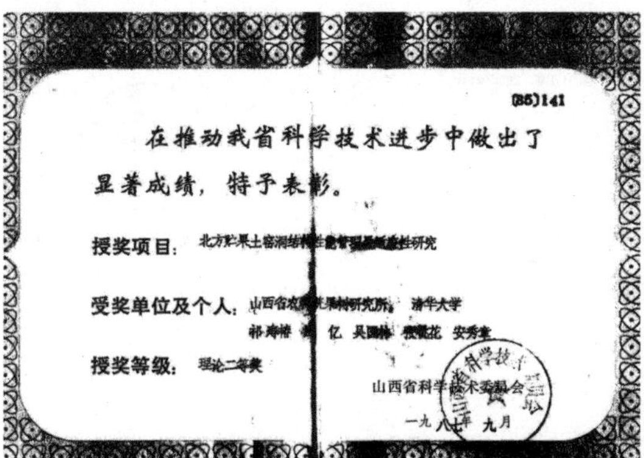
(85)141
在推动我省科学技术进步中做出了显著成绩，特予表彰。
授奖项目：
受奖单位及个人：山西省农科院果树研究所、清华大学
授奖等级：理论二等奖
山西省科学技术委员会
一九八七年九月

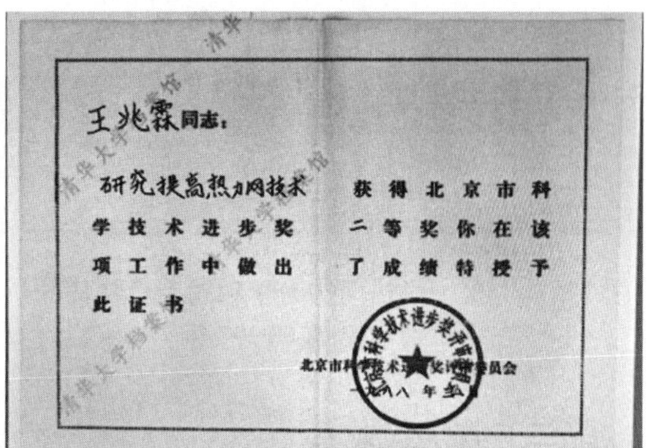
王兆霖同志：
研究提高热力网技术 获得北京市科学技术进步奖 二等奖你在该项工作中做出了成绩特授予此证书

图 2.8-4　北方贮果窑洞结构性能管理及适应性研究（1987 年）

图 2.8-5　研究提高热力网技术（1988 年）

为表彰在促进科学技术进步工作中做出重大贡献，特颁发此证书。

奖励日期：1990年7月

证书号：89-02807

获奖项目：赤峰市城市集中供热网微机监控系统

获奖者：江亿

奖励等级：

图 2.8-6 赤峰市城市集中供热网微机监控系统（1990 年）

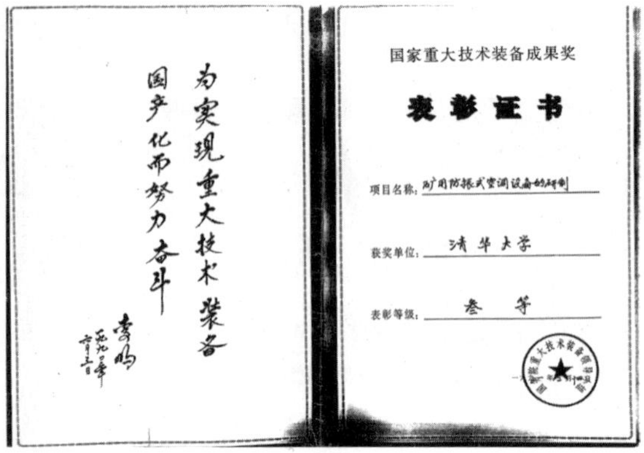

为实现重大技术装备国产化而努力奋斗

李鹏

国家重大技术装备成果奖

表彰证书

项目名称：矿用防振式空调设备的研制

获奖单位：清华大学

表彰等级：叁等

图 2.8-7 矿用防振式空调设备的研制（1991 年）

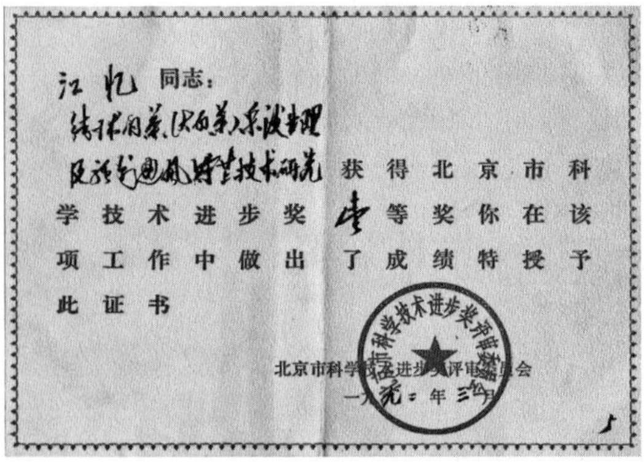

江亿同志：

结球白菜（大白菜）采后生理及强制通风贮藏技术研究获得北京市科学技术进步奖叁等奖你在该项工作中做出了成绩特授予此证书

北京市科学技术进步奖评审委员会

图 2.8-8 结球白菜（大白菜）采后生理及强制通风贮藏技术研究（1992 年）

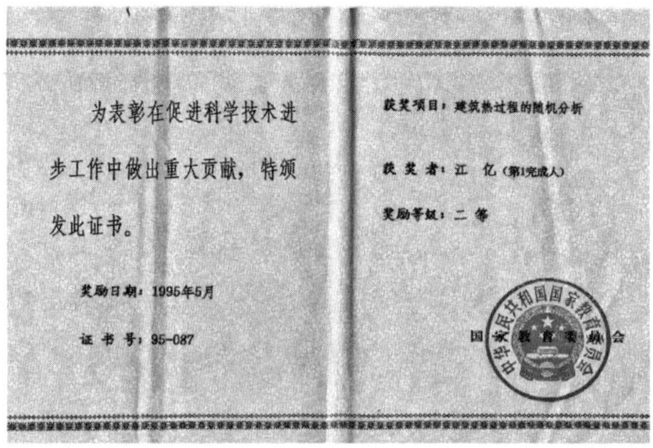

为表彰在促进科学技术进步工作中做出重大贡献，特颁发此证书。

奖励日期：1995年5月

证书号：95-087

获奖项目：建筑热过程的随机分析

获奖者：江 亿（第1完成人）

奖励等级：二 等

图 2.8-9 建筑热过程的随机分析（1995 年）

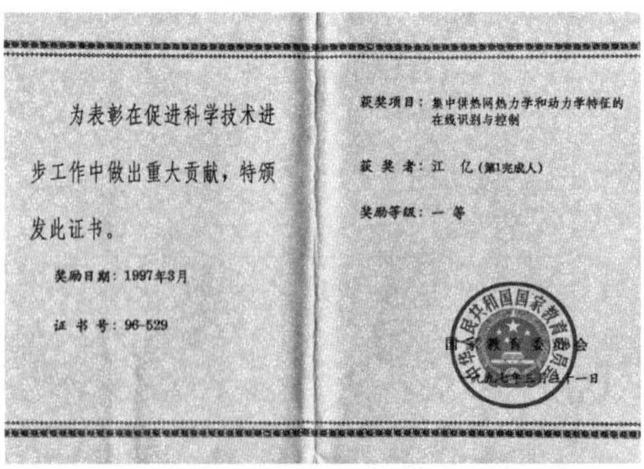

为表彰在促进科学技术进步工作中做出重大贡献，特颁发此证书。

奖励日期：1997年3月

证书号：96-529

获奖项目：集中供热网热力学和动力学特征的在线识别与控制

获奖者：江 亿（第1完成人）

奖励等级：一 等

图 2.8-10 集中供热网热力学和动力学特征的在线识别与控制（1997 年）

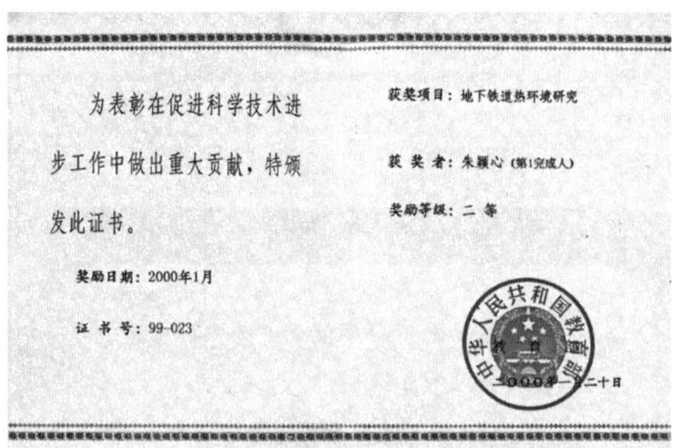

为表彰在促进科学技术进步工作中做出重大贡献，特颁发此证书。

奖励日期：2000年1月

证书号：99-023

获奖项目：地下铁道热环境研究

获奖者：朱颖心（第1完成人）

奖励等级：二 等

图 2.8-11 地下铁道热环境研究（2000 年）

（二）教学获奖

教学获奖：

（1）1980 年，赵庆珠获北京市优秀班主任；

（2）1985 年，陈君燕获清华大学“优秀班主任”；

（3）1992 年，陆致成获北京市优秀教师；

（4）1995 年，陈君燕获 1994 年度“清华之友—优秀教师奖励金”二等奖；

（5）1996 年，陈君燕、朱颖心获 1994 年、1995 年度校级教学工作优秀成果二等奖；

（6）1996 年，彦启森、狄洪发、朱颖心获 1994 年、1995 年度校级教学工作优秀成果二等奖；

（7）1998 年，张寅平获 1997 年度“清华之友—优秀教师奖励金”优秀青年教师群体奖；

（8）1998 年，朱颖心、狄洪发、李先庭获 1996 年、1997 年度校级教学工作优秀成果二等奖；

（9）1999 年，金招芬、张寅平获 1998 年度“清华之友—优秀教师奖励金”二等奖。

部分获奖图片如图 2.8-12～图 2.8-18 所示。

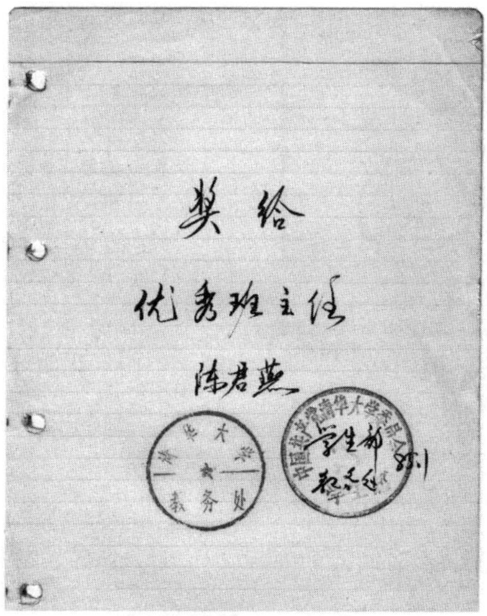
奖给
优秀班主任
陈君燕

图 2.8-12　陈君燕获清华大学“优秀班主任”

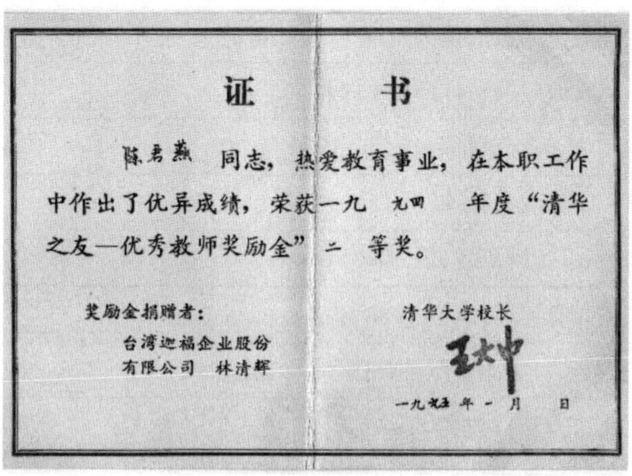
证　书

陈君燕 同志，热爱教育事业，在本职工作中作出了优异成绩，荣获一九九四年度“清华之友—优秀教师奖励金”二等奖。

奖励金捐赠者：台湾迦福企业股份有限公司　林清辉

清华大学校长　王大中

一九九五年一月　日

图 2.8-13　陈君燕 1994 年度优秀教师奖励金

奖　状

陈君燕　朱颖心　热爱教育事业，积极从事教学工作，努力提高教学质量，在 1994、1995 年中荣获教学工作优秀成果 二 等奖。

清华大学

1996 年 7 月 10 日

图 2.8-14　陈君燕、朱颖心教学工作优秀成果二等奖

奖　状

彦启森、狄洪发、朱颖心 热爱教育事业，积极从事教学工作，努力提高教学质量，在 1994、1995年中荣获教学工作优秀成果 二 等奖。

清华大学
1996年7月10日

图 2.8-15　彦启森、狄洪发、朱颖心教学工作优秀成果二等奖

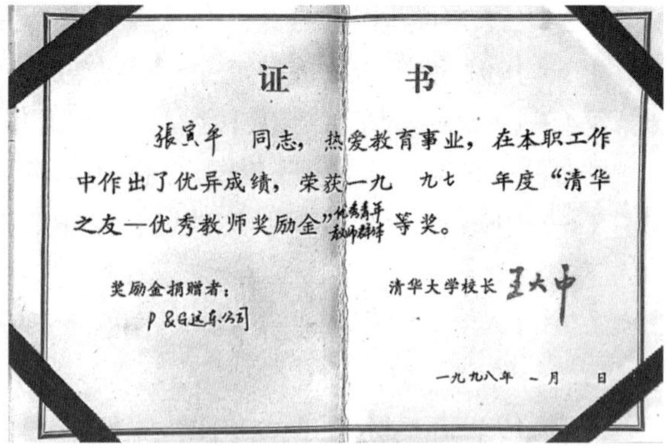
证　书

張寅平 同志，热爱教育事业，在本职工作中作出了优异成绩，荣获一九 九七 年度“清华之友—优秀教师奖励金”优秀青年教师奖 等奖。

奖励金捐赠者：
P&G远东公司

清华大学校长 王大中

一九九八年 一月 日

图 2.8-16　张寅平 1997 年度优秀教师奖励金

奖　状

朱颖心 狄洪发 李先庭 热爱教育事业，积极从事教学工作，努力提高教学质量，在 1996 、 1997 年中荣获教学工作优秀成果二等奖。

清华大学
1998年9月10日

图 2.8-17　朱颖心、狄洪发、李先庭教学工作优秀成果二等奖

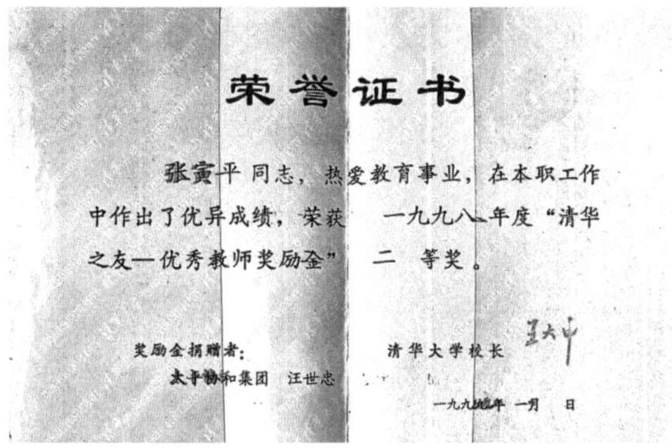
荣誉证书

张寅平 同志，热爱教育事业，在本职工作中作出了优异成绩，荣获 一九九八 年度“清华之友—优秀教师奖励金” 二 等奖。

奖励金捐赠者：
太平洋和集团 汪世忠

清华大学校长 王大中

一九九九年 一月 日

图 2.8-18　张寅平 1998 年度优秀教师奖励金

（三）教师个人获奖

教师个人获奖情况如表 2.8-2 所示。

教师个人获奖情况　　表 2.8-2

获奖人	奖项级别	获奖名称 / 时间
彦启森	省部级	国家教育委员会表彰重大贡献 /1989 年
		国务院发放政府特殊津贴 /1992 年
	行业级	北京制冷学会“特殊荣誉奖”/1999 年
赵荣义	省部级	国务院发放政府特殊津贴 /1992 年
赵庆珠	省部级	北京市优秀班主任 /1980 年
江亿	省部级	中国青年科技奖 /1988 年
		国家教育委员会表彰具有突出贡献的归国留学人员 /1991 年
		北京青年科技奖 /1986 年
		国务院发放政府特殊津贴 /1992 年
陆致成	省部级	北京市优秀教师 /1992 年

续表

获奖人	奖项级别	获奖名称 / 时间
陆致成	省部级	首都五一劳动奖章 /1995 年
朱颖心	省部级	北京市优秀教师 /1997 年

部分教师个人获奖的奖状如图 2.8-19 所示。

图 2.8-19　部分教师个人获奖

（四）学生获奖

从 1978—1999 年间共有 1 名硕士与 2 名博士获得校级优秀学位论文的荣誉，具体见表 2.8-3 及图 2.8-20。

与此同时，1978—1999 年间共有 2 名本科生获得夏安世教授奖学奖，见表 2.8-4。

优秀毕业论文获奖者名单　　表 2.8-3

年份（年）	作者	导师	论文题目	获奖内容
1988	刘刚	李元哲	非等温竖直平行平板间复合换热及其在工程中的应用	清华大学优秀硕士学位论文
1995	李先庭	彦启森	柱状燃料火焰传播及隧道网络烟气流动分析	清华大学优秀博士学位论文
1999	陈锋	江亿	建筑环境系统设计中的全工况分析方法	清华大学优秀博士学位论文

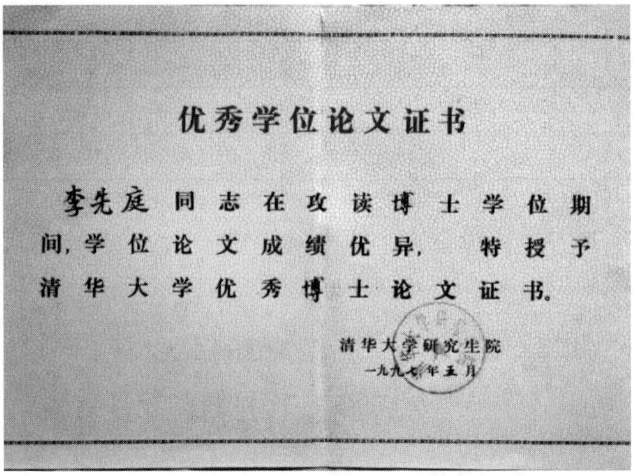
优秀学位论文证书

李先庭同志在攻读博士学位期间，学位论文成绩优异，特授予清华大学优秀博士论文证书。

清华大学研究生院
一九九七年五月

图 2.8-20　李先庭清华大学优秀博士论文证书

历届夏安世教授奖学奖获奖本科生名单　　表 2.8-4

届次和时间	奖名	获奖学生
第 2 届（1998 年）	夏安世教授 – 江苏双良 – 特灵奖	杨建荣
第 3 届（1999 年）	夏安世教授 – 雷诺士奖	陈华俊

九、工程机构

1. 北京清华人工环境工程公司成立背景

20 世纪 80 年代末期，随着国家改革开放的深入，在“科教兴国”“产学研结合”的时代背景下，学校为使教育教学走向校外，与社会需求的结合，成立了许多校办企业，作为科技工厂为社会服务。因此，1989 年 3 月，北京清华人工环境工程公司（以下简称“人环公司”），在这样的时代背景下成立了。当时成立的人环公司并不是清华大学惟一一家公司，它和其他一些公司，都属于当时清华科技开发总公司的一部分。人环公司在成立初期的人员，以教研组的老师为主，包括陆致成、江亿、彦启森、陈兆祥、赵庆珠、朱颖心、杨旭东、李吉生、李先庭、狄洪发、石兆玉、束际万、蔡启林以及后来调入教研组的郑引河和范新等。此外，还有教研组培养的研究生和本科生，如刘刚、寿晓峰、廖再毅、王良海、陈锋、徐珍喜等，他们毕业后进入了人环公司工作。教研组和人环公司合作，成立了联合研究所，人环公司一部分的研发工作在教研组进行，因此和教研组的关系非常密切，教研组近 2/3 的教师和人环公司有着密切的联系。

关于人环公司的名字：本专业设置时，开始只有“采暖”后来加入“通风”部分，专业的名称为“采暖与通风”，简称“暖通”。后来随着经济的发展，加入了“制冷”，即在专业中加入了“空调”概念。随着空调自控的发展，大家较认可的专业称呼为“人工环境”，即人造一个环境，保障室内的冷、热、舒适和清洁等。因此，将成立的公司命名为“北京清华人工环境工程公司”，公司成立的目标和特色是：暖通专业采用计算机做空调的自动控制。

2. 人环公司发展阶段

共分为以下两个阶段：

（1）第一阶段（1989—1992 年）。成立后经历三年时间，到 1992 年时，人环公司已基本形成了三个子公司：控制系统公司、空调工程公司、人环设备公司。人环公司刚成立时，在暖通实验室后边有个红砖砌成的楼里边的三间房间内办公（现在学校六教北边）。此外周边还有教研组制冷实验室、散热片检测线等。后来花费 1500 万元，在学校化学馆与清华附中之间建造了清华人工环境楼用于生产和办公（现为医学院用房），于 1995 年完工。

（2）第二阶段（1992—1997 年）。人环公司经过 8 年的发展，至 1997 年合并成立清华同方上市时，当年生产产值已达到了 1 亿元。

3. 人环公司承担的重大项目

人环公司成立时的主要业务为使用计算机来实现空调的自动控制。早期的空调自控基本是程序或模拟控制，国外已经发展到了数字控制（即 DDC 控制，如江森、霍尼威尔）。人环公司做的则是实现三个专业内容的结合：利用计算机实现空调系统的自动控制。公司成立后，自主研发了“RH 分布式空调控制系统”，包括控制机、传感器与执行器、局部通信网及中央站四部分，全部为完整的自主知识产权。该系统实现的效果和 DDC 类似，但价格则便宜很多，国外进口系统能完成的功能，通过“RH 分布式空调控制系统”实现，节约大量资金。

人环公司成立后的第一个重点项目是“杭州磁带厂”。该项目使用 12 台分布式控制机，通过联想 286 计算机控制实现中央站传输信号、控制空调设备等。此外还有杭州卷烟厂空调自控。两个项目完成后，全国暖通空调学会组织了参观学习。

人环公司在发展期间的其他主要重点项目为：

（1）北京地铁西单站、伊朗地铁、南京地铁等地铁的环境工程控制。其中，北京地铁西单站的空调系统，通过就地控制柜，实现 16 台地铁通风风机和若干水泵的集中控制。并且，在车站大厅布置若干温湿度传感器，可根据站厅的温湿度来调整控制系统的运行。南京地铁则是国内第一条完全采用国产技术完成的地铁全线 BAS 系统，曾获南京市科技进步一等奖。

（2）伊朗地铁是当时人环公司完成的最重要的项目之一。从 1992 年开始在德黑兰谈判，通过分析地铁的地下热湿环境和空调系统，帮助中国团队胜利中标（此项目为当时中国对外出口额最大的机电项目），并获得地铁两条线 36 个站的 BAS 系统的分项目。整个自控项目从传感器到控制器，以及全部软件硬件全部为人环自主知识产权、自行生产，并通过了在当时看来非常严格的质量检测体系。2001 年项目建成通车。

（3）中央电视台老楼的空调系统控制及改造（包括用于春晚的 1 号演播大厅的系统）。

（4）湖北潜江的江汉油田。该项目使用 4 台空调机组设备，实现江汉油田内计算站的设备降温。

（5）葛洲坝电厂的发电机组车间的降温控制。该项目保障环境温度不超过 40℃，项目体量较大，耗时较长。

（6）北京医院手术室的 12 套空调的集中控制。

（7）北京丰泽园饭店空调控制。

（8）北京故宫的地下文物库的环境控制，包括一期和二期工程。项目设置了文物库的中控室大型显示屏，可看见各设备的运行情况，以及各个文物库中的温湿度。

（9）沈阳沈海热网的控制。从 1991 年开始到 1995 年完成，实现了当时国内规模最大的集中供热控制系统。其全部传感器、执行器、控制器、通信系统以及软件硬件都是拥有自主知识产权的自给研发生产的产品。此项目 1997 年获得国家科技进步二等奖。在此之前是赤峰热网、以后有辽河油田热网、抚顺热网、长春热网等的计算机控制系统，使得当时成为国内最大的设计安装热网计算机控制的企业。

（10）印钞厂的环境控制，尤其是对厂房内湿度控制严格，包括西安的 544 厂、成都温江某印钞厂、北京的 541 厂等。

（11）人民大会堂、主席纪念堂的环境改造和控制。

4. 组建同方公司

20 世纪 90 年代末期，清华大学具有公司上市的指标，学校选了校内六家公司，包括人环公司、计算机系公司、精细化工公司包括紫光公司等，计划组建新的上市公司。后来除紫光外的剩下五家公司在 1997 年 6 月组建清华同方股份有限公司上市。

清华同方股份有限公司成立时共 600 多人，其中约 100 多人来自于人环公司。组建清华同方股份有限公司的各单位中，原人环公司的资产规模最大，约 3000 万元（包括人工环境楼 1500 万元），占同方公司组建上市时学校持有的 6000 万元资产的一半。因此，清华同方股份有限公司领导层很多都来自于原人环公司。

第三篇　心系天下 扬帆远航（2000—2022 年）

一、专业概述

建环专业与热能工程系其他专业学科基础相同，能很好地互相兼容，因此，1999 年以前在热能工程系得到了很好的发展，但在研究方向上长期找不到结合点。随着绿色建筑、生态环保等理念的发展，吴良镛院士提出“人居环境科学”理论，体现了对建筑、区域和城市建设综合功能的更高要求。在这种背景下，建环专业就可以发挥较大的作用，也可以和建筑相关专业有更好的研究结合点。

2000 年本专业调整到建筑学院，成为新成立的建筑技术科学系的“建筑环境与设备研究所”。本篇主要介绍 2000—2022 年，本专业在教师队伍、办公场地及实验台、学生培养、教学及课程建设、科研成果、国际交流、重大奖项和设立机构等方面的发展与成就。

本篇第二部分介绍了该时期的“教师队伍”。到 2022 年 9 月，建筑环境与设备研究所现有全职教师 23 名，已形成以院士、北京市教学名师、国家杰出青年基金获得者、长江学者、“青年千人”、国家优秀青年基金获得者、教育部新世纪人才、全国百篇优秀博士论文获得者、北京市科技新星等为核心的教师团队。并且，来建筑环境与设备研究所进站工作的博士后人数也逐年增多，累计已超过百人。

第三部分介绍了该时期的“办公场地及实验室”。建筑环境与设备研究所 1999 年迁入旧土木工程馆，成为这座历史悠久的建筑的新主人。此外，2005 年 3 月，研究所师生设计的节能楼（原名“超低能耗示范楼”）投入使用，与旧土木工程馆一起，作为研究所师生办公、教学和实验的场地，大大改善了本专业教学和科研条件。旧土木工程馆和节能楼建有一系列科研实验台和本科教学实验台。科研实验台包括 7 个大型固定实验台和一系列小型活动式实验台，其中大型固定实验台包括：人工环境气候实验室、空气焓差法空气源热泵性能实验室、大型真空环境吸收式传热传质实验台、室内空气质量检测与分析实验室、室内流场动态显示与测量实验室、人员与材料散发实验室等。本科生教学实验台主要包括空调与制冷设备展示及操作实验室、空调系统实验台、制冷装置调控特性实验台和制冷原理实验台等。

第四部分介绍“学生培养”的具体情况。2000 年，专业从清华大学热能系转到清华大学建筑学院时，名称为“建筑环境与设备工程”，2012 年，名称调整为“建筑环境与能源应用工程”，均简称“建环”。2000 年至 2022 年 9 月前，建环专业共招收本科生 604 名，硕士生 260 名，博士生 266 名。其中，本科生学制为四年，2019 年前，本科生每年招收一个班，每班约 30 人，从 2020 年开始，本科生每年招收的 30 人中，15 人在未央书院（理工双学位：第 1 学位物理、第 2 学位建环），15 人在能源大类（与电机[①]、能动[②]等一起)。研究所在每年招收全日制研究生约25人，其中博士约18人、硕士约7人，另外还会不定期获得专项奖励、联合培养、大学生士兵计划等额外名额。

第五部分介绍了本专业该时期的“教材建设及精品课程”情况。针对本科生和研究生教学，建筑环境与设备研究所教师编写了一系列教材，其中，《建筑环境学（第三版）》和《空气调节用制冷技术（第四版）》获清华大学优秀教材奖，建成3门国家级精品课（建筑环境学、暖通空调、暖通空调与冷热源），1门北京市精品课（建筑自动化），以及5门校级精品课，并且在本科教学中率先开展6门慕课MOOC建设，实现教学资源全国共享。

除了教学，本专业在“科研成就”方面也硕果累累，详见第六部分。进入2000年以来，在国家城镇化快速发展的大背景下，建筑节能与绿色建筑、健康中国、乡村振兴、碳达峰碳中和等相继成为国家战略，给建筑环境与设备研究所提供了新的发展机遇，研究的深度和广度进一步拓展，主要体现在：① 围绕建筑节能与建筑环境科学的基础理论研究，主要包括人体热舒适、建筑中人员用能行为、建筑动态热环境模拟、建筑微气候、室内空气质量等；② 围绕建筑环境系统与设备的创新技术研究，主要包括新的空气热湿处理途径、冷热源系统、蓄能系统与材料、城市供热系统、群智能与光储直柔系统；③ 围绕工程应用与社会推广的技术应用研究，满足国家重大需求，主要包括建筑节能低碳的国情战略研究、建筑节能实践、绿色建筑实践、集中供热节能实践。在上述研究和实践领域，在动态热舒适理论、室内空气质量机理和控制等方面取得重大突破，研发的多项原创技术广泛应用于我国城乡建筑节能工程实践，解决了多项关键难题，取得了重大的节能减排效果。从2007年起每年发布的《中国建筑节能年度发展研究报告》成为国内外建筑节能政策制定和技术研究的主要参考文献。研究所平均每年在国际顶级期刊发表学术论文100余篇。研究所的科研工作在建筑节能和建筑环境领域达到了国际一流水平。

第七部分、第八部分介绍该时期本专业的国际学术交流与合作。进入21世纪，研究所与国际学术交流经历了从“跟跑”到“并跑”再到“领跑”的过程：首先学习并努力追赶国际研究的权威组织或机构，积极参与国际交流和合作；其次与相关组织或机构形成稳定的交流合作关系，通过科研项目合作积极展现建筑环境与建筑节能领域新兴的中国科研力量，并伴随着中国综合实力的增长，逐渐加入相关学术组织、机构、期刊编写的领导层，发起、组织重要方向上的国际交流与合作活动，为破解全球建筑环境和建筑节能领域前沿问题和我国重大需求问题提供中国理解和方案。

第七部分重点介绍了该时期研究所开展了一系列的“国际学术活动”。研究所先后举办了供热通风与空气调节国际研讨会（ISHVAC）、室内空气国际会议（Indoor Air）、建筑模拟国际会议（Building Simulation）、建筑节能国际学术周；创办了国际学术期刊Building Simulation。研究所的各位教师也在本领域重要国际学术会议上多次做大会主旨报告，并担任了多个国际学术组织、学术期刊的会士、主席、主编等重要职务；师生还积极参加全球制冷技术创新大奖赛（Global Cooling Prize，GCP）、全球暖通空调学生

① 电机工程与应用电子技术系。

② 能源与动力工程。

科技竞赛等国际竞赛。

第八和第九部分介绍该时期研究所开展的国际与我国港澳台地区的交流与合作。在此期间，研究所承担了多项重要的国际合作项目，包括作为负责人牵头完成国际能源署 - 建筑与社区节能委员会（IEA-EBC）国际合作项目 4 项，主持制定建筑节能 ISO 国际标准，以及在人体热舒适和室内空气质量方面和多个机构展开合作研究。此外，还和美国、日本、欧洲以及我国港澳台地区的多家科研机构、知名公司合作开展紧密的科研和学术交流活动。

综合该时期的发展情况，第十部分详细介绍了本专业的“获奖情况”，包括科研项目获奖、教学获奖、教师个人获奖以及学生获奖。21 世纪以来，研究所教师获得了多项国内、国际重大科研、教学奖项。其中，“建筑环境模拟分析平台 DeST 及其应用”“溶液式带有全热回收的模块化空气处理装置及其系统”“适用于西部干燥地区的间接蒸发冷水机”“基于吸收式换热的集中供热技术”“绿色公共建筑环境与节能设计关键技术研究及应用”五项技术分获国家技术发明或国家科技进步二等奖，“降低大型建筑空调能耗的基础理论、关键技术及产业化应用”“建筑室内空气质量测评控关键技术及应用”等数十项成果获省部级或国家一级学（协）会奖项。

本章第十一部分介绍了成立的“研究机构”。在此期间，研究所成立了“清华大学建筑节能研究中心”和“空气质量评价与控制北京市重点实验室”，围绕前沿或国家发展重大需求，与各中央和地方政府机关、国内多所大专院校、科研机构、企业有密切联系和不同层次的合作，积极承担并很好完成国家及北京市科研项目，加强与国外科研机构与企业的合作与交流。研究成果得到了社会各界的广泛瞩目，促进了相关技术发展和应用。

二、教师队伍

2000 年进入建筑学院时，建筑环境与设备研究所共有教师 13 名，实验室人员 5 名。本专业教师名单有：屠峥嵘、窦春鹏、狄洪发、江亿、朱颖心、李吉生、李先庭、金招芬、张寅平、李晓锋、朱彦武、孙红三、王智超。

2000—2022 年间，有 7 位教师退休，还有 4 位教师离开或入职工作几年后又离职。

这一时期新入职的教师分为以下两类：

博士后出站或博士毕业后工作的有 15 人：付林（2002）、石文星（2003）、王馨（2003）、魏庆芃（2003）、赵彬（2004）、燕达（2007）、刘晓华（2007）、王宝龙（2008）、夏建军（2008）、谢晓云（2011）、莫金汉（2012）、曹彬（2016）、单明（2017）、张涛（2017）、胡姗（2020）。

国外大学离职归国的有 3 人：杨旭东（2005 年迈阿密大学终身副教授离职、教育部特聘教授引进）、王福林（2009 年日本京都大学助理教授离职归国）、许瑛（2018 年美国德州大学奥斯汀分校终身副教授离职归国、国家高层次青年人才计划引进）。

截至 2022 年 9 月，建筑环境与设备研究所现有全职教师 23 名，全部具有博士学位，其中教授 10 名（含中国工程院院士 1 名、北京市教学名师 1 名、国家杰出青年基金获得者 2 名、教育部“长江学者”特聘教授 1 名、“万人计划”科技创新领军人才 1 名、教育部新世纪优秀人才 2 名），副教授 10 名（含教育部“青年长江学者”1 名、国家优秀青年科学基金获得者 1 名、“青年千人计划”入选者 1 名、教育部新世纪优秀人才 3 名），助理研究员 3 名。另有专职工程师 1 名（吴如宏，2004 年入职）。博士后 10 人。

2022 年 9 月时，建筑环境与设备研究所的教师队伍为：

教授：江亿、朱颖心、张寅平、李先庭、杨旭东、石文星、付林、赵彬、刘晓华、燕达。

副教授：许瑛、李晓锋、王宝龙、夏建军、莫金汉、王馨、魏庆芃、王福林、谢晓云、曹彬。

助理研究员：张涛、单明、胡姗。

2000—2022 年，建筑环境与设备研究所教师人数构成情况变化如表 3.2-1 所示。

建筑环境与设备研究所教师人数变化 表 3.2-1

时间（年）	2000	2010	2022
人数（人）	13	19	23

（1）2000 年以来，本专业教师担任清华大学建筑学院副院长，建筑技术科学系主任，建筑环境与设备研究所所长，建环党支部书记、宣传委员、纪律检查委员、组织委员等重要职务的情况如下：

建筑学院副院长的情况如表 3.2-2 所示。

建筑学院副院长任职 表 3.2-2

任职时间	建筑学院副院长
2000—2008 年	江亿
2008—2020 年	朱颖心
2020 年至今	杨旭东

建筑技术科学系的主任情况如表 3.2-3 所示。

建筑技术科学系的主任任职 表 3.2-3

任职时间	系主任
2000—2008 年	江亿
2008—2018 年	朱颖心
2018 年至今	李先庭

建筑环境与设备研究所所长、科研副所长、教学副所长的情况如表 3.2-4 所示。其中，2020 年以前研究所设副所长 2 人，一人主管本科教学，另一人主管科研和研究生教学；为适应对外交流的需要，从 2020 年起增设主管对外交流的副所长。

建筑环境与设备研究所所长、副所长任职 表 3.2-4

任职时间	所长	教学副所长	科研副所长	对外交流副所长
2000—2001 年	狄洪发	金招芬	张寅平	—

续表

任职时间	所长	教学副所长	科研副所长	对外交流副所长
2001—2006 年	狄洪发	朱颖心	张寅平	—
2006—2008 年	朱颖心	李先庭	张寅平	—
2008—2014 年	张寅平	李先庭	杨旭东	—
2014—2019 年	李先庭	石文星	杨旭东	—
2019—2020 年	李先庭	刘晓华	杨旭东	—
2020 年至今	李先庭	莫金汉	刘晓华	燕达

实验室主任、副主任情况如表 3.2-5 所示。

实验室主任、副主任任职　　　　表 3.2-5

任职时间	主任	副主任
2000—2003 年	张寅平	李晓锋
2004 年至今	李晓锋	—

建环党支部书记、宣传委员、纪律检查委员、组织委员情况如表 3.2-6 所示。

建环党支部书记、宣传委员、纪律检查委员、组织委员任职　　　　表 3.2-6

任职时间	书记	宣传委员	纪律委员	组织委员
2007—2015 年	王馨			
2016—2019 年	王馨	王宝龙	魏庆芃	石文星
2019 年至今	王馨	石文星	王宝龙	谢晓云

注: 2007 年前本专业与建筑技术研究所在同一支部内; 2007 年成立建环节能与环境党支部; 2015 年底更名为建筑环境与设备研究所党支部，沿用至今。

2013 年，建环党支部获清华大学先进党支部称号；2017 年，王馨获清华大学优秀党支部书记。

（2）进入 21 世纪以来，博士后来我研究所工作的人数逐年增多，表 3.2-7 是各年博士后的入站人数情况。

2000 年至今，各年入站博士后人数　　　　表 3.2-7

入站时间	入站人数（人）	入站时间	入站人数（人）
2000 年	1	2007 年	8
2001 年	5	2008 年	7
2002 年	0	2009 年	5
2003 年	2	2010 年	4
2004 年	5	2011 年	12
2005 年	4	2012 年	5
2006 年	2	2013 年	5

续表

入站时间	入站人数（人）	入站时间	入站人数（人）
2014 年	7	2018 年	2
2015 年	6	2019 年	3
2016 年	4	2020 年	6
2017 年	3	2021 年	10

三、办公场地及实验室

（一）办公场地

建筑环境与设备研究所 1999 年迁入旧土木工程馆（1490m^2），35 年后再次成为这座历史悠久建筑的主人。旧土木工程馆坐落于清华大学二校门东侧，水力实验室西南侧，与大礼堂遥遥相对。旧土木馆始建于20世纪20年代，同清华学堂、大礼堂等一样，是清华园内历史最悠久的建筑。它最初的名字叫作“工艺馆”，最初的建筑也只包括现在的一层和两层中间的一部分，而且当时的窗户还只是那种木质的玻璃窗。尽管只有两层格局，建筑面积有限，但青砖白泥相间，一片和谐中透露着大气庄严。旧土木馆融合在周围的清华园早期建筑群中，低调中闪耀着自己独特的光芒，见图 3.3-1。

建筑环境与设备研究所师生设计的节能楼（原名“超低能耗示范楼”，2920m^2），2005 年 3 月投入使用，成为重要的建筑节能实验研究平台，改善了本专业教学和科研条件，见图 3.3-2。清华大学超低能耗示范楼是北京市科委科研项目，作为 2008 年奥运建筑的“前期示范工程”，旨在通过其体现奥运建筑的“高科技”“绿色”“人性化”。同时，超低能耗示范楼是国家“十五”科技攻关项目“绿色建筑关键技术研究”的技术集成平台，用于展示和实验各种低能耗、生态化、人性化的建筑形式及先进的技术产品，并在此基础上陆续开展建筑技术科学领域的基础与应用性研究，示范并推广系列的节能、生态、智能技术在公共建筑和住宅上的应用。

图 3.3-1　旧土木馆

图 3.3-2　节能楼
（原名“超低能耗示范楼”）

（二）实验室

旧土木馆和节能楼，总建筑面积4410m^2，其中办公面积2465m^2，实验室面积约1945m^2，建有一系列科研实验台和本科教学实验台。

科研实验台包括7个大型固定实验台和一系列小型活动式实验台，其中大型固定实验台包括：人工环境气候实验室、空气焓差法空气源热泵性能实验室、大型真空环境吸收式传热传质实验台、非共沸工质热泵实验室、室内流场动态显示与测量实验室、室内空气质量检测与分析实验室、空气污染净化控制实验室、人员与材料散发实验室、交通工具室内污染物控制实验室、村镇环境健康实验室、智能舒适人居实验室。

实验室现有专门用于本科生教学的实验台占地约80m^2，包括四个主要实验台：空调与制冷设备展示及操作实验室、空调系统实验台、制冷装置调控特性实验台和制冷原理实验台。教学实验室主要服务于建筑环境与设备工程主要专业课（空调与制冷技术、建筑环境测试技术、建筑自动化）的实验教学和课程后学生的动手实验。

1. 科研实验台

（1）人工环境气候实验室

热舒适指人对于热环境的主观满意程度。维持合适的室内热环境，既是满足人员舒适、健康和工作效率的需要，也是建筑暖通空调设计和能耗控制的重要要求。人体热舒适研究，是关于平衡能耗、舒适和健康关系的研究。人员同时作为建筑环境的使用者和接收者，其与室内环境之间的交互反馈是非常复杂的，再加上人与人之间的个体差异和偏好的存在，决定了热舒适研究需要通过开展大量的真人受试者实验研究，获取相关的数据，以了解人员对于环境的需求和反馈。人工环境气候室是人体热舒适研究的必备基础，其主要作用是营造各种参数组合的热环境条件，模拟特定参数下的真实环境，来了解人员在该环境中的主观评价和生理状态。

清华大学人工环境气候实验室始建成于20世纪90年代，是国内最早的用于人体热舒适研究的人工气候室，后于2001年进行重建，2010年再次对其空调系统进行改造升级。气候室面积30m^2，分隔为两间小室，由两套空调系统配合实现各小室的独立控制。小室内采用孔板送风的方式，确保了温度、湿度、气流速度等参数均匀稳定，也可通过设置风扇墙，研究有风条件下的热舒适问题。两间小室可同时各自独立调节，使受试者可以在人工气候室内经历热湿环境的快速切换，为动态热环境的研究创造实验条件。在该气候室内，可以开展涉及人体热舒适的物理、生理、心理实验研究（图3.3-3）。

此外，人工环境气候室拥有丹麦PT Teknik暖体假人、多种人体生理参数测量仪器（包括人体代谢率测试仪、多普勒激光血流仪、ADI人体运动生理学系统、用于测量人体皮肤温度的iButton温度传感器等），以及各种室内外物理环境测试仪器。

依托该实验室，完成了国家自然科学基金重点项目“动态热环境与人体热舒适的基础研究”、面上项目“建筑环境适应性热舒适的机理研究”“建筑环境儿童热舒适机理与评价模型研究”“建筑环境气流紊动特性的形成与迁移规律研究”“人体动态热舒适机理与评价研究”“热环境对睡眠热舒适影响的关键问题研究”等国家自然科学基金项目，以及国家“十三五”重点研发计划课题“地下交通建筑节能关键技术与设备开发”、

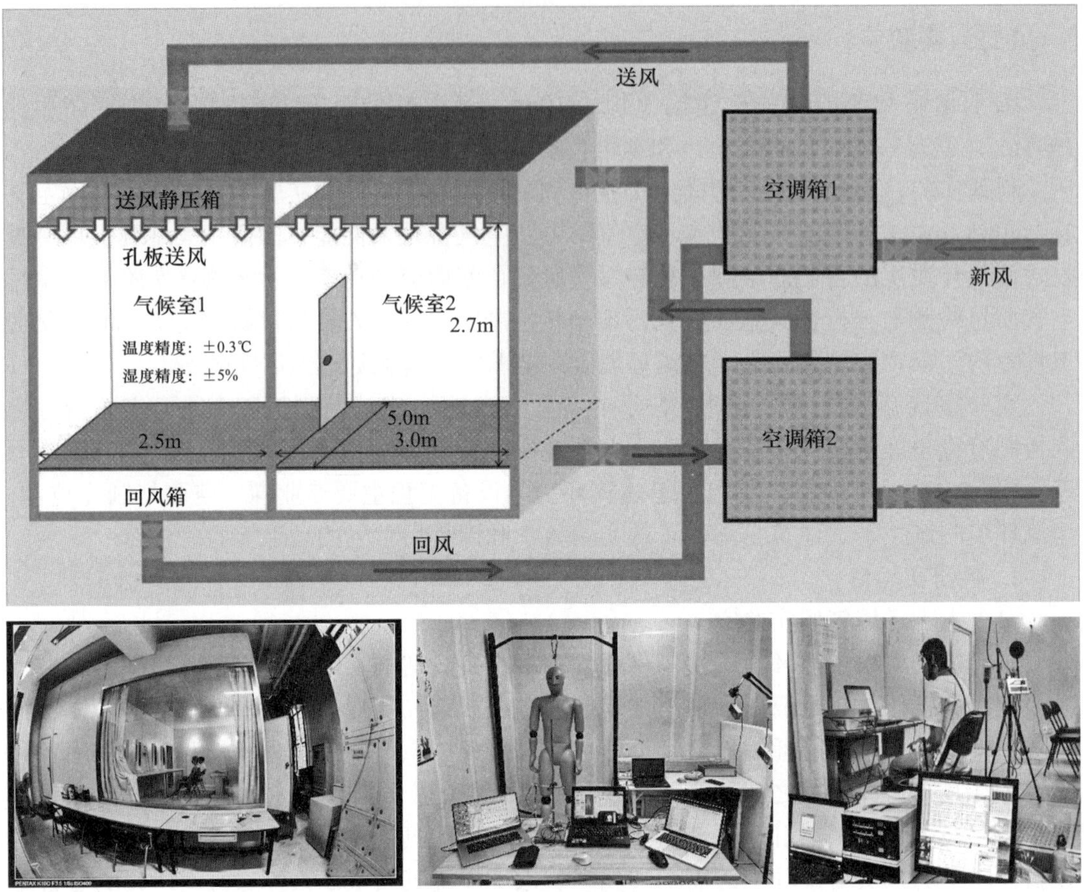

图 3.3-3　人工气候室：原理示意图（上）与照片（下）

国家“十二五”科技支撑计划课题“大型航站楼绿色建筑关键技术研究与示范”、国家重点基础研究发展计划（973 计划）子课题“座舱热舒适设计参数优化”、国家“十一五”科技支撑计划项目子课题“建筑室内单区域环境评估体系研究”等项目的研究工作。

（2）空气焓差法空气源热泵性能实验室

空气焓差法空气源热泵性能实验室（简称：焓差室）可以营造宽范围、稳定的室内外环境工况并测量空气源热泵设备制冷（热）量和功率，是空气源热泵、空气－水、空气－空气换热器运行特性研究的基础实验室。1993 年，彦启森组织空调教研组老师和研究生，设计、建成了清华大学第一个焓差室，由于研究所办公地点变迁，焓差室于 2000 年搬迁至旧土木馆进行改造重建。

因建筑面积的限制，焓差室改建成为室内外小室上、下设置（室外小室在上）全自动环境控制与数据采集的焓差室，其结构原理如图 3.3-4 所示，其室内外小室实物图如图 3.3-5 所示。相比于重建前，新建焓差室的智能化水平得到了提高，实现了室内、外小室环境温、湿度参数的自动控制和数据的可视化，符合《房间空气调节器》GB/T 7725—2004 与《单元式空气调节机》GB/T 17758—2010 对空调器的性能测量要求，可对 5kW 制冷量以下的空气源热泵进行实验研究，其围护结构达到了防火规范要求。

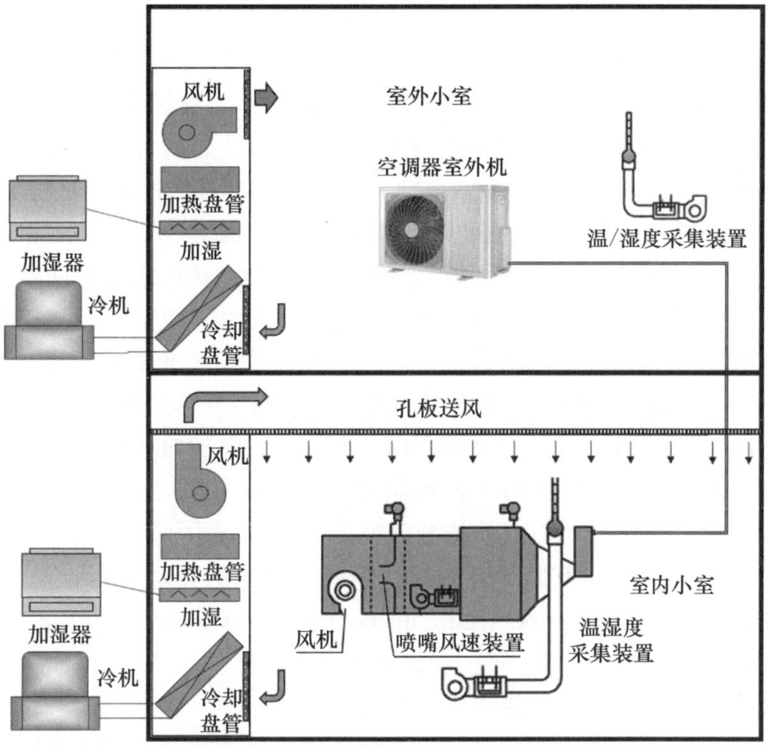

图 3.3-4　焓差室热工性能检测台结构原理图

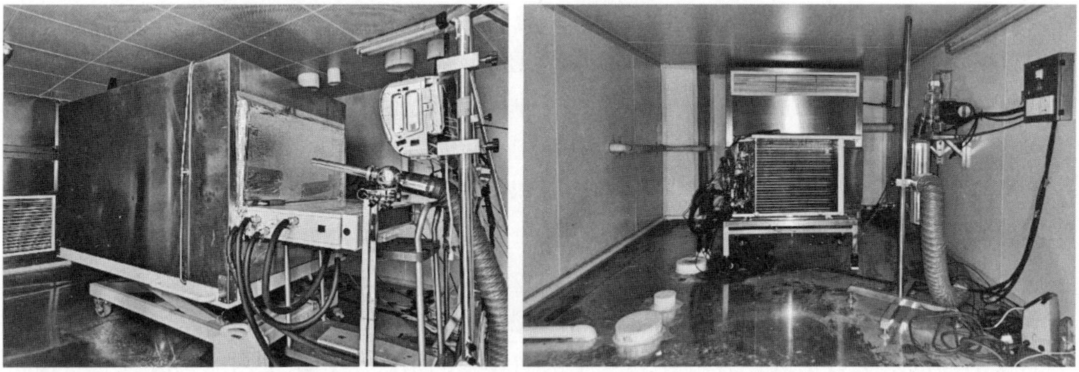

（a）　（b）

图 3.3-5　空气焓差法空气源热泵性能实验室

（a）室内小室；（b）室外小室

重建后的焓差室不仅可以开展空调器等空气源热泵方向的实验研究，还为基于重力热管循环的自然冷却技术以及空气 - 空气热回收技术等方向的研究工作提供了实验条件。

依托该实验室，陆续开展了热虹吸 / 蒸气压缩复合制冷、涡旋与转子补气空气源热泵技术研究，完成了国家重点研发计划“高效空气源热泵设备研究与开发”课题以及“热泵系统制冷剂喷射和抽出技术应用基础研究”“基于制冷剂喷射和泄出的涡旋压缩机制冷热泵系统双效调节方法”“热虹吸与蒸气压缩复合制冷系统的构建及其耦合特性研究”国家自然基金等项目。完成了《热虹吸与蒸气压缩复合制冷技术及其应用研究》（韩林俊）、

《自然与动力循环热管流动传热特性及其应用研究》（张朋磊）、《房间空调器实际运行能效提升与舒适性改善研究》（杨子旭）等博士论文，以及《热管复合空调机组用模式转换装置研发》（周德海）、《补气单缸滚动转子压缩机优化及其在热泵中的应用》（丁云晨）、《单缸滚动转子压缩机制冷剂喷射技术研究》（刘星如）、《基于压缩机热平衡的房间空调器现场性能测试方法研究》（黄文宇）、《房间空调器在线性能测试技术研究与应用》（丁连锐）和《室外机安装平台对房间空调器运行性能的影响》（于洋）等硕士论文。

基于上述研究，研发的基于热虹吸/蒸气压缩复合循环的高效基站空调，被国家发展改革委列入《国家重点节能低碳技术推广目录》，发明的新型端面补气和滑板补气转子压缩机已实现产业化，针对低温热泵技术的研究成果为《低环境温度空气源热泵（冷水）机组》GB/T 25127—2020、《低环境温度空气源热泵热风机》JB/T 13573—2018、《地板采暖用空气源热泵热水机组》JB/T 14070—2022、《建筑物外墙空调器室外机安装平台技术规程》T/CCES 10—2020 等标准制定奠定了技术基础。

依托该实验室，王宝龙、石文星指导研究生韦发林与中国科学院物理研究所合作研发的地热源热电空调系统，其制冷能效比达到此前报道的热电空调装置的 3～4 倍，其研究结果“Highly efficient thermoelectric air conditioner with kilowatt capacity realized by ground source heat exchanging system”发表在 *iSciense* 杂志上。

（3）大型真空环境吸收式传热传质实验台

为实现低碳供热，用来回收低品位工业余热的吸收式热泵和吸收式换热器成为关键设备。吸收式热泵和吸收式换热器内部的传热传质过程为无不凝气下的低压环境，为研发大温差吸收式热泵和吸收式换热器，并对内部各类传热传质过程进行深入认识和研究，2009—2012 年搭建完成世界上首个大型真空环境下的通用吸收式传热传质实验台，可长期稳定地保持真空状态，既可以开展多种真空状态下传热传质实验研究，又可以作为吸收式热泵和吸收式换热器的实型模块研究平台，作为基础实验平台，至今已经运行了十多年。该实验平台经过科学技术鉴定，被评为国际首创，并在 2014 年荣获清华大学实验技术成果一等奖。

该大型真空环境的实验平台如图 3.3-6 所示，可实现的真空环境的体积为 $10m^3$。该实验台具备较好的真空性能，系统整体静态漏率为 $4.4\times10^{-7}Pa\cdot m^3/s$，比全焊式吸收机的漏率还低 1 个数量级，并且连续 4 年未抽真空的情况下，系统内的不凝气一直保持在 100Pa 以下，如图 3.3-7 所示。该实验台具备高精度的测量仪器，包括真空压力传感器（setra 系列电容薄膜绝对压力传感器）、保证真空密封性能的科里奥利质量密度流量计、常压流体测的电磁流量计、经过准确标定的热电偶和铂电阻的测温系统等，从而保证了实验台较好的能量平衡和质量平衡性能，能量不平衡率和质量不平衡率一直保持在 ±15% 之内。该实验台具备了较强的参数调控性能，通过较大的溶液罐、冷剂水罐，并配备大型溶液发生器，使得溶液浓度、温度、流量均在较大范围内可调，冷剂水温度和流量也在较大范围内可调。通过制冷机、冷却水罐、电加热器等装置，使得常压侧冷却水和热水的温度、流量均在较大范围内可调。该实验平台具备了较强的观测性能，实验平台本身和实验段都设计了大型的玻璃视镜，可观测实验平台内部各真空环境下罐体等的运行状态，观测实际传热传质的各类现象。该实验平台，由于较大规模的真空环境，同时还是吸收式换热器内部各器的实型实验台，可以测试实际机组尺寸的实型实验段，从而为设备研发提供可靠的保证（图 3.3-8、图 3.3-9）。

（a）　（b）　（c）　（d）

（e）　（f）

图 3.3-6　真空环境吸收式传热传质实验台照片

（a）两层结构外观；（b）内部管路；（c）在台上的多级实验段；（d）氦质谱检漏；（e）真空压力传感器；（f）科里奥利流量计测溶液密度

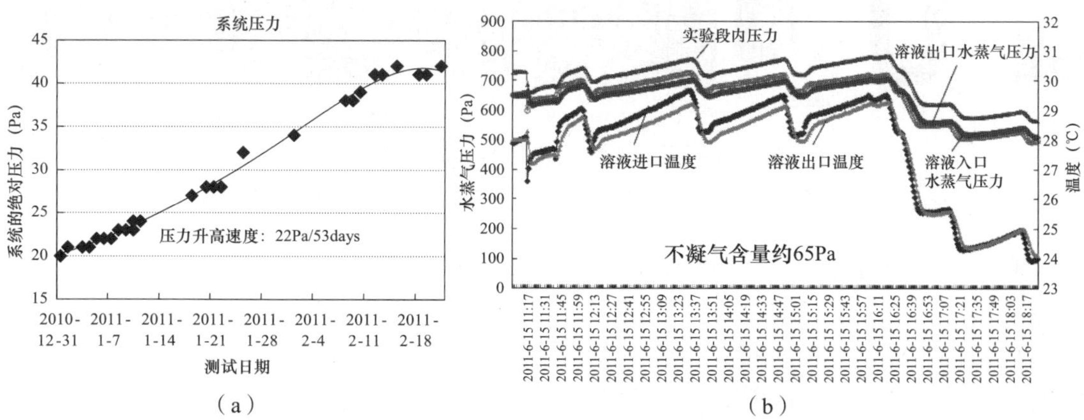

图 3.3-7　真空环境吸收式传热传质实验台保压结果

（a）实验台系统保压结果；（b）实验过程不凝气含量

图 3.3-8　在吸收式传热传质实验台上实验的各类实验段

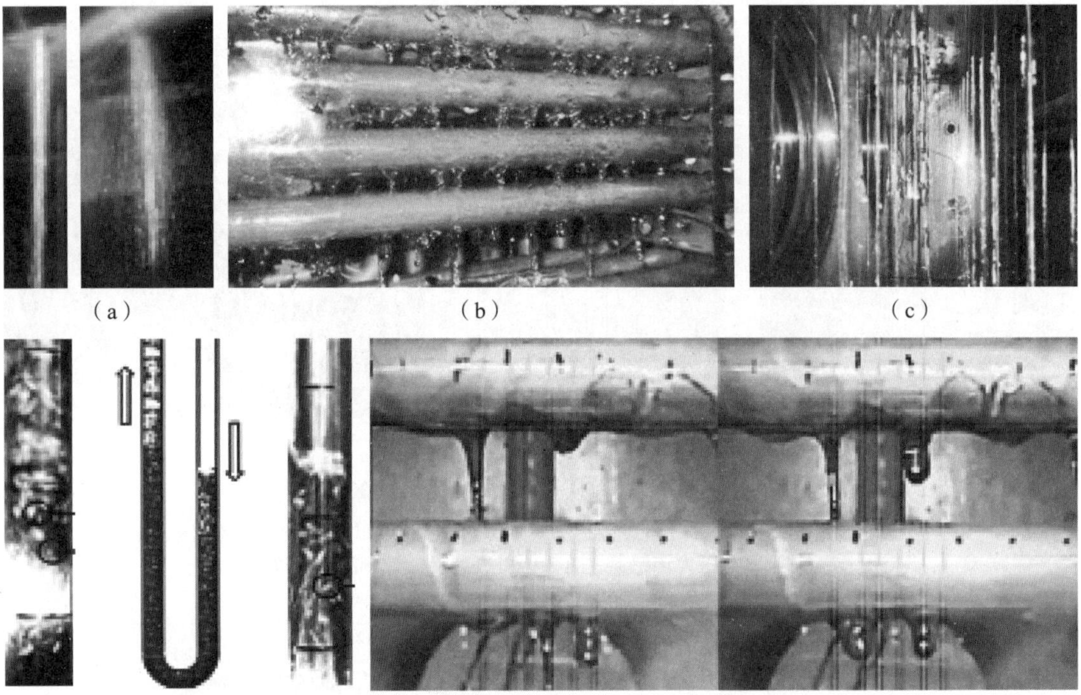

(a)　(b)　(c)

(d)　(e)

图 3.3-9　吸收式热泵和吸收式换热器内部的各类传热传质现象

(a)闪蒸;(b)降膜;(c)喷淋吸收;(d)U 形管流动;(e)降膜横移流动

利用大型吸收式传热传质实验台，陆续开展了单级闪蒸－冷凝实验、多级闪蒸－冷凝实验、多级降膜流动实验、喷淋吸收过程实验、多级降膜吸收－蒸发冷实验、U 形管气液两相流动实验、板式吸收－蒸发实验、板式发生－冷凝实验等，已发表 SCI 文章 20 余篇，EI 文章 12 篇，其他文章 30 余篇，授权发明专利 20 余项，在 2014 年完成科技鉴定，被评为国际首创，2014 年被评为清华大学实验技术成果一等奖，2015 年荣获中国制冷学会技术发明奖二等奖。

（4）非共沸工质热泵实验室

借助非共沸工质的相变温度滑移特征，非共沸工质热泵可显著减小空调制冷和制热中制冷剂与水 / 空气换热的温度不匹配损失，从而提高系统能效，是实现建筑节能降碳的重要技术方向。非共沸工质制冷热泵系统性能同时受循环结构、工质种类及浓度、工况等多因素的影响。目前，国内外非共沸工质热泵的研究主要采用针对特定工质和特性循环，无法大范围探求不同工质和不同循环结构对系统性能的影响，同时，由于缺乏工质浓度在线监测手段而无法探究工质主动浓度调控的技术潜力。本实验室旨在建立可实现工质浓度在线监测的非共沸工质热泵多功能实验台，实现新型非共沸工质热泵的基础性能及其调控方法的验证，为后续的产品应用奠定基础。

实验室自建有非共沸工质浓度折射率标定平台。该平台利用混合制冷剂不同配比下光经过时的折射率变化来测量浓度。采用光折射率传感器，通过标定混合工质浓度与折射率的关系，可建立混合工质浓度—折射率数据库。利用该折射率数据库，通过安装于待测管路上的浸入式光折射率传感器，可高精度实时在线测量非共沸制冷热泵系统不同位置的混合工质浓度。相较于传统色谱仪测量方式，该测试方式能大幅提升混合制冷剂系统的测试效率（图 3.3-10）。

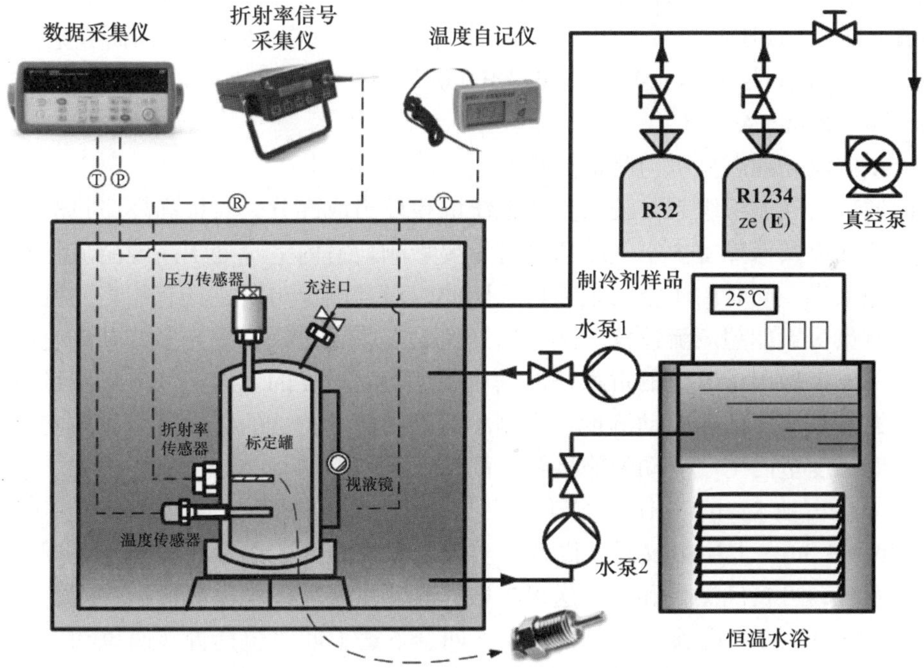

图 3.3-10　混合工质折射率与浓度标定平台

实验室的多模式非共沸工质热泵实验台可在单级压缩、中间换热器（准）二级、闪蒸罐（准）二级和新型自复叠（准）二级等循环模式下自由切换运行。实验台能高精度控制系统循环制冷剂浓度、外部流体状态（流量、入口温度和出口温度）等，能准确测量制冷剂流量、制冷剂分布状态、压缩机功率、制冷 / 制热量等各项参数，实现非共沸工质热泵系统在大范围变工况下的稳态系统状态及宏观性能测试（图 3.3-11）。

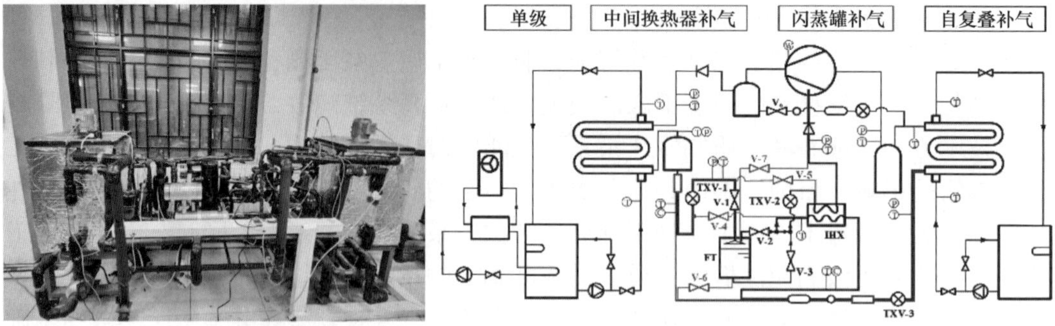

实验台外观　　　　循环结构与原理

图 3.3-11　多模式非共沸工质热泵实验台

课题组依托该实验室陆续开展了新型非共沸工质热泵、（准）二级压缩热泵、低温空气源热泵等系统特性研究，完成了自然科学基金项目“变浓度准二级压缩循环特性及其热泵系统优化方法”、“十三五”国家重点研发项目“长江流域建筑供暖空调解决方案和相应系统”等科研项目。特别是在非共沸工质热泵研究方向，博士生程作完成了学位论文《非共沸工质（准）二级压缩制冷热泵特性研究》，探明了非共沸（准）二级闪发罐系统性能衰减的根本原因在于组分分离导致的蒸发压力降低，并进一步提出了两种新型自复叠（准）二级压缩热泵系统，实现了性能系数提升 8.1%。该方向研究论文“Vapor Injected Heat Pump Using Non-azeotropic Mixture”获得 2017 年第十二届“国际热泵大会”惟一的“Best Poster Award”。

（5）室内流场动态显示与测量实验室

室内通风与气流组织系是暖通空调系统的重要组成部分，对提高环境热舒适、降低环境营造能耗以及保障室内空气品质具有重要影响。室内空气处于高度湍流状态并且参数变化范围很广，同时由于空气是无色透明的，对其测量与研究具有相当的挑战。各种新型流速测量仪器如超声流速仪、热线风速仪、热膜风速仪、激光多普勒流速仪等都对流体力学的发展做出了巨大的贡献，但其应用在房间尺度的室内空气流场测量还存在各种不足，尤其是湍流低速流动测量，限制了房间内流动特性的相关研究。本实验台就是要解决房间尺度室内空气流动的非接触、高精度流动测量。

实验平台占地 8.2m×6.1m，分上下两层，下层为测试和成像区，其中实际测试空间 3m×4m×2.5m。上层为仪器、设备、实验工况控制区。设置有实验工况调控空调系统和测试系统，可精确测量和控制送风参数，其测试室可模拟实际通风房间，最大换气次数为 60 次 /h，可实现顶送下回、上送下回、下送上回（包括置换通风和地板送风）等多种典型送风形式。实验平台配置了自主开发的彩色时序粒子轨迹测速系统 CSPSV（Color Sequence Particle Streak Velocimetry），这是一种能够用于房间尺度的室内流场光学非接触式测量方法，它充分借鉴了包括 PIV、PTV 和 PSV 的设计思路，并针对类似技术的短板进行了有效的改进与提高。

CSPSV 系统整体流程如图 3.3-12 所示，首先在空气中释放密度与空气一致的氦气填充气泡，在相机快门打开的时间内，彩色时序照明系统按照时序变化颜色，使得氦气填充气泡的颜色也随之变化，从而利用相机可以捕获到相机在空间的运动轨迹和开始点、中间点以及终止点的位置信息，并用不同颜色进行标记和区分。得到轨迹的时序信息图像后再采用图像识别的方法提取出相关运动的矢量信息，最后通过三维重构得到三维空间内的速度矢量信息。

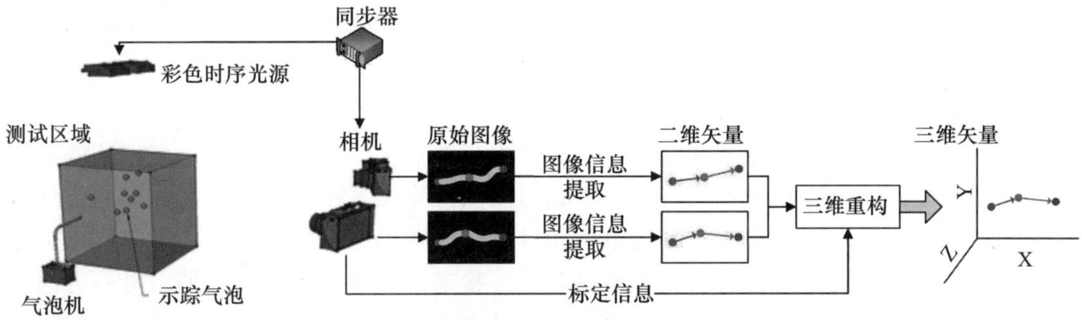

CSPSV 测速系统流程

实验室内景

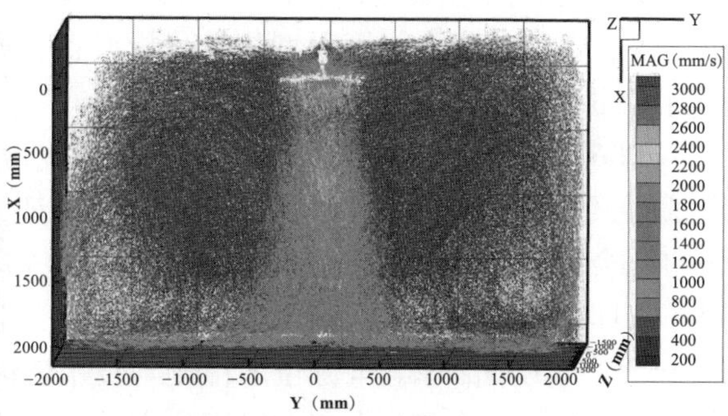

典型测量结果

图 3.3-12　CSPSV 实验室

CSPSV 能够实现 20Hz 以上的测量频率，目前能够实现 4m×1m×2.5m（$L\times W\times H$）的三维空间测量，是目前世界上测量区域最大且全区域覆盖的高精度室内流场测试系统。测量精度在 0.2～2.5m/s 范围内精度能达到 10% 以内。CSPSV 尤其以测量低速流动见长，由于是非接触式测量，测量对被测流场的影响也远小于常规仪器，能够完成复杂流场的测量。

CSPSV 测量系统是一个通用的流场测试平台，已用于其他团队的流动测量和课题研究，具体内容如下：

在测量技术方面，提出了多相机协同融合算法突破测量范围和盲区瓶颈，在室内风扇流场测量中揭示了大尺度、高速旋转射流的三维运动规律，成果获建筑环境行业顶级期刊 Building and Environment 2019 年度青年作者优秀论文奖。

利用 CSPSV 进行了洁净厂房内的测量，并提出基于图像传感器人员实时定位系统和 FFU 控制方法，成功在大型电子洁净厂房示范应用，实现 60% 以上的节能效果，支撑了李先庭为项目负责人的“十三五洁净空调厂房的节能设计与关键技术设备研究”的研究。

以该实验平台为基础，开发了用于模拟人体呼出污染物的示踪和追踪测量方法，首次直观揭示并初步量化了二次暴露在房间内的发生方式和影响范围，为新冠疫情的防控提供了直观和定量的基础数据，支撑了春风基金项目的研究工作。

在实验室测量系统的基础上研制了能够在实际工程现场应用的三维空气流场测速装备，已用于十余项现场测量。在 2022 年北京冬奥会要求最高的冰壶场馆气流测试中，成功发现了低温冰面与气流的耦合作用关系，为冬奥会“冰立方”场馆运行保障提供了支持。

（6）室内空气质量检测与分析实验室

实验室在国内较早开展了室内空气质量检测与评估工作，主要职责为支持开展室内环境改善、进行可持续室内环境的相关研究与提供检测技术服务。实验室为室内空气质量评价和控制北京市重点实验室成功申报和日常运行做出了重要贡献，一方面利用重点实验室在室内空气质量方面的研究成果提升本实验室检测及工程服务水平，另一方面为北京重点实验室相关研究提供设备、技术和人员支持。室内空气质量检测与分析实验室拥有质子传递反应质谱仪、INNOVA 光声气体检测仪、气相色谱 - 质谱联用仪、气相色谱仪、自动热脱附仪等大型化学分析设备，见图 3.3-13，可对室内空气中常见污染物进行定性和定量分析。

2006 起，实验室加入清华大学建筑环境检测中心，遵循严格的质量管理体系，获得了国家 CMA 认证及国际认可的 CNAS 认证，可以出具具有法律效力检测评估报告，面向社会提供室内空气质量测评服务。围绕室内空气质量问题，该实验室提供室内材料 / 家具污染释放评估、室内空气质量检测、空气净化产品性能评估、通风系统诊断及改造、空气污染治理等全方位的检测与技术咨询服务，并与多个国内外知名企业达成长期稳定合作。实验室已为众多民用住宅及公共建筑提供了室内空气质量检测服务，承担了 2008 奥运主体育馆（鸟巢）、水立方等 10 余个奥运场馆、国家博物馆、外交部大楼、中国科学院院士工作局大楼等多个重要建筑室内空气质量的检测、评价与改善工作，积累了丰富的建筑场所空气质量检测、评估和改善经验。

2009 年，实验室增加了对净化器、净化材料等净化产品的性能测试服务，相继为国内外众多知名品牌的空气净化器提供了性能检测和评价，对沈阳华晨宝马、成都一汽大众等的数据中心进行了室内环境污染治理，解决了长期以来由空气污染造成的计算机电路板腐蚀问题。2011 年在朗诗集团资助下进行了长江流域 7 城市住宅室内空气调研，2016 年与中脉科技、中国环境科学学会室内环境联合开展全国 9 城市住宅室内空气调研并发布了《中国家庭生态环境报告》。和重庆大学环境学院一起组织了全国 10 城市的中国家庭儿童健康情况调研，被调研的家庭逾 4 万户，首批调研成果在《科学通报》中、英文版作为封面论文发表，并获得 China Daily（中国日报）特别报道。

实验室为室内空气质量方向的重大项目和课题的顺利完成发挥了重要作用，包括：科技部“十一五”国家科技支撑计划重点研发课题“建筑室内化学污染控制与改善关键技术研究”、“十二五”国家科技支撑计划重点研发课题“SVOC 及复合污染检测及控制关键技术研究”、“十三五”重点研发项目“室内空气质量控制基础理论和关键技术”、自然科学基金委杰青项目、重点项目、国际合作项目和中国航天员科研与训练中心攻关项目等。

1956 实验室成立

1993
获中国计量认证（CMA）资质

2007
中国合格评定国家认可委员会实验室认可（CNAS）资质，通过ILAC-MRA国际实验室认可合作组织互认

2009
首都科技条件平台

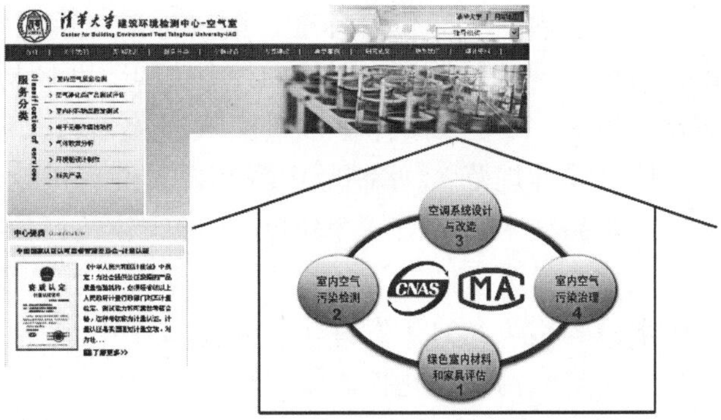

围绕室内空气质量问题，打造从室内材料／家具污染释放评估、室内空气质量检测、空气净化类产品性能评估、通风系统诊断及改造、空气污染治理等全方位和一条龙服务。

化学分析室

质子传递反映质谱仪（PTR-MS）
在线测量空气中质子数21-512有机污染物，测量精度可达30ppt

INNOVA光声气体检测仪
可分析多种VOC气体浓度，精度可达0.01ppm

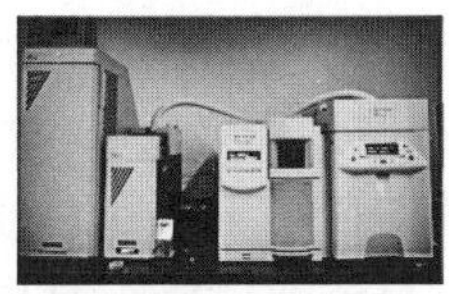

Agilent气相色谱-质谱联用仪及热脱附仪
用于进行污染物散发传播特性的测量及空气质量采样测量等

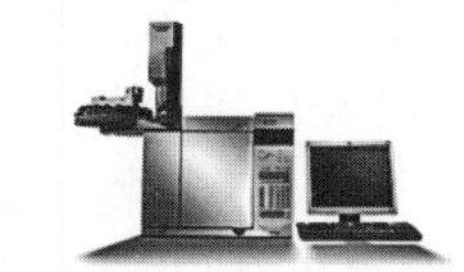

Agilent气相色谱
用于进行污染物散发传播特性的测量及空气质量采样测量等

PE自动热脱附仪器
用于进行污染物散发传播特性的测量及空气质量采样测量等

凝聚核粒子计数器
水基凝聚核粒子计数器，检测范围：6nm

仪器分析室

30m^{3}环境测试舱

空气过滤器测试平台

新风净化机测试平台

图 3.3-13　室内空气质量检测与分析实验室环境及设备设施

实验室在室内空气化学污染控制方向的博士生和硕士生的培养过程中发挥了重要作用，已有 20 余位获博士或硕士学位，也为吸引国外研究生来做访问研究发挥了重要作用，已有来自美国、英国、挪威等国家多个大学的 22 位研究生来研究所开展为期 3 个月以上的合作研究。

实验室为主编、参编的 30 余项标准提供了实验条件支撑，代表性标准包括国际

IEC/ISO 室内空气净化器标准，国家标准《室内空气质量标准》《木家具中挥发性有机化合物释放速率检测逐时浓度法》《热回收新风机组》《空气净化器》《通风系统用空气净化装置》，行业或团体标准《空气净化器污染物净化性能测定》《公共建筑室内空气质量控制设计规范》《木制品甲醛和挥发性有机物散发率测试方法 - 大型测试舱法》《环境标志产品技术要求空气净化器》《健康建筑评价标准》。

该实验室为室内空气质量方向的研究获教育部自然科学一等奖（2010）和北京市自然科学一等奖（2021）发挥了重要支撑作用。

（7）空气污染净化控制实验室

人超过 80% 的时间在室内度过，健康与建筑室内环境密切相关。在通风受限的建筑环境中，良好的建筑室内环境依然依赖于有效的空气污染净化控制技术。因此，面向我国建筑室内环境建设需求，以建筑空气污染净化需求为牵引，本实验室建立了颗粒物 - 气态污染综合净化控制平台，致力于厘清室内低浓度，多组分复合污染净化机理，精准检测污染物浓度，综合评估净化材料性能，为建筑空气质量改善和节能减排提供科学支撑。

实验平台分为两部分，第一部分为颗粒物净化测试平台，如图 3.3-14、图 3.3-15 所示，平台可同时实现多通道实验，气溶胶发生器可控制颗粒物浓度，实验时发生的标准氯化钾颗粒物进入风道，由高压电源放电装置荷电后进入净化装置，并通过 TSI 粒子计数器和纳米颗粒粒径谱仪检测净化装置前后的分粒径颗粒物浓度。高压电源同时还可以对材料前后施加高压极化，强化其颗粒物过滤性能。

第二部分为气态污染物净化测试平台，由材料制备区、污染物发生、检测装置以及负压排气系统组成。其中材料制备区配备电子天平、行星球磨机、离心搅拌机、超声设备、真空烘箱等必要设备。污染物稳定发生系统如图 3.3-16、图 3.3-17 所示，由高精度注射泵，油浴加热器和吹扫气路共同实现污染物的高精度稳定发生。检测装置包括 INNOVA 光声气体检测仪，GC-BID 在线色谱仪，2B 臭氧检测仪等，可实现室内 VOCs、一氧化碳、二氧化碳、臭氧等多组分物质的 ppm 级高精度检测。整个装置在负压排风系统中放置，有效避免了实验污染的泄漏。

此外还配备了不锈钢舱用作材料的静态吸附试验以及模拟密闭环境测试净化装置的净化能力。舱与检测装置 GC-BID 连接，同时内置温湿度与污染物传感器，可实现多通道、多组分的污染物检测。

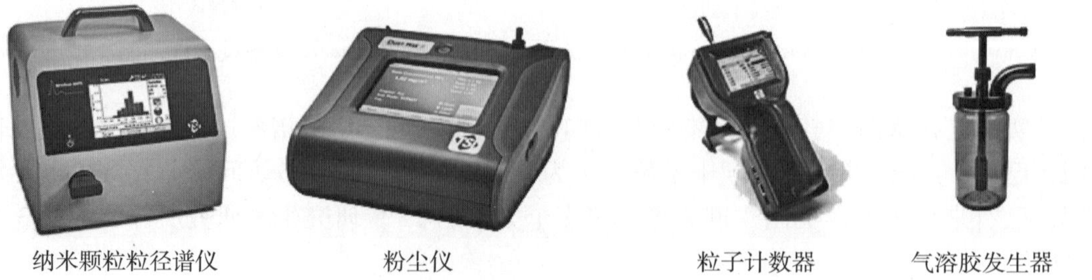

纳米颗粒粒径谱仪　　粉尘仪　　粒子计数器　　气溶胶发生器

图 3.3-14　颗粒物发生与检测仪器

多通道性能测试平台

图 3.3-15　静电荷电极化颗粒物净化测试平台

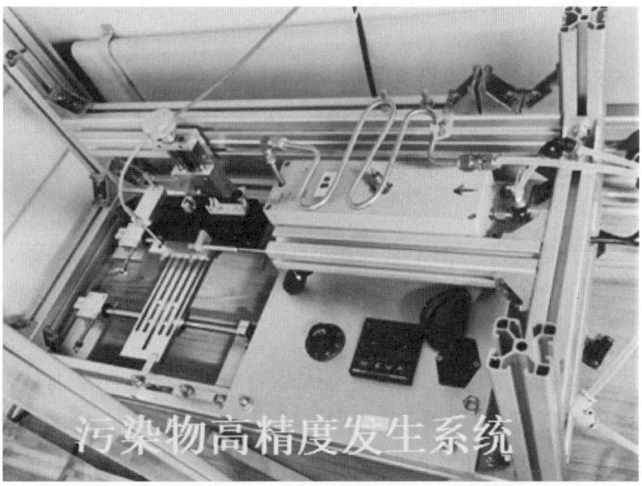

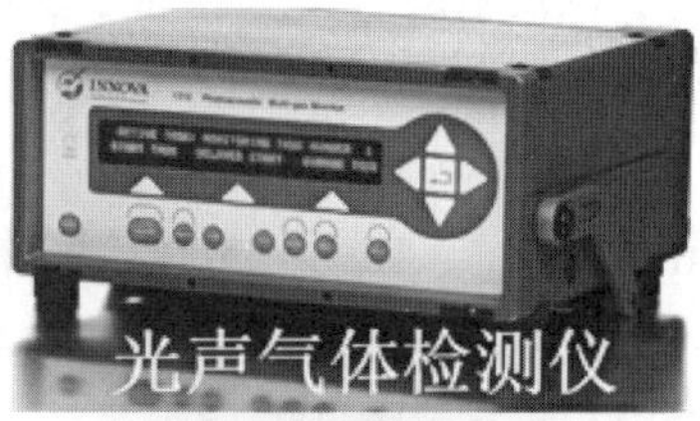

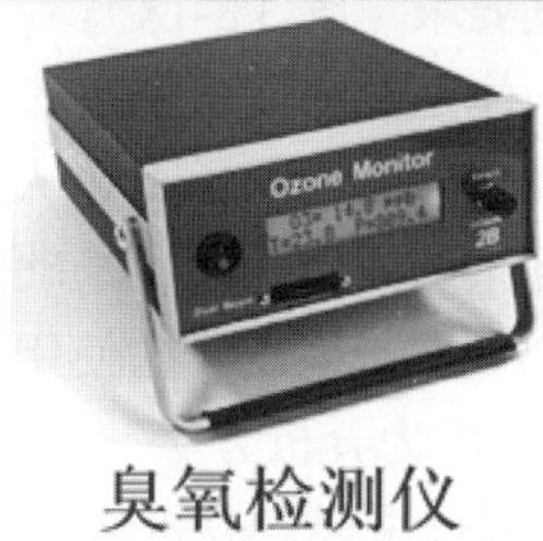

图 3.3-16　污染物高精度发生系统、光声气体检测仪、臭氧检测仪

图 3.3-17　不锈钢测试舱，GC-BID 在线色谱仪

该实验室与实验平台支持完成了国家自然科学基金优秀青年基金、多项面上基金、国家“十三五”重点研发计划课题、“十二五”科技支撑计划子课题、中国航天员科研与训练中心重大攻关项目等 50 余项重要科研课题。实验人员曾获北京市科学技术奖一等奖、教育部自然科学一等奖等，出版学术著作 2 本、外文著作 1 章，发表 SCI 收录的期刊论文 80 余篇，研究成果被 SCI 他引 2700 余次。实验平台共培养博士、硕士研究生十余人。

（8）人员与材料散发实验室

在室内密集人群环境中，人是重要的可挥发性有机化合物（VOCs）散发源。目前关于人体散发的研究尚在领域、方法、结果上存在局限。本实验台基于环境舱法，建立具有可重复性和可比性的人体散发 VOCs 的解耦测量方法，实现在可控条件下单人的皮肤和呼吸散发的分离和测量，从而得到同一条件下的皮肤和呼吸散发的定性和定量广谱特征。在此基础上，研究主要外部因素（温度、着装等）和内部因素（饮食、个人卫生状态等）对皮肤和呼吸散发 VOCs 的影响，发现人体散发 VOCs 的长时间特征，进而探究人体散发的机理和关键因素影响的机理。本研究结果不仅能够帮助更好地认识人体作为 VOCs 源的关键特征，还对精准控制人员密集室内环境的空气品质有较高的参考意义。

实验台建立于 2018 年，占地 5.5m×9m，实验室内有不同大小的环境舱（$8m^3$，$3m^3$，$1.5m^3$，$1m^3$，53L），具体可以分为建筑材料散发实验舱、人体污染物散发实验舱、净化器测试实验舱、全尺度材料散发测试实验舱，能够满足一系列不同目的的空气品质的测试要求（图 3.3-18）。

人体是高密度室内环境如会议室、礼堂、体育馆和飞机、高铁等公共交通工具的重要污染物散发源，因此，人体呼吸散发产生挥发性有机化合物（VOCs）的研究是解决高密度室内环境问题的基础性工作。本实验台开发出了便携性好、准确性强、灵敏度高的采样装置，确定了“使用 Tedlar 袋作为储存容器，使用 Tenax-TA 采样管来吸附，用 GC-MS 作为分析方法”的呼吸散发采样方法。使用改进后的呼吸采样方案对人呼出的 VOCs 进行采样，分析从 117 名健康受试者采集的呼吸样品。计算受试者呼出气中检测到的 VOCs 的浓度和散发率。对不同性别、年龄和吸烟习惯的散发进行了统计比较。单变量分析的结果表明，这三个因素可能显著影响部分 VOCs 的呼吸散发。通常，男性、主动 / 被动吸烟与衰老会导致呼出更高浓度的 VOCs。通过推导认为外源性 VOCs 的呼出浓度与代谢率无关，呼吸的 VOCs 散发率与代谢率成正比，而对于内源性 VOCs，参照负荷计算表，给出了不同场合、劳动状况下的人员呼吸散发表，可用于估计人员呼吸对室内环境的影响。总结人体散发产生 VOCs 的相关机理，人体散发 VOCs 分为内源性、外源性以及微生物 VOCs 三大类不同种类的 VOCs 散发。对于皮肤测试，建立了基于 $8m^3$ 环境舱的整人皮肤散发受控 VOCs 测试方法，并首次在受控的实验条件下定量研究整人散发 VOCs 的研究。进一步提出人是 VOCs 的污染汇，给出了污染物被人体吸收的直接证据。成果获得了国际同行的认可和业界的密切关注，2014 年和 2016 年两次获得建筑环境行业顶级期刊 *Building and Environment* 年度优秀论文奖。

■ 实验装置　　实验目标：在可控条件下分别测量单个人的皮肤散发和呼吸散发

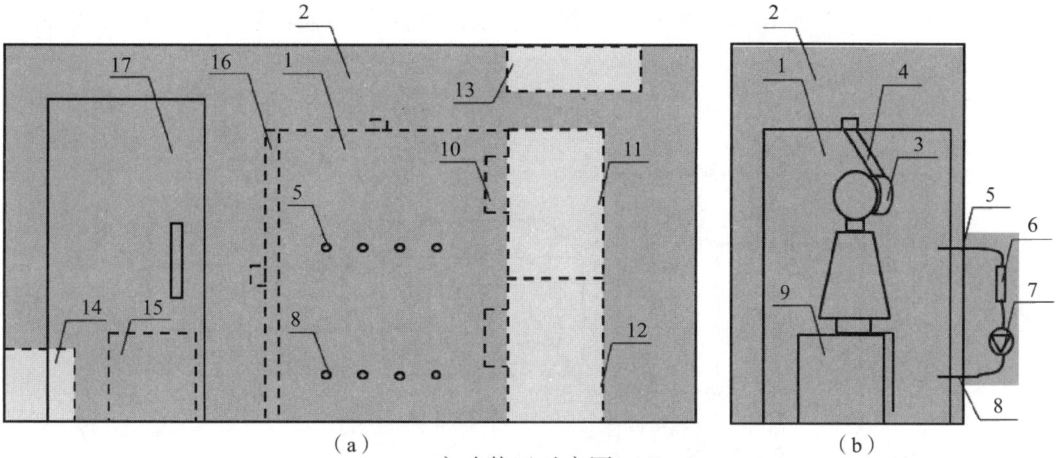

实验装置示意图

（a）过渡舱正视图；（b）实验舱侧视图

1—1.5m^{3}实验舱；2—过渡舱；3—呼吸面罩；4—呼吸通道；5—采样通道；6—采样管；7—采样泵；8—循环通道；9—实验舱不锈钢椅；10—搅拌风扇；11—实验舱温湿度控制系统；12—实验舱通风净化系统；13—过渡舱温度控制系统；14—过渡舱净化器；15—过渡舱不锈钢椅；16—实验舱门；17—过渡舱门。

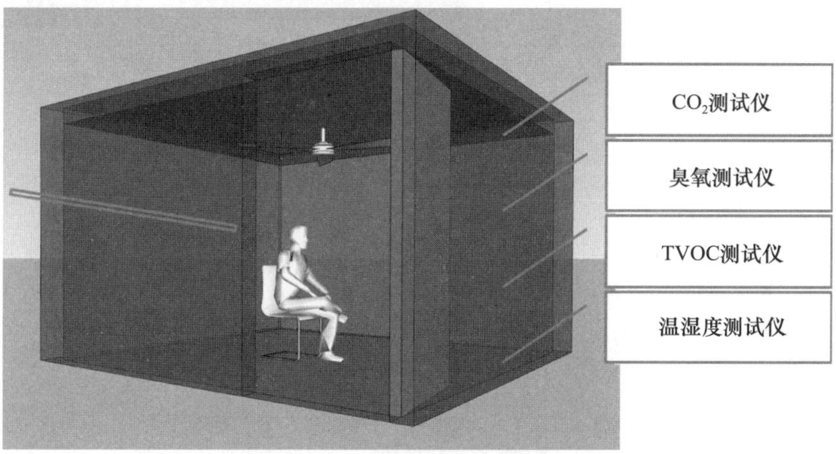

图 3.3-18　人体散发实验舱

（9）交通工具室内污染物控制实验室

近些年来，随着我国汽车销量的不断增加，汽车已逐渐走入人们的日常生活。与此同时，消费者的健康意识不断增强，车内空气质量、尤其是车内异味问题引起了社会越来越多的关注。

飞机座舱是一个特殊的密闭环境，座舱空气品质也将成为国产大型客机重要的设计新亮点，改善座舱内空气品质是提升飞机市场竞争力的一项重要途径。客舱空气品质不仅对于建立舒适的客舱环境至关重要，还会对乘客和机组人员的健康造成影响。

本实验台主要用于研究各种半封闭、封闭空间如大型客机、高铁、汽车以及建筑室内装修材料的散发特性，控制室内和汽车、飞机中的气态化学污染物。

实验平台占地 5m×7m，配有 ASTM 标准 53L 小型实验舱系统和国家标准气态污染物检测设备，可用于建筑材料、飞机内饰材料等污染物散发特性的研究测试。先进的扫描电迁移率颗粒物粒径谱仪，可检测超细颗粒物及测试新型颗粒物过滤材料的过滤性能（图 3.3-19、图 3.3-20）。

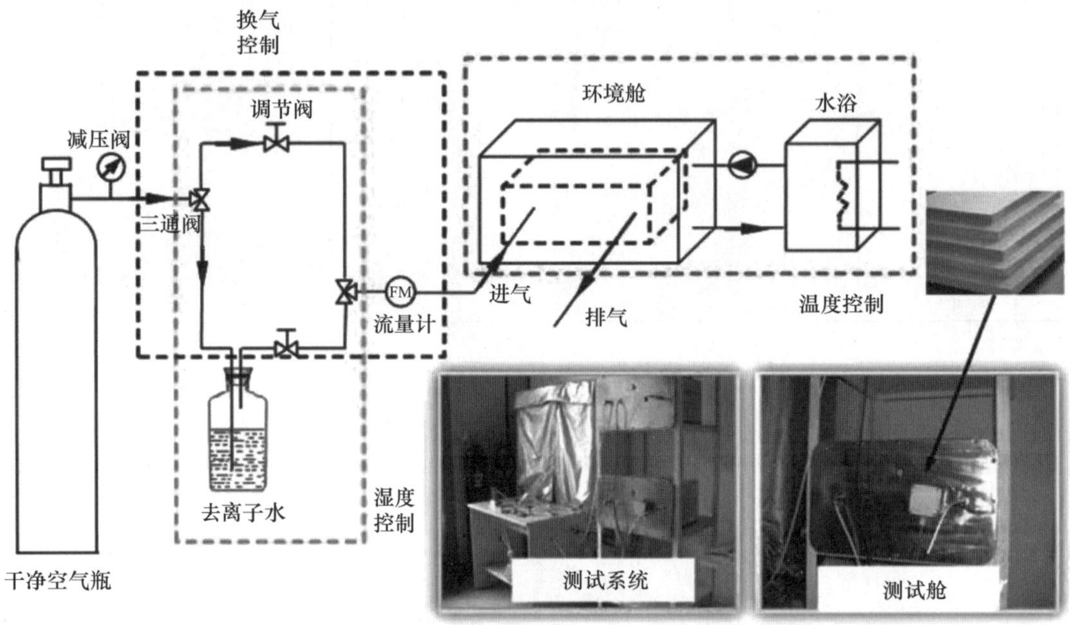

图 3.3-19　材料散发测试实验舱

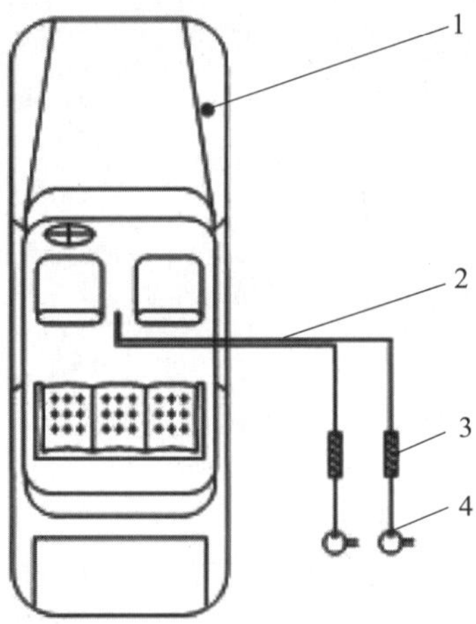

图 3.3-20　交通工具室内环境实验系统

1—受检车辆；2—采样导管；3— 填充柱采样管；4—恒流气体采样器

配套测试仪器：气相色谱质谱热脱附联用仪器、高效液相色谱、扫描电迁移率颗粒物粒径谱仪、分光光度计、温湿度自记仪、CO_2 自记仪、臭氧自记仪、甲醛自记仪、TVOC 自记仪、便携式激光粒子计数器、智能粉尘监测仪、大气采样器、气溶胶发生器、数据采集仪、复合式气体检测仪、气态污染物发生器、烟气分析仪、无线功率记录仪、空气质量监测仪等（图 3.3-21）。

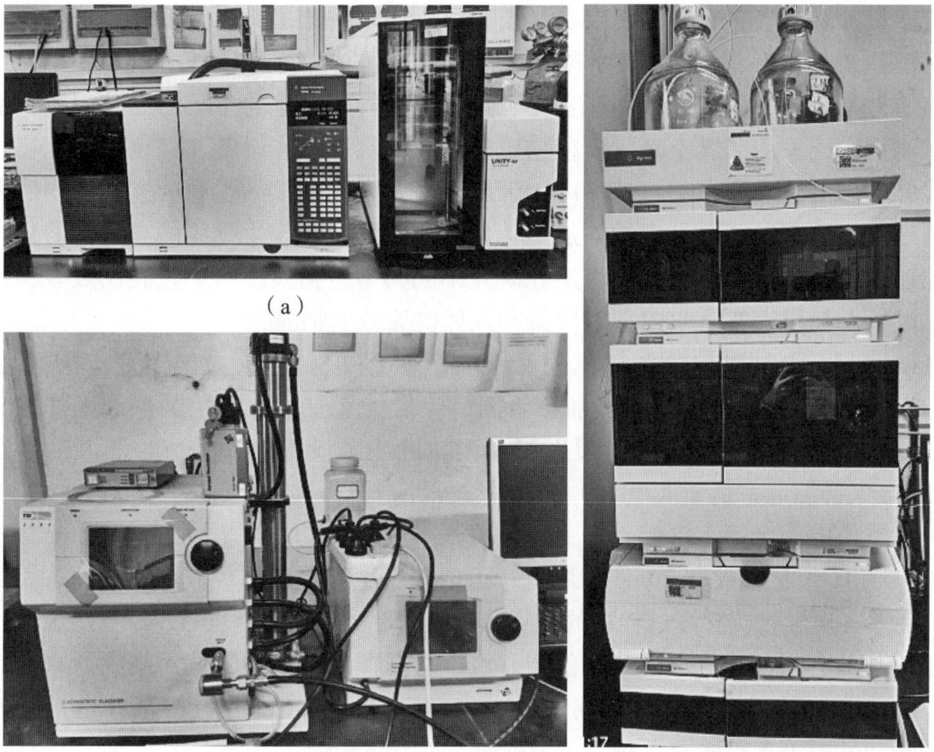

（a）　（b）　（c）

图 3.3-21　实验仪器

（a）气相色谱质谱热脱附联用仪；（b）粒径谱仪；（c）高效液相色谱

该实验平台在室内建材有机挥发物（VOCs）散发机理、参数测定、模拟模型以及实验验证方面做出了系列创新成果，揭示了湿材料 VOCs 散发的核心机理，建立了预测建材 VOCs 散发特性的通用数学模型和建材吸附 VOCs 的“壁函数”等多个模型并进行了系统的实验验证。研究成果被国际测试标准（ASTM D6670-01 Standard Practice for Full-Scale Chamber Determination of VOCs Emissions from Indoor Materials/Products, 2001）所采用。2017 年，与深圳市建筑科学研究院股份有限公司共同牵头制定的行业标准《住宅建筑室内装修污染控制技术标准》JGJ/T 436—2018，从源头着手，推进有效降低建筑室内空气污染。

在客舱环境领域，自 2007 年开始与美国波音公司合作一系列项目课题，进行了污染源散发特性的研究，机舱环境预评价模拟方法的建立，机舱传染病传播评价方法的研究等，开发了机舱环境污染源散发特性数据库。从 2012 年以来，承担 973 项目“低压座舱内多种污染物产生和扩散的非线性规律”，对座舱内主要化学污染形成进行深入的机理研究，探究污染源散发特性。发展了各类源特征分析为基础的机舱源解析理论模型，分析预测座舱内典型污染源的存在特征。从 2017 年起，和中国商飞公司进行项目研究合作，主要研究成果形成了商飞内部的污染物设计评价标准。

（10）村镇环境健康实验室

村镇建筑是我国建筑的重要组成部分，而长期以来室内外环境及健康的研究主要围绕城市建筑开展。随着时代的发展、村镇人民生活水平的提高以及国家对乡村振兴的重视，村镇建筑环境健康问题也越来越受到社会各界的关注。我国村镇建筑以自建为主，且建筑通常是兼具生活和生产功能，具有显著的乡村所独有的生活习惯及用能特征。北方农村建筑广泛采用燃煤土暖气、生物质柴灶、火炕等用能设备，以煤炭、生物质直接粗放式燃烧为主，成为影响建筑室内、区域环境及人体健康的重要因素。我国广大村镇地区既是生物质产出区也是生物质加工转化和消费区，实现生物质的高效清洁化利用对改善上述问题至关重要。本实验室主要研究不同类型生物质燃料燃烧利用效率、污染物动态排放特性及村镇建筑室内环境质量和人体健康改善措施。

Macro-TGA 测试平台分为气流控制模块、温度控制模块、数据集采模块等，占地 2m×1m，其中气流控制模块由气瓶、管路、流量计、质量流量控制器等部件构成，主要目的是提供可控的气体流量，温度控制模块的主要设备是管式炉，最大工作温度是 1200K，最大升温速率是 30K/min，通过可编程控制器，可以实现多段温度连续控制，数据集采模块由电子天平、电脑、吊篮等构成，最大量程 200g，最大精度 0.1mg。该平台克服了普通 TGA 量程仅有 20mg 的缺点，可以用于生物质成型颗粒燃料的动态燃烧特性测量，能够实现生物质燃烧过程中的热重分析与效率分析研究（图 3.3-22～图 3.3-24）。

在此基础上配合其他现场测试仪器，可以对村镇建筑室内气体污染物、颗粒污染物的实际污染和人体暴露水平开展研究，提出有针对性的技术改善措施并进行节能、减排、降碳和健康等多重效益评估。

该实验平台为国家“十三五”重点研发计划“村镇级微型分布式供能技术研究”、“中美分散清洁取暖关键技术对比与适宜技术研究”等项目的研究工作提供了基础支撑，有力支持了博士、硕士研究生及本科生的培养工作。

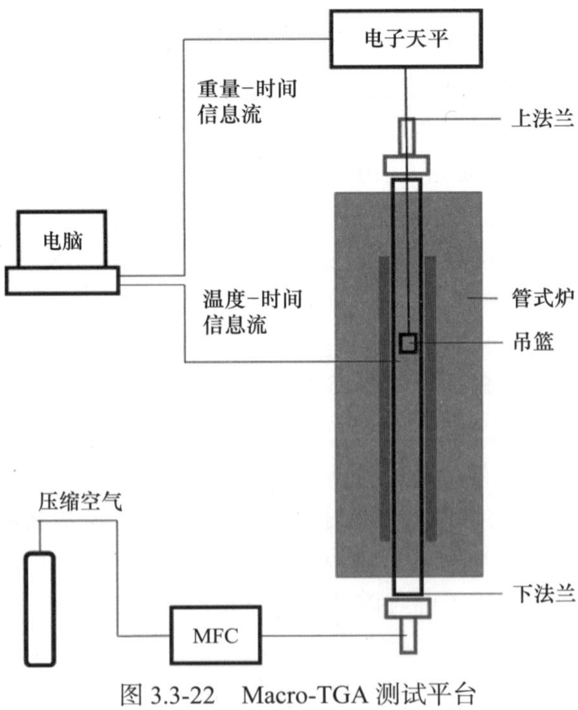

图 3.3-22　Macro-TGA 测试平台

图 3.3-23　实验室内景

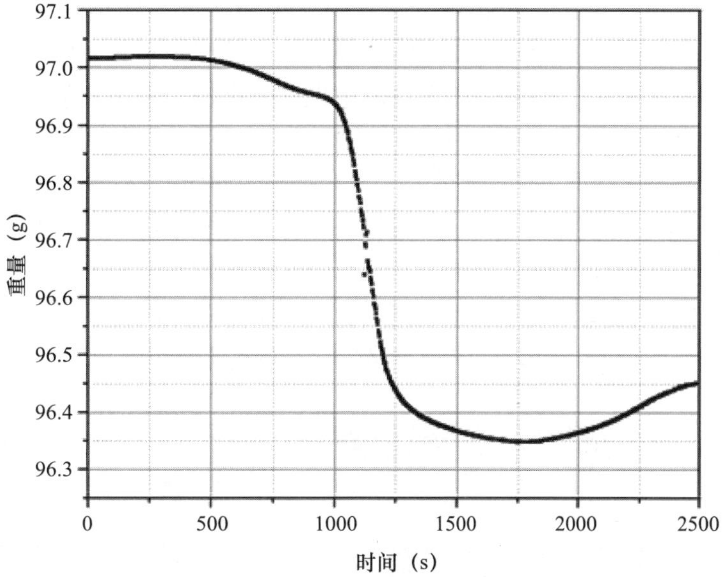

图 3.3-24　典型测量结果

主要研究成果包括：通过炉具动态燃烧和污染物排放性能监测系统，直接测得了多款典型生物质炉具全燃烧过程的动态燃料燃烧速率和污染物排放率，并建立了两者之间的动态关系，结合全燃烧过程和分阶段的燃烧特性和污染物排放特性，确定了生物质清洁炉具在不同送风调节模式下不同火力需求的风配比合理区间，通过炉具现场测试与模拟分析相结合的方法，量化了生物质清洁炉具替代传统炉具的农户接受度和环境经济效益，开发了新型生物质颗粒燃料燃烧器、独立型生物质颗粒燃料炊事炉、智能型生物质颗粒燃料热水型炊暖炉和热风型采暖炉、耦合火炕的生物质烟气 / 热水双末端取暖炉等多款产品，在国家北方清洁取暖试点城市中得以应用，并编写了国内首部团体标准《智能型户用生物质成型燃料热水采暖炉具》T/CDHA 10—2022 等。

（11）智能舒适人居实验室

建筑室内环境对人员的健康、舒适、工作效率影响显著，研究人对室内环境的需求倾向和行为偏好，有助于推动相关技术开发和应用，提升人员满意度。准现场研究是室内环境研究的重要手段，在与真实场景基本一致的环境下，考察人在特定状态下的生理、心理特征，能够消除纯人工气候室研究可能造成的心理因素影响，使研究结果更为接近实际。智能舒适人居实验室定位于营造接近真实场景的准现场环境，研究人的个性化舒适需求，为智能人居技术研发提供支撑。

智能舒适人居实验室建立于 2018 年，占地 20m^2，分上下两层，均可根据实际需求进行不同场景布置，可容纳约 10 人同时进行准现场实验。室内热湿环境由多联机系统调控，上下层温湿度可进行独立参数设置，室内安装可调节 LED 灯具，实现对照度、色温等光学参数的调节，房间吊顶内置独立音响，满足对背景声环境的控制需求，上下层均配备独立新风系统以保障房间内的空气质量。以上所有设备统一集成于实验室中央控制系统，通过手机 App 可以实现对各参数的监测、对设备的调节和对特定场景的设定。中央控制系统提供开放接口，可对接更多样化的感知、控制设备以及运行控制逻辑。此外，实验室配备温湿度自记仪、热线风速仪、噪声计、照度计等室内环境监测仪器和心率带、脑电头环等人体生理监测设备，满足更多样、复杂的实验需求。

智能舒适人居实验室支撑了国家自然科学基金项目“人体局部接触式热暴露对热舒适的影响研究”“人体热舒适的部位需求分布特征与局部冷热调节模式研究”和“十三五”国家重点研发计划科技冬奥重点专项课题“赛道环境营造及观赛环境保障技术研究”等科研项目，开发了人体多点位调温智能交互实验平台，针对不同的场景需求开发了多种低能耗、高舒适的个体热舒适调节设备，包括降温座椅、加热座椅、加热座垫、调温服装等，部分成果在 2022 北京冬奥会期间得到应用（图 3.3-25～图 3.3-27）。

图 3.3-25　实验室一层布局样例（办公场景）

图 3.3-26　实验室二层布局样例（居家场景）

图 3.3-27　智能舒适人居实验室主要环境调控设备

针对住宅建筑空调节能和舒适性提升的双重要求，实验室与企业合作，结合大量实测调研数据，提出了符合中国不同气候区居民热需求规律的“动态热舒适与节能平衡智能控制技术”，并在实验室中进行了效果验证。该方法结合在线学习等技术，通过对用户的使用行为进行分析和更新迭代，使设备能基于用户的个体需求营造出舒适节能的室内环境。此外，实验室还与企业合作开展了“家用和商用空调用户个体热舒适需求识别算法研究”，推进热舒适需求识别理论的落地应用。该研究利用非接触式传感器进行人体皮肤温度测量，结合数据驱动模型，实现对人体热感觉的精准预测。

目前，本实验室在“十四五”国家重点研发计划课题“人因导向非均匀时空环境营造方法研究”的支持下，以需求识别算法为基础，将红外热需求识别技术、个体舒适系统和背景空调系统三者有机结合，研发整体环境与局部空间智能联动的室内环境控制系统，通过精准热识别和精准热服务，实现人员舒适与节能的双重效益。

2. 本科教学实验台

（1）空调与制冷设备展示及操作实验室

该实验室是学生自由进行动手实验的实验平台和部分实验教学实验室，同时展示有各种空调、制冷设备以及自动控制系统的部件、产品实物、模型和工作原理挂图（如：各型压缩机，换热器，节流装置，风机盘管，过滤器，制冷剂、水、风阀件，保温材料，管材，测试仪表，以及各种空调、制冷、自动控制系统等）。在教学过程中或自学时，学生可对照原理挂图对实物或模型进行实际操作和演练，以掌握各种部件与设备的结构和工作原理、装配工艺以及自控方法等，加强理论联系实际，提高学生的实际操作能力。

（2）空调箱及其空调系统实验台

该实验台包含有全空气系统、空气－水系统、全水系统三类空调系统，不仅是学生实验台，同时也是旧土木工程馆的全年空调系统。该系统配置有较为完善的控制系统，学生通过参观实习和动手操作，明确空调箱的结构、功能以及各类空调系统的工作原理、组成和结构，掌握空调系统的调控方法，并可进行部分工程实测实验，以掌握实际集中空调系统的性能测试方法。

（3）制冷装置调控特性实验台

该实验台采用变频压缩机、水冷式冷凝器和蒸发器、电子膨胀阀构成变频冷水机组的基本结构，配置有完善的制冷剂状态参数和冷却水、冷水参数以及制冷系统性能参数的测试设备和仪表。通过实验测量，定量分析蒸气压缩式制冷装置各扰动和调节参数对制冷循环特性的影响规律，使学生明确冷却水温度与流量、冷水温度与流量、压缩机频率、膨胀阀开度等对制冷循环状态参数和制冷装置性能参数的影响规律。

（4）制冷原理实验台

该实验台展示出热泵型房间空调器的完整结构，在制冷循环的管路上设置有温度和压力测量仪表和部分透明管段，通过教学演示实验和学生动手实验，使学生明确制冷装置的基本结构和蒸气压缩式制冷（热）原理。学生通过对制冷剂状态参数的测量与计算，以及通过透明管段观察制冷剂的状态，明确制冷剂在制冷循环中各位置的实际状态，让学生计算制冷循环的性能参数：制冷（热）量、耗功率、*EER*（*COP*[①]）、制冷效率（热力完善度），以明确制冷循环的基本特性。

① COP：Coefficient of Performance，能源转换效率之比，能效比。

四、学生培养

每年具体招生人数如表 3.4-1。各年学生的培养方案和学生名单见附录。

2000—2021 年，各年的入学学生人数　　表 3.4-1

入学年份	本科生人数（人）	硕士生人数（人）	博士生人数（人）
2000 级	29	18	6
2001 级	27	14	4
2002 级	27	14	7
2003 级	26	11	10
2004 级	26	13	8
2005 级	25	13	8
2006 级	30	13	9
2007 级	31	9	7
2008 级	37	11	9
2009 级	32	15	8
2010 级	37	16	12
2011 级	29	14	10
2012 级	29	14	13
2013 级	35	12	13
2014 级	32	10	15
2015 级	31	10	15
2016 级	23	12	13
2017 级	27	8	15
2018 级	19	7	21
2019 级	26	9	22
2020 级	27	9	22
2021 级	29	8	19

（一）本科生培养

2000 年，建环专业从清华大学热能系转到清华大学建筑学院，当时专业名称为“建筑环境与设备工程”，2012 年，专业名称调整为“建筑环境与能源应用工程”。从 1996 年开始，专业本科生按照四年制教学计划培养，学生根据个人意愿，在三年级末可选择是否保送研究生培养。2017 年，清华大学执行大类招生，推行本科通识教育，本科生招生纳入土木工程大类（与水利工程、土木工程一起招生）。2019 年，清华大学继续推行大类招生，本科生招生并入能源大类（与电机与电器技术、能源与动力工程等一起），一年级末根据自己意愿分流。2020 年，由于国家推行强基计划，本科生招生一半并入未央书院（理工双学位：第 1 学位物理、第 2 学位建环），一半继续在能源大类。从 2000 年专业转入建筑学院到 2019 年，本科生每年招收一个班，每班约 30 人。从 2020 年开始，由于强基计划推行，本科生每年招收 30 人，15 人并入未央书院，15 人继续在能源大类。

本科生的培养目标为：培养可从事工业与民用建筑供热、通风及空气调节系统的设计、安装、调试与设备研发，以及各种人工环境系统研究、设计和运行等方面技术工作，具有国际视野和竞争力、扎实基础和创新意识、卓越领导能力和团队精神的高级工程技术和经营管理人才。

（二）研究生培养

建筑环境与设备研究所在“供热、供燃气、通风与空调工程”方向上招收研究生，每年招收全日制研究生约 25 人，其中工学博士生约 18 人、工学硕士生约 7 人。另外还会不定期获得专项奖励、联合培养、大学生士兵计划等额外名额，以及招收部分国际留学生。近年来研究所还开始招收工程硕士生和工程博士生。研究生培养实行导师负责，鼓励组成指导小组集体指导。跨学科或交叉学科培养博士时，应从相关学科中聘请副导师协助指导。研究生入学后三个月内要在导师指导下完成个人培养计划，内容包括：研究方向、课程学习、学术交流及实施环节。博士生（直博生在第 5 学期，普博生在第 3 学期）需要参加博士生资格考试，如果不通过需要第二年补考，若还不通过，会予以分流。直博生或硕博连读生转为硕士生培养，普博生以及未转硕的直博生可申请退学。

研究生教学包括课堂教学环节、社会实践环节和科研实践环节。在课堂教学环节中，注重精讲多练，采用大作业＋课堂讨论的方式；在社会实践环节中，注重解决国家重大需求问题、实际工程问题并承担社会服务工作；在科研实践环节中，注重从大量社会实践和国家及行业发展需求中，提炼大量科学和技术问题，得到国家各级部门和工业界的支持，申请各种科研和攻关项目。研究生教学总体特色：夯实专业基础、注意学科交叉、理论联系实际、院士教授上课、注意培养新人。除此以外，在研究生教学中要求学生必须参加一定数量的学术讲座（硕士生至少参加十次，博士生至少参加三十次），每次讲座后要提交不少于 500 字的讲座总结，在最终答辩前提交并确定成绩。

五、教材建设及精品课程

在教材编写方面，建筑环境与设备研究所教师取得了不俗的成绩。主要教材编写情况如表 3.5-1 所示。

主要教材编写情况　　　　表 3.5-1

教材名称	出版年份（年）	编写
《建筑环境学》	2001	金招芬、朱颖心、亢燕铭、刁乃仁
《建筑环境学（第二版）》	2005	朱颖心、张寅平、李先庭、秦佑国、詹庆旋
《建筑环境传质学》	2006	张寅平、张立志、刘晓华、莫金汉
《建筑设备自动化》	2007	江亿、姜子炎
《空气调节（第四版）》	2009	赵荣义、范存养、薛殿华、钱以明
《空气调节用制冷技术（第四版）》	2009	彦启森、石文星、田长青

续表

教材名称	出版年份（年）	编写
《建筑环境学（第三版）》	2010	朱颖心、张寅平、李先庭、秦佑国、詹庆旋
《小型空调热泵装置设计》	2013	石文星、王宝龙、邵双全
《温湿度独立控制开空调系统（第二版）》	2013	刘晓华、江亿、张涛
《建筑环境学（第四版）》	2016	朱颖心、张寅平、李先庭、秦佑国、詹庆旋、林波荣
《建筑热湿环境营造过程的热学原理》	2016	刘晓华、谢晓云、张涛、江亿
《空气调节用制冷技术（第五版）》	2016	石文星、田长青、王宝龙
《辐射供冷》	2019	刘晓华、张涛、周翔、唐海达

编写的部分教材情况如图 3.5-1 所示。

图 3.5-1　本系教师编写的部分教材

其中，优秀教材获奖如下，见图 3.5-2。

1. 朱颖心编写的《建筑环境学（第三版）》，获清华大学优秀教材评选一等奖（2012）；

2. 彦启森、石文星、田长青等人编写的《空气调节用制冷技术（第四版）》，获清华大学优秀教材评选二等奖（2012）。

图 3.5-2　部分教学获奖证书

目前，已建成 3 门国家级精品课、1 门北京市精品课、5 门校级精品课，如表 3.5-2 所示。

专业精品课　　表 3.5-2

级别	课程号	课程名称	主讲人	获评年份（年）
国家级	30990012	建筑环境学	朱颖心	2004
	—	暖通空调	朱颖心	2018
	40990255	暖通空调与冷热源	朱颖心、石文星、李先庭	2020
北京市	20990023	建筑自动化	江亿、王福林	2007
校级	30990063	热质交换原理与应用	张寅平、刘晓华	2008
	40990255	暖通空调与冷热源	朱颖心、石文星	2009
	40990142	洁净技术	赵彬	2015
	40990262	制冷与热泵装置设计	石文星、王宝龙	2016
	40990155	运行实习	魏庆芃	2020

部分精品课程获奖的情况如图 3.5-3 所示。

图 3.5-3　部分精品课程获奖证书

图 3.5-3　部分精品课程获奖证书（续）

同时，在本科教学中率先开展慕课 MOOC，实现教学资源全国共享，已完成的本科教学慕课 MOOC 课程情况如表 3.5-3 所示。

本科教学慕课 MOOC 课程　　　　表 3.5-3

序号	课程名称	主讲人
1	《绿色建筑与可持续发展》	朱颖心、江亿、秦佑国、林波荣
2	《建筑环境学》	朱颖心、林波荣、曹彬
3	《暖通空调》	朱颖心
4	《建筑冷热源》	石文星、朱颖心
5	《建筑室内热环境模拟及应用》	燕达
6	《洁净技术》	赵彬

六、科研成就

2000—2022 年期间研究所取得的主要科研成果如下。

（一）建筑节能与建筑环境科学基础

1. 人体热舒适

人体热舒适研究是建筑环境科学的理论基础。自 2000 年以来，在赵荣义、朱颖心、曹彬等人的相继带领下，团队继续探究动态热环境特征及仿自然环境营造技术，并对人体热适应理论开展了新探索，对特定人群和特殊状态下的人体热舒适问题给予关注，对室内热环境、热舒适与人体健康的关联性进行了探究，开辟了人体局部冷热调节的新方向，从而提出了个体热环境营造的新方法。这些研究不仅丰富了人体热舒适理论体系，而且为寻找降低建筑环控系统能耗的途径提供重要的理论依据。

在 2000 年之前研究工作的基础上，团队通过实验进一步探究了动态热环境下的人体生理和心理反应，建立了动态热环境下的人体热反应评价模型，朱颖心指导欧阳沁等诸多研究生对表征气流动态特征的参数进行了全面研究，阐明了仿自然风气流对人体热舒适改善的机理，明确了稳态与动态气流的界定指标，开发出多种具有仿自然风动态特性的末端装置。为兼顾室内人员的舒适需求和节能减排目标，团队于 2005 年开始对人体热适应理论及模型开展了系统深入的研究，朱颖心指导博士生周翔针对动态气流、室外气候以及可感知控制力等因素对人员主观热感觉的影响开展了研究。以此为开端，通过曹彬等多位博士生的努力，热适应理论得以不断完善，逐步从生理习服、心理适应和行为调节三个层次，定量、深入地揭示了人与周围环境的关系，创新性地建立了标准有效温度与热感觉的预测评价模型，提供了针对不同气候类型的热适应评价的新方法，对指导建筑室内环境的营造及相关标准的制定具有重要意义，并体现在本团队主持的国际能源署多国合作项目 IEA-EBC Annex 69 的成果中。

传统的室内均匀热环境营造方式难以满足不同人员的差异化需求，还可能造成冷量和热量的浪费。国际著名专家 Fanger 创立的热舒适理论仅适用于均匀热环境，针对这一局限性，赵荣义 2000 年指导博士生张宇峰研究人体局部热暴露，给出了人体不同部位对整体热舒适影响的权重。进一步地，朱颖心、曹彬团队于 2010 年之后开展了针对人员个体尺度、局部尺度的冷热需求识别与调节技术研究，探索人体局部接触式加热或冷却措施对人体整体热舒适的改善作用与影响机理，并开发了 PCS（Personal Comfort System，个体舒适系统）设备。以 2022 年北京冬奥会为契机，团队针对个体热舒适和局部热调节开展了大量实验和应用研究，建立了具有人体多点位加热功能的智能化人机交互实验平台，研发了适用于极端低温环境的个体热舒适保障设备。

2010 年以来，团队不断拓展研究方向，针对特定人群、特殊环境和特殊状态下的人体热舒适需求，采用暖体假人模拟、现场调查和环境舱精细化实验等方法开展了系统性研究，揭示了低龄儿童与成年人的热感知差异及其生理和心理成因，为建立交通枢纽建筑室内热环境设计标准，从不同季节、不同功能区、不同停留时间多角度分析旅客热舒适需求，总结了不同活动强度下的热舒适需求变化规律；明确了热环境对睡眠质量改善的重要作用，建立了关于寝具参数和环境温度的舒适区间，提出了适宜睡眠的热环境营造和评价方法。

近年来，团队还启动了关于热环境经历对人体健康的影响研究，采用流行病学的研究方法，探究了室内长期热经历和糖尿病发病率之间的关联性，初步明确了室内热环境暴露与居民糖尿病患病风险之间存在潜在关联，可为居住建筑室内热环境调控方式的选择提供理论支持。

2000 年至今，人体热舒适研究团队在该领域最具影响力的国内外学术期刊和会议上发表了近 200 篇研究论文，多次受邀在国际会议上做大会报告，引起国际学术界的广泛关注。获得了包括国家自然科学基金重点项目、国家重点研发计划课题、国家科技支撑计划课题、973 项目课题及一批国家自然科学基金面上项目在内的国家级重要科研项目支持，主持了由 13 个国家参加的国际能源署多国合作项目 IEA-EBC Annex 69。研究成果获得 2019 年国家科技进步二等奖。朱颖心于 2010 年入选国际室内空气质量与气候学会科学院会士（ISIAQ Academy Fellow）并担任热舒适技术委员会主席，2018 年被日本空气调和・卫生工学学会授予“井上宇市亚洲国际奖”；曹彬于 2019 年被美国供热、制冷、空调工程师协会（ASHRAE）授予“拉尔夫・内文斯生理与人类环境奖”，于 2020 年被国际室内空气质量与气候学会科学院（ISIAQ Academy）授予“雅格鲁杰出青年科学家奖”。

2. 建筑中人员用能行为

建筑中的人行为包括人员在室情况、人数情况与人员用能动作，其对建筑能耗和室内环境有着巨大影响。联合国 IPCC 报告指出，建筑中的人行为可使建筑能耗产生高达 10 倍的差异。中国工程院在《全球工程焦点 2017》报告中指出，“建筑环境与人的行为”是土木工程、水利工程与建筑工程领域 Top10 工程研究热点。传统模拟大多采用固定作息的方式描述这些行为，造成模拟结果与实际情况存在巨大偏差，因此，这一研究致力于科学系统地建立建筑中人员在室情况、人数和用能动作的定量刻画方法，提取建筑中典型人行为模式，从而指导建筑设计优化、节能技术评估、节能改造分析与运行控制优化。

2011 年，江亿指导博士生王闯等人提出了基于马尔科夫链的建筑人员在室模拟模型，定量刻画了建筑人员在室分布的时空相关性和随机性的内在规律，构建了基于概率分布的内扰时空分布模型，描述了建筑室内随机内扰的时空分布特征。该模型定量刻画了人员移动过程，体现人员移动的随机性、时间相关性、空间相关性等主要特征，同时，提炼了若干具有清晰物理意义的移动特征参数，模型输入参数简洁直观，便于模拟应用与实测调研，为建筑系统的随机模拟与性能分析提供了可靠的基础，该模型具有良好的扩展性，容易与现有的能耗模拟软件进行集成。

2014 年，为刻画用能动作的随机性和环境反馈性的特征，江亿指导博士生王闯等人提出了基于三参数威布尔分布的用能动作模拟模型，揭示了用能动作与环境参数相互作用反馈的特征机理，可有效反映用能动作的随机性、多样性与环境反馈性等特点，提升了建筑室内热环境动态仿真模型的准确性。

2017 年，江亿和燕达指导博士生丰晓航提出了用能动作观测、建模、检验、应用的全过程科学定量刻画体系，同时，在工程设计、标准制定、技术评估等人行为模型的实际工程应用中，提出了基于大范围人群统计的典型行为模式及分布的概念，以及能够反映我国实际用能行为的典型模式提取方法，为新建建筑设计优化、节能技术评估和节能改造提供了准确可信的科学理论依据。

研究团队基于以上研究成果，联合美国劳伦斯伯克利国家实验室，共同建立了建筑用能动作定量描述的扩展标识语言架构 obXML，开发了在室与用能动作的独立模拟模块 obFMU，实现了与建筑性能仿真软件的集成，目前已成为世界应用最广泛的建筑人员在室与用能动作模拟工具。燕达主持了国际能源署合作项目 IEA EBC Annex66《建筑中人行为定义与模拟》(2014—2018 年)，研究制订了用能动作定量模拟的数据库、标准定义、模型方法和评价准则，撰写了 5 部建筑中用能动作研究相关标准导则，为该领域的研究工作提供了权威指引。共有来自世界 17 个国家，包括斯坦福大学、美国劳伦斯伯克利国家实验室、美国太平洋西北国家实验室、伦敦大学学院等 80 个国际知名大学机构的 123 位专家学者参与了该项研究。研究团队完成了国家重点研发计划任务“基于人行为的净零能耗建筑用能系统控制技术研究与应用”，国家自然科学基金面上项目“建筑中典型行为模式及人群分布获取及检验方法研究”，多次在国内、国际会议上做大会报告，引起国际学术界的广泛关注。

3. 建筑动态热环境模拟

建筑热环境动态过程模拟预测是建筑环境科学的又一项重要基础。模拟计算是建筑动态热环境分析的最有效方法，也是建筑及建筑环境控制系统的设计、评价和分析工作中必不可少的重要工具。由江亿团队历经 30 年自主研发出的能耗分析平台 DeST，已经成为世界上最好的建筑环境和能耗模拟分析预测软件之一，所提出的“状态空间法”分析预测模型是此领域中被广泛应用的模型之一。

自 2001 年起，江亿指导燕达、吴如宏、张晓亮、宋芳婷、刘烨、魏庆芃、夏建军、张野、简毅文等人，开始 DeST 软件的开发和工程化应用的工作。随着生态住区、绿色住区的快速发展，DeST 开始承担大量住宅节能分析评估的工作，使得研发工作更面向工程的需求。2002 年，完成并奠定了专用于住宅分析与优化的 DeST-h 版。2003—2006 年，随着建筑体量增大，大型公共建筑节能问题受到全社会的日益关注，对建筑与环境控制系统的全面模拟分析成为社会的广泛需求，DeST-c 版正是为适应这一需求而开发完成。2003 年，研究团队参编了《夏热冬暖地区居住建筑节能设计标准》JGJ 75—2003，该标准中提出应将 DeST 作为建筑节能设计计算的仿真软件。2010 年，研究团队参编《夏热冬冷地区居住建筑节能设计标准》JGJ 134—2010，DeST 作为其中节能设计的计算软件基础。

2007 年，江亿被国际建筑性能模拟学会 IBPSA 授予“杰出贡献奖”。2008 年，DeST 模拟软件荣获国家科技进步二等奖。

2010 年以来，为适应建筑设计发展，考虑到建筑体量的增加与形态复杂度的提升，人员气象等内外扰因素体现出更强的随机性，燕达、吴如宏、孙红三、张晓亮、刘烨、张野等人对 DeST 软件进行了进一步的性能完善和功能提升，实现了从定热物性至变热物性、集总参数到分布物性、一维传热到三维传热、确定性模拟方法到随机性模拟方法的提升，并整体上将热性能模拟扩展至多性能联合仿真。同时，为适应大体量复杂建筑动态热环境的模拟计算，研究团队提出了降低仿真耦合度的方法，实现了准确、稳定、高效的多性能仿真计算，使得计算准确度和速度得到大幅提升。

2016 年，研发团队参编《民用建筑能耗标准》GB/T 51161—2016 以及《工业建筑供暖通风与空气调节设计规范》GB 50019—2015。2017 年，DeST 支持了一部国际标准《Standard Method of Test for the Evaluation of Building Energy Analysis Computer Programs》ANSI/ASHRAE Standard 140—2017 的制定。此外，目前已有超过 1.3 万人注册软件，天正、PKPM、华电源、鸿业等建筑工程软件均采用 DeST 作为节能计算仿真内核。

2019 年 DeST 通过国际权威准确性标准 ANSI/ASHRAE Standard 140 的全案例测试认证，成为英美之外惟一获得国际认证的建筑性能仿真软件，使我国摆脱了欧美长期的技术垄断。2019 年 DeST 还获得了美国能源部的认证，成为美国商业建筑节能减税评估软件。利用该软件已完成超过2000万 m^2 建筑的模拟分析，包括所有北京奥运场馆建筑、国家大剧院、中信大厦（中国尊）、北京大兴国际机场、广州会展中心、上海金茂大厦等我国大型重要建筑。该项研究工作得到国家自然科学基金、国家“十五”科技攻关计划、“十三五”国家重点研发计划等项目支持，为住房和城乡建设部、国家发展改革委、科技部、国家机关事务管理局等部门制定相关政策提供了科学支撑。

4. 建筑室内及周边微气候

（1）建筑室内非均匀环境

传统的室内环境营造方法多是基于均匀混合前提，而大量的实际场景室内参数分布是不均匀的，因此在 20 世纪 90 年代，教研室开始开展利用 CFD 方法研究非均匀室内环境营造方法。该研究方向是彦启森和江亿受到陈清焰在荷兰的博士研究课题的启发而提出，最初由李先庭在苹果气调帐内的空气流动和传质研究中实现，后续应用到地铁站台内空气流动的模拟中。进入 21 世纪后，李先庭、赵彬、李晓锋及其指导的研究生在该方向从适应工程需求的室内空气分布模拟方法、室内颗粒物浓度分布模拟方法、固定流场中标量参数分布规律、保障室内局部区域空调负荷、带回风系统空气参数模拟方法、非均匀室内环境评价方法、室内污染源位置和强度辨识、面向需求的非均匀环境设计与调控方法、室内空气流动测量等方面开展了研究和工程应用。

2001 年，彦启森、李先庭指导博士生赵彬提出了简化的风口描述方法以及通用滑移通量模型，解决了传统风口模拟难以准确描述和缺少快速准确颗粒运动模拟方法的不足。2003 年，李先庭指导博士后赵彬提出人员占据密度概念，以此为基础对传统的换气效率进行了修正，形成了以人为本的评价指标，之后李先庭指导研究生形成了以人为本的更全面的室内环境评价体系，并将其应用于体育场馆的评价。

2003—2017 年，李先庭指导研究生建立了各类带回风通风系统中室内污染物分布的快速计算方法，实现了通风系统中室内污染物分布的稳态和动态快速计算，将室内污染物分布规律应用于解救人质和麻醉恐怖分子的通风中，应 Nova 出版社邀请撰写了反恐通风专著，提出全程空气龄概念，建立了各类带回风系统中全程空气龄分布的快速计算方法，为不同房间空气品质的评价提供了条件。2004—2020 年，李先庭指导研究生提出了可及性、可及度、响应系数的概念，建立了固定流场条件下各类固定边界条件下室内标量参数的分布表达式，揭示了各种边界条件对室内各点参数的影响规律。

2012—2015 年，李先庭指导博士后蔡浩、邵晓亮提出室内污染源位置和强度的辨识方法，并通过实际小室的污染源散发实验验证了辨识方法的可靠性，为面向需求的非均匀环境营造提供了条件。2014—2021 年，李先庭指导博士后邵晓亮提出从一种场景切换到另一种场景时基于预测的快速调控方法和多模式通风思想，从而可以实现不同应用场景的高效送风，进一步指导博士后王欢提出基于风扇网络的多种气流组织实现方法，以及基于机器视觉的人员位置辨识方法，从而可以实现面向人员的各种日常应用场景的高效送风，并将此方法应用于电子洁净厂房，实现了 FFU 风量的大幅降低。

2017—2021 年，李先庭指导研究生推导出保障室内局部区域时室内负荷和空调系统负荷与各种得热之间的关系式，并进一步建立了存在各种对流边界条件时室内负荷与各种边界条件之间关系，从而从理论上明确了非均匀环境空调负荷与影响因素的定量关系。2015—2021 年，李先庭指导博士后王欢提出了彩色时序粒子轨迹测速方法（CSPSV），实现了室内低速湍流的高精度测量，后续通过改进实现了工程现场的流场测量，并将其用于冬奥场馆气流组织的测试。

非均匀室内环境研究方向已发表期刊文章及学位论文 164 篇，出版室内空气流动专著 1 部、反恐应急通风专著 1 部，开发了自主知识产权的 CFD 软件 STACH-3，研究成果已应用于 46 项实际工程的方案设计中，包括人民大会堂大礼堂气流组织的分析改造、中南海怀仁堂空调系统气流组织分析、国家大剧院的气流组织方案分析、中央电视台一号演播厅空调系统、2008 年北京奥运会和 2022 年北京冬奥会场馆的建设等工程，研究成果支撑清华大学获得北京市 2020 年度科学技术进步奖（技术开发类）一等奖。

（2）建筑周边微气候

随着中国城市化进程的不断加速，城市成为人口密度最大、人员停留时间最长的区域，城市热环境和室外空气品质对居民的健康以及生活质量至关重要。从 2000 年开始，建筑环境与设备研究所在国内率先系统地开展了城市微气候模拟体系研究，具体包括新的微气候模拟用湍流模型、绿化模型、水景模型、全年动态模拟体系以及城市空气污染物源识别方法研究。

1999—2003 年，李晓锋对住宅小区微气候的数值模拟方法开展了研究，提出了模拟建筑绕流的新零方程模型，建立了一套基于 CFD 技术的综合考虑辐射、对流及导热过程的室外微气候模拟体系，为室外环境设计的定量评价与优化奠定了基础。2003 年，朱颖心指导博士生林波荣研究了绿化对室外热环境的影响，建立了考虑绿化作用、长短波辐射同时存在时的三维热环境模拟体系。2004 年，朱颖心、李晓锋指导硕士生张志勤针对喷泉周围热环境开展了实验和理论研究，建立了基于拉格朗日法的喷泉三维流动传热模型。综合以上成果，研究团队最终建立了能够定量分析城市下垫面各种要素影响的城市微气候模拟体系，并开发了室外热环境模拟平台软件 SPOTE。

2007—2012 年，朱颖心、李晓锋指导博士生马杰在 SPOTE 软件基础上，开发了全年风环境的简化模拟方法、并对辐射模拟体系进行了优化，大幅缩短计算时间，建立了室外热环境全年动态模拟体系，然后提出了适用于室外环境全年热舒适评价的综合评价指标，完成了室外热舒适的全年评价体系。同一时期，博士生李丞建立了典型居住区修建性详细规划的规划要素与其热环境指标之间的定量关系，研究了居住区的控规指标与其热环境指标之间的定量关系，进而提出了基于规划要素的居住区热环境设计导则，在控规与修规两阶段实现了对居住区热环境设计的指导。

2013—2017 年，李晓锋指导博士生薛斐开展了基于贝叶斯推断与计算流体力学的城市空气污染物源辨识方法研究。薛斐研究建立了源参数概率分布的解析解法，显著提高了识别速度；将湍流扩散率与来流风向纳入参数反演框架，削减了由于模型输入参数不准确带来的误差；将大涡模拟引入源辨识研究中，避免了雷诺时均模型对于分离流的模拟缺陷。该项研究显著提升了源辨识方法的效率与准确性，为推动源辨识方法在城市管理中的实际应用提供了科学依据。

研究成果形成《居住区热环境控制与改善技术研究》《建筑外环境模拟技术与工程应用》2 本专著，完成了室外热环境模拟软件 SPOTE1.0 软件的开发，应用于 11 个地区、共计 35km^2 的城市微气候优化咨询项目，并将模拟方法应用于多个绿色建筑实际工程的设计优化，其中 4 个项目获得全国绿色建筑创新奖一等奖、1 个项目获得二等奖。

5. 室内空气质量

1970 年前后，人工复合材料在建筑内大量应用，有些会释放以甲醛、苯等为代表的挥发性有机化合物污染（Volatile organic compounds，简称 VOCs），危害人们健康，同期由于建筑节能而降低了新风量也导致室内污染加剧。20 世纪 90 年代，我国住房制度改革带来了家庭装修热，大量使用人工复合材料，引发的室内甲醛、苯等 VOCs 污染问题，对亿万民众生活质量和健康造成了严重负面影响。

20 世纪 90 年代起，半挥发有机物（Semi-volatile organic compounds，简称 SVOCs）被国外研究者发现和不孕症、哮喘等相关，且容易和悬浮颗粒物一起形成复合污染，危害人们健康。

颗粒物污染是室内空气污染的一个重要部分。大气颗粒物含量多的地区室内颗粒物污染也很严重。此外，室内的人员活动如吸烟、做饭等也会增加室内的颗粒物含量。进入 21 世纪以来，我国雾霾问题凸显，影响面积之大、人数之多成为领导关心、百姓忧心和媒体关注的焦点。PM2.5（空气动力学直径小于 2.5μm 的颗粒物）是雾霾的主要构成，其研究也得到高度关注。

室内空气净化方面，一些新技术（如纳米光催化、等离子体、负离子空气净化，贵金属热催化）相继问世并发展，但也带来了一系列的问题：如有害副产物（如低浓度臭氧）、负离子对健康的影响。

在此背景下，研究所一些教师先后开展了室内 VOCs、SVOCs、颗粒物的防控机理、关键技术研究，并从开始完全的工程科学角度，逐渐向与材料科学、化学以及公共卫生交叉的方向进行，形成了研究对象不断拓宽、研究层次不断深入、合作学科不断增多的趋势。研究先后获得国家自然科学基金委员会杰出青年基金、优秀青年基金、重点基金和重大国际合作以及面上项目资助，还获得了科技部“十一五”“十二五”科技支撑项目和“十三五”重点研发计划项目资助。

在室内空气质量方向上，研究所师生已在影响因子大于 10 的国际权威期刊 *Lancet* 及其子刊、Applied Catalysis B①、JAMA 子刊②、Angewandte Chemie Inter. Ed.③、EHP④、EST⑤、JHM⑥、EI⑦、*Small*、*One Earth* 等上发表论文 80 余篇，主编国际标准 3 项，主编

---

① *Applied Catalysis B*：*Environmental.*

② *The Journal of the American Medical Association.*

③ *Angewandte Chemie-International Edition.*

④ *Environental Health Perspectives.*

⑤ *Environmental Science and Technology.*

⑥ *Joural of Hazardous Materials.*

⑦ *Environment International.*

或参编国家、行业或团体标准 20 余项。杨旭东获评教育部长江学者（2005），张寅平获国家杰出青年科学基金资助（2007），莫金汉获国家优秀青年科学基金资助（2017），张寅平、莫金汉等获教育部自然科学一等奖（2010）、北京市科学技术奖一等奖（2020），赵彬、李先庭和杨旭东获教育部自然科学二等奖（2014），莫金汉获得国际室内空气质量与气候学会 Yaglou 杰出青年研究奖（2016，我国大陆学者首次获得该项奖励），张寅平获日本供热、空调、卫生工程师协会井上宇世奖（2022）。2022 年，张寅平应 SpringerNature 出版社邀请和美国 Philip Hopke、法国 Corinne Mandin 主编了 Handbook of Indoor Air Quality（136 位作者来自 19 个国家），张寅平、莫金汉、熊建银和刘聪出版学术专著《室内化学污染控制基础和应用》。

具体研究内容介绍如下：

（1）VOCs 散发、暴露、健康风险

2001 年起，张寅平指导博士生王新轲、熊建银、何中凯、蔚文娟、姚远和刘巍巍，硕士研究生许瑛、严伟、钱科、罗晓曦、曾海东、张泽强等建立了建筑材料 VOCs 释放模型，揭示了材料 VOCs 无量纲释放规律以及可释放量与含量之比与温度的本构关系，指出材料 VOCs 污染度限量不应以含量为判据，发明了快速测定材料 VOCs 释放特性参数的方法。被多项国家和行业标准采用，并依据上述成果研发了《健康建筑评价标准》T/ASC 02—2016 和《公共建筑室内空气质量控制设计标准》JGJ/T 461—2019 的室内空气质量预评控软件，获得了国家软件著作权 2 项。

2005 年起，杨旭东指导陈凤娜、邓琴琴、梁卫辉、杨珅等研究生开展了室内污染物控制方面的基础和应用研究，发现了光催化对材料表面微生物的抑制效应，探讨了通风对室内材料吸附汇的定量影响并建立了模型，合成了能同时去除室内甲醛、VOCs、臭氧及颗粒物的碳纳米管材料。研究团队与深圳市建筑科学研究院合作，建立了室内空气污染“预评价”方法并开发了软件平台，在多个住宅及公共建筑中应用，并牵头制定了行业标准《住宅建筑室内装修污染控制技术标准》JGJ/T 436—2018，设计了国内首个百级洁净度的医院层流病房。

2007 年起，在国家重点基础研究发展计划（973 计划）、中国商飞、波音公司等的支持下，杨旭东指导高鹏、孙筱、何峻州、吕孟强、邹紫薇等研究生开展了半封闭空间室内污染物传播与控制的研究，建立了大型客机座舱内材料释放污染物数据库，基于 200 多架次的实际登机测试结果定量解析了飞机座舱 VOCs 的来源并给出了目标污染物清单，给出了基于环境舱的人体呼吸与皮肤散发 VOCs 的解耦测试方法并建立了数据库，为国产大飞机座舱空气质量控制提供标准、关键技术支撑和设计优化工具。

2010 年起，张寅平及其博士生蔚文娟等研发了扩散管式甲醛、苯系物标准释放源，后成为国家标准物质，并被美国国家标准与技术研究院（NIST）和中国建筑材料科学研究总院有限公司等采用，为保障室内材料和家具 VOCs 释放特性检测准确性提供了技术手段。

2011 年起，张寅平及硕士生杜正建等采用反问题方法研发了性价比高、测试误差较小的测定室内空气苯系物浓度的被动采样器，论文成为 *Analytical Methods* 封内（Inner Cover）论文。利用此被动采样器，分别于 2011 年和 2016 年在长江中下游 9 个城市对

2400 余户家庭室内空气污染物浓度做了调研，基于调研成果 2017 年主编了旭辉地产和清华联合研究中心《室内空气质量标准》，提出甲醛、苯的浓度阈值分别为 0.08mg/m^3 和 0.03mg/m^3，此数值后被国家标准《室内空气质量标准》GB/T 18883—2022 所采用。

2018 年，基于所提出的逐时浓度法，张寅平主编了国家标准《木家具中挥发性有机化合物释放速率检测 逐时浓度法》GB/T 38723—2020 和建材行业标准《木质复合板材污染物释放特性参数检测方法》JC/T 2626—2021。相关成果被应用于我国载人空间站及舰船等重要场所的空气质量保障和健康建筑设计评价，在健康建筑评价中应用的建筑面积超过 3000 万 m^2。研发的室内空气质量测控设备被美国、日本、荷兰、韩国的多家世界五百强公司以及中国国家家具中心、中国建筑材料科学研究总院有限公司、中国家用电器研究院等 30 余家单位或机构所应用。

（2）SVOCs 散发、暴露、健康风险

国际上早期研究发现儿童哮喘和 SVOCs 暴露存在显著关联。为此，2009 年起，清华大学建筑环境与设备研究所邀请该方向知名研究专家瑞典籍教授、室内空气科学院前主席、*Indoor Air* 主编（2001—2010 年）Jan Sundell 教授来清华任全职教授。Jan Sundell、张寅平和李百战（重庆大学）发起和组织了在中国十个城市（北京、上海、哈尔滨、南京、长沙等）的中国儿童家庭环境健康状况调研（China，Children，Home，Health，简称 CCHH），全国 10 所高校参与，调研了 4 万余名少年儿童，发现中国儿童哮喘发病率迅速增长，约为同期美国增长率的 3 倍，成为《科学通报》封面论文，并被 *China Daily* 特别报道，带动了国内外该方向的研究。

2010 年起，张寅平及博士生刘聪、曹建平、刘宁睿等研发了多种 SVOCs 源汇材料的释放特性机理参数的测定方法，并揭示了其温度影响机理，多篇论文发表在 Environ. Sci. Technol.① 上。

2010 年起，张寅平和美国杜克大学 Jim Zhang 教授、罗格斯大学 Charles Weschler 合作，开展了室内 SVOCs，PM2.5 及其复合污染防控机理研究。张寅平、Charles Weshler 及其联合指导的博士生龚梦艳、曹建平建立了 SVOCs 皮肤暴露模型，并结合生物标志物方法，发现 SVOCs 皮肤暴露的贡献不可忽视，多篇论文发表在 Environ. Sci. Technol.① 上。

2018 年起，许瑛及博士生李宏婉、吴依莉、范钰杰等研发了快速测定 SVOCs 散发特性参数的“新微舱－动态针捕集”方法，使测试时间从 1 年缩短至 10min，大大提高了 SVOCs 污染源筛查和环保产品测评效率，并建立了首个测试 SVOCs 散发的国际标准方法（《质量传递模型计算用平面聚氯乙烯室内材料中邻苯二甲酸增塑剂排放参数测定的标准试验方法》ASTM D8345-21）。

2019 年起，许瑛及博士生梁苡睿、毕晨阳、宋子栋等发现了尘相 SVOCs 对人体暴露的重要影响，建立了预测室内 SVOCs 分布传输的普适模型和理论，建立了首个人体暴露代谢动力学综合模型，为以降低健康风险为目标的室内环境综合治理奠定了理论基础。

2020 年，许瑛入选国际室内空气质量与气候科学院会士（Fellow），并于 2022 年当选国际室内空气质量与气候学会（ISIAQ）主席，是该学会成立 30 年来的首位华裔主席。

① *Environmental Science and Technology.*

（3）空气中颗粒物及其复合污染的传播、暴露及健康风险

2004 年起，赵彬及其指导的研究生陈淳、周斌、纪文静、谢洋旸、陈忱和赵月靖对室内气溶胶颗粒物的运动分布、沉积、二次悬浮以及室外颗粒物进入室内的动力学机制和控制策略展开研究，赵彬指导博士生施珊珊对室内半挥发有机化合物（SVOCs）耦合颗粒物的传播动力特征、人群暴露规律以及健康效应开展研究，赵彬指导博士生姚明瑶对臭氧、指导博士生胡颖对二氧化氮的不同室内外来源空气污染的动力学特征建立区分不同来源的物理模型及人群暴露分布的统计模型，全面评估了不同情境下的室内污染水平、人群暴露水平和相关疾病负担。

通过近 20 年的工作，赵彬课题组建立了“室内空气污染物动力学－污染物人群暴露模拟分析－健康和疾病负担估计”的室内空气质量和控制策略研究体系。其中，所提出的室内气溶胶颗粒分布和沉积的动力学模型被国际首个商用计算流体力学软件 PHOENICS 正式采用，开发我国室内空气污染源强数据库，已应用于各类室内环境设计。

在此研究方向上，纪文静、陈忱、施珊珊荣获清华大学优秀博士学位论文，陈淳、周斌、赵月靖荣获清华大学优秀硕士学位论文。研究团队获得了 4 个国家自然科学基金面上项目、教育部新世纪优秀人才支持计划、国家“十三五”重大研发计划课题以及美国能源基金会等项目的支持，相关成果获教育部自然科学二等奖（2014）、4 个 SCI 国际期刊最佳论文奖，相关系列成果发表于 *The Lancet Planetary Health*、*The Lancet Regional Health - Western Pacific*、*One Earth*、*Environmental Health Perspectives*、*Environmental Science & Technology*、*Environment International*、*Journal of Hazardous Materials* 等。

（4）空气中 VOCs、颗粒物等污染物的净化技术

1999 年起，张寅平先后指导了博士生杨瑞、莫金汉、徐秋健等开展了纳米光催化和贵金属热催化降解室内 VOCs 的研究，发现了光催化降解 VOCs 效率和影响因素间的本构关系以及有害副产物产生机制，论文发表在国际催化和环境领域顶级期刊 Applied Catalysis B：Environ.[①]，Environ. Sci. Technol.[②]，发明了光催化空气净化强化方法与设备，确定了无量纲累积净含量与影响因素间的定量关联关系。成果被空气净化器国家标准等采纳，也被同方洁净公司等应用；和美国杜克大学教授 Jim Zhang 合作，利用生物标志物研究发现空气净化器中的低浓度臭氧、负离子对健康的危害程度和机制，论文发表在国际医学一流期刊 J. of American Medical Association-Inter. Medicine[③]。

2016 年起，莫金汉指导硕士生肖儒、博士生陈其威发明了界面形貌可调控的原位热再生柔性吸附薄层技术，发明了净化表面形貌可调的液体 3D 打印制备方法，研发了新型净化设备 iTRAP，实现高效净化与低能耗再生，并获得国际发明专利授权。莫金汉及其指导的博士生田恩泽和高铁伦等提出了基于净化材料界面外场力强化的空气净化增效降耗理论与新方法，提出了材料界面形貌的调控方法，实现快速传质与减阻，研发了具有自主知识产权的电响应介质强化过滤整套技术，建立了高介电特性异质结纤维的宏

① *Applied Catalysis B：Environmental.*

② *Environmental Science and Technology.*

③ *Journal of the American Medical Association-Internal Medicine.*

量制备方法，研发了电响应介质强化过滤装置，克服了传统过滤技术高效率、低风阻和大容尘量难以兼得的难题。

博士生田恩泽荣获第 15 届国际室内空气大会（美国费城）优秀论文奖（2018）、第 16 届国际室内空气大会（韩国首尔）优秀墙报奖（2020）。研究团队的相关成果发表在 *Angewandte Chemie-International Edition*、*Small*、*Journal Hazardous Materials*、*ACS Applied Materials & Interfaces* 等建筑、环境、材料领域著名期刊上，并在国际材料领域著名期刊 *Small* 上发表封面论文。上述研究成果被国际 IEC/ISO 空气净化器标准、国家空气净化器标准采用，应用于我国载人飞船和空间站内空气净化装置性能评价、我国舰船内空气污染净化系统的方案制定和样机研制、北京天坛家具厂等工业场所的 VOCs 污染排放控制。

（二）建筑物理环境营造设备与系统

1. 新的空气热湿处理途径

我国公共建筑面积已超过 100 亿 m^2，而在公共建筑中，空调系统的能耗占建筑总运行能耗的 30%～60%，降低空调系统的能耗是建筑节能的一项重要内容。目前空调系统普遍采用热湿联合处理的方式，即采用冷凝除湿方法同时降低空气的湿度和温度，但冷凝除湿较小范围的热湿比调节特性与建筑实际热湿比大范围变化不相适应，经过冷凝除湿后的空气温度过低，有的建筑还对冷凝除湿后的空气进行再热造成能源利用的浪费，而且带有凝结水的表面容易导致霉菌滋生，影响室内空气品质。要从根本上避免上述空调系统存在的问题，就需要研究新型的除湿方式，需要从空调系统的整体结构上做变革性的创新，并使得空调系统运行能效获得大幅提高。

（1）溶液除湿技术

溶液除湿方式（或称溶液调湿方式）是与常规空调完全不同的空气处理方式，其不是通过对空气进行降温到露点以下使水蒸气凝结从而除湿，而是通过液体吸湿剂与湿空气直接接触实现对空气的湿度处理过程，可有效避免上述冷凝除湿存在的问题。然而值得注意的是，虽然溶液除湿方式已出现 70 余年，但由于处理流程内在的问题，导致能源利用效率低于常规空调而未得到广泛应用。

1995 年，美国联合技术公司研发中心的 James Frihaut 博士来访，James Frihaut 与江亿团队探讨了湿度独立控制的想法，委托团队研究利用一种高分子透湿膜除湿的可行性，这开启了此团队持续至今的独立除湿研究。1998—2000 年，袁卫星博士后、张立志博士后（合作导师江亿）进行了采用固体吸湿材料进行空气处理流程研究。1998 年，江亿指导博士生李震进行湿空气理想除湿过程的研究，得到溶液除湿方式最接近理想除湿过程。2000 年，当时主持绍兴吉利尔科技发展有限公司的袁一军先生找到了江亿，希望在燃气驱动型溶液除湿机组方向上与清华大学合作。在江亿的带领下，除湿研究小组已经开展了五年的工作，溶液除湿正是当时探讨的一个方向，所以双方一拍即合，除湿研究小组开始了与绍兴吉利尔科技发展有限公司的合作。当时李震、薛志峰等博士生陆续投入了相关工作，以后除湿组规模扩大，陆续有刘晓华、陈晓阳、谢晓云、刘拴强等研究生加入。

2003 年 SARS 在我国暴发，团队研究中发现除湿溶液对 SARS 病毒有灭活效果。为使当时非典重灾区北京人民医院急诊病房能安全地再度开业，需要一套能够在病毒环境下工作的新风空调系统，研究团队与北京人民医院院方和清华同方公司合作，采用新的循环形式，突破了关键部件的限制，研制出集热泵、溶液全热回收和溶液除湿技术于一体的新风处理机，在提高能效的同时兼具灭活病毒的作用，并将该处理机安装在北京人民医院急诊室的空调系统中。江亿指导博士生李震提出采用热泵同时为溶液除湿和再生提供冷量与热量的多级溶液除湿方案，指导博士生刘晓华提出用多级溶液循环对新风和室内排风喷洒以实现全热回收的方案，这些成为后来发展出的新型溶液调湿机组的技术关键。之后，江亿指导硕士生陈晓阳于 2004 年在北京市热力集团双榆树热力厂建成了用低温余热驱动的溶液除湿空调系统，指导博士生刘拴强于 2006 年在上海市建筑科学研究院搭建了溶液除湿示范系统。这些系统为溶液除湿空调的应用起到关键的示范作用，也为产业化提供了良好基础。

2010 年以来，溶液除湿组在江亿、刘晓华和张涛的带领下，进一步进行湿空气处理过程中热湿传递和转换的特性分析，采用热学参数剖析系统损失环节，提出新型立式溶液循环处理流程，夏季室外高温高湿工况下机组 *COP* 达到 6.6。溶液除湿装置已实现产业化生产，在国家五棵松冰球馆、深圳招商地产总部办公楼等超过 2000 万 m^2 建筑中应用，获得显著节能效果。2014 年，刘晓华、李震、张涛出版的专著《溶液除湿》详细介绍了溶液除湿方面的研究进展。

在溶液除湿方向已培养 20 余名博士和硕士研究生，其中江亿指导的博士生刘晓华的学位论文《溶液调湿式空气处理过程中热湿耦合传递特性分析》荣获 2009 年全国百篇优秀博士学位论文。此研究方向上，江亿指导的李震、刘晓华、张伦、刘晓华指导的柳珺荣获清华大学优秀博士学位论文，江亿指导的陈晓阳、易晓勤荣获清华大学优秀硕士学位论文。相关成果获得国家技术发明奖二等奖（2007）、中国制冷学会技术发明二等奖（2019）。

（2）温湿度独立控制的空调系统

如何在满足建筑热湿环境营造需求的基础上降低系统能耗是本领域面临的核心问题，传统思路多侧重于冷热量的考虑、注重提高各部件效率，但目前冷水机组等主要部件的热力学完善度接近 70%，进一步提升性能的潜力非常有限。要大幅提高营造系统能效，需要发展新的建筑热湿环境营造方法。针对目前建筑集中空调系统中降温、除湿共用 7℃冷水导致的热湿联合处理损失，江亿、刘晓华等提出温湿度独立控制的新型系统形式。利用新风控制室内湿度和保证室内空气质量，利用高温冷水（15～18℃）控制室内温度。该方法可有效避免热湿联合处理带来的损失，比常规系统节能 30%～50%。

2006 年，江亿、刘晓华等出版专著《温湿度独立控制空调系统》，阐述了对温湿度环境控制的本质的认识，以及温湿度独立控制系统的设想。2008 年开始，在国家“十一五”“十二五”科技支撑计划等项目的支持下，针对温湿度独立控制空调系统的各个环节，与中国建筑科学研究院、合肥通用机械研究院等国内多家单位联合开展了从设计方法到关键设备、从技术标准到示范工程等多方面的工作。2014 年，刘晓华、江亿、张涛出版《温湿度独立控制空调系统（第二版）》，详细介绍该新型系统从原理、关键装置到工程应用的发展情况。

在此基础上，刘晓华、江亿等建立了建筑热湿环境营造过程的热学分析理论，将传统注重部件性能提升的分析方法，转变为从系统内部损失出发、注重通过降低损失来提升系统性能的热学分析方法，利用热学参数火积和烟作为分析工具，综合冷热量与能源品位的影响，深入刻画了营造过程的“量”和“品位”，研究整个营造系统热学特性并提出相应热学指导原则的新方法。2015 年，张涛博士学位论文《集中空调系统内部传递损失的热学分析》荣获清华大学优秀博士学位论文。2016 年，刘晓华、张涛、谢晓云、江亿出版了专著《建筑热湿环境营造过程的热学原理》，对这一理论进行了全面阐述。

温湿度独立控制空调系统得到了社会广泛认可，进入了行业权威设计手册与国家标准中。该新型系统已在我国办公建筑、交通场站建筑、展览馆、医院及工业建筑等超过 5000 万 m^2 的建筑中得到应用并取得良好效果。在西安咸阳国际机场 3 号航站楼中率先应用温湿度独立控制的系统解决方案，建筑空调系统实际运行能耗降低约 40%。研究成果获得住房和城乡建设部华夏建设科学技术奖一等奖（2012）、中国制冷学会一等奖（2014）。

2. 冷热源系统

（1）自然能源利用

利用自然能源处理室内或新风负荷是降低空调能耗的重要途径之一。自然能源既包括了来自于空气对应空气干球、湿球、露点不同温度的冷热量，也包括来自土壤、水体等的自然能源，还包括了跨季节转移的冷热量。除了直接利用，自然能源与机械冷热源的高效协同也是自然能源利用的重要形式。清华大学建筑环境与设备研究所在该方向早期研究主要集中于自然通风和地道风的应用研究，由朱颖心、李晓锋及其指导的研究生承担，后来李先庭、石文星及其指导的研究生提出负荷品位的概念，将自然能源拓展应用于新风处理、室内循环风处理、围护结构负荷拦截等。

2005 年，李先庭指导博士后余延顺开展了水电站自然冷源利用系统形式及其设计方法研究，推导出采用无压尾水洞实现站房降温的有效作用长度，为无压尾水洞引风技术的工程应用奠定了理论基础，并成功应用于大渡河瀑布沟水电站空调系统中。2006 年，石文星、李先庭针对利用自然能源跨季节蓄冷系统存在的初投资大、存储空间大、保障性不足的问题，指导研究生研发出跨季节蓄冷与夜间蓄冷相结合的高效供冷系统，提出自然能源与机械冷源复合制冷系统的协同设计方法与运行控制策略，并将研究成果应用于奥运村微能耗楼的能源系统中，成为奥运村 LEED 社区金奖的重要支撑。

2010—2016 年，石文星、李先庭、王宝龙指导研究生针对电信基站和数据中心运行时间长、运行能耗高的问题，开展了热虹吸循环特性的研究，提出蒸气压缩与热虹吸复合制冷系统设计新理念，突破了热虹吸循环和蒸气压缩循环双模式的自力式切换、蒸气压缩循环安全带油、自然能源高效利用等关键技术问题，研发出热虹吸与蒸气压缩有机融合的基站空调和数据中心背板空调，实现了节能、节材、占用空间小以及自然冷能与机械制冷的协调控制。2015—2018 年，李先庭指导研究生开展了嵌管围护结构的研究，在世界上率先提出嵌管窗，使得高于室温的水可以用于室内供冷、低于室温的水可以用于室内供热，扩展了自然能源的利用范围与时间，打破了传统上对冷热源的认识，为更大范围地高效利用自然能源提供了技术指导。

2018—2021 年，李先庭指导博士生吕伟华提出了评价自然能源应用潜力的“修正度时数”法，可以客观全面地评价各类自然能源应用于不同部件的潜力，并结合当地气候特点指导如何选择高效的自然能源利用形式，提出了负荷品位的概念和表达方法，指出了各种负荷在合理的换热温差下所需要的冷热源温度，揭示了大量负荷可以用高温冷水和低温热水处理，为自然能源利用奠定了理论基础。王宝龙、石文星率先提出利用高焓低湿区和低焓高湿区新风实现显热与潜热量质转换的室内热湿环境营造方法，确立了利用新风主动调节室内负荷的高效制冷房间空调器技术方案及其控制策略。

上述研究形成了自然冷源应用潜力评价、自然冷源高效采集利用、跨季节自然冷源转移利用以及自然能源与机械冷热源协调应用的自然冷源成套利用技术。以此为关键技术，研究团队与格力电器合作研发出的“集成智能通风和光伏的超高效空调器”，实现了碳排放降低 85.7%，获得全球制冷技术创新大奖赛（GCP）冠军（2021），相关理论和技术成果获得北京市年度科学技术进步奖（技术开发类）一等奖（2020）。

（2）空气源热泵

空气源热泵是从室外环境空气中获取热量并提升品位后用于供热，以及从室内环境中取热并排放至室外环境空气从而实现室内制冷的装置或系统。由于其适用性强、结构紧凑、性能调控和热源提取方便、能源效率相对较高等优点，因此得到了广泛使用。它的产品类型覆盖了房间空调器、单元式空调机、多联机、空气源冷热水机组、热泵热水器（机）等，且其产量巨大，因而累计能耗高。但由于环境空气温度变化范围大，空气源热泵在低温、高湿环境下室外换热器结霜严重，或在室外温度低于设计温度时都将导致其性能衰减严重。因此，研发高适应性空气源热泵，在制热工况下需要重点解决其在低环境温度下的性能衰减问题，而夏季则需要提升其在温和环境下的能效水平。

在此背景下，自 2000 年以后，在前期的制冷热泵系统仿真和技术研发工作基础上，多个国家自然基金和国家重点研发计划课题的资助下，建筑环境与设备研究所在制冷剂喷射的准双级涡旋与转子压缩机研发，低环温空气源热泵、无霜空气源热泵研发，直膨式制冷热泵系统现场性能测量技术研究以及标准制定等方面取得了一系列科研成果，成果推动了我国空气源热泵产业的技术进步。

1）低温空气源热泵技术：从 1999 年开始，在江亿指导下，博士后马国远率先研发涡旋压缩机补气技术，与之匹配的低温空气源热泵技术方案获得了美国专利，开启了研究所对低温热泵的研究历史。自 2004 年开始，在北京重点实验室开放基金、国家自然基金的支持下，石文星、王宝龙以涡旋压缩机为对象，采用理论分析和实验方法，研究制冷剂喷射和泄出对回转式压缩机及其热泵系统性能的影响，以揭示制冷剂喷射和抽出压缩过程的物理机理，并确立了制冷剂喷射和泄出系统合二为一的可能性和基本条件，提出了基于制冷剂喷射和泄出技术的涡旋压缩机制冷热泵系统双效调节方法，为低温空气源热泵的变容调节和压比适应提供了可行的方案，并提出了主要用于北方地区供暖（兼顾制冷）的低环温空气源热泵实现方法和结构形式。在此基础上，研究所与清华同方、格力电器、合肥通用机械研究院等单位合作，制定了我国第一部《低环境温度空气源热泵（冷水）机组　第 1 部分：工业或商业用及类似用途的热泵（冷水）机组》

GB/T 25127.1—2010 和《低环境温度空气源热泵（冷水）机组 第 2 部分：户用及类似用途的热泵（冷水）机组》GB/T 25127.2—2010，以及世界上第一部《低环温空气源热泵热风机》JB/T 13573—2018 行业标准，为 2015 年开始实施的北方地区大规模燃煤供暖改清洁供暖提供了重要的技术支撑。

2）转子补气压缩机研发：转子压缩机空气源热泵因具有经济、高效的特点而成为分散供暖的技术首选，广泛应用于房间空调器、单元机和多联机等空气源热泵中。为解决采用转子压缩机的空气源热泵大范围变工况运行性能差的顽疾，研究团队在涡旋压缩机制冷剂喷射与抽出研究基础上，从 2014 年开始，开始研发转子的补气技术。王宝龙等提出了新型端面补气和滑板补气结构，突破了数量占比超 90% 的转子压缩机压比适应技术瓶颈。基于热力学和转子压缩机运动学分析，探明了传统端面补气技术存在补气口小、补气效果微弱的缺陷的根源，采用图像叠加方法首次确定了转子压缩机最大理论补气口面积及其位置，发明了中隔板式补气单向阀结构以及新型端面补气压缩机，实现了其补气无回流、压比自适应，基于转子压缩机理论可实现补气结构的三维分析，首创了将补气通道设置在滑板上的滑板补气方法，突破了滑板离心脱离难题，大幅提升了补气量，在相同工况下，与不补气压缩机相比，其制热量提升 12.4%～30.0%，能效比提升高达 15.0%。通过与珠海凌达压缩机有限公司合作，研发出了压比适应、变容调节的转子补气压缩机，已进行了产业化应用，为房间空调器全工况高效运行提供了核心技术。

3）无霜空气源热泵技术：空气源热泵在我国夏热冬冷地区得到广泛应用，然而其夏季制冷性能比水冷式机组差，冬季存在蒸发器结霜影响热泵性能等问题，研发夏季运行能效高、冬季不结霜的无霜空气源热泵成为行业的迫切需求。石文星等提出夏季采用蒸发式冷凝、冬季利用冷凝器出口的过冷热实现防冻液实时再生的溶液喷淋式热泵技术方案，并与广州市华德工业有限公司合作，研发出了夏季高效制冷、冬季蒸发器不结霜、防冻液再生无需外部热源且制热量和能效比几乎不衰减（相对于不再生）的无霜空气源热泵机组，为大中型空气源热泵的高效运行提供了新的技术思路。

4）现场性能测量技术：制冷量与制热量是制冷热泵系统重要的实际运行性能参数，然而房间空调器、多联机等直膨式空调的现场性能测量一直是行业亟待解决的难题。为了保持空调系统的实际运行状态，需研发无干扰、非介入式现场性能检测方法，石文星、王宝龙等提出了“广义压缩机”概念，进而提出了基于压缩机能量平衡法动态修正的直膨式空调系统的全工况现场性能测试方法，有效解决了传感器位置固定与制冷剂状态动态变化以及压缩机性能衰减与长效测量的精度保障之间的矛盾，进而研发了空气源热泵现场性能检测仪和内置性能测量装置的房间空调器和多联机，其测量装置误差分别小于 ±11% 和 ±8%，填补了国际上空气 - 空气热泵实时现场性能测量的技术空白，为直膨式空调系统的实际能效评价、标准制定、优化控制与在线调试提供了重要的技术途径，其成果发表在 Springer 出版社出版的《Variable Refrigerant Flow Heating, Ventilating and Airconditioning Systems》专著上（Chapter 9. Field Test and Evaluation of VRF System）。

除上述技术研发工作外，研究团队重视对空气源热泵产品与系统的性能评价研究，提出我国空气源热泵分区设计思想，探明了不同气候区空气源热泵的需求特征和技术路线，主导构建了我国空气源热泵的性能评价体系，负责制定、修订相关国家标准 5 部、行业标准 3 部、社团标准 6 部。研究团队在空气源热泵方向发表期刊论文 80 余篇，获得国家发明专利 20 余项，并获中国机械工业科学技术奖一等奖（2019）、中国节能协会节能减排科技进步一等奖（2011）和中国工程建设标准化协会标准科技创新二等奖（2021）等奖励。

（3）间接蒸发冷却技术

人类目前消耗了大约 1/3 的能源用于建筑运行，其中 10% 以上是用于制冷空调、在炎热季节维持室内热舒适。尽管世界上 85% 以上的建筑都是采用电动压缩制冷方式，但实际上全球 40% 需要空调的区域处在干燥地区，可以用蒸发冷却技术制冷，不使用电制冷机。随着气候变化、地球平均温度升高，全球很多区域会从夏季不需要空调的温和区域转变为需要空调的炎热气候带，新增的需要空调的区域也有很大比例可采取这一方式。由于无 CFCs 制冷剂，不存在制冷剂泄漏导致的温室气体排放，并且仅需风机和水泵耗电等，使得蒸发冷却技术成为有效应对气候变化、有较大潜力的制冷方式。

1999 年由江亿提出全新的间接蒸发冷却制备冷水技术，利用蒸发冷却制备的冷水的一部分通过表冷器为进风等湿降温，之后空气进入填料塔与喷淋水接触进行蒸发冷却制备出冷水，空气被加热加湿后排出填料塔外，冷水一部分送入表冷器对进风降温，另外一部分送入末端，所制备出冷水的极限温度为室外空气的露点温度。2004 年起，江亿院士指导博士生谢晓云开始针对间接蒸发冷却进行深入的研究。2005 年，与新疆绿色使者空气环境技术有限公司合作，研发出世界首台间接蒸发冷水机，并用于石河子凯瑞酒店，实际制备出 15～19℃、比室外湿球低 3～4K 的冷水，在干燥地区可作为公共建筑的独立冷源，替代常规电制冷机，填补了世界上利用间接蒸发冷却制备冷水技术的空白。之后对间接蒸发冷水制备技术开展系统的理论研究，同时在干燥地区大规模推广。2009 年，谢晓云、江亿通过内部各过程品位损失分析的方法，提出间接蒸发冷却制备冷水流程的优化原则：应使蒸发冷却过程的进口空气尽量接近湿空气饱和线，内部各传热传质过程应进行匹配设计，显热传递与蒸发冷却过程的火积耗散之间存在较佳的比例关系。2006—2009 年，与新疆绿色使者空气环境技术有限公司合作研发出系列间接蒸发冷水制备装置，提出并研发出间接蒸发冷却同时制备冷水和冷风的流程和装置。所研发机组在我国西北上百个、总量超过 300 万 m^2 的大型公共建筑中应用，比常规电制冷系统节电 40%～70%，每年节能量超过 5000 万度电，成为目前我国干燥地区公建空调的主导形式。

2010 年谢晓云、江亿等提出了间接蒸发冷却系统的设计方法，并写入一系列设计指南和手册中。2012 年谢晓云、江亿等提出全新的基于间接蒸发冷却的数据中心冷源系统，完全避免了数据中心冷却塔冬季结冰，并显著增加系统的自然冷却时间，比常规水冷系统节电 30%～80%，比常规风冷系统节电 50%～95%。2018 年在哈尔滨完成示范工程，利用间接蒸发冷却塔实现了零下 27℃下零结冰。2013—2015 年，谢晓云、江亿等将间接蒸发冷水机组作为中美清洁能源合作项目第 1 项中国专利技术向美国输出，在加州戴维斯建立了示范工程，运行效果良好，2019 年至今，谢晓云主持 IEA EBC Annex85 项目（2019—2025），并组织 10 国开展国际合作研究，目前进展良好。

在这个方向上，江亿指导博士生谢晓云（2003）建立了间接蒸发冷却技术研究的理论体系，研发出世界首台间接蒸发冷水机并完成系列工程应用，谢晓云指导硕士生冯潇潇（2014）、才华（2016）、博士生赵策（2019）研究间接蒸发冷水机在数据中心的应用，并完成示范工程，指导博士生刘怡洁（2019）开展国防地下排热工程研究，并完成示范工程，指导硕士生陈泽锦（2019）开展间接蒸发冷却冷风流程的研究，指导博士生井洋（2021）提出数据中心高效冷却和余热利用的系统。其中，谢晓云荣获清华大学优秀博士论文（2009）。这些研究生的研究工作对蒸发冷却方向的发展作出了重要贡献。

该方向成果荣获国家技术发明奖二等奖（2009）、中国制冷学会技术发明奖一等奖（2008）、中国专利优秀奖（2010）。

（4）高效冷热源设备与系统

高效冷热源源设备与系统是高效营造室内环境的重要保障。建筑的冷热源设备按照消耗的高品位能源的种类不同，通常可分为燃料驱动或电驱动两类。研究所针对现有典型燃料驱动和电驱动冷热源设备中的不足，开发了一系列高效的冷热源设备与系统，显著提升了能效和经济性，并得到了实际工程的应用。

2012—2016 年，李先庭指导研究生吴伟提出了基于吸收式热泵的低温热水系统，可大幅提高系统能效。在 −30～40℃的外界环境中，基于燃气利用系统的一次能源效率高达 130% 至 190%，CO_2 和 NO_x 排放大幅降低。相关研究成果已发表在 Springer 出版社出版的《Absorption Heating Technologies》专著上。

2014—2020 年，李先庭指导研究生游田、吕伟华、冉思源等将特性互补的源 / 汇进行组合，拓展了复合源热泵的功能以解决传统热泵系统的不足。所研发的带有空气换热器和冷却塔的柔性热泵系统，夏季高效制冷，冬季除霜制热量不衰减，可保证连续、高效供热，并研制了热泵样机。带有空气换热器和地埋管换热器的柔性热泵系统，可实现供热、供冷、制取生活热水多种功能，维持土壤热平衡并减少地埋管数量。带有空气换热器和太阳能集热器的柔性热泵系统，在无太阳辐射时，可从空气中取热，太阳辐射较弱时，同时利用太阳能和空气热能，当太阳辐射较强时，太阳能直接供热。

2015—2019 年，石文星指导研究生艾淞卉、宋鹏远研究了溶液喷淋式热泵技术。夏季采用蒸发式冷凝，冬季利用过冷热实现防冻液实时再生，改善了夏热冬冷地区空气源热泵能效比偏低，室外换热器结霜等问题，可以冬夏兼用，节约了场地空间。研发了试验样机，应用于夏热冬冷地区典型办公建筑，实测制冷季节性能系数 *SEER* 为 4.30～4.40，制热季节性能系数 *HSPF*① 为 2.60～2.70，其全年性能系数 *APF*② 为 3.63～4.00，其 *HSPF* 和 *APF* 相比热泵型溶液再生装置＋溶液喷淋式热泵分别提升 3.8%～10.4% 和 1.3%～3.8%。

2016—2019 年，李先庭指导研究生尚升针对燃气机热泵和电热泵进行建筑供冷供热时存在的不足，提出使用电网电力驱动的混合动力热泵，采用发动机与电机联合驱动蒸气压缩式热泵循环，综合燃气热泵和电热泵优势，全年高效、经济地制冷与制热。运

① *HSPF*：Heating Seasonal Performance Factor，变频空调制热季节能源消耗效率。

② *APF*：Annual Performance Factor，全年能源消耗效率。

行在较优控制策略下，发动机输出功效率和系统一次能源效率提高，且利用不同的能源价格优势，实现最低运行费用，其节费率可达 30%。

2019—2021 年，李先庭、石文星指导研究生陈炜提出了热能离散方法和能源综合匹配理论 TEDM，并将该优化设计方法应用于热力站和热电厂热回收系统的流程设计，构建出新型双温热力站和多能互补的双温热力站，以适用于供水温度不同的多种供热末端的混合供暖需求。优化出的热电厂烟气余热回收系统可克服烟气和空气热容不匹配的问题，有效利用环境低温，排烟温度可降低至 30℃以下，锅炉效率提高 7.03%，经济性良好。山东某热电厂已开展了示范工程实施，采用热回收系统后，供暖季锅炉效率提高 5% 以上，共节约 7685.5t 标准煤的使用。

高效冷热源设备与系统方向研究共发表 SCI① 论文 30 余篇，出版英文专著 1 部，除霜时制热性能不衰减热泵、使用电网电力驱动电机与发动机联合驱动蒸气压缩式热泵循环的混合动力热泵、热能离散与匹配的 TEDM② 方法、基于燃烧空气喷淋加湿的烟气余热回收方法等均为原创，支撑了杰出青年基金项目、自然科学基金重点项目的结题验收。

3. 蓄能建筑、系统与材料

（1）冰蓄冷设备

为加速推进电力系统的“移峰填谷”步伐，进入 21 世纪后，研究所持续在蓄冷技术方向开展研究工作。参与该方向工作的老师包括赵庆珠、李先庭、石文星、王宝龙，主要工作包括闭式外融冰槽研制、跨季节蓄冷技术、蓄冷系统设计方法等。

鉴于传统外融冰系统采用板式换热器隔离蓄冷水和空调冷水导致供冷温度降低且系统造价升高的问题，2002 年赵庆珠、李先庭、石文星等人与清华同方合作，借鉴壳管式换热器结构，研发出了闭式外融冰冰槽及其蓄冷系统。由于闭式外融冰蓄冰装置无法利用冰槽液位变化来检测其蓄冰率（IPF③）大小，为此，基于冰、水介电常数和电阻率的显著差别及 RC 振荡电路的频率响应原理，提出了精确测量冰层表面空间位置和动态预测冰层增减速度的冰层厚度测量方法，并研发了 RC 阻容式冰层厚度传感器，为闭式外融冰系统的工程应用奠定了技术基础。

鉴于传统冰蓄冷系统是基于典型设计日逐时负荷设计的，但对于空调负荷具有非日周期变化特征的建筑（如：体育馆）或工艺，采用传统的冰蓄冷系统设计方法将导致机组选型过大、设备投资增加的问题。2006 年李先庭等人提出设计周期负荷的概念，以此为基础，建立了满足室内空调或工艺要求的最小冷机容量的数学模型，并提出了基于设计周期负荷的冰蓄冷系统设计方法——周期负荷法，有效降低了特种使用环境下蓄冷系统的冷机装机容量，并降低了系统的运行费。

针对传统跨季节蓄冷成本高、占地空间大等问题，2006 年李先庭、石文星、王宝龙等提出在冬季利用分离式重力热管将空气中的冷能蓄存于具有内、外分区的蓄冷（冰）槽内，在供冷初期先提取外区蓄冰冷量，中、后期利用水蓄冷机组对外区冰槽进

① SCI：Science Citation Index，科学引文索引。

② Thermal Energy Discretization and Matching.

③ Ice Packing Factor.

行夜间（水）蓄冷，白天将其蓄冷量和内区蓄冰冷量向建筑供冷的技术方案，构建了跨季节蓄冷与夜间蓄冷相结合的冷源系统以及长、短周期相结合的蓄冷系统设计方法，实现了自然冷源的无能耗、高密度蓄存和跨季节转移利用。该技术已于 2007 年成功应用于北京奥运村微能耗楼，实测结果表明，跨季节蓄冷和夜间蓄冷分别占总用冷量的 38% 和 46%，据北京市可持续发展基金会专家检测结果表明：该建筑与北京同类建筑相比全年节能 60%，空调系统的年运行费用节省 70%。该项目获得 2007 年度精锐住宅科学技术奖（绿色生态建筑节能奖）金奖，并获得北京市人民政府“2008”工程建设指挥部颁发的“北京市奥运工程科技创新特别奖”和“北京市奥运工程环境保护技术进步奖”，为北京奥运村工程获得 LEED 社区金奖做出了重要贡献。

2012 年赵庆珠和王宝龙在中国建筑工业出版社出版了《蓄冷技术与系统设计》专著，全面总结了研究所在蓄冷技术方向 20 余年的研究成果。

（2）功能热流体

功能热流体与普通单相传热流体相比，由于相变材料微粒在固液相变过程中吸收或释放潜热，因此在其相变温度段，该类多相混合流体具有很大的表观比热，且由于相变微粒对流体流动和传热的影响，可明显增大传热流体与流道壁面间的传热能力，是一种集增大热输运能力、强化传热及储热功能于一身的新材料。功能热流体不仅可作为高效传热介质，显著减小换热器及冷热流体输送管道的尺寸，降低其输送功耗，而且可作为蓄能介质，用于各种蓄热蓄冷系统，实现能量储存和输运介质一体化，缓解能量供求双方在时间和强度上不匹配的矛盾，缩小相应系统的规模，节约其初投资。

2000—2008 年，张寅平、王馨及研究生胡先旭、徐慧、陈斌娇等人通过对表面活性剂的筛选和优化，研制出相变微胶囊和相变微乳浆，其潜热性能达到文献中国际同类材料水平，黏性小于国外文献报道水平，他们对微米级石蜡基相变微粒功能热流体强化传热机理进行了理论与实验研究，揭示了潜热型功能热流体强化换热的物理机制，即相变温度段内流体等效比热显著增大，相变微粒的存在使流体速度和温度场协同性增强，两者的耦合作用明显增强了流体的传热性能，比起常规流体，其对流传热系数可成倍提高。他们同时还提出了相变强化换热度概念，导出了其和影响因素间的定量关系，建立了平均比热模型和内热源模型，对层流和湍流流态下影响流体换热的因素进行了敏感性分析，指出了换热强化的方向和极限，为高性能潜热型功能热流体的研制提供了理论与实验依据。

该研究获得了国家自然科学基金重点项目（结题评价获“优”）和面上项目支持，2005 年获教育部自然科学二等奖。2009 年，张兴祥、王馨、吴文健于化学工业出版社出版了《相变材料胶囊制备与应用》一书。

（3）相变蓄能材料

建筑围护结构作为室内外环境的分界面，调整着各种形式的能量流通。变参数围护结构通常通过变热物性参数、变结构形式、变运行策略三个方面来实现围护结构的变参数需求，从而对太阳能等自然能源或电能进行收集、导入、蓄存和释放，以达到零碳建筑为目标。

2004 年以来，张寅平、王馨等应用反问题和变分方法，将建筑热过程分析从线性系统拓展到非线性系统，提出了相变储能建筑围护结构“理想热物性”概念及其泛函反问题 - 变分求解法，发现“理想比热容”近似为 δ 函数，为相变储能建筑提供了理论基础。提出了采用聚乙烯等高分子材料为囊材、石蜡类相变材料为芯材研制定形相变材料和相变微胶囊的方法，克服了传统相变材料易相分离、需封装、传热温差大、易泄漏的缺点，可与混凝土材料等结合构成建筑蓄能 - 节能材料。研制了能够满足不同用途要求的相变材料，开发出定形相变蓄能调温墙板或地板、高温相变蓄热电供暖器、医用相变降温服等。该类围护结构（或装置）可自行调节热物性参数（如等效比热、当量导热系数等）以充分利用太阳能、昼夜温差或低谷电，大幅提高建筑围护结构的储热性能，和传统常物性建筑围护结构材料相比等效比热容提高约 10 倍，太阳能蓄放热能力较传统围护结构提升约 5 倍，降低室内温度波动 50% 以上。

此研究方向获得了教育部新世纪优秀人才支持计划、国家自然科学基金项目、“十一五”“十二五”“十三五”国家重点研发计划等多项国家项目支持，获教育部自然科学二等奖（2005）、四川省科技进步奖一等奖（2011）、住房和城乡建设部华夏建设科学技术奖二等奖（2015）、河北省自然科学二等奖（2017）。2015 年王馨获欧盟玛丽居里学者奖。2016 年王馨受邀在 Springer International Publishing AG 出版社出版的《Renewable Energy and Sustainable Technologies for Building and Environmental Applications》一书中撰写第一章 Inverse Problem for Phase Change Materials and Preparation in Building Envelope。

4. 城市供热系统

（1）室内供热末端调节

供热计量体制改革是我国建筑节能的重要任务之一，然而在 2005 年前的十多年里，尽管得到中央有关部门高度重视和各种资源的支持，但由于当时各种技术措施存在不同程度的不足，该项工作一直没有大的进展。

为推动供热体制改革，促进建筑节能，2005—2009 年期间江亿指导博士生刘兰斌提出了一种集中供热的末端通断调节与热分摊技术，即在每座建筑物热入口安装热量计，计量总耗热量，在各户的支路上安装通断控制阀，通过预测阀门开启时间对各户阀门通断来实现室温控制，并按各户累计接通时间和供暖面积来分摊整座建筑的热量。

该方法可突破目前已有热计量方案在技术上的瓶颈：① 提出了一种通过预测阀门开启占空比的末端通断控制新方法。围绕该方法，实现了具体的模糊控制策略和水力均匀性方法，并成功开发出所需的系列硬件，② 建立了能够对末端通断调节系统进行瞬态响应的模拟模型，为深入分析技术的室温控制效果和热费分摊合理性提供了研究平台，③ 从模拟和实测两个角度完整分析了末端通断调节技术的室温控制效果以及不同因素对热费分摊合理性的影响。

与现有技术相比，有突出特点和显著进步：① 室温控制效果好。长期控制在“设定温度 ±0.5℃”，② 分摊更合理。在相同室温下，建筑不同位置用户热费最大差异仅 10%，③ 投资更低。大规模的推广可控制在 900 元 / 户左右，仅我国北方既有建筑热计量改造就可节省 600 亿元以上，④ 采用无线通信，安装、维护、使用方便，设备可靠。阀门只有“开”“关”两个状态，不堵，⑤ 适用地板辐射等新型供暖末端。

该技术 2008 年 3 月通过建设部科技司组织的专家鉴定，给予了很高的评价，专家组认为："本项目提出的通断调节与热费分摊方法，为我国供热改革提供了一个与目前国内外已有方法都不相同的新方案，在供热计量技术路线选择上有突破性的进展，是这一领域的一项重要创新，对我国的供暖节能和供热改革工作有重大贡献。"

（2）吸收式换热器

利用热泵提取低品位余热替代化石能源是实现北方清洁取暖的重要途径之一。电动热泵是技术手段之一，但仍存在 HFCs 排放问题。能够提取低品位余热实现供热，且能够实现零 HFCs 排放的吸收式热泵与吸收式换热器成为燃煤热源清洁化、燃气热源高效化、热电联产灵活化、热量长距离输送等多项重要技术的关键设备。为适应这些新的应用，吸收式热泵与吸收式换热的理论体系建立、新流程和新结构研发、内部传热传质过程的认识与强化成为科研及工程应用的迫切需要。

2008 年，由付林、江亿在世界上首次提出了吸收式换热器的概念，可以实现两侧流体流量极不匹配的情况下的换热，江亿提出了第一类吸收式换热器，可实现小流量热源侧的出水温度低于热汇侧的进口温度，2014 年，谢晓云、江亿提出了全新的吸收式热泵的理论模型—提升系数模型，给出了从理想溶液到实际溶液循环基于提升系数的完整理论模型，为吸收式热泵的外部参数可行性分析、热量变换过程构建、流程优化与系统设计建立了理论基础，2015 年，谢晓云、江亿等提出第二类吸收式换热器，可实现小流量热汇侧的出水温度高于热源侧的进口温度，并提出"吸收式换热器效能"的概念来表征吸收式换热器性能，为小流量侧流体的进出口温差与两侧流体的进口温差之比，吸收式换热器效能可达 1.2～1.3。

2009—2012 年，谢晓云负责、江亿指导，课题组建立了世界上首个大容量真空环境吸收式传热传质实验台，真空容积 10m^3，可开展发生－冷凝过程、吸收－蒸发过程等各类传热传质过程的研究以及吸收式换热器的部件实验，为吸收式换热器的传热传质过程研究和装置研发提供了重要的基础平台。基于大型吸收式传热传质实验台，谢晓云团队开展深入细致的研究，提出立式多段吸收式换热器的流程、立式多级吸收式换热器流程、分区型吸收式换热器流程，并提出了机组内部全新的工艺结构。在此基础上，陆续研发出楼宇式立式多段吸收式换热器、大型立式多级吸收式换热器、分区型吸收式换热器，实现了外部源侧的大温差与内部流体的匹配换热。所研发出的吸收式换热器实测一次网回水温度降至 20～30℃，比二次网回水温度低 15～20K，实现了源侧电厂循环水余热等占总供热约 30% 的各类低品位余热回收，楼宇式吸收式换热站单位平方米热耗降低 10% 以上，相比传统大型热力站单位平方米电耗降低 40% 以上。

在这个方向上，江亿、谢晓云指导博士生王升（2009）研发出世界首台立式多段吸收式换热器，指导博士生李静原（2011）提出了三股流吸收过程的匹配特性，指导博士生朱超逸（2013）提出了 U 形管的气液两相流特性和吸收式热泵的动态模型，指导博士生胡天乐（2015）提出并研发出可拆板式吸收式热泵，指导博士生郑姝影（2012）提出了闪蒸发生过程以及以气泡为核心的降膜沸腾发生过程的机理，指导博士生杨月婷（2015）提出了降膜流动过程的横移特性和混沌特性，指导博士生胡景童（2015）提出了三管制吸收式换热的流程，指导博士生易禹豪（2018）提出了吸收式换热器的热学理论模型，指导博士生张浩（2020）提出了小流量比吸收式换热器设计以及水热同产海水淡化流程，指导工程师石润南（2015）开展吸收式热泵腐蚀过程的研究，上述研究工作为这个方向的发展做出了重要贡献。其中李静原获得中国工程热物理年会“王补宣青年优秀论文”奖（2014），易禹豪、张浩获得中国供热学术年会“热力新秀”奖（2020、2021）。

研究所与北京华源泰盟节能设备有限公司、同方节能工程技术有限公司、赤峰富龙热电股份有限公司等企业合作，完成吸收式换热器大规模的工程应用，目前已经在大同、太原、银川、石家庄、赤峰多地超过 2 亿 m^2 的建筑中应用。谢晓云、江亿等主编了国家标准《吸收式换热器》GB/T 39286—2020。该团队等获得中国制冷学会技术发明奖二等奖（2015），获得发明专利 30 余项。

（3）大温差长输供热技术

北方地区城镇供暖是我国建筑能耗的重要组成部分，集中供热是城镇供暖的主要方式，受到两个问题的严重困扰：一是热网输送能力受限，二是热源普遍不足，难以跟上城市建设发展的需要。提高热网供热能力的一种可行方式是增大热网供回水温差。为此，现有大型集中热网几乎都采用间接供热方式。直埋管道受聚氨酯保温材料耐温限制，供水温度最高到 130℃左右，而一次管网回水温度受到二次网温度的限制。

2007 年付林、江亿提出了基于吸收式换热的热电联产集中供热新技术，科研团队完成了理论分析、关键设备研制、系统集成、工程试验与示范等一系列工作，实现热电联产集中供热系统供热能力增加 30% 以上，供热能耗降低 40% 以上，热网输送能力提高 50% 以上。2008 年在赤峰市建成首个完整应用该技术的示范工程，为全面推广奠定了基础，2010 年在大同市建成首个工业化大规模示范工程，标志着该技术在大型集中供热系统的成功推广。2009 年该技术列入《国家重点节能技术推广目录》，2012 年国务院印发的《十二五节能环保产业发展规划》将该技术纳入 9 项重点节能关键技术之一，2013 年国务院发布的《绿色建筑行动方案》明确推广该技术。近 10 年间，该技术在北京、山西、山东、内蒙古、河北、宁夏等北方地区大规模推广应用，给我国集中供热系统节能减排带来巨大的推动。该技术荣获北京市科学技术奖（技术发明类）一等奖（2012）和国家技术发明二等奖（2013）。

此后付林、张世钢、李永红等进一步提出利用电厂及工业余热的大温差长输供热技术，为我国北方城镇低碳清洁供热开辟一条崭新道路，主要成果包括：① 提出分布式与集中式热变换器相结合的深度降低长输热网回水温度的热网大温差换热方法，实现长输热网输送能力提高 60% 以上；② 提出大高差、高供水温度、低回水温度长输热网多级泵供热系统配置及安全防护方法，实现大温差长输热网循环水安全经济输送；③ 提出基于低热网回水温度的多台汽轮机组串联梯级加热工艺，在大幅提升电厂供热能力的同时显著降低供热能耗及供热成本。

2013 年，付林主持完成供热行业第一项真正意义的长输供热项目——古交电厂向太原市长输供热工程，承担太原市 7600 万 m^2 建筑的供热负荷。随后，长输供热技术在北方地区得到迅速推广应用。截至 2022 年，超过 60% 的北方省会城市将该技术列为主流供热方式，已启动应用的大温差长输供热工程涉及总供热面积 12 亿 m^2。通过回收电厂余热替代燃煤锅炉，每年减少标煤消耗 256 万 t，减少二氧化碳排放 691 万 t，而综合供热成本与燃煤锅炉相当。该技术被列入 2018 年和 2020 年《国家工业节能技术装备推荐目录》、2020 年《绿色技术推广目录》以及 2021 年《优秀节能减碳与能效提升技术》。该项技术及工程应用获得中国节能环保专利一等奖（2018）、中国安装协会科技进步一等奖（2019）、电力工程科学技术进步一等奖（2020）、中国土木工程詹天佑奖（2022）等多项奖励。

（4）燃煤燃气烟气余热回收技术

为了治理冬季雾霾，当前我国北方地区全面实施清洁供热，其中“煤改气”和燃煤烟气超低排放改造是两个主要途径。然而，对于天然气燃烧后含有水蒸气的烟气以及燃煤热电厂和锅炉房湿法脱硫后的湿烟气，由于成本高和腐蚀的制约，仍有大量余热未被利用。对此，在江亿指导下，付林课题组发明了一系列全热回收的高效供热新流程，经过 20 年理论分析、关键设备研制、系统集成、工程示范等研究，使传统供热系统工艺明显改进，经济高效地深度回收了这些余热，并避免了酸性烟气冷凝水对换热面的腐蚀，显著降低了供热能耗和烟气污染排放，并回收大量的烟气冷凝水，形成了余热回收、减排和节水一体化的高效清洁供热技术。

2001 年付林课题组开始利用热泵回收烟气余热的研究工作。2003 年，研究了吸收式热泵在燃气供暖冷凝热回收中的应用。2005 年，搭建了热电冷联供实验台，并开展了吸收式热泵回收烟气冷凝热的实验研究。2006 年 12 月—2009 年 8 月，承担了 863 计划《高效天然气热电冷联供技术集成及示范研究》，发明了热泵型燃气热电冷联供新流程，实现了在输入燃气量不变、输出电力不变的前提下，系统输出热量可增加 30% 以上，使系统的综合效率提高 15% 以上，超过 95%，并于 2008 年在北京南站和天津西站进行了推广应用。2009—2011 年对回收余热的燃气轮机热电联供系统及内燃机热电冷联供系统进行了优化研究。

2012 年付林提出了直接接触式换热与吸收式热泵结合的烟气全热回收方法，使燃气锅炉供热效率提高 10% 以上，使烟气中氮氧化物排放浓度降低 10% 以上，实现了余热回收、减排与节水的一体化，并研发了适用于燃气锅炉的直接接触式换热塔和烟气全热回收吸收式热泵，实现了产业化。2013 年赵玺灵等针对大型燃气热电联产供热系统中温差不可逆损失大、排烟温度高、乏汽余热没有充分利用的问题，发明了源网一体化的烟气－乏汽余热协同回收新流程，通过降低热网回水温度的源网一体化技术，解决了回收烟气余热驱动蒸汽压力和流量不足的难题，提高系统供热效率，使得输出热量提高 40% 以上，使系统的综合效率可提高 17% 以上，超过 100%。围绕该方法，研发了直接接触式大型换热塔及适用于燃气热电厂的多分体模块化大型吸收式热泵机组，并形成了系列化产品，实现了产业化。2012 年在北京市金泰丽富家园小区建成首个燃气锅炉房烟气余热回收示范工程，2014 年在北京未来城燃气热电有限公司建成示范工程，标志着该技术在大型燃气热电联产集中供热系统的成功推广。

2015 年 3 月，北京市科委验收了“喷淋式燃气锅炉烟气余热回收利用一体化设备开发与示范工程建设”课题。由倪维斗院士等组成的专家组认为该技术“首次提出了直接接触式换热与吸收式热泵相结合深度回收利用烟气余热的新工艺，并成功应用于城市供热工程中”。同年作为中国重大自主创新技术在巴黎气候大会上向世界展出。

同期，在进行燃气烟气余热回收与减排一体化研究的同时，对燃煤电厂的烟气余热利用开展理论研究和实践工作，于 2015 年在济南北郊热电厂建成国内首个燃煤烟气余热回收与减排一体化技术。该技术实现了余热回收技术与原有湿法脱硫工艺的有机结合，显著增加系统供热能力、显著减少 SO_2、NO_x 和粉尘的排放、并可回收凝结水，实现余热回收、污染物减排、节水的三重效果。

该技术在山西、山东、河北、黑龙江、北京、天津、内蒙古等 11 个省市获得大规模应用，2018 年北京市发改委和城管委联合发文全面推广，获 2016 年北京市科学技术奖一等奖、2018 年中国节能协会科技进步一等奖和 2018 年中国节能环保专利一等奖。

（5）水热同产同送技术

我国沿海地区水资源较为紧缺，尤其是北方沿海地区，人均水资源占有量处于国际公认的极度缺水线以下。在沿海区域，利用核电为海水淡化提供驱动电力或者热力，实现海水淡化，是缓解该区域水资源紧缺的有效途径。目前主流的海水淡化方式中，热法（多级闪蒸、多效蒸馏）和膜法（反渗透）都可实现与核能的结合。常规的结合方法包括核电厂淡化或者独立核淡化。并且，与其他可再生能源相比，核能因其高能量密度、稳定可控的特点，可满足大型海水淡化项目的稳定能源供应。

2017 年，江亿院士首次提出水热同送的技术构想并申请了该技术第一个发明专利《利用电厂余热实现水热联供的系统及该系统的调控方法》，主要内容为：沿海核电厂或火力发电厂利用余热进行海水淡化，并将产生的淡水加热为热淡水，再采用单管长距离输送热淡水至城市需求侧，在城区将热量取出用于采暖，热淡水降温为常温淡水供给城市用水。2019 年该专利获得授权。

2019 年，夏建军等对水热同产同送技术进行了系统性的研究：提出了海水淡化单元与余热利用单元的合理流程及系统在供暖季、非供暖季运行模式，对高温淡水的长距离输送能耗及热损失进行了研究，与直埋双管系统进行对比，分析了淡水流量、淡水流速、管道管径对长距离输送系统能耗及经济性的影响，提出了末端热量提取的基本思路，对末端热量析出在初末寒期与严寒期的合理流程进行了研究，结合案例计算，研究水热同产同送系统的经济性，证明新技术与常规海水淡化工程相比具有明显的经济优势。

2020 年，在江亿指导下，付林课题组和谢晓云课题组首次提出基于多效蒸馏和多级闪蒸的水热同产技术，申请了十余项发明专利，研究初步表明水热同产技术的能效和经济性均优于水热分产技术。张世钢、谢晓云等提出了低温多效蒸馏和多级闪蒸两种水热同产设备内部流程和结构，在关键设备研发、流程优化、运行调节方法等方面获得重要突破。至此，完整的水热同产同送技术基本形成：利用包括核电厂在内的电厂余热在同一套设备内实现零碳供热的同时零能耗海水淡化，制备高温高品质淡水，将原来“水热分送”需要的三条管道改为利用单管输送热淡水，实现水热同送，在终端利用水热分离装置分离出常温淡水和满足热网需求的热量，实现水热分离。

2020—2021 年供暖季，在江亿指导下，清华大学联合山东核电有限公司、北京清建能源技术有限公司、北京华源泰盟节能设备有限公司等单位成功实施了山东烟台八角热电厂和山东海阳核电厂两个小规模水热同产同送示范工程，首次将水热同产同送技术应用于工程，全面验证了技术可行性。

2021 年 5 月 11 日由中国节能协会组织，在海阳核电厂召开了“山东海阳核电厂水热同产同送示范工程”专家研讨会。出席会议的包括来自能源、供水、电力、市政、海水淡化领域的 6 位院士以及近百名各行业的专家，认为该工程首次将水热同产同送技术应用于工程，水质显著优于《生活饮用水卫生标准》GB 5749—2006，供热效率接近 90%。该示范工程证明了水热同产同送技术是可行的，为该技术的进一步深化研究和大规模工程应用迈出了坚实的关键一步。

（6）城市供热规划及综合能源系统规划

在“碳达峰”“碳中和”发展背景下，我国城市能源系统面临变革。传统的城市能源规划多从供应侧出发，以满足能源需求为主要目的，缺乏与需求侧的互动；同时热、电、气等传统市政能源规划多各自为政、缺乏统筹协调，不足以指导城市综合能源系统的低碳发展。在此背景下，有必要对城市综合能源规划进行系统研究。

2002 年，在江亿指导下，付林课题组研究了分层能源规划模拟计算模型，提出基于动态和空间分布的城市能源综合规划方法。2005 年，博士生郑忠海等开展了城市能源规划理论体系的研究并开发相应城市能源规划软件平台。“十一五”期间，先后承担了国家科技支撑计划项目“城市能源基础设施系统优化与模拟技术”、北京市自然科学基金“北京市动态能源综合规划及模拟分析”、国家自然科学基金－中国工程院“中国工程科技中长期发展战略研究”联合基金项目“城市能源系统未来发展方向及其关键问题的发展战略研究”、国家自然科学基金青年基金“基于动态和空间分布的低碳城市能源规划方法研究”等课题。

在城市供热规划领域，夏建军课题组 2018 年提出城市三级热网构架，解决北方既有城市清洁供热实践关键难题：零级网实现多热源大温差长输供热，解决热源分布不均、热量远距离输送问题；一级网辅助调峰热源降低热网回水温度，解决既有老城区改造困难，二级网实现低温供热，降低建筑供热损失。2018—2021 年，夏建军课题组提出了符合城市低碳发展要求的能源规划方法、优化城市规划设计的理念和技术，构建了规划流程框架与模型，解决了传统的电力、燃气、供热专项规划各自为政，不足以指导城市能源系统低碳发展的问题。2021 年，夏建军主编完成了中国城镇供热协会团体标准《供热规划标准》T/CDHA503—2021，从源、网、末端及效果评估等方面对供热规划各环节规划方法及规划指标进行了规范。

在双碳背景下，城市能源系统的电力、燃气和热力之间的互补进一步增强，相互联系和影响愈加密切，为此，2020 年付林课题组提出“电气热协同”的低碳城市和园区能源系统模式，重点研发冷热联储关键技术、P2G 技术以及综合能源整体配置和运行优化等系列低碳城市能源关键技术，并在此基础上完成了清华大学校园碳中和方案等多项零碳城市和园区的示范工程研究与方案设计工作。

2003—2021 年，付林课题组完成了济南、石家庄、银川、太原、呼和浩特等一系列城市能源规划和供热、燃气等近百项专项规划项目，以及北京 2008 年奥运园区、天津生态城等多项能源规划研究，获山东省优秀规划设计二等奖（2008））和国家优秀规划设计表扬奖（2009）等。

2015—2022 年，夏建军课题组主持和参与雄安新区能源规划、北京通州副中心供热规划、青岛西海岸新区能源规划、西安供热规划、青岛中德生态园能源规划、长春国际汽车城能源专项研究等北方重点城市和地区专项规划，将规划方案与系统工程结合，指导城市能源系统建设，示范绿色、低碳的城市能源发展路径。

（7）中国分县域余热资源调研及工业余热供暖

随着城镇化的推进和供热事业的发展，冬季供暖能耗是我国能耗问题中不可忽视的重要环节，近年来，北方各省市陆续开展清洁取暖工作，一批批供热规划与改造工程相继实施。然而，在这一过程中，部分地区没有充分考虑自身资源禀赋、经济发展水平与供热方案的匹配性，盲目地大面积推行电力供热和燃气供热，导致居民冬季正常取暖受到影响。实际上，清洁供热路线的规划必须因地制宜，充分考虑本地资源禀赋和资源特点。只有对供需两侧的现状进行细致调研和全面掌握，才能科学合理地设计清洁供热发展路线。

在工业余热供暖领域，2014 年，夏建军指导博士生方豪、李叶茂等提出低品位工业余热信息统计问题三个层级的目标及统计方法，获得了我国北方地区低品位工业余热的资源总量和分布状况。2015 年，博士生方豪首次从基础理论出发，揭示了低品位工业余热供暖过程的本质，总结出工业余热供暖应用要解决的余热采集、余热整合和余热输配三大关键技术问题，并给出普适性的解决方法。2016 年开始，团队参与负责中国城镇供热协会的集中供热专项统计工作。截至 2021 年，夏建军指导研究生张亦弛、郑雯、刘朝阳等完成了覆盖中国北方 1047 个县域的清洁热源资源调研及供需匹配工作，对电厂余热、工业（钢铁、有色、化工行业）余热、生物质资源、垃圾和生活热水余热资源进行调研统计，估算未来余热供热潜力。同时采用人口 - 发展 - 环境模型，结合城镇化发展进度及节能改造路线，对中国北方地区分县域的供热需求进行分析，最终完成了供热需求与余热资源的供需匹配。

上述研究成果直接促成 2015 年底国家发展改革委、住房和城乡建设部制定《余热暖民工程实施方案》。夏建军课题组基于此在赤峰、迁西等地推广实施了多个工业低品位余热供热项目，成功实现工业余热在城市供热领域大规模的梯级利用。通过两次科技成果鉴定，证明成果节能减排效果显著，达到国际领先水平，可广泛推广。上述余热利用技术和相关示范工程分别获得了中国节能协会科技进步一等奖（2016）、中国专利优秀奖（2016）、G20“双十佳”国际最佳节能技术和国际最佳实践奖（2015）等多个奖项。

5. 群智能系统

建筑机电等用能设备的智能化动态运行调节是实现低碳节能、高效管理的关键。建筑智能化是一个交叉学科，涉及多个专业领域。一方面，与信息科学密切相关，包括电子、通信、计算机、软件、自动化技术等，另一方面，与建筑机电专业密切相关，包括暖通、变配电、给水排水、照明、建筑安全等。传统技术体系需要工程人员掌握较多的信息技术知识，才能针对不同的项目进行组网、编址、软件二次开发和现场调试等工作。信息技术专业的工程师，虽然能够完成上述工作，但对建筑机电专业完全不熟悉，反之，让机电专业工程师学习掌握大量的信息科学知识，也难以实现。因此，大量的实际工程中，信息技术与建筑专业知识脱节，系统功能落地门槛高、调试周期长，因而难以有效实现预期的各项智能化功能。

本专业对建筑智能化系统的研究、开发和探索由来已久。早在 20 世纪 90 年代，江亿就主持开发过 RH 系列控制系统，成为我国自主研发的第一个建筑领域控制系统。基于对建筑自控行业问题的多年思考，江亿逐渐意识到，传统建筑智能化系统的主要问题，不在于某个细节技术的迭代更新，而在于从工业控制移植来的控制系统整体架构并不适用于建筑智能化领域的需求，需要对整个系统架构进行颠覆式设计，才能彻底解决建筑智能化系统长期以来存在的调试周期长，功能落地性差、改造升级不灵活等问题。

2010 年在一次跨学科技术交流会后，江亿产生了建立一种无中心、扁平化、自组织的新型智能系统的灵感。这种新型系统应从建筑空间和机电设备本身的特点出发，打破常规信息系统分层中央控制架构的束缚，像鸟群、鱼群、昆虫等生物群落一样，在没有中央调度的情况下，由标准化即插即用的智能个体自动构建系统，这些标准化单元之间自组织协作，针对不同建筑系统结构的自动适配形成相应的智能算法，从而实现系统整体优化控制和调节。

在江亿的指导下，姜子炎博士于 2011 年初步完成了这种新系统的基础架构设计，并开发出第一代关键硬件设备。

新系统摒弃经典自动化系统以传感器、执行器、控制器为基本单元的想法，从建筑本身特点出发，以具备完整建筑局部功能且可以在不同建筑间复制的功能体——“空间（办公室、会议室、客房、大厅、走廊、设备房等）”和“源设备（冷机、水泵、冷却塔、空气处理设备、电梯、配电柜等）”为构成建筑的基本单元。通过将内置标准化信息模型的智能硬件（计算节点，CPN：Computing Processing Node）安装在上述基本单元中，使之具备本地信息收集和处理的能力，从而重新定义了建筑智能化系统的基本单元。

计算节点彼此按照所属空间位置关系，连接成覆盖建筑空间、并与建筑空间有类似拓扑的网格状网络。系统中不设中心节点，每个计算节点都是平等的，计算节点内嵌入了能进行类似有限元算法的、分布式计算算子，从而可以使计算节点构成的计算网络在没有中心节点调度的情况下，自组织完成整体物理场（冷热、气流、水流、人流等在空间单元之间的流动）计算，进而可以计算在不同机电设备控制动作下的系统参数与能耗分布，进而完成整体优化控制。

2012 年，姜子炎和博士生代允闯联合清华大学自动化专业赵千川、陈曦老师、清华大学公共安全研究院张辉老师等组成跨学科的研究团队，设计出包括基础数学运算、典型优化算法、场模型下流体场计算等常用数学计算的分布式计算算法，并通过数学证明、模拟计算、分布式硬件网络实验等方式验证了算法的可行性。同时，姜子炎博士开发出第一代面向分布式计算的操作系统，使得多种并行计算任务可以同步、准确地在计算节点网络中可靠运行。

2017 年这项新技术获得国家“十三五”重点研发计划项目“新型建筑智能化系统平台技术”的支持。研究团队不再仅限于清华大学，进一步增加了陆军工程学院、大连理工大学、安徽建筑大学、中国建筑设计研究院、中国建筑科学研究院、中国建筑标准研究院、华润置地等相关院校单位。在众多参与院校单位的共同商议下，2018 年，这项无中心、扁平化、自组织新型建筑智能系统被正式命名为“群智能系统”。同年，群智能系统被第一次部署在吴江万象汇、济南万象城这两个大型商业综合体项目中，工程实践取得了良好效果，该系统相对传统技术缩短调试周期 80%，开业当天自动控制、高效冷站等预期功能全部开通。

2020 年，姜子炎、代允闯、江岸等，共同主导编制了基于群智能技术的第一个技术标准，并于 2022 年正式发布《建筑基本单元信息模型标准》T/CECA-G 0172—2022。2019—2021 年，群智能系统先后部署在国家游泳中心（水立方）、国家体育场（鸟巢）这两个北京冬奥会主要场馆中，实现了赛场环境精确控制与场馆能源系统节能运行，同样取得了良好的运行效果。到 2022 年，群智能系统已经在超过 200 万 m^2 的各种类型的公共建筑中实际落地应用，普遍取得了大幅缩短建设周期和人工成本、降低运行能耗成本的良好效果，并通过跨行业专家验证。

6. 建筑光储直柔系统

在我国“双碳”目标下，未来能源系统将走向低碳化，风光电成为主要电力来源。以化石能源和水电为主的传统电力系统的基本调控模式是“源随荷变”，任何负载侧的变化都要由电源侧的实时调节来平衡，调节过程中的变化则依靠发电机组转子系统巨大的转动惯量来平衡。当风电、光电成为主要电源后，其发电功率由天气状况决定，只有弃风弃光减小发电功率的调控手段。这样就要求“荷随源变”，或者增加巨大的蓄能环节来平衡源与荷之间的功率差别。在电源侧或关键的电网节点处设置巨大的蓄能装置，通过调节蓄能装置的储放电量，使风电、光电加上蓄能装置，仍然维持“源随荷变”的功能。

建筑用能需适应未来能源系统变化特点，从单纯消费用户转变为能源生产、消费、调蓄“三位一体”的身份。发展建筑光储直柔系统是为了破解新型的零碳电力系统要大规模发展风电、光电所面临的调控难题，是调度各方面资源、降低成本、助力新型零碳电力系统建设的有效途径，也是建筑实现全面电气化和用电零碳化可采用的措施。

2016—2018 年，江亿老师提出“光储直柔”新型建筑能源系统，旨在提高建筑用能的电气化水平，降低建筑用能的碳排放量，通过开发集光伏发电、储能、直流配电、柔性用电于一体的“光储直柔”新型建筑能源系统实现建筑用能零碳化的目标。“光”指的是建筑屋顶光伏发电，通过 DC/DC（直流到直流的变流器）接入建筑直流母线（如 375V）。“储”则是指由直流母线通过 DC/DC 连接的、布置于一处或多处的蓄电池组，以及由这条直流母线连接的布置在邻近停车场的若干个充电桩，通过这些充电桩为停车场电动汽车蓄电池充 / 放电。“直”是指实现直流供电，包括动力和充电设备的 375V 直流，以及通过 DC/DC 变换得到的供小功率电器使用的 48V 直流分支。375V 直流母线通过 AC/DC（交流到直流变流器）与交流 380V 的外电网连接，从外电网输入电量以满足建筑的用电需求。“柔”是指这一系统对电网来说，不是供电量必须等于此时负载侧消耗电量的刚性负载，而是从电网的取电量可以根据电网的供需关系在较大范围内调节，从电网侧看，这一用电系统成为电网的柔性负载。柔性的实现主要通过各用电设备的“需求侧响应”实现，各设备可以根据电网的供需关系自动改变其瞬时用电功率，还包括各蓄电池的“需求侧响应”，系统内所连接的蓄电池和电动汽车蓄电池可以根据电网的供需状况调节充电 / 放电功率，从而改变 AC/DC 处从外电网进入系统的电功率。

2018 年，为了推广“光储直柔”建筑能源系统，清华大学联合深圳建科院、住房和城乡建设部科技与产业化发展中心、美国劳伦斯伯克利国家实验室、深圳市供电局、珠海格力电器等 20 家国内外单位成立“直流建筑联盟”。2019 年开始，在美国能源基金会支持下，进行光储直柔系统的基本模式、关键场景下的技术方案、相关标准编制、不同场景的工程示范应用方面的工作。江亿、郝斌（深圳建科院）、杨旭东、刘晓华、王福林、张涛等编制《民用建筑直流配电设计标准》T/CABEE 030—2022、《光储直柔建筑评价标准》等，在深圳未来大厦、山西芮城农宅、清华大学节能示范楼等进行示范应用。2021 年，在中国建筑节能协会成立了光储直柔专委会。“光储直柔”建筑能源系统被国务院 2030 年前碳达峰行动方案采纳，成为建筑领域面向碳中和的重要技术手段。

（三）建筑节能、绿色建筑与健康建筑实践

1. 建筑节能的国情战略研究

进入 21 世纪以来，我国的能源消费快速增长，“十一五”规划首次将单位 GDP 能耗降低 20% 列入国民经济和社会发展的约束性指标，并提出建设资源节约型、环境友好型社会，各级政府和社会各界对节能事业的关注程度不断提高。建筑能耗占社会总能耗的 20% 左右，是节能的重要组成部分。而且，建筑节能工作不同于“载人飞船”或三峡工程这样一项重大工程，而是一项涉及全社会方方面面，与工程技术、文化理念、生活方式、社会公平等多方面问题密切相关的全社会行动，其对全社会介入的程度很类似于一场新的人民战争。因此，江亿院士带领系里的多位老师、学生开展了建筑节能低碳的国情研究工作，从基础数据调研分析、宏观分析模型、示范楼技术应用等多方面，对我国建筑节能工作开展了全面、深入、长期的研究。

（1）清华大学节能楼

2002 年开始建立的清华大学节能楼，是“基础研究＋技术应用＋产业推动”的成功结合范例。清华大学节能楼是 2002 年北京市科委重点项目科研项目《新建建筑能耗评估体系与超低能耗示范建筑的建立与实践研究》的研究子任务，作为 2008 年奥运建筑的“前期示范工程”，旨在通过其体现奥运建筑的“高科技”、“绿色”、“人性化”。同时，节能楼也是国家“十五”科技攻关项目《绿色建筑关键技术研究》课题的技术集成平台。楼内集成了近百项建筑节能和绿色建筑相关的最新技术，包括建筑物理环境控制与设施（声、光、热、空气质量等）、建筑材料与构造（窗、遮阳、屋顶、建筑节点、钢结构等）、建筑环境控制系统（高效能源系统、新的供暖通风和空调方式及设备开发等）、建筑智能化系统，国内外近 50 家单位捐赠了产品，有近十项产品和技术为国内首次采用，是我国首个综合了示范、展示、试验功能的绿色建筑，集中展示了近百项国内外最先进的建筑节能技术产品，是我国首个以真实建筑物搭建的建筑节能技术试验平台。

在江亿院士的牵头下，由建环、建筑学、建筑物理学科的一批老师和在校研究生组成的项目小组历时 3 年完成了节能楼的建设。期间建设者付出了辛勤的劳动，大楼的竣工得益于清华大学建筑技术科学系的集体智慧，更得益于相关科研合作单位和一大批有志于建筑节能事业的合作企业，参加者抱着奉献的目标共同见证了国内首个示范性超低能耗建筑的落成。时任建筑学院院长秦佑国、党委书记左川调动了一批教师予以支持，安排了栗德祥和周正楠（建筑）、詹庆璇（照明）、王余生、王丽娜和鲍朝明（建筑部品），时任清华建筑设计院院长庄惟敏安排候建群（结构）、刘建华（机电）全程参与

了节能楼的方案研究、图纸设计和产品厂家协调。节能楼同时还得到清华同方陆致成（弱电系统）、北京市可持续发展促进中心滕树龙和邢永杰（科研管理），中国建筑科学研究院林海燕和刘月莉（围护结构）、清华环境系胡洪营（人工湿地）、北京农业大学李树华（种植屋面）等多位清华校友和行业专家的专项技术指导和协助。

由于没有工程建设经费、图纸变动大、工期超长，节能楼是典型的"三边"工程，学校基建处的老师灵活处置，由江亿院士的博士生薛志峰主导了工程的全过程，江亿院士的博士生薛志峰、曾剑龙和姜子炎组建了"清华大学超低能耗示范楼建设项目办公室"，承担了大量组织协调和现场管理的工作。暖通专业的多位教师，张寅平（相变地板）、石文星（高效冷机）、付林（燃气发电和烟气余热利用）、李晓锋和赵彬（通风系统）、李震和刘晓华（溶液除湿）、魏庆芃（辐射吊顶）和他们的研究生，都主动承担了与各自研究方向有关的技术深化和建设协助。

节能楼是一个"软题硬做"的科研项目，是一个各专业协同、跨学科合作、多单位共建的工程项目，是在江亿院士一直秉持的"要解决行业实际问题"思想下，将"不可能变为可能"的一件事。

节能楼自落成起即对公众开放参观，先后接待来自国内外各界人士上万人次，除了作为建筑节能研究平台、先进技术的实验平台之外，还成为校内外建筑节能理念的传播平台、前沿研究的交流平台。

（2）清华大学建筑节能学术周

2005 年 3 月 25 日节能楼落成典礼当天，"清华大学建筑节能研究中心"挂牌成立，与此同时，"首届清华大学建筑节能学术周"开幕。截至 2022 年，以节能楼为硬件载体的"节能周"活动已连续成功举办 18 届，成为行业的年度盛事。

自 2005 年首次举办以来，学术周在国内外学术界和各级政府及建筑节能领域同仁的大力支持下，得到持续发展，成为国内外学术界、企业界和各级政府在建筑节能领域沟通信息、交流经验的平台，为传播建筑节能科学理念、促进建筑节能事业的发展起到重要推动作用。

十八届建筑节能学术周活动的主题和主要事件如下：

1）2005：清华大学建筑节能示范楼建成、相关技术展示，国家"十五"计划建筑节能关键技术进展汇报；

2）2006：建筑设计中计算机模拟辅助设计优化，清华－UPENN 建筑模拟与节能研究中心成立；

3）2007：提倡节约型人居环境、实现中国特色建筑节能，建筑能耗数据国际研讨会，首次发布《中国建筑节能年度发展研究报告 2007》；

4）2008：中外建筑能耗数据对比与大型公建节能，中国建筑能耗情景分析国际研讨会，发布《中国建筑节能年度发展研究报告 2008》；

5）2009：提出建筑节能用数据说话的理念，从定额出发的公共建筑节能全过程管理，集中供热系统的节能技术最新进展，以及村镇建筑节能和能源发展技术研讨，并发布《中国建筑节能年度发展研究报告 2009》；

6）2010：从全球化背景下，对我国建筑节能的现状、发展和不同道路开展讨论，

并发布《中国建筑节能年度发展研究报告 2010（公共建筑节能专题）》;

7）2011：我国北方城镇供暖的最近技术进展，国家“十一五”项目建筑节能关键技术结题汇报，发布《中国建筑节能年度发展研究报告 2011（北方城镇供热节能专题）》;

8）2012：新型城镇化下的农村住宅节能，发布《中国建筑节能年度发展研究报告 2012（农村住宅节能专题）》;

9）2013：长江流域住宅供暖与空调，发布《中国建筑节能年度发展研究报告 2013（城镇住宅节能专题）》;

10）2014：公共建筑节能，发布《中国建筑节能年度发展研究报告 2014（公共建筑节能专题）》;

11）2015：北方城镇建筑供暖节能减排，发布《中国建筑节能年度发展研究报告 2015（北方城镇供暖节能专题）》;

12）2016：聚焦全面“治霾”形势下的农村能源问题，发布《中国建筑节能年度发展研究报告 2016（农村住宅节能专题）》;

13）2017：城镇居住建筑节能以及清洁取暖，发布《中国建筑节能年度发展研究报告 2017（城镇住宅节能专题）》;

14）2018：公共建筑节能，发布《中国建筑节能年度发展研究报告 2018（公共建筑节能专题）》;

15）2019：未来城市低碳能源与清洁取暖，发布《中国建筑节能年度发展研究报告 2019（北方城镇供暖节能专题）》;

16）2020：继往开来的农村能源环境与可持续发展，发布《中国建筑节能年度发展研究报告 2020（农村住宅专题）》。

17）2021：中国建筑领域实现碳中和的路径与低碳城镇住宅发展，发布《中国建筑节能年度发展研究报告 2021（城镇住宅专题）》。

18）2022：中国城乡能源系统实现碳中和的路径，公共建筑节能 - 工程实践助力实现“双碳”目标，发布《中国建筑节能年度发展研究报告 2022（公共建筑专题）》。

（3）中国建筑节能年度发展研究报告系列

2005 年起，基于“清华大学建筑节能研究中心”平台，课题组逐渐开始开展建筑节能的国情战略研究。

1）中外建筑能耗基础数据

为了对国内外的建筑能源消耗状况有清晰的了解和认识，1997 年起江亿老师开始带动系里的老师学生利用暑期实习等项目开始开展建筑能耗数据采集、建筑实际运行状况的分析，并逐步建立起全国规模最大、内容最丰富的建筑能耗数据库。这一工作延续至“十二五”期间，中心承担科技部科技支撑计划重点项目“建筑节能支撑体系研究”（入校 1132 万元），开展对全国不同地区、不同类型建筑的调研实测与数据采集分析工作，内容包括建筑的使用模式、建筑用能、建筑服务水平、使用者对建筑环境评价、建筑及系统基本情况。基于大量实测、调研、案例数据，江亿院士在世界学术界率先提出建筑的使用者的行为模式对建筑实际用能有重大影响，提出“实现中国特色的建筑节能”新模式。

为详细了解各国建筑能耗差异的根本原因，国情研究课题组自 2007 年至今，开展了全球建筑能耗状况调研与测试，并组织魏庆芃老师、夏建军老师及常良、王闯、肖贺等研究生赴美国宾夕法尼亚大学校园近 20 座校园建筑、香港太古地产所管理的 10 余座大型商业建筑进行详细的节能诊断、优化运行、改造。该研究是认识我国建筑能耗水平高低，探究建筑能耗差异原因，设计建筑节能路径的重要依据。为进行各国的建筑能耗数据横向比较，研究差异的原因，建立了全球建筑能耗数据的分析平台，主持了 ISO TC163 和 TC205 联合负责的标准《建筑能耗数据的表述方式》的制定，以及 IEA① ECBCS Annex 53 项目“全球建筑能耗数据研究”。通过与国际能源署（IEA）、劳伦斯伯克利国家实验室（LBNL）②、国际应用系统分析研究所（IIASA）③和发展改革委能源研究所等国内外能源研究机构的共同合作，将中国建筑用能与发达国家进行比较，深入挖掘我国在能耗、用能方式和宏观建筑节能路线上与发达国家的差异，为进一步厘清我国建筑节能的关键问题和基本理念提供数据和理论支撑。

2）中国建筑能耗和排放宏观模型

为了全面、定量分析我国建筑能耗的现状和发展趋势，自 2005 年起，江亿老师带领博士生杨秀、硕士研究生张声远建立了中国建筑能耗模型（China Building Energy Model，CBEM），首次对中国建筑能耗进行了定量建模分析。2010 年起，博士生彭琛、硕士研究生胡姗、博士生郭偲悦进一步优化了模型框架，并于 2013 年开始与国际能源署开展针对中国建筑领域的模型交流与数据共享，修正了国际能源署对于中国建筑规模和能耗强度的误解。2017 年起，对于建筑节能工作的关注由节能转向低碳，博士生胡姗、郭偲悦、张洋等进一步将模型边界由建筑运行能耗拓展至建筑建造能耗，将模型产出由能耗拓展至碳排放，系统形成了 Bottom-up④ 和 Top-down⑤ 相结合、能源统计和工程物理方法相结合的中国建筑能源与排放综合分析模型 CBEEM（China Building Energy and Emission Model，CBEEM）。

3）正确的建筑节能理念和途径的推广

基于中外建筑能耗数据库、中国建筑能耗和排放的模型工具和理论研究为基础，江亿院士带领国情研究课题组开展了大量建筑节能国情战略研究，指明了我国建筑节能和低碳工作的基本思路、评价方法、技术路线与政策机制。

2005 年起，我国建筑节能工作如火如荼地开展，但同时也出现了一些“节能建筑”不节能的现象。2011 年，江亿院士在第七届“国际绿色建筑与建筑节能大会”上做了题为“什么是建筑节能”的主旨报告，强调“建筑技术是否节能取决于具体的场合和具体的使用模式，应采用实际的建筑需求模式作为模拟分析和建筑评价的依据”。该报告澄清了“建筑节能”一词的基本概念，引导了我国建筑节能工作科学有效发展。自此以后，研究不断深入，系统提出“以能耗数据为导向”的中国建筑节能的根本思路。此研

① International Energy Agency，国际能源署。

② Lawrence Berkeley National Laboratory.

③ International Institute for Applied Systems Analysis.

④ 自下而上。

⑤ 自上而下。

究落实在住房和城乡建设部2016年发布的《民用建筑能耗标准》GB/T 51161—2016中，直接推动了我国建筑节能思路的转变与落实。对正确的建筑节能理念和途径的研究，为我国建筑节能工作建立了基础认识、确立了工作方向。

2005年起，江亿院士开始开展基于总量和强度双控思路下和中国建筑节能战略研究，江亿院士带领教师魏庆芃，研究生杨秀、张伟荣、郭非、曾剑龙等开展建筑节能国情研究，陆续通过中国工程院“建设资源节约型社会战略研究”重大咨询课题子项目等一系列咨询课题，为政府制定建筑节能规划、战略和相关政策提供决策支持。2012年起，江亿院士承担工程院咨询项目“中国建筑节能的技术路线图”，设计了政策机制体系和中国建筑能耗总量目标和中国建筑节能技术路线图。其结果得到了国家发展改革委、能源局、能源研究所、气候变化专家委员会的认可并被广泛引用，用于制订国家能源发展和应对气候变化战略，用作住房和城乡建设部指导建筑节能工作的重要参考。而且该研究结果对新兴经济体国家的建筑节能工作也具有重要参考价值。

2020年，国家提出“双碳”战略，这对我国建筑领域的节能减碳工作提出了更高的要求。江亿院士带领国情研究团队，基于CBEEM开展建筑领域的碳排放趋势分析和关键技术、政策障碍，从系统、全局、中长期角度分析双碳路径与技术选择，提出中国建筑领域实现碳达峰、碳中和的关键技术。完成课题包括中国工程院“建筑领域碳达峰、碳中和路径”研究、UNDP①/住房和城乡建设部“建筑领域实现双碳目标的路线图”研究、美国环境保护协会“中国实现2035美丽中国目标和双碳目标的协同路径”研究、美国能源基金会“中国建筑领域实现双碳目标的技术路线”研究。研究成果包括组织碳中和重大关键技术的政策建议递交，向智库中心递交9篇政策建议，国务院印发的《2030年前碳达峰行动方案》中首次提出建设“光储直柔”建筑，强调加快工业余热供暖、核能供暖示范。住房和城乡建设部采纳研究成果应用于建筑领域“碳达峰”“碳中和”相关工作中。

4）中国建筑节能年度发展研究报告

基于以上研究成果，自2007年起，清华大学建筑节能研究中心每年出版一本《中国建筑节能年度发展研究报告》系列报告。2007—2009年的年度报告，针对我国建筑用能的南北差异和城乡差异，将我国建筑领域用能分为公共建筑、城镇住宅建筑、农村住宅建筑、北方城镇供暖四个用能分项，进行了全面的现状分析，并讨论其相应的节能路径。随着研究工作的不断开展，自2010年起，年度报告每年专注于四个用能分项中的一项，深入探讨其能耗特点、节能理念、关键技术和政策机制。自2010年起，每四年轮换一次主题，这一机制延续至今，迄今已连续发布16本报告，每个主题轮换了三次。该报告每年在“清华大学建筑节能学术周”活动上发布，已成为我国建筑节能低碳领域影响最大的学术和政策研究报告。该报告报送至住房和城乡建设部支撑了建筑碳达峰碳中和的政策编制工作，也报送至中国节能协会、中国建筑节能协会、中国制冷学会等本领域一级学会协会，影响行业发展规划和政策编制。研究成果被国际能源署的《全球能源展望》、中国工程院报告《能源中长期发展战略研究》和《生态文明与能源革命》、

① United Nations Development Programme，联合国开发计划署。

中国政府发布的《中国应对气候变化的政策与行动（白皮书）》等多篇国内外重要文献和政府文件所引用，于 2015 年获得国家能源局软科学研究成果二等奖。从 2016 年起，清华大学建筑节能研究中心开始编写英文版本年度报告《China Building Energy Use and Carbon Emission Yearbook》，并在“清华大学 – 国际能源署”建筑碳中和联合研讨会等国际研讨会上正式发布，逐渐成为全球建筑节能减排领域了解中国建筑节能减排工作进展的重要参考。

2. 集中供热节能实践

（1）集中供热节能政策机制研究

北方集中供热是建筑运行能耗的重要组成部分，集中供热系统的节能减排是实现“碳达峰、碳中和”目标的重要工作，也是实现北方地区“清洁供暖”的关键任务。通过大量的学术研究和工程经验累积，北方集中供热系统如何实现低碳与清洁化在技术上已经具备较为成熟的基础，但包括供热计量收费、用户热价、保障和促进热源高效利用以及供热补贴政策等在内存在诸多问题，都体现出目前集中供热政策机制的问题现状与突出矛盾。

2021 年，夏建军课题组博士生罗奥通过大量的问卷调研和户表数据测试，揭示了集中供热用户热特性，并在此基础上，提出了“分栋计量，按户分摊”的用户供热计量收费方法，通过数年大范围的信息收集和统计，对北方供热企业能耗和成本的特征分布进行了完整的描述，并以此为基础建立了科学的“基础热价＋计量热价”两部制热价制定方法，提出了促进降低回水温度的计价机制和调峰热价机制，通过机制的应用可以实现热源效率提升，促进集中供热热源低碳清洁化发展，总结并提出“X ＋ 1 ＋ X”的供热市场运作模式，清晰界定模式中热源厂、热网、用户的市场化运作机制以及政府对公共物品供给的职责，为供热价格改革乃至供热体制改革提供了重要的理论基础。

基于上述研究成果给出如下政策建议：分栋计量的收费价格制定方法按照两部制热价的制定思路，推广热源与热网公司的热量结算方式按照协议温度的计价方式进行，取消所有形式的对于热力公司的补贴，将以往的补贴额度按比例成立建筑节能专项基金，推广以社区居委会自治的供热管理模式，制定小区中各楼栋内用户的栋表热费分摊方法，制定停热费收取办法。

（2）中国清洁供热 2025 新模式

我国北方地区城镇供热的主要方式是以燃煤锅炉和热电厂为热源的集中供热，在供热热源结构中占比高达近 80%。随着大气污染治理的加强，尤其是“双碳”战略的实施，城区燃煤锅炉和小型电厂等热源面临关停，清洁低碳热源短缺问题突出。自 2008 年课题组先后提出基于吸收式换热的热电联产供热技术、基于全热回收的天然气高效清洁供热技术、基于高低温储热罐的热电协同技术。上述技术已在太原、石家庄、银川等多地实现整体供热模式的应用。

基于以上技术创新和工程实践，考虑中国北方各城镇都有较为完善热网基础设施的国情特点，提出了与国外不同的低碳供热发展模式——“中国清洁供热 2025 新模式”。相关成果 Low carbon district heating in China in 2025- a district heating mode with low grade waste heat as heat source2025 发表在 *Energy* 期刊上。

该模式具有五个特征：① 低热网回水温度：采用三级热网逐级降低热网回水温度，

为低品位热源的接入创造条件，② 低品位余热利用：采用多级串联梯级加热方式，深度回收电厂乏汽、烟气余热和其他工业的低品位余热，③ 长输供热：采用大温差、大管径以及多级泵等技术，保障 200～300km 长输和大规模利用余热的供热经济性，④ 热电协同：由热电联产、热泵以及蓄热工艺相结合，与纯凝电厂相比，电力调峰幅度更大、更加灵活，为可再生能源发电上网创造条件，⑤ 燃气末端调峰：结合季节性储气，天然气在热网末端为供热调峰，保障供热系统的稳定与安全，并与热泵相结合，兼顾降低热网回水温度。

该模式围绕低碳、低成本目标，可实现能耗比锅炉下降 90%，污染和碳排放比天然气低 90%，成本与燃煤锅炉相当的效果。近几年迅速带动济南、呼和浩特、西安、乌鲁木齐、青岛、大同及晋城等多个城市启动了以低品位余热为热源的供热模式应用或论证，涉及供热面积总计 11.2 亿 m^2。2019 年 9 月国际能源署 IEA-DHC 执行委员会评价中国清洁供热 2025 模式“为全世界提供了可行的清洁供热模式参考。”中国城镇供热协会技术委员会 2019 年 12 月召开“中国清洁供热 2025”专题研讨会，100 多位与会专家评价“为我国北方地区城镇清洁供热提供了一套整体解决方案，为未来中国城镇供热发展指出了方向。”

3. 建筑节能实践

（1）大型公共建筑和商业综合体节能

2005 年以来，公共建筑节能方面的研究得到科技部、北京市科委等大力支持，清华大学建筑环境专业在这一方向的研究和实践进入了一个新的阶段，研究条件得到进一步完善，逐步开展了对国家机关办公建筑、国内大型公共建筑、美国宾夕法尼亚大学校园建筑、日本东京晴海地区商业综合体建筑的节能诊断，在科学研究、工程服务与实践教学工作方面，取得了长足的进步。

2005 年国家发展改革委根据《节能中长期专项规划》，决定实施“十大重点节能工程”，清华大学与国务院机关事务管理局深度合作，开展其中的“政府机构节能工程”。2005 年 6—8 月由江亿牵头，动员在职教师、在读硕博研究生和本科生建环 2 班超过 60 人，分为 7 个小组，在北京最闷热潮湿的夏季，同时对七所在京中央国家机关开展节能诊断工作，包括中南海、人民大会堂、中国人民银行、国家广电总局、民政部、卫生部、国资委安定门办公大楼等在京国家机关办公建筑。并在中联部办公大楼、国家发展改革委办公楼、民政部大楼中通过节能改造和系统调适，半年时间实现超过 46 万度电的实际节能量。通过此次深入节能诊断分析，找准设计、施工、运营、管理等各方面薄弱环节，发掘大量节能潜力，提出实现中央国家机关办公建筑节能工作行动计划，成果报送国务院和中共中央办公厅、国务院办公厅，获得时任国务院副总理曾培炎同志和国务院秘书长马凯同志的肯定。

2006—2007 年，江亿、魏庆芃、王鑫等在北京市科委的支持下，率先建成包括 50 余座公共建筑在内的公共建筑能耗监测体系，2008 年将美国、中国香港各 2 座建筑的能耗数据接入，实现在线分析。

2008 年 8 月 1 日，由温家宝总理签署的国务院 530 号令、531 号令，先后颁布《民用建筑节能条例》和《公共机构节能条例》，将各类公共建筑节能的要求以法律条文形式颁布实施，清华大学建筑环境专业江亿、魏庆芃、狄洪发、朱颖心、林波荣等，以及清华大学建环专业校友龙惟定、徐伟等都深入参与上述法律法规的制定工作。

2007—2010 年期间，江亿、魏庆芃、夏建军等带领常良、张永宁、韩铮、常晟、肖贺等多名研究生以及上海市建筑科学研究院、深圳市建筑科学研究院等合作机构的研究人员，对美国宾夕法尼亚大学 132 万 m^2 校园集中供热供冷系统以及沃顿商学院等多个建筑进行节能诊断、调适和控制优化工作，取得巨大节能量的同时，深入了解以美国为代表的西方国家空调系统和公共建筑节能发展理念与实际能耗能效等现状，打破西方神话、坚定中国建筑节能与室内环境营造应按“数据说话、实事求是、天人合一”的理念来推动。

2007 年夏季，清华大学建筑环境专业挑选运行实习中表现突出的常晟、肖贺、刘阿祺等本科三年级同学，由魏庆芃带队对当时由香港太古地产投资建设运营的大型商业综合体又一城进行详细的节能诊断分析，发掘空调系统节能潜力超过 300 万度电 / 年，并于 2008 年 3 月签订清华大学 - 太古地产公共建筑节能运行研究基金等，持续获得太古地产研究经费支持开展公共建筑节能运行优化研究。到 2010 年，香港又一城年运行电耗从 3450 万 kWh 降低至 2513 万 kWh，并获得 CIBSE（英国建筑设备工程师学会）年度低碳运行大奖。期间成果还应用到太古地产香港及内地多个项目中，使得清华建环在公共建筑节能领域研究深度和影响力在整个亚太地区得到扩展。

2010 年，清华大学建筑环境专业派出魏庆芃、王福林、刘晓华及博士生王鑫等赴日本东京，对晴海地区 43 万 m^2 集中供冷供热系统及特里顿广场商业综合体开展现场调研和诊断分析，在日本集中供冷供热系统效率排名前三、高效率运行十年的系统基础上，又发掘 10% 的系统能效提升空间，受到日本学术界和业界的高度认可。

2012—2016 年，江亿、魏庆芃、夏建军等教师深入参与了国家标准《民用建筑能耗标准》GB/T 51161—2016 的制定工作，这是我国建筑节能领域非常重要的一部标准，提出不同气候区办公、酒店、商场等不同类型公共建筑以及 A 类和 B 类等不同类型公共建筑室内环境营造方式下的能耗约束值和引导值、明确以实际运行能耗作为衡量建筑节能成果的主要标准，持续推动我国建筑节能工作沿着正确的方向发展。

2010 年、2014 年、2018 年和 2022 年，江亿、魏庆芃、刘晓华、张涛、邓杰文、肖贺等作为主要召集人和编写者，先后四次以公共建筑节能为主题出版中国建筑节能年度发展研究的系列报告，辨析各种公共建筑节能理念和技术，发掘最佳实践案例，用具体做法和实际数据传播公共建筑节能的好声音、好故事。

2012 年，学校成立清华大学 – 太古地产建筑节能与可持续发展联合研究中心，持续推动各类商业综合体、星级酒店、高标准商业办公建筑等节能至今，成为清华大学与企业长期合作典范之一。清华建环还辐射带动华润置地、大悦城控股、万科、平安不动产等一批商业地产企业加大对公共建筑节能的投入，其中魏庆芃等在 2012 年总结广州太古汇项目经验提出公共建筑及空调系统需要在调试基础上增加“调适”环节，2013 年在太古地产大连项目（后因各种原因未实施）、成都大悦城项目中提出新建公共建筑应以运行能耗和能效为目标、实施涵盖设计、施工、调适、运维的“节能全过程管理”理念，在全国多个商业地产实际工程项目中落实落地、建筑投入使用后能达到最初设定的能耗能效目标，推动了公共建筑节能扎实稳健发展。

2020 年以来，克服新冠疫情影响，清华大学建环专业在江亿院士带领下，为实现城乡建设领域“碳达峰”“碳中和”又开始新的征程。其中在公共建筑节能领域，2020 年 4 月，魏庆芃等与青岛能源集团合作，率先提出要将青岛奥帆中心建成“零碳社区”，目标是通过三年时间，将 22 万 m^2、10 座公共建筑组成的奥帆中心社区运行能源消耗导致碳排放，从 62.5kgCO_2/（m^2 · a）降低至 25.0kgCO_2/（m^2 · a）以下，再用 3 年时间降低至 5.0kgCO_2/（m^2 · a）以下。

2021 年，在江亿的指导下，魏庆芃、刘晓华、宋晔皓等共同推动西宁机场三期建设、长沙机场三期建设、太原机场三期建设、郑州机场三期建设等工程以“零碳机场”为目标进行设计，并与山西太原航空产业集团签订合作协议，共同研究建设包括机场航站楼用能、场内地面车辆用能、工作区用能等在内的“零碳运行机场”。

总之，闯出既有公共建筑“存量”和新建公共建筑“增量”在超高制冷空调能效、超低运行能耗、超低经济投入成本下，实现最大幅度节能、降耗、减碳、降费的创新之路，这也是清华建环在未来一段时间内的主要发展方向。

（2）航站楼建筑节能

机场航站楼类的高大空间建筑热源众多、热环境营造过程复杂，传统全空气射流方式通过全空间、半空间营造来实现热环境控制，系统能耗高、末端风机能耗甚至超过制冷机组能耗，构建高效适宜的大空间热环境营造系统、降低其能耗亟需理论分析方法指导。

2008 年开始，江亿、刘晓华与中国建筑西北设计研究院团队合作探索机场航站楼高大空间建筑的高效热环境营造，采用辐射地板的温湿度独立控制系统并在 2012 年应用于西安咸阳国际机场 T3 航站楼。2014 年开始，全面调研我国各类典型交通场站的运行情况，建立了能耗数据库和能耗评价指标体系，为评价分析各类交通场站建筑实际能耗状况提供了重要指导。在此期间，同步开展了实际交通场站建筑运行性能测试，厘清了渗透风等能耗关键影响因素，开展交通建筑客流变化规律与人员分布特征研究，揭示了人员分布密度、人员停留时间、总人数等特征参数及变化规律，为交通建筑空调系统合理设计、运行提供了重要基础数据。

江亿、刘晓华指导博士生张涛、张伦、赵康、刘效辰等建立了从系统损失（或耗散）视角分析该营造过程的全新方法，深入刻画了大空间中多热源的温度品位、热流量特点，揭示了该营造过程从源到汇的基本特征，并将系统各环节损失有效区分、建立起从损失成因出发来改善系统性能的分析方法。由此针对大空间建筑中辐射末端这一高效末端方式深入揭示了其热量采集特征、品位传递特征及降低耗散机理，2019 年出版学术著作《辐射供冷》，为合理分析末端方式、构建适宜系统提供了有效技术途径。以高效末端方式为基础，提出了基于辐射末端的大空间建筑高效热环境营造系统方案，大幅降低了营造过程损失和品位需求，与传统射流送风方式相比大幅降低循环风量和风机能耗，形成了对大空间建筑热环境营造过程的全局分析，探索出降低这一过程耗散、构建高效热湿环境营造系统的有效途径。

以上述理论为指导，面向北京冬奥冰上场馆大空间热环境营造重大需求，刘晓华、张涛指导博士生李凌杉、蔺文钰进行国家游泳中心“冰立方”、国家速滑馆“冰丝带”

等标志性冬奥场馆热环境营造方案及系统构建研究。从减少营造过程损失出发，针对冰壶（环境要求最严苛冰上运动）比赛的严苛要求，刘晓华等创新性提出“冰立方”热环境分区营造方案，使需求深度除湿风量由传统全空间约 22 万 m^3/h 降至分区仅约 4 万 m^3/h，降幅超过 80%，提出冰壶运动空气露点控制范围，突破现有国际标准局限性，变传统经验式要求为科学定量参数划分，以此为基础起草制定我国标准。

在此研究方向上获得清华大学优秀博士论文的有：江亿、刘晓华指导的刘效辰博士生、刘晓华指导的李凌杉博士生。基于辐射地板的高大空间分层空调系统应用于西安咸阳国际机场 T3 航站楼（中国建筑西北设计研究院，2008—2013 年）、青岛胶东国际机场（中国建筑西南设计研究院，2017—2021 年）等。相关成果荣获 2014 年中国制冷学会科技进步一等奖、2022 年四川省优秀勘察设计一等奖等。

（3）高铁客站建筑节能

2008 年 11 月，国家对《中长期铁路网规划》做了新的调整，铁路正处于大规模建设时期。而铁路客站建筑的高空间、大跨度、多出入口和人流变化大等因素，给铁路客站建筑综合节能技术带来了很大挑战。在确保建筑品质的基础上，进一步降低建筑能耗是一个非常重要问题，需要引起足够的重视。

2008 年至 2011 年，江亿指导博士生彭琛等人详细调研分析了铁路客站室内环境现状、客流特点、运营能耗等。从铁路客站围护结构性能、自然采光、无组织渗风、用能等方面进行了深入严谨的专题研究，分析了当前铁路客站在节能设计和运营方面存在的薄弱环节，归纳了先进做法。此外，研究结合模拟手段，重点分析了不同气候区，大中型铁路客站节能综合技术，包括围护结构性能节能优化参数，铁路客站自然采光优化设计，无组织渗风节能控制方案等几个主要方面。根据铁路客站调研及综合研究成果，研究团队从铁路客站节能设计原理，围护结构、无组织渗风与自然通风、自然采光与遮阳等方面，指明了设计需注重的问题和提供了节能设计的参照依据，使得节能综合技术研究成果能够更加有效地全面深入推广。按照铁路客站节能综合设计研究得到各项技术标准及措施推行实施，可实现全国各个气候区大中型铁路客站每年节省运行能耗 12%。“十二五”期间待建铁路客站每年可节省电费 3634 万元。研究中“严寒地区不建设空调系统”的建议可为我国铁路建设节省约 9.5 亿元建设成本。

研究团队依据这项研究成果，编制了《铁路客站建筑节能设计指南》《铁路客站建筑节能设计指南参考图集》，提出相关设计参数，对我国颁布实施《公共建筑节能设计标准》GB 50189—2005 进行发展和补充，进一步提高铁路客站节能设计质量和设计效率，统一铁路客站建设的节能标准，可靠、经济地降低铁路客站总体的能耗，推动了铁路客站运营的节能减排。

（4）地铁车站建筑节能

近年来，城市轨道交通系统发展迅速。截至 2021 年年底，中国大陆已有 40 座城市开通地铁系统，运营总长达 7209.7km，占城市轨道交通总线路的 78.3%，另有在建线路约 4800km。我国地铁建设速度快、能耗巨大，且地铁内部空间大，存在网络结构复杂、活塞风运动剧烈、准确模拟难度大的难题，研究其建筑环境控制及环控系统节能意义重大。

在地铁运行节能方面，自 2000—2007 年，朱颖心先后指导硕士生江泳、奚峰、王俊宏、刘垚等人对地铁环控系统全年节能运行调节开展了研究。基于乘客对地铁热环境的需求，给出了利用 RWI 及 HDR 指标计算全年地铁车站允许温度范围的方法，解决了过渡季和冬季车站无控制温度的问题，研究确定地铁环控系统更适于采用变频变风量方式运行，并提出了地铁车站环控系统模式控制与在线反馈控制相结合的全年运行控制方法。研究成果先后用于指导德黑兰地铁环境控制软件 EnCs 的改进以及南京地铁 1 号线 BAS 系统的在线调试与优化，为国内其他地铁 BAS 的系统设计与控制运行提供了参考借鉴，取得了良好的社会效益与经济效益。

在地铁防火排烟方面，自 2004—2007 年，朱颖心、李晓锋指导研究生欧阳沁、邓伟开展了对火灾条件下地下隧道烟气传播的场网耦合模拟及通风控制的研究，建立了符合地铁特点的火灾传播模型，并开发了地铁隧道应急通风场网耦合模拟软件 TNFIRE3。基于以上成果，完成了国家科技攻关计划课题“地铁灾害虚拟现实 VR& 北京地铁控制中心 OCC 防灾决策系统”，并对天津地铁枢纽站、伊朗地铁 1 号线北延线进行了火灾排烟设计。

在地铁环控系统形式方面，江亿在 2001 年参加北京香山饭店举行的北京市新建地铁项目审查会上提出，地铁车站空调应采用直接蒸发方式，取消冷水循环系统，从而提高蒸发温度、节省冷水系统能耗。2007 年在北京市科委支持下，由北京厂桥空调机厂制造了第一套地铁专用螺杆直接蒸发式空调机组，用于北京地铁 9 号线六里桥站，经过一年运行取得良好的节能效果，空调能耗降低 30% 以上。2011 年，在珠海格力召开第一届全国轨道交通节能学术会议上，江亿提出地铁车站节能的“大小分开、直接蒸发、取消新风、出入口进风”的地铁车站环境控制新思路。太原地铁于 2020 年率先建成了全面采用这一理念的示范站，大幅简化了地铁车站环控系统，实现了节省地下空间、显著降低初投资和运行能耗的预期效果，并在北京地铁等新建地铁线路中进行推广。

在地铁车站和隧道热环境、风环境等方面，2006—2009 年，朱颖心指导硕士生李俊对各种站台门制式的地铁车站热环境开展了大量现场测试，总结出实际运行中存在的主要问题，并改进了现有空调负荷计算方法。2015—2018 年，李晓锋指导硕士生王莹开展了屏蔽门地铁车站的渗透风测试方法及动态模拟方法研究，提出了屏蔽门的气密性现场检测方法，建立了阻力系数可逐时变化的通风网络模型，实现了可考虑屏蔽门开关状态的地铁网络通风模拟，给出了屏蔽门渗风量的影响因素及变化规律。2017—2022 年，李晓锋指导博士生张越开展了不同气候区大量地铁隧道热环境的长期监测工作，结合理论分析和模拟研究给出了地铁隧道温度长期变化的预测方法，为列车空调安全运行提供了理论依据，并给出了轨排风机的优化运行策略，可大大降低了其实际运行能耗。

在地铁车站能耗指标方面，2012 年由清华大学主持，联合北京、上海、广州和深圳地铁公司共同承担中国工程院的咨询课题“地铁车站能耗现状和节能途径”。江亿指导博士生杨乐组织开展了调研和测试工作，指出了决定地铁车站能耗的主要因素，给出了通风、空调、照明等系统降低能耗的主要措施。2018—2022 年，在“十三五”课题“地铁车站建筑节能营造技术体系及工程示范”的支持下，李晓锋指导博士生苏子怡、硕士生王怡臻等调研了北京、南京、广州等 10 个城市地铁车站的运行数据，总结了各气候区、各类型车站的用能及运行现状，研究建立了地铁车站分项能耗原理模型，并通过敏感性分析减少了 80% 以上的模型输入参数，使其实际工程应用成为可能。基于以上研究工作，最终建立了中国各气候区地铁车站的合理能耗指标体系，可对节能潜力进行分析，为地铁车站节能运行提供指导，并支持完成了两项团体标准。

在地铁车站空气环境污染与控制方面，2018 年起，李晓锋指导博士生王春旺测试了全国多个地铁站内设备区、站厅区、站台区细颗粒物的浓度及成分，研究了地铁站内细颗粒物的来源及迁移规律，是国内首个针对地铁站中多区域细颗粒物成分污染特征的系统研究。此外，还结合地铁站内工作人员及乘客的暴露特征，建立了一套不同组分细颗粒物人群暴露及健康风险评价方法。并采用了以 Fe 元素为示踪元素的示踪气体法，研究揭示了细颗粒物在地铁车站各空间之间的迁移规律，进而制定了地铁车站空气质量的改善措施。

在地铁车站环控系统全过程节能优化方面，2017 年起，朱颖心主持了“十三五”课题“地下交通建筑节能关键技术研究与设备开发”，联合北京城建设计研究院有限公司和清华同方股份有限公司，对地铁环控系统设计方案、新型高效设备以及全年运行策略进行全面研究，通过现场调研测试、数值模拟分析、关键设备研发、运行控制策略制定等环节，对地铁环控系统进行了全过程的节能优化。该项目取得丰富的研究成果，并且在洛阳、南宁、厦门、郑州等城市的地铁线路中得到应用。

李晓锋课题组对洛阳地铁 1 号线、2 号线环控系统进行了从设计方案到运行调节的全过程节能优化，首次提出并实施完成了基于水冷模块机组的分期实施方案和单端磁悬浮直膨机组空调方案，同时通过精细化设计使设计负荷平均降低 37%，节约机房总面积 1.8 万 m^2。洛阳地铁创新方案的样板站实测冷站能效比 6.78，系统能效比 5.68。课题组还在南宁地铁、厦门地铁进行了类似的全过程节能优化实践，同样获得显著的节能效果。

从 2000—2022 年，研究团队完成了国内 5 个城市、12 条地铁、246 个地铁站的环控系统节能研究，产生了显著的节约初投资和运行费的效果。研究成果应用于城市综合管廊绿色运维研究，获得北京市科学技术进步二等奖（2022），并应用于国家标准《城市轨道交通通风空气调节与供暖设计标准》GB/T 51357—2019 及团体标准《地铁车站通风空调系统节能运行管理及评价技术规范》《公共交通建筑能耗评价标准》的制定。李晓锋指导的硕士生王莹荣获清华大学校级优秀硕士学位论文（2018），博士生张越荣获清华大学校级优秀博士学位论文（2022）。

（5）村镇建筑节能

传统的农村供暖主要依靠散煤和生物质直接燃烧，会释放大量的二氧化碳，还会造成严重的室内外空气污染问题。因此，村镇建筑的清洁用能既关系到“双碳”战略的实施，又关系到农民的身体健康，需要引起高度重视。

2004 年杨旭东指导硕士生郑竺凌开展了农村节能技术研究，重点针对农宅围护结构整体优化研究方向，建立了北京农村农宅围护结构模型，并结合数值模拟的方法，开展多参数、多系统的综合优化模拟，建立了北京农村地区农宅节能优化技术体系，建设了一批示范建筑，实现了农宅节能 65% 以上的技术指标。

2007 年杨旭东指导博士生杨铭率先开展了北方农宅供暖“零煤耗”研究，结合北方农宅的建筑现状和资源条件，建立适用于北方农宅的建筑热指标体系。给出了基于建筑本体节能，依靠太阳能和生物质能源解决供暖问题的技术策略以及典型地区的“零煤耗”农宅的具体实现模式，为农村建筑节能标准制定和建筑节能深入开展奠定了基础。

2008 年杨旭东指导博士生单明开展了农村建筑能耗特征及节能对策研究，重点针对农村用能模式和取暖技术，开展了实地调研、因素分析及技术开发，并结合 LCA 分析评价不同生物质利用技术，提出了“一村一厂”生物质成型燃料代加工模式，建设了生物质应用工程示范，开发了一种兼具降低能源消耗和污染物排放的新型炕连灶系统，该研究弥补了在农村建筑能耗认识上的缺失，为国家制定农村建筑节能政策和其他人员从事相关节能技术研究提供了总的参考和指导。

2009 年杨旭东指导博士生王鹏苏针对我国农村地区传统火炕供热存在的供热不足、炕面温度不均等问题进行了深入的研究，给出了对流炕末端优化设计流程和多个关键参数的确定方法，提出了烟气式对流炕和热水直管埋管式炕柱模块两种解决方案，开发了国内第一款适用于农宅的热水式对流炕供暖末端，并建设了以生物质供暖炉为热源的热水式对流炕供暖示范工程。

2014 年杨旭东指导博士生张双奇针对农村地区丰富的秸秆资源利用问题展开了深入的研究。提出了秸秆消纳潜力指标，并通过全国大规模调研和理论计算，定量计算了秸秆五化利用的消纳潜力，建立了基于实测数据的我国区域尺度秸秆还田 N_2O 和 CH_4 排放的定量计算方法，首次开展了秸秆还田土壤 VOCs 排放的长周期田间实测实验，量化了秸秆还田对农田土壤 VOCs 排放的影响，建立了秸秆还田和成型燃料替代农村散煤的能源环境影响评价模型，并提出了我国秸秆合理消纳建议。

2015 年杨旭东指导博士生邓梦思开展了农村地区生物质固体成型燃料清洁供暖技术研究，提出了户用生物质炉具动态特性测量方法，建立了燃料燃烧速率与污染物排放率之间的动态关系，基于此方法确定了户用生物质清洁炉具在不同送风调节模式下不同火力需求的合理送风参数和操作模式，并评估了户用生物质清洁炉具替代传统炉具的环境经济效益，为户用生物质清洁炉具性能优化和推广应用提供了理论和数据支撑。

研究成果由中央电视台拍摄成专题电视片播出，著名学术期刊 *Nature* 对本成果的影响进行了专门报道，针对农村建筑供暖实际需求，突破传统技术痛点，从用户侧和热源侧两个方面着力，最终探索出了每户总初投资不超过 1 万元、无补贴情况下户均年取暖运行费不超过 1 千元、设备一键式智能化操作、建立一个顶层规划的“四一”模式，从原型概念提出低温空气源热泵热风机经济有效解决农户清洁取暖问题，并组织国内多家企业实现产业化和大规模落地应用。“四一模式”已在河南鹤壁、山东商河得到示范应用，得到广泛认可。截至 2021 年年底，在国内已累计推广相关应用设备超过 200 万台套，应用范围覆盖全国 25 省。完成了包括国家自然科学基金重点项目、科技部“十一五”“十二五”“十三五”重点研发计划等在内的重大项目 / 课题 10 余项，曾获得北京市科学技术奖 2 次、中国节能协会节能减排科技进步一等奖 1 次。

4. 绿色建筑实践

进入 21 世纪以后，我国进入城镇化加速发展阶段，城乡建设速度空前、规模空前，但伴随而来的是严峻的生态环境问题和能源资源问题。而 21 世纪人类共同的主题是可持续发展，对于城市建筑来说亦必须由传统高消耗型发展模式转向高效绿色型发展模式，绿色建筑正是实施这一转变的必由之路，是当今世界建筑发展的必然趋势。科学的绿色建筑评价标准和设计方法对于引导建筑行业的健康发展有重要作用，我研究所在这一领域开展了大量研究工作。

（1）绿色建筑评价

1）绿色建筑评价方法

自 2001 年起，朱颖心指导博士生顾道金采用生命周期评价 *LCA*① 方法率先对我国建筑的环境影响进行量化评价，提出了适用于中国建筑活动特征的建筑环境负荷评价体系 *BELES*②，并应用该体系对各类建造用材的环境负荷进行分析，编制了建筑环境负荷评价软件 BELES。在此基础上，2004 年朱颖心指导博士生谷立静提出了建筑全生命周期环境性能和经济性能综合评价方法，量化分析了 1990—2005 年我国建筑行业的综合环境影响，并对其 2006—2030 年可能的发展趋势进行了情景预测。

2008 年朱颖心指导博士生宋凌采用㶲分析理论和 *LCA* 理念，提出了适用于评价我国可再生能源建筑应用的综合评价指标——单位环境负荷有效产能量 *EEPEL*，通过对太阳能光伏、太阳能热水、土壤源热泵三类系统的评价分析，提出了发展我国可再生能源建筑应用的政策建议。2013 年李晓锋指导硕士生李克琳建立了生活热水系统的全生命周期环境影响评价 *LCA* 方法——*DOHEP*③ 法，对太阳能热水系统的环境友好性进行了研究，并为太阳能热水的住宅推广提供了参考建议。

2012 年，朱颖心指导硕士生裴祖峰对国内绿色办公建筑的建筑能耗和环境品质进行了调研分析，提出了对每个分项的环境品质和能耗综合考虑的运行性能评价指标，建立了评价体系。2014 年李晓锋指导硕士生齐美薇对酒店建筑能源与环境评价方法进行了研究，通过对 46 家酒店开展实地调研与测试，提出了以酒店三大重点用能部门与三大重点用能系统为核心的酒店建筑能源系统性评价模型和基于在线网络评论的酒店室内环境品质分析方法。2014 年李晓锋指导硕士生李灏如通过基本原理分析和大量的测试调研，提出了一套个性化、层次化的大型商业综合体运行能耗评价指标体系，建立了各分项指标的约束性能耗和引导性能耗的计算模型。

2）绿色建筑评价标准

2002 年，江亿主持了科技部科技奥运专项课题“绿色奥运建筑评估体系研究”，针对规划、招标、设计、施工、验收和运行管理的全过程，建立了奥运绿色建筑评分体系（*GOBAS*）④，充分结合中国国情，采用基于 *AHP*⑤ 方法设计我国绿色建筑评估体系，完善了 Q－L 体系理论，有针对性地进行了能源、建材和水等各专项的技术专题研究，开发了绿色建筑评估软件（RaSGB）。研究成果形成了中国第一部公共建筑绿色建筑体系，应用于奥运建设中，并于 2003 年 8 月出版专著《奥运绿色建筑评估》。本专业参加本课题的教师与研究生主要有：江亿、朱颖心、付林、林波荣、欧阳沁、薛志峰、顾道金、刘晓华、陈海波、张野、谢晓娜、杨建荣、石文星、宋凌、谷立静等。

① Life cycle Assessment，生命周期评价。

② Building Environment Load Evaluation System　建筑环境负荷评价体系。

③ Domestic Hot water End Point　生活热水终点环境影响。

④ Green Olympic Building Assessment System　绿色奥运评估体系。

⑤ Analytic Hierachy Process　层次分析法。

相关研究成果奠定了中国绿色建筑的理念和评估方法基础，在 2 部国家标准《绿色建筑评价标准》GB/T 50387—2006 和《环境标志产品技术要求　生态住宅（住区）》HJ/T 351—2007、1 部地方标准《绿色建筑评估标准》GB/T 50378—2019 中得以应用。项目成果在北京、上海、深圳等地 35 个建设项目约 160 万 m^2 建筑的评估工作及 4 个项目的全过程跟踪评估管理工作中得到应用。2005 年，秦佑国、朱颖心、滕树龙、江亿、林波荣、欧阳沁等人的《绿色奥运建筑评估体系》获北京市科学技术一等奖。

2010 年，朱颖心、李晓锋承担了铁道部重大课题“绿色铁路客站标准及评价体系研究”，开展了具有中国特色的绿色铁路客站评价标准研究工作，用于指导和改进今后将要设计或正在设计和施工的客站工程。铁路客站作为铁路的窗口、城市的地标，是推动绿色铁路建设和带动城市绿色发展的重要载体。2003—2010 年建成铁路客站 420 余座，到“十二五”期末我国还建成 650 多座铁路客站，节能减排潜力巨大。本课题首次采用基于全面调查的标准制定方法，采用了组合赋权法确定权重体系，提出了基于等效客站能耗计算模型的节能定量评价方法和平均能耗指标，在建筑节材评价中，完成了一套完整的铁路客站平均用材指标。本标准实践了以性能评价为主的评价方法，代表了绿色建筑评价的发展方向，填补了国内外绿色铁路客站领域评价标准的空白。

相关研究成果获得了中国铁道学会科学技术奖一等奖（2012），并应用于团体标准《绿色铁路客站评价标准》（2014）的制定。应用该标准对客站的设计、施工、运营和改造进行指导，预计“十二五”期间新建客站可节省建安投资 23 亿元，并且因节材减少碳排放约 19 万 t；既有铁路客站和“十二五”期间新建铁路客站可节省运行能源费用 1.5 亿元 /a，并且因节能减少碳排放约 16 万 t/a。

（2）绿色建筑设计

从 2000 年起，在国家科技支撑重点课题、国家自然科学基金重点项目和多项重大工程建设项目的支持下，林波荣、朱颖心、李晓锋、曹彬等人开展了绿色公共建筑环境和节能设计理论方法和技术体系研究，研究了我国公共建筑室内热、光环境与能耗的相互影响机理，提出了气候适应性绿色公共建筑环境营造新途径，研发了定量化性能评价新模型，建立了全生命期性能评价支撑基础数据库 BELES。研究建立了适用于绿色建筑方案设计阶段、以环境与能耗性能为导向的正反向模拟优化的设计方法，开发了相关软件工具，研发了适合超高层建筑、大型商业综合体和交通枢纽建筑在内的系列性能设计优化新方法和新技术。

研究成果“绿色公共建筑环境与节能设计关键技术研究及应用”获国家科技进步二等奖 1 项（2019）、北京市科学技术奖一等奖 1 项（2018）。相关研究还获得了中国铁道学会科学技术奖一等奖 1 项、全国绿色建筑创新奖一等奖 4 项，并应用于《绿色办公建筑评价标准》GB/T 50908—2013、《绿色饭店建筑评价标准》GB/T 51165—2016 等国家标准的制定。成果还应用于北京故宫博物院午门文保展厅设计中，在解决创造高精度恒温恒湿的展厅环境与节省空调能耗的矛盾方面有独到的创新。

具体研究成果介绍如下：

1）方案阶段设计方法

2003—2009 年，朱颖心指导博士生夏春海、硕士生周潇儒提出了建筑热性能指标——热体形系数和综合得热系数，帮助建筑师明确节能设计的重点，研究了围护结构热性能、天然采光和自然通风之间的耦合关系，并提出了适用于方案阶段的近似解耦方法，建立了建筑整体能量需求预测模型，使用遗传算法建立了能自动生成满足建筑方案基本要求的最节能方案生成程序（简称 MEESG①），最终建立了面向方案阶段的建筑节能设计方法体系。

2）自然通风

2001—2011 年，朱颖心、李晓锋先后指导硕士生章宇峰、刘加根、张明瑞、黄河开展自然通风模拟计算及优化设计方法研究。首先为建筑能耗动态模拟软件 DeST 开发了专用通风计算模型 DeST-Vent，实现了热模拟模型与通风模型的耦合计算，研究了全国 5 个气候分区典型城市的公建及住宅节能潜力、进而制定了自然通风设计导则，基于大量的模拟计算结果，归纳总结了北方高层住宅自然通风节能潜力快速评价方法。

2011—2018 年，朱颖心、李晓锋先后指导博士生郑博伦、硕士生齐美薇、施雨晨对自然通风的测试方法开展研究，建立了以干冰或人体作为 CO_2 释放源和以空气中细颗粒物为示踪物质的自然通风量测试方法，并分析了维持室内正压所需最小新风量的影响因素和变化规律，提出了建筑中室内颗粒物浓度的最佳控制策略，并对中国四大城市住宅自然通风量的分布开展了研究，获得了每个城市的新风换气次数分布规律。

3）自然采光

2003—2006 年，朱颖心指导硕士生唐振中使用 CIE 天空模型和光通量输入法建立了建筑百叶系统直射和散射透过模型，对百叶系统的采光性能和遮阳性能分别进行了计算，总结出百叶偏转角度的选择原则，并为百叶分区控制给出控制思路。

4）双层皮幕墙

2003—2015 年，朱颖心、李晓锋先后指导研究生袁圆、林威、曾臻、薛斐、苏子怡开展了新型围护结构的热工性能实验与模拟研究。团队对多种新型围护结构进行了大量现场实测，建立了双层皮玻璃幕墙的分层集总参数模型，给出了六点设计准则：并对典型幕墙进行了能耗模拟，分析了其保温和遮阳性能及在不同气候区域的公共建筑上的适用性，对双层皮玻璃幕墙的通风传热开展模拟研究，提出了改进的 CFD 模拟计算方法，建立了基于 CFD 模拟的自然通风双层皮幕墙逐时得热量的快速计算方法，给出了中国不同气候区双层皮幕墙的结构优化参数。

5）地道风

2000—2015 年，朱颖心指导研究生林波荣、宋凌、欧阳沁、周翔等系统地开展了地道风系统的研究与工程设计实践。团队通过对多个已建成的地道通风系统案例进行实测，获得了关键设计参数，在此基础上建立了考虑管间传热影响的地道通风传热模型，并应用模型对地道长度、埋深、风速、间距和运行方式等变量进行模拟优化，基于上述研究，提出了与建筑室内热湿负荷耦合模拟的设计优化流程，研究成果应用于多个实际工程，包括山东交通学院图书馆、北京大学附属小学教学楼、吉林自然博物馆、天津华侨城欢乐谷等。

① Most Energy-Efficient Building Generator　最节能方案生成程序。

5. 抗击 SARS 疫情

2003 年 4 月 18 日人民大会堂管理局邀请李先庭到大会堂讲解有关防治“非典”期间集中空调系统安全运行的技术措施，李先庭回来后向江亿汇报了这一突出问题。4 月 23 日晚，清华大学建筑技术科学系召开了“SARS① 与空调”专题研讨会，江亿主持会议，会上讨论了“非典”时期空调运行可能会出现非典病毒交叉感染和传播的问题。4 月 25 日，江亿与彦启森教授讨论了当前形势，彦启森向北京制冷学会建议将该问题上报北京市科协。5 月 4 日北京市科协召开与制冷学会专家的会议，传达了北京市政府的批示意见，建议成立北京防治“非典”时期建筑制冷空调系统专家小组（以下简称“专家小组”），尽快开展相关工作。

2003 年 5 月 6 日在紫竹院公园召开了“专家小组”第一次会议。参加会议人员包括：吴德绳、吴元炜、彦启森、江亿、李娥飞、徐华东、李先庭、孙大琪。会议确定了专家小组宗旨与职责，并决定，① 开通咨询热线，由江亿、薛志峰负责，② 出版建筑制冷空调技术快报（两周左右一期），由李先庭负责，③ 开辟专家组上门服务项目，由孙大琪负责。之后专家小组每隔 7 天召开一次例议，规律而高效地开展各项工作，直到 7 月 15 日第十次例会后结束了专家小组的工作。

2003 年 5 月 7 日，北京新闻媒体向社会公布了专家小组的“空调系统防 SARS 咨询热线：62789780”（开通时间每日 9：00～21：00），各单位和市民有防疫相关的空调使用问题，可以拨打进行咨询。这条热线电话一经开通即供不应求，经常占线，于是很快热线就增加到 4 条线路，多名建筑环境专业研究生被抽调到咨询热线来工作。对于普通市民的一般问题，由研究生直接进行解答，对于比较复杂的中央空调问题，则记录后由相应的专家组进行回答，而对于一些比较重要的建筑物，专家还上门进行现场测试和评估，然后给予建议。在热线电话的基础上，还开展专项抗击非典空调系统健康运行技术咨询活动，对 28 个重要工程进行了现场考察与技术咨询，组织 4 次大型咨询活动，涉及单位 123 个。

从 2003 年 5 月 9 日到 6 月 26 日，李先庭负责的《防“非典”时期建筑制冷空调技术快报》共出版了六期。快报设“简讯”“技术咨询”“信息通报”“回音壁”四个栏目，其中技术资讯中以“非典”流行期内需加强公共建筑通风的科学管理为专题，针对大、中、小型、地下、无外窗等建筑提出了指导性意见。6 月 28 日，李先庭、薛志峰等参加北京市科协在金鱼池小区举办的全国科普日北京启动活动，将技术快报的科普增刊在这次活动中发放，同时解答了群众的提问。

专家小组的一项主要工作是完成了《北京防治“非典”时期安全使用空调的建议》。2003 年 5 月 8 日北京市科协编印了 2003 年第一期《科技工作者建议》，刊登了江亿、吴德绳、彦启森、吴元炜等专家提出《防治非典空调系统要采取应急措施》的建议，并向北京市委、市政府各相关委办局及旅游、宾馆、市属各主要办公机关增加发行。5 月 21 日，专家小组起草了《北京建筑空调通风系统预防 SARS 确保安全使用应急管理措施实细则》，通过市科协上报市政府。市政府召开专题研讨会讨论专家小组提出的《实

① SARS：Severe a cute respiratory syndrome coronavirus，非典型肺炎病毒。

施细则》，然后由市科协审阅了《实施细则》的修改稿，并定名为《北京防治“非典”时期安全使用空调的建议》（简称为《建议》）。5 月 27 日，北京各主要报纸（北京日报、北京晨报、北京晚报、北京青年报等）刊登了该《建议》全文。

在北京人民医院发生疫情封院期间，2003 年 5 月 16 日，江亿和李晓锋前往北京人民医院，身穿隔离服调研该院发生疫情情况、建筑结构特点以及集中空调系统等，为以后专家小组的决策提供了依据。并依据调研成果申请立项，开展了国家自然基金专项基金项目“SARS 在空气中的传播规律”的研究工作。此后 7 次到北京人民医院进行调研、现场实验及指导发热病房空调系统设计。

从 2003 年 5 月初到 6 月下旬，专家小组集体接受了中央电视台、北京晚报等媒体的采访，江亿接受了北京电视台三频道、中央电视台、中央人民广播电台、中国经济时报、南方周末等媒体的采访，彦启森接受了北京电视台五频道、北京晚报、《家用电器》杂志的采访，李先庭接受了北京广播电视台的采访。

专家组成立期间，热线回答了包括美国、新加坡、中国台湾和大陆十几个省市的 3 千多个电话咨询，出版《防“非典”时期建筑制冷空调技术快报》6 期，走访了 28 个工程现场。专家小组的工作产生了很大的效果和影响，这些影响不仅来自中国大陆，中国大陆以外如中国台湾、中国香港、洛杉矶、日本等民间报纸也对专家组进行了报道。专家小组对制冷空调安全度夏的建议，在政府部门办公楼顺利开展政务活动，生产厂房尽早恢复生产，火车站、地铁站恢复运行，过分消毒的误区，家用空调的安全使用，稳定市民的情绪和为广大空调工作者分担技术责任等方面做出了非常突出的贡献。由于专家组的出色工作，吴德绳、江亿、彦启森三位同志被推选为北京市科学技术协会先进科技工作者，北京制冷学会也被推荐为先进学会。

抗击 SARS 期间的科研工作如下：

（1）国家自然基金专项基金项目：SARS 在空气中的传播规律

本课题 2003 年 5 月在非典猖獗时立题。当时由于对 SARS 病毒的传播规律没有清楚认识，结果采取过度的防范措施，造成不必要的经济及环境损失。课题负责人江亿领导课题组成员赵彬、李晓锋、硕士生张志勤、章宇峰等采用案例调查、现场实测和实验、理论分析和仿真计算等科学手段对本课题进行研究，取得一系列实用成果。

尽管当时有大量的感染和未感染案例，但多数案例涉及太多因素，难以排除其他原因（如直接接触，1.5m 距离内等），适宜做深入分析的案例非常少。最终，只有北京人民医院急诊留观室上部天井和旁边的停放病人走廊两案例最具典型，并可找到多个当事人追述，还具有现场测试条件，因此取这两个案例做深入研究，其他案例做佐证。

在北京人民医院尚未解除隔离时，课题组即深入各感染区，进行现场调查与测试，以再现当时影响空气流动的各种条件。通过对现场机械通风系统的测试，课题组得到机械通风量，查阅 500m 外的西直门气象观测站纪录，得到当时的外温和风向风速，应用 CFD[①] 模拟技术计算出事件发生期间走廊和天井内空气流场和当量浓度场随时间的变化。以处于发烧、正在大量排毒的患者从口鼻呼出的空气中的 SARS 病毒当量浓度为 1，计

① CFD：Computation Fluid Dynamics，计算流体动力学。

算得到走廊侧 4 名人员全部感染的房间当量浓度在 1/800～1/1200，而天井周围各开窗表面处的当量浓度约为万分之一。这就得到：将 SARS 患者呼出的空气稀释一千倍，仍可能造成感染，但稀释一万倍后，所得到的空气对大多数健康人群来说是安全的。这一结论对当时确定各种防范措施有极重要的作用。

为证实上述通过 CFD 方法再现事件发生期空气流动状况的结果的可信性，在 2003 年 6 月北京人民医院解除隔离后，多名研究生又到现场用示踪气体方法进行测试实验，比较计算与实测结果，证明误差在允许精度范围内，即上述结论是可信的。

鉴于上述成果的重要性和严肃性，2003 年 6 月举行了专门研讨会，请病毒学、流行病学、公共卫生学和通风、气溶胶方面的专家 20 多人，对研究方法和结论进行了深入讨论，并专门向曾光、钟南山做了汇报，中国工程院还请了 4 名医学部院士听取了汇报。这些专家都赞同上述研究方法和主要结论，认为此成果对科学抗击非典有重要指导意义。钟南山院士还提供了广州的多个案例，曾光教授建议进行上述的现场模拟实验。

利用上述成果立即开展了应用研究，以指导当时的抗击非典工作。主要用于如下各点：

1）北京人民医院 SARS 急诊病房通风设计。用 CFD 方法计算不同的气流组织方式在患者周围造成的当量浓度分布，从而确定了患者头部和下部联合排风的方案。实施改造后，世界卫生组织（WHO[①]）专家现场检查，给予高度称赞，并在北京市卫生局会议上介绍、建议推广。

2）隔离病房的排风方式。当时有人建议隔离病房排风用电加热消毒，这将导致很大投资和电耗。另一方面小汤山病房采用水平横向排风，经分析，病房外 20m 仍处于危险浓度。我们对不同通风量和不同排风形式（垂直和水平，距屋面高度等）做了分析，发现采用垂直上排，出风口距屋面 1m 高，在每个患者通风换气量大于 $50m^3/h$ 时就可以使出风口 10m 以外为安全地带。为隔离病房外的安全性措施制定与安全性评价给出定量依据。

3）公共场所的通风换气量。根据上述成果可以计算出当建筑物某处有一名正在排毒的 SARS 患者时，各种通风方式和通风量将导致此公共建筑其他各处的当量浓度，从而为 SARS 疫情期间通风空调的安全运行提供依据。计算结果表明，带有回风的中央空调系统并不十分危险，只要把新风量从目前的 10%～15% 提高到 20%～25% 就可以避免交叉感染的危险。并且系统规模越大危险性越低。这对消除当时人们普遍出现的对中央空调恐慌的心理有重要作用，也避免了当时普遍认为要避免回风，空调采用全新风运行的方案，从而避免了全新风运行所带来的耗电严重，且无法满足温湿度要求的严重问题。根据这一结果分析考察和指导了北京市人大会议厅、民航大楼、中国人民银行总行大楼等重要建筑的空调运行方式，保证了在非典疫情解除之前的政治、社会、经济和生产活动的进行（例如，保证了北京市人民代表大会常务委员会的正常召开）。

（2）相变降温服的研制

2003 年，“非典”SARS 在我国肆虐，一线工作的医护工作人员需穿戴密闭性很强

① WHO：World Health Organization，世界卫生组织。

的防护服。进入春季后天气日趋炎热，医护人员频繁出现热过劳现象，严重影响了医护人员的健康和工作效率，甚至出现中暑晕倒的情况。朱颖心与张寅平带领部分师生针对此问题提出利用相变材料做成降温服的想法，并快速着手开展研究。

降温服主体的最终版本设计成类似于防弹衣的对襟式坎肩，布置有多个口袋。使用前将相变材料小袋放入冰箱或 20℃以下的自来水中凝固，使用时将相变材料小袋插入降温服的口袋里，利用相变潜热进行降温。相变材料溶解后再取出进行冷却重新凝固。在环境空气温度 30℃、穿着长袖上衣、长裤与全套防护服的情况下，加上相变降温服可以在 2 小时内保证穿着者的热舒适。

为了以最快的速度研究出在尽量降低降温服重量的前提下保证使用者热舒适的方法，课题组的教师们跟学生们一起亲自担任受试者。师生们不辞劳苦，加班加点日夜奋战开展研究，每次人体实验均需在人工气候室的高温环境中至少待上 2 个小时，并套上两层医用防护服、戴口罩。为了模仿医务工作者工作时的真实情况，还要求受试者在实验期间只能在房间里来回踱步、上下台阶，使受试者的代谢率最大限度地接近一线医护人员的代谢率，同时还要不停地填写各种调查问卷、测试反应能力、汇报各种身体感受等。

通过在人工气候室内反复的受试者实验，每一次实验都进行及时的调整，终于找到了最适合的相变温度以及最适合降温的人体部位。在进行 37 人次的热舒适测试和四个阶段的改良版本后，最终确定使用相变温度为 27℃的 TH-27 复合相变材料，并给出了最适合的相变材料的分布位置和用量，并辅以脖套和头套以进一步提升热舒适。降温服的重量也从一开始的 3kg 降到不到 1.5kg。另外，在清华同方研发中心的资助下，研发出先进的液体封装工艺，解决了相变材料在使用中容易泄漏的问题。

整个课题历时仅一个多月，最终通过同方股份有限公司制作了一千多件，送给了清华大学玉泉（402）医院以及一批北京市的 SARS 定点医院的发烧门诊，包括小汤山医院、积水潭医院、垂杨柳医院等。解决了当时医护人员热过劳的燃眉之急，收到了非常好的反馈（图 3.6-1、图 3.6-2）。

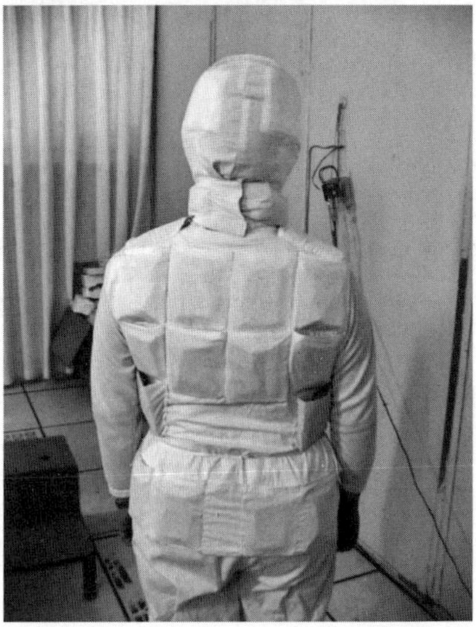

图 3.6-1　实验调试中的相变降温服

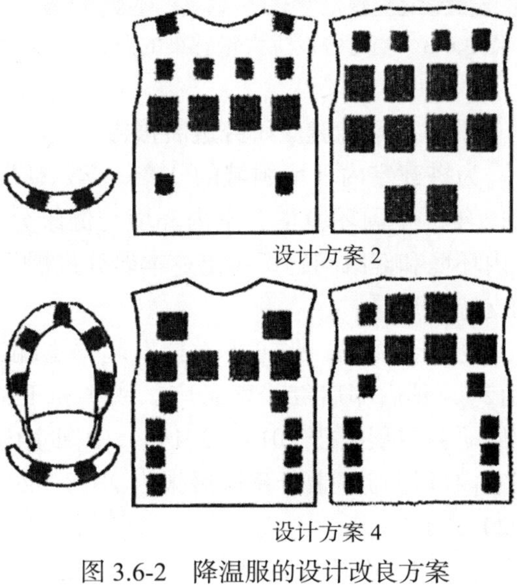

图 3.6-2　降温服的设计改良方案

（3）溶液式全热回收新风机组的研制

2003 年 4 月中旬，为防止 SARS 病毒传播，发生 SARS 感染的北京人民医院急需对其发热病房的空调系统进行改造。为应对这一紧急需求，江亿提出了在溶液循环中嵌入一个制冷循环的新的空气处理过程，从而设计出新型的全新风空调机组，利用机组中的溶液对空气中的病毒进行灭活，从而预防其通过空调管道进行传播。

2003 年 4 月 27 日，该项研究得到清华大学科研处支持，在学校立项。5 月 1 日，博士生李震在学校封控情况下特批前往清华同方人工环境工程公司密云工厂开始试制整机，5 月 2 日试制了第 1 台整机，完成了原理的验证，并进行了初步测试。5 月 15 日完成第 2 台样机，并得到北京市科学技术委员会科研立项的支持。6 月 17 日完成第 3、4 台样机，并将机组安装在北京人民医院。

该机组采用溶液式全热回装置，全热回收效率高，有效降低了新风处理能耗，采用溴化锂、氯化锂等具有吸湿性能的盐溶液作为空气处理的媒介，避免了新风和回风之间的直接接触，机组中的盐溶液具有杀菌除尘的作用，并且对 SARS 病毒有灭活效果。该机组的应用有效预防了病毒在医院空调系统中的传播。

图 3.6-3 为当时曾发生大量感染的急诊病房，图 3.6-4 为北京人民医院溶液式新风机。

图 3.6-3　当时曾发生大量感染的急诊病房

图 3.6-4　北京人民医院溶液式新风机

6. 室内环境健康研究进展报告

为搭建室内环境领域的“产、学、研”平台，助力解决我国室内环境与健康问题，2012 年，中国环境学会室内环境与健康分会秘书长张寅平教授建议：分会应该就我国室内环境和健康问题每年出一本研究进展报告，该建议得到了常务理事和学会顾问专家的支持和赞同。

受分会委托，张寅平教授发起并主编出版了《中国室内环境与健康研究进展报告 2012》，其后邓启红、李景广、钱华和王怡分别担任主编，出版了《中国室内环境与健康研究进展报告 2013—2014》《中国室内环境与健康研究进展报告 2015—2017》《中国室内环境与健康研究进展报告 2018—2019》和《中国室内环境与健康研究进展报告 2020—2022》。

《中国室内环境与健康研究进展报告 2012》回顾了室内空气环境与健康研究的发展

历程，同时对室内空气污染物的健康影响、测量和控制方面的研究进展做了总结，指出了当前该领域值得关注的研究问题。

《中国室内环境与健康研究进展报告 2013—2014》以我国室内空气质量与健康为主题，重点阐述了儿童健康、细颗粒物污染（PM2.5）、半挥发性有机物污染（SVOCs）、绿色建筑、家具污染物散发及车内空气污染等热点问题的研究现状，并总结了“十一五”期间，室内环境领域在室内污染物控制方面取得的关键技术成果。

《中国室内环境与健康研究进展报告 2015—2017》以我国室内化学污染物控制为主题，整理了“十二五”期间，室内环境领域在建筑室内挥发性有机物污染控制、半挥发性有机物污染控制、PM2.5 控制以及室内空气质量综合控制等方面取得的研究进展。

《中国室内环境与健康研究进展报告 2018—2019》，针对群众关心的化学、微生物、颗粒物污染控制，住宅环境、厨房环境、睡眠环境的污染与健康，检测技术的进展，通风、净化控制方法，热舒适与健康建筑等热点问题，从污染物特性、源头产生机理，监测方法，健康影响，治理手段，以及如何实现健康舒适环境进行了较为全面的阐述。

《中国室内环境与健康研究进展报告 2020—2022》围绕民用建筑环境与健康、工业建筑环境与健康（系列研究报告首次涉及该方面内容）、建筑环境新冠疫情防控三个方面的研究进展加以总结，体现了我国“十三五”期间室内环境与健康领域新的问题、新的破解思路、新的研究与工程应用成果。

《中国室内环境与健康研究进展报告》系列报告，比较完整地介绍了我国“十五”至“十三五”期间室内空气质量与健康研究的重要进展，涵盖了污染物特征及健康效应、测试与评价方法、环境质量控制关键技术、标准规范建设、关键技术工程应用等内容，凝聚了我国室内环境领域众多专家和学者的研究成果和学术认知，为关心和从事“室内环境与健康”的广大技术人员提供相关信息，对室内环境领域的基础和应用研究、技术开发、标准和政策制定和工程应用起到了一定的促进作用。十年来，系列报告已成为相关科研工作者、大专院校学生、政策制定者的重要读物。一批年轻人投身于建筑室内环境与健康领域的研究，系列报告见证了他们的成长，诸多撰稿人逐步成为该领域内有影响力的中青年学者。

（四）国家级重点项目及国际合作项目

国家级重点项目及部分国际合作项目如表 3.6-1 所示。

国家级重点项目及部分国际合作项目　　表 3.6-1

编号	项目类别	项目名称	负责人	合同金额（万元）	起止时间
1	“十五”国家科技支撑计划课题	降低建筑物能耗的综合关键技术研究	江亿	240	2004 年 6 月—2006 年 6 月
2	国家自然科学基金重点项目	室内空气污染去除新方法关键机理问题研究	张寅平	150	2005 年 1 月—2008 年 12 月
3	“十一五”国家科技支撑计划课题	降低大型公共建筑空调系统能耗的关键技术研究与示范	江亿	143.5	2006 年 1 月—2010 年 12 月

续表

编号	项目类别	项目名称	负责人	合同金额（万元）	起止时间
4	“十一五”国家科技支撑计划课题	大型公共建筑能量管理与节能诊断技术研究	江亿	575	2006年1月—2010年12月
5	“十一五”国家科技支撑计划课题	建筑室内化学污染控制与改善关键技术研究	张寅平	975	2006年10月—2010年12月
6	“十一五”国家科技支撑计划课题	新型建筑室内热湿负荷调节系统研究	王馨	200	2006年11月—2010年12月
7	“863”项目	国家高技术研究发展计划（863计划）高效天然气热电冷联供技术集成及示范研究	付林	480	2006年12月—2009年8月
8	“十一五”国家科技支撑计划课题	建筑节能设计方法与模拟分析软件开发	朱颖心	690	2006年1月—2010年12月
9	“十一五”国家科技支撑计划课题	“电厂循环水余热资源利用技术及装备研究与示范”	付林	420	2007年9月—2010年9月
10	国际合作项目	清华大学－联合技术公司建筑节能、安全、联合研究中心	江亿	3300	2007年10月—2012年9月
11	国家杰出青年基金	工程热物理和其他领域交叉	张寅平	200	2008年1月—2011年12月
12	国务院其他部门	国家环境保护部项目－国合会能源效率与城市发展	江亿	210	2008年3月—2009年11月
13	国家自然科学基金重点项目	动态热环境与人体热舒适的基础研究	朱颖心	200	2009年1月—2012年12月
14	国际合作项目	国际能源署研究框架协议之终端用能：建筑与社区节能	江亿	236	2009年9月—2014年9月
15	“十二五”国家科技支撑计划课题	城镇低碳发展关键技术集成研究与示范	赵玺灵	457	2011年1月—2014年6月
16	国家自然科学基金重点项目	乡村建筑热环境与节能技术理论研究	杨旭东	200	2011年1月—2014年12月
17	“十二五”国家科技支撑计划课题	严寒地区建筑节能共性技术及能效提升关键技术研究与示范	燕达	464	2011年1月—2015年12月
18	国际合作项目	中美清洁能源联合研究中心建筑节能合作项目	江亿	290	2011年4月—2012年12月
19	国际合作项目	清华大学－太古地产建筑节能及可持续发展联合研究中心	江亿	1500	2011年9月—2014年8月
20	省市自治区项目	低品位工业余热回收大温差吸收式变温器	江亿	379.8	2011年9月—2014年9月
21	珠海格力节能环保制冷技术研究中心项目	高效空调制冷系统研究	江亿	500	2011年10月—2016年10月
22	国家自然科学基金重点项目	建筑热湿环境营造过程的热力学基础研究	江亿	290	2012年1月—2016年12月

续表

编号	项目类别	项目名称	负责人	合同金额（万元）	起止时间
23	“十二五”国家科技支撑计划课题	半挥发有机物（SVOC）及其复合污染检测及控制关键技术研究	张寅平	535	2013 年 1 月—2016 年 12 月
24	国家重点基础研究发展计划	低压座舱内多种污染物产生和扩散的非线性规律	杨旭东	440	2012 年 1 月—2015 年 12 月
25	“十二五”国家科技支撑计划项目	建筑节能基础数据调研与分析及数据库的建立	江亿	1132	2011 年 1 月—2015 年 12 月
26	“十二五”国家科技支撑计划课题	建筑室内健康环境控制与改善关键技术研究与示范	张寅平	135	2013 年 1 月—2016 年 12 月
27	“十二五”国家科技支撑计划课题	城市供热系统能效提升装备关键技术研究与示范	付林	641	2012 年 1 月—2015 年 12 月
28	国家杰出青年基金	降低需求的营造方法与节能高效的冷热设备系统	李先庭	240	2012 年 1 月—2016 年 12 月
29	国家自然科学基金重点项目	室内半挥发性有机物污染控制中的关键工程热物理问题研究	张寅平	290	2012 年 1 月—2016 年 12 月
30	国际合作项目	青藏高原地区农户生活用能干预措施对室内空气质量、人员健康及环境综合改善效果研究	杨旭东	124.45	2013 年 9 月—2016 年 12 月
31	“九七三”项目子课题	座舱热舒适设计参数优化	朱颖心	179.3	2012 年 1 月—2016 年 12 月
32	万人计划青年拔尖人才支撑计划	建筑节能	刘晓华	240	2013 年 1 月—2015 年 12 月
33	“十二五”国家科技支撑计划课题	大型航站楼绿色建筑关键技术研究与示范	朱颖心	346	2014 年 1 月—2017 年 12 月
34	“十二五”国家科技支撑计划项目	基于太阳能长周期蓄热的区域性建筑集中供暖系统集成与示范	杨旭东	904	2014 年 1 月—2016 年 12 月
35	“十二五”国家科技支撑计划课题	新型温湿度独立控制空调系统关键技术研究	夏建军	196	2014 年 1 月—2016 年 12 月
36	环境保护部公益项目	室内空气细颗粒物污染和健康风险评价及控制对策研究	张寅平	135	2014 年 1 月—2016 年 12 月
37	国家自然科学优秀青年基金	建筑节能与暖通空调	刘晓华	100	2015 年 1 月—2017 年 12 月
38	国家自然科学基金国际合作项目	建筑环境 PM2.5 及复合污染的暴露与控制机理研究	张寅平	280	2015 年 1 月—2019 年 12 月
39	科技部国际合作项目	跨季节地下储热项目	杨旭东	150	2015 年 5 月—2017 年 2 月
40	国家自然科学基金委创新群体项目	室内环境营造的基础科学问题研究	张寅平	1200	2016 年 1 月—2021 年 12 月

续表

编号	项目类别	项目名称	负责人	合同金额（万元）	起止时间
41	“十三五”国家重点研发计划课题	室内 SVOCs 等新型污染物的形成机制，主控因子及健康效应	莫金汉	673	2016 年 7 月—2020 年 6 月
42	“十三五”国家重点研发计划课题	高效空气源热泵设备研究与开发	石文星	830	2016 年 7 月—2020 年 6 月
43	“十三五”国家重点研发计划课题	降低既有大型公共交通场站运行能耗关键技术研究与示范	刘晓华	442	2016 年 7 月—2019 年 12 月
44	国家自然科学基金重点项目	利用自然环境低品位能源降低建筑供热空调能耗的理论和方法研究	李先庭	280	2017 年 1 月—2021 年 12 月
45	“十三五”国家重点研发计划项目	室内空气质量控制基础理论和关键技术	张寅平	2956	2017 年 1 月—2020 年 12 月
46	“十三五”国家重点研发计划课题	建筑全性能仿真平台内核开发	燕达	974	2017 年 7 月—2020 年 12 月
47	“十三五”国家重点研发计划课题	建筑及其机电系统运行大数据信息标准化技术	魏庆芃	266	2017 年 7 月—2020 年 6 月
48	“十三五”国家重点研发计划课题	城市新区能源系统与规划设计优化技术	夏建军	360	2018 年 3 月—2021 年 6 月
49	“十三五”国家重点研发计划课题	地下交通建筑节能关键技术研究与设备开发	朱颖心	275	2018 年 7 月—2021 年 6 月
50	“十三五”国家重点研发计划项目	洁净空调厂房的节能设计与关键技术设备研究	李先庭	1970	2018 年 7 月—2021 年 6 月
51	“十三五”国家重点研发计划课题	赛道环境营造及观赛环境保障技术研究	曹彬	661	2018 年 8 月—2021 年 12 月
52	“十三五”国家重点研发计划课题	村镇微分布式功能技术研究	杨旭东	868	2018 年 12 月—2022 年 12 月
53	国家自然科学基金重点项目	未来城市建筑室内环境营造理论与设计方法	杨旭东	300	2019 年 1 月—2023 年 12 月
54	国际合作项目（组织单位：落基山研究所、印度政府和使命创新）	全球制冷技术创新大奖赛	王宝龙	250	2019 年 7 月—2020 年 11 月
55	“十三五”国家重点研发计划课题	净零能耗建筑适宜技术研究与集成示范	杨旭东	407.63	2020 年 1 月—2021 年 12 月
56	国际合作项目	通过有效分区控制飞机机舱内 COVID—19 传播	杨旭东	177.42	2020 年 7 月—2021 年 11 月
57	科技部冬奥专项	国家游泳中心冰壶场馆环境保障关键技术研究	刘晓华	418	2020 年 12 月—2022 年 9 月

七、国际学术活动

2000 年至 2022 年期间，研究所开展的国际学术活动如下。

（一）举办国际学术会议

1. 供热通风与空气调节国际研讨会（ISHVAC）

1991 年，由清华大学发起与组织了供热通风与空气调节国际研讨会（International Symposium on Heating，Ventilating and Air Conditioning，ISHVAC），从 1991 年到 2007 年每四年一届。自 2007 年起，会议改为由各大高校主办、清华大学协办，每两年一届，至 2022 年已成功举办 12 届，见表 3.7-1。历次会议得到了包括国际制冷学会（ICR①），国际能源署（IEA），美国供热、制冷、空调工程师协会（ASHRAE②），中国制冷协会（CAR③），中国建筑学会暖通空调制冷学术委员会（CCHVAC④），中国室内环境与健康协会（IEHB⑤），欧洲供热、空调协会同盟（REHVA⑥），日本供热、空调、卫生工程师协会（SHASE⑦）以及韩国室内环境学会等诸多国内、国外有重大影响学会或协会的支持和赞助。被国际学术界认为是在中国大陆举办的本领域水平最高、历史最长、独具特色的学术会议。

历届供热通风与空气调节国际研讨会（ISHVAC）会议　　表 3.7-1

会议届数	主办 / 协办单位	会议时间	会议地点
第一届	主办：清华大学	1991 年	中国，北京
第二届	主办：清华大学	1995 年	中国，北京
第三届	主办：清华大学 协办：香港理工大学	1999 年	中国，深圳
第四届	主办：清华大学	2003 年	中国，北京
第五届	主办：清华大学	2007 年	中国，北京
第六届	主办：东南大学 协办：清华大学、香港大学、江苏制冷学会	2009 年	中国，南京
第七届	主办：同济大学 协办：清华大学、香港大学	2011 年	中国，上海
第八届	主办：西安建筑科技大学 协办：清华大学、香港大学	2013 年	中国，西安

① International Congress of Refrigeration.

② American Society of Heating, Refrigeration, and Air-Conditioning Engineers.

③ Chinese Association of Refrigeration.

④ China Congress of Heating, Ventilation, and Air-Conditioning.

⑤ Indoor Environment and Health Branch.

⑥ Representatives of European Heating and Ventilating Associations.

⑦ The Society of Heating, Air-Conditioning and Sanitany Engineers.

续表

会议届数	主办 / 协办单位	会议时间	会议地点
第九届	主办：天津大学 协办：清华大学、大连理工大学、美国科罗拉多大学	2015 年	中国，天津
第十届	主办：山东建筑大学 协办：清华大学、香港理工大学、美国马里兰大学、澳大利亚悉尼大学、挪威北极圈大学、泰山学者研究团队	2017 年	中国，济南
第十一届	主办：哈尔滨工业大学 协办：清华大学	2019 年	中国，哈尔滨
第十二届	主办：韩国建筑可持续环境与设备系统研究院（KIAEBS） 协办：清华大学	2021 年	韩国，首尔

2. 室内空气国际会议（Indoor Air 2005）

室内空气品质和室内微气候对人体健康和保持良好的状态具有非常重要的作用，因而也受到越来越多的重视。自 1978 年以来，作为国际室内空气科学院（IAIAS）组织的会议，每三年一届的室内空气国际会议在室内空气品质研究和合作交流方面起到了非常明显的推动作用，并成为该研究领域最具有影响力的国际会议。2005 年 9 月 4—9 日，经国际室内空气科学院授权和我国教育部批准，清华大学建筑技术科学系主办的第 10 届室内空气品质与环境国际学术会议（Indoor Air 2005）在北京国际会议中心召开。本次会议吸引了来自全球各国约 1100 名参会代表，其中欧洲代表 400 多人，美国代表 300 多人，日本和东南亚代表 200 多人，中国代表 200 多人。尤其值得指出的是，本次会议的国外代表占总参会人数的 80% 以上。许多参会者是第一次来中国，对我国的蓬勃发展表示惊奇。一些过去来访过的人士，同样表达了对我国迅速发展的良好印象。

本次会议主题涉及室内室外空气的联系、室内舒适问题、可持续发展建筑与 IAQ、室内空气与健康、室内空气污染源、通风与能源问题。会议论文总数为 956 篇（包括 782 篇全文和 174 篇摘要）。本次会议强调会议内容的学科性 ，而不按应用对象安排各项课题，具体体现在所选课题（TOPICS）的学术内容上，系列地按室内环境要求、污染物产生、污染物传播、室内污染治理及污染物对健康影响的学术体系安排，避免了在课题内容方面的混乱。本次会议重视室内环境学科前沿的发展，尤其是对新观点、新思路和新技术发展提供充分的研讨空间，为此本次会议设置了 17 个研讨会（FORUMS）、8 个大会特邀报告，受到广泛好评，尤其是各研讨会吸引了大量参会者讨论热烈。本次会议是首次在发展中国家举办，为突出对发展中国家在室内空气品质方面的关注，专门安排了两个分会场来发表有关研究成果（图 3.7-1～图 3.7-6）。

会议组织委员会成员有：

主　席：吴良镛院士（清华大学）

副主席：江亿院士（清华大学）

　　　　赵荣义教授（清华大学）

　　　　陈清焰教授（美国普渡大学和清华大学）

图 3.7-1　参会者注册

图 3.7-2　大会副主席江亿院士与参会者合影留念

图 3.7-3　Fanger 教授做主题报告

图 3.7-4　大会副主席（赵荣义教授与陈清焰教授）

图 3.7-5　参会者听取大会报告

图 3.7-6　闭幕式上获奖者合影留念

成　员：戴自祝教授（中国疾病预防控制中心）
房磊教授（丹麦理工大学）
秦佑国教授（清华大学）
杨旭东教授（美国迈阿密大学和清华大学）
张寅平教授（清华大学）
朱颖心教授（清华大学）
赵彬副教授（清华大学）
王馨副教授（清华大学）
魏庆芃博士（清华大学）

会议协办单位有：

国际室内空气科学学院（IAIAS）
美国供热、制冷、空调工程师协会（ASHRAE）
英国建筑设备工程师学会（CIBSE[①]）
日本供热、空调、卫生工程师协会（SHASE）
斯堪的纳维亚供暖、通风、空调工程师联合会
欧洲供热、空调协会同盟（REHVA）
中国建筑学会暖通空调制冷学术委员会（CCHVAC）
中国制冷协会（CAR）

3. 建筑模拟国际会议（Building Simulation 2007）

为促进国内外建筑技术业界专业人员之间的相互交流，加快我国建筑节能事业的发展，由清华大学建筑技术科学系和国际建筑性能模拟学会（International Building Performance Simulation Association--IBPSA）联合主办的第十届国际建筑性能模拟年会（The 10th International Building Performance Simulation Association Conference）于 2007 年 9 月 3 日，在清华大学召开。会议吸引了包括中国在内的来自 26 个国家的 337 名建筑领域的专家、学者，以及众多国际知名的专门从事建筑性能研究应用方面的企业单位。

本届会议设有技术参观、主题演讲、分组讨论、专题论坛等诸多环节。在技术参观环节，组委会组织与会代表赴国家游泳中心进行了实地参观，在陪同人员的讲解下，充分了解了国家游泳中心应用的各项创新性新技术。会议期间，大会安排了中国工程院院士江亿等三位国际知名的建筑领域专家，就建筑性能及其发展趋势做了深入浅出的主题演讲。会议共收到论文 277 篇，依据论文研究方向的不同，大会安排了 8 个分组讨论和 4 个专题论坛，就各自关心的学术问题，与会的各国专家充分地发表自己的见解，并与其他参会者进行了深入而友好的交流。作为本次大会的组委会主席，清华大学建筑学院副院长、中国工程院院士江亿在会议中做了以《人的行为模式与建筑能耗》的主题演讲，并主持了多个分论坛的讨论活动。为表彰江亿院士在建筑模拟领域多年来所做的大量贡献，IBPSA 决定授予江亿院士 IBPSA 杰出贡献奖。大会组委会还精心为各国代表安排了富有中国特色的民族文化表演，使参会者能够在专业交流之余，充分领略中国文化的独特魅力。

本次大会于 2007 年 9 月 6 日圆满结束，与会各界纷纷表示本次大会是一次成功的大会，为国际上的专业人员提供了一次绝好的交流机会，同时也为促进我国与世界各国建筑能耗研究与建筑性能研究的发展提供了良好的契机（图 3.7-7～图 3.7-16）。

会议组织委员会成员有：

主　席：江亿院士（清华大学）
副主席：朱颖心教授（清华大学）
　　　　杨旭东教授（清华大学）
　　　　李先庭教授（清华大学）

---

① Charted Institute of Building Services Engineers.

图 3.7-7　大会主席江亿做大会报告

图 3.7-8　杨旭东给 keynote 报告学者颁发证书

图 3.7-9　各国学者热烈讨论

图 3.7-10　各国学者在餐会上讨论

图 3.7-11　大会副主席朱颖心准备会议报告

图 3.7-12　大会副主席杨旭东

图 3.7-13　大会副主席李先庭

图 3.7-14　大会秘书燕达

图 3.7-15　大会秘书赵彬

图 3.7-16　中国特色民族文化表演

成　员：Ali Malkawi 教授（University of Pennsylvania）
　　　　张寅平教授（清华大学）
　　　　孟庆林教授（华南理工大学）
　　　　张国强教授（湖南大学）
　　　　陈友明教授（湖南大学）
秘　书：燕达博士（清华大学）
　　　　赵彬博士（清华大学）

会议协办单位有：

国际建筑性能化模拟协会（IBPSA）
国际能源署社区与建筑节能委员会（ECBCS[①]）
中国建筑学会暖通空调制冷学术委员会（CCHVAC）
美国供热、制冷、空调工程师协会（ASHRAE）
欧洲供热、空调协会同盟（REHVA）
美国能源部（USDOE）

4. 建筑节能国际学术周

由中国工程院、清华大学联合主办，建筑节能国际学术周结合国内外建筑节能领域的动态和问题举办论坛，并发布当年的《中国建筑节能年度发展研究报告》。2005 年起每年一届，在我国的建筑节能研究与推动方面已产生很大影响。

5. 东海岸气候大型公建空调节能研讨会

由清华大学建筑节能研究中心倡议和主办，由美国德州农工大学、美国宾夕法尼亚大学、日本公共建筑协会、香港楼宇管理协会共同参加的学术研讨会，专门对中美东海岸典型气候带的大型公共建筑空调系统设计和运行进行研讨。2010 年 2 月在香港进行了为期 2 日的工作会议，以后成为年度工作会议在中、美、日三个国家轮流举行。

6. 国际半挥发性有机物研讨会

2010 年 6 月 1 日—2 日国际半挥发性有机物研讨会在清华大学建筑节能研究中心举行，会议由清华大学建筑学院张寅平、北京大学郭新彪和华中师范大学杨旭联合召集。来自世界 8 个国家和地区的约 40 名专家学者（包括国际室内科学院主席日本早稻田大学 Tanabe、Indoor Air 主编丹麦技术大学和清华大学 Sundell、美国加州大学伯克利分校的 Nazaroff）就室内 SVOC 的研究进行了深入探讨。江亿和朱颖心在会上致辞，对各位代表的到来表示欢迎。国家自然科学基金委工程三处刘涛处长、中国环境科学学会国际交流部侯雪松主任出席开幕式并致辞。与会代表就 SVOC 的健康效应、暴露水平、室内介质中的分布以及源特性与测量四个方面，交流了当前的研究进展，提出了今后的研究重点。

7. 国际室内空气污染研讨会

2019 年 7 月 11 日，莫金汉副教授在清华大学举办了 Indoor Air Pollution 研讨会，国际室内空气质量与气候学会空气净化学组组长、奥尔堡大学的 Alireza Afshari，美国

① Energy Conservation in Building and Community Systems.

劳伦斯伯克利国家实验室（LBNL）室内环境组组长 Brett Singer 博士，瑞典皇家理工的 Sasan Sadrizadeh 和国内著名高校 30 余名学者参加了本次研讨会，交流了室内空气净化方向上的国际前沿方向与进展。

（二）在国际学术会议上作主旨报告

2000 年以来，清华大学建环教师在本领域重要国际学术会议上多次作大会主旨报告，其中部分报告摘录如表 3.7-2。

清华大学建环专业教师在重要国际学术会议上所作的部分主旨报告

表 3.7-2

报告名称	报告人	会议名称	会议地点
Educating and Training of HVAC Engineers and Technicians in China	朱颖心	The 7th International Energy Agency Conference on Heat Pump Technologies, May 2002	中国，北京
Preparation, thermal performance and potential application of microencapsulated PCM slurry or PCM emulsion	张寅平	International Conference on Cryogenics & Refrigeration, April 2003	中国，杭州
Airflow fluctuations and thermal environment：A literature review	朱颖心	The 4th international Symposium on Heating Ventilating and Air Conditioning（ISHVAC 2003）, September 2003	中国，北京
Tsinghua Green Building Research Center-A Low Energy Demo Building	朱颖心	2004 Asia-Pacific Conference of International Solar Energy Society, October 2004	韩国，光州
GOBAS-China Green Olympic Building Assessment System	朱颖心	The 6th International Conference on Eco-Balance, October 2004	日本，筑波
Sustainable Building Development in China	朱颖心	2nd International Workshop on Sustainable Habitat Systems, October 2005	日本，福冈
Green Building Development in China	朱颖心	Design for 2005—West meet East, October 2005	英国，诺丁汉
Studies on the Fluctuation Characteristics of Airflow in Built Environment	朱颖心	Joint Symposium on New Challenges in Building Services, November 2005	中国，香港
Flow characteristics and heat transfer enhancement of latent functionally thermal fluid	张寅平	The 5th International Conference on Sustainable Energy Technology, August 2006	意大利，威尼斯
Development of Sustainable Building Rating System and Policy in China,	朱颖心	AIK 1st Korea-Japan-China International Conference, March 2006	韩国，首尔
Research and application of green building assessment system in China：from GOBAS to GBAS	朱颖心	6th International Symposium on Architectural Interchanges in Asia, October 2006	韩国，大邱
Sustainable Building Market Transformation in China-Chance and Challenge	朱颖心	International Workshop on Strategic Market Transformation for the Promotion of Sustainable Buildings, December 2006	日本，东京

续表

报告名称	报告人	会议名称	会议地点
Air flow Fluctuation and Dynamic Thermal Environment	朱颖心	The 5th International Symposium on Heating, Ventilation and Air-Conditioning (ISHVAC 2007), September 2007	中国，北京
Buildings and Energy-Chinese Perspective	朱颖心	International Forum-Integrating Climate Change Mitigation in Urban Development in Asian Cities, December 2007	日本，名古屋
Can we predict or design VOC emissions from building materials?	张寅平	The 5th International Symposium on Heating, Ventilation and Air-Conditioning (ISHVAC 2007), September 2007	中国，北京
Advances of PCO and TCO for removing indoor VOCs	张寅平	International Environmental Safety and Human Health Workshop, September 2007	中国，武汉
Performance and stability of automotive air conditioning system with a variable displacement compressor	李先庭	International Conference on Cryogenics and Refrigeration (ICCR 2008), April 2008	中国，上海
Energy and environment in Chinese rural housing：road to sustainability	杨旭东	The First International Conference on Building Energy and Environment (COBEE 2008), July 2008	中国，大连
Management of VOC emissions in metropolitan cities from administrative and engineering perspective	杨旭东	Conference on Total Air Quality Management, July 2008	中国，香港
Indoor VOCs：source control and air cleaning	张寅平	The 11th Inter. Conf. of Indoor Air, August 2008	丹麦，哥本哈根
Building Energy Conservation and Low Carbon Buildings	杨旭东	World Low Carbon and Recycling Economy Congress and Technology Expo, August 2009	中国，南昌
The Route to Sustainable Development for China-Rethink on Adaptability of Building Energy Efficient Technologies	朱颖心	International Green Building Conference (IGBC 2009), October 2009	新加坡
How developing countries find their own way to urban sustainability? —Thinking from the building energy research in China	朱颖心	International Workshop on Towards Low Carbon Cities：Understanding and analyzing urban energy and carbon, February 2009	日本，名古屋
The Route to Low Carbon and Energy Efficient in China	朱颖心	International Conference on Carbon Reduction, September 2010	中国，香港
Natural Ventilation and Dynamic Thermal Comfort	朱颖心	AIVC International Conference 2010：Low Energy and Sustainable Ventilation Technologies for Green Buildings, October 2010	韩国，首尔
Renewable Energy in Buildings—A thinking from China	朱颖心	International event of UIA-ARES Int. WP, Renewable Energy Sources, An Architectural Design-Lab for the Climate Change, May 2010	希腊，雅典

续表

报告名称	报告人	会议名称	会议地点
Energy efficient buildings：New concepts and approaches for developing energy efficient buildings	张寅平	The 9th Sustainable Energy Technologies (SET2010), August 2010	中国，上海
Energy and IAQ in Chinese Rural Housing：Sustainable Strategies and Demonstration Projects	杨旭东	Indoor Air Quality, Ventilation and Energy Conservation in buildings (IAQVEC 2010), August 2010	美国，雪城
Thermal principle of building thermal and humid environment	江亿	International Symposium on Heating Ventilating and Air Conditioning (ISHVAC 2011), November 2011	中国，上海
Building Energy Efficiency in China	江亿	World Engineers' Convention 2011, September 2011	瑞士，日内瓦
Natural ventilation and thermal comfort in dynamic thermal environments	朱颖心	12th International Conference on Indoor Air Quality and Climate (INDOOR AIR 2011), June 2011	美国，奥斯汀
A Novel Central Air Conditioning system based on energy-bus and integrated refrigeration system with thermosyphon function for cigarette factory	李先庭	23rd IIR International Congress of Refrigeration (ICR 2011), August 2011	捷克，布拉格
Energy efficient buildings：New understanding and approaches.	张寅平	The 5th International Conference on Sustainable Development in Building and Environment, October 2011	中国，重庆
Energy efficient buildings：New understanding and approaches	张寅平	The 4th Japan-China Conf. of Science Forum-Low Carbon City, November 2011	中国，海口
How is building energy used related with occupants behaviors and the building usage modes?	江亿	10th Healthy Buildings Conference, July 2012	澳大利亚，布里斯班
Insights into exposure to typical SVOCs through direct air-to-skin transport by model analysis	张寅平	10th Healthy Buildings Conference, July 2012	澳大利亚，布里斯班
Latent thermal energy storage in building envelops：A review for our recent research	张寅平	4th International Symposium on Heat Transfer and Energy Conservation, January 2012	中国，广州
Dermal exposure of typical SVOCs in indoor air：mass transfer analysis	张寅平	The 8th International Conference of Heat Transfer, October 2012	中国，北京
State of the Art of Green Building Standard and Labeling System development in China	朱颖心	International conference on Sustainable Building Asia, July 2013	韩国，首尔
Building Simulation as Applied to Energy and Indoor Environment Optimization	杨旭东	World Summit on Building Simulation Research, March 2013	美国，费城
Status and Priorities of Building Energy Efficiency in China	杨旭东	UNEP-SBCI Symposium on Sustainable Buildings, November 2013	中国，长沙
Developing energy efficient buildings：fresh look and new understanding	张寅平	APEC Conference on Low-carbon Towns and Physical Energy Storage, May 2013	中国，长沙

续表

报告名称	报告人	会议名称	会议地点
Impedance based on entransy dissipation in non-steady heat transfer process and its application	张寅平	The 12th International Conference on Sustainable Energy Technologies, August 2013	中国，香港
IAQ control：challenges and opportunity for HVAC researchers	张寅平	The 8th International Conference of Heating, Ventilating and Air-Conditioning（ISHVAC 2013）, October 2013	中国，西安
Indoor air quality, ventilation and energy efficiency	江亿	The 13th International Conference on Indoor Air Quality and Climate（INDOOR AIR 2014）, July 2014	中国，香港
Dynamic thermal environment and thermal comfort	朱颖心	The 13th International Conference on Indoor Air Quality and Climate (INDOOR AIR 2014), July 2014	中国，香港
How to assess occupants' thermal comfort in mixed-mode buildings? —A field study in subtropical climate	朱颖心	The 2nd International Symposium on the Interaction Between Human and Building Environment, February 2014	韩国，首尔
Occupants' behavior adaptation—The key feature of the sustainable buildings	朱颖心	International Symposium on Creative Sustainability in Architecture and Urbanism toward the Green Growth, March 2014	韩国，首尔
Understanding and controlling indoor organic pollutants：Mass transfer analysis and applications	张寅平	The 13th International Conference on Indoor Air Quality and Climate (INDOOR AIR 2014), July 2014	中国，香港
Analytical thermodynamics of built environment：New approach and illustrative examples	张寅平	The 13th International Conference on Sustainable Energy Technology, November 2014	瑞士，日内瓦
Field Study and Human-environment Interaction of Pollutants in Aircraft Cabins	杨旭东	The 13th International Conference on Indoor Air Quality and Climate（INDOOR AIR 2014）, July 2014	中国，香港
Problems and some preliminary thoughts on clean heating and cooking stoves	杨旭东	Global Alliance for Clean Cookstoves, July 2014	中国，北京
Research and Development of Energy-efficient Equipment and System for Cooling and Heating	李先庭	The 7th Asian Conference on Refrigeration and Air Conditioning, May 2014	韩国，济州岛
Absorption heat exchanger for long distance heat transportation	江亿	International conference on refrigeration (ICR 2015), August 2015	日本，横滨
Low Energy Design in mixed-mode office buildings under subtropical climate：A case study in Shenzhen	朱颖心	International Conference of Mitigating and Adapting Built Environments for Climate Change in the Tropics, March 2015	印度尼西亚，雅加达
Seasonal thermal energy storage：some significant questions and effectiveness evaluation	杨旭东	UK-China Thermal Energy Storage Forum, July 2015	中国，北京

续表

报告名称	报告人	会议名称	会议地点
Applying energy storage in buildings：New understanding and approach	张寅平	13th IEA Energy Storage Greenstock Conference, May 2015	中国，北京
From demand controlled ventilation to demand-oriented ventilation	李先庭	The 11th International Conference on Industrial Ventilation, October 2015	中国，上海
Personal Thermal Comfort System, A New Challenge to Building Energy Simulation	朱颖心	The 3rd Asia Conference of International Building Performance Simulation Association (ASIM 2016), November 2016	韩国，济州岛
Adaptive thermal comfort in low energy office building under subtropical climate	朱颖心	Singapore Berkeley Building Efficiency and Sustainability in the Tropics (SinBerBEST) Annual Symposium, March 2016	新加坡
How to measure and control sustainability in the built environment	张寅平	The 7th International Conference of Energy and Environment of Residential Buildings, November 2016	澳大利亚，布里斯班
Indoor air cleaning：where are we and where are we going?	张寅平	The 14th International Conference of Indoor Air, July 2016	比利时，根特
Determine exposures of semi-volatile organic compounds in indoor environment：mass transfer analysis and applications,	张寅平	The 9th International Symposium of Heat Transfer, August 2016	中国，北京
Assessment Standard on Green Small Towns	杨旭东	The 12th International Conference on Green and Energy-Efficient Building & New Technologies and Products Expo, November 2016	中国，北京
Energy Efficient Technology in Vietnam	杨旭东	Third National Workshop on NAMA Development for the Building Sector, July 2016	越南，海防
Zero Coal and Low Emission Heating in Rural Houses：What Does It Mean to Energy and Environment in China?	杨旭东	2016 ASHRAE Annual Conference, June 2016	美国，圣路易斯
Investigation of Occupancy Behavior in Residential Buildings	杨旭东	2016 ASHRAE Winter Conference, January 2016	美国，奥兰多
Development and Testing of New Clean Cooking/heating Stoves	杨旭东	China-US Clean Stove Forum, April 2016	中国，北京
Impact of outdoor PM on indoor environment and its control	赵彬	9th International Conference on Indoor Air Quality, Ventilation and Energy Conservation（IAQVEC 2016）, October 2016	韩国，首尔
The Validation Framework of Stochastic Occupant Behavior Models Effectiveness	燕达	The 3rd Asia Conference of International Building Performance Simulation Association（ASIM 2016）, November 2016	韩国，济州岛

续表

报告名称	报告人	会议名称	会议地点
How comfortable is adequate? Rethinking on indoor thermal environment creation	朱颖心	10th Anniversary Conference of Korean Institute of Architectural Sustainable Environment and Building Systems（KIAEBS）, November 2017	韩国，首尔
How comfortable is adequate?	朱颖心	The 10th International Symposium on Heating, Ventilation and Air-conditioning（ISHVAC 2017）, October 2017	中国，济南
Zero-coal Rural Villages and Clean Heating Technologies	杨旭东	The 13th International Conference on Green and Energy-Efficient Building & New Technologies and Products Expo, 2017	中国，北京
The Role of Thermal Plume in Person-to-Person Contaminant Cross Transmission	杨旭东	2017 ASHRAE Winter Conference, June 2017	美国，拉斯维加斯
Key problems and new approaches in IAQ control in urban China	张寅平	The 10th International Symposium on Heating, Ventilation and Air-conditioning（ISHVAC 2017）, October 2017	中国，济南
Humid air Handling Process in Air-conditioning System：Requirements and Solutions	刘晓华	The 10th International Symposium on Heating, Ventilation and Air-conditioning (ISHVAC 2017), October 2017	中国，济南
How to create comfortable and healthy indoor environment?--A new challenge for sustainable buildings	朱颖心	Special lecture for Uichi Inouye Memorial Award Asia International Award, May 2018	日本，东京
Building Energy Conservation and Implementing Pathways in China	杨旭东	International Seminar on Sustainable Urban Energy Systems, September 2018	中国，北京
Seasonal Thermal Energy Storage	杨旭东	The Fourth National Conference in Solar Thermal and Power, April 2018	中国，常熟
Clean Heating in China：Objectives and Technical Pathways	杨旭东	World Sustainability Forum 2018, September 2018	中国，北京
Indoor air quality modeling：What is the matter and what matters?	杨旭东	The 15th International Conference of Indoor Air, July 2018	美国，费城
Clean Cooking and Heating Practices and Experience in Rural China	杨旭东	International Workshop on Accelerating Clean Heating and Cooking Access, June 2018	中国，北京
Clean Energy Intervention in Chinese Rural Communities：Technology Selection and Demonstration Projects	杨旭东	2018 International Conference on Urban and Rural Energy and Environment (UREE2018), July 2018	中国，吉林
1. Energy-efficient solution to buildings with all year round cooling demands, 2. Introduction to Ice Storage Systems, 3. Introduction to variable refrigerant flow（VRF）systems	李先庭	Vietnam International HVAC and Refrigeration Exhibition (HVACR Vietnam 2018), April 2018	越南，河内

续表

报告名称	报告人	会议名称	会议地点
Contributions of Pipe-embedded Envelope on Building Energy Efficiency	李先庭	EU-China Symposiums on Renewable Energy, Energy Efficiency and Phase Change Energy Storage Technologies, July 2018	英国，赫尔
Decreasing energy consumption of heating and air conditioning system with energy-efficient heat pump combined with natural energy	李先庭	Germany International Refrigeration Exhibition (CHILLVENTA 2018), October 2018	德国，纽伦堡
The Approach for Building Energy Efficiency in Emerging Economies Countries	江亿	The 11th International Symposium on Heating, Ventilation and Air-conditioning (ISHVAC 2019), July 2019	中国，哈尔滨
How to create comfortable and healthy indoor environment?--A new opportunity for HVAC	朱颖心	The 11th International Symposium on Heating, Ventilation and Air-conditioning (ISHVAC 2019), July 2019	中国，哈尔滨
How to create comfortable and healthy indoor environment?	朱颖心	Healthy Buildings Asia 2019, October 2019	中国，长沙
Strategy and Practice of Adaptive Thermal Comfort in Low Energy Buildings	朱颖心	IEA EBC Technical Day：Activities of IEA TCP on Energy in Buildings and Communities, June 2019	比利时，布鲁塞尔
Tackling important IAQ problems for healthy buildings in China through multidisciplinary co-operation	张寅平	Healthy Buildings Asia 2019, October 2019	中国，长沙
Knowing Ahead：Using Simulation to Prevent Indoor Air Pollution	杨旭东	International Forum and Workshop on Combined Heat, Air, Moisture and Pollutant Simulations (CHAMPS), October 2019	中国，南京
Clean Urban/Rural Heating in China：the Role of Renewable Energy	杨旭东	The 29th International Photovoltaic Science and Engineering Conference (PVSEC), November 2019	中国，西安
The role of simulation in preventing indoor air pollution：A foregone conclusion?	杨旭东	10th International Conference on Indoor Air Quality Ventilation & Energy Conservation in Buildings (IAQVEC 2019), September 2019	意大利，巴里
Modification of human exposure to ambient PM	赵彬	Healthy Buildings Asia 2019, October 2019	中国，长沙
Target the big problems in indoor air quality control：understanding and practice	张寅平	The 16th International Conference of Indoor Air, November 2020	韩国，首尔
Operation strategy of air conditioning system in public buildings	王宝龙	UNEP Side Event at the thirty second Meeting of Parties to Montreal Protocol (MOP-32), November 2020	线上

续表

报告名称	报告人	会议名称	会议地点
Distributed Energy System	杨旭东	The 2nd International Conference for Global Chinese Academia on Energy and Built Environment, July 2021	中国，成都
Renewable Energy：An Important Driver of Future City Development	杨旭东	High-level Talent Development, Technology City Resilience and Greater Bay Area Sustainability International Conference, July 2021	中国，深圳
New Mission Under Carbon Peak and Carbon Neutrality Commitment in China	杨旭东	10th International Conference on Sustainable Development in the Building and Environment (SuDBE), December 2021	中国，重庆
How to make built environment safe：new challenge	杨旭东	8th International Building Physics Conference, August 2021	丹麦，根本哈根
Quantity and grade of cooling heating load in non-uniform indoor environment	李先庭	The 16th ROOMVENT Conference, September 2022	线上会议
The role of heat pump in building decarbonization	王宝龙	1st International symposium on carbon neutrality, May 2022	中国，南京

（三）国际学术期刊

1. 创办 Building Simulation

2008 年，研究所创办了全球发行的国际学术期刊 *Building Simulation：An International Journal*，由清华大学出版社和国际著名学术出版公司 Springer（施普林格）联合出版发行。2008 年 3 月创刊，2011 年 3 月正式被收录为 SCI 源期刊，SCI 收录范围包括创刊起的所有文章。期刊入选中国科技期刊卓越行动计划等多个国家支持计划，2020 年起进入本领域国际期刊 Q1 区。

杨旭东担任该期刊的创办主编，江亿、比利时列日大学 Jean Lebrun、美国宾夕法尼亚大学 Ali Malkawi 担任创办副主编，聘请全球 40 多位建筑模拟领域著名学者担任编委。2021 年起，由燕达担任期刊主编。

该期刊是世界上第一本有关建筑性能模拟的原创性学术期刊，稿件来自世界各国的研究者，反映了建筑模拟技术在全球建筑科学技术领域中的最新发展与应用水平，主旨在于通过使用各种建筑模拟技术提高建筑设计水平、有效降低全球建筑能源消耗与污染物排放。所有论文都采用双向匿名的国际同行评审。

期刊共设 5 个主题栏目：建筑热、光和声模拟（Building Thermal，Lighting，and Acoustics Modeling）；建筑系统和部件模拟（Building Systems and Components）；室内外空气流动和空气品质模拟（Indoor/Outdoor Airflow and Air Quality）；建筑和人行为模拟（Architecture and Human Behavior）；模拟工具进展（Advances in Modeling and Simulation Tools）。

2. 主编 Springer Nature（施普林格自然集团）出版社出版的 Handbook of Indoor Air Quality

2022 年，张寅平和美国克拉克森大学 Philip Hopke 教授（国际期刊 Science of Total Environment 共同主编）、法国建筑科学研究院 CSTB① 的 Corinne Mandin（国际室内空气质量与气候学会前主席）共同主编了 Handbook of Indoor Air Quality（SpringerNature 出版，2022 年），共 3 卷、72 章、2100 余页，由美国、英国、法国、丹麦、日本等 19 个国家的 136 名专家和学者共同编写。

全球首本 Handbook of Indoor Air Quality（2001 年出版）第 1 主编、美国哈佛大学公共卫生学院前院长、国际室内空气质量与气候学会科学院第 5 任主席 Jack Spengler 教授为该书做序并写道："本书反映了室内空气质量科学多学科的交融特征，室内空气质量正成为保障人类健康、福祉和工作效率最重要的科学领域"。

该手册是全球第 2 本 Handbook of Indoor Air Quality，主要反映了进入 21 世纪 20 多年以来室内空气质量方面的知识更新和研究进展。

（四）参加国际竞赛

全球制冷技术创新大奖赛（Global Cooling Prize，GCP）：2021 年 4 月 30 日，"全球制冷技术创新大奖赛（Global Cooling Prize，GCP）"（落基山研究所、印度政府和使命创新主办）颁奖典礼在北京国家会议中心举行。由王宝龙与石文星指导的清华大学团队和珠海格力电器股份有限公司联合研发的"集成蒸发冷却和太阳能光伏的复合空调器"，融合了超高效蒸气压缩、蒸发冷却及冷凝、机械通风免费供冷和太阳能光伏发电技术，实现了全年运行气候影响减少 85.7%，超越竞赛目标，成为最终获奖的两个团队之一。

全球暖通空调学生科技竞赛（HVAC World Student Competition，HWSC）：全球暖通空调学生竞赛（HWSC）2016 年由欧洲供热、空调协会同盟（REHVA②）、美国供热、制冷、空调工程师协会（ASHRAE）、中国建筑学会暖通空调制冷技术委员会（CCHVAC）、日本供热、空调、卫生工程师协会（SHASE）、印度暖通学会、韩国暖通学会联合发起，面向全球建筑环境与暖通空调领域（包含暖通空调技术、建筑设备、室内环境控制、建筑能源）的大学生科技竞赛，是反映全球暖通空调领域大学生科技创新能力的最高水平赛事。博士生游田凭借《基于热虹吸的复合补热土壤源热泵系统的开发和应用研究》（石文星指导）获得中国区预选赛冠军，并于 2016 年 5 月 24 日代表中国参加了首届全球暖通空调学生科技竞赛，最终获得竞赛第三名；硕士生刘星如凭借其硕士课题作品《单缸滚动转子压缩机制冷剂喷射技术研究》（王宝龙指导）于 2018 年 10 月 26 日代表中国参加第二届全球暖通空调学生科技竞赛，获得竞赛第一名。

---

① Centre Scientifique et Technique de Batiment.

② Federation of European Heating Ventilation and Air Conditioning Associations.

（五）国际学术组织任职

清华大学建筑环境与设备研究所教师承担了多个国际学术组织、学术期刊的会士、主编等重要职务，如表 3.7-3、表 3.7-4 所示。

国际学术组织的任职情况　　表 3.7-3

组织	任职
国际室内空气质量与气候学会（ISIAQ） International Society of Indoor Air Quality	会士（Fellow）： 赵荣义（2002） 江亿（2002） 张寅平（2008） 朱颖心（2009） 杨旭东（2011） 李先庭（2016） 赵彬（2016） 许瑛（2020） 莫金汉（2022）
国际建筑性能模拟学会（IBPSA） International Building Performance and Simulation Association	会士（Fellow）： 朱颖心（2013） 李先庭（2017） 燕达（2019）
国际室内空气质量与气候学会（ISIAQ）	主席：许瑛
国际室内空气质量与气候学会（ISIAQ）科学院	秘书长（2018—2020）、副主席（2020—2022）、主席（2022—2024）：张寅平
国际室内空气质量与气候学会（ISIAQ）科学院 热舒适科学技术委员会	主席：朱颖心
国际室内空气质量与气候学会（ISIAQ）科学院 化学污染源监测评估科学技术委员会	主席：许瑛
国际室内空气质量与气候学会（ISIAQ）科学院 空气净化科学技术委员会	首任主席：张寅平
国际制冷学会 E1 专业委员会	主席：李先庭
国际能源署建筑与社区节能委员会（IEA-EBC） 执委会	委员：杨旭东
国际能源署建筑与社区节能委员会（IEA-EBC）	中国代表：杨旭东
国际能源署集中供热供冷组织（IEA-DHC）	中国惟一代表：夏建军
联合国环境署可持续建筑和气候计划 专家组	成员：杨旭东
美国供热、制冷、空调工程师协会（ASHRAE） 主席特别委员会	委员：杨旭东
美国供热、制冷、空调工程师协会（ASHRAE） 研究管理委员会	委员：杨旭东
国际标准化组织（ISO） ISO/AWI 18501 项目：Performance rating of Positive Displacement Refrigerant Compressor	项目主管： （国际标准起草召集人） 王宝龙

国际学术期刊的任职情况　　表 3.7-4

期刊	任职
Building and Environment	主编：杨旭东 编委：朱颖心、张寅平、赵彬
Building Simulation	主编：燕达 创办主编：杨旭东 副主编：江亿、赵彬 编委：胡姗、莫金汉、夏建军、刘晓华
Indoor Air	副主编：朱颖心 编委：张寅平、许瑛
Energy and Buildings	副主编：张寅平 编委：江亿、李先庭、杨旭东 领域主编：燕达、曹彬
Journal of Building Engineering	副主编：刘晓华、魏庆芃 编委：李先庭
Carbon Neutrality	副主编：张寅平
Journal of Exposure Science & Environmental Epidemiology	副主编：许瑛
Indoor and Built Environment	区域主编：李先庭 编委：王馨
Environmental International	编委：张寅平
Sustainable City and Society	编委：张寅平
International Journal of Ventilation	编委：李先庭
Buildings	编委：王宝龙、燕达
Atmosphere	编委：莫金汉
Scientific Reports	编委：莫金汉
Energy and Built Environment	编委：莫金汉、刘晓华

八、国际交流与合作

2000—2022 年期间，清华大学建筑环境与设备研究所开展的国际交流与合作如下。

（一）多国

1. 承担 IEA-EBC 的国际合作研究项目

国际能源署建筑与社区节能合作委员会（IEA-EBC）是国际能源署（IEA）下设的正式国际合作委员会，专注于建筑与社区节能和低碳领域。该委员会成立于 1977 年，现有 29 个签约成员国，自成立以来相继启动了 80 多个建筑节能方面的国际合作研究项目（Annex），是全球建筑节能领域的权威机构，对各国制定建筑节能政策和技术进步都产生了很大的影响。

从 20 世纪 80 年代开始，清华大学建筑环境与设备研究所教师就通过各种方式参加该机构的活动及多个项目研究。由于是非签约成员国，开始主要以个人名义参加到签约国负责的子课题任务中。随着我国建设领域的快速发展和在建筑节能领域科研实力不断提升，参加的任务也越来越重要。早在 1988 年，江亿就作为英国团队的代表参加 IEA-ECBCS（后更名为 EBC）的 Annex21：Building Thermal Modelling，作为子任务 A 的主要负责人。江亿、朱颖心在 1992 年分别作为英国和日本团队的代表参加 IEA-ECBCS Annex25：Fault Detection and Diagnosis。其中，参加了 Annex25 组织的空调系统故障诊断竞赛，这是二十余个来自不同国家的研究机构参加的比赛。江亿指导的硕士生周强华利用向量空间加规则集的空调系统故障诊断法，准确地根据运行数据判断出所有的故障，获得第一名的成绩。1996 年又与比利时合作，参加了 IEA-ECBCS Annex34：HVAC simulation。

2009 年 9 月 23 日，受国际能源署邀请，由我国住房和城乡建设部签署，我国作为其正式成员加入 IEA-EBC。住房和城乡建设部委托清华大学建筑节能研究中心代表中国参加 IEA-EBC 执委会并行使相关职责。清华大学建筑节能研究中心江亿为该组织中国代表和执委会委员。2015 年起，改由杨旭东任中国代表和执委会委员。杨旭东从 2019 年至今还担任该委员会质量控制分委员会主席。

作为 IEA-EBC 正式成员单位，从 2009 年开始，清华大学参加如下项目：

1）Annex 53：Building energy data，江亿、魏庆芃、燕达等提出建议并承担了项目申请立项工作（由于中国当时不是 ECBCS 成员国，所以请日本吉野博教授作为项目负责人），全面参与其 4 个子任务，2009—2012 年；

2）Annex 59：High Temperature Cooling & Low Temperature Heating in Buildings（建筑高温供冷与低温供暖），主持人：江亿，2012 年 1 月—2016 年 12 月；

3）Annex 66：Definition and Simulation of Occupant Behavior in Buildings"（建筑中人行为定义与模拟），主持人：燕达，2013 年 6 月—2018 年 6 月；

4）Annex 69：Strategy and Practice of Adaptive Thermal Comfort in Low Energy Buildings（适应性热舒适在低能耗建筑中的应用策略与实践），主持人：朱颖心，2015 年 1 月—2022 年 6 月；

5）Annex 85：Indirect Evaporative Cooling（间接蒸发冷却），主持人：谢晓云，2020 年 6 月—2025 年 12 月。

全球 50 多个科研机构的数百位科学家参与上述项目。另作为主要单位参加多个其他项目，组织国内多个科研机构参与到在研的各个项目中，使中国成为主持和参加项目最多的国家之一。中国积极参加该组织各项活动对提高我国在建筑节能领域的国际话语权、扩大国际影响力、增大对国际规则制定的影响起到了重要的作用。清华大学建筑环境与设备研究所教师代表中国参与该组织的活动，对科研水平提升、研究生培养、国际交流和学科建设都起到了积极的促进作用。

以下为清华大学建筑环境与设备研究所教师负责的 4 个项目简介：

1）Annex 59：High Temperature Cooling & Low Temperature Heating in Buildings，2012 年 1 月—2016 年 12 月。

Annex 59 是我国首次在 EBC 主持的 Annex 国际合作项目，由清华大学江亿担任负责人，联合中国、丹麦、意大利、日本、比利时、韩国等 8 个国家的研究机构共同开展研究，有力提升了我国在该领域的国际影响力。该项目从热量、水分“搬运”而非热功转换的全新视角出发，重新认识热湿环境营造过程和组成环节，同时关注冷热量 Q 和品位 $T/\Delta T$ 对营造过程性能的影响，对热湿环境营造系统的能耗根源及各环节效率形成了更本质的阐述。项目共由 4 个子课题组成，分别针对基础分析方法、室内末端采集、热湿处理环节及系统整体特性开展研究，全面理清了各环节损失与系统性能间的作用机理，取得了诸多创新性国际合作研究成果。项目研究成功探索出建筑热湿环境营造过程的新理念、新方法，为新型系统方案、高效设备的构建、开发提供了新思路，为切实降低营造能耗、实现建筑节能奠定了重要的理论基础。

2）Annex 66：Definition and Simulation of Occupant Behavior in Buildings，2013 年 6 月—2018 年 6 月。

Annex 66 由清华大学建筑学院燕达和美国劳伦斯伯克利国家实验室洪天真博士负责，是第一个致力于研究建筑人行为定义和模拟的 Annex 项目。项目自开展以来得到世界各国各高校与研究机构的密切关注，得到来自 17 个国家共 123 名专家学者的参与支持，是 IEA-EBC 参与国家最多的项目之一。项目在执行期间产生了丰富的研究成果，发表超过 120 篇期刊论文，其中包括 1 篇热点论文与 5 篇高被引论文；在 *Building Simulation*、*Journal of Building Performance Simulation* 和 *Energy and Buildings* 等国际 SCI 期刊中组织了四次人行为相关研究专刊；在 ASHRAE、ACEEE①、ISHVAC 等多个国际会议中，共组织开展 28 次人行为主题的研讨会及交流论坛。IEA-EBC Annex 66 项目研究探索出建筑中人行为的标准研究模拟方法与检验方法，促进了该领域在世界范围内各学者之间的合作交流，对建筑性能模拟与建筑节能工作具有积极的推动意义。

3）Annex 69：Strategy and Practice of Adaptive Thermal Comfort in Low Energy Buildings，2015 年 1 月—2022 年 6 月。

Annex 69 由清华大学建筑学院朱颖心和澳大利亚悉尼大学 Richard de Dear 教授共同担任负责人。该项目旨在回答如何定量描述建筑使用者的适应性热舒适这一基础性的科学问题，为室内环境的合理设计、评价和控制方法提供指导，以降低建筑能耗。项目立项后受到广泛关注，来自 13 个国家、32 个研究机构的 48 位知名学者积极参与了项目工作，取得了丰硕的研究成果。项目建立了第二代全球热舒适数据库，包含了来自 23 个国家的 8 万多组完整的现场调查数据，进一步揭示了人体热适应机理，提出了可应用于不同场景的热舒适模型，对热适应理论和个体舒适系统在低碳节能建筑中的应用策略进行了充分的研究。项目在 SCI 国际期刊 *Energy and Buildings* 中组织了 2 期热舒适相关研究专刊，获得了超过 200 篇论文投稿，累计发表文章 70 余篇。IEA EBC Annex 69 项目成功探索出热适应理论在低能耗建筑中的应用策略，为舒适、健康、低碳的建筑室内环境营造提供了重要的理论基础和数据支撑。

4）Annex 85：Indirect Evaporative Cooling，2020 年 6 月—2025 年 12 月。

Annex 85 由清华大学建筑学院谢晓云担任负责人。该项目旨在研究间接蒸发冷却

① American Council for an Energy-Efficient Economy　美国能效经济委员会。

技术在全球适宜气候区应用的可行性，从而为应对气候变化，给出一条满足空调制冷需求但不会大规模增加制冷能耗的全新技术路径。该项目属于 EBC 中偏技术类的国际合作项目，但立项后仍然受到广泛关注，陆续有国家加入，目前已有来自中国、美国、法国等 10 个国家、14 个机构、35 位知名学者参加了这个项目，正在开展密切的国际合作，已经取得了一些阶段性成果。项目分为四个子课题，分别针对示范工程调研、可行性分析、基础研究、模拟工具与标准导则开展合作研究，建立了间接蒸发冷却在全球的示范工程的数据库，提出了间接蒸发冷却过程性能评价的指标体系，对过程冷却性能进行统一表述，对过程的耗电性能和耗水性能进行全面评价，研究间接蒸发冷却过程的热学分析方法，以及不同系统流程和不同装置流程比选方法，建立了蒸发冷却工程的模拟工具并给出典型案例分析。最终形成一本由多国合作的《间接蒸发冷却技术》的著作，给出该技术在全世界不同气候区、不同类型建筑的可行性，并给出在不同应用场景下的设计方法，指导间接蒸发冷却技术在全世界的推广应用。

此外，从 2013 年开始，清华大学建筑节能研究中心建立了与 IEA 总部的合作关系，陆续选派研究生和年轻教师到 IEA 巴黎总部参加为期半年的 IEA 研究工作。陆续有：彭琛、胡姗（两次）、郭偲悦（两次）、李叶茂、张洋等。2015 年 IEA 新任署长法提赫 • 比罗尔（Fatih Birol）上任首访中国，访问了清华大学，并签订了双方长期合作关系。建筑节能研究中心是与 IEA 的主要合作部门。从 2015 年起，每年与 IEA 举办一次年度学术论坛，并联合出版研究报告。历次论坛的活动如下：

2015 年 9 月 10 日，专题研讨会：建筑能耗数据分类及表示方法

2015 年 9 月 11 日，清华 – 国际能源署 联合技术报告《中国建筑用能》发布会
专题讨论会：建筑节能评价标准
专题讨论会：北方城镇集中采暖

2016 年 9 月 21 日，专题讨论会：中国建筑能耗数据与模型

2016 年 9 月 22 日，专题讨论会：北方城镇集中采暖

2017 年 9 月 20 日，专题讨论会：发展中国家建筑能耗

2017 年 9 月 21 日，专题讨论会：中国建筑能耗数据与模型

2017 年 9 月 23 日，专题讨论会：中国 DES 报告 / 区域能源

2017 年 9 月 25 日，公开论坛：建筑中的人行为

2018 年 9 月 18 日，专题研讨会：制冷能效技术与政策

2019 年 9 月 24 日，专题研讨会：建筑制冷能效技术与政策

2020 年 9 月 28 日，专题研讨会：建筑领域的可持续复苏 – 能效与可再生能源

2021 年 11 月 30 日，专题研讨会：建筑领域实现碳中和承诺的路径

2022 年 10 月 27 日，专题研讨会：为 2030 年实现建筑零碳化做准备——供热系统的近期解决方案。

与 IEA 合作陆续出版的英文版研究报告（图 3.8-1）：

2015 年：Building Energy Use in China

2018 年：District Energy Systems in China

2019 年：The Future of Cooling in China

2015 年　　2018 年　　2019 年

图 3.8-1　与 IEA 合作陆续出版的英文版研究报告

2. 首次主持制定建筑节能 ISO 国际标准

——制定《Energy Performance of Buildings — Presentation of measured energy use of buildings》ISO 12655—2013。

21 世纪以来，随着建筑节能国情研究的深入，我们发现必须弄清世界各国建筑、特别是发达国家建筑运行过程中实际用能的状况，开展建筑运行能耗的比较研究，这对于设定我国建筑节能的目标、实现路径非常重要。

2007 年 3 月 22—24 日，在第三届清华大学建筑节能学术周期间，由清华大学和挪威科技大学 NTNU 共同主持，邀请欧美和亚太主要发达国家和地区的政府部门和研究机构专家，来清华参加为期 3 天的建筑运行能耗国际研讨会。研讨会期间，来自挪威、芬兰、荷兰、法国、比利时、美国、日本、韩国、中国香港等地的专家分别介绍了各自国家和地区在建筑运行能耗统计和节能标准方面的情况。经过热烈讨论，发现世界范围内在建筑运行用能的数据表述方面存在很多问题，例如用能边界和终端用能分类不统一，测量得到的冷量、热量、用电和用燃料的统计方法和能量转换方法不统一，甚至建筑面积等基本要素的定义也都不一致。经过此次研讨会，各国专家一致认为有必要开展国际合作，建立建筑用能数据表述方法的统一标准，在此基础上才能进一步进行各国间的能耗比较和深入挖掘差别的原因，否则很可能会因为建筑用能数据表述方法的不一致和不清晰导致研究结论完全错误（图 3.8-2、图 3.8-3）。

2007 年 10 月 28 日，由清华大学和日本东北大学共同主持，在日本仙台举行了第二次工作会议。会议上，来自 9 个国家和地区的专家进行了深入的探讨，江亿建议应在 ISO 立项，制定相关的国际标准，并得到了广泛支持（图 3.8-4）。

2008 年 4 月 25 日，在南京召开的第二十届建筑环境热效能和能源利用标准化技术委员会 ISO/TC163 学术年会上，江亿院士向会议正式提交了标准制定的申请，并与来自瑞典、日本、美国、韩国等 18 个国家的 90 多位国际标准化顶级专家进行了深入探讨。这是该组织第一次移师发展中国家举行会议，也是第一次批准由中国发起并作为召集人的新立项标准项目，编号 ISO/NP 12655，暂定名《建筑真实能耗表述》，归属 ISO/TC 163/WG4 管理，这也标志着我国在这一领域标准化水平达到了国际水准。

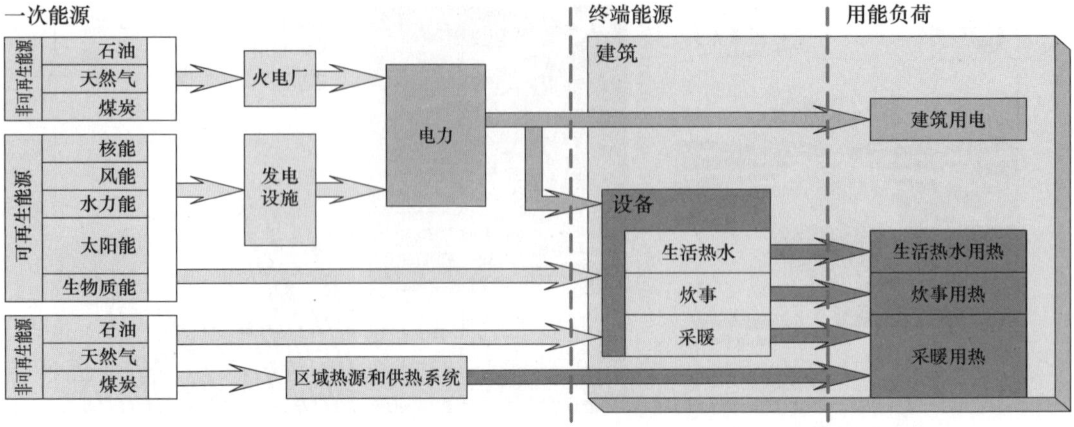

图 3.8-2　2007 年 3 月讨论的建筑用能表述模型的最初设计

图 3.8-3　2007 年 3 月北京研讨会现场及合影

图 3.8-4　2007 年 10 月日本仙台研讨会现场

经过一年的准备，2009 年 5 月 4 日至 8 日，在苏黎世召开的 ISO/TC163 年会上，魏庆芃等代表编制组向会议汇报标准编制准备工作。由于该标准工作领域与 ISO/TC205 交叉，因此 ISO 管理层决定成立联合工作组，在苏黎世年会上 ISO/TC163 决定将该项目整合到 ISO/TC163/WG4 与 ISO/TC205 一起完成标准制订工作，因为 TC 163 技术委员会更偏向建筑节能技术产品和设备，TC 205 偏重建筑节能设计方法和工具等。这一整合理顺了各领域的工作关系，扫清了体系上的障碍，拓宽了该标准的应用领域。但需要经各国代表投票表决，最终以 19 个国家同意、1 个国家反对、1 个国家弃权通过了该标准工作，项目正式立项。

2009 年 5 月 11 日—13 日，在意大利都灵理工大学举行 IEA ECBCS（现更名为 EBC①）Annex 53 第二次工作会议上，魏庆芃、杨秀、肖贺等向会议汇报了 ISO 标准的进展，并征得工作组同意，将 ISO 标准作为 Annex 53 Subtask A 的主要成果。实际上本国际标准的申请立项及编制和研究工作，始终与 Annex 53 的工作协同。在获得新标准工作项目立项申请后的 2008 年 8 月 25 日，江亿在芬兰 VTT 组织和主持召开了多国代表参加的研讨会，共同策划申请 IEA ECBCS Annex 国际合作研究项目，推动各国开展建筑用能数据收集、比对、分析和解读工作。2008 年 10 月，江亿邀请美国 LBNL② 的 Mark Leven 博士、日本东北大学吉野博教授、比利时列日大学 Jean Lebrun 教授、芬兰 VTT③ 的 Jorma Pietilainen 教授等来清华，共同完成了 Annex 申请报告。2008 年 11 月江亿赴华盛顿参加 IEA ECBCS 理事会，正式提出 Annex 立项申请，并经理事会表决通过定为 Annex53。由于中国当时不是 IEA ECBCS 成员国，所以请日本吉野博教授作为项目负责人，并将 ISO 标准编制工作与 IEA Annex 53 的研究工作有机结合，提升了工作成果质量。

2009 年以后，由江亿牵头、刘晓华、魏庆芃、杨秀、赵康、肖贺等组成编制组，逐步完善 ISO 标准文本，并在多次会议上汇报标准编制进展、对征求得到的各个国家的修改意见进行反馈，包括：2009 年 10 月美国奥兰多联合工作组会议（魏庆芃参加）、2010 年 11 月澳大利亚悉尼联合工作组会议（刘晓华、魏庆芃、赵康参加）、2011 年 3 月中国北京 WG4 工作组会议（江亿、刘晓华组织）、2011 年 9 月美国芝加哥 TC 163 年度会议（江亿、刘晓华、赵康参加）、2012 年 9 月法国拉罗谢尔 TC 163 年度会议（刘晓华、魏庆芃参加）、2013 年 2 月荷兰代尔夫特 WG4 工作组会议（魏庆芃参加）。最终于 2013 年 9 月瑞典斯德哥尔摩 TC 163/TC 205 联合年度会议上（魏庆芃参加）获得各国代表投票批准，以 ISO 12655 Energy Performance of Buildings — Presentation of measured energy use of buildings 正式出版发行。与此同时，IEA ECBCE Annex 53 也接近结题，通过 ISO 标准和 IEA Annex 项目，在明确数据标准的基础上，江亿带领团队开启全面推动各国建筑用能数据比对与分析研究工作。

3. 人体热舒适

20 世纪 80 年代，赵荣义在瑞典皇家工学院做访问学者期间，与 Folke Peterson 教授多次研讨有关人体局部和整体热环境暴露的热反应问题。其后在 Peterson 教授指导下，教研组派出留学生王小玲利用风洞开展了稳态空气流动人体热反应研究。1985 年，赵荣义访问丹麦技术大学，与 P. O. Fanger 教授初次建立联系并了解丹麦技术大学 International Center of Indoor Environment and Energy（ICIEE④）在人体热舒适方面的诸多

① Energy in Buildings and Communities，建筑与社区节能。

② 劳伦斯伯克利国家实验室。

③ 国家技术研究中心。

④ 国际室内环境与能源研究中心。

研究工作。回国后，赵荣义带领团队启动了人体动态热舒适研究，并长期与 Fanger 教授保持学术联系，开展了多次学术互访。

1991 年，为开展国际学术交流，赵荣义组织在清华大学首次举办了 International Symposium of Heating，Ventilating and Air-conditioning（ISHVAC 1991），并确定以后每四年一届。Fanger 教授做了热舒适和感知空气质量方面的学术报告，并顺访了清华大学空调实验室。

2002 年，江亿、赵荣义、朱颖心等师生约 10 人赴美国蒙特利参加了第 9 届国际室内空气大会（International Conference of Indoor Air），此次大会上，宣布江亿、赵荣义当选为国际室内空气质量与气候学会会士（ISIAQ Academy Fellow），成为中国大陆首批会士（Fellow）。参会期间，清华团队还进行了第 10 届国际室内空气大会（Indoor Air 2005）的申办，并获得成功。

2005 年，吴良镛院士作为大会主席，江亿院士、赵荣义教授、陈清焰教授（美国普渡大学）作为大会副主席，在北京主办了第 10 届国际室内空气大会，这是该系列会议首次在发展中国家举办，参会代表千余人，会议取得圆满成功。以此次会议为契机，我国热舒适领域学者大大增进了与国外学者之间的相互了解。

2007 年，适应性热舒适理论的最初提出者之一、英国学者 Fergus Nicol 教授来华参加了在清华大学举办的 ISHVAC 2007 会议，并邀请清华师生参加由他发起的温莎会议（Windsor Conference），该会议每两年举办一次，是专门讨论热舒适议题的系列学术会议，会议地点固定在英国温莎城堡附近的皇家别墅 Cumberland Lodge。2008 年，硕士生曹彬随江亿院士一起参加了温莎会议，江亿院士做了主旨报告。此后，2014 年、2016 年、2018 年举办的温莎会议，朱颖心、曹彬均率研究生参会并做学术报告。2018 年底，Nicol 教授应曹彬邀请，对清华建环研究所进行学术访问，其间举办学术讲座，为师生介绍了适应性热舒适思想的由来。2020 年，温莎会议因疫情影响未能举办，此后该系列会议遗憾终止。

2008 年，适应性热舒适模型的建立者之一、澳大利亚悉尼大学 Richard de Dear 教授（当时为麦考瑞大学教授）访问清华大学，了解了建环研究所在热舒适方面的研究工作。2010 年，de Dear 教授应朱颖心邀请，再次来访，自此奠定了与清华大学的长期密切联系。2015 年，de Dear 教授利用学术休假机会，在清华大学建筑环境与设备研究所访问半年，多次为师生开展讲座，并参与指导博士生、硕士生课题。此后，2017 年、2018 年、2019 年，de Dear 教授应曹彬邀请，连续三年来清华进行短期访问交流。2019 年，博士生纪文杰赴悉尼大学，在 de Dear 教授团队进行了为期一年的访问研究。

2009 年，朱颖心当选为国际室内空气质量与气候学会会士（ISIAQ Academy Fellow）。2011 年，在美国奥斯汀举办的第 12 届国际室内空气大会上，朱颖心做大会报告（Plenary Speech）。2014 年，在中国香港举办的第 13 届国际室内空气大会上，朱颖心做主旨报告（Keynote Speech），并当选为国际室内空气质量与气候学会热舒适科学技术委员会主席，曹彬担任秘书。

2012 年，美国加州大学伯克利分校（UC Berkeley）建筑环境中心（Center for the Built Environment，CBE）主任 Edward Arens 教授、张慧教授应朱颖心邀请，访问清华

大学建筑环境与设备研究所。其间，组织了一次热舒适学术研讨会，国内众多高校的热舒适领域专家学者前来参会。Arens 教授、张慧教授介绍了 CBE 的总体情况，并就局部热暴露、动态气流等方面的研究工作进行了专题报告。此后，清华建环研究所与 CBE 在热舒适研究方向上保持了长期的交流与合作，博士生黄莉、罗茂辉、陈威铭相继到 CBE 进行为期半年或一年的访问研究，博士生王者、罗茂辉在毕业后前往 CBE 做博士后。

2014 年，朱颖心向国际能源署建筑与社区节能合作委员会（IEA-EBC）申请设立多国合作项目“适应性热舒适在低能耗建筑中的策略与实践（Strategy and Practice of Adaptive Thermal Comfort in Low Energy Buildings）”。经过一年的准备，2015 年该项目正式立项，是 IEA-EBC 围绕热舒适议题设立的第一个项目，编号为 Annex 69。朱颖心担任项目负责人（OA，Operative Agent），曹彬担任秘书长，并邀请了 Richard de Dear 教授担任联合负责人（Co-OA），UC Berkeley 的 Edward Arens 教授、丹麦技术大学 ICIEE 主任 Bjarne Olesen 教授担任子课题负责人。项目立项后受到广泛关注，来自 13 个国家、32 个研究机构的 48 位知名学者积极参与了项目工作。项目每年召开两次研讨会，相继在中国北京、英国伦敦、韩国首尔、丹麦哥本哈根、德国卡尔斯鲁厄、加拿大温哥华、印度艾哈迈达巴德、中国哈尔滨举行会议，后期受疫情影响改为线上会议。项目历时 8 年，于 2022 年结题，取得了丰硕的研究成果。

在学校外专经费的支持下，清华大学建筑环境与设备研究所曾连续多年邀请国际人体热舒适领域的著名学者来清华大学开展访问研究（2020 年至今由于疫情影响而暂停），包括澳大利亚悉尼大学 Richard de Dear 教授、英国伦敦大学学院 Fergus Nicol 教授、丹麦技术大学 Bjarne Olesen 教授及 Jørn Toftum 教授、荷兰代尔夫特理工大学 Philomena Bluyssen 教授等。此外，在国家留学基金委和学校国际交流项目的支持下，清华大学建筑环境与设备研究所热舒适方向也派出多人到国际著名专家团队处开展访问研究、攻读学位或做博士后，包括：张宇峰（丹麦技术大学，访问研究）、曹彬（美国哈佛大学，博士后）、黄莉（美国 UC Berkeley，访问研究）、王者（英国剑桥大学，攻读硕士；美国哈佛大学，访问研究；美国 UC Berkeley、LBNL，博士后）、罗茂辉（美国 UC Berkeley，访问研究、博士后）、纪文杰（澳大利亚悉尼大学，访问研究）、张楠（美国斯坦福大学，访问研究）、陈威铭（美国 UC Berkeley，访问研究）等。

基于充分的国际交流与合作，研究所在热舒适领域的研究工作为国际学术界所了解，也得到了高度的肯定。朱颖心于 2018 年被日本供热、空调、卫生工程师协会授予“井上宇市亚洲国际奖”，是该奖项首位热舒适领域的获奖者。曹彬于 2019 年被美国供热、制冷、空调工程师协会 ASHRAE 授予“拉尔夫·内文斯生理与人类环境奖”，2020 年，曹彬获得国际室内空气质量与气候学会“Yaglou 杰出青年科学家奖”，是该奖项在热舒适领域的第一位获奖者。

4. 室内空气质量

1999 年，清华大学和香港理工大学在深圳市联合主办了 International Symposium of Heating，Ventilating and Air-conditioning（ISHVAC99）。江亿任会议主席，香港理工大学牛建磊教授和清华大学张寅平任秘书长。丹麦技术大学 Fanger 教授参会后顺访了清华大学建筑环境与设备研究所，并做了热舒适和感知空气质量方面的学术报告，引起了广大师生的极大兴趣。

2002 年，丹麦技术大学 Fanger 教授委托在那里做访问研究的博士生杨建荣（导师彦启森）联系江亿和赵荣义，问他们是否愿意主办拟在 2005 年召开的第 10 届国际室内空气大会（9th Inter. Conf. of Indoor Air，该系列会议由 Fanger 教授 1978 年在丹麦哥本哈根创办）。

为此，2002 年江亿、赵荣义、朱颖心等师生约 10 人赴美国 Monterey 参加了第 9 届国际室内空气大会（9th Inter. Conf. of Indoor Air），在会上进行了第 10 届国际室内空气大会（10th Inter. Conf. of Indoor Air）的申办并获成功，江亿和赵荣义也因为他们在室内空气领域多年的贡献当选国际室内空气质量与气候学会会士（ISIAQ Academy Fellow），成为中国大陆首批 Fellow。

2002 年 9 月在丹麦哥本哈根大学举办了 The 8th Inter. Conf. on Air Distribution in Rooms（Roomvent）会议，会议主席为 Arsen Melikov 教授。清华大学赵荣义、张寅平、孙淑凤博士后、杨建荣博士生、张宇峰博士生等参加了会议，参观了丹麦技术大学 Inter. Center of Indoor Energy and Environment（ICIEE），目睹了该领域顶级专家和研究所的风采，深刻感受到我们和他们在实验条件上的巨大差距，激发了我们的追赶意识。2002 年以后，清华大学建筑环境与设备所老师积极申请国家基金委面上基金、重点基金项目，以及科技部科技支撑计划和重点研发项目，并和国内外企业开展合作，室内空气质量领域的研究进入了高速发展阶段。其后赵荣义、张寅平多次应 ICIEE 中心主任 Fanger 教授邀请到 ICIEE 作访问研究，多位博士生如曾庆帆、李俊、杨建荣、莫金汉、徐秋健等应邀在那里做为期半年或一年的访问研究。ICIEE 在室内空气环境领域举世公认的高水平研究成果、多学科交叉的学术思想、面向全球开放的学术氛围、超前的学术远见以及优良的实验条件给清华大学访学师生留下了深刻印象，同时也认识了该中心来自不同国家的该领域知名学者，如 Jan Sundell 教授（瑞典籍，时任 Indoor Air 主编），Arsen Melikov 教授（保加利亚人），Geo Glausen 教授（丹麦籍），David Won 教授（英国籍），房磊副教授（华裔），Pawel Wargocki 副教授（波兰裔）以及来自美国罗格斯大学的 Charles Weschler 教授等。

2005 年 4 月，江亿敏锐地注意到我国迅速增长的室内空气质量控制需求和亟待解决的科学问题，申办了主题为“室内空气污染控制与改善”的 251 届香山会议，国内外室内空气领域的 50 余名知名学者参会研讨，江亿、中国科学院化学所赵进才教授（2011 年当选中科院院士）和美国雪城大学张建舜教授任会议执行主席，张寅平担任秘书长。海外代表还有美国 UIUC① 的张源辉教授、香港大学李玉国教授和香港理工大学牛建磊教授。

2005 年，吴良镛院士作为大会主席，江亿院士、赵荣义教授、陈清焰教授（美国普渡大学）作为大会副主席在北京主办了第 10 届国际室内空气大会（10th Inter. Conf. of Indoor Air），这是该系列会议首次在发展中国家举办。参会代表千余人，会议取得圆满成功，大大增进了国内外室内空气领域学者的互相了解。会后陈清焰教授争取到大量

① University of llinois at Urbana-Champaign，伊利诺伊大学厄巴尔纳 - 香槟分校。

会议论文在多个国际期刊出版 Special Issue，为扩大此次会议的学术影响做出了重要贡献。会议期间杨旭东、赵彬、李先庭、张寅平、李晓锋和广大研究生等为会议做了大量服务工作，得到与会代表的认可。

2005 年，杨旭东辞去美国迈阿密大学终身教职，全职加入清华大学建筑环境与设备研究所，并于当年入选教育部特聘教授和清华大学百名人才引进计划。他在清华大学建筑环境与设备研究所建立了室内空气质量实验室和研究团队，重点聚焦大型飞机座舱环境控制和农村室内环境研究。2007 开始与波音公司开展 10 年持续合作，对 100 余架不同类型客机座舱环境进行了登机测试，开发了飞机座舱环境污染物数据库、座舱污染物模拟控制软件。这些成果大部分公开发表。2011 年参与国家“973”项目并在我国大飞机座舱环境标准、设计、控制技术等方面开展了系列工作。在农村室内污染方面控制方面，与美国加州大学伯克利分校 Kirk Smith 教授、哈佛大学 Majid Ezzati 教授等开展多项国际合作，于 2008 年提出“无煤村”理念和技术路径被 Nature、CCTV① 等专题报道。

2006 年，Fanger 教授邀请张寅平 2007—2008 年去作为期 3 个月的 Otto Mønsted 访问教授。不幸的是 Fanger 教授在 2006 年 10 月访问美国雪城大学（Syracuse University）期间因血管瘤破裂突然辞世。2007 年、2008 年张寅平在丹麦技术大学作访问教授期间，进一步结识了多位在那里访问的室内空气质量领域知名教授或学者，如：美国罗格斯大学的 Charles Weschler 教授、雪城大学的张建舜教授、香港大学的李玉国教授、德国弗朗霍夫学会木材研究所的 Tunga Salthammer 教授、哈佛大学的 Jack Spengler 教授、加州大学伯克利分校的 Williams Nazaroff 教授，瑞典的 CG Bornehag 教授，并在其后邀请他们来清华访问并开展了合作研究。2008 年张寅平应邀在第 11 届国际室内空气大会（丹麦哥本哈根）做了大会主旨报告，成为在中国境外举办的国际室内空气大会作主旨报告的首位华人，并和香港大学的李玉国教授当选国际室内空气质量与气候学会会士。2009 年国际健康建筑（Healthy Building）大会在美国雪城大学举办，江亿院士、李玉国教授（香港大学）做了大会主旨报告，朱颖心在此次会议上当选国际室内空气质量与气候学会会士。

2009 年国际室内空气质量与气候学会科学院前主席、国际室内空气领域著名期刊 Indoor Air 主编瑞典籍教授 Sundell 应邀来清华大学成为全职教授。他在建筑通风量对人健康的影响、室内环境对儿童健康的影响研究方面做出了重要贡献，并在瑞典、丹麦、保加利亚、新加坡、韩国开展了系列研究。2010 年他和张寅平、李百战（重庆大学）共同发起并组织了中国家庭儿童健康（China，Children，Home，Health，简称 CCHH）研究，研究在我国北京、上海、哈尔滨、武汉、南京、西安、长沙、乌鲁木齐等 10 城市开展，10 多所高校的研究者参与，调研了我国 4.8 万余名儿童家庭环境和健康状况，首批 13 篇论文 2013 年在《科学通报》中、英文专辑发表，其中首篇论文成为该专辑封面文章，China Daily 发文为此特别进行了报道。至今在国际期刊上发表的 CCHH 论文已超过 30 余篇。2009 年张寅平组织包括清华大学 Jan Sundell 教授，UT Austin 的 Rich Corsi 教授、香港大学李玉国教授、雪城大学的张建舜教授、丹麦技术大学 Pawel

① 中国中央电视台。

Wargocki 副教授等 14 位中国、丹麦、美国国际专家启动了室内空气净化技术的综述论文撰写工作，从数据收集、分析和论文撰写共历时 3 年，先后在长沙、桂林、美国雪城组织研讨会，并于 2011 年发表在 *Atmosphere Environment* 上。

2011 年第 12 届国际室内空气大会在美国奥斯汀举办，杨旭东当选国际室内空气质量与气候学会会士，许瑛（清华大学建环专业 97 年本科入学、2004 年获硕士学位，后在美国 Virginia Tech 获得博士学位，导师为 Little 教授）获得国际室内空气质量与气候学会 "Yaglou 杰出青年科学家奖"，成为获此奖的首位大陆出生的学者（该奖 1999 年设立，2014 年及以前每 3 年全球奖励一位 37 岁以下在国际室内空气领域做出突出贡献的优秀青年学者）。

2011 年 6 月，杨旭东当选为美国供热、制冷、空调工程师协会会士（ASHRAE Fellow）。他曾在 ASHRAE 担任研究管理委员会（Research Administration Committee）委员、ASHRAE 主席特别委员会委员、中国暖通空调学会 ASHRAE 代表、ASHRAE 技术委员会投票会员、秘书等。2000 年获 ASHRAE New Investigator Award，2008 年和 2017 年分别获 ASHRAE Distinguished Service Award 和 ASHRAE Exceptional Service Award。他指导的博士生孙筱、杨珅分获 ASHRAE Grant-in-Aid。

2013 年 8 月 19—23 在瑞士 Basel，国际环境流行病学会、国际暴露科学学会和国际室内空气质量与气候学会 ISIAQ 联合举办学术大会，参会代表 1800 余人。张寅平教授等参会，博士生蔚文娟获 Best poster paper（共 4 篇论文获奖）。

2014 年张寅平和美国杜克大学 Jim Zhang 教授、罗格斯大学 Charles Weschler 教授合作申请成功国家自然科学基金委重大国际合作项目，开展了室内空气污染暴露及对人的健康危害机理研究，发现由高电压等离子空气净化器产生的低浓度臭氧（远低于国家标准阈值）对人的呼吸道和心血管系统有健康损坏，合作论文发表在国际医学领域著名期刊《美国医学会刊－内科学》JAMA-IM[①]（2021 年影响因子 44.4）上，被清华大学校园网作为科技新闻特别报道。其后又合作发现负离子空气净化器对人的健康有负面影响。

2014 年清华大学建筑学院建筑技术科学系校友香港大学李玉国教授在香港成功主办了第 13 届国际室内空气大会，江亿院士、刘加平院士（西安建筑科技大学）应邀做了大会 Plenary，朱颖心、张寅平和杨旭东应邀做了 Keynote，李先庭和赵彬在此次会议上当选国际室内空气学会会士。

2016 年第 14 届国际室内空气大会在比利时根特举办，张寅平教授应邀做了大会 Plenary，莫金汉博士获国际室内空气质量与气候学会 "Yaglou 杰出青年科学家奖"（该奖 2016 年起由以前每 3 年改为每 2 年奖励一位），成为获此奖的首位大陆获得博士学位的学者。张寅平自 2016 年担任国际电工委员会（IEC[②]）家用和类似用途空气处理器具联合工作组的国际注册专家，负责国际空气净化器标准 IEC 63086 的技术工作，该标准已于 2020 年在国际 IEC 140 多个成员国正式发布实施。莫金汉自 2019 年起担任上述

① *Journal of the American Medical Association Internal Medicine.*

② *International Electrical Commission.*

联合工作组新风净化设备性能测试标准分工作组的主席。

2018 年第 15 届国际室内空气大会在美国费城举办，杨旭东应邀做了大会 Plenary，张寅平当选国际室内空气质量与气候学会科学院秘书长，博士生田恩泽获优秀学生论文奖。

2020 年第 16 届国际室内空气大会在韩国首尔举办（因新冠疫情改为线上举办），张寅平应邀做了大会主旨报告（Plenary），并当选国际室内空气质量与气候学会科学院副主席。许瑛当选国际室内空气质量与气候学会会士和候任主席，曹彬获国际室内空气质量与气候学会“Yaglou 杰出青年科学家奖”。

2021 年起，杨旭东担任本领域国际著名学术期刊 *Building and Environment* 的共同主编（Editor-in-Chief），这是中国大陆学者首次担任该刊主编。之前在 2008—2020 年，杨旭东一直担任该刊的副主编（Associate Editor）。

2022 年第 17 届国际室内空气大会在芬兰库奥皮奥举办，我校校友李玉国教授荣获国际室内空气质量与气候学会最高学术奖 Pattenkofer 奖（该奖自 20 世纪 90 年代设立以来 2014 年以前每 3 年、2014 年以后每 2 年奖励一位在国际室内空气领域做出杰出贡献的科学家），许瑛应邀做了大会主旨报告（Plenary）并当选国际室内空气质量与气候学会主席，张寅平当选国际室内空气质量与气候学会科学院主席。莫金汉当选国际室内空气质量与气候学会会士，在清华大学建筑环境与设备研究所毕业获得博士学位后在法国建筑科学研究院工作的蔚文娟获国际室内空气质量与气候学会“Yaglou 杰出青年科学家奖”。自此，在全球 12 位 Yaglou 奖获奖者中，有 3 位清华大学毕业的博士生和 1 位清华大学毕业的硕士生（许瑛在美国获博士学位），占总获奖人数的 1/3。

2017—2021 年间，在国家科技重点研究计划项目“室内空气质量控制基础理论和关键技术”资助下，张寅平和芬兰 Hänninen Otto 教授、法国 Corinne Mandin 教授以及国内多位公共卫生领域的专家合作开展了室内空气污染疾病负担调研，在 Indoor Air 上以“室内空气污染疾病负担”为主题出版了专辑（Special Issue，2022），包括 9 篇论文和 1 篇 Editorial。

2022 年张寅平和美国克拉克森大学 Philip Hopke 教授（国际一流期刊 Science of Total Environment 共同主编）、法国建筑科学研究院的 Corinne Mandin（国际室内空气质量与气候学会前主席）共同主编了 Handbook of Indoor Air Quality（2022 出版，SpringerNature），共 3 卷、72 章、2100 余页，136 位作者来自 19 个国家。全球首本 Handbook of Indoor Air Quality（2001 年出版）第 1 主编、美国哈佛大学公共卫生学院前院长、国际室内空气质量与气候学会科学院第 5 任主席 Jack Spengler 教授为该书做序并写道：“本书反映了室内空气质量科学多学科的交融特征，室内空气质量正成为保障人类健康、福祉和工作效率最重要的科学领域”。该手册是全球第 2 本 Handbook of Indoor Air Quality，主要反映了进入 21 世纪 20 多年以来室内空气质量方面的知识更新和研究进展。

2010—2019 年（2020 年后由于新冠疫情暂停），清华大学建筑环境与设备研究所每年都在清华大学外专经费或国际合作项目资助下邀请到国际室内空气领域的著名或知名学者来清华大学做为期 1 月以上的访问研究，包括美国罗格斯大学 Charles Weschler

教授、美国弗吉尼亚理工 John Little 教授、德国弗朗霍夫木材研究所 Tunga Salthammer 教授、美国雪城大学 Jensen Zhang（张建舜）教授、美国杜克大学 Jim Zhang 教授、美国克拉克森大学 Philip Hopke 教授、法国建筑科学研究院 Corinne Mandin 教授，并和他们都有合作论文发表。其中 Charles Weschler 教授几乎从未间断，2018 年获评清华大学杰出访问教授（Outstanding Visiting Professor）。

2005 年以后，研究所注意利用国家、清华大学或对方提供的国际交流基金、委派研究生到发达国家知名大学或专家处做访问研究，一些硕士研究生毕业后去国外攻读博士学位，还有一些博士生毕业后去国外做博士后研究。包括：许瑛（美国 Virginia Tech①，读博）、莫金汉、徐秋健（丹麦 DTU，访问研究）、刘哲（美国 Virginia Tech，读博）、梁苡睿（美国得克萨斯大学奥斯汀分校，读博）、刘聪（美国佐治亚理工，博士后）、蔚文娟（美国 NIST②，访问研究）、龚梦艳（美国 NIST，博士后）、严伟（美国 Virginia Tech，访问研究）、程瑞（英国剑桥大学，访问研究）、黄少丹（美国哈佛大学，博士后）、曹建平（美国 Virginia Tech，博士后）、向建帮（美国杜克大学，访问研究；华盛顿大学，博士后）、田恩泽（美国 MIT，访问研究）、杨珅（瑞士 EPFL，博士后）。

2008 年以后，由于研究所在室内空气质量方面研究以及和海外学术交流的深入，到清华大学做学术交流的国际专家和研究生、本科生日益增多，其中应邀来访的包括：哈佛大学公共卫生学院前院长 Jack Spengler 教授、Petros Koutrakis 教授，加州大学伯克利分校 Kirk Smith 教授（美国科学院院士）、Williams Nazaroff 教授、美国得克萨斯大学奥斯汀分校土木环境工程系主任 Richard Corsi 教授（现为加州大学戴维斯分校工程学院院长）、美国佐治亚理工 Armistead Russel 教授、英国卡迪夫大学 Caroline Widdowson 博士、美国罗格斯大学环境与职业健康研究院临床和职业医学部主任 Howard Kipen 教授、挪威奥斯陆大学教授 Armin Wisthaler、瑞典国家检测和研究局 Carl-Gutaf Bornehag 教授、丹麦奥尔堡大学 Alireza Afshari 教授、美国普渡大学陈清焰教授、荷兰代尔夫特大学 Philomena Bluyssen 教授、美国 UIUC 分校的张源辉教授、美国加州大学 Irvine 分校助理教授 Manabu Shirawa 博士、日本早稻田大学 Shinich Tanabe 教授、日本东京大学加藤信介教授和大冈龙三教授、日本东北大学的吉野博教授和池田灯教授、英国 Indoor and Built Environ. 主编 Chuck Yu 博士。到张寅平课题组学习或访问 3 个月以上的国外博士生、硕士生和本科生有：美国加州大学伯克利分校的博士生 Nazim Mullen、硕士生 Jonathan Lemmond、挪威科技学院的 Jenifer Lamson、Line Karsen、Hilde Folleso、Vu Van Tran，Idun Nvgard Egeli、丹麦奥尔堡大学博士生 Michal Pomianowski，丹麦技术大学硕士生 Gigi Chin，Christopher，英国伯明翰大学的博士生 William Stubbings、Sandra Brommer，美国哥伦比亚大学硕士生张韵然、亚琛工业大学 Sebastian Guese，美国杜克大学博士生 Drew Day、Xiaoxing Cui。

概言之，国际合作对清华大学建筑环境与设备研究所在室内空气质量领域的科研、教学、研究生培养和国际影响力提升发挥了重要作用。

① 弗吉尼亚理工学院暨州立大学。

② National Institute of Standards and Technology，美国国家标准与技术研究院。

（二）美国

1. 劳伦斯伯克利国家实验室 LBNL

劳伦斯伯克利国家实验室（Lawrence Berkeley National Laboratory，LBNL），是美国最杰出的国家实验室之一。该实验室的能源技术方向（Energy Technologies Area，ETA）主要从事清洁能源技术研发和工程应用研究，研究领域覆盖建筑用能、建筑室内环境、储能技术、智能电网、智慧交通、宏观能源数据分析和气候变化影响研究等，是能源领域具有全球影响力的顶尖学术研究机构。

江亿 1992 年首次访问 LBL（以后更名为 LBNL），以后又多次访问，并就 DeST 热环境动态模拟、建筑 HVAC 控制、中美建筑能耗比较、人的行为对建筑能耗的影响以及未来城市能源系统等做了多次专题报告（午间报告和特邀讲座）。2013 年作为评审专家组成员参与了 LBNL 建筑环境与系统部的国际评估。LBNL 的副主任、美国工程院院士、DOE 助理部长 Dr. Arun Majumdar、LBNL 建筑环境与系统部部长 Mark Levine（后来成为 LBNL 中国能源组组长）等多次访问清华大学，与清华大学建筑环境与设备研究所深入交流。

博士毕业生洪天真于 2007 年进入 LBNL 的能源技术方向进行科研工作，主持了建筑性能仿真软件 EnergyPlus 软件的开发，是 EnergyPlus 软件核心领导开发者之一，并在建筑、城市能耗模拟仿真等领域开展了深入研究。2013 年，洪天真博士与清华大学建筑环境与设备研究所燕达共同负责立项了 IEA EBC Annex66 项目“Definition and Simulation of Occupant Behavior in Buildings”（建筑中人行为定义与模拟），该项目探索了建筑中人行为的模拟与检验方法，对建筑性能仿真与建筑节能工作有着积极推动意义。

清华大学建筑环境与设备研究所也先后派出多名研究生包括王闯（2010）、朱丹丹（2011）、周欣（2012）、孙开宇（2013）、张崎（2013）、任晓欣（2014）、杨乐（2015）、丰晓航（2015）、崔莹（2016）、安晶晶（2017）、郭偲悦（2018）、钱明杨（2019）等前往 LBNL 进行交换访学，开展一系列围绕建筑性能仿真、建筑人行为模拟等合作科研工作，期间研究所与 LBNL 共同发表了研究报告、SCI 论文等多种类型的成果，另外，2014—2015 年，清华大学建筑环境与设备研究所孙红三前往 LBNL，与实验室联合开发了建筑人行为仿真模块 obFMU，该模块提供了可靠接口，可与多种建筑性能仿真软件兼容，包括 EnergyPlus、DeST 等，进行建筑内人员的位移、开窗行为、空调行为等多方面模拟仿真。该模块已签署了联合开发协议，形成清华大学与 LBNL 共有的知识产权。目前，obFMU 已广泛应用于国内外 267 个机构的科学研究中，并获得了多位国际知名学者的高度评价。

LBNL 也先后派出了 Mary Ann Piette（2014），Michael Wetter（2015）等多名学者多次到访清华大学进行访学研究。同时，LBNL 的洪天真博士也多次到访清华大学（2017，2019）进行了深入的交流与合作研究。

2011—2021 年，在科技部国际科技合作重点专项“中美清洁能源联合研究中心（CERC）”中，清华大学与 LBNL 共同参与了中美双方的合作研究，开展两期共 10 年的针对建筑节能关键技术持续深入的研究工作，形成了合作期刊论文、共有知识产权软件、联合报告等重要产出。

2. 麻省理工学院 MIT

1991 年建筑环境与设备研究所在清华大学举办首届 ISHVAC 国际会议，MIT 建筑学院建筑技术专业主任 Leon Glicksman 教授出席并做了大会报告。了解了研究所当时开展的建筑动态热环境、室内空气流动以及管网流动模拟等方面的研究，非常感兴趣，确定了初步合作意愿，开启了两校学术交流的序幕。

1994 年，江亿出席 IEA-ECBCS（IEA-EBC 的前身）Annex25 国际合作项目在 MIT 举行的工作会议，并访问了 MIT。

1995 年，研究所 1978 级毕业生陈清焰，在荷兰代尔夫特理工大学取得博士学位并任职数年后，加入 MIT 建筑技术专业担任助理教授，从此加强了两个专业之间的合作与交流。

1996 年，杨旭东作为博士生加入 MIT，师从陈清焰教授并于 1999 年获得博士学位。博士论文研究方向为建筑材料挥发性有机化合物散发及对室内空气质量的影响。杨旭东博士毕业后到佛罗里达的迈阿密大学担任助理教授、终身副教授、系主任助理，2005 年辞去国外教职，在清华大学百人计划时被全时引进回清华大学建筑环境与设备研究所任教，同年入选教育部“长江学者”特聘教授。

1998 年年初，MIT 获得丹麦王室基金资助，联合日本东京大学和清华大学开展中国城市居住建筑节能和生态社区研究，Glicksman 教授和陈清焰教授等多次访问清华大学，与清华大学建筑环境与设备研究所开展深入合作。1998 年 7 月美国 MIT 的 Leon Glicksman、Leslie Norford、Andrew M. Scott 三位教授来华访问，就可持续发展的住宅进行了交流。研究所也借此机会与清华大学建筑学院的秦佑国院长、袁镔教授等对绿色建筑有颇多研究的建筑学和建筑技术领域教师开展合作，共同与北京万科和深圳万科、北京天鸿集团等房地产企业合作，研究未来的绿色建筑和生态社区，提出一系列的强调自然通风和自然采光的节能住宅建筑方案，并开始了社区微气候及生态环境模拟和评估研究。此研究成果作为 MIT 校刊封面文章专题报道。江亿、秦佑国、朱颖心、狄洪发、博士生是王鹏等在此期间多次访美。特别是 1998 年秋季江亿应邀访问 MIT，结合本研究和大量实测及模拟分析结果，就动态自然风特性做了学术报告，第一次提出室内环境营造应符合“天人合一、顺应自然”的理念，得到了 MIT 相关师生的强烈反响和认同。1999 年，江亿应 MIT 的 Glicksman 教授邀请，赴华盛顿世界银行总部与 MIT 教授共同汇报中国住房改革情况，申请住宅节能的 GEF 基金，开启了清华大学建筑环境与设备研究所在建筑节能领域追赶世界领先水平科学研究与政策研究的征程。

人才培养方面，1998 年之后，清华大学建筑环境与设备研究所本科毕业生中又有姜漪（1991 级本科、导师陈清焰）、谭刚和邢海云（1993 级本科、导师 Leon Glicksman）等先后作为博士生加入 MIT，取得博士学位后分别在美国工业界和大学工作，并保持和国内的合作。同时，MIT 也派出博士生到清华大学进行交换研究，2000 年 Lara Greden 到清华大学建筑环境与设备研究所交流 6 个月，期间与博士生王鹏、魏庆芃、翟超勤、硕士研究生谭刚等共同研究如何通过市场机制推动中国居住建筑节能，并以此为题组队参加清华大学学生创业大赛获得优秀奖。

2003 年，陈清焰教授和时任迈阿密大学助理教授的杨旭东受聘清华大学高级访问学者，时任清华大学党委书记陈希向两人颁发聘书，并鼓励以多种形式加强交流与合作。两人与清华大学建筑环境与设备研究所多位教师和研究生展开了交流合作，利用暑期开设了室内空气流动模拟方面的课程，联合指导研究生，并多次做学术报告或讲座。

2010 年前后，Glicksman 教授等获得清华大学、MIT、剑桥大学三校合作全球低碳大学联盟发展研究基金项目，进一步开展自然通风研究。2010 年后，清华大学建筑环境与设备研究所本科毕业生朱洋滢到 MIT 机械工程系读研并取得博士学位，毕业后成为美国斯坦福大学博士后，现为加州大学圣塔巴巴拉分校教授。此外，还有一些学生到 MIT 攻读硕士或者从博士生转为攻读硕士。

3. 美国联合技术公司 UTC

美国联合技术公司（UTC①）是世界著名 500 强公司，是开利空调、奥的斯电梯、深圳海湾安防技术有限公司等建筑领域主要设备系统的供应商的母公司，业务遍及 180 多个国家和地区。UTRC② 是 UTC 的研究中心。早在 1992 年，江亿、陆致成等就第一次访问 UTRC，并建立了双方的合作关系。1997 年，UTC 在中国设立“容闳科技教育奖”，纪念清末中国第一位访美学者做出的杰出贡献。江亿等陆续获得三次该奖励研究经费，开始合作研究（空气处理过程的优化控制、动态热舒适、新的除湿方法），并多次访问 UTRC，包括 1998 年的 UTC 全球科技年会。2000 年开始的关于除湿技术的多种探索性研究也是源于与 UTRC 的合作。

2006 年，在江亿访美的一次交流中，UTRC 的技术总监鲍勃·霍布斯先生与江亿老师谈及 UTC 的发展构想，希望能提出一种新型的智能化系统架构，将建筑领域相关机电设备系统集成起来，作为整合各个相关公司业务、提升 UTC 产品竞争力的技术支持。在参观了飞机的集成化系统后，江亿指出建筑系统的复杂程度和非标准化程度远超过飞机，飞机上的集成系统难以直接应用在建筑领域。鲍勃深受触动，希望由江亿牵头，联合清华大学自动化系、清华大学公共安全研究中心这两个都曾与 UTRC 有过研究合作经历的团队，组成联合研究中心，由 UTC 提供研究经费，联合研究一种适合建筑的新型集成系统。鲍勃希望，这项技术不必着眼于当时的技术问题，而是希望它能成为 10 年后的主流技术。

2007 年 9 月，UTRC 和清华大学签署了协议，“清华大学－UTRC 建筑节能、安全和控制系统联合实验室”正式挂牌成立。这是一个清华大学校级研究中心。江亿老师作为实验室主任，清华大学建筑学院、清华大学公共安全研究院的范维澄院士团队、清华大学自动化系的管晓宏老师的智网中心团队这 3 个院系为主要参与团队，开始了为期 5 年的联合研究，UTRC 每年提供 100 万美元的研发经费。

由于实验室的目标是形成跨专业的新型建筑集成系统，目标是研发“未来技术”，实验室的管理模式与其他清华大学校级研究中心完全不同：① 清华大学－UTC 联合实验室的研究任务是开放性的，由中方学者提出，由江亿、管晓宏、范维澄以及 UTC 的

① United Technologies Corporation.

② United Technologies Research Center，联合技术研究中心。

首席技术官组成的技术委员会共同评议确定；② 所有项目都要围绕建筑节能、安全、智能控制领域展开；③ 每年的研究项目中会设立 2～3 个“集成项目”，以推动形成新型的建筑集成系统，还会设立数量不等的若干“基础研究项目”，解决在新型集成系统架构下亟待解决的专项科学技术问题；④ 由于目标领域是交叉学科领域，为了促进学科融合，要求“集成项目”必须有至少来自两个专业团队的老师共同参加。这样的实验室管理模式，十分有效地促进了这几个院系不同专业间的跨界融合。

为了进一步促进各院系老师的交流融合，实验室在清华大学建筑节能楼三楼设立开放办公室。各系的老师和同学可以在这个办公室共同工作，讨论问题和进行实验。UTRC 特别成立以姜漪博士为领导的常驻工作组，参与具体研究讨论，对各系研究团队的融合起到了十分重要的帮助作用。实验室每半年组织一次研究成果汇报与学术交流，除清华大学各个相关学院的老师和学生外，还包括美国联合技术公司的相关学者共同参加讨论。2008—2012 年历次学术交流活动如表 3.8-1 所示。

实验室历次学术交流活动　　表 3.8-1

时间	内容	地点
2008 年 7 月	2008 中期汇报和学术交流	清华大学
2008 年 11 月	2008 年终汇报和学术交流	清华大学
2009 年 6 月	2009 中期汇报和学术交流	美国 East Hardford
2010 年 1 月	2009 年终汇报和学术交流	清华大学
2010 年 6 月	2010 中期汇报和学术交流	UTRC（中国），上海
2011 年 1 月	2010 年终汇报和学术交流	清华大学
2011 年 7 月	2011 中期汇报和学术交流	清华大学
2012 年 3 月	2011 年终汇报和学术交流	清华大学
2012 年 11 月	2012 年终汇报和学术交流	清华大学

2008—2009 年的研究还主要在局限在各个专业领域内新技术的探索。经过了两年跨专业团队的磨合，跨专业团队形成默契、渐入佳境。2010 年，实验室梳理了过去两年的工作思路和成绩，开始尝试探索一种完全不同的新型系统架构，即采用无中心的系统架构通过分布式计算实现跨专业的集成控制，在此基础上制定了未来 3 年内的研究计划，如表 3.8-2 所示。

实验室的研究计划　　表 3.8-2

2008 年	如果有了全局的信息，从消防和能耗角度会有什么样的潜在收益？
2009 年	以人为目标的舒适度和消防控制
2010 年	无中心系统下分布式控制的可行性：HVAC 以及火灾监测和逃生
2011 年	无中心系统分布式控制算法和自组织系统平台
2012 年	原型设备和 demo

从 2010 年起，“集成项目”都由三个院系的老师和同学共同参加。不同专业的老师和同学真正坐在一起，围绕同一个研究主题，拆分研究任务、讨论研究结果、修订研究计划。到 2012 年底第一期联合实验室结束的时候，上述研究产生了一系列跨学科的研究成果，形成了百余篇高水平论文，申请获得专利 10 余项，其中包括两项 PCT① 专利。5 年间培养了 4 位博士生、4 位硕士生、1 位博士后。

联合实验室采用的这种不同专业深度融合的合作研究模式，在清华大学各个校级研究中心独树一帜，真正促进了学科交融，也多次被清华大学科研院作为跨学科融合的典范。

联合实验室的第一期合作合同于 2012 年底到期，美国联合技术公司与清华大学续签了第二期合作合同。2015 年，由于美国联合技术公司的战略调整，合同终止。

清华大学建筑环境与设备研究所的夏建军、燕达、王福林、姜子炎博士、张寅平先后作为 PI（首席研究员）承担了联合实验室的研究课题，自动化系的赵千川老师、陈曦老师、贾庆山，公共安全研究中心的张辉教授、杨锐博士也在联合实验室中承担了重要的研发工作。清华大学建筑学院建筑技术科学系与自动化系、公共安全研究院的跨院系合作一直延续到今，几个院系共同申请并合作完成了国家“十三五”重点研发项目等多项国家级项目和课题。

无中心控制的研究成为建筑环境与设备研究所另一项创新研究成果“群智能建筑技术”的基础。对相关技术的研究在 2015 年联合实验室终止后继续进行，并在 2019 年前后形成了完备的技术体系，并开始在建筑项目中大规模推广应用。

4. 宾夕法尼亚大学（UPenn）

建立清华 - UPenn 建筑模拟与能源研究中心并在美国开展校园节能研究实践。

（1）合作起源与成立过程

宾夕法尼亚大学（UPenn）作为世界排名前十的一流大学，是美国东北部常春藤盟校（Ivy League）之一，该校讲求实际的学术作风引领美国学术界将近两百年，UPenn 建筑学院在国际建筑界享有盛名，也是我校建筑学院创始人梁思成先生以及贝聿明等诸多建筑界大师的母校，长期以来与清华大学建筑学院保持密切联系。

2005 年初，清华大学建筑学院时任院长朱文一教授接待美国宾夕法尼亚大学建筑学院（University of Pennsylvania，School of Design）院长 Gary Hack 教授来访，并签订成立清华－UPenn 联合研究中心的意向性协议。朱文一院长建议由江亿组织清华大学团队与对方联系。

同年 11 月，Ali Malkawi 教授代表 UPenn 建筑学院到访，与朱文一院长、朱颖心等正式商谈建立建筑模拟与建筑节能研究中心事宜，双方商定该研究中心以实体的形式由 UPenn 和清华大学共同建立。经建筑学院研究，以江亿为学科带头人，以建筑技术科学系科研创新团队、清华大学建筑节能研究中心节能楼为基础组建该中心。同时，中心前 3 年的基本运行经费已落实，由 UPenn 校董陈庭川先生（Mr. T. C. Chan，中国香港人）提供，在 UPenn 一方以“UPenn－清华建筑模拟与能源研究中心”冠名，在清华一方以“清华 - UPenn 建筑模拟与能源研究中心”冠名。

① Patent Cooperation Treaty，专利合作条约。

2006 年 3 月 15 日，美国宾夕法尼亚大学校长访问中国，在会晤时任清华大学校长顾秉林院士时签署联合研究中心合作协议，并为中心揭牌。协议中，确定联合中心起步阶段由 Ali Malkawi 教授担任中心主任（Director），具体负责中心 UPenn 方面工作，由江亿院士担任中心联合主任（Co-Director），具体负责中心清华方面的工作。中心监事会（Oversight Board）由双方建筑学院院长、研究中心主任和联合主任（Director、Co-director）以及陈庭川先生等人组成。此次会晤中，双方认真研究提出合作协议书修改意见，起草了中心的运作计划与方式，并确定了合作第一年的研究课题以及相关课题的负责教授。

同时中心建立顾问委员会，每半年对中心在建筑能源和技术领域的研究及面临的问题商讨并提出指导性意见。顾问委员会由来自全球各个国家共 30 位专家担任。为扩大中心的影响力，吸纳与建筑业相关的单位与企业共同参与，同时为中心的运作筹集资金，联合研究中心创立了一种会员制度，加入会员的企业需提供年费，他们不能够参与管理该中心，但可以从中心取得某些优惠条件，比如获得比其他公司优先的项目合作、资源分享等，也可以对中心的研究议程给以建议。中心每年召开一次大会，由会员讨论商议中心下一步的走向，并对联合研究中心提出建议。已有包括 Arup、SOM① 等在内共 19 家企业加入会员。除清华大学、UPenn 各设立一个实体研究中心外，中心还在中国香港、哥斯达黎加、法国和墨西哥城设立了四个办事处，负责联合研究中心与当地及周边研究机构或企业的联系。

中心在清华大学的研究团队以江亿院士为首，依托清华大学建筑环境与设备研究所和建筑节能研究中心，主要由建筑模拟软件 DeST 开发组、城市微气候 CFD 模拟及应用组以及室内污染物研究组的师生构成。2006 年 8 月，包括江亿、李晓锋、燕达和几位研究生访问了 UPenn，并进行了为期一周的深入学术交流，正式开启清华与 UPenn 的实质性合作。

（2）合作研究工作回顾

1）开展 UPenn 校园建筑节能诊断与节能调适

2006 年 8 月，以江亿为首的清华大学师生代表团访问 UPenn，在 UPenn 校长的接待下参观该校的冷站及空调系统时，发现其中存在的一些问题，双方协商后决定以清华－UPenn 联合研究中心为基地，开展 UPenn 校园节能诊断工作。2006 年 9 月 28 日，清华大学建筑学院派遣魏庆芃、博士生常良等首次赴美，与 UPenn 建筑学院师生协商校园建筑节能诊断的具体工作，并收集大量一手校园建筑运行能耗数据，为 UPenn 校园建筑实地诊断工作奠定了基础。

2007 年 4 月，夏建军带领研究生常良、张永宁赴美，开始了为期 3 年的常驻 UPenn 的校园建筑节能诊断工作。清华大学团队和 UPenn 团队师生合作，首先选取著名的沃顿商学院所在 Huntsman Hall 和牙医学院 Shatner Hall 为试点，通过三个月的研究，团队完成第一份 UPenn 校园典型建筑节能诊断报告。报告指出，通过节能改造上述两栋建筑每年可节约约 15 万 kWh 电力和 1.3 万 t 蒸汽，直接经济收益约 75 万美元 /a。然

① Skidmore, Owings and Merrill，美国 SOM 建筑设计事务所。

后通过与校园运行控制中心合作，对 Huntsman Hall 空调系统实施了改造工程，并进行了调适和控制策略优化，实现了 40 万美元 /a 的能源费节省。该研究成果向 UPenn 校长 Amy Gutmann 和主管副校长 Anne Papageoge 进行了汇报，得到大力支持和肯定，并建议进一步扩大研究试点，最终扩展到全部校园建筑。

随着研究对象的增加，清华大学赴美团队的队伍也逐渐扩大，自 2008 年 1 月起，先后有研究生严玢、韩铮、常晟、肖贺、韩富贵等赴美半年到一年时间，参与该项工作。同时为进一步扩大该项目的影响，2008 年 5 月，团队邀请上海市建筑科学研究院丁建红和深圳市建筑科学研究院郭永聪等赴美三个月参与该项工作。期间江亿和魏庆芃等也多次赴美进行短期访问指导工作。UPenn 方面 Ali Malkawi 教授、研究生 Khaled Tarabieh、Erick Katzenstein、Soh Nagano 等近 10 位师生也共同参与到该合作项目中。

2008 年 1 月到 2009 年 7 月，团队又先后对 UPenn 校园中的 Houston Levine、Lynch、Van-pelt 和 Detrich 图书馆等 9 栋典型建筑开展节能诊断工作，同时完成了 Vagelos、Pottruck、Hill Pavilion 等 6 栋新建建筑的调适和系统节能调控工作。最终完成 UPenn 校园中 19 座建筑物（约 35 万 m^2）的空调和自控系统的实地节能诊断，明确揭示可实现的节能潜力约为每年 460 万美元，占建筑总耗能的 30%。期间完成其中 3 座建筑的改造，实现节能量每年 80 万美元。并最终完成 UPenn 校园 150 栋建筑的能耗现状整体测试分析。

2009 年 8 月，由于各方面的原因，清华大学团队撤回国内，该项工作逐步转移到线上。2009 年 9 月，夏建军和 UPenn 的 Ali Malkawi 教授共同开设清华 - UPenn 的联合培养课程“大型商业建筑节能诊断”。希望通过课程的学习，继续指导和培养一批从事这方面研究的科研人员。该课程全英文授课，从知识传播开始、方法介绍入手并辅以实际校园建筑案例分析，注重中美对比，从技术层面、行为模式以及文化背景等方面，系统地为中美双方学生提供建筑能耗性能方向的知识和实践案例。每年双方各约 15 名学生参与该课程学习。通过线上教学和远程指导，UPenn 校园建筑节能诊断研究工作一直持续到 2012 年，直到 Ali Malkawi 教授离开 UPenn 赴哈佛大学任教。

2010 年 3 月 9 日，UPenn 校长 Amy Gutmann 访问清华大学与时任教育部副部长陈希交流，对清华 - UPenn 合作的校园建筑节能诊断工作给予了极大的肯定（图 3.8-5）。该项工作的成果也先后在 2008 年 4 月常青藤大学联盟可持续性发展大会、2009 年 2 月 27 日 UPenn 组织的政府“绿色工作”会谈、2010 年 10 月 27 日绿色大学建设国际研讨会等多个会议上进行了专题报告。

对 UPenn 校园的节能工作自 2006 年秋季一直持续到 2010 年秋季，这项工作是清华大学建筑环境与设备研究所首次在发达国家完成具有工程实践性质的建筑节能研究任务，也是节能减排国际合作中首次将中国先进经验和技术向发达国家输出的有益尝试。在合作双方的共同努力下，取得了大量美国各类建筑、各类系统和设备的第一手资料与实测数据。通过对数据建立多个模型进行分析，并提出针对性的调适、改造建议，特别是对中美两国同类型、同气候建筑实际能耗巨大差异的分析，揭示了实际建筑能耗构成的深层次因素。例如，同样是校园办公建筑，UPenn 校园每平方米电耗是同气候区清华大学校园办公建筑的 5～8 倍，单位面积的供暖耗热量、空调耗冷量对比，UPenn 校园采用集中供冷供热系统的能耗是清华大学校园建筑的 3～5 倍。

图 3.8-5　2010 年 3 月 9 日 UPenn 校长 Amy Gutmann 访问清华大学并与时任教育部副部长陈希（右一）交流（夏建军担任翻译，图中右二）

以美国为代表的发达国家，应用大量先进节能技术和材料，但实际建筑能耗巨大无比，造成这一奇特现象的原因，是东西方哲学和文化以及对待自然的态度的差别：例如，室内环境营造理念应当是自然优先、辅以机械方式，还是完全封闭建筑、全面依靠机械系统？开窗通风优先，还是关窗、开机械通风系统优先？是人走关灯的绿色低碳行为值得提倡，还是 24h 永远灯火通明、保证“不能让一个人感到建筑里面是昏暗或不适的”？这两种室内环境营造理念造成巨大的实际能耗差别。

这一项合作研究为后续 IEA Annex 53 开展全球建筑能耗对比及影响因素研究以及 ISO 标准的申请工作，都提供了具体的研究需求和立项支撑材料。

2）宣传推广

2006 年 11 月 4 日，在中国香港召开第一次联合研究中心 Board Members 会议。当时的 member 共有 8 家企业，分别为 Bentley Systems，Kohn Pedersen Fox，McGraw Hill，Permasteelisa，Plycem，SOM，Gehry Technologies，Screampoint。在此次会议中，确定了扩大中心会员数目，并制定了开展三个研究项目的计划，包括软件的集成化、人体行为学研究和数据可视化。2007 年 9 月 11 日，在黄山召开第二届 Board Members 会议。共有 19 个企业的 member 参加了会议，其中新加入的企业有 Arup，Barwa Real Estate，Dow Building Solutions，Hatch Mott Mac Donald，Kling Stubbins，Kieran Timberlake Associates LLP①，L. Benjamin Romano Arquitectos，MTR②，Rocco Design Limited，Turner Construction Company，United Technologies Research Center。

联合研究中心发行了两份电子报刊：Innovative Insight 和 Global Insight，每月一次。该报刊收录的都是近期内关于建筑模拟与能源研究方面的新闻，以邮件的形式发送到世界各地的会员手中。

① Limited Liability Partnership，有限责任合伙。

② Mass Transit Railway，香港铁路有限公司。

在 2007 年清华大学召开的第 10 届 Building Simulation 国际会议上，收录了来自联合研究中心的研究成果的文章共 7 篇。

2010 年秋季，由于多种原因，联合研究中心的工作在开展五年后暂时告一段落。

（3）清华－UPenn 联合研究中心对清华大学建筑环境学科发展的意义

通过清华－UPenn 联合研究中心，建立了与世界一流大学的紧密实质性合作，同时把清华大学在建筑节能这个领域的研究推向世界，这是清华大学建筑环境学科建成世界一流学科的重要步骤。在双方的合作中，还联合 UNDP①、GEF② 等国际组织、美国的各类节能相关基金申请到研究经费，支持中心持续发展，确保研究课题处于国际前沿。另一方面，通过与美国一流学术机构的深入合作，特别是在 2006—2009 年期间在美国长期驻场、实地调研测试美国各类建筑、各类系统、各类技术的实际应用效果，用实际案例数据明辨是非，为澄清和抵制一些打着洋幌子的伪科学、伪技术对我国建筑节能工作的干扰、确保我国建筑节能发展的正确方向，起到了重要的支撑作用。此外，还可通过与各大跨国企业会员的合作，推动全球范围内能耗标尺的建立、带动全球建筑业及相关产业的发展。

（三）日本

1. 日本学术界

（1）2000 年前：学习

1985 年 3 月 24 日—4 月 4 日中国建筑学会暖通空调学术委员会应日本空气调和卫生工学会和日中建筑设备技术交流协会的邀请首次派代表团赴日本考察，彦启森作为代表团成员参加了交流活动。1986 年，日本空气调和卫生工学会会长藤井正一教授来清华大学访问交流。1986 年 10 月，江亿参加中国建筑学会暖通空调学术委员会组织的 6 人代表团访日参观交流，访问了名古屋大学，参观了知多市民医院的空调系统。这些活动开启了清华大学与日本暖通空调学术界长期以来密切的学术交流与合作的历史。

1990 年，日本暖通空调界声名卓著的学者、名古屋大学中原信生教授访问了清华大学，在学术交流中对清华大学团队的潜力与创新精神赞不绝口，并鼎力支持清华大学发起国际会议 ISHVAC，在次年召开的首届 ISHVAC 会议上发表了大会的主旨报告。1992 年 7 月—1993 年 10 月，朱颖心作为日本学术振兴会外国人特别研究员在名古屋大学中原信生研究室任访问学者，加入了中原信生教授领导的日本 IEA Annex 25 的团队。

1994 年 3 月 22 日，由名古屋大学工学部中原信生研究室和中国建筑学会暖通空调学术委员会联合主办、日本空气调和卫生工学会与日本冷冻协会等单位协办的“日中空调·环境产业技术交流会”在日本东京新宿京王广场饭店（Plaza Hotel）举行。彦启森教授受邀做了“展望中国空调业的发展”的大会报告。彦启森从人类进步与空调、环境、能源的关系出发，结合中国经济发展对制冷空调的需求以及当时的能源结构现状，对中国空调行业的发展方向做了分析和预测。

① United Nations Development Programme，联合国开发计划署。

② Global Environmental Facility，全球环境基金。

1992 年，江亿、陆致成访问了名古屋大学，并就动态热舒适、视觉环境与热舒适关系等进行了交流，1994 年中原信生教授访问清华大学，并到沈阳参观了沈海热网计算机控制工程，1995 年 3 月 16—18 日，赵荣义、江亿受中原先生邀请，赴日本名古屋大学参加第一届亚太建筑与城市环境调节国际交流会议（Environmental Technology In Pan Pacific Countries And Methodology Of International Collaborations），江亿做题为热网故障自动识别（Fault Detection and Diagnosis in District Heating System）的会议报告。以后中原信生教授又多次访问清华大学，进行学术交流。

这十数年间，还有日本东京大学、关西大学、中部大学等多个高校的学者来清华大学进行学术交流。

另外，在这十数年期间，清华大学建筑环境与设备研究所很多教师都访问过日本，参观了日本很多在建筑节能与室内环境控制方面做得非常优秀的工程项目，学习了很多新的技术、产品与方法的研发思路和应用效果，受到了很多启发。

（2）2000—2009 年：交流

2002 年 7—12 月，朱颖心作为客座教授再次到名古屋大学进行合作研究，与日本建筑学会会长、东京大学村上周三教授领导的日本绿色建筑评价体系 CASBEE 团队建立了联系，CASBEE 团队以其数年的研究经验来鼎力支持江亿院士主持的“绿色奥运建筑评价体系”项目。在 2003 年 6 月 CASBEE 发布的两个月后，我国的《绿色奥运建筑评估体系》得以顺利完成并发布，并于 2005 获得北京市科学技术奖一等奖。

在此期间，村上周三教授将《建築物総合環境性能評価システム・マニュアル——環境配慮設計（DfE）ツール）》的版权免费提供给中国建筑工业出版社，由石文星翻译出版了《建筑物综合环境性能评价体系——绿色设计工具》一书，使 CASBEE 从日文版、英文版扩展至中文版。

进入 21 世纪后，在中原信生教授的倡导下，日本公共建筑协会与清华大学在公共建筑节能领域建立了密切的学术交流活动。他们组织了日本的企业界与学术界每年与清华大学团队进行多次互访、项目合作或举办双边学术研讨会。

2004 年 10 月，日本公共建筑协会负责人时田繁、名古屋大学名誉教授中原信生、日建设计综合研究所所长松绳坚及日本三大电力公司（东京电力、关西电力和中部电力）和三大燃气公司（东京燃气、大阪燃气和东邦燃气）的高级管理人员组团访问清华大学建筑环境与设备研究所，举行了一天的学术研讨会。双方分别介绍日本和中国在公共建筑节能、区域供冷供热系统、蓄能系统和空调系统调适等方面的研究与实践进展。在交流中日方表达了希望与清华大学加强合作的意愿，建议定期互访和组织研讨会。

2005 年 3 月，清华大学建筑节能研究中心发起第一届清华大学建筑节能学术周，名古屋大学中原信生名誉教授、奥宫正哉教授等应邀来访并做学术报告。

2005 年 10 月 10—11 日，日本公共建筑协会来访清华大学，与清华大学建筑环境与设备研究所开展专题研讨，就 Sustainable Building Assessment and Building Energy Saving 和 HVAC System and Indoor Environment 进行讨论。此外，江亿组织对区域供冷进行了一次深层次讨论。此行也参观了超低能耗示范楼（后改称节能楼），包括自然通风、自然采光、太阳能电池等各种利用天然能源的技术、外墙的外遮阳体系、双层皮幕墙、新风供冷等节能技术、干式风机盘管、毛细管辐射供冷的应用等。

2006 年 8 月 2—7 日，在中原信生教授的推动下，江亿与朱颖心接受日本供热、空调、卫生工程师协会（SHASE）、日本东京电力公司、东京燃气公司、区域供冷供热协会等邀请访问日本。访问中参观了东京、大阪、名古屋等多处电力驱动区域供冷供热系统和燃气驱动集中供冷供热系统。江亿与朱颖心同时在 SHASE 组织的以上三地的"环境能源系统日中交流研讨会"上，面向日本同行就"中国建筑节能研究的新进展""对于集中供冷供热与燃气三联供问题的思考""可再生能源应用效果评价""降低公共建筑能耗的途径及其效果"等主题做了学术报告。

通过现场考察三地燃气驱动冷热电三联供以及区域供冷供热项目，以及对实际运行数据的分析，在学术报告以及座谈交流中，江亿和朱颖心都明确指出，集中供冷仅在超高密度建筑群中适用，而一般密度建筑群并不适合区域供冷，因为会导致输配能耗高、冷量损失大、部分负荷效率低，且日本的实际项目数据也证明了这一点。针对在日本和中国都有一定应用的燃气冷热电三联供系统，江亿和朱颖心也通过热力学分析明确指出，从一次能源利用的角度分析，燃气驱动冷热电三联供系统与采用电制冷的冷热电分产系统相比，其一次能源利用效率显著偏低，参观项目的实际数据也证明了这一点。所以不应将宝贵的天然气资源用于冷热电三联供和集中供冷。

这些学术报告中独到而尖锐的学术观点以及有说服力的论证引起了日本同行们极大的关注和认同。这次学术交流活动使得中方由过去多年大多处于学习的角色完全转变为输出学术观点的角色，而日方同行则成为向中方学习的角色。此外，这些访问获得的项目数据以及客观科学的论证对于批驳国内当时热衷推广区域供冷、燃气三联供系统的错误现象非常有帮助。

2006 年，清华大学先后完成包括中南海、人民大会堂等国家机关办公建筑节能诊断和中联部、国家发展改革委、民政部等节能改造试点，形成了丰富的成果和经验。2006 年 12 月，魏庆芃代表清华大学出访日本，协商合作开展日本和中国的典型公共建筑能耗调查研究。

2007 年 1 月，日本国土交通省、经济产业省、日本公共建筑协会、日本建筑调适协会、日建设计和日建设计综合研究所等再次组团访问中国，并于 2007 年 1 月 22 日在清华大学节能楼组织了"中日政府机构建筑节能研讨会"，共同交流和研讨如何推进既有和新建公共建筑节能，这也是中日两国政府机构公共建筑节能方面最深入细致的一次交流。

2008 年 1 月，来自国务院机关事务管理局、上海市机关事务管理局、上海市建筑科学研究院、深圳市建筑科学研究院的代表和清华大学师生代表共同访问了日本东京、名古屋和大阪，与日本国土交通省、经济产业省、官房厅、日建设计、多所大学以及六大能源公司等进行了充分交流，特别是在公共建筑能耗统计、节能改造、区域供冷供热系统性能分析、系统调适与再调适、自控系统等方面，不仅考察实际工程，而且进行了深入的案例分析研讨，收获颇多。

2000 年之后，中日双方交流还逐步扩展到高等院校的研究生教育领域，教师和研究生的互访非常频繁，包括日本东京大学、名古屋大学、京都大学、东北大学、早稻田大学、大阪大学、北九州大学等都参与到与清华大学的学术交流活动中。从 2008 年起最终形成了稳定的每年一度的中日韩三国高等院校建环专业研究生学术交流活动。

（3）2010 年后：实践

在与日本关于公共建筑节能、区域供冷供热系统节能和建筑调适的合作中，清华大学师生并不满足于参观访问或者学术研讨会，希望能够深入一线，实际调研和学习日本在建筑和暖通空调系统设计、建造、调适、运维、控制方面的先进经验。

2010 年 2 月，在日本公共建筑协会时田繁、名古屋大学名誉教授中原信生、日建设计综合研究所所长松缊坚的共同努力下，日本东京电力公司拿出其运营的性能最佳的区域供冷供热系统，东京晴海特里顿广场项目，邀请清华大学团队到现场进行详细的测试和节能诊断。这一系统是当时日本效率最高的区域供冷供热系统之一，采用高效电热泵结合水蓄冷蓄热，向 43 万 m^2 高档写字楼和商场供冷供热，曾多次获奖。

2010 年 2 月 22 日—6 月 4 日，由魏庆芃、王福林、刘晓华和博士生王鑫等组成工作组，通过 3 周现场测试和持续数据分析，发掘出可通过系统调适实现系统能效提升的路径。

具体工作是以 2009 年东京晴海 DHC① 的运行记录为依据，采用能耗指标分析方法，对晴海 DHC 的运行控制策略、冷热源主机效率、输配系统效率等进行了系统分析。理解并学习了晴海 DHC 的蓄热水槽设计、10K 大温差水系统设计、高效冷热源主机配置等先进技术。作为一个多冷热源主机系统，DHC 的运行控制策略具有重要意义。通过对晴海 DHC 的运行控制策略进行了深入分析，清华大学团队指出现行控制策略是节能与经济性的最佳平衡，同时也指出现行控制策略在执行方面的一些不足，提出了针对性的改进意见。保守估计，可将 DHC 的夜间生产率从 81.6% 提升到 87.6% 左右，每年可节省 DHC 总电费的 7.3%。

这一成果用英文和日文分别向日本学术界进行了介绍，并与包括日建设计、东京大学、名古屋大学、六大能源公司、山武控制、大金空调等在内的多家日本大学和企业进行深入探讨和交流。团队在日本期间和后续又参观和调研了东京都新区燃气三联供区域供冷供热系统、东京中城电驱动区域供冷供热系统、大阪中之岛河水源热泵区域供冷供热系统等 15 个系统。

2011 年 3 月 11 日，日本东北外海发生大地震，进而引发海啸，造成严重损失。特别是海啸引发福岛核电站故障和泄漏，不仅造成严重污染，而且造成日本能源供应短缺。2011 年 5 月 15 日，江亿、朱颖心、魏庆芃和博士后王鑫一行 4 人，请示学校后专程赴日本，分别在名古屋和东京参加“重建日本：未来的能源与性能检定国际学术研讨会”（Rebuild Japan：Future Energy and Commissioning Symposium），共同商议如何通过建筑节能和系统调适应对能源供应短缺。

鉴于清华大学建环团队与日本暖通空调领域卓有成效的学术与技术交流，清华建环团队的实力获得了日本暖通空调领域人士的尊重。日本空气调和卫生工学学会先后授予江亿、朱颖心以及张寅平“井上宇市亚洲国际奖”，表彰他们为中日友好和推动暖通空调学术与工业发展作出的突出贡献。该奖项于 2011 年设立，首届奖项授予了江亿。截

① District Heating and Cooling，集中供热供冷。

至 2022 年，该奖项共有 12 位各国获奖人，其中 3 位获奖人来自清华建环团队。

2. 日本高校

（1）中日韩三国可持续建筑研究生学术交流会

2000 年 5—8 月，李晓锋作为日本学术振兴会外国人特别研究员在日本东京大学生产技术研究所村上周三、加藤信介研究室任访问学者，之后促成 2001 年东京大学加藤信介教授和大冈龙三副教授率团来清华访问交流。2002 年 8 月 13—20 日，大冈副教授和李晓锋在深圳四季花城住宅区合作进行室外气候测试研究。而后的 2003 年、2005 年和 2007 年日本东京大学加藤信介教授和大冈龙三副教授均率团来清华访问。2006 年 8 月我所张寅平、李晓锋率研究生 12 人访问日本东京大学，并进行了为期一周的学术交流活动。

另外，自 2004 年始，清华大学建筑环境与设备研究所与日本东北大学建筑系吉野博教授率领的建筑设备研究室每年在清华大学举行一次为期两天的研究生学术交流研讨会。截至 2008 年 7 月，日本东北大学吉野博教授和持田灯副教授率学生 12 人来访，清华大学建筑环境与设备研究所与日本东北大学已成功举行了五届研究生学术交流研讨会。

2008 年，日本东京大学、韩国延世大学决定加入清华大学与日本东北大学开展的研究生学术交流会议，扩大成为中日韩三国高校的研究生学术交流会议，每年一届，由各个大学轮流举办。2009 年 2 月，第一届中日韩三国可持续建筑研究生学术交流会在韩国延世大学举行，清华大学建筑环境与设备研究所杨旭东、李晓锋，东京大学加藤信介教授和大冈龙三副教授，东北大学吉野博教授和持田灯副教授，延世大学金泰延教授均率研究生参加。2014 年后，韩国成均馆大学宋斗三教授也率研究生加入学术交流。直至 2019 年已开展十二届，后因疫情原因，会议暂停举行。该会议为中日韩三国高校建环专业的师生提供了学术交流的平台（表 3.8-3）。

各届中日韩三国可持续建筑研究生学术交流会参会情况　　表 3.8-3

	时间	地点	参会人员
第一届	2009 年 2 月 18 日—2009 年 2 月 21 日	韩国首尔延世大学	杨旭东、李晓锋率 9 名研究生参会，会上共 24 人作报告
第二届	2009 年 12 月 16 日—2009 年 12 月 20 日	日本东京东京大学	李先庭、李晓锋率 6 名研究生参会，会上共 20 人作报告
第三届	2010 年 12 月 16 日—2010 年 12 月 17 日	中国北京清华大学	建筑技术科学系共 14 名研究生参会，会上共 33 人作报告
第四届	2011 年 11 月 23 日—2011 年 11 月 27 日	韩国仁川延世大学	张寅平、李晓锋率 11 名研究生参会，会上共 38 人作报告
第五届	2013 年 1 月 8 日—2013 年 1 月 10 日	韩国首尔延世大学	朱颖心、魏庆芃率 12 名研究生参会，会上共 38 人作报告
第六届	2013 年 11 月 6 日—2013 年 11 月 10 日	日本东京东京大学	朱颖心、王宝龙率 12 名研究生参会，会上共 25 人作报告
第七届	2014 年 10 月 27 日—2014 年 10 月 28 日	中国北京清华大学	建筑技术科学系共 19 名研究生参会，会上共 43 人作报告

续表

	时间	地点	参会人员
第八届	2015 年 11 月 5 日—2015 年 11 月 7 日	日本仙台东北大学	王福林，Jan Sundell 率 11 名研究生参会，会上共 52 人作报告
第九届	2016 年 10 月 21 日—2016 年 10 月 23 日	韩国首尔成均馆大学	莫金汉、李晓锋率 11 名研究生参会，会上共 49 人作报告
第十届	2017 年 10 月 11 日—2017 年 10 月 12 日	中国北京清华大学	建筑技术科学系共 19 名研究生参会，会上共 43 人作报告
第十一届	2018 年 11 月 29 日—2018 年 11 月 29 日	日本东京东京大学	朱颖心、李晓锋率 18 名研究生参会，会上共 47 人作报告
第十二届	2019 年 12 月 19 日—2019 年 12 月 20 日	韩国首尔延世大学	刘晓华、李晓锋率 18 名研究生参会，会上共 52 人作报告

（2）清华大学杰出访问教授：东京大学加藤信介教授

日本东京大学的加藤信介教授（曾任日本制热空调与卫生工程学会主席）于 2018—2019 年度秋季学期和 2019—2020 年度秋季学期在清华大学建筑学院建筑环境与设备研究所进行了为期三个月（9—11 月）的访问交流，任访问教授。加藤信介教授每周都参与了多个课题组的学术讨论交流会、并多次参加全所的专题学术交流活动，以及研究生开题、答辩等培养环节。面向研究所师生开展了多次学术讲座活动，内容涉及建筑通风和室内气流组织原理、该领域国际前沿研究方向和研究热点难点、建筑室内微环境控制方法、室内空气污染控制策略及热环境耦合的控制方案实际案例等。

加藤教授还面向硕士生和博士生开设了 1 学分的全英文选修课程《室内空气流动及通风效率》，向学生全面介绍建筑室内微环境的营造原理、模拟方法及评价方法，通过对前沿研究和技术的介绍和对现有模拟软件的学习，提升相关领域专业的学生对室内空气流动原理的全面认识，使学生掌握模拟和评价的技能。

2019 年 12 月，加藤信介教授荣获“清华大学杰出访问教授”荣誉职衔。

3. 日本企业

（1）日本大金公司

清华大学与大金公司于 2003 年 10 月成立“清华 - 大金合作研究中心”，迄今合作近 20 年。机构自成立以来，已经进行了 150 多项合作研究，合作项目涉及空调、力学、能源动力、机械、材料、化工、建筑、环境、汽车等多学科领域，推动了相关学科交叉与学科建设。合作研究针对市场急需的前沿问题进行基础和关键技术开发，对国际交流和人才培养也起到良好的促进作用。

2003—2012 年，清华大学建筑节能研究中心相继完成大金公司委托的多项研究项目，包括在建筑学院院馆屋顶建立了当时世界上第一个拥有 6 个独立房间、每个房间可分别调节热负荷和室温的多联机空调实验台，测试研究多联机在负荷不一致、包括终端开启台数不同的时候其运行特性和能耗。江亿、燕达等先后四次访问日本大金总部，进行深入学术交流，并参观了当时尚在实验阶段的冷凝器与蒸发器交替转换的新风全热回收机组。

2004 年，张寅平负责了大金公司“热催化净化 VOCs 模块研发和性能研究”项目，研发了陶瓷热催化构件，并应用于大金空气净化器（MC707PVM），测试了其净化甲醛、氨气和甲酸等性能。

2015—2016 年，张寅平负责了大金公司“教室室内空气质量研究”项目，在冬季工况和春季工况下，测定了采用空气净化设备后的学校教室 PM2.5 浓度及 CO_2 浓度变化。

2017—2022 年，莫金汉持续负责了大金公司的 4 个研发项目，研发了静电增强泡沫金属过滤技术（Ⅰ、Ⅱ）、静电增强粗效纤维过滤技术和基于原位净化－再生的 VOCs 净化技术。

2020 年李先庭负责了大金公司“基于 CSPSV 的空调末端气流可视化及测量”项目，利用自主开发的 CSPSV 测速系统对大金两类室内机的流动进行了测量。

2021—2022 年，杨旭东负责了大金公司“低碳时代建筑物的健康与节能的平衡”项目，参与人员还有燕达、魏庆芃、常杪、宋晔皓。项目的目的是在实现健康建筑的同时，也实现建筑物的节能和低碳，为人们提供优质、经济、可持续的居住和工作环境，使大金公司了解掌握现有大金空调产品在未来建筑中的应用状况、发挥的作用与欠缺，以便进一步改善现有产品性能与促进销售，并对大金产品的研发提供适合于未来建筑的创新思路与技术构想。

2021—2022 年，李先庭负责了大金公司“未来新风换气系统”项目，该项目共包括 5 个课题，分别由赵彬、李晓锋、刘晓华、李先庭、莫金汉负责，分别从净化器、现有通风换气系统比较、严寒地区新排风热回收技术、热回收与热泵相结合技术、高效净化装置等方面对未来新风换气系统进行了研究。

（2）日本三菱重工株式会社

清华大学与日本三菱重工株式会社合作，2004—2011 年，连续合作 7 年。合作研究项目涉及三菱重工变频离心式冷水机组优化控制、变频离心机在温湿度独立控制空调系统中的应用等多项内容，推动了产学研的深入交流与协同发展。合作研究项目分多个阶段展开，涵盖基础理论研究、关键技术研发、工程应用分析和产品适宜性分析等多个维度，同时在合作框架的基础上进行了多次双边的国际交流与互访。

2004—2005 年，江亿、李先庭、石文星牵头开展三菱重工项目“离心式冷水机组模拟分析和实验研究（第一期）”，探究了三菱重工离心式冷水机组的实际运行性能表现，并通过搭建实验台进行测试得到了全工况的性能曲线，发展了变频离心机的优化控制策略，探明了运行频率和导叶角度独立与耦合调节规律，提出了变频离心机控制策略图。

2004—2005 年，李先庭、石文星依托三菱重工项目“离心式冷水机组在中国的应用分析研究”，带领研究团队开展了对全国 50 台离心式冷水机组运行表现的测试，探究了中国当时的离心式冷水机组的实际运行能效比。

2004—2007 年，燕达等研究团队承担了三菱重工项目“小型离心式冷水机组在中国的应用分析研究”，基于 DeST 仿真软件实现了对公共建筑全年负荷的动态模拟，并进一步开发冷水机组模拟模块，对北京、上海两个城市的三菱重工离心式冷水机组全年逐时能效比进行了仿真。

2005—2006 年，研究生陈权在李先庭、石文星老师指导下，依托三菱重工项目“离心式冷水机组模拟分析和实验研究（第二期）”，搭建了离心式冷水机组实验台，旨在利用实验台对离心式冷水机组的运行状况进行测试，包括 100%、50%、10% 等多种负荷率运行情况下冷水机组的运行能效比，识别冷水机组的性能曲线，以优化改进离心式冷水机组设计。

2008—2011 年，李先庭和石文星带领团队开展了三菱重工项目“三菱重工离心式冷水机组在温湿度独立控制系统中的应用分析”，研究了温湿度独立控制空调系统中的高温冷水机组，通过模拟、实测等多种方法结合，探明了应用高温冷水机组的温湿度独立控制空调系统在我国各气候区的节能潜力，为离心机的小型化、变频化、适用性拓展以及能效提升提供了理论支撑，推动了三菱重工离心机在我国建筑温湿度独立控制系统应用过程中能效的大幅度提升。

（3）松下电器研究开发（中国）有限公司

2010 年，与松下电器研究开发（中国）有限公司合作，杨旭东牵头开展了城镇住宅用能调查及典型家庭用能数据收集与分析研究。课题组在北京地区挑选 10 余个代表性家庭，并通过安装计量装置，对每户总生活电耗及主要分项电耗、燃气消耗量、室内温湿度等进行了长达一年的连续监测，分析了建筑、家庭人口、家庭收入、生活模式等因素对用能的影响。课题组首次使用了户内独立电器的电耗动态监测装置，开发了通过数字视频拍摄获取动态天然气消耗曲线的方法，获得了我国城镇典型住宅的第一手动态能耗数据。

（四）欧洲

1. 比利时列日大学

比利时列日大学为欧洲顶尖工科大学联盟（Top Industrial Managers for Europe 简称：T.I.M.E. 联盟）的成员之一。其应用科学系热工实验室在空调设备模拟、研发等方面一直名列欧洲前茅。

1990 年，江亿、朱颖心首次访问比利时列日大学热工实验室，并参加在该校举办的建筑国际模拟学术会议和 IEA Annex21 工作会议，开始建立了两校的合作关系。江亿于 1995 年 4 月再次访比利时列日大学，就两校开展合作研究和共同培养研究生达成协议。

1995 年，由比利时列日大学热工实验室负责人 Jean Lebrun 教授申请列日大学与清华大学开展学术研究合作的项目并获得 UNDP 项目资金赞助，支持双方学者和学生的短期和长期的学术互访、交流与合作研究。清华大学建筑环境与设备研究所陆续排出：葛云亭（1995）、胡海清（1996）、陈锋（1997）、魏庆芃（1998）、王鹏飞（1999）、夏建军（2000）六名研究生先后在列日进行了为期一年的访问研究。期间彦启森、江亿、李先庭等多次到比利时列日大学进行短期访问。列日大学也先后排出 Jorre Dewitte（1999），Jasmine Petry（1999），Vincent Lemort（2002），Lucie Duchesne（2012）共三名研究生来清华大学进行为期 3 个月的访学研究。期间 Jean Leburn 教授、列日大学热工实验室主任 Jules Hannay 和 Cleide Hannay 也多次到访清华，双方在空调机组模拟、多联机、屋顶辐射等方面进行了深入的交流与合作研究。

2017 年至 2019 年，Jean Lebrun 教授受邀参加清华大学建环专业研究生高水平国际化教学改革项目，作为 Guest Lecturer 参与研究生课程“大型商建节能诊断”的建设，每年 3 周时间对该课程研究生进行授课，开拓学生国际化视野。

2. 丹麦科技大学 DTU 和丹麦奥尔堡大学 AAU[①]

清华大学建筑环境与设备研究所、天津大学与丹麦科技大学和丹麦奥尔堡大学在中国科技部和丹麦科技部分别支持下，于 2010 年开始在人体热舒适、高效空调方式与室内空气净化领域合作开展为期三年的研究工作。清华大学团队的负责人是江亿，丹麦方负责人是 Per Heiselberg 教授，清华大学团队朱颖心、张寅平、杨旭东、王馨、魏庆芃、刘晓华等参与了合作研究工作。

项目的主要任务：① 人体热舒适研究；② 利用溶液调湿和转轮调湿在处理空气温湿度的同时消除空气中的 VOC，从而在满足室内 IAQ 的前提下减少对新风的需求；③ 辐射末端、包括带有蓄热功能的辐射末端的研究，以及这种系统可以产生的节能效果。

课题 1 是朱颖心课题组和丹麦科技大学合作，主要研究内容包括：制作了个体空调器进行实验研究，把清华大学研制的动态风末端带到丹麦科技大学实测人体热反应，建立热舒适实验数据的数据库。课题 2 是清华大学、天津大学和丹麦科技大学合作，天津大学与丹麦科技大学合作开发了新的转轮调湿装置，理论分析和实验研究了其对 VOC 的净化效果，清华大学则研究了溶液调湿空气处理过程对消除 VOC 的作用。课题 3 是清华大学的辐射末端研究和丹麦奥尔堡大学的带有蓄能的辐射末端研究。通过实验和理论分析，在辐射末端应对变化的负荷时所具有的特点上有了更清晰的认识和相应的设计方法，对带有相变蓄热的辐射末端如何利用自然冷源（奥尔堡）和太阳能（清华）解决室内空调和供暖问题有了新的认识，并在一些工程中进行了尝试。

合作研究共持续三年，在中国和丹麦共召开了 6 次研讨会，并支持了部分研究生和青年教师的短期互访。六次研讨会 2 次在清华大学、1 次在上海、2 次在丹麦科技大学、1 次在丹麦奥尔堡大学。这是一次有大量实质性科研工作的中外合作项目，并取得了一些成果（图 3.8-6）。

图 3.8-6　师生合照

① Aalbory University.

3. 中欧清洁能源研究中心

清华大学和中国社会科学院工业经济研究所、国家发展改革委能源研究所一起参与了由意大利都灵理工大学联合中方和欧洲的十余个伙伴组织建立的中欧清洁能源研究中心。2010 年 4 月设立在清华大学的中欧清洁能源研究中心正式揭牌，主要工作有五个方面：一是清洁煤技术，二是可再生能源技术，三是新能源技术，四是政策咨询、能力建设、宣传教育，五是技术交流与合作。

清华大学建筑环境与设备研究所主要参与中欧在城市和建筑节能方向的技术交流与合作研究，主要的研究内容包括：

（1）分析中外建筑能耗对比的差异原因和生活方式的影响：本项目从典型案例作为切入点对中欧实际建筑的能耗进行比对研究，从而找到建筑运行能耗的各个实际影响因素，进而可以定量地说明中欧在建筑能源消耗方面的异同与原因。

（2）建立建筑能耗统计分析的方法体系：在典型案例对比的基础上，学习和借鉴欧盟各国统计数据分析方法的经验，建立各类能源的消耗统计方法，使各国的建筑能耗数据可进行对比，并在此基础上深入有效的共同开展能耗数据的分析和预测工作。

（3）人的生活方式对建筑能耗的影响分析：通过大量实测与模拟说明人的生活方式对建筑能耗的巨大影响。

（4）建筑技术适宜性的分析：包括太阳能光伏、太阳能光热、地水源热泵、集中与分散、保温等建筑节能技术的适宜性。

（5）中欧建筑节能实践案例：对中欧在建筑节能低碳领域的优秀实践案例进行深入分析，以总结经验和教训。对清华大学意大利节能楼（环境学院）进行了深入分析。

基于以上研究内容，双方联合组织了多次研讨会，来自欧洲和中方的政府、研究机构、大学代表参与了研讨会。同时还组织了中方人员访问意大利合作单位都灵理工大学、卡布利亚大学，开展了学术交流、意大利住宅案例测试及中意建筑能耗的对比；双方基于合作研究成果，于 2010 和 2011 年共同发布了《中国建筑节能领域低排放技术导则与建议》《建筑节能一体化技术》《北京、上海、都灵建筑能耗对比》共三份技术研究报告（图 3.8-7、图 3.8-8）。

图 3.8-7　学术交流活动

图 3.8-8　联合组织研讨会

九、港澳台地区交流与合作

1. 中国香港特别行政区

（1）太古地产

2006 年 10 月，香港能源工程师学会在会长潘乐陶（Mr. Ir. Lok To Otto Poon）带领下一行 18 人访问内地，到访清华大学建筑节能研究中心（图 3.9-1）、清华大学核能与新能源技术研究院、张家口风电基地等。访问团中有多位暖通空调、制冷、建筑自动化系统方面的专家或企业负责人，因此，特意拿出一整天时间，到清华大学建筑节能研究中心与江亿、魏庆芃等进行交流，交流内容集中在公共建筑节能诊断、系统调适、运行控制等方面，访问取得圆满成功。

图 3.9-1　2006 年 10 月，陈永康先生第一次到访清华大学建筑节能研究中心

2006 年 10 月，太古地产可持续发展与技术统筹总经理陈永康先生（Mr. Ir. Cary Chan）在清华大学法学院学习中国大陆法律体系期间，邮件联系朱颖心，表示希望能拜访清华大学建筑环境与设备研究所。朱颖心在旧土木馆热情地接待了陈永康先生，并安排魏庆芃及研究生与陈永康先生就空调系统节能运行调节进行深入交流。2006 年 7 月美国供热、制冷、空调工程师协会会刊 ASHRAE Journal 封面文章，介绍了获得当年技术大奖（Annual Technical Award）的项目，香港又一城商场制冷站控制策略的优化及节能效果。当时又一城商场由太古地产运营管理，封面文章的作者也是技术大奖获得者正是陈永康先生。清华大学师生与陈永康先生从这篇文章的技术内容谈起，深入交流冷水机组在不同负荷率和压缩比下的性能变化规律，探讨避免二级泵系统逆向混水的问题以及空调箱风机变频的节能效果等。

连续与香港工程界和学术界深入交流公共建筑节能及暖通空调系统的运行调节，使得清华大学的师生们意识到，建筑节能特别是既有公共建筑及制冷空调系统节能在香港大有可为，而且香港同行在公共建筑工程管理和运维管理等方面有很多值得学习的先进经验。

在江亿、朱颖心的安排下，2006 年 11 月和 12 月，魏庆芃以及研究生蔡宏武、王鑫、王远、张永宁等先后访问香港，到太古地产管理的各个项目制冷机房、中控室等核心位置参观，与一线运维管理人员深入交流。通过短暂的交流，结合已有的经验，清华大学师生迅速分析运行数据的质量和控制策略的改进点，计算主要设备的性能以及全年能耗和效率指标，并与陈永康先生、潘乐陶先生、马伟斌先生等当面沟通，争取香港方面支持清华大学师生到当地开展节能工作。

经过近半年的反复沟通，由太古地产资助差旅住宿和生活等费用，2007 年 8 月，清华大学派魏庆芃带队、研究生蔡宏武、韩铮、本科三年级学生肖贺、常晟、刘阿祺等，会同“十一五”国家科技支撑项目的主要合作单位上海市建筑科学研究院、深圳市建筑科学研究院的张蓓红博士、顾群、刘笙等，首次深入香港又一城制冷机房开展为期 2 周的详细实测和数据分析工作。通过对这一 ASHRAE 获奖项目的深入实测分析，发掘空调系统节能潜力超过 300 万度电 /a，并且将成果向太古地产高层领导进行汇报，赢得了他们的支持。

2008 年 3 月，在清华大学建筑节能学术周期间，举行了“清华大学 - 太古地产建筑节能研究基金”签约仪式，太古地产承诺三年内累积出资 300 万港币支持公共建筑节能运行方面的研究（图 3.9-2）。

图 3.9-2　清华大学 - 太古地产建筑节能研究基金签约仪式
2008 年 3 月，江亿院士与太古地产时任总经理邝金江先生签署研究基金协议

随后的几年，先后有近 30 名清华大学建环专业本科生、研究生到太古地产在香港的各个项目中进行现场实测、数据分析和学术交流，并且本科生三年级暑期的运行实习也会安排一到两个小组在香港实测研究 4 周，要求学生用英语进行最终汇报和撰写报告，极大地提升了实习的成果质量和水平。

2010 年，太古地产以 3 年 750 万元港币的投入，与清华大学成立“集成设计与管理研究基金”，重点关注新建复杂商业综合体的多专业集成设计与全过程管理。

2011 年 9 月，经清华大学和太古地产董事会批准，双方成立“清华大学 - 太古地产建筑节能与可持续发展联合研究中心”，形成合作长效机制，以 3 年为周期进行工作规划与成果评估。在江亿院士、朱颖心教授、陈永康先生（2016 年退休）、邱万鸿博士等业界顶级专家的持续推动下，联合研究中心截至目前已先后续约共三期，开展包括节能全过程管理、基于数据的再调适、人工智能应用、光储直柔建筑示范、太古地产碳中和路径等一系列研究，兼顾创新性、学术性与实用性，使得联合研究中心一直保持活力和生命力（图 3.9-3～图 3.9-5）。

图 3.9-3　2012 年联合研究中心成立暨揭牌仪式

图 3.9-4　2015 年第一次续约签约仪式

图 3.9-5　2019 年第二次续约签约仪式

2006—2022 年，在学术研究领域，相关研究成果发表多篇 SCI 论文和《暖通空调》等核心期刊论文，支撑“十一五”“十三五”期间科技部重点研发计划项目的研究，还支撑了 IEA-ECBCS Annex 53 等国际合作项目。

在工程实践创新领域，通过与太古地产深入合作，使得 80 余万 m^2 商业综合体的能耗对比基线数据（2008 年为基线）都大幅度下降，其中在香港各项目能耗下降 7780 万度 /a，内地项目下降超过 2800 万度 /a，并且还在持续发掘节能降耗空间。

太古地产管理的又一城商场在 2010 年获英国建筑设备工程师学会（CIBSE）年度低碳运行大奖，香港太古广场、太古坊、广州太古汇、北京颐堤港、北京三里屯太古里、成都远洋太古里、上海兴业太古汇等一批项目获得各项节能或绿色低碳的奖项。同时，清华大学与太古地产还将研究与工程实践的创新成果与经验向业界毫无保留地分享，影响一批内地地产头部企业，逐步将节能高效、绿色低碳作为持有型商业地产项目的亮点和资产增值的增长点。

（2）香港机电工程署

清华大学与太古地产的长期合作在行业内、在大湾区均产生了良好的反响，形成公共建筑节能领域多方合作、多方共赢、携手共进的良好局面。

2007 年 10 月，在日本京都举行的亚太地区建筑调适研讨会上（APCBC Asia-Pacific Conference on Building Commissioning Workshop），来自清华大学的江亿、朱颖心、魏庆芃等分别介绍了在中国内地、中国香港特别行政区、美国宾夕法尼亚大学校园等实际工程中推进建筑节能、发展系统调适的研究进展，与来自美国、日本、中国台湾、加拿大、韩国等地专家学者一百余人共同研讨调适技术如何推进建筑节能。

2010 年 2 月，再次在香港举行亚太地区建筑调适研讨会，太古地产与清华大学的联合研究中心承办了这次会议。其后，2012 年、2014 年、2016 年和 2019 年，清华大学和太古地产联合研究中心又先后多次参加建筑节能和系统调适方面的国际学术研讨会，会议地点包括英国曼彻斯特、美国得克萨斯、中国南京、中国香港、日本京都等，使得研究成果更具国际影响力。

在多次学术交流过程中，香港机电工程署、香港绿色建筑议会等，注意到清华大学在该领域的研究成果与研究能力，也积极推动建筑节能改造、再调适等在香港、澳门以及大湾区的应用。2018 年 11 月，香港机电工程署牵头，邀请香港绿色建筑议会、澳门机电工程师学会、香港屋宇设备运行及维修行政人员学会、清华大学建筑节能研究中心、广州华南理工大学、上海市建筑科学研究院等，共同签署合作备忘录，在大湾区推进建筑再调适（重新校验）以实现建筑节能的目标（图 3.9-6、图 3.9-7）。

合作备忘录签署后，各方投入力量，构建重新校验的知识、经验、最佳实践方案的共享网络，以期优化建筑物能效益、降低建筑物的能源消耗及碳排放。2019 年 3 月，清华大学建筑节能学术周期间，香港机电工程署署长、副署长等高级官员，以及参与合作备忘录签署的各方代表齐聚清华园进行研讨，并参观颐堤港、三里屯太古里、侨福芳草地等项目。

2020 年初，新冠疫情发生后，香港机电工程署和签署合作备忘录各方积极推动建筑和空调系统提升抗疫韧性，通过网络研讨会方式探究新冠病毒在室内环境中的传播机理和防治消杀策略等。2021 年和 2022 年，香港机电工程署和香港绿色建筑议会等，承担亚太经合组织关于节能低碳的培训工作，澳门特别行政区机电工程师学会等组织建筑再调适推进大湾区“双碳”目标实现国际研讨会，也多次邀请魏庆芃等进行再调适经验分享。2022 年 11 月 3 日，香港机电工程署主持，再次签署合作备忘录，在重新校验基础上，推动大湾区既有建筑节能改造，真正降低建筑物运行能耗、提升运行管理水平和室内环境质量，助力国家实现“双碳”目标（图 3.9-8）。

图 3.9-6 粤港澳大湾区建筑物重新校验（再调适）合作备忘录签署仪式

粵港澳大灣區建築物重新校驗(再調適)合作備忘錄

簽署機構 (排名不分先後)

1. 香港特別行政區政府機電工程署
2. 香港綠色建築議會
3. 香港屋宇設備運行及維修行政人員學會
4. 澳門機電工程師學會
5. 華南理工大學廣東省城市空調節能與控制工程技術研究開發中心
6. 清華大學建築節能研究中心
7. 上海市建築科學研究院

合作目的

根據簽署機構在建築及能源系統重新校驗(再調適)的知識、經驗和網絡，締結協同作用，以促進及推廣粵港澳大灣區內重新校驗(再調適)最佳實踐方案，並共同研究及推廣重新校驗(再調適)技術到國內其他地區和“一帶一路”國家，以優化建築物能源效益，並減少建築物的能源消耗及碳排放。

合作內容

為了達到本合作備忘錄的目的，簽署機構將就推廣重新校驗(再調適)共同進行以下合作:

1. 開展重新校驗(再調適)新技術研究及應用推廣，分享知識和經驗
2. 研發及推廣最佳實踐方案，優化建築物能源效益
3. 聯合舉辦論壇，加強行業互相交流
4. 開展人才培訓，提升重新校驗(再調適)專業人才的技術水準
5. 成立聯絡小組，加強溝通和合作

图 3.9-7 粤港澳大湾区建筑物重新校验（再调适）合作备忘录

图 3.9-8　2022 年 11 月 3 日，粤港澳大湾区既有建筑节能改造合作备忘录线上线下结合方式举行签署仪式

2. 中国台湾地区

（1）制冷空调领域学术交流

自 1992 年以来，通过中国制冷学会和台湾省冷冻空调学会、台湾省冷冻空调技师公会、台湾区冷冻空调工程工业同业公会等单位的共同努力，开启了两岸轮流主办“海峡两岸冷冻空调学术暨技术交流会”的征程，每两年举行一届，到 2019 年共举办了 14 届。时任中国制冷学会常务理事彦启森在交流会的创立和持续举办过程中做了大量工作，积极推动海峡两岸制冷空调行业学术界和产业界的交流活动。在 2007 年彦启森先生逝世后，台湾省冷冻空调学会等 6 单位发来唁电，写到“在海峡两岸学术与产业技术交流上，他一向也是主要的领导人之一，贡献殊伟。现彦教授不幸因病弃世，对海峡两岸制冷空调业界而言，实是一个莫大的损失”。

清华大学建筑环境与设备研究所师生多次在海峡两岸学术暨技术交流会上进行学术交流。1999 年 7 月，在台北市台北科技大学举行的第四届交流会上，李先庭指导硕士生张雁发表了论文“冰蓄冷系统串联连接形式节能方法研究”，2010 年 10 月，在珠海举行的“海峡两岸四地制冷空调工程节能减排新技术研讨会”上，李先庭应邀做了特邀报告“实现可持续建筑节能理念的技术路线”，2011 年 11 月，在台北市台北科技大学召开的第十届海峡两岸冷冻空调学术暨技术交流会上，石文星做了主题报告“中国大陆多联机行业现状与挑战”，并担任分会场主席。

（2）两岸共同出版专业工具书

在 20 世纪 90 年代，我国制冷空调产业迅速发展，然而相关技术人员极度短缺，特别是当时我国几乎没有针对制冷空调工程技术人员的培训教材或工具书，限制了工程技术人员的培养和成长。彦启森发现由 A.D.Althouse 等人编著、美国出版的《Modern Refrigeration and Air Conditioning》是一部很好的冷冻与空调专业工具书，具有权威性、知识性与实用性相结合的特点。该书内容涉及制冷空调实际应用的各个分支：家用、商用，空调、热泵，汽车空调、热电制冷，太阳能、吸收式制冷、特殊制冷装置等，详细阐述了冷冻与空调原理、结构、系统、安装、操作、保养和检修知识，图文并茂，大量的设备照片和彩色插图，使原理和维修知识简明易懂、学以致用。

彦启森决定将此书翻译为中文，使中国众多制冷空调技术人员从中受益，推动整个产业的发展。在台湾行业组织的帮助下，1995 年 7 月，彦启森翻译的《现代冷冻与空调》在台湾出版后，广受工程技术人员好评，被认为是很有价值的技术指南和参考书。2001 年，上海交通大学出版社以《现代冷冻与空调（原理、结构、安装、操作、保养、检修）》为书名出版了此书。

鉴于《现代冷冻与空调》对重要原理的阐述简明易懂，并将理论与提高实际工作技能很好地融合，至今为止，一直作为海峡两岸的制冷空调专业工程技术人员、大专院校学生的参考书，以及成人教学班和中高级技工培训班学员的培训教材，更是广大操作、维修人员的常备工具书。

（3）室内空气质量领域学术交流

2009 年 12 月 14—20 日，杨旭东应台湾洁净技术协会李文锦会长等邀请分别访问台湾洁净技术学会、台北科技大学、成功大学。12 月 16 日，在台湾洁净技术协会专门组织的“进阶洁净技术论坛”上，杨旭东介绍了清华大学建筑环境与设备研究所情况，并做了“层流洁净病房介绍”“室内正压环境下室外颗粒对室内环境的影响”“室内 VOC 模拟和控制 I”“室内 VOC 模拟和控制Ⅱ”“室内微生物污染和传染病控制”5 个学术报告；12 月 16 日，与台北科技大学胡石政教授等进行学术交流并参观其洁净技术实验室；12 月 17—18 日，赴台南与成功大学建筑系主任江哲銘教授团队等进行学术交流，并做了题为“我们需要什么样的室内环境”的学术报告，参观了江哲銘教授实验室、姚主任实验室、赖教授实验室、郑教授实验室，顺访并参观了新竹工研院。此次出访对加强清华大学建筑环境与设备研究所和我国台湾地区的学术交流与合作起到了积极作用。

2010 年 8 月 20—21 日，第 5 届中国室内环境与健康分会学术年会在我国台湾省台南市成功大学举行，会议主席为中国室内环境与健康分会副主任委员、成功大学副校长苏惠贞（Jenny Su）教授。苏惠贞教授和华中师范大学杨旭教授（时任中国环境科学学会室内环境与健康分会主任委员）、成功大学江哲铭教授分别主持了大会特邀报告，清华大学建筑环境与设备研究所外籍教授 Jan Sundell 做了题为“Indoor air science，China and the world”大会报告，北京大学田德祥教授做了题为“室内环境与健康分会的建设与发展”大会报告，苏惠贞教授做了题为“台湾室内空气质量建议值之相关研究及发展”大会报告。其后的分会场两位主席均分别由大陆学者和台湾学者担任。会议期间，学者们进行了友好的学术交流。张寅平（时任中国环境科学学会室内环境与健康分会秘书长）、林波荣、莫金汉和部分博士生与硕士生参加了会议，并发表了学术报告，报告题目如表 3.9-1 所示。

清华师生在“第 5 届中国室内环境与健康分会学术年会”上的学术报告

表 3.9-1

报告人	报告题目
Jan Sundell	Indoor air science，China and the world
张寅平	中国家具污染标识体系构建关键技术研究
林波荣	中国绿色办公建筑评价标准“室内环境”部分编制研究
博士生何中凯	阻隔层对建材挥发性有机化合物散发的影响
硕士生李欣笑	室内空气径向被动吸附采样技术评价研究

十、获奖情况

（一）科研成果获奖

进入 21 世纪，新科技革命的迅猛发展推动了暖通空调专业与新型理论技术的交叉、融合与渗透和发展。清华大学建筑环境与设备研究所以前期数十年的已有研究条件为基础，针对国家和社会的科学技术发展需求，开展前沿性问题的研究和科学技术攻关，取得了一系列重要的研究成果，获得了若干国家级、省部级和行业内的技术发明奖、科学技术进步奖。

1. 国家级奖项

国家级奖项的名单如表 3.10-1 所示。

国家级科研成果获奖情况 表 3.10-1

序号	成果名称	奖励名称 / 级别 / 年份	获奖人员
1	溶液式带有全热回收的模块化空气处理装置及其系统	国家技术发明奖 / 二等奖 /2007 年	江亿、李震、陈晓阳、刘晓华、刘拴强、谢晓云
2	建筑环境模拟分析平台 DeST 及其应用	国家科学技术进步奖 / 二等奖 /2008 年	江亿、燕达、吴如宏、张晓亮、宋芳婷、刘烨、夏建军、魏庆芃、张野、简毅文、朱伟峰、谢晓娜、诸群飞、陈锋
3	适用于西部干燥地区的间接蒸发冷水机	国家技术发明奖 / 二等奖 /2009 年	江亿、于向阳、谢晓云
4	基于吸收式换热的集中供热技术	国家技术发明奖 / 二等奖 /2013 年	付林、张世钢、罗勇、景树森、李岩、肖常磊
5	绿色公共建筑环境与节能设计关键技术研究及应用	国家级科技进步奖 / 二等奖 /2019 年	林波荣、徐宏庆、李晓锋、朱颖心、曹彬、邵双全、肖伟、李紫微、王者、代宏峰

2007 年，“溶液式带有全热回收的模块化空气处理装置及其系统”获得国家技术发明奖二等奖。完成人：江亿、李震、陈晓阳、刘晓华、刘拴强、谢晓云，见图 3.9-1。项目给出溶液法处理空气的新流程，发明并开发了集除湿、加湿、热回收功能于一体的新型溶液式空调，提出适用于全热回收、热泵驱动和热驱动溶液空调的基本单元模块，

开发出可批量生产上述基本单元的塑料模具，实现溶液式空调设备的核心部件模块化生产，采用上述技术所研制的溶液式空调产品，其主要技术指标达到国际领先水平，推广应用以来取得了显著的社会经济效益。

2008 年，“建筑节能模拟分析平台 DeST 及其应用”获得国家科学技术进步奖二等奖，见图 3.10-2。完成人：江亿、燕达、吴如宏、张晓亮、宋芳婷、刘烨、夏建军、魏庆芃、张野、简毅文等。建筑节能模拟分析平台 DeST 是清华大学经历 20 余年研究开发的拥有全部自主知识产权的建筑节能模拟分析平台，集成了建筑能耗、日照采光的多个计算模块，可对建筑室内各环境参数、建筑能耗等进行全年逐时模拟计算。在理论、模型、算法等方面取得了十余项世界领先的重大技术创新，并已在国际各个建筑相关领域得到了广泛应用。

2009 年，“适用于西部干燥地区的间接蒸发冷水机”获得国家技术发明奖二等奖，见图 3.10-3。完成人：江亿、于向阳、谢晓云。本项目提出利用室外干燥空气制备空调用冷水的方法——间接蒸发冷水机组，极限出水温度为室外空气的露点温度。提出基于间接蒸发冷水机组的串联式空调系统，实现冷量按其温度水平的分级利用。提出可同时制备冷水和冷风的间接蒸发制冷机组。研发出系列间接蒸发冷水机和间接蒸发冷风冷水机，实测出水温度处于室外湿球温度和露点温度的平均值，出风温度接近室外湿球温度。可替代全球使用的各类空调的 20%～25%，技术处于国际领先水平。

图 3.10-1　国家技术发明奖二等奖——“溶液式带有全热回收的模块化空气处理装置及其系统”（2007 年）

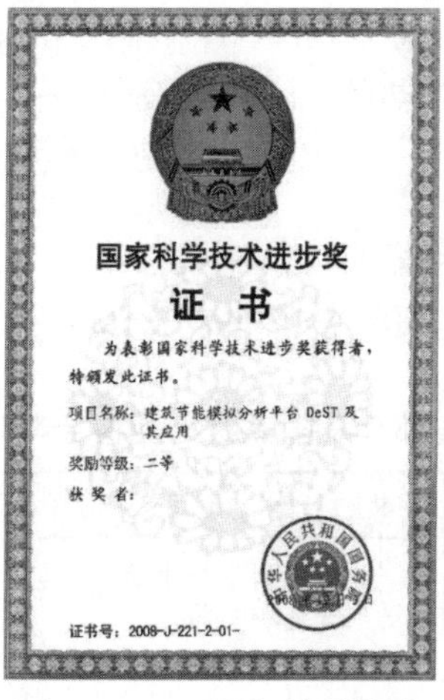

图 3.10-2　国家科学技术进步奖二等奖——“建筑节能模拟分析平台 DeST 及其应用”（2008 年）

图 3.10-3　国家技术发明奖二等奖——“适用于西部干燥地区的间接蒸发冷水机”（2009 年）

2013 年，“基于吸收式换热的集中供热技术”获得国家技术发明奖二等奖，见图 3.10-4。主要完成人：付林、张世钢、罗勇、景树森、李岩、肖常磊。发明了基于吸收式换热的集中供热技术，克服了热源效率与热网输送能力之间的基本矛盾，解决了城市集中供热热源短缺和热网输送瓶颈难题，实现了供热能耗大幅降低。经过理论分析、关键设备研制、系统集成、工程试验与示范等一系列研究工作，取得供热领域的重大突破，在我国北方地区得到了广泛应用。

2019 年，“绿色公共建筑环境与节能设计关键技术研究及应用”获得国家科学技术进步奖二等奖，见图 3.10-5。主要完成人：林波荣、徐宏庆、李晓锋、朱颖心、曹彬、邵双全、肖伟、李紫微、王者、代宏峰。项目面向城镇化领域健康环境营造和节能减排需求，突破了公共建筑环境营造新方法、性能导向设计新技术以及高效节能新产品三方面关键技术，开发了具有国际领先水平的即绘即模拟软件 MOOSAS①，引领了我国公共建筑环境营造与节能设计方法创新及设备系统升级。

图 3.10-4　国家技术发明奖二等奖——“基于吸收式换热的集中供热技术”（2013 年）

图 3.10-5　国家科学技术进步奖二等奖——“绿色公共建筑环境与节能设计关键技术研究及应用”（2019 年）

2. 省部级及国家级行业协会奖项

省部级及国家级行业协会奖项的名单如表 3.10-2 所示。

省部级及国家级行业协会奖项　　表 3.10-2

序号	成果名称	奖励名称 / 级别 / 年份	获奖人员
1	变频控制技术在空调上的应用	北京市科学技术奖 / 三等奖 /2000 年	彦启森、满伟、石文星、刘晓辉
2	蓄冰空调系统设计、控制和产品成套技术研究与开发	北京市科学技术奖 / 三等奖 /2001 年	赵庆珠、李先庭、李吉生、徐齐越、李浩、骆维军、刘刚、朱颖心、黄文政、郑燕林
3	绿色奥运建筑评估体系	北京市科学技术奖 / 一等奖 /2005 年	秦佑国、朱颖心、滕树龙、江亿、林波荣、欧阳沁　等
4	相变贮能应用基础研究	教育部自然科学奖 / 二等奖 /2005 年	张寅平、江亿、杨睿、王馨、林坤平、狄洪发、康艳兵、胡先旭、朱颖心、梁新刚、葛新石

① Multi-Objetive Optimization Software for Architechture Scheme.

续表

序号	成果名称	奖励名称 / 级别 / 年份	获奖人员
5	地铁暗挖车站新型通风空调系统研究	北京市科学技术奖 / 一等奖 /2005 年	李国庆、李先庭、王怀良、郭爱东、陈玖玖、冯玉阳、吴鹏、欧阳沁、杨启明、云岭冬
6	济南交通学院图书馆	教育部优秀建筑设计奖 / 一等奖 /2005 年	袁镔、陆颖洁、邹瑚莹、朱全成、王洪星、张燕、林波荣、苗青、朱颖心　等
7	北京市民用建筑供热方式与发展研究	华夏建设科学技术奖 / 三等奖 /2007 年	江亿、曾享麟、赫迎秋、付林、郭非
8	山东交通学院图书馆	全国绿色建筑创新综合奖 / 一等奖 /2007 年	袁镔、朱颖心、林波荣、陆颖洁、朱全成、冯晋祥、邹瑚莹　等
9	建筑环境模拟分析平台 DeST 及其应用	教育部科学技术进步奖 / 一等奖 /2007 年	江亿、燕达、吴如宏、张晓亮、宋芳婷、刘烨、夏建军、魏庆芃、张野、简毅文、朱伟峰、谢晓娜、诸群飞、陈锋
10	适用于西部干燥地区的间接蒸发冷水机	中国制冷学会技术发明奖 / 一等奖 /2008 年	江亿、于向阳、谢晓云
11	既有综合性商办楼节能成套技术	上海市科学技术奖 / 二等奖 /2008 年	叶倩、朱伟峰、张蓓红、魏庆芃、黄晨、杜佳军、丁剑红、陈勤平、陈建萍、邹志军
12	国家体育场室内环境关键技术研究	华夏建设科学技术奖 / 二等奖 /2009 年	潘云钢、丁高、李兴钢、张文才、王健、李先庭、陈怀民、吴德绳、马国馨、邱涧冰
13	新型城市轨道交通通风空调多功能集成系统研究	北京市科学技术奖 / 三等奖 /2009 年	李国庆、王奕然、朱颖心、顾庆宜、张春生、褚敬止
14	北京市农村建筑节能关键技术研究和示范	北京市科学技术奖 / 三等奖 /2009 年	杨旭东、邢永杰、叶建东、赵岩、单明、杨铭
15	《民用建筑能耗数据采集标准》JGJ/T 154—2007	华夏建设科学技术奖 / 二等奖 /2009 年	刘俊跃、付祥钊、魏庆芃、马晓雯、李念平、端木琳、任俊、周辉、闫增峰、张蓓红
16	室内环境 VOC 及湿度控制中的传质机理及过程特性研究	教育部自然科学奖 / 一等奖 /2010 年	张寅平、张立志、刘晓华、江亿、莫金汉
17	奥运村绿色建筑技术研究与应用	华夏建设科学技术奖 / 二等 /2010 年	刘京、徐亚柯、蔡放、李先庭、肖燃、刘安、孙清华、王德荣、安卫华、石文星、金焱、王宏
18	大型公共建筑电耗分项计量与节能管理系统	浙江省科技进步奖 / 二等奖 /2011 年	胡云、陈海波、秦筑君、胡吉士、魏庆芃、王凡、袁超、唐峰
19	华侨城体育中心扩建工程	全国绿色建筑创新奖 / 一等奖 /2011 年	林波荣、田军、郑建伟、王若愚、朱颖心、何文捷、刘加根、黄飞跃、刘雪峰、刘晓华　等

续表

序号	成果名称	奖励名称 / 级别 / 年份	获奖人员
20	青藏高原气候适应性节能建筑关键技术研究	四川省科技进步奖 / 一等奖 /2011 年	冯雅、戎向阳、张寅平、高庆龙、付正浩、王馨、王磊、徐明、肖伟
21	一种同时实现热调节和热计量的方法	北京市发明专利奖 / 二等奖 /2011 年	江亿、刘兰斌、付林
22	《民用建筑供暖通风与空气调节设计规范》GB 50736－2012	华夏建设科学技术奖 / 一等奖 /2012 年	徐伟、邹瑜、徐宏庆、孙敏生、潘云钢、金丽娜、李先庭、寿炜炜、马伟骏、王国复、张时聪、陈曦、于晓明、董重成、孙峙峰
23	高效板管式蒸发冷凝空调制冷设备关键技术及应用	广东省科学技术奖 / 二等奖 /2012 年	李志明、李先庭、石文星、简弃非、吴伟营、王宝龙、黄维军、罗硕成、韩林俊、左政、谭栋、侯普秀、何卫国、康英姿、董俐言、苏素平、李国辉、何林豪、谢赟
24	绿色铁路客站评价标准与评价体系研究	中国铁道学会科学技术奖 / 一等奖 /2012 年	郑健、赵奕、刘燕、李晓锋、邵长虹、朱颖心、姚涵、郑云杰、谭月仁、胡建明、盛晖、李春舫、吴建平、吴明友、孟凡强、刘晓天、郭振伟、孙行、朱建章、马杰
25	基于吸收式换热的热电联产集中供热技术	北京市科学技术奖 / 一等奖 /2012 年	付林、张世钢、罗勇、景树森、肖常磊、孙方田、李永红、胡鹏、刘荣、陈杰、刘富军、任佐民、杨巍巍、狄洪发
26	天津站超深层大面积环控通风系统研究	华夏建设科学技术奖 / 三等奖 /2012 年	张梅、李先庭、江亿、刘英杰、郑东文、朱颖心、杨鋆、衡光琳
27	绿色超高层建设建筑评价技术细则	华夏建设科学技术奖 / 二等奖 /2013 年	宋凌、韩继红、杨 榕、范宏武、李宏军、曾捷、王昌兴、林波荣、张播、李晓锋、安宇、李景广
28	万达学院一期工程	全国绿色建筑创新奖 / 一等奖 /2013 年	孙多斌、何平、李晓锋、吕建光、冯莹莹、王珏、白新亮、李娜
29	大型公共建筑能耗监测系统关键技术开发与示范	上海市科学技术奖 / 三等奖 /2013 年	朱伟峰、郑竺凌、叶倩、魏庆芃、徐强、江亿、林春艳、王鑫、郁丽平、高洪飞、刘笙、张辉
30	室内可吸入颗粒物动力学问题研究	教育部自然科学奖 / 二等奖 /2014 年	赵彬、吴俊、李先庭、陈淳、杨旭东
31	构建北京市建筑节能体系的关键技术研究与应用	北京市科学技术奖 / 三等奖 /2014 年	刘加平、谢静超 、杨威、王皆腾、魏庆芃、丁琦
32	机场车站类高大空间新型空调系统的研究及应用	中国制冷学会科技进步奖 / 一等奖 /2014 年	周敏、刘晓华、王娟芳、骆海川、杨春方、李晓威、陈晓阳、侯占魁、王国栋、赵亘、张涛、孙国勋、薛建文、秦昕、唐海达

续表

序号	成果名称	奖励名称 / 级别 / 年份	获奖人员
33	卷烟生产中降低空调系统能耗的研究与应用	贵州省科学技术进步奖 / 三等奖 /2015 年	徐东泰、魏鹰、王光举、胡世龙、张颖、梁正忠、何刚、巫明、隆智辉、李先庭、敖顺荣、王亚军、张小芬、吴伟、曾鹏
34	天津站交通枢纽工程设计与施工新技术规程研究及工程示范	天津市科学技术进步奖 / 二等奖 /2015 年	刘玉琦、焦莹、郑刚、黄桂兴、鲍立楠、李治国、李先庭、倪照鹏、王阳明、金淮、张建新、张志新、宋长江、李竹、姜忻良、阎培渝、韩林海、李颖、王旭生、刘颖、王波、丁克胜、田巧焕、李明
35	卧龙自然保护区都江堰大熊猫救护与疾病防控中心	全国绿色建筑创新奖 / 一等奖 /2015 年	魏荣平、钱方、李晓锋、戎向阳、冯莹莹、黄瑶、高庆龙、杨玲、李波、李先进、吴小宾、黄治、刘磊、胡佳、熊耀清、陈英杰、杜欣、何海波、袁野、张庆
36	北京汽车产业研发基地用房	全国绿色建筑创新奖 / 一等奖 /2015 年	刘永平、李晓锋、韩旭、冯莹莹、丁颖超、晋江辉、李术芳、黄瑶、田少华
37	立式多段吸收式换热器	中国制冷学会技术发明奖 / 二等奖 /2015 年	谢晓云、江亿、朱超逸、李静原、王升、郑姝影、吴建峰、宿颖波
38	可再生能源蓄能技术在低能耗建筑的应用研究	华夏建设科学技术奖 / 二等奖 /2015 年	徐伟、张时聪、张寅平、吕芳、王馨、何涛、王敏、张昕宇、宋业辉、曹勇、杨灵艳、李怀
39	全热回收的天然气高效清洁供热技术及应用	北京市科学技术奖 / 一等奖 /2016 年	付林、隋晓峰、赵玺灵、关天罡、张世钢、梅东升、肖常磊、傅远雄、李锋、毛永清、李永红、宋兆星、刘华、赵岩、贾向东
40	大型燃气蒸汽联合循环机组烟气余热深度回收技术研究及示范工程	中国电机工程学会中国电力科学技术进步奖 / 二等奖 /2016 年	梅东升、隋晓峰、赵玺灵、关天罡、毛永清、付林、傅远雄、赵岩、贾向东、南补连
41	低品位工业余热应用于城镇集中供热技术	中国节能协会科技进步奖 / 一等奖 /2016 年	夏建军、宿颖波、方豪、李叶茂、李春晓、刘福军、李世一、王凌云、于峰
42	太阳能 - 相变蓄热结合用于建筑节能的关键问题研究	河北省科学技术奖 / 二等奖 /2017 年	周国兵、杨勇平、张寅平、王馨
43	北京通州万达广场东区大商业项目	全国绿色建筑创新奖 / 二等奖 /2017 年	王志彬、李晓锋、于伯达、郑旭、谢杰、陈娜、冯莹莹、马凤岐、杨卓、时兵、侯晓娜、孙滨、王倩、王弘成、谢笑坤
44	浅层地热能集成应用技术与评估及示范	河南省科技进步奖 / 三等奖 /2017 年	栾景阳、杜永恒、王宝龙、潘玉勤、王晓兰、朱晓姣、郝文
45	利用吸收式热泵回收烟气余热的集中供热系统	北京市发明专利奖 / 三等奖 /2017 年	付林、孙健、张世钢

续表

序号	成果名称	奖励名称 / 级别 / 年份	获奖人员
46	绿色机场规划设计、建造及评价关键技术研究	中国航空运输协会民航科学技术奖 / 一等奖 / 2018 年	李强、朱颖心、郭雁池、肖斌、吴志晖、张雯、潘建、魏庆芃、王建萍、李雄、徐涛、余娟　等
47	机场车站类高大空间新型空调系统的研究及应用	陕西省科学技术奖 / 二等奖 /2018 年	周敏、刘晓华、王娟芳、骆海川、杨春方、李晓威、陈晓阳、侯占魁、王国栋
48	绿色公共建筑环境与节能设计关键技术研究与应用	北京市科学技术奖 / 一等奖 /2018 年	林波荣、徐宏庆、李晓锋、朱颖心、刘加根、梁楠、李紫微、陈洪钟、余琼、王者、代宏峰、李晋秋、高惠润、陈娜、耿阳
49	一种与锅炉结合的吸收式换热机组	中国节能协会中国节能环保专利奖 / 一等奖 /2018 年	付林、张世钢、孙健、杨巍巍、肖常磊
50	基于喷淋换热的燃煤烟气深度余热回收与减排一体化技术	中国节能协会创新奖－节能减排科技进步奖 / 一等 /2018 年	付林、张世钢、杨巍巍、魏茂林、肖常磊、冯恩泉、姚颖、杨卫国、董玉峰、魏洪军、钟杰成、齐剑坤、曹美乐、曹英华、毕战利、张鑫忠
51	石家庄市城市集中供热专项规划（2016—2020 年）	中国城市规划协会全国优秀城乡规划设计奖 / 表扬奖 /2018 年	付林、李永红、张世钢、张岩冰、冯丽洁、沈利冈、赖中练、华靖、胡建军、陈春寅、韩晓丽、陈杰、郑忠海、谢朝霞、高立崇
52	青岛市公共建筑节能改造技术体系研究与实践	中国建筑学会科技进步奖 / 一等奖 /2018 年	赵云峰、李骥、刘洋、黄锦、王选、魏庆芃、乔镖、柴俊东、刘玲、生晓燕
53	农村建筑清洁用能体系、关键技术与大规模应用	北京市科学技术奖 / 三等奖 /2018 年	杨旭东、叶建东、单明、马荣江、章永洁、杨铭
54	寒冷及严寒气候区空气源热泵关键技术开发与应用	中国机械工业部科学技术奖 / 一等奖 /2019 年	王汝金、潘祖栋、马金平、邓壮、石文星、张秀平、樊海彬、孙云、袁明征、谢鹏、过炜华、程立权、冯闯、谢宝刚、李强
55	国家标准《空气净化器》GB/T 18801—2015	中国轻工业联合会科学技术进步奖 / 一等奖 /2019 年	马德军、朱焰、张寅平、鲁健国、吴亚西、沈浩、姜风、莫金汉、王蔚然、张晓
56	中深层无干扰地热供热技术及应用	中国制冷学会科学技术奖 / 二等奖 /2019 年	李建峰、刘华、魏庆芃、王沣浩、李兆、张治平、邓杰文、刘钊、李宏波、张辉
57	《健康建筑评价标准》T/ASC 02—2016	中国建筑学会科技进步奖 / 一等奖 /2019 年	王清勤、仲继寿、孟冲、张寅平、赵建平、曾捷、李景广、李百战、曾宇、林波荣
58	溶液调湿式空气处理流程优化方法与高效装置研发	中国制冷学会奖发明奖 / 二等奖 /2019 年	刘晓华、张涛、陈晓阳、张婷、张伦、柳珺
59	民用建筑能耗标准	华夏建设科学技术奖 / 一等奖 /2019 年	江亿、李铮、赖明、刘俊跃、魏庆芃、夏建军、郝斌、杨仕超、邹瑜、叶倩、刘刚、丁洪涛、李大伟、周敏、金丽娜

续表

序号	成果名称	奖励名称 / 级别 / 年份	获奖人员
60	昆钢科技大厦	全国绿色建筑创新奖 / 三等奖 /2020 年	马朝阳、朱颖心、邵亚军、何云、刘加根、钱永祥、葛鑫等（共 20 人）
61	基于分布式能源站的综合能源系统互联互济关键技术与应用	上海市科学技术进步奖 / 二等奖 /2020 年	黄尚渊、何桂雄、王丹、王福林、于航、李蕊、张春雁、刘铠诚、朱彬若、闫华光
62	降低大型建筑空调能耗的基础理论、关键技术及产业化应用	北京市科学技术奖 / 一等奖 /2020 年	李先庭、黄翔、国德防、李志明、石文星、黄华铃、邱成、王宝龙、王莉、强天伟、朱连富、何华明、黄运松、陈占西、孙铁柱
63	《空气源热泵供暖工程技术规程》T/CECS 564—2018	中国工程建设标准化协会标准科技创新奖 / 二等奖 /2020 年	路宾、张昕宇、李博佳、徐昭炜、杨强、石文星、郑万冬、王伟
64	中深层地埋管地热热泵供暖关键技术研究与应用	华夏建设科学技术奖 / 一等奖 /2021 年	徐伟、李建峰、魏庆芃、李骥、李兆、邓杰文、杨灵艳、张辉、周宇、袁闪闪、黄锦、张广秋、钟瑞兴、毛晓峰、罗勇强
65	北京丰科万达广场购物中心	全国绿色建筑创新奖 / 三等奖 /2021 年	李晓锋、王志彬、孙亚洲、尹强、吴承祥、吴小菊、朱镇北、谢杰、陈娜、高峰、刘晓峰、侯晓娜、刘敏、薛勇、王文广、时兵、郑晓蛟、王新民、任雨婷、吴思奇
66	中国博览会会展综合体项目（北块）	全国绿色建筑创新奖 / 一等奖 /2021 年	庄惟敏、宁风、李晓锋、张俊杰、郭于林、齐亚腾、姚红梅、傅海聪、陈娜、赵云、张晓其、黄瑶、侯晓娜、郑燕妮、韦志高、张则诚、张剑、黄晓丹、李熵斌、李文思
67	建筑室内空气质量测评控关键技术及应用	北京市科学技术奖 / 一等奖 /2021 年	张寅平、路宾、莫金汉、陈栋梁、焦家海、孟冲、杨明、李劲松、王智超
68	我国健康社区技术体系研究及应用	中国房地产协会科学技术奖 / 一等奖 /2021 年	王清勤、孟冲、张寅平、李迅、李百战、赵建平、孙宗科、李国柱、盖铁静、赵乃妮、谢琳娜、王潇、李果、朱荣鑫、刘茂林
69	乡村建筑清洁低碳用能关键技术及规模化应用	中国节能协会节能减排科技进步奖 / 一等奖 /2021 年	杨旭东、马荣江、夏光辉、张浩、单明、宋波、顾超、邓玉平、李旭光、王现林、王庆仙、邓琴琴、国德防、梁博、荣杏、王喜成
70	综合管廊绿色智能建设运维成套关键技术及工程应用	北京市科学技术奖 / 二等奖 /2022 年	欧阳康淼、曾国华、李晓锋、刘忠良、康晓乐、赵欣、韩宝江、油新华、尹力文、王建伟
71	太古供热项目（古交兴能电厂至太原供热主管线及中继能源站工程）	中国土木工程学会第十九届中国土木工程詹天佑奖 / 不分等级 /2022 年	李建刚、付林、吴凡松、梁波、石光辉、雷平飞、刘冲、许国春、姚颖、赵宏、孟金英、奥云军、吴彦廷、陈泓、齐卫雪

部分省部级奖项的证书如图 3.10-6 所示。

图 3.10-6　部分省部级奖项的证书

3. 其他级别协会及团体奖项

其他级别协会及团体奖项的名单如表 3.10-3 所示。

其他级别协会及团体奖项　　　　**表 3.10-3**

序号	成果名称	奖励名称 / 级别 / 年份	获奖人员
1	济南市城市供热规划	中华人民共和国成立 60 周年山东省城市规划设计成就奖 / 成就提名奖 / 2009 年（山东省住房和城乡建设厅）	付林、莫芬、于冠瑞、邱妍妍、张世钢、盛玉钊、戴威、刘伟亮、江亿
2	济南市城市燃气发展规划（2006—2020 年）	2009 年年度山东省优秀城市规划设计奖 /2010 年（山东省住房和城乡建设厅）	付林、于冠瑞、李永红、于卫红、邱妍妍、刘海涛、盛玉钊、李云、吴海燕、孙杰
3	一种基于间接蒸发冷却技术的空调系统	中国专利优秀奖 / 不分等级 /2010 年（国家知识产权局）	江亿、谢晓云、于向阳
4	《中国建筑节能年度发展研究报告》系列年度报告	能源软科学研究优秀成果奖 / 二等奖 /2014 年（国家能源局）	江亿、付林、魏庆芃、杨旭东、燕达、杨秀、胡姗、彭琛、郭偲悦、齐庆梅
5	北京城市低碳发展总体规划研究	北京市优秀城乡规划设计 / 一等奖 /2015 年（北京城市规划学会）	王雅捷、赵丹、黄斌、姜洋、郭睿、和朝东、杜立群、何永、赵霆、阳文锐、加雨灵、朱洁、燕达、谢军飞、李伟
6	太原市集中供热专项规划（2013—2020 年）	山西省优秀城乡规划设计 / 二等奖 / 2015 年（山西省城市规划学会）	胡纯杰、范健灵、罗彩霞、付林、李永红、陈泓、许国春、李建刚、梁鹂、刘冬冬、周宇峰、杨承鸿、赖中练、段和国、李德巍
7	夏热冬冷地区土壤源热泵耦合太阳能三联供集成技术研究与示范	河南省建设事业科学技术进步奖 / 一等奖 /2015 年（河南省建设厅）	杜永恒、王宝龙、李书营、苏光清、游田、赵俊营、王晓兰、潘玉勤、胡保刚、石文星、李杰、朱有志、杜朝、李先庭、王红超

续表

序号	成果名称	奖励名称 / 级别 / 年份	获奖人员
8	石家庄市城市集中供热专项规划（2016—2020 年）	河北省优秀城乡规划设计 / 二等奖 / 2017 年（河北省城市规划协会）	付林、李永红、张世钢、张岩冰、冯丽洁、沈利冈、赖中练、华靖、胡建军、陈春寅、韩晓利、陈杰、郑忠海、谢朝霞、高立崇
9	古交兴能电厂至太原供热主管线及中继能源站工程	“海河杯”天津市优秀勘察设计 / 一等奖 /2020 年（天津市勘察设计协会）	陈泓、付林、吴凡松、李建刚、杨良仲、许国春、赵欣刚、石光辉、苏湛航、梁鹏、白旭峰、刘鸣寰、刘世宇、李永红、金津

（二）国际社会获奖

（1）2005 年，郎红阳、石旭东、朱颖心、李晓锋，故宫午门博物馆，获得亚太文化遗产保护奖（联合国教科文组织颁发），见图 3.10-7。

图 3.10-7　郎红阳、石旭东、朱颖心、李晓锋等获得亚太文化遗产保护奖

（2）2007 年，江亿获得国际建筑性能模拟协会 IBPSA 建筑模拟杰出贡献奖，见图 3.10-8。

图 3.10-8　江亿获得 IBPSA 建筑模拟杰出贡献奖

（3）2008 年，杨旭东获得美国供热、制冷与空调工程协会 ASHRAE Distinguished Service Award（突出贡献奖），见图 3.10-9。

（4）2011 年，江亿获得井上宇市亚洲国际贡献奖（日本空气调和卫生工学学会颁发），见图 3.10-10。

图 3.10-9　杨旭东获得 ASHRAE 突出贡献奖

Certificate of Uichi Inouye Memorial Award
Asia International Award

In Accordance with the related article of its constitution,
The Society of Heating, Air-Conditioning and Sanitary Engineers of Japan
hereby presents this Asia International Award to

Professor Jiang Yi

for his distinguished achievements given to
The Society of Heating, Air-Conditioning and Sanitary Engineers of Japan
in promoting and encouraging Asian academic exchange, and enhancing
friendly cooperation with Asian countries and Japanese academic societies

May 17, 2011

Yuzo Sakamoto, Prof., Ph.D
President
The Society of Heating, Air-Conditioning and Sanitary Engineers of Japan

图 3.10-10　江亿获得井上宇市亚洲国际贡献奖

（5）2016 年，莫金汉获 Yaglou 杰出青年学者奖（国际室内空气质量与气候学会 ISIAQ 科学院颁发），见图 3.10-11。

Yaglou Award

Presented by the Academy of Fellows of the International Society of Indoor Air Quality and Climate to

JINHAN MO

in recognition of strong research accomplishments on several important topics in the indoor air sciences and for his promising future in this research field

July 2016

Tunga Salthammer, President

图 3.10-11　莫金汉获得 Yaglou 杰出青年学者奖

（6）2018 年，朱颖心获得井上宇市亚洲国际贡献奖（日本空气调和卫生工学学会颁发），见图 3.10-12。

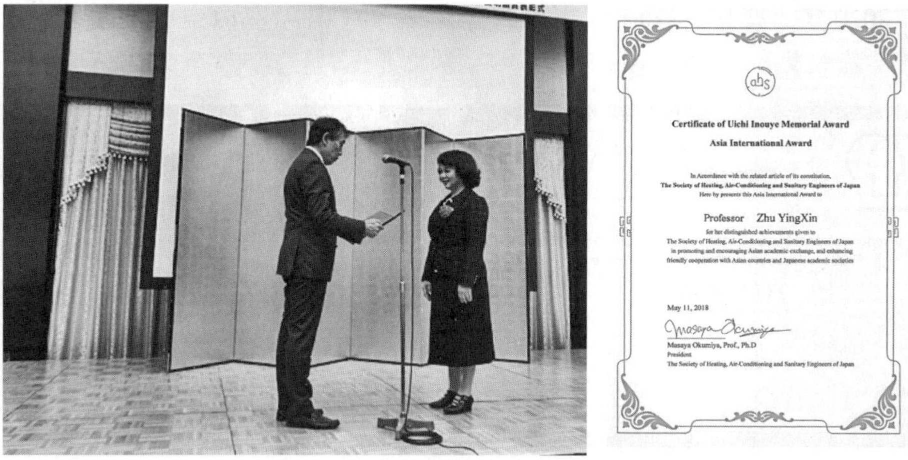

图 3.10-12　朱颖心获得井上宇市亚洲国际贡献奖

（7）2018 年，杨旭东获得美国供热、制冷、空调工程协会 ASHRAE Exceptional Service Award（杰出贡献奖），见图 3.10-13。

图 3.10-13　杨旭东获得 ASHRAE 杰出贡献奖

（8）2019 年，曹彬获得 Ralph G. Nevins Physiology and Human Environment Award（拉尔夫·内文斯生理与人类环境奖）（美国供热、制冷、空调工程师协会 ASHRAE 颁发），见图 3.10-14。

图 3.10-14　曹彬获得拉尔夫·内文斯生理与人类环境奖

（9）2020 年，曹彬获 Yaglou 杰出青年学者奖（国际室内空气质量与气候学会 ISIAQ 科学院颁发），见图 3.10-15。

图 3.10-15　曹彬获得 Yaglou 杰出青年学者奖

（10）2021 年，清华－格力团队（清华团队成员：王宝龙、石文星、杨子旭、肖寒松、崔梦迪、赵家安）获得全球制冷技术创新大奖赛冠军（落基山研究所、印度政府和使命创新颁发），见图 3.10-16。

图 3.10-16　清华－格力团队获得全球制冷技术创新大奖赛冠军

（11）2022 年，张寅平获井上宇市亚洲国际贡献奖（日本空气调和卫生工学学会颁发），见图 3.10-17。

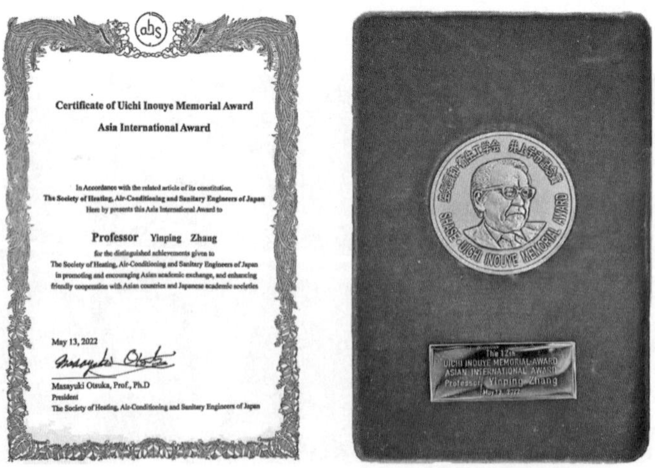

图 3.10-17　张寅平获得井上宇市亚洲国际贡献奖

（三）教学成果获奖

具体的教学成果获奖情况如表 3.10-4、表 3.10-5 所示。

省部级教学成果获奖情况　　表 3.10-4

序号	成果名称	奖励名称 / 级别 / 年份	获奖人员
1	建筑环境与设备工程专业平台课程体系构建与教学实践	山东省高等教育教学成果奖 / 一等奖 /2005 年	肖勇全、张志刚、朱颖心、许传海、付祥钊
2	建筑环境与设备工程专业实践教学环节改革	北京市教育教学成果奖（高等教育）/ 一等奖 /2008 年	朱颖心、江亿、石文星、李晓锋、魏庆芃
3	国家级教学团队	教育部 /2010 年	清华大学建筑环境与设备专业教学团队
4	北京市优秀教学团队	北京市教委 /2010 年	清华大学建筑环境与设备专业教学团队
5	—	北京高校青年教师教学基本功比赛 / 二等奖 /2013 年	刘晓华
6	—	北京高校青年教师教学基本功比赛 / 最佳教案奖 /2013 年	刘晓华
7	—	北京高校青年教师教学基本功比赛 / 优秀指导教师奖 /2017 年	刘晓华
8	创办“三三制”全国制冷空调科技竞赛，高校行业协同促进工程能力提升	北京市教育教学成果奖 / 二等奖 /2018 年	马国远、张朝晖、石文星、姜明健、晏祥慧、白俊文、刘忠宝、王宝龙、毕月虹、周峰
9	—	全国建筑环境与能源应用工程专业青年教师讲课技能竞赛 / 特等奖 /2019 年	曹彬
10	服务国家冬奥战略，培养多学科全尺度设计创新人才	北京市教育教学成果奖 / 一等奖 /2021 年	庄惟敏、张利、张悦、朱育帆、刘晓华、程晓喜

学校级教学成果获奖情况　　表 3.10-5

序号	成果名称	奖励名称 / 级别 / 年份	获奖人员
1	—	清华大学教学工作优秀成果 / 二等奖 /2000 年	朱颖心、金招芬、张寅平、李先庭、李晓锋
2	用于建筑环境测试的系列自记仪	清华大学实验技术成果一等奖 /2004 年	朱彦武、李晓锋、朱颖心
3	建筑环境与设备工程专业实践教学环节改革	清华大学教学成果奖 / 特等奖 /2006 年	江亿、朱颖心、石文星、李晓锋、魏庆芃
4	建设一流研究型大学从本科生抓起：空气洁净技术课程的教、学、研结合模式探索	清华大学教学成果奖 / 二等奖 /2012 年	赵彬
5	对工科专业课程教学方法的思考	清华大学高等教育学会优秀论文奖 / 一等奖 /2013 年	朱颖心、石文星

续表

序号	成果名称	奖励名称 / 级别 / 年份	获奖人员
6	大型真空环境吸收式传热传质实验平台	清华大学第十三届实验技术成果一等奖 /2014 年	谢晓云，江亿，王升，吴建峰，李静原，郑姝影，朱超逸
7	践行 CDIO 理念，探索工科创新型人才培养模式	清华大学教学成果奖 / 二等奖 /2014 年	石文星、王宝龙
8	建筑学院结合专业实践特色的德育工作模式	清华大学教学成果奖 / 二等奖 /2019 年	张弘、周政旭、曹彬、邵磊、张昕

部分教学获奖证书如图 3.10-18 所示。

奖　状

朱颖心 金招芬 张寅平 李先庭 李晓锋热爱教育事业，积极从事教学工作，努力提高教学质量，荣获 2000 年清华大学教学工作优秀成果二等奖。

清华大学
2000年8月24日

荣誉证书

江　亿 朱颖心 石文星 李晓锋 魏庆芃：

建筑环境与设备工程专业实践教学环节改革荣获 2006 年清华大学教学成果特等奖。

二〇〇六年八月十六日

荣誉证书

朱颖心 江亿 石文星 李晓锋 魏庆芃：

清华大学"建筑环境与设备工程本科专业实践教学改革"荣获2008年北京市教育教学成果（高等教育）一等奖。

二〇〇九年五月

荣誉证书

赵彬：

建设一流研究型大学从本科生抓起：空气洁净技术课程的教、学、研结合模式探索荣获 2012 年清华大学教学成果二等奖。

清华大学
二零一二年八月

荣誉证书

石文星、王宝龙：

践行 CDIO 理念，探索工科创新型人才培养模式 荣获 2014 年清华大学教学成果二等奖。

清华大学
二零一五年二月

荣誉证书

马国远 张朝晖 石文星 姜明健 晏祥慧 白俊文 刘忠宝 王宝龙 毕月虹 周 峰：

创办"三三制"全国制冷空调科技竞赛，高校行业协同促进工程能力提升，获 2017 年北京市高等教育教学成果奖二等奖。

二〇一八年四月

图 3.10-18　部分教学成果获奖证书

图 3.10-18　部分教学成果获奖证书（续）

（四）教师个人获奖

具体的教师个人获奖情况如表 3.10-6 所示。

教师个人获奖　　表 3.10-6

获奖人	奖项级别	获奖名称 / 时间
彦启森	行业级	夏安世教育基金会“杰出教授奖”/2002 年
		中国科学技术协会“全国防治非典型肺炎优秀科技工作者”/2003 年
		全国勘察设计注册工程师管理委员会优秀专家 /2006 年
		中国制冷学会三十周年特别贡献奖荣誉称号 /2007 年
李元哲	行业级	中国自主创新人物奖 /2017 年
		太阳能热利用科学技术杰出贡献奖 /2018 年
江亿	省部级	全国优秀博士学位论文指导教师 /2009 年
		中共北京市委教育工作委员会“北京高校防治非典工作优秀共产党员”/2003 年
		首都教育系统奥运工作先进工作者 /2008 年
		北京市学位与研究生教育改革突出贡献 /2009 年
	行业奖	夏安世教育基金会“教授特别奖”/2002 年
		中国科学技术协会“全国防治非典型肺炎优秀科技工作者”/2003 年
		宝钢教育基金会优秀教师奖 /2006 年
		全国暖通空调学术活动 30 周年特别贡献奖 /2008 年
		中国建筑节能减排杰出人物 /2008 年
		年度低碳中国贡献者 /2009 年
		中国建筑学会暖通空调分会，吴元炜暖通空调奖 /2010 年
	学校级	清华大学年度教学优秀奖 /2016 年
		清华大学年度教学优秀奖 /2019 年
		2019—2020 学年春季学期疫情防控期间在线教学优秀教师 优秀奖 /2020 年

续表

获奖人	奖项级别	获奖名称 / 时间
朱颖心	省部级	北京市高等学校教学名师 /2008 年
	行业奖	宝钢教育基金会优秀教师奖 /2007 年
		中国建筑学会暖通空调分会吴元炜暖通空调奖 /2020 年
	学校级	清华大学“教书育人”奖 /2003 年
		清华大学“良师益友”奖 /2003 年
		清华大学 /Sun 公司优秀女教师奖 /2003 年
		清华大学“教书育人”奖 /2013 年
		清华大学教学优秀奖 /2018 年
张寅平	省部级	国家自然科学基金委杰出青年基金 /2007 年
		国家自然科学基金委创新群体项目学术带头人 /2015 年
		教育部优秀青年教师基金 /2001 年
	行业级	夏安世教育基金会杰出教授奖 /2011 年
		中国科学技术协会“全国优秀科技工作者”称号 /2014 年
		《科学通报》优秀编委奖 /2015 年
		《科学通报》优秀编委奖 /2020 年
李先庭	省部级	国家自然科学基金委杰出青年基金 /2011 年
		教育部“新世纪优秀人才支持计划”/2005 年
	行业级	北京市科学技术协会茅以升北京青年科技奖 /2007 年
		中国科学技术协会“全国优秀科技工作者”称号 /2014 年
杨旭东	省部级	教育部“长江学者奖励计划”特聘教授 /2006 年
	学校级	清华大学“百名人才”计划引进教授 /2005 年
石文星	行业级	中国制冷学会积极奉献奖 /2017 年
		全国冷冻空调设备行业标准化技术委员会优秀委员 /2017 年
	学校级	清华大学第 14 届“良师益友特别奖”/2014 年
付林	省部级	北京市科技新星计划 /2003 年
		教育部“新世纪优秀人才支持计划”/2008 年
	行业级	夏安世教育基金会杰出教授奖 /2016 年
		霍英东教育基金会“优选资助课题”/2004 年
赵彬	省部级	教育部“新世纪优秀人才支持计划”/2005 年
	学校级	清华大学学术新人奖 /2010 年
		清华大学教学优秀奖 /2019 年
		清华大学第十七届“良师益友”/2021 年
刘晓华	省部级	全国优秀博士学位论文 /2009 年
		国家万人计划青年拔尖人才计划 /2013 年
		国家自然科学基金优秀青年基金 /2014 年
		教育部青年长江学者 /2017 年

续表

获奖人	奖项级别	获奖名称 / 时间
刘晓华	省部级	中青年科技创新领军人才 /2020 年
		教育部“新世纪优秀人才支持计划”/2011 年
		北京市科技新星计划 /2011 年
		交通运输部青年科技英才 /2021 年
	行业级	中国制冷学会优秀青年科技工作者 /2017 年
		北京市科学技术协会茅以升北京青年科技奖 /2017 年
	学校级	清华大学“启航奖”金奖（导师）/2014 年
		清华大学教学优秀奖 /2017 年
王宝龙	行业级	中国制冷学会科学技术奖青年奖 /2014 年
		《暖通空调》杂志全国暖通空调杰出青年 /2017 年
		中国制冷学会先进工作者 /2017 年
		中国制冷学会优秀青年科技工作者 /2017 年
王馨	省部级	教育部“新世纪优秀人才支持计划”/2009 年
莫金汉	省部级	国家自然科学基金优秀青年基金 /2017 年
	行业级	上海交通大学夏安世奖学金（博士生）/2009 年
		中国环境科学学会青年科技奖 /2012 年
		中国环境科学学会室内环境与健康分会何兴舟奖 /2017 年
		《暖通空调》杂志全国暖通空调杰出青年 /2020 年
谢晓云	省部级	北京市优秀人才 /2016 年
	行业级	《暖通空调》杂志全国暖通空调杰出青年 /2017 年
曹彬	省部级	教育部青年长江学者 /2020 年
		北京市科技新星计划 /2019 年
	学校级	2019—2020 学年春季学期疫情防控期间在线教学优秀教师 优秀奖 /2020 年
		清华大学教师“林枫辅导员奖”/2020 年

部分教师个人获奖证书如图 3.10-19 所示。

图 3.10-19　部分教师个人获奖证书

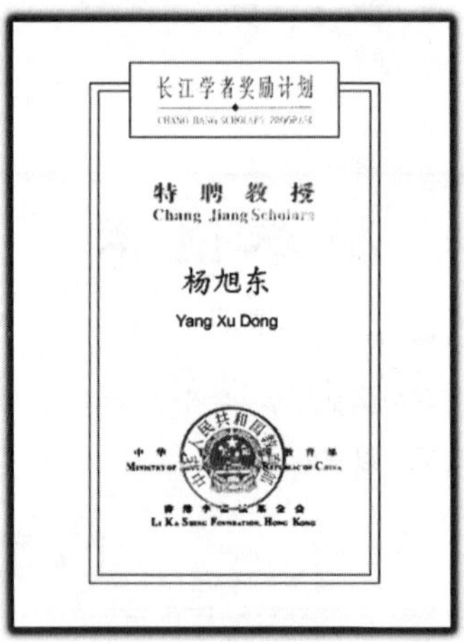

图 3.10-19　部分教师个人获奖证书（续）

（五）本科生教学获奖

2000 年以来，多位老师在本科生教学以及本科生竞赛指导等方面获得多个奖项，具体情况如表 3.10-7 和表 3.10-8 所示。

优秀班主任奖情况　　表 3.10-7

序号	年份（年）	级别	获奖人员
1	2004	二等奖	李晓锋
2	2007	一等奖	石文星
3	2011	一等奖	刘晓华
4	2014	一等奖	谢晓云
5	2016	二等奖	王馨
6	2018	一等奖	魏庆芃
7	2020	一等奖	曹彬

优秀指导教师奖情况　　表 3.10-8

序号	竞赛名称	级别	年份（年）	获奖人员
1	REHVA 世界学生竞赛（REHVA World Sdudent Competition）	第一名	2018	王宝龙
2		第三名	2016	石文星
3	CAR-ASHRAE 学生设计竞赛	一等奖	2009、2013	石文星、刘晓华、李晓锋、王宝龙
4	全国大学生节能减排与社会实践大赛	特等奖	2018	石文星、王宝龙
5		一等奖	2013、2014、2015、2019	石文星、王宝龙
6		一等奖	2014	赵彬
7		二等奖	2014、2015、2015、2018、2019	王宝龙、石文星
8		二等奖	2014	赵彬
9	中国制冷学会创新大赛	一等奖	2018	石文星、王宝龙
10	中国制冷空调行业大学生科技竞赛	一等奖	2010—2022	王宝龙、石文星
11	爱立信校园创新大赛	冠军	2011	石文星
12	清华大学“挑战杯”比赛	—	2005、2008、2009、2011、2013、2014、2015、2016、2019	赵彬
13		—	2015、2018	莫金汉
14	清华大学 SRT 项目	一等奖	2008、2009、2010、2011、2012、2013、2014、2015、2018	赵彬
15		一等奖	2015、2016、2019	莫金汉
16		二等奖	2007、2012、2013、2016、2020	赵彬
17		二等奖	2016	莫金汉
18		二等奖	2021	曹彬

与此同时，本科生也在各种竞赛中屡获佳绩，包括：清华大学特等奖学金、中国制冷空调行业大学生科技竞赛、北京市节能节水低碳减排社会实践与科技竞赛、全国大学生节能减排社会实践与科技竞赛、北京市大学生暖通空调工程设计实践大赛、全国高等学校人工环境学科奖、夏安世教授奖学金，见图 3.10-20、图 3.10-21 和表 3.10-9。

图 3.10-20　部分本科生获奖证书

图 3.10-21　部分夏安世教授奖学金获奖证书

历届夏安世教授奖学金获奖本科生名单　　表 3.10-9

届次和时间	奖名	获奖学生
第 4 届（2000 年）	夏安世教授－雷诺士奖	王宝龙
第 5 届（2001 年）	夏安世教授－雷诺士奖	孟彬彬

续表

届次和时间	奖名	获奖学生
第 6 届（2002 年）	夏安世教授－雷诺士奖	刘晓华
第 7 届（2003 年）	夏安世教授－雷诺士奖	张颖
第 8 届（2004 年）	夏安世教授－雷诺士奖	钱科
第 9 届（2005 年）	夏安世教授－雷诺士奖	关平
第 10 届（2006 年）	夏安世教授－西克奖	王闯
第 11 届（2007 年）	夏安世教授－西克奖	严玢
第 12 届（2008 年）	夏安世教授－西克奖	张海强
第 13 届（2009 年）	夏安世教授－西克奖	沈启
第 15 届（2010 年）	夏安世教授－西克奖	周欣
第 15 届（2011 年）	夏安世教授－西克奖	祝侃
第 16 届（2012 年）	夏安世教授－西克奖	李崎
第 17 届（2013 年）	夏安世教授－西克奖	唐海达
第 18 届（2014 年）	夏安世教授－西克奖	翟上
第 19 届（2015 年）	夏安世教授－西克奖	柳珺
第 20 届（2016 年）	夏安世教授－西克奖	刘效辰
第 21 届（2017 年）	夏安世教授－西克奖	孙之炜
第 22 届（2018 年）	夏安世教授－百尔制冷奖	伍倩莹
第 23 届（2019 年）	夏安世教授－三花奖	陈其威
第 24 届（2020 年）	夏安世教授－三花奖	王佳妮
第 25 届（2021 年）	夏安世教授－三花奖	邹武威
第 26 届（2022 年）	夏安世教授－三花奖	杨帆

（六）研究生获奖

2000—2022 年，共有 20 名硕士与 26 名博士获得校级优秀毕业论文的荣誉。此外，2009 年，江亿指导刘晓华的博士学位论文《溶液调湿式空气处理过程中热湿耦合传递特性分析》获得全国优秀博士学位论文，见图 3.10-22。论文分析了热湿耦合传递过程的可及性，提出了溶液与空气的热质交换过程中状态的可及范围，分析了不同入口条件下热湿传递过程的各自特点，据此提出了处理过程的区域划分方法，并给出了各区域的优化分析方法与热质交换过程所推荐的区域，揭示了溶液与空气的热质交换过程与单纯显热换热过程的异同，利用相似性直接获得溶液－空气热质交换体系的特征。构建出多种形式的溶液除湿与再生装置的新处理流程，显著提高了溶液式空调设备的能源利用效率，并提出基于溶液调湿方式的温湿度独立控制空调系统形式，研制出一系列溶液式空调样机并实现产品化，在二十余个建筑中应用，取得了显著的节能效果，约比常规空调系统节能 30%。

证 书

刘晓华：

您的《溶液调湿式空气处理过程中热湿耦合传递特性分析》被评为2009年全国优秀博士学位论文。

中华人民共和国教育部　国务院学位委员会

编 号：2009010　　二〇〇九年九月十七日

图 3.10-22　全国优秀博士学位论文——《溶液调湿式空气处理过程中热湿耦合传递特性分析》（2009 年）

具体博士、硕士研究生获奖名单见表 3.10-10 和表 3.10-11。导师同时获得“优秀博士学位论文指导教师”或“优秀硕士学位论文指导教师”。

优秀博士学位论文获奖者名单　　表 3.10-10

年份（年）	作者	导师	论文题目	获奖内容
2009	刘晓华	江亿	溶液调湿式空气处理过程中热湿耦合传递特性分析	全国优秀博士学位论文
2002	曲凯阳	江亿	过冷水制取的基础与应用研究	清华大学优秀博士学位论文一等奖
2003	田长青	彦启森	变排量压缩机汽车空调制冷系统特性研究	清华大学优秀博士学位论文二等奖
2005	李震	江亿	湿空气处理过程热力学分析方法及其在溶液除湿空调中应用	清华大学优秀博士学位论文二等奖
2005	李俊	赵荣义	个体送风特性及人体热反应研究	清华大学优秀博士学位论文二等奖
2006	薛志峰	江亿	大型公共建筑节能研究	清华大学优秀博士学位论文二等奖
2006	王宝龙	彦启森	制冷剂喷射旋涡压缩机及其应用研究	清华大学优秀博士学位论文二等奖
2009	谢晓云	江亿	间接蒸发冷却式空调的研究	清华大学优秀博士学位论文一等奖
2009	莫金汉	张寅平	光催化降解室内有机化学污染物的若干重要机理问题研究	清华大学优秀博士学位论文二等奖
2010	熊建银	张寅平	建材 VOC 散发研究：测定、微介观诠释及模拟	清华大学优秀博士学位论文一等奖
2010	杨秀	江亿	基于能耗数据的中国建筑节能问题研究	清华大学优秀博士学位论文二等奖

续表

年份（年）	作者	导师	论文题目	获奖内容
2012	曹彬	朱颖心	气候与建筑环境对人体热适应性的影响研究	清华大学优秀博士学位论文二等奖
2013	李岩	付林	基于吸收式换热的热电联产集中供热系统配置与运行研究	清华大学优秀博士学位论文二等奖
2014	张伦	江亿	湿空气处理过程中热湿传递和转换特性分析	清华大学优秀博士学位论文二等奖
2015	张涛	江亿	集中空调系统内部传递损失的热学分析	清华大学优秀博士学位论文一等奖
2016	施珊珊	赵彬	SVOC 多相、多途径人群暴露分布模型的研究	清华大学优秀博士学位论文二等奖
2017	罗茂辉	朱颖心	建筑环境人体热适应规律与调节机理研究	清华大学优秀博士学位论文二等奖
2018	沈翀	李先庭	利用自然能源降低建筑围护结构负荷的方法研究	清华大学优秀博士学位论文一等奖
2018	纪文静	赵彬	中国住宅 PM2.5 的来源、控制及评价研究	清华大学优秀博士学位论文二等奖
2019	张双奇	杨旭东	秸秆还田和成型燃料替代农村散煤的能源环境影响研究	清华大学优秀博士学位论文
2020	纪文杰	朱颖心	人体热适应机理及预测热感觉模型研究	清华大学优秀博士学位论文
2020	柳珺	刘晓华	内冷型溶液除湿传热传质特性与系统性能研究	清华大学优秀博士学位论文
2021	陈忱	赵彬	中国住宅室内超细颗粒物的来源分析及控制研究	清华大学优秀博士学位论文
2021	刘效辰	江亿	交通建筑高大空间渗透风特征研究	清华大学优秀博士学位论文
2022	李凌杉	刘晓华	冬奥冰场冰面传热传质特征与室内环境营造方法研究	清华大学优秀博士学位论文
2022	张越	李晓锋	地铁隧道环境特性与环控系统优化控制研究	清华大学优秀博士学位论文

优秀硕士学位论文获奖者名单　　　　**表 3.10-11**

年份（年）	作者	导师	论文题目	获奖内容
2001	田元媛	许为全	热湿环境下人体热反应的研究	清华大学优秀硕士学位论文
2001	谭刚	朱颖心	自然通风建筑的气流紊动特性研究	清华大学优秀硕士学位论文
2002	黄季宜	金招芬	含盐吸水性树脂调节室内湿度的应用基础研究	清华大学优秀硕士学位论文
2003	郭非	江亿	供热系统测试与分析研究	清华大学优秀硕士学位论文
2004	许瑛	张寅平	干建材挥发性有机化合物散发特性研究	清华大学优秀硕士学位论文
2005	陈晓阳	江亿	溶液式空调系统的应用研究	清华大学优秀硕士学位论文
2007	吴俊	李先庭	机械通风系统中颗粒物运动传播规律研究	清华大学优秀硕士学位论文
2009	陈凤娜	杨旭东	光催化技术在室内微生物污染控制的应用研究	清华大学优秀硕士学位论文

续表

年份（年）	作者	导师	论文题目	获奖内容
2010	张声远	江亿	中国七城市个人消费领域能耗及个人行为模式调查研究	清华大学优秀硕士学位论文
2011	周德海	石文星	热管复合空调机组用模式转换装置研发	清华大学优秀硕士学位论文
2012	陈淳	赵彬	室内可吸入颗粒物对室内环境的影响和控制	清华大学优秀硕士学位论文
2013	周斌	赵彬	多环芳烃人群呼吸暴露量的模型分析及相关肺癌风险估算	清华大学优秀硕士学位论文
2014	游田	石文星	复合补热机组与土壤源热泵系统联合运行特性研究	清华大学优秀硕士学位论文
2015	任晓欣	燕达	建筑中人行为动作模拟与分析	清华大学优秀硕士学位论文
2017	刘星如	王宝龙	单缸滚动转子压缩机制冷剂喷射技术研究	清华大学优秀硕士学位论文
2018	王莹	李晓锋	屏蔽门地铁车站无组织渗风问题研究	清华大学优秀硕士学位论文
2019	张亦弛	夏建军	北方地区小城镇清洁取暖技术路线研究	清华大学优秀硕士学位论文
2020	赵月靖	赵彬	我国城市居民烹饪产生细颗粒物的源强特征及控制	清华大学优秀硕士学位论文
2021	桂晨曦	燕达	一带一路沿线国家暖通空调设计及模拟用气象参数研究	清华大学优秀硕士学位论文
2022	邓悦	曹彬	冬季观赛环境人体热舒适特征及改善措施研究	清华大学优秀硕士学位论文

与此同时，2000—2022 年，共有 6 名硕士生与 12 名博士生获得夏安世教授奖学奖，见表 3.10-12 和表 3.10-13。

历届夏安世教授奖学金获奖硕士生名单　　表 3.10-12

届次和时间	奖名	获奖学生
第 15 届（2011 年）	夏安世教授 - 西克奖	陈淳
第 17 届（2013 年）	夏安世教授 - 西克奖	周斌
第 21 届（2017 年）	夏安世教授 - 西克奖	刘星如
第 23 届（2019 年）	夏安世教授 - 三花奖	赵月靖
第 24 届（2020 年）	夏安世教授 - 三花奖	施雨晨
第 26 届（2022 年）	夏安世教授 - 三花奖	邓悦

历届夏安世教授奖学金获奖博士生名单　　表 3.10-13

届次和时间	奖名	获奖学生
第 5 届（2001 年）	夏安世教授 - 雷诺士奖	康艳兵
第 8 届（2004 年）	夏安世教授 - 雷诺士奖	林波荣
第 9 届（2005 年）	夏安世教授 - 雷诺士奖	杨瑞

届次和时间	奖名	获奖学生
第 10 届（2006 年）	夏安世教授 - 西克奖	刘晓华
第 12 届（2008 年）	夏安世教授 - 西克奖	夏春海
第 13 届（2009 年）	夏安世教授 - 西克奖	莫金汉
第 18 届（2014 年）	夏安世教授 - 西克奖	张伦
第 19 届（2015 年）	夏安世教授 - 西克奖	吴伟
第 20 届（2016 年）	夏安世教授 - 西克奖	施珊珊
第 21 届（2017 年）	夏安世教授 - 西克奖	曹建平
第 22 届（2018 年）	夏安世教授 - 百尔制冷奖	沈翀
第 25 届（2021 年）	夏安世教授 - 三花奖	陈忱

十一、研究机构

（一）清华大学建筑节能研究中心

清华大学建筑节能研究中心（以下简称“研究中心”）于 2005 年 3 月成立，是具有国际领先水平的建筑节能研究机构。研究中心与中央和各地方政府机关、国内多所高校、科研机构、企业有密切联系和不同层次的合作，建成覆盖全国的建筑节能研究网络，通过与国外科研机构和企业的合作，以全球节能事业的发展为主题开展相应的工作。研究中心主持了多项国家科技攻关课题，研究成果得到了社会各界的广泛关注。

研究中心现有一支老中青相结合，以年轻学术骨干为主、老专家做后盾，结构合理的学术骨干队伍。团队包含教师系列编制人员 13 人，队伍中有中国工程院院士、教育部长江学者奖励计划特聘教授、国家杰出青年基金获得者等，具备很强的综合科研实力。此外，为了满足大量的研究和工程咨询工作，研究中心聘用了非清华大学事业编制的工程师 20 余人，以及实验工程师 3 人，工作秘书 8 人，62 个工程中心全职成员和 50 名左右的在读研究生。

在硬件方面，研究中心建筑面积近 3000m^2，是我国首座超低能耗节能示范楼（图 3.11-1）。国内外企业捐赠了总价值超过 2000 万元人民币的各种先进节能技术、产品、系统，均安装于该楼中，用于实验研究和进一步新技术、新产品、新系统的研发。研究中心建设有空气热湿处理实验台、吸收式换热性能实验台、建筑群智能系统等多个实验台，以及可用于现场精确测量空气温度、湿度、风速、CO_2 浓度等参数的测量仪器，测量室外情况的综合气象站，测量水、溶液、燃气流量的流量计，测量用电情况的计量电表，实时记录输出温度、压力等参数的数据采集仪，数据库建设所需的服务器等总价近 1000 万元的仪器设备。

图 3.11-1　清华大学建筑节能研究中心

研究中心以建筑节能和低碳发展为核心工作目标，开展了一系列理论研究、技术研发、工程应用和成果推广工作。

（1）基础理论研究

在基础理论研究方面，研究中心自 2005 年起开展建筑节能国情战略研究工作，是世界上最早的建筑节能专门的研究机构。多年来，研究中心逐步建立完善的中国建筑能耗模型 CBEM① 和建筑环境与用能数据库，是用于宏观分析我国建筑能耗状况、预测未来发展趋势的公认权威模型，并以此数据库、模型工具和理论研究为基础，开展了大量建筑节能国情战略、技术路线与政策机制的研究。在节能减排背景下，研究中心团队从新理论角度分析暖通空调系统，以火积耗散描述各热量传递过程的损失，提出了全新的热阻分析方法，刻画了传热过程的不匹配特性。另一方面，适宜的建筑内热环境是人类生存的根本需要。研究中心致力于室内热舒适的基础研究，发现了自然风与机械风对人体热舒适的影响差异，研究了人体热适应生理习服规律，定量化分离了感知环境控制力对人体主观热舒适的改善影响。在建筑热湿环境及机电系统性能仿真模拟领域，为适应建筑设计发展，考虑到建筑体量增大和建筑形态复杂度的提升，以及内外扰因素随机性增加，提出基于“状态空间法”热平衡重构的全性能并行联合仿真理论体系，整体上将热性能模拟扩展至多性能联合仿真，突破了高精度、多性能建筑联合仿真平台技术瓶颈。与此同时，建筑中人行为对建筑能耗有着巨大影响，且人行为具有复杂性、随机性与多样性的特征。为准确刻画模拟人行为，研究中心提出了以环境参数和事件参数为输入的基于动作的人行为模拟框架，并在国际上首次提出了基于马尔科夫链的人员位移模拟模型，以及三参数 Weibull 分布的人员动作随机模型，为工程设计、标准制订和技术评估等提供了重要研究基础。研究中心持续开发、维护和管理建筑热环境模拟软件 DeST，不断完善和扩充其功能，并坚持二十余年持续为全球的 DeST 使用者提供免费的咨询和服务。

① China Building Energy Model.

（2）工程应用研究

在工程应用研究方面，城市能源是新型城镇化进程中实现城市可持续发展的关键。研究中心致力于城市能源系统的工程应用研究，提出了基于空间和时间分布的能源规划方法，实现从能源供应、能源转换设备到能源负荷需求的整个城市能流过程的仿真。此外，提出了城市能源系统的热、电、气三网协同模式，实现了能源资源的整体优化。针对北方地区供热节能减排的工程难题，研究中心发明了一系列关键技术以大规模利用火电厂低温余热和工业余热进行供热，同时提出系列措施保障供热安全。随着我国公共建筑能耗的不断增长，实现公共建筑节能设计建造与运行成为目前的关键问题之一。研究中心通过大量第一手实际运行数据和资料收集，建立了从物理原理出发、数据驱动的模型和指标体系，揭示公共建筑能耗构成的机理，提出公共建筑节能诊断方法、优化运行调节策略以及面向运行的节能设计方法等。同时，住宅建筑节能研究工作，是我国国民经济发展的一项长期战略任务。研究中心针对夏热冬冷地区住宅供暖、新风系统、技术适宜性等多方面节能潜力进行调研分析，提出可靠有效的导向建议。针对我国农村建筑节能长期滞后以及相关数据长期不明的现实情况，率先开展针对农村建筑能源环境状况的区域性、全国性大规模调研，对农村清洁用能的综合体系、解决方案和发展路线图进行科学梳理和顶层设计，开创和引领国内的农村建筑节能工作，通过实际工程示范，对各项技术效果进行验证、对比和评估，形成了适用于不同地区、气候特点和使用模式需求的成套清洁用能技术体系。为营造适宜的室内热湿环境，研究中心提出了辐射地板供冷末端的设计原则和一些新的辐射末端形式，提出了一系列全新的设备流程，包括逆流溶液除湿流程、多段吸收式换热的流程、间接式蒸发冷却冷水机流程等。实现工业节能一直是我国节能减排的工作重点之一，研究中心针对洁净室的空调系统进行了优化设计，针对卷烟厂联合工房，综合分析了可避免再热再湿的空气处理过程，提供具有较好适用性的设计方案。基于对建筑智能化领域的认识，研究中心在 2010 年提出了群智能建筑智能化技术体系，将“智能”植入建筑空间和大型机电设备这些建筑的基本单元中，通过分布式计算自组织地实现建筑智能化建筑及其机电设备系统的整体优化运行。

（3）承担国家重大课题和工程项目

研究中心在“十一五”至“十四五”期间承担了多项重大课题。“十二五”期间，研究中心承担科技部科技支撑计划重点项目“建筑节能支撑体系研究”，科技支撑计划课题“绿色机场规划设计、建造及评价关键技术研究”等，“十三五”期间，研究中心承担了国家重点研发计划项目“新型建筑智能化平台研究”“建筑全性能仿真平台内核开发”等，科技支撑计划项目“公共机构高效节能集成关键技术研究”等，国家重点研发计划项目课题“基于全过程的大数据绿色建筑管理技术研究与示范”“降低既有大型公共交通场站运行能耗关键技术研究与示范”“航站楼建筑节能营造体系及工程示范”等。研究成果有效推动了政府各项与建筑节能有关的制度、政策机制、标准的制定并保障措施的实施，解决了建筑节能关键技术核心问题，并面向大众传播节能知识与意识，有效推动了我国建筑节能事业的发展。

研究中心注重科研成果的应用实践，先后承担了多个重大工程项目，如：863 专项项目，高效节能与分布式供热技术—高效天然气热电冷联供技术集成及示范研究，国家十大节能工程之一，政府机构节能－供暖供热节能项目，世界上最大的山西古交－太原长距离输热工程、太原、大同、呼市、济南、石家庄、西安、银川、赤峰等多个北方城市的供热专项规划和供热系统改造工程，赤峰、唐山迁西等地的工业余热回收利用工程等。

（4）与科研单位和企业公司的合作

研究中心同时与国内科研设计单位、空调企业、建筑企业等建立了密切的合作关系，在一批国家、行业重大公共建筑工程实践中应用研究成果，与香港太古地产、华润置地、中粮置地、平安不动产、万科等大型骨干地产企业和国务院及各地机关事务管理局紧密合作，在取得显著节能和环境提升效果的同时，形成领先的公共建筑节能与空调系统调适运维关键技术，逐步推广、应用到整个行业。此外，研究中心还与北京大兴国际机场建设指挥部、首都机场集团、西部机场集团、青岛机场集团等紧密合作，形成针对不同气候区、大型机场航站楼及能源系统节能调适与运行调节专有技术，对解决不同季节高大空间航站楼环境控制、机场复杂能源系统高效运行做出重要成果，目前扩展到新建大型机场航站楼的设计建造全过程管理、支线机场、地铁、复杂交通枢纽等低运行能耗专用节能技术研发与示范等新的工程应用领域。

（5）持续主办清华大学建筑节能学术周

研究中心还主办了清华大学建筑节能学术周，自 2005 年至今每年举办建筑节能学术周，每次活动持续 6～7 天，每次参会 3000 人次左右，成为国内最有影响力的建筑节能政策宣传和技术引导活动之一。自 2005 年创办以来，在建筑节能领域仁人志士的大力支持下，经过坚持不懈的努力，已经成为建筑节能领域国内外学术界、企业界和各级政府沟通信息、交流经验的重要平台，为传播建筑节能科学理念、促进建筑节能事业发展发挥作用。2020 年以来由于新冠疫情影响，节能周活动转为线上进行，但 3 年来每年节能周的参与者上升至 3 万～4 万人次。

同时，研究中心在节能周期间会正式发布《中国建筑节能年度发展研究报告》，从 2007 年起已出版十六部。报告全面梳理了中国建筑能耗数据和各类建筑能耗的特点、发展趋势和节能重点，从中外能耗对比及历史演变过程的分析出发，深入探讨建筑节能理念，提出建筑节能技术与政策的评价标准。该年度报告是我国建筑节能领域首部全面、系统的学术研究著作，收到了很强的社会反响，有力推动了建筑节能理念宣传普及，并为相关领域的学术研究探讨奠定了坚实基础。

（6）国际合作与交流

研究中心积极加强与国外科研机构与企业的合作与交流。与国际能源署（IEA）等开展深入合作和共同研究，研究中心组织或承办了国际能源署执行委员会会议及其多个 Annex 项目联合会议，自 2016 年以来每年发布《China Building Energy Use》研究报告，并发布《The Future of Cooling in China》等研究报告，为开展针对建筑用能状况及建筑节能相关国际合作研究提供了良好示范。在国际能源署（IEA）住宅与社区节能协议（EBC）、区域供热供冷协议（DHC）等框架下开展国际合作研究，研究中心骨干作为牵头人承担了 IEA EBC Annex 59、Annex 66、Annex 69、Annex85 等 Annex 国际合作项目。合作项目研究期间与数十个国家的研究者共同合作，引领了国际建筑节能领域的重要发展方向，提升了本中心及团队成员的国际学术影响。

（7）国际国内评估

2008 年 10 月 24—25 日，清华大学建筑节能研究中心聘请国内外相关领域的学术权威和著名专家，对中心的工作进行了一次国际评估。来自美国、欧洲、日本的四名外国专家和三名中方专家通过听取报告、查看资料、实地参观、分组交流、深入讨论等方式，全面细致地了解建筑节能研究中心自 2005 年成立以来所做的工作，并给予充分肯定和高度评价。他们认为建筑节能研究中心在建筑节能的基础研究、应用研究和政策研究等重要领域开展了广泛的研究，研究工作具有重大价值（Great Value），并在研究领域取得特别重大的成就（Exceptional Achievements）。

2019 年，清华大学建筑节能研究中心作为教育部建筑节能工程研究中心接受评估，被评为全国优秀类工程中心。该评估是教育部于 2019 年 10—12 月组织开展的工程研究中心评估，对评估周期内研究中心的主要研究方向、核心创新成果、工程应用实践、软硬件设备运行质量以及学科和行业推广情况进行了详细深入的全面评估，对研究中心的工作给予了高度评价。在该轮共计 74 个教育部工程研究中心的评估中，清华大学建筑节能研究中心被列为 12 个优秀类工程中心之一，对建筑节能领域工程、行业和学科发展产生了重要积极的推动作用。

（二）室内空气质量评价与控制北京市重点实验室

室内空气质量评价与控制北京市重点实验室（以下简称“实验室”）以清华大学为依托单位，由清华大学建筑学院、环境学院、医学院共建，于 2015 年 7 月被北京市科委认定为北京市重点实验室。

实验室立足于国际室内空气科学前沿和北京市发展需求，利用清华大学的建筑、环境和医学等多学科交叉优势，开展学科交叉特征很强的基础和应用基础研究，在大气污染对室内空气质量的影响、室内污染源散发特性、室内空气污染暴露与健康风险、室内空气污染防治方面开展研究，为政府决策、标准制定、行业监管和产品升级提供参考依据和技术支撑，促进营造“健康、舒适、节能”的北京城市人居环境，保障人民身体健康（图 3.11-2、图 3.11-3）。

实验室现任主任为张寅平教授（建筑学院），副主任为段凤魁副研究员（环境学院）、程晓青副教授（建筑学院）和程峰教授（医学院），其中研究队伍包含教育部长江学者特聘教授 4 人、国家自然科学基金杰出青年 5 人、中组部“万人计划”领军人才 3 人、优秀青年基金获得者 2 人、青年千人计划 2 人以及一批年富力强的中青年学术骨干和年青的海外留学归国博士。固定专职人员 30 人，其中正高 12 人，副高 17 人，中级职称 1 人。其中博士学位 27 人，具有博士学位的教师占 90%。

实验室接受北京市、学校与学院共同领导，实行主任负责制。贯彻“开放、流动、联合、竞争”的运行管理方针。实验室的目标是经过几年的运行，建成一个在室内空气质量领域不仅引领若干重要研究前沿而且在满足国家重大需求中发挥关键作用的高水平研究和人才培养中心，秉承开放与合作理念，聚集优秀科学家和工程技术人员开展跨学科、跨行业科技交流与合作，协同破解室内空气质量领域关键认知瓶颈问题、关键核心技术问题和行业条块分割问题，全力推动北京室内空气质量改善，促进相关产业的技术

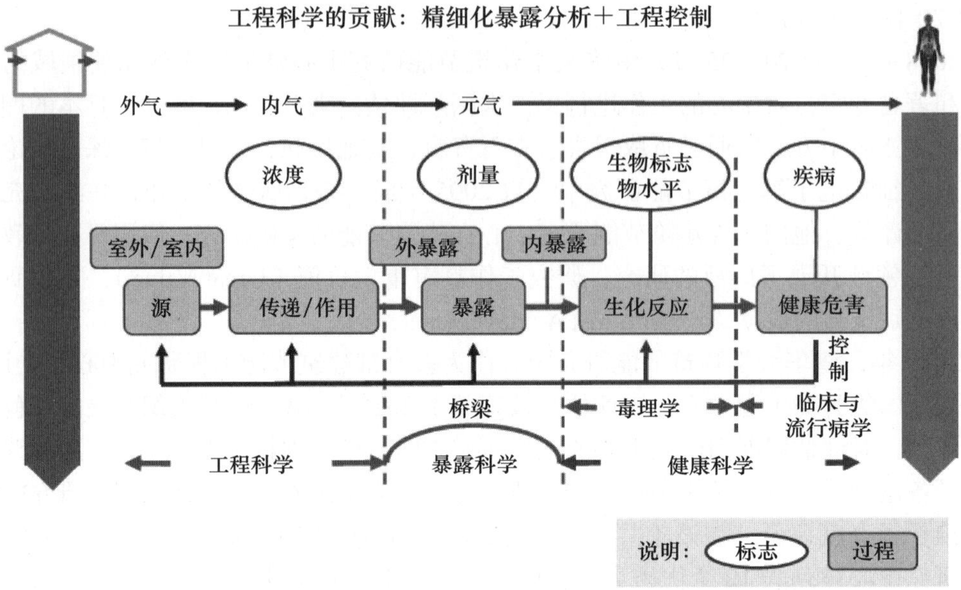

图 3.11-2　室内空气质量控制全过程一览

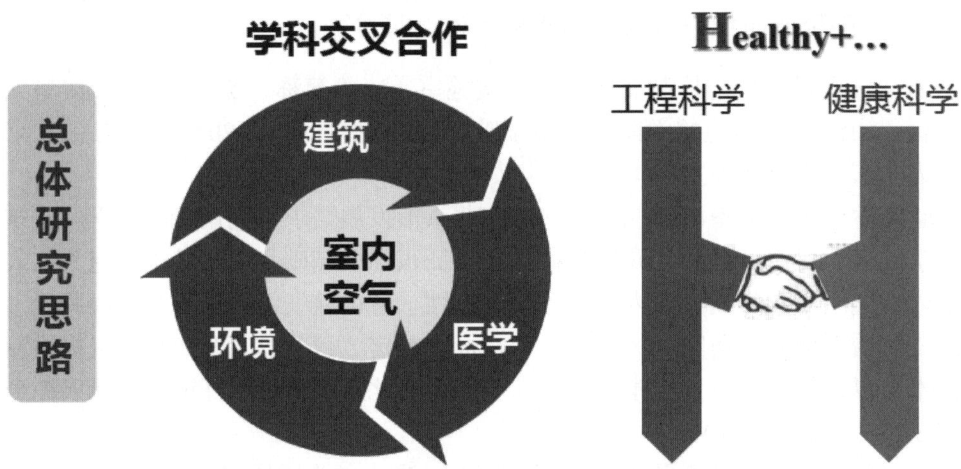

图 3.11-3　室内空气质量控制研究思路示意图

提升与可持续发展，为营造健康、舒适和节能的人居环境和国防等要求的特殊环境提供科技支撑。现任实验室学术委员会由贺克斌院士担任主任，范维澄院士、刘加平院士和庄惟敏院士担任副主任，学委会委员为（按姓氏笔画排序）：王清勤教授级高工、邓启红教授、朱彤院士、江亿院士、张悦教授、陈运法研究员、侯立安院士、宫鹏教授、姜培学院士、郭新彪教授、阚海东教授（图 3.11-4）。

针对北京市室内空气质量控制方面的迫切需要，实验室具体研究方向如下：① 京津冀地区（特别是北京）大气污染（尤其是 PM2.5）对室内空气污染的影响；② 室内空气污染源散发机理和特性；③ 室内空气中污染物成分、浓度及其影响因素；④ 室内空气污染暴露研究；⑤ 室内空气污染健康风险；⑥ 室内空气质量评价和控制（包括室内热湿环境和空气质量的分级和综合控制）。

图 3.11-4　2015 年室内空气质量评价与控制北京市重点实验室学术委员会首次会议照片

首届学术委员会委员：右 2 清华大学建筑学院庄惟敏院士；右 3 清华大学医学院鲁白教授；右 5 清华大学公共安全研究院范维澄院士；右 6 清华大学环境学院贺克斌院士；右 7 清华大学常务副书记姜胜耀教授；左 7 西安建筑科技大学刘加平院士；左 6 北京协和医院蒋澄宇教授；左 5 中国建筑科学研究院王清勤副院长；左 4 清华大学热能工程系姜培学院士；左 2 复旦大学公共卫生学院阚海东教授。清华大学江亿院士因故未能参会，北京大学环境学院朱彤院士，中国火箭军侯立安院士，中国科学院过程研究所陈运法教授，北京大学公共卫生学院郭新彪教授派代表参会。

在上述方向上，有以下实验室：人工环境气候实验室，室内空气质量检测与分析实验室，人员与材料污染散发特性实验室，室内流场动态显示与测试实验室，室内污染源与暴露特性实验室，空气净化测评实验室，农村建筑能源和环境实验室，大气污染监测实验室，大气污染成分分析实验室，公共健康政策与管理实验室。

实验室于 2018 年 10 月参与了三年绩效考评工作，实验室按照认定申请书三年主要工作规划认真开展了工作，逐年有序地完成着实验室发展规划的内容。经考评后于 2019 年公布本实验室 2015—2017 年绩效考评获得“优秀”评价，获得“2019 年度北京市科技创新基地培育与发展工程专项”支持，项目经费 180 万元，落实后的经费主要用于实验室开放基金设立、实验室学术委员年度会议、实验室建设、实验室学术论文与其他学术贡献奖励和学术交流等。2020 年起，实验室经项目申请、专家评审、结果公示、学术委员会批准，设立开放课题项目 11 项，每项资助金额 6 万元，资助期 2 年。

此外，在实验室学术委员会指导下，学术骨干积极努力，围绕国际室内空气科学前沿或国家发展重大需求，特别是 2022 冬奥会场馆及相关交通站点设计、新冠疫情防控等京津冀发展的重大需求，积极承担并很好完成 60 余项科技部、自然科学基金委及北京市科研项目或课题，促进了室内空气质量科学研究和相关技术发展，并在数十项国家和行业标准以及重点工程中获得应用。

实验室成立以来，学术骨干发表 SCI 论文 250 余篇，申报或获得发明专利授权 60 余项；主编 / 参编国际标准 1 部、国家标准 10 余部、行业和团体标准 40 余部，主 / 参编学术著作 20 余部。作为第 1 和主要完成人，林波荣、李晓锋、朱颖心和曹彬获国家科学技术进步奖二等奖，林波荣获腾讯基金会科技探索奖，林波荣、李先庭、张寅平、杨旭东、朱颖心、刘荔、莫金汉、石文星等获省部级一等奖 10 余项（其中北京市科学技术奖一等奖 3 项、华夏建设科学技术奖一等奖 1 项），王宝龙和石文星获全球制冷技术创新大奖赛冠军，朱颖心和张寅平分别获日本空气调和卫生工学学会“井上宇市亚洲国际贡献奖”，曹彬获美国供热、制冷、空调工程师协会（ASHRAE）生理与人类环境奖（Newins 奖），莫金汉和曹彬分别获国际室内空气学会杰出青年科学研究奖（Yaglou 奖）。

实验室注重和国内外同行交流，至今举办的 Seminar40 余次，国内外 40 余位专家做了学术报告，30 余人次美国、德国、法国、丹麦、日本、中国香港著名和知名教授来实验室做为期 1 个月以上的访问研究，合作发表国际 SCI 期刊论文 50 余篇（图 3.11-5）。

图 3.11-5　室内空气质量评价与控制北京市重点实验室

第四篇　回忆与访谈

一、

静水流深　岁月安好

——王兆霖先生与清华暖通之缘

作者：董丽萍

这是一次酝酿和期待已久的访问，为面见中国暖通教学奠基人之一的王兆霖先生，我烦劳多位老师帮助。之前，我叨扰过江亿院士，希望他能帮助引见王兆霖先生，但终因他太忙而不敢再烦，随后，我把我的想法跟吴德绳老师提起，吴老师知道我一直在寻找机会找寻业界耆宿们，希望在拜访看望的同时，整理书写暖通专业在国内的早年记忆。他把此事记在了心中。

有天吴老师给我发来短信，说已经将拜访王先生之事，委托给清华大学的李元哲老师，她是王先生教的清华大学第一届暖通五年制本科学生，现在与王先生住前后楼。我欣喜，也更忐忑不安地与李老师联系，之后，终于在李老师和李老师助手陈老师的帮助下，有机会在一个上午前往清华大学，到王先生的住处，和李元哲老师一起拜访了久仰已久的王兆霖先生。

面对 94 岁高龄的王兆霖先生，一个世纪的岁月变得缥渺无感，而又沉静如水，温润似玉。我不知从何开始与王老的对话，哪一年哪一月的时刻，才会让王老牵起回忆的大幕？话题还是从王老的求学岁月说起，他娓娓道来，语速平稳，讲到略微需沉吟之处，他微闭双目，进入回忆之中，而我和李元哲老师，并不打扰，安静的房中，柔和的光亮，从窗子洒入，王老的脸上有一种岁月的祥和，令人感动。

与清华有缘的岁月之初

我是唐山交通大学的毕业生，毕业时正是抗日战争时期，人们都流离失所，我逃到昆明。我和清华的交集，是从云南开始的。

清华的石南洋先生（音）跟云南省合作，办了水利勘探队，我到了水利勘探队。抗日战争胜利后，我们失业了。我们到上海跟几个同学，搞建筑施工，盖房子，我在里面看到一些卫生设备。那时我有个校友许照，他在上海搞了个清华工程师事务所，是当时上海惟一的很出名的专门包水暖工程的事务所，如上海大厦、国际饭店，都是他们做的工程。我第一次跟供暖通风卫生设备打交道，就是在他们包的工程里，在那里我看到一些暖通设备。

在我们小的时候，包括到“七七事变”，北京都没有什么像样的暖气设备。最早有几个地方有，我都调查过，比如清华有二十几个分散小锅炉，再有就是北京大学有个较大的系统，是美国人设计的，小型锅炉。再就是农业科学院，日本人做的，是一个区域性的小锅炉。其他一些大银行大饭店有些小锅炉房，主要是服务生活热水。

抗日战争一胜利，我从上海接触营造师之后，我跟着我们的学长，到北京开了一家事务所，叫华泰建筑师事务所，我们唐山交通大学大多数学生有个学习习惯，喜欢钻图书馆，没学过也敢干。这些帮助我们在北京做了一些建筑工程的设计。

我知道，在我们事务所成立之前，能做水暖[①]设计的在当时北京只有三家，北京建筑设计院、华北建筑设计院和另外一家，都是公营的。可以说北京敢于做大建筑水暖工程设计的，就这四家，只有我们是私营的。只有这四家敢于接大型的建筑设计。

北京需要大批的房屋建设，尤其是军队。我们这批人敢闯，当时我们的同学陈有耐（音）是唐山交通大学学建筑工程的，他敢接工程，北京好多部队需要建设，大批的建司令部，如工兵司令部、装甲兵司令部等。我们就去跟人家谈。

水暖通风方面那时都没有设计先例，这些工程还需要计算很多参数，一般的设计院都也没有太多经验。部队营房管理部看我们都敢接，就给了我们很多机会。要讲设计项目，当时还有个俄罗斯人，叫谢宁（音），这个值得一提。我们刚到北京，我们的设计所就承包了新华印刷厂，它有四栋厂房比较大，200 多米之外的锅炉房是高压的，就是俄罗斯设计的，我们刚到北京，什么都敢干，我们接了那个监理。设计所有两个搞建筑的，两个搞结构的，剩下一个就是我，只好我搞暖通了。

既然担任监理，就不能一知半解了，就得到处搜集资料，一边看一边学一边干，从成熟的设计院里去找资料来学习，从学习拟定合同开始。就这样，我们开始搞起了水暖的工作。俄罗斯谢宁（音）设计的图纸还是很规矩的，图纸比较全面。我看了很多图纸，也仔细研究施工说明书，整天在施工工地跟工人在一起，还有一个就是利用图书馆。我们就边学边干，做了些工程。

说起跟清华贴近的缘由，是很巧合的机缘。本来中华人民共和国成立以后，我是到山西大学土木系教书，但是，那时我父亲病重，我就回了北京。当时我一个同学，也是唐山交通大学的学生，他喜欢建筑，在唐山交通大学学了一年，就到国立南京大学学建筑，成为梁思成先生的学生。梁思成先生在中华人民共和国成立后到清华大学成立营建工程系，我的同学也就到了清华大学。

清华那时候没人教“房屋供暖”课，当然也没这个专业。后来他们要给学生上这个内容的课，我的同学就找到我，我在实际工作中已经逐渐积累起做水暖设计方面的知识，也有自己的理解，就答应去兼课，你问我怎么学习出来的，都是工作中学习出来的。我每天去上课，去图书馆，回家写讲义，把这门课算讲出来了。大家觉得那时候我的讲义还挺实用，而且我教过水力学，也有关于水流动的资料。各方面的综合吧，对于启蒙来说，还比较接近学生的基础。我教了一年多，两个学期，北京非常缺这样的人

① 给水排水、暖通。

才，这些课程都很稀缺的，我那时就很抢手，被请到各校去讲课，如清华、北方交通大学[①]、天津大学、北京大学等。

北京建筑专科学校的从教生涯

组织让我去建筑专科学校（简称“建专”）大专部，我一想挺好啊，我还能教书，以前教书都是兼职，现在等于给了我正式职业。自那年离开了山西大学，我等于就没正式职业了。

建专是当时北京市办的，校长是吴晗，副校长由两个市委书记担任。1952 年五一节后，我就去建专了。到了以后，学校说我们这里建筑设备专业没主任，你兼主任并且去筹备专业课教育计划吧。

这个专业完全是针对当时北京市建筑设计院需求而设立的，当时要求这里的毕业生到北京建筑设计院直接就能开展工作。比如，要求电气组的毕业生进去就能做电气设备设计工作，给水排水、暖通组就得能做给水排水、暖通设计。建专的建筑设备科，当时分两个组，电气组和给水排水、暖通组，我当科主任兼给水排水、暖通组组长，电气组找了北京市建筑设计院的一个姓黄的主任兼任。当时什么教学大纲都没有，但已有十几个学生，已学了一年。

到那里以后，我就根据我的理解开始准备教学计划。做给水排水、暖通工作，做一个给水排水、暖通工程师，应该知道的东西，当时设计怎么做，怎么监工等，等于按照我在事务所那套做。我按照这个要求做了个教学计划表，两年中，怎么样从基础到能做设计，全部过程，按照我自己的生活历程写了一下。这里面比较精彩的一部分是我针对搞给水排水、暖通的人应该知道什么基础知识，开了一门课，叫水暖工基本知识，还写了讲义。把学生要学的课程，按一般要求，排出一个功课表，这样建专的建筑设备专业算是正式成立，又招了一个班，学生总计 20 多人。那时候北京这个行业太缺人了，北京市一搞给水排水、暖通就请我去，参加技术讨论会等。就这样，我正式成为建筑设备专业的一个工作者了。我在建专开设了两门课，房屋供暖和空气调节。

这期间我编写了讲义，供暖讲义还被高教出版社石印出版。经过俄语速成学习，我能做俄语资料的翻译，还签订了翻译苏联高教部审定的供暖课的课本的合约。也是在那时，我还担任中国建筑学会建筑设备专业委员会的副主任委员。

再续清华缘

在建专的各项教学按部就班地进行时，学校接到了北京市委的通知，要求 1952 年暑假后，将建专的一年级学生和教职工合并到清华大学。当时清华为什么想要成立这个专业？这在当时是有这样一个背景，当时国家经济建设恢复时期，全国建筑专业大兴盛，如果等四年大学毕业，就来不及服务于社会，有几所学校应教育部要求，招收 2 年

---

① 现为北京交通大学。

制学生。我在清华档案室曾看到，当时教育部要求四个学校里的好多专业，如水利、测量、施工、建筑设备，都要成立专修班，学制两年。

1950 年下的命令，当时各个学校都在学习苏联，清华忙的不得了，别的学校比较积极，东北工学院立刻把机械系二年级学生转成给水排水、暖通专业了。清华的老师当时忙，来不及，同时老师面有怯色，不太肯干，因为确实没人能教这个专业的课。校务会上要求热能系和建筑系负责，建筑系是梁思成先生负责，吴良镛先生后来管。当时清华的情况是，任务有了，负责人确定不了，尤其是暖通专业，一点“老底子”都没有，惟一“老底子”，当时只有我兼职代课时编写的油印教材十几页。

清华两年制专科学生是在 1952 年招生的，当时一部分学生分到建筑系，一部分分到热能系，学习基础课。这批人有 30 人左右，是以暖通专科学习班名义招的，清华本身招生的志愿就是暖通，没有从别的专业转过来的学生。这个跟其他学校是不同的。

当时第一批专科学习的清华学生的认知实习马上就该开始了，可是因为没有熟悉专业的教师，一直无人负责筹划。他们看到我给建专学生做了认知实习计划，就想让我尽快去清华工作，从主持实习开始。

当时北京市人民政府秘书长薛子正和北京市建筑设计院院长沈勃（他们都是北京市委书记兼建专副校长）到北京建专，在全校师生大会上宣布“为集中本市教学力量，办好建筑专科教育，市委决定，建专在暑期后合并到清华大学的相应专修科。建专二年级由建专负责毕业，一年级学生和教职工由清华负责安排继续学习和工作。”

当时任清华大学教务长的钱伟长，跟我谈话，让我把清华暖气通风专修科一年级的认识实习主持起来。

清华暖通岁月稠

我就这样，真正开始到清华工作了。清华的暖气通风专修科，设在土木工程系里。当时土木系以建筑施工为中心，设置工程结构、施工技术与组织、给水排水、暖气通风等专业。建专的专业和暖气通风很接近，因此北京市决定将建专的学生和教师合并到清华土木系的暖气通风专业，清华希望我把这个专修科的教学工作主持起来。第一件事是为 1954 年暑假即将毕业的暖通专科班制定出实习计划，教学计划。

当时正是学习苏联时期，既然学苏联，清华大学请了莫斯科建筑学院的萨德维奇做首席专家，我一到清华，就参加土木系每个星期的系会，萨德维奇是主持。他说既然是土木系，相当于苏联的建筑学院，必须要有三个专业，给水排水、暖通和施工。这样暖通就搁在土木系了。

当时系里让我以苏联莫斯科建筑学院供热供燃气与通风专业六年制的教学计划做参考，制订出两年制的专修科计划。这个当然不能简单地压缩，必须根据培养目标的差别进行合理的取舍。当时苏联更重视资源的利用，他们是培养供热供燃气的专家，我们则要培养的是供暖通风的工程师。因此侧重不同，重点也不同，我们重点保留了供暖和通风两门课，另外苏联计划中很多辅助课程，我们两年制也来不及安排课程，所以我们只保留了水力学、传热学和建筑学三门辅助专业基础课。

为了实施这个计划，我还请当时建筑工程部、纺织工业部和第一机械工业部等部门的总工程师，有许昭、汪善国等人，请他们来清华开了讨论会。后来这个计划获得了系务会的同意。

经过多位老师的努力，清华大学暖通专修科一年级（暖专 4 班）的认识实习顺利地完成了。当时同学们都反映说收获很大。

清华大学的暖气通风专业教研组也随即成立了，系务会上张维主任宣布我担任教研组的主任。当时，萨多维奇建议，在土木系成立五年制的暖气通风专业，我就又接受新任务，开始为五年制的这个专业编制教学计划。

这个新的五年制教学计划的编制，最主要的是关于供热供燃气这两门课的取舍问题，这也涉及后来专业名称的改变。

因为涉及专业名称，以及会影响学生在毕业后面向工作领域的问题，这个五年制教学计划的讨论上升到校务会的级别。当时还汇报到蒋南翔校长那里。我谈了对于这个专业设置方面的看法，也结合了苏联为什么会将供热供燃气和暖气通风同样列为一个专业的培养目标的分析，大家都理解了当时苏联为什么把暖气通风专业名称改为了供热供燃气与通风的原因和目的，普遍认为与当时我们的培养目标符合。因此清华就将本专业的名称改为“供热供燃气与通风”，仍然由我们负责进行教学计划的编制和组织教学。

这样，我们教研组当时的任务就是两年制学生的结业和五年制学生的招生和教学工作，当时教研组还有吴增菲老师、刘同生老师和彦启森老师等，我们完成了暖专 4 班的实习工作，为中途接手的清华暖通专修科学生实现了如期毕业，也为清华第一批供热供燃气与通风专业的学生设计了五年制学生教学计划。图 4.1-1 是 1953 年王兆霖与同事及 1952 级学生合影。

图 4.1-1　1953 年王兆霖与同事及 1952 级学生合影
后排从左到右：荆元福（学生）、王兆霖、吴增菲
前排从左到右：彦启森、赵荣义（学生）、曹人仲（学生）

燃气专业教学的探索

暖气与通风专业教学中的课程我都比较熟悉，所以按部就班地开展教学就行了。但是专业名称修改后增加的“供热供燃气”是我们所陌生的课程。我又发挥自学的能力，到书店去搜寻有关著作，我找到了苏联所使用的教学参考《城市燃气供应》，自学并打算翻译，同时做好教授供热网的教课准备。

1954 年，有个好机会，我到哈尔滨工业大学跟阿・约宁学习，以确保清华供燃气课按时开课。就这样我成了哈工大的进修生。后来哈工大校友会时，他们还热情邀请我去参加。约宁的课是为哈尔滨工业大学的研究生及大学毕业班开设的，但这资源实在难得，其他大学也都派人参加，有同济大学、天津大学和东北工学院等。

在学习期间，我还接到了紧急任务，参与编写 1956—1968 年十二年国家科学技术发展规划（简称：“十二年科技规划”），我建议将原来供暖与通风的一个编写组，改成供暖与通风和供热供燃气两个组，吸收了不少供热供燃气方面的专家。我担任供热供燃气组的组长，负责记录和整理了当时的小组讨论，形成十二年科技规划中的供热供燃气方案初稿。之后还去征询了相关政府部门以及一些苏联专家，完善了方案。

因为在这些方面的探索，以及教研组老师们的积极努力，清华暖 58 班的燃气供应课程终于开课了。把燃气供应作为土木系的一门专业课程，全面系统地开课，也是先例了。很多人都来旁听课程。而我也就不再教暖通课程，改为研究供热供燃气方面的教师。

后　　记

1917 年出生的王兆霖先生，1987 年退休。他经历的清华岁月，悠悠间的大事小情，在他心中留有怎样的印记？

我无法在一上午时间内获得他很多的回忆，更怕过多地打扰了他的休息。所以我听他讲述与暖通之缘，与供热供燃气之缘，与清华之缘，与建专之缘，也就如蜻蜓点水，只勾画出早期记忆的轮廓。

采访之后，我一直苦思冥想用什么样的笔墨来书写我所看到的王兆霖先生？琢磨了多日，也阅读了王兆霖先生所著述的《在清华工作的回忆》，掩卷而思，这样一位学者，他的故事，他的经历，他的感悟，该如何品味呢？

王先生在他的《在清华工作的回忆》中说：在清华庆祝百年寿辰的今天，我可以说，在她过去的时光中，我曾在三分之一的时间里和她生活在一起，同享安危，共尝甘苦，跌宕起伏，颇堪长忆。

访问的间隙，我还问起王老的长寿秘诀，他呵呵地笑着说：都说我们家有长寿的基因。

王先生这时说，我的人生啊，颠覆起伏。但我经过抗日战争，就不怕什么艰难了。以后下农场改造，进学习班什么的，我都无所谓，我该干什么需要干什么就干什么呗，反正得活着。不想干，就只有愁死了。

采访期间，李老师和王先生说起一些旧人的名字，谈论起学校的旧事新情。看着相差 19 岁的师生，一个 94 岁的老师，一个 70 多岁的曾经的学生，回忆间有快乐的笑声，王先生还不时地跟他 70 多岁的学生调侃逗笑。我问王先生累不累，他说他怕李老师累了。李老师说起外语学习的困难，王老先生还给李老师支招告诉她学习掌握几门外语的窍门。除了英语，王老先生学习了俄语、德语及日语，他跟李老师说，在自己退休时，曾经做计划，每天复习一门外语，可惜后来没有实施。李老师说现在有时还会碰到词汇不懂，想请教王老先生。

这些细碎的对话，真是人间美景，师生之间能有这样天成的沟通，开着玩笑，我心生羡慕。到我七十多岁时，哪里去寻我的大学老师？

静水流深，是我极其喜爱的一个成语，但一直不曾用来形容什么人，当我有缘面见了 94 岁高龄的王兆霖先生，这个词始终凸显在我的脑海里。静，就是生命的完满；水，就是生命的本源；流，就是生命的体现；深，就是生命的蕴藉。人之一生能有幸面对面感受一位即将百岁大师的风范，能立体地展现"静水流深"的境界，这真是我的幸运。王兆霖先生用完满的平静，回溯他勤奋敬业、自知以及安身立命的学者生涯，展现了纯粹与崇高的人生境界。

只是非常的可惜，一上午的拜访，我不能问太多，也怕打扰王老的休息，我终是忍住了再向王老发问。

告辞出来时，我握着王老绵软温热的手，不愿松开。近一个世纪年岁的长者，您若安好，便是晴天。

祝福王兆霖老师颐养天年。感谢李元哲老师及其助手陈老师，感谢吴德绳老师为此次访问的费心，图 4.1-2 为赵荣义 2009 年手绘王兆霖先生肖像。

图 4.1-2 赵荣义 2009 年手绘王兆霖先生肖像

王兆霖先生生平

王兆霖先生原籍福建，1917 年生于北京。1934 年考入交通大学唐山工程学院。1940 年 1 月，在国立清华大学（昆明）与云南省合办的水力发电勘测队，在施嘉炀教授领导下进行勘测工作。后又因抗日战争需要在贵州川滇公路管理局任工务员，参加了1942—1946 年间滇缅公路（史迪威公路路段）的修建。1949 年暑期后受聘于山西大学任土木系教授；1950 年，在山西大学加入中国民主同盟；1950 年 8 月回北京，在与同学合办的“华泰建筑师事务所”任工程师，兼清华大学营造系教授。1952 年 5 月，在北京市建筑专科学校大专部（简称建专）任教授、建筑设备科主任，制定出建筑设备专业的教学计划并组织实施，适应国家第一个五年计划建设培养人才之需。

1952 年暑假后，随着建专并入清华大学，王兆霖先生受命于清华大学进行暖气通风专业的创建，任暖通教研室主任。面对师资力量不足、教材短缺的突出矛盾，王先生用很短的时间掌握了科技俄语，翻译了苏联马克西莫夫所著的《暖房与通风》，成为暖通专业第一批专业课教材，接着又完成了苏联《城市燃气供应》等书的翻译，并自行编写了相关教材，制定出清华暖通专业第一个五年制本科教学计划，为清华暖通空调专业的发展奠定了最重要的基础。

改革开放后，王先生高瞻远瞩，翻译了苏联《计算热网络的方法和算法》一书，为清华暖通空调专业开展流体网络工况模拟及自动化控制研究发挥了核心作用，有效推动了我国城镇供热的发展。王先生还参加了国务院组织编写的“十二年科技规划”，任供热、供燃气与通风专业组组长。至 2014 年前王兆霖先生一直被聘为北京市专家顾问团城市供热专家组组长。

王兆霖先生是我国暖通及燃气供应事业的创始人、见证人，是我国燃气和供热界公认的泰斗，也是一直关注和领导着这一行创新发展的领路者。他在教书育人的道路上不遗余力，但却淡泊名利，把各种荣誉、机会都留给了年轻一代。尽管业内对王兆霖先生非常敬重和崇拜，但先生从来不摆权威的架子，一直都保持着低调、平和、幽默，具有真正的大师风范，这也是他能够安享天年的重要原因。他制定的教学计划和编写的教材惠及了一代又一代暖通空调专业的学生，他的优秀品德也塑造和影响了清华暖通空调教研组，使之成为一个充满活力、团结协作的优秀集体。王先生的学问与为人，是留给我们后人享之不尽的一笔丰厚的精神财富！

二、

沧笙踏歌　功成不居

——吴增菲先生回忆录

作者：李晓锋

在本书的编写过程中，我们多次通过孙景芳老师和目前旅居美国的我们专业奠基人吴增菲先生进行微信联系，确认一些历史细节。后来在 2023 年初，吴先生主动给我们发邮件，说孙老师年纪很大了，不要总去打扰他，可以直接和他通过邮件联系，并同时给了我们两个邮箱地址。我们就非常冒昧地请求吴先生用录音的方式完成一个回忆录，放在我们这本书里。吴先生非常认真地试录了一段，确认没有问题，然后就准备分成 5 个历史阶段分别录音完成。遗憾的是，在本书出版之前，吴先生只发来了两段录音，即为以下内容。

教 育 经 历

1924 年，我父母从中国去菲律宾工作。1926 年 2 月 1 日，我是在菲律宾的马尼拉出生的。两岁时，我随父母又回到中国，父亲开始在南京当时的教育部任职，全家就在南京定居下来。我就在国立中央大学附属实验小学上学，从幼儿园一直到小学毕业。

1937 年，小学刚毕业，日本侵略中国的“八一三事变”就发生了，全家开始了逃难生活。最初曾在安徽屯溪的中学上过学。后来，教育部迁往重庆，我就在重庆的巴蜀中学读初二。不久，日本又开始对重庆进行大轰炸，教育部迁往四川青木关，我就在当时教育部办的中山中学上完初三，又继续在青木关三中即教育部新建立的国立第十四中学上高一。

1941 年，我高一刚念完，由于父亲不满国民党政府，受到特务警告，就借考察东南亚华侨教育专员的名义，全家五口离国出走。到达第一站马尼拉后，我们全家定居下来。我就在马尼拉的华侨中学，上午上高一，下午上只有小学水平的英文学校，因为当时的英语水平太低。可是不到一个月，日美又爆发了太平洋战争。我们又改名换姓，开始了逃难。1944 年，全家迁回马尼拉，我就读于菲律宾大学的工学院。

1945 年，美国打回马尼拉，我和弟妹三人以难民的名义投奔在美国伯克利定居的大姨家。在马尼拉上船，于日本投降后的第二天到达旧金山。后来我就在加州大学伯克利分校的机械系继续学习。1948 年拿到学士学位之后，继续攻读硕士学位。

1949 年，新中国成立，之后抗美援朝战争爆发。在美国的科学工作者、留学生纷纷组织起来动员回国参加建设。我是在上交硕士论文后，在美方阻止中国留学生回国前，倒数第二批回到祖国深圳。

回国工作

以上是我的学习经历。我除了在攻读研究生时兼任一年助教外，没有任何工作经验。我父亲是在国家号召下到新中国教育部工作的，所以回到北京后，领导问我工作志愿的时候，我说除了教学，什么工作都可以。这是因为我不善言辞，尤其是不敢在大庭广众前讲话。当时我是想通过工作弥补我缺乏的实践经验。可是，教育部偏偏把我分配到当时在北京郊区的燕京大学。

1951 年初，我在燕京大学作为讲师，正式开始了授课教学工作。虽然我在加州大学做过兼职助教，但只是改改卷子，带过几个学生的实验小组，不算讲课。于是，当燕京大学工学院让我给同学们开材料力学、流体力学等课程时，这些课程我只在加州大学学过一次，因此，只能是照本宣科，加上毫无教学经验，生平第一次在几十人的同学面前讲课，可想而知是什么水平。不过三个学期下来，总算解决了我在大庭广众前面红耳赤、不敢讲话的问题。

1952 年夏，国家根据建设需要进行了院系调整。燕京大学、清华大学和北京大学三所大学的工程院合并，成立了以工科为主的新的清华大学。全面采取了有利于新中国建设的苏联的五年制学制。改变了旧大学基本按照美国以书本为主的教学制度。新的清华大学对部分教师进行了俄文突击，一共十五天，背了八百个单词，学了工科书籍的基本文法，然后抱着俄文字典居然就可以开始看俄文的工科书籍了。我觉得很有收获。因此，当时燕京大学工学院要毕业的同学也想突击学习俄文，找到我的时候，我就现学现卖，如法炮制地将刚学到的一套转给他们。

1952 年秋，清华大学开学，我被分配在动力机械系的热工教研组，先后开了热工学和传热学两门课程。1953 年，组织上让我转到新成立的暖通教研组。在教研组主任王兆霖先生领导下，跟彦启森、刘同生一起，为两年制的暖专 4 的学生开设供暖和通风的专业课。然后还要按苏联计划，为今后的五年级正规生准备实验、实习、课程设计、毕业设计等全部教学和管理。王先生负责供暖部分，分配给我的是通风部分，刘同生作为我的助教。

我在加州大学学习的时候，虽然知道系主任曾开过一门供暖通风与空气调节的课程，可惜我没有选读，所以这方面的内容我一无所知，更不要说还有什么实践经验。当时提供给我们惟一可以学习的是俄文的《供暖》和《通风》两本教科书。刚学不久的俄文就派上了用场。由于我马上就要给暖通专科 4 开课，因此不得不边翻译边理解，然后就给同学们讲课。往往第二天要教的内容，连夜翻译出来，还没有完全弄懂就开讲了。记得讲到空气调节时，在 i-d 图上，画送风的处理过程时，还很奇怪为什么夏天还要加热。跟刘同生一起讨论，也没有搞清楚，就照猫画虎地搬给同学们了。当然后来知道这是为了降低相对湿度，幸亏当时同学们也没有提出这个问题。这也说明当时我的讲课水平是不高的。

我还跟暖通专科的同学一起去当时苏联援建的 156 项工程之一的长春汽车厂实习。到了工地，我发现厂房已经建立起来，可是通风方面的施工还没有开工。一问才知道工人看不懂俄文图纸，也没有人翻译，正着急呢。这时突击的俄文又派上用场。我就马上开始翻译，边翻译边给工人讲解，工人们才马上开始加工风道、进行施工。这样我们也才有了实习的内容。

暖通专科毕业后，我的俄文教科书《供暖与通风　下册　通风工程》译稿经过整理和校对，于 1956 年在高等教育出版社正式出版，供学生使用。当时不求名利，书封面的译者是以教研组署名的。所得到的两千元稿费，也是让当时已扩大到十多人的教研组成员，包括实验员，每人誊清一章原稿，而平分的。

后来马克西莫夫教授访问清华大学时，将他在高等教育出版社出版的教材的中文版赠送给他。我也告诉他，在翻译的过程中，发现了一百多个错误。他很重视，专门找时间让我一一向他说明。当时是哈尔滨工业大学暖通教研组的路煜先生当翻译，马克西莫夫一点架子也没有，做了详细的记录并表示感谢。

1954 年暖通专科 4 毕业后，有近两年的时间，为暖八[①]本科生作准备，提高教学质量和完善各个教学环节。为此，我曾到哈尔滨工业大学跟当时在那里讲学的苏联暖通专家进修了一年，也曾到北京的一些设计院了解设计通风工程的过程和收集有关资料，还曾到一些有通风空调设备的建筑（都是苏联设计的）去了解和参观运行情况。这样一方面增加了许多实践经验，也为建立暖通专业的完整教学环节做好了初步准备。

吴增菲先生简介

1924 年，吴增菲先生的父母从中国去菲律宾工作。吴先生于 1926 年 2 月 1 日出生于菲律宾马尼拉，1928 年随父母回到中国定居南京，1945 年赴美于加州大学伯克利分校就读，1948 年获得学士学位，后继续攻读研究生，1950 年获得硕士学位后，回到中国参与祖国建设。

吴增菲先生 1951 年初入职燕京大学作为讲师，担任授课教学工作；1952 年在国家院校调整后，分配至清华大学动力机械系的热工教研组工作；1953 年夏，校内调动到新成立的土木工程系暖气通风教研组，为清华大学供热供燃气及通风专业的创建做出了卓越的贡献；1980 年任职教授；1982 年校内调动至经管学院。吴增菲先生在本专业任职期间，于 1954—1961 年担任实验室主任，1958—1966 年担任教研组副主任，1978—1982 年担任教研组主任。

在 1953—1954 年期间，吴增菲先生与王兆霖先生先后翻译苏联专家马克西莫夫所著《供暖与通风》，解决了无专业教材的问题。该书为苏联供热供燃气与通风专业的专业用教科书。吴先生负责翻译了其中的《供暖与通风　下册　通风工程》。本专业创建以来，吴先生长期负责了通风和空调方向的教学和科研工作，包括教材建设、实验室建设、本科生培养、研究生培养等。1959 年，招收了刘先喆、丁慧英两名硕士研究生，这是我专业首批研究生。在 1959—1982 年期间，共指导了 10 名研究生，培养了一批高水平的暖通空调专业人才。1980 年开始，先后参与编写了中国建筑工业出版社出版的

① 暖通本科 1958 年毕业的学生，简称“暖八”。

高等学校试用教材《空气调节》和《空气调节（第二版）》。其中，所参编的《空气调节（第二版）》被建设部评为首届全国优秀建筑科技图书部级奖二等奖。

1958 年，吴增菲先生领导暖通教研组师生在旧土木馆建造了一座“恒温室”，成功保证了室内环境温度维持在 20±0.1℃，为国家的精密仪器加工和精密测量等实际工程提供了恒温环境技术支撑，满足了当时的精密机械生产与军工产业建设的急需。1959 年，在清华大学 9003 工程建设中，吴增菲先生成功指导建成精密仪器系馆的恒温室环境控制系统。从 1970 年到 1976 年，吴先生带领暖通教研组师生进行了诱导器相关研究及生产工作，研制出了一套新型可自主生产的诱导器，实现末端温湿度环境分区可调控，并进行大批量生产，满足了当时正在开发建设的第一代电子生产厂房的空调工程需求，这是我国在空调末端技术上零的突破。

20 世纪 80 年代初，吴增菲先生在美国进行了访问与交流（图 4.2-1、图 4.2-2）。

图 4.2-1　20 世纪 80 年代初学术交流时做笔记

图 4.2-2　20 世纪 80 年代初在美国访问交流

三、

桃李春风 学术泰斗

——记清华建环专业创始人之一彦启森教授

作者：石文星

正值清华大学建筑环境与能源应用工程专业成立七十周年之际，让我们不禁怀念清华大学建环专业创始人之一彦启森先生。翻开《德泽神州校企 心系华夏冷暖——彦启森先生诞辰八十周年纪念文集》，重温彦先生在专业创立、学术研究、学科建设、教书育人和振兴行业等方面的卓越贡献，让我们对这位德高望重的学术泰斗和人生导师肃然起敬，万流景仰。

宵衣旰食 修达琅玕

清华大学建筑学院建筑技术科学系彦启森教授是我国暖通空调与制冷领域的著名学者、教育家与社会活动家，他 50 多年来辛勤工作，为我国暖通空调学科的成立、建设和人才培养做出了巨大的贡献。

彦先生出生于 1931 年 12 月 30 日，1950 年于北京师范大学附中毕业考入清华大学机械系攻读汽车专业，1953 年清华大学土建系采暖通风专业（现建环专业）成立，他留校任教，成为该专业创始人之一，并成为全国建环专业的学科带头人（图 4.3-1）。

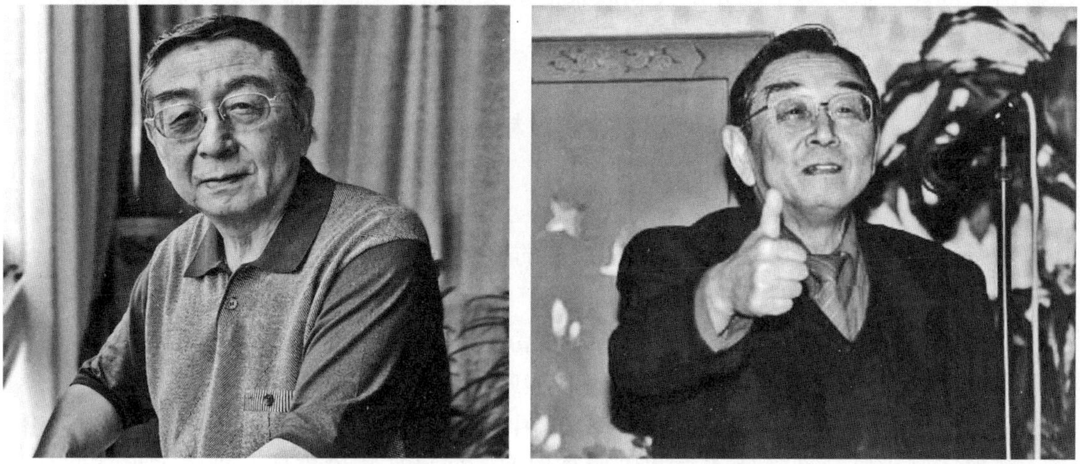

图 4.3-1 学术泰斗、人生导师——彦启森先生

彦先生从教 50 多年来，桃李满天下，很多学生已成为享誉海内外的杰出人才。作为全国知名的学者，面对学生，彦先生却虚怀若谷，淡泊名利。他对学生不仅传授学术知识，更是以自己的高尚品格教会学生怎么做人。彦先生还非常注重梯队建设，积极扶

持年轻人，创造条件让他们冲到前锋独立经受锻炼，使年轻一代无论在学术能力还是在管理能力方面都能尽早地得到长足进步。

自 1989 年起，彦先生主持了三届全国高等学校建筑环境与设备工程专业指导委员会的工作。作为杰出的工程教育家，他对建环专业本科教育的特点有着深入的研究与独到的见解。从建设“人工环境”大学科的思想出发，彦先生抓住教育部本科专业调整的契机，对专业教育进行深层次改革，突出独有的专业基础，强化实践教学，拓宽专业口径，并通过学科指导委员会，促进全国有关院校逐步落实各项教改措施，为建环专业的发展开拓了更加广阔的领域。

在学术成就方面，彦先生率先将系统工程学基本理论与方法引入暖通空调技术领域，开拓了建筑热环境、暖通空调与冷热源系统过程分析与模拟的研究方向，为推动我国暖通空调与制冷领域的研究做出了巨大贡献。

彦先生一贯呼吁科研人员注重理论与实际工程应用相结合，他一方面要求自己的研究生选题必须结合国家建设的重大需求，另一方面在学术会议组织、行业杂志建设、执业工程师注册制度建设、工程师继续教育等方面亲力亲为发挥带头作用，并为《暖通空调》《制冷学报》杂志的组稿、审稿，花费了大量精力。彦先生以拳拳爱国之心，致力于打造制冷空调的民族品牌，四处奔走、多方呼吁，为我国制冷空调企业提供全面的支持，推动了我国暖通空调与制冷工业的技术进步。

除曾担任清华大学暖通空调教研室正、副主任以外，彦先生还先后担任了大量重要的社会学术职务，在全国的建环专业评估、公用设备工程师注册考试的标准制定、教材审编、出题定稿和考卷阅判等方面都开展了大量工作，培育了国家的产业人才和后备技术队伍。在多年来的暖通空调与制冷学术活动中，他勤于思考，善于组织，始终把握行业的发展脉搏，积极促进学会的学术和技术交流，为推动暖通空调与制冷行业的技术进步做出了巨大贡献。鉴于彦先生长期以来的巨大贡献，中国制冷学会在其创建 30 周年的庆典之际授予了他“特别贡献奖”。

聚焦需求　精研学问

自留校任教以来尤其是在改革开放以后，彦先生以睿智的目光敏锐地捕捉到国内外技术发展趋势和国家对制冷空调技术和产品的迫切需要，以求实创新的精神，领导研究团队开展了卓有成效的创新性研究工作。

在建筑环境与节能控制技术方面，针对整体式空调机组的产品设计研究工作中，采用“设计－样机制造－实验验证”的研制程序存在的人力、物力消耗大的难题，1981 年，彦先生指导研究生何鲁敏在国内率先采用制冷剂封闭方程来完成整体式空调机的仿真，开发了国内第一个整体式空调机的模拟器，通过计算机模拟，满足了提高产品设计质量、缩短研制周期、降低研究成本的需求。针对集总参数法难以描述制冷空调系统核心部件内的热质传递过程、计算精度较差的问题，1987 年，彦先生指导研究生张欢建立了直接蒸发式空气冷却盘管的分布参数模型，解决了湿工况下换热器的性能仿真问题，为制冷系统的分布参数模型仿真奠定了重要基础。

为解决房间空调器的动态特性仿真难题，1997年彦先生指导博士生葛云亭开发了国内第一个分布参数法空调器稳态和动态仿真软件，首次提出通过判断换热器管内两相区流型建立换热器动态仿真模型的方法，为我国空调器仿真研究奠定了重要的理论基础。随着变制冷剂流量系统的技术发展，20世纪90年代末，为打破日本在多联机技术上的垄断、推动多联机技术在国内的发展，彦先生指导博士生石文星开展变频空调器的运行特性与产品研发工作，与清华同方、青岛海信合作，于1997年研发出了中国第一台变频空调器（KFRP-35GW），实现了产业化，并进一步研究了多联机等变容量系统的仿真模型、运行特性和控制策略，为多联机的优化设计、匹配选型、自动控制和性能标定等奠定了基础。

针对涡旋压缩机风冷热泵在低温下性能差的问题，彦先生与江亿共同指导马国远博士后开展中间补气压缩机以及低温空气源热泵研发，通过大量理论和实验研究，从定性到定量确认了中间补气涡旋压缩机能有效地改善空气源热泵在低温环境条件下的安全性和运行性能。随后，又指导博士生王宝龙搭建了国内首个涡旋压缩机内压缩过程测试试验台，建立了广泛适用的涡旋压缩机几何模型和可用于制冷剂喷射研究的热泵系统热力学模型，定量研究了喷射结构、参数对压缩机及系统的影响，为我国北方地区清洁供暖提供了技术支撑。

在20世纪80年代以前，国内只有一些工业生产项目和极少数民用建筑能用上集中空调系统，且其配备的空调自控系统远落后于国外，导致室内空气温湿度参数难以满足要求，且能耗极高。彦先生以其独特之眼光、敏锐之视角，洞察到我国建筑空调系统模拟仿真与节能控制技术发展的不足以及其在暖通空调领域应用的广阔前景。自1984年起，彦先生带领研究团队在国内率先开展空调系统计算机仿真与建筑能耗管理控制系统方向的理论、实验研究工作：1986年，彦先生带领博士生朱颖心设计了一款空调系统实时仿真装置软件，并开发了仿真程序及数据库；1987年，彦先生团队在国内建立了第一套用于建筑与空调系统动态特性分析和控制产品研发的计算机数字仿真装置ESCA，为建筑空调系统的能耗分析及系统开发提供了新的有效工具；1993年，彦先生指导博士生李吉生提出了“空气处理过程的最小能耗方法”，从操作层面上把系统能耗作为优化目标引入控制软件，推动了我国空调系统节能控制前进的步伐。

针对我国地铁建设加速、地铁环境安全日益突出的情况，彦先生指导李先庭在国内最早开展了地铁中火焰传播和烟气传播规律的研究，对于隧道内柱状燃料火焰燃烧以及烟气流动的数值计算方法、影响因素等进行了全面的研究，针对通风空调流动的CFD模拟中存在的风口模型等一些特殊问题，彦先生指导博士生赵彬对CFD模拟通风空调室内空气流动时常见的送风口边界条件描述方法进行了研究，并提出了一套简化数值模拟、加速计算的方法（ABC方法）。

对于研究工程应用实践中出现的问题，彦先生一直保持高度关注，并以他一贯的敏感性提出需解决问题的关键技术方向。在研究冰蓄冷系统时，彦先生指出，冷站的优化控制对于发挥系统对电网移峰填谷的作用、提高系统的经济性非常重要。为优化冰蓄冷系统的控制效果，1997年，彦先生指导研究生提出了分别采用最小二乘法辨识、神经元网络两种方法进行逐时室外温度和空调负荷预测模型，实现了在实际应用中利用积累的实测数据和天气预报信息进行负荷预测，为冰蓄冷等空调系统的设计与优化控制提供了技术手段。在研究变风量系统时，彦先生发现，系统的稳定性是影响系统应用和是否节能的关键。为解决国内外只能进行定性分析稳定性的问题，1998 年，彦先生指导博士生孙宁对变风量系统稳定性和整体协调优化控制问题进行研究，指出耦合作用和非线性是影响变风量空调系统稳定性的主要因素，并提出以耦合度和非线性度为指标的稳定性定量评价方法。

彦先生是我国人工环境科学的倡导者和开拓者，他率先将系统工程学基本理论与方法引入暖通空调制冷领域，开拓出建筑热环境与制冷空调系统过程分析与模拟的研究方向，为我国制冷空调行业的发展做出了重大贡献。同济大学李峥嵘教授评价彦先生：“作为老一代暖通人，彦先生严谨的治学态度、深邃的专业修养、务实的专业理念为暖通教育界和工程界留下了非常宝贵的财富，为我国暖通空调事业的发展做出了卓越的贡献。”

定位学科内涵　促进专业发展

彦先生是建环学科发展的领航人和引路人，自 20 世纪 80 年代后期开始担任全国高等学校建环专业指导委员会（专指委）主任委员长达 16 年。他呕心沥血、竭尽全力，以改革促发展、以特色求生存，在他的努力下取得众多成功实践和显著成就，建环专业由“文化大革命”前的老八所到改革开放时的 20 多所，再到他去世前的 150 余所，每一步发展无不浸透了他的心血和汗水。

彦先生在任专指委副主任期间，制定暖通专业全国统一的指导性教学计划，以及各门课程及实践性教学环节的教学大纲，组织编审全国统编教材，勤奋工作、无私奉献，为暖通专业的发展与壮大做出了重要贡献。1978 年春，有关院校的专业课教师召开研讨会，讨论决定由彦先生主编一本适合建环专业教学要求的制冷课教材。经过两年的努力，于 1981 年 7 月出版了高等工科院校“供热与通风”专业“制冷”课程的试用教材《空气调节用制冷技术》，并于 1985 年、2004 年和 2008 年再版。彦先生和赵庆珠教授于 1986 年编著出版了《建筑热过程》，全面阐述了内外扰量对房间的热作用过程、建筑物负荷计算的数学模型以及空调房间设计冷热负荷计算方法（图 4.3-2）。

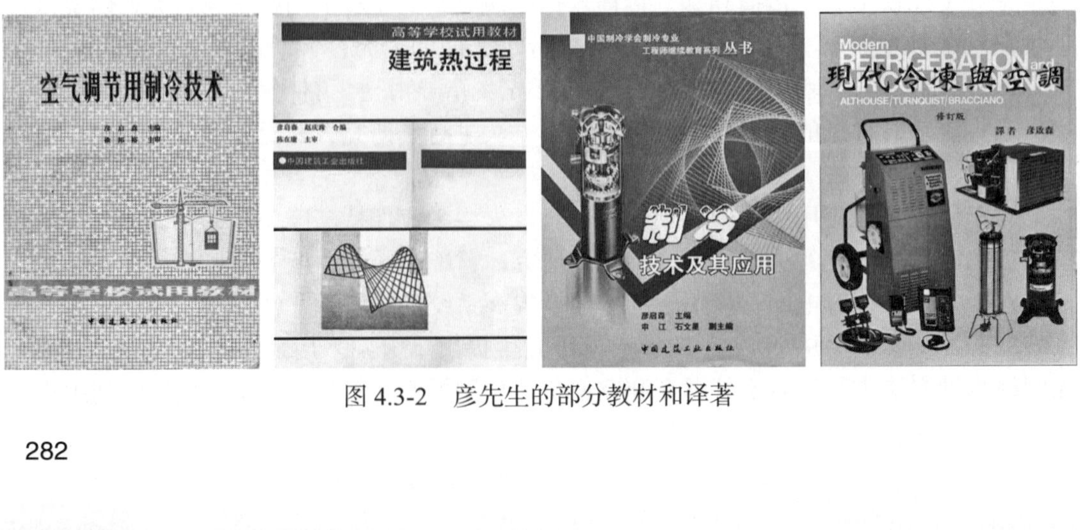

图 4.3-2　彦先生的部分教材和译著

1989 年，在彦先生作为主任主持专指委工作期间，正是我国高等教育的艰难时期。师资流失、经费不足、实验条件不全等问题制约着本科教学和科学研究。为了使暖通教育界实现具有历史意义的重大改革、建设新的专业平台，并为专业的发展注入新的活力，彦先生提出了专业改革的思路与要点，并具体领导了改革各个环节的设计与实施。1998—1999 年，在国家调整高校专业目录的过程中，曾初步决定取消本专业。彦先生力挽狂澜，将本专业的生存问题转化成深层次改革的动力，组织专指委认真总结多年来的教学实践，形成了“建筑环境与设备工程”专业本科教育培养目标、培养方案及主干课程教学基本要求这一具有里程碑意义的指导性教学文件，对建环专业进行了三大改革：第一，设置了体现学科基础的“建筑环境学”和反映专业共性的“流体输配管网”“热质交换原理与设备”课程，为专业课的拆分和重组奠定了基础；第二，增设了“建筑设备自动化”课程，以适应时代的需要；第三，倡导综合性专业课程设计，提高学时利用率，增强学生整体设计概念。这三点是彦先生根据学科特点和多年的教改经验，在新形势下引领建环专业学科适应 21 世纪我国教学改革的一大贡献。在长期领导学科建设期间，彦先生总结了学科内涵——用合理的能源形式和最少的能源消耗或碳排放，营造满足人员健康舒适和各类工艺需求的环境。

在各校学科建设方面，彦先生坚持总揽全局与个别指导相结合，注重各校不同的办学历史和办学条件，要允许和鼓励各校“根据本地区、本学校的实际情况，确定课程设置、教学重点、选用教材以及培养方式，办出自己的特色。”面对任何一所学校，他总是先深入调查具体情况，然后针对性地提出操作性强的建议，使学校深受其益。

彦先生不辞辛劳，经常亲临专业评估第一线，深入到全国各地高校的课堂和实验室，召开学生座谈会，对各校《自评报告》中的每一个数据，都认真计算和复核，对评估大纲规定的必开实验项目逐一进行考察和核对，并提出宝贵的建议和希望。他经常利用调研期间，为很多学校做有关建筑环境与设备专业、暖通空调学科发展的学术报告。先生平易近人的工作作风和幽默生动的语言，传达着对专业的深深热爱和对晚辈的激励，感染和激励着年轻的学生与青年教师。

彦先生是一位杰出的学者、教育家和社会活动家，他为我国暖通空调与制冷领域的科技进步、学科建设和行业发展均做出了重大贡献。他诲人不倦，笔耕不辍，所撰写的学术论文和编著的专业教材已使全国数以万计的学子受益，并将继续惠及更多后人，深远影响学科发展。他高瞻远瞩，德高望重，先后担任了大量的重要社会学术职务，所做工作不仅惠及全国各大高校的相关学科专业，更促进了我国建设事业和民族工业的发展。

心系行业 鞠躬尽瘁

彦先生一生致力于中国制冷空调技术的发展，终其毕生精力奔波在制冷空调事业发展的最前沿，在学术研究、技术创新、政策建议和行业发展等方面硕果累累。但凡有利于中国制冷行业发展的事情，彦先生即便工作再繁忙也总是亲力亲为。彦先生对行业学会工作的热爱与无私奉献精神，得到众多各界人士的爱戴与尊重，成为业内学习的楷模。

彦先生多年来在制冷空调行业活动中发挥着核心作用，对行业振兴影响深远。自1977年中国制冷学会成立以来，彦先生先后担任了制冷学会理事和常务理事。多年来，彦先生在学术年会组织、行业杂志建设、执业工程师注册制度建设、工程师继续教育等方面亲自发挥了带头作用。

在30年来的暖通空调与制冷学术活动中，彦先生始终把握行业发展的脉搏，积极促进学会的学术和技术交流，为推动暖通空调与制冷行业的技术进步做出了巨大贡献。彦先生还承担《暖通空调》《制冷学报》《制冷与空调》杂志编委工作，为杂志的组稿、审稿花费了大量的精力，尽管他身兼很多重要学术职务，但从未对编委工作有一丝懈怠，凡彦先生审阅的文章，他都认真对待，详细列出文章优点与不足。

彦先生从2000年开始参与全国勘察设计注册工程师公用设备专业管理委员会筹组与策划工作，2003年任注册公用设备工程师执业资格暖通空调专业考试专家组副组长，在教育评估标准制定、教材审编、出题定稿、考卷阅判等方面做了大量的领导与实际工作，即便是在住院前的最后时刻，他仍带病为注册公用设备工程师执业资格考试审题。

2003年，中国制冷学会开展推动与落实中国科协制冷专业技术资格认证工作，彦先生夜以继日，制定认证标准、考试大纲，并负责制冷空调工程师考试的题库建设工作。为了提高制冷产业人才的技术水平，彦先生负责组织“中国制冷学会制冷专业工程师系列丛书”的编写工作，并主编《制冷技术及其应用》，全面推动了我国制冷技术人员的专业能力提升。

彦先生还积极为国家建言献策。2003年全国暴发“非典”疫情初期，彦先生得知消息后，当即组织专家、学生成立“防治非典空调专家小组”，为北京公共建筑的空调进行指导和情况掌控。作为防治“非典”时期制冷空调系统专家组核心成员，已是72岁高龄的他始终站在抗击“非典”最前线，连夜编写《北京市建筑空调通风系统预防“非典”确保安全使用应急管理措施的实施细则》，被市领导确定为北京市文件并在北京主流报纸正版刊登宣传。他的学生吴德绳院长每当回忆起这段经历时，就深深感念彦先生的拳拳爱国之心、爱国行动（图4.3-3～图4.3-5）。

图4.3-3　彦先生在同方人环公司

图 4.3-4　彦先生在京棉一厂考察

图 4.3-5　彦先生参加《制冷与空调》杂志编委会会议

彦先生对我国企业的关心是无私的，是温暖的。早在 20 世纪 80 年代，彦先生与清华人工环境工程公司（以下简称：人环公司）进行了深入的产学研合作，开展空调器控制器、冷水机组控制器研发。1983 年起，彦先生带领教研组的老师、同学，在北京冷冻厂和京棉一厂空调系统项目中，应用 ESCA 仿真装置开发调试了北京冷冻机厂生产的空调机组微控制系统、京棉一厂车间空调系统等实际工程系统的计算机控制软件，并进行系统测试、控制装置制作、控制软件开发调试等研究工作，帮助企业全面提升了技术水平和行业影响力。

彦先生长期向多家空调企业提供帮助，如：帮助广东华宝空调器建设 CIMS 工程，协助研发出蓝波 - 希岛高效节能空调（KC-18B）、威力空调等，无私地为同方、格力、美的、海尔、海信、华德、大金、北空等空调企业提供了智力支持和无私帮助。

雄心不与岁月老，激情常伴事业新。彦先生一生为企业学会兢兢业业，鞠躬尽瘁，从不为自己谋利益。在古稀之年仍对行业饱含热爱，对中国制冷事业充满信心，为一代又一代制冷人树立不怕苦、不畏难的榜样精神！

春风化雨　奖掖后学

除了在科研方面取得的卓越成就，彦先生还是我国暖通、制冷与空调行业杰出的教育家，曾获夏安世教育基金会杰出教授奖、清华大学优秀博士学位论文指导教师、清华大学教学工作优秀成果等多项教学荣誉。彦先生一生致力于教书育人，桃李满天下，为我国暖通、空调、制冷行业培养出一大批优秀人才。改革开放以来，彦先生培养出工学硕士、工学博士、博士后共 35 名，很多学生继承并发展了我国暖通、制冷与空调事业，成为业内优秀的科研人员与企业家，并取得了众多高水平的研究成果，为我国暖通、制冷与空调事业的发展做出了重大贡献。

作为我国著名的暖通、制冷与空调行业专家，彦先生始终为人谦逊坦诚，虚怀若谷。终身学习，是彦先生一直身体力行的优秀品质，他的学生马国远教授回忆说到，彦先生指导学生的课题几乎涉及制冷空调学科的各个方面，而彦先生对每个学生课题都要花费很多时间认真查找和阅读相关资料，定期听取课题进展汇报，并给予非常具体且非常到位的指导，使每个学生课题都完成得很出色。彦先生在指导学生时，总是平等地与学生讨论学术问题，注重激励学生去独立思考，悉心保护学生的创新积极性。他的学生王宝龙副教授在回忆恩师时，说起曾有一次与彦先生讨论博士课题研究内容时偶然提到一种新思路，彦先生当时并未立即回答是否可行，过去一天后，彦先生才打来电话回复说“可以！这个方向的研究以后要继续”，这也成为王宝龙副教授后续持续开展压缩机制冷剂喷射与泄出技术研究的最初发动点。

彦先生对学生的教诲不仅在于传授学术知识，还通过言传身教，教会学生怎么做人。彦先生在他做出过重要贡献的大量技术研究与工程应用报奖时，都主动提出不列他的名字，而将更多的年轻教师列入其中。一贯以来，无论是在学术成果和论文署名，还是在奖金和稿费分配方面，彦先生都必定谦让他人，常令学生毕业多年后依然感动不已。他的学生朱颖心教授回忆起第一次在学术期刊上发表论文，虽然当时只是论文的第四作者，但彦先生提议说到“学生最缺钱，所以我们把稿费全给她吧。”之后，彦先生又提出“以后以研究生工作内容为核心的论文，都要把学生作为第一作者。”彦先生的一番良苦用心，提升了研究生的学术积极性和创新意识，鼓励了当时很少发表学术论文的研究生们多写论文。彦先生的高尚品格深深影响了众多学生后辈，他们都一直沿袭着彦先生的这种做法（图 4.3-6～图 4.3-9）。

图 4.3-6　彦先生参加朱颖心博士学位论文答辩会

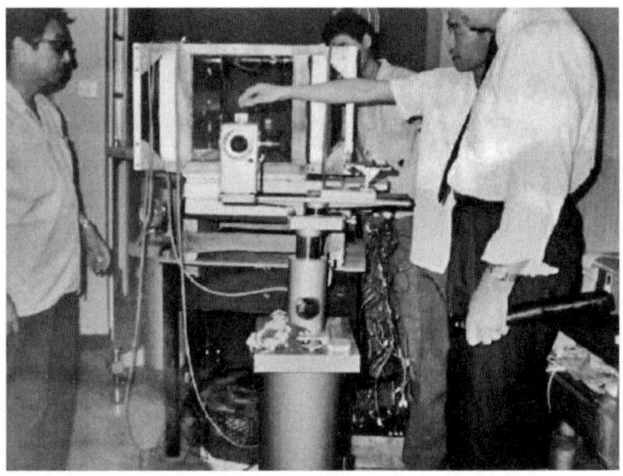

图 4.3-7　彦先生指导学生做实验

图 4.3-8　彦先生与学生合影

图 4.3-9　学生为彦先生举办生日聚会

彦先生非常注重对年轻人的培养，业内挑大梁的一批中青年人都得到过彦先生的指点与提携。彦先生的学生李先庭教授回忆说起第一次参加全国暖通空调制冷学术年会时，彦先生向他挨个介绍了各位参会的前辈，让他很快融入进暖通空调行业中。彦先生非常爱惜后辈，在当初我与彦先生仅有书信来往但素未谋面的状态下，1996 年 3 月，我在离博士生考试报名截止日期仅剩三天时收到了一封彦先生的信（“石文星，你好，今年博士生招考已开始报名，3 月 20 日结束，特告知。祝顺利！彦启森，96 年 3 月 11 日”）才让我没有与清华大学失之交臂。

从教 50 余年，彦先生就像一盏指路明灯，指引众多学生向光明前行，他为人处世的品德，在行业内代代传承。他的学生李先庭教授为了更好地学习和发扬彦先生的高尚人格，在自己课题组内将彦先生的品德总结为下述 9 个词：“学识渊博，高瞻远瞩，德高望重，谦虚谨慎，团结他人，提携后辈，淡泊名利，不断学习，重视集体”，以此来鞭策自己与学生。他的学生江亿院士回忆起彦先生对学问科研的执着入迷、对下一代的呵护关爱，不禁感慨道“现在也到了他当年的岁数啦！我经常在想他当年这个岁数时怎么干，说什么；我现在该怎么办，怎么学。彦先生的榜样，就这样一直带着我，引导着我走下去！”

结　语

彦先生以国家强盛为己任，一生致力于教书育人和促进民族工业的发展。他厚德载物，桃李满园，享誉海内外；他高瞻远瞩而又科学严谨，引领着学科和行业的进步，成为一代学术泰斗；他为国家和人民无私奉献，鞠躬尽瘁、死而后已。他的功绩将永垂中国暖通空调与制冷行业的发展史册！

四、

匠心独运 虚怀若谷

——赵荣义教授访谈录

作者：建研 195 卜凡、刘思静 建研 215 李瑾洋

赵荣义老师是我们建环专业的老前辈、专业创始人之一。开始采访赵老师时我们是有些拘束的，但在采访过程中，赵老师谦逊、亲和，不仅主动让大家放轻松、活跃气氛，还询问同学们现在的研究课题，并认真发表意见。赵老师在年轻时响应祖国号召进入暖通专修班，毕业后留校任教，后来又推动热舒适领域及空气品质领域研究，为清华建环专业的发展做出了重要贡献。但在采访中他对自己所做贡献都轻描淡写、一带而过，觉得自己“不过是做了一些小事”。赵老师的学术思想、育人思想、国际视野以及家国情怀，都彰显了大师风范。

走 入 暖 通

我从中学开始学习画画，有一定的美术基础，另外也喜欢音乐。高中毕业时，本想保送上北京师范大学，去音乐或美术类专业学习，但班主任老师建议我考清华大学，因为清华大学建筑系既可以学工，又可以有机会画画，一举两得。

1952 年我考入清华大学的建筑系，当时正逢我国要开展大规模工业建设，急需工业技术人才。以前大学的院系设置及教育体系，基本是英美的通才教育模式，已不适应当时的需要，所以要按照苏联的分科教育模式进行院系调整。清华大学把文理科调整走了，成为单纯的工科大学，并按专业培养“工程师”。我上学那时，刚刚成立的航空学院、钢铁学院和石油学院等都在清华园内。

我正是院系调整之后进入清华大学的，入学之后 15 人一组学习了方志敏的《可爱的中国》，让大家了解中国革命者的不容易，从而意识到上大学的珍贵。然后开始分专业，一是建筑系本科、二是建筑系专科、三是暖通专科。当时 1952 年国家需要人才，第一个五年计划马上就开始了，就要用短时间培养出一批人到各地工作。暖通专科是大家最不愿意去的，但我是 15 人组的组长，就带头报名去了暖通专业，从此就和我喜欢的建筑学专业别离了。

开始班上共有 29 个学生，学完一年后就剩 17 个，其余 12 人因基础差或其他原因都中途退学了。那时虽然有专业学生，却没有专业教研组。到大二的时候，要暑期实习了，王兆霖先生、刘同生先生从北京建筑专科学校调到清华大学并带来 9 个学生。这样，我们班就变成 26 人了。王先生教供暖课程，刘先生当助教。后来从能源动力系又调来吴增菲先生，成为通风课程教学的主力。1953 年彦启森先生从动力系汽车专业毕业，也被分到暖通专业。原建筑系的车世光先生在建校时做过暖气设计，也来支援暖通

专业。这样就由这五位先生组成了教研组，加上两位俄文翻译建立了专业，专业名称叫“供热、供燃气及通风专业”，从1953年开始招收五年制本科生，王兆霖先生主持教研组工作，按照苏联教学计划培养五年制学生。当时把这个任务叫作“过河”，目的是让五年制学生的毕业设计能够过关。为了这个任务，王先生和吴先生都自学俄语翻译教材，吴先生更是两个礼拜速成俄语。

1954年我们26个人毕业，有六七个人都留在学校工作。我和班里另一位同学刘泰留在了教研室，增加了教学力量。1955—1956年一年间没有多少教学任务，教研组教师则利用这段空余时间为五年制教学工作准备条件。我的基础薄弱，又缺乏实践经验，王先生派我到位于百万庄的“中央工业设计院”学习工程设计。在那里我结识了许照、陆南熙、西亚庚和张灵钊等一批暖通界前辈。我在那里干了一年，一边参与苏联援建项目的设计，一边也给设计院的同行讲课，因为那时他们也对空调通风不甚了解，我就把在学校刚学会的“卖”给他们了。暖气方面是张灵钊教，通风方面是我教。这样一边教、一边学，对巩固我的专业知识是非常有好处的。从设计院学习结束后，我就准备给五年制大学生作设计辅导，其实还有很多问题弄不明白。1957年暑假，苏联一位专家来到西安，我立即去西安的建筑学院进修，一边上课一边学口语，在马仁民教授那里待了两年，收获很大。1959年，我回到清华之后，研究和教学两手抓，主要教通风和空调课程。

1959年开始，清华暖通教研室已经有十多个人了，1958年毕业生留校一个，1959年毕业生留校两个。加上从同济大学分配来的两位教师，教研组一点点壮大起来了。1964年，清华暖通专业已经有了若干届的毕业生了，所以教研室决定对已经毕业的学生们做个调研。就是调查一下清华暖通毕业的学生们的实际表现如何，业务水平怎么样等。用人单位对调查的几十个学生反映都比较好，业务水平也较高。有一个问题引起了我们的注意，就是学生们普遍反映在学校学习的“燃气”内容没什么用。我们教研室对这个问题作了专门的研究，发现真正分配到燃气相关部门的学生很少，就几个人。因此我们教研组提出，把“燃气”方面的课程减掉，从那时候开始，我们专业名称改为“供热与通风专业”。

大约是1978—1979年期间，我们认为暖通空调实质上都是对建筑内的空气环境进行调控，把“暖通空调”改成“空调工程”不仅简明，还更吸引学生。学校很快批准更名，这一改不要紧，报名学生很多，结果我们专业招生录取分数比热能工程专业分数还要高。后来由于教育部专业名录的调整，为照顾其他大多数学校，专业名称还是改为“暖通空调”。后来建设部希望专业名称再宽泛些，搞个“建筑设备”专业，经过争取，加上了“环境”两个字，就是后来的“建筑环境与设备工程”专业。

暖通专业从1979年调到热能工程系，因为学科基础是相同的，前三年的基础课程和热能系都一样，能很好地互相兼容，在热能系的20年发展得很好。但在研究方向上却长期找不到结合点，因此，2000年离开热能系，又回到了建筑学院。

为什么暖通专业要回到建筑学院？这也是有时代发展的背景。建筑专业方面，过去比较重视美学，比较忽视建筑综合功能。随着绿色建筑、生态建筑等理念的发展，对建筑功能的要求更高了。吴良镛先生提出“人居环境”理论，更体现了对建筑、区域和城市建设综合功能的要求。在这种背景下建筑环境专业可以发挥较大的作用，也有更好的研究结合点。经过这些年的实践，与建筑的结合还是值得肯定的。

科 研 工 作

改革开放之前专业初创，还处在构建教学模式的阶段，科研项目比较少。当时有一个重要项目是由吴增菲老师牵头的 ±0.1℃恒温室的建立，即构建 20℃误差 ±0.1℃的恒温环境。因为当时国家的精密仪器、精密测量、度量衡检验等，都需要恒温的环境。这在当时是挺难实现的事情，我们教研组攻克了这一技术难题。

另外教研组还研究过一种离心式的除尘装置（即旋风除尘器），可用在坦克上，装置旋转起来会将灰尘从空气中分离，再把干净的空气送回坦克里。

教研组还研究过半导体制冷装置。在 1976 年，我和教研组其他几位老师受上级委托，参与毛泽东主席遗体保护工作。通过严密的论证和反复试验，我们确定了半导体制冷的最终方案。在长达一周的悼念活动中，棺内的温度一直控制在卫生部要求的标准范围内，顺利解决了初期遗体保护的难题。

改革开放后，我开始做洁净的课题，重点放在粒子测量方面。20 世纪 80 年代后期，在分析现有空调理念及控制策略的基础上，我提出了在局部化、动态化和质量控制三方面进行研究的想法，并在自然科学基金的长期支持下从事动态热舒适研究。个性化的工位空调、空气质量控制等都隶属于这一研究方向。

与 P. O. Fanger 教授相识

我在 1985—1986 年间公派去 KTH（瑞典皇家理工学院）做访问学者，期间去丹麦拜访了 Fanger 教授一次，在他的研究室交流过一段时间，就这样认识了。后来在国际会议 Roomvent 上，我们再次交流接触，Fanger 教授访问清华大学的时候也是我负责接待他，逐渐熟悉起来了。1999 年，应 Fanger 教授邀请，我到 DTU（丹麦技术大学）做客座教授，在他的研究室交流了半年多。DTU 经常组织学术交流会。有一次我的报告题目是“什么是热舒适?”，介绍了我的动态热舒适理念。因为我们两个都对室内环境研究很感兴趣，都会去听对方在会上的发言，这样讨论交流就逐步深入了，到后面就发展成比较好的关系。

当时 Fanger 教授的热舒适研究其实已经完成了，研究成果已经成书，PMV 模型也已经建立完成。后来他虽然也很关心热舒适领域研究的进展，但已经开始进入空气品质研究领域了，并且已经提出了“病态建筑”的概念。

事实上稳态热舒适当时已经有点发展到极端了，ISO 标准里第一级的环境控制结果，温度基本没偏差，接近恒温。这种环境控制思想在我和 Fanger 教授比较熟悉的时候讨论过，我曾问过他关于“稳态热舒适”理念的哲学基础，他说是宗教追求的平静、平和，是哲学意义上的“天堂”状态。而动态热舒适理念，也是从哲学意义上考虑的，即人与环境的对立统一。给人们提供无差别、无刺激的恒温环境，只能降低人们的健康水平。我们建立过恒温室，发现在里面工作的人白细胞数量减少、抵抗力降低，很容易生病。我也跟专业的人士们呼吁过，要引导老百姓树立与自然界相应相随的理念，过简约的生活。

通过和 Fanger 教授探讨性的学术交流加深了相互理解，他觉得我们提出的热环境动态化观点值得重视，逐渐接受了“最高的舒适性”应该是一个动态环境舒适的理念。

中国如何开始热舒适研究

1985 年我访问瑞典时，和瑞典的教授讨论过热舒适方面的问题。清华大学 1981 级本科生王小玲毕业后，我们介绍她去了瑞典。她做的就是热舒适相关的研究，在风洞里研究局部热舒适性。受各方面因素影响，在瑞典时我就有了探讨热舒适研究的想法，回国之后完成了手头重要的“超净”洁净室项目，便开始了热舒适方面的研究。

清华大学的动态热舒适研究弥补了只有稳态热舒适研究的不足。当然我们并没有任何挑战甚至反对 Fanger 教授理论的想法，仅仅是学术上的碰撞交流，我们一直在互相吸收对方学术思想上的优点，也非常尊重他的学术成就。

1991 年，我牵头筹办 ISHVAC 国际会议的时候遇到了很多困难，但我们专业在热能系很受重视，招生分数最高，并且热能专业已经开始举办国际会议了，因此我们必须办好这个会议，压力很大。我和我们熟悉的人逐个联系，其中包括 Fanger 教授、F. Peterson 教授、O. Seppanen 教授，还有日本的中原信生教授，这四个国际上室内环境领域著名的大教授一起来支持我们举办了国际会议。

我们排除万难成功主办首届 ISHVAC 会议之后，到 2022 年已成功举办了 12 届，会议的影响力也越来越大，受到国际学术界的好评。

建立人工气候室

1964 年，我们在土建基地建有一个恒温室，另外有一套喷淋、加热、冷却的空调机组。这个空调机组和恒温间连在一起，用空调机组自动控制恒温室温度状态，通过恒温状态测试空调机组的性能。恒温室相关的实验和研究减少后，便用来做人体热舒适实验了。恒温室是一个半地下套间，即一间房外头再套一层，形成双层的房间。我开始开展热舒适研究的时候，就在这个恒温室里做，把一间房子中间用门隔一下变成两个环境，受试者就在冷热环境来回穿过，分别体验冷热暴露变化，这就是最初的人工气候室。当时我们没有任何数据，动态热环境下人会怎么反应，没有任何参考，所以就从这个开始做起，研究生直接上手做实验，也确实得出了一些比较有用的结论。

2000 年，我们进入建筑学院，办公地址搬到旧土木馆，重建人工气候室。那个气候室是我主持设计规划的，空调机组配置比之前完整多了。建立人工气候室之后，我们做过一段时间的局部个体送风的研究，即在座位上给办公人员设一个动态风口，不严格控制空间的背景温度，但是在办公的微环境给人员创造一个热舒适条件，这样能降低整个空调设备的能耗费用，这也是我们 2000 年到旧土木馆之后，在新的人工气候室进行的一个新的研究尝试。

另外，之前在土建基地的恒温室关注的是“温度的动态”，没有涉及气流的动态，气流风速很低，后来进一步扩展到气流的动态上，进而开始研究什么模式的风比较好这个问题。我们的研究对比了正弦风、机械风等后，发现自然风比较好，即随机的送风效果比较好。后来朱颖心更深入地研究了气流的频谱特性并延续了热环境方面的研究。

寄语研究生

建筑环境专业人员的职责在于提供健康、适宜和节能的人居空间。我们学生出去从工作能力来讲没有很大的问题，但可能对工作挑挑拣拣缺少稳定性。实际上出去工作应该放低姿态踏踏实实，用实践证明自己，体现出扎实的基础知识和非常清晰的概念把握，别人才会真的觉得你行。

做研究时，要思想开阔。我在张寅平老师组参加讨论的时候，他们组有个口号很响，叫“抓大放小”。研究生的研究思想很重要，最重要的研究成果应该体现在“抓大”方面。主帅在指挥的时候，能抓住重点、突破重点，就容易打胜仗。研究生课题涉及面很广，但最重要的是抓住关键问题，关键问题抓住了，其他就都迎刃而解了。有的学生做了很长时间研究，一问创新点在哪，还是不知道，那就是没有抓住关键点。这是一种矛盾论思想，整体上贯穿了辩证唯物论，所以我非常信奉马克思主义，它的辩证唯物论非常有用处。抓取主要矛盾，次要矛盾就迎刃而解了，抓不住主要矛盾，零敲碎打，就容易陷于繁琐的工作之中。

我们导师指导研究生，重要是能发现主要问题，把研究生引导到正确的思维轨道上，这种抓住主要矛盾的思维对人的一生都是有用的。

后　记

虽然没有成为一位建筑师，赵老师仍然对绘画有着浓厚的兴趣，从中学时开始画画，具备良好的美术功底，并且很喜欢音乐。我们采访结束后，赵老师特意向我们展示了他为清华 110 周年校庆创作的作品《闻亭》(图 4.4-1)。

图 4.4-1　赵荣义老师展示画作《闻亭》

赵荣义教授简介

赵荣义，1952 年考入清华大学建筑学专业，后转入暖通专业学习并于 1954 年留校工作，成为本专业的创始人之一，先后任讲师、副教授、教授、博士生导师，至 2001 年退休。曾主讲本专业多门核心课程，并编写多部专业课教材，其中主编的专业课教材《空气调节（第三版）》获得 1994 年建设部优秀教材一等奖。

赵荣义主要从事人体热舒适与空气净化相关研究工作，主持完成的“0.1μm 粒子洁净技术研究”项目获得 1992 年国家教委科技进步奖三等奖，“动态热环境的人体热反应及其动态调节”项目获得 1998 年教育部科技进步奖（基础类）二等奖。

赵荣义是清华建环专业走上国际学术交流平台的发起者。20 世纪 80 年代，赵荣义在瑞典皇家理工学院（KTH）和丹麦技术大学（DTU）进行学术访问，回国后在国内率先开展了人体热舒适研究，是我国动态热舒适研究的开创者，也是国际上动态热舒适理论的重要倡导者之一，同 DTU 的 P. O. Fanger 教授建立了长期且密切的交流与合作关系。

1991 年，为促进国际学术交流，赵荣义在清华大学组织举办了首届 International Symposium of Heating，Ventilating and Air-conditioning（ISHVAC 1991），并确定此后每四年举办一届该会议。经过多年的发展，ISHVAC 已经被国际学术界认可为在中国大陆举办的本领域水平最高、独具特色的学术会议。

2002 年，在第 9 届国际室内空气大会（Indoor Air 2002）上，赵荣义当选为国际室内空气质量与气候学会会士（ISIAQ Academy Fellow），成为中国大陆首批会士。参会期间，赵荣义代表清华大学进行了第 10 届国际室内空气大会（Indoor Air 2005）的申办陈述，并获得成功。2005 年，该会议在北京圆满举办，这是该系列会议首次在发展中国家举办，参会代表千余人，为促进我国学者与外国学者之间的学术交往做出了重要贡献。

五、

醉心暖通　矢志不渝

——曹人仲大学生活回忆（1952 级）

被采访人：曹人仲（1954 届土木）

1952 年金秋时节，我高兴地收到清华大学建筑系的录取通知书，怀着对未来美好的憧憬，来到清华园报到。

建筑系——入学教育

报到后，学校开始进行热爱祖国服从专业分配的教育。学习方志敏同志写的《可爱的中国》和英雄人物的事迹，聆听国家经济建设形势的报告。我们围坐在大礼堂前的草坪上热烈讨论，谈认识、表态度，明确为建设祖国学习的目标。钱伟长教务长做报告，建筑系副主任吴良镛先生动员，根据国家建设的需要，在录取的新生中，要求抽调一部分政治思想好、高考成绩好的同学学习二年制专修科。在建筑专业的学生中，选一部分学习新设置的专业——暖气通风专修科。经过入学教育，我的态度是听从党的召唤，坚决服从祖国建设的需要，愉快服从分配，我和另外考入建筑系的 28 名同学分到了暖通专修科学习。从此，我开始了在清华的"一二三"学习生活，即：一个专业——暖气通风；二年专修科；三个系——开学阶段建筑系，第一学年基础课在动力机械系，第二学年专业课在土木工程系。

我在建筑系接受入学教育的时候，聆听过梁思成先生感人动情而幽默的讲话，到清华学堂观摩过建筑绘画作品，这些都成了我难忘的回忆。

动力机械系——基础课学习

开课后，由于暖通专业的课程偏重机电类科目，暖通专修科调整到动力机械系。在机械馆的二楼大教室里，庄前鼎系主任用浓重的上海话欢迎我们学习新设置的专业。我们制订个人学习计划，学好必修课，按时完成作业，坚持天天体育锻炼，关心集体，做好社会工作，积极参加学校的集体活动，做一个又红又专全面发展的学生。我当时担任学习组长，组织全组同学学习、座谈，介绍先进同学的经验。做到学习上互助鼓劲，不让一个同学掉队；生活上关心照顾，不让一个同学因为困难影响学习。《新清华》校刊报道了暖专"曹人仲小组"团结互助争先进的事迹。1953 年 3 月某天的《北京日报》刊登清华同学继承革命导师遗志、奋发学习的报道，其中列举了我和另外几个暖专同学的事例。这些都给了我们很大的鼓舞。

专业基础课"流体力学"由夏震寰教授讲授，"工程热力学和传热学"由王补宣教授讲授。两位教授教学经验丰富，他们对流体力学、热力学的定律深入浅出的诠释，和简明严谨的思维，使我对这两门课有较好地理解和掌握。在“习明诺尔”抽签口试时，均获得 5 分的成绩。本学年还学习“电工学”“机械原理”“金工学”等机电类科目，以及建筑系开设的“建筑概论”“营造学”和“测量学”等课程。使我深受教育的是刘弄潮先生在大礼堂讲授的“中国革命史”大课，听大课、阅读文章、小组讨论、谈认识、交流心得，我认识到是中国共产党和毛主席领导中国革命走向了胜利。

我们的课余生活也很丰富。讲课都安排在上午，下午完成作业，到图书馆看课外书，进行体育锻炼，参加社团活动，每人担任一项社会工作，为集体服务。按学校的安排，组织郊游，打着“暖专野游兵团——玩去!”的红旗，兴高采烈地活跃在樱桃沟和西山八大处，丰富活泼的课余生活调剂了紧张的学习。在分配到暖专的 29 名同学中，有 3 名转学俄语专业后去苏联留学，9 名同学因各种原因转系、转校或退学，留在暖专的只有 17 人，使我们更加珍惜专业。

土木工程系——专业课学习

1953 年 6 月，王兆霖教授来到清华，北京建专 9 名建筑设备专业的同学也合并到清华暖通专修科。按照校长顾问苏联专家萨多维奇的意见，暖通专业调整到土木工程系，土木系成立了暖气通风教研组，由王兆霖、吴增菲、车世光、刘同生、彦启森五位老师组成，王兆霖先生挂帅。第二学年我班的教学工作，在暖通教研组领导下开展。我们暖专的同学，像渴望见到亲娘的孩童，得到了温暖的哺育。

第二学年开始学习专业课，以苏联马克西莫夫所著教材为蓝本，王兆霖先生讲授“暖房工程”，吴增菲先生讲授“通风工程”，由于是开新课、使用新教材、教育新学生，老师备课非常认真，讲课概念清楚、条理性强、理论精练，注重理论联系实际，与同学们互动，取得了良好的效果。同时学习“给水工程”“排水工程”“房屋建筑卫生设备”课，由教学经验丰富的陶葆楷先生、王继明先生讲授，以及张典先生讲授“土木建筑工程施工”，卢谦先生讲授“建筑施工安全技术”，还有动力机械系开的“泵与通风机”等课程。

通过专业课教学，继续深入开展的专业教育，我们逐步了解暖通专业的内容，进而热爱暖通专业，奠定了终生服务暖通专业的基础。同学们懂得了暖通专业创造人们工作、生活的舒适环境，也创造科研、生产必要的气候条件。同学们传诵着：我们热爱暖通，我们热爱暖专，严寒冬天我们送给你温暖，炎热夏天我们送给你凉爽，我们努力学习暖通，创造人们工作、生活的春天。

暖通教研组特别是王兆霖先生主张工程专业崇尚务实注重实践，由于课时少，以及初建专业，教学条件有限，不可能安排实验课。王先生抓住认识实习和生产实习的环节，使所学理论联系实际。先生借助他在暖通工程界的声望和所了解的信息，组织我们参观当时北京正在建设的重大工程，如当时称为“人民大礼堂”的丰盛胡同中组部礼堂和北京市儿童医院，前者供暖锅炉已安装完毕，后者正在土建施工阶段，初学者通过了解预埋管道及建筑构件上预留管道洞等，长了见识。为了增加专业课的感性知识，了解暖通在建筑物中的功能作用，学校安排我们暑假到天津国棉三厂认识实习。我们住在工厂宿舍，天天接触工人，听到“格达、格达”的机器声，对一切感到新奇。通过参观车间生产流程，调查空调设备及其运行情况，并和工人师傅交谈，我们认识到暖通空调对改善工人生产条件和保证产品质量起了重要作用，增加了学好专业课的动力和兴趣。

毕业设计是和平宾馆宴会厅（兼舞厅）的空调设计。虽然知道和平宾馆已使用多年，是个假想设计，但同学们格外认真。我曾对比过宴会时与举办舞会时的出席人数及散发热量、湿量所需空调风量的差异，也琢磨过管道隐蔽和风口装饰。最后把整齐的计算书、清晰的设计图纸交给我的指导老师。

毕业前，学校统一组织到长春第一汽车厂（一汽）生产实习，当时一汽正在初建阶段，我们选择先期动工的木工车间，以苏联提供的技术设计为教材，吴增菲先生现场讲解。正在紧张的实习阶段，王兆霖先生找我和王亦昭同学谈话，调我们回校参加建校工作。1954 年 6 月 25 日我们到航空馆建校办公室报到，负责建校工作的土木系系主任张维教授接待我们，欢迎我们参加建校工作，要我们赶快来上班，学生宿舍正在施工，就等暖气设计图纸了。明确了我们的任务是承担第一学生宿舍楼的供暖设计。我们加班加点设计完成后，把用硫酸纸描绘的底图交到建校办公室。把用自己所学的专业知识设计的成果献给培养我的母校，永远留在第一学生宿舍工程中，我感到无比高兴和自豪。

我们即将毕业离校时，王先生邀请我班同学到新林院 53 号他家里作客，师母准备了一桌丰盛的家宴，为我们送行。特别是她拿手的牛肉汤，美味可口，让我们赞不绝口。席间温馨的畅谈，亲切的话别，老师、师母的嘱咐，同学们的感激和表态，此番情景宛如就在昨日。

在毕业教育阶段，党委书记何东昌老师做动员报告，要求毕业生做好思想准备，服从国家分配。要求我们树立集体主义思想，清除个人主义思想，个人利益要服从国家利益。

1954 年 8 月 12 日晚，我们毕业班男同学穿着整齐的衬衣，系着领带，女同学穿着漂亮的花裙，乘车来到天安门广场，参加在中山公园音乐堂举行的欢送首都高等学校毕业同学大会。会后同学们聚集在天安门广场欢歌跳舞，如同国庆节狂欢之夜。

1954 年 8 月 21 日晚，蒋南翔校长在大礼堂给毕业同学讲话。校长要求同学们以唯物主义的正确态度选择工作。一般的说法是“人选工作”，而从唯物主义的观点来说，应该是“工作选人”。他告诫我们，不要抱着“大材小用”的想法，这会妨碍自己进步的，应该抱着“小材大用”的想法更好一些。校长的讲话至次日零时结束，他语重心长的叮嘱，是我们毕业同学永远难忘的。

毕业前夕，我们暖专 41 班获得 1954 年校先进集体的光荣称号，学校颁发了先进集体奖牌。蒋校长、钱伟长教务长、陈舜瑶副教务长、张维系主任、王兆霖先生、吴增菲先生、彦启森先生和我们全班 26 位带着大红花的同学在大礼堂前合影留念。

我怀着把美丽的青春献给祖国的豪情告别母校，走上工作岗位，分配到第二机械工业部第四局，即现在中国航空工业集团公司所属中国航空工业规划设计研究院。多年来主持多项航空工业工厂、科研单位、试验基地的暖通空调工程设计。从东南沿海到酒泉卫星发射基地，以至天山西端的库尔勒，当看到我国战鹰飞翔在祖国的蓝天，就自然想到其中有我的一份辛劳，我感到无比的光荣和自豪。

改革开放后，我参加设计了多项大型公共建筑工程，编写的设计指导性技术资料至今仍在设计院使用。我终生奋斗在暖通空调专业的岗位上（图 4.5-1）。

图 4.5-1　校友返校合照

六、

博学笃志　兼济天下

——江亿院士访谈录

作者：建环9　陆帆　张莉

江 亿 简 介

江亿，1973 年 10 月—1977 年 1 月就读于清华大学建工系暖通专业，现为清华大学建筑节能研究中心主任（2005 年），中国工程院院士（2001 年）（图 4.6-1）。

图 4.6-1　江亿院士

目前主要从事建筑节能领域的研究工作，是国务院能源咨询专家委员会成员、国家气候变化专家委员会成员、住房和城乡建设部科技委委员；担任中国制冷学会理事长、全国暖通空调委员会副理事长、中国城市研究会副理事长，中国城镇供热协会技术委员会主任等多项专业学会职务，还曾是 IPCC（国际气候变化研究）评估报告第五版写作组成员，IEA（国际能源署）、EBC（建筑与社区节能）合作项目理事会成员（中国代表）。

主持编写每年的《中国建筑节能年度发展研究报告》，并获得两项国家级科技发明二等奖：溶液调湿型空气处理装置，用于西部干燥地区空调的间接蒸发冷水机组；两项国家科技进步二等奖：建筑能耗和热性能分析模拟软件：DeST，集中供热系统的热力学和动力学特性的在线识别和优化控制。四项省市部级科技进步一等奖，六项二等奖，涉及地铁热环境模拟与控制，苹果和大白菜的产地储藏，建筑热环境随机分析，绿色建筑，集中供热热网调节等领域，拥有 70 项发明专利，发表 150 余篇科研论文。

特殊的一代人

对江亿院士的采访，让我们领略了他们这特殊的一代人的“坎坷”“丰富”和“传奇”。他 1952 年生于北京，满族人，3 岁到天津，在那里度过了小学和初中时光。1966 年念初一时正遇“文化大革命”，很快又随着“接受贫下中农再教育”的洪流来到内蒙古四子王旗半农半牧区种了 5 年地。此地后来因是“神舟五号”着陆点而闻名于世。

5 年的插队生活，在江亿院士的回忆中，条件艰苦只是轻描淡写，倒是 7 名知青劳动之余对哲学共同的“酷爱”让他娓娓道来。他记得那时他们在油灯下攻读甚至可说是“研究”的经典著作有：《马克思恩格斯选集》《欧洲哲学史》《欧洲文艺复兴史》等，他们就是要从伟人们的论述中寻找对现实中诸多困惑的解答。这些给了他们会进行“哲学思考”的大脑。如今，7 位“战友”中有国家的副部长，大型国企的董事长、总工程师，大型国际组织的秘书长、中国工程院院士，可以说是事业辉煌、个个成才。

5 年的重体力劳动，让他们学会了各种庄稼活，锻炼出一副吃苦耐劳的筋骨，培养起了对广大农民的深厚感情。提到农民，江亿院士略显激动而又意味深长地说：“我们有今天的好日子，是占到中国人口总数的 50% 以上的农民用勤勤恳恳的劳动换来的，他们是我们的衣食父母，办什么事都不能忘了这根！依靠他们，我们没有干不成的事！”

1971 年 6 月，其他 6 位知青回到工厂上班，他作为生产队仅剩的一个知识青年，有幸当上了管着 36 户 120 多人的生产队长，“外管刮风下雨，内管油盐柴米，大管婚丧娶嫁，小管打架扯皮”。

江亿院士总是不断强调这段生活对他们这代人的影响。在他们看来，当初，除了当兵上前线，这辈子就在这土地上扎根了。于是跟老百姓学干庄稼活、学做人，在实践中总结经验方法，和老乡结下深厚感情，融到了老乡中去，此外还常常思考如何把已有的知识用于村子的建设。江亿院士至今谈起山村建设还兴致勃勃。更重要的是他们在那期间培养起了强烈的社会责任感，开始关心国家、世界，真正做到了“风声雨声读书声声声入耳，家事国事天下事事事关心”“白天干活晚上研究东西，讨论中国的社会、文化关系。知青之间还互相交流、取长补短，效果不比念中学差。”他说：“当时条件确实艰苦，但艰苦是相对的，虽然腰疼了、手破了，可生活因此也丰富充实极了。反倒是现在的人们生活、工作特别忙碌，能干自己想干之事的时间特别少，反而不幸福。”

这样做学问

1973 年底，江亿参加了“文化大革命”中仅有的一次高考，“紧张极了”“只知道清华大学是个理工大学，学什么的不知道”“稀里糊涂就进了清华”，在建工系暖通专业学习。次年 3 月“开门办学”就开始下厂劳动，从二七车辆厂、878 电子厂，到参加援藏团在拉萨研究太阳能，3 年零 4 个月的大学生涯，在校仅 4、5 个月，他们的大学其实是在工厂里度过的。那是一个很值得回味、留念的时期，一起下厂的老师们，在那种特殊的环境下给了他们许多难忘的教诲。从工厂里那些钳工、车工师傅们身上，他们也学到了实际生产的本领。这样，到毕业时连小学文化程度的同学也都能够做设计了。江亿说，实践也许是最好的老师。

为什么他们特殊的一代如今取得了如此辉煌的成就？江亿院士说这与自己的大学生活有着密不可分的联系。他还兴致勃勃地表示退休以后要从认识论的角度研究大学教育应该怎么搞。“当时的‘开门办学’是老师根据将来专业要学什么东西，安排各种工程，大家先很肤浅地了解，凑合着稀里糊涂弄好了，可为啥这么做，啥道理啊，特别想知道为什么，于是知识学得特别快。而现在的大学教育的思路是从基础到专业基础弄清楚、研究明白才开始干东西，学的时候不知道知识是用来干什么的，这样不太符合认识论。甭管什么东西，我知道先学什么，问什么，怎么去干，干了遇到问题再问，再学习，就是这样一个路子”。江亿院士还总结道：“‘干前爆炒’，快速掌握基本知识；‘干中抱’，遇到问题，老师硬把你提溜过去；‘干后回锅炒’，干完再仔细琢磨是怎么干的，这样才符合客观认识论。”就这样，他们到了毕业时“虽非精英”，但都知道如何做设计，以后遇见问题如何解决。大学真正教会了他们获得知识的方法。

说起暖32班和自己的大学同学，江亿院士颇为自豪，他说：“如果你问我人生成功的机遇是什么，我会毫不犹豫地回答：在两个关键点——知识青年下乡和上大学——我赶上了很好的学习氛围。”当时的32位同学，现在大多还在干本行，并且很多成就卓著，包括建筑大师、设计院院长、院士、上市公司负责人等。说到他们的成功秘诀，江亿觉得是社会责任感和学习氛围：“那时‘人民送我上大学，我上大学为人民’在脑海里印象深极了，社会责任感强极了，虽然没有考试，没有排名，但大家总觉得自己有责任、有义务‘学好知识为人民’。”

1977年1月，他们结束了在清华的学习，江亿被分配至甘肃兰州504厂，在车间干了近两年设备运行、维护的工作。1978年9月，当得到恢复研究生招生的消息时，清华的老师立即告知几位“才子”回校应考。于是1978年10月，江亿参加了他有生以来头一次真正的考试，虽然“数学50分”，但他还是考上了，也从此真正开始了学术研究之路。

从硕士到博士再到院士，纵观江亿的学术之路又跟别人迥然不同，他把大量的精力、时间放在了书斋和实验室之外：地铁里的温度控制、为苹果产区的农民解决储存难题、帮助北京市政府解决冬季大白菜的储存……这些让一般人看来好像“不登大雅之堂”，但实际包含很深的学问，都是人民生活中亟待解决的难题。

江亿说自己从十几岁就与农民、工人在一起生活、劳动，如果可以用自己的知识和能力为他们解决一些实际问题，那是非常有意义的。

20世纪80年代过来的人一定还记得“冬季大白菜”的分量，那可是北方老百姓冬季数月几乎惟一的“当家菜”。政府为了稳定菜价更是煞费苦心，其关键问题就是储存。江亿与在京的一位美国教授合作，应用采后生理学最新成果，找到了要求的控制参数和白菜腐烂的主要原因——乙烯浓度，终于与北京蔬菜所的研究人员一起，设计出新的储存办法，之后在北京市全面推广，后来连新疆伊犁的人都成功地采用了这种办法。

1985年他开始留校教书，做科研。1988—1989年，作为赴英国访问学者走出国门，进行学术交流和联络。在英国的访问研究虽然只有短短一年，但他认为这是自己学术生涯中一段不可或缺的重要经历。早在读硕士期间，他曾经旁听了一段时间外系的《现代控制论》课，就开始了建立一个建筑热环境的数学模型的研究，后来还真就推导出来一套模型，而且至今一直在行业中沿用。在英国的学习正是同样的研究方向，因此，英国之行不但给他打开了一扇与国外同行交流的窗口，而且使他一下就进入了国际建筑热模拟研究的中心。回国时他带回了合作研究课题。

20世纪90年代初期，江亿先后为内蒙古赤峰、辽宁沈阳等城市热力公司进行热力管网的控制工程。这其实就是同方的前身“清华人环公司”的雏形。教书、科研之余江亿一直作为同方总工程师，在同方研发中心工作。1997 年公司上市。2003 年，他决定“金盆洗手”，老老实实教书，致力于建筑节能和减排。

关于“院士”

曾有很多人问过他：“你当上院士时激动吗？”江亿却总是一脸淡然：“我没激动起来，评就评了吧。”

他说至今为止有过很多个激动的不眠之夜，但绝非得知自己被评院士的那个晚上。

那是 1975 年 3 月份上大学时第一次论文发表，他觉得琢磨的东西被社会认可，兴奋得差点没像范进中举；1984 年做苹果储藏时，闭着眼睛仍在推方程、算数字，终于想明白了是怎么一个平衡关系；1999 年在德黑兰思考伊斯兰清真寺的空调，琢磨出一个和常规不一样的方法，终于在理论上验证出其可行性时……

在江亿院士看来，真正有意义的是过程。为了某个明确的目的，反而不知道该怎么做。亲切随和的他突然严肃地说道：“尽管迫于现在的教育体制，但既然经过高考的独木桥来到大学，就别再为自己设计这一类明确的人生目标，这没有任何意义。只有你干了一些事，使世界变得跟没有你时不一样，才是最有意义的。事情本身是最重要的，干完以后能怎么着就怎么着吧！”

关于自己成功的因素，江亿总是提到小时候在身为数学老师的父亲那儿“偷看”的书。虽然是囫囵吞枣地瞎看，但却激发了极强的求知欲，对以后的工作和研究有很重要的意义。他认为，现在的学生学数学总是强调解题技巧、训练能力，而数学是一种文化、一种研究方法。大量看书、广泛涉猎，对一辈子都有好处。

适应现状的新发展模式

江老师认为在看待中国的发展时，必须正视其与发达国家的不同之处。要改变发达国家的生活模式并大幅度降低其消费领域的能源消耗非常困难，那么反过来就要求这 14 亿人口发展新经济时必须寻找一条跟西方社会完全不一样的新的通向现代化的道路。

怎么样才能使得老百姓的生活水平得到大幅度改善，但是同时消耗的物质资源，尤其是自然资源，不能大幅上涨？这跟西方不一样。这是到目前为止人类发展史上面对的一个巨大挑战和难题。现在的西方世界，一方面不断地谴责中国的二氧化碳排放量过高、燃煤量大等问题；另一方面又在大量地向中国“推销”他们的思想文化理念和他们的消费方式。在消费领域里，照着西方最节能的方法搞，最后的结果也只能是高耗能，这是通过大量事实证明的。所以，我们必须建立一个跟发达国家走过的路完全不一样的新的发展模式，包括建筑节能，包括客运方式，包括人的消费模式，同时这也是实现人类未来可持续发展的一个新模式。建筑节能是这里面非常重要的一块。清华大学所有的建筑，平均每平方米每年的用电量不到 50 度。同一纬度的费城大学的用电量是 320 度，是清华大学的 6 倍。

面对经济发展和能源危机的双重压力，我们必须拿出可行的解决方案，而就我国现状来看，建筑节能在这里面起着至关重要的作用，这也正是我们需要努力的方向。发展中国家和发达国家建筑能耗差距之所以这么大，不是技术问题而是生活模式、建筑使用模式不同所造成的。我们要实现建筑节能的伟大目标，一定要维持这种合适的生活模式和低能耗的使用方式，而这种生活模式和使用方式所要求的节能技术，是与西方不一样的，必须用科学的实事求是的态度看待这个问题。

治学与人生

谈到大学生活，在被同学问到“上大学的时候怎样在刻苦学习的同时保持良好的身体状况”时，江老师笑着说：“我当时数学好，身体不是很好。我问老师怎么好好锻炼身体，老师说‘你啊，你要能每天做做操就不错啦’。因为当时我的体育可以说是全班最差的。我认为健康的身体一是精神状态，二是特别好的作息时间。我反对九点起三点睡，完全黑白颠倒的生活，更反对每天行踪完全混乱，因为生物钟被破坏了，自然精神状态也就不好了。按照一个固定的作息时间规律走，养成良好的生活习惯，几点起床，几点吃饭，几点工作，几点活动活动，我相信只要把生活规律弄好了一定会对良好的精神状态有所帮助。我的身体不会比你们好多少，但最重要的是这种良好的生活规律和心态。”江老师的话让我们体会到良好的身体状况不仅仅是我们理解的体育锻炼就能达到的，更重要的是一种健康的生活态度和心态。

对于学习，江老师认为学习是获得正确方法论的一个重要途径，同时又离不开从实践中获得的经验。江老师很赞同列宁的论述——“工人本来也不可能有社会民主主义的意识，这种意识只能从外面灌输进去”(《怎么办?》，列宁选集第一卷 247 页)。这也就是说人都有方法论，但是这些方法论不一定正确，因此需要去学习，知道该怎样做，并反反复复地实践，最后自然而然就成了你的方法论了。江老师举了个很形象的例子：“刚开始来清华找主楼，好不容易找到了主楼，后来天天走，有一天我不想去主楼了，想去西区游泳池，结果走着走着又到了主楼，这就是方法论进到了你的脑子里。”听到这里同学们哄然大笑。反复的实践，这正是科研工作者所遵循的方法。学习不是在嘴头上，而是要用在实际的工作中。

江老师面对多年的生活求学经历和科研生涯侃侃而谈，幽默风趣的话让同学们忍俊不禁，然而江老师对于学术的坚守却不是嬉笑之间就能做到的，这期间对于生活的牺牲也只有他自己清楚。很多想过要走科研道路的同学可能也正是这样的原因，动摇了信念。对于这样的一批同学，江老师说：“如果我是你们，我还会把这条路走下去。既然选择了这条路，读了本科、硕士、博士，那么我们就该沿着学术这条路走下去。这条路不是充满荣誉金钱，而是寂寞清平，没有好的回报，但是当你研究出成果时收获的喜悦和回报是别人感受不到的。”

一条寂寞清平的学术道路，没有鲜花和掌声，这不是每个人都愿意走的，但江老师希望那些已经有所选择的同学就沿着这条路坚定不移地走下去，江老师就是最好的楷模。

同 学 感 悟

江老师的访谈，让我们收获颇丰。他让我们这些在“应试教育”体制下长大的孩子重新反省自己的学习动机，看见了不拘一格的学习方法，明白了什么叫真正的学以致用。而他对广大中国农民的深厚感情，更是让我们诸多在蜜罐中长大的80后、90后深受震撼。他对于国家、社会的强烈责任感使我们体会到作为一个清华人、一个建环人肩上沉甸甸的责任和使命。江老师既给我们谈了作为一个大学生，应该具备怎样的社会责任和理想追求，同时也和我们聊了许多关于建筑节能方面的话题。在轻松活泼的氛围中，我们体悟到了丰富的人生阅历给一个人带来的影响，看到了一种对于学术的执着。

七、

春光明媚　念念不忘

——永远的空八班（1978 级）

我们 1978 年入学的时候是建筑工程系供热与通风（暖通）专业，班级名称是“暖八”。1979 年专业更名为空气调节工程专业，调整到热能汽车工程系（后调整为热能工程系），成为清华历史上第一个叫“空八”的班级。1978 级是“文化大革命”后恢复高考的第二届大学生，40 位同学中应届高中毕业生 29 人，占到 72.5%；还有工人（3 人）、下乡知青（4 人）、教师（2 人）、回乡（2 人）。入学时班上的老大哥沙凯逊已经 31 岁，二哥卢仲炜 29 岁，到老三刘海就是 22 岁，最小的“老末儿”女生王桂颖刚到 16 岁，具体年龄分布如图 4.7-1 所示。

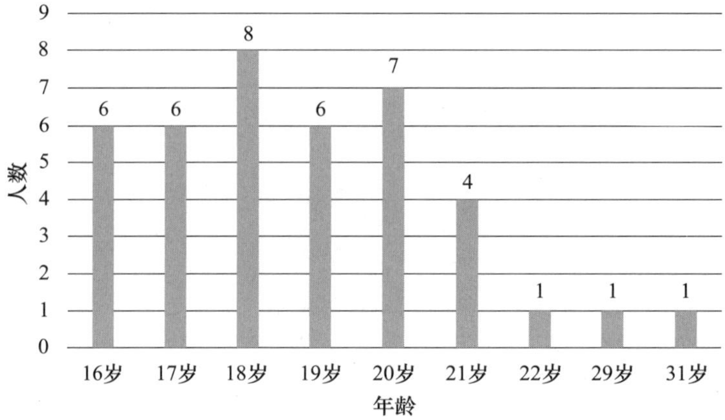

图 4.7-1　“空八班”40 位同学 1978 年入学时年龄分布

这 40 位同学分别来自北京（13 人）、河北（5 人）、山西（4 人）、天津（4 人）、福建（2 人）、吉林（2 人）、江西（2 人）、山东（2 人）、浙江（2 人）、广东（1 人）、河南（1 人）、重庆（1 人）、新疆（1 人）。巧的是，我们班有两位同学同名同姓，都叫刘强，一位来自北京、一位来自天津，为了避免混淆，大家平时叫他们“北京刘强”“天津刘强”。班上 40 位同学中有女生 7 人，占全班总人数的 17.5%，在当时的清华这个比例算比较高了。毕业后空八班 7 名女生中有 3 名嫁给了本班男生，这几位空八“二代”全部是男生，这已经是后话了（图 4.7-2）。

图 4.7-2　1979 年 4 月 7 日春游颐和园空八班合影

初到清华：有的同学挑着扁担，有的坐了 72 个小时的火车

收到录取通知书，我们班里面有三位同学是用扁担挑着行李来北京报到的。来自浙江的袁小雄同学回忆说："上学前就知道清华是中国的最高学府，从西校门进校，第一眼看见的清华感觉就是两个字'神圣'。记得到了清华已经是半夜一点钟，老师接我们到荷花池招待所过夜。第二天早饭后，我拿着根扁担挑着两件行李，经过工字厅和二教去大礼堂报到。一路欣赏清华的美景和精致的建筑，那个情景就跟刘姥姥进大观园一样。"

来自广东、福建等地的同学坐火车到北京差不多要 36 个小时，而阎永良同学来自新疆，从乌鲁木齐到北京需要坐三天三夜 72 个小时硬座。白天坐着，晚上就在车厢地板上躺着蹭蹭就过来了。到北京站下了火车以后，有学长们在接站，他在下车后很长一段时间都感到脑袋是天旋地转的。

相比之下，北京的 13 位同学非常幸运，家长陪着，有的坐公交，有的骑自行车，轻轻松松地就来报到了，班里的两位清华子弟张力生、方子刚更是熟门熟路。所以，北京同学到了以后就承担起迎接外地同学的任务。两位北京四中毕业的同学北京刘强、李丰国在 2 号楼接待新来的建工系新生，看见一个矮小的女同学挑着一个扁担，一边是箱子、一边是铺盖卷，手上还拎着旅行袋，两位男生赶紧去帮忙抬箱子放在平板车上，结果两人居然一下子没有抬起来。当然，并不是真的抬不动，而是没有想到那个箱子有那么重。后来知道这位女生叫舒雅丽，来自四川，是当时建工系房八班的新生。北京刘强同学回忆说："那么矮的一个女孩儿用一个扁担挑那么重的东西，真是不得了。所以后来我在清华校园里每次碰到她都会特别看一眼这女孩儿，其实到现在也没和她说过一句话。"

来自山西的赵红平同学回忆，同学们全部报到后当天晚上就是第一次班会，全班同学坐在一个灯光灰暗的房间里，班会由班主任张罡柱老师和辅导员陈经木老师主持，口音各异的同学们做自我介绍。第二天就是开学典礼，1978 级所有的新生一块儿坐在大礼堂，校长刘达等校领导坐在主席台上，激动、新奇、跃跃欲试应该是当时大部分同学的状态（图 4.7-3）。

图 4.7-3　1983 年空八班毕业时与空调教研组老师在主楼前合影，

注：照片中的老师包括二排左起：葛仲、束际万、岑幻霞、阎雅丽、齐永系、赵庆珠、陈君燕、蔡启林、彦启森、赵荣义、薛殿华、张瑞武、许为全、肖曰嵘、屠峥嵘、窦春鹏，三排左 1 黄继英、右 1 狄洪发、右 2 倪进昌、右 3 江亿。

我们的暖通专业和超豪华的老师阵容

说起来，当初我们报考清华有各种机缘巧合，但大部分同学都不真正了解“供热与通风”这个专业是怎么回事。来自山西大同的郭日生同学回忆说，当时高考分数下来还不错，但报考哪个学校拿不准，就找了班主任。他现在还清清楚楚地记得，班主任忙着手头的事头也不回地说：“报清华大学！”然后郭日生同学问：“报哪个系啊？”班主任说：“哪个系都一样！”于是他就选了《人民日报》招生简章里清华大学的第一个系建筑工程系，到了清华才知道是“供热与通风”专业。来自河南的牛建磊同学入学时是建筑学专业，因为没有绘画基础，班主任说需要的话可以转专业。结果在了解情况时进到了暖八班学霸、福建同学陈清焰的宿舍，陈清焰热情洋溢地把暖通专业赞扬了一番，说比系里面建筑学、土木工程专业都好。于是，牛建磊就成了暖八班的一员。后来全班同学来到暖通教研室参观，教研组元老吴增菲教授、赵荣义教授说我们的专业是“制造春天的工程师”，简单的一句话马上让同学们理解了专业的意义。来自北京的祁登洲同学说：“老师的这句话，让自己一下就走进了一个非常伟大的专业，为人类创造春天很重要、很神圣。”

大学生涯第一节课——教授高等数学大课的范景媛先生给空八班留下了深刻的记忆。北京同学祁登洲回忆说：“范先生讲课的思路非常清晰，一次在范老师讲完课以后我有一点不太明白，这个问题我记了一辈子。这个疑问点是：在积分的时候最小区间有两个条件，一个是区间要无数的多，再一个就是最大的最小区间要趋于零。当时我问老师：有无限多的区间不就够了吗？区间无限多不就保证区间自然而然就很小而趋于零了嘛？范老师看着我，在黑板上用粉笔把这黑板一分为二。当她把线这么一画，我马上就明白了：在右边可以有无数多的区间，但是左边这个，还是半个黑板大。”来自山西的史喜成同学记忆中的范先生也很有个性，每次上课范先生走进教室，然后材料往桌子上一放的同时上课铃声就响了，下课时她把那个粉笔往黑板上一砸，过一两秒钟下课铃就响了。范先生还有一个本事，课堂上谁在交头接耳的时候，她就把手中的粉笔头准确地弹到说话的同学身上，维持课堂安静。

不仅是上大课的老师是高水准，当时给班里辅导高等数学习题课的是屠峥嵘老师，当年在学生时期不是万里挑一的就是千里挑一的学生。班里的学霸陈清焰在吉米多维奇的《高等数学习题集》中找了一些稀奇古怪的题目去问屠老师，但从来就没有难倒过屠老师。还有给我们批改作业的江亿、陆致成老师，一位现在是国内空调界惟一的院士，另一位是同方公司的创始人和第一代掌门人。他们改作业十分仔细和认真，至今聊起来还记得哪些同学作业工整、哪些同学作业潦草。说起江亿老师，他一开始跟我们都住在2号楼，基本上也在同一个食堂吃饭。到后来一接触，感觉真是不得了——大家都称他为化学脑袋，难怪他很快就当上了院士。而且江老师没有架子，对班里的同学非常好。记得毕业设计在实验室，当时同学也是没大没小的，遇到问题就喊：“江亿！”江老师就说：“到！有什么事儿？”解决完这个问题后，又有人喊：“江亿！”江老师又说：“到！”可见当时的师生之间是多么融洽。

到了专业课阶段，对同学们影响较深的是彦启森先生，教授“建筑热过程”，以高等数学为工具用动态的模型计算建筑墙体的传热。当时没有正规教材，用的是彦先生自己编的一本厚厚的油印讲义。记得教研组专攻太阳能的李元哲老师也跟着同学听课，总是坐在第一排，还会不时地说：“老彦，这个地方应该如何如何……”记得彦先生常常在空调实验室工作到特别晚，夏天时穿着一个跨栏背心在实验室干活。他还是超级球迷，1981 年世界杯外围赛中国足球队和科威特的一场关键比赛，中国队以 3：0 战胜亚洲冠军科威特队，第二天上课彦先生满面红光，第一句话是：“你们昨天都看了吧，一场好球！”那个兴奋劲儿溢于言表。

我们空八班这样的好老师还有很多很多，比如为同学们启蒙“熵增”概念的传热学林兆庄先生，精通英语、俄语、德语的空调教研组元老王兆霖先生，开创清华环境学概论选修课的井文涌先生，区域供热的专家石兆玉先生，讲“多普勒干涉”的流体力学大师孙厚均先生，教授理论力学课的查传元先生，空调智能化专家张瑞武老师，还有空调教研组的其他老师包括蔡启林、肖曰嵘、薛殿华、陈雨田、许为全、狄洪发、陈君燕、赵庆珠、钱培妮、岑幻霞、束际万、葛仲、阎雅丽、窦春鹏、张健等。用一句沙大哥的话：为本科学生配备这样的超豪华老师阵容和规格现在到哪儿去找？恐怕很难了。

2004 年毕业 21 周年的时候，空八班同学已经进入不惑之年，赠给建筑技术科学系教研组老师的纪念盘上面刻着这样的字样：“不惑始知空、不逾矩善调”（林章同学撰写）。

空八班的体育精神和“三大球”

除了读书学习以外，体育在空八班的生活中占有很重要的位置。当时清华推行体育锻炼达标，班里的二哥卢仲炜专门管测试、记录和上报。记得达标项目分为五类：短跑、长跑、跳跃、投掷和力量，如果全班同学都能达标，对于整个班集体就是一个非常大的荣誉。达标成绩的要求还是挺高的，对于班里的体育健将来说，达标是相对轻松的事。比如来自河北的季伟同学是学校五项全能队的队员；还有来自天津的吴志鸿同学百米成绩 12 秒 1，是国家三级运动员的水平；郭日生同学在中学时就是长跑冠军，在清华新生运动会 1500m 项目上获得第 4 名。但是，对于不少平时缺乏锻炼、身体条件比较差的同学，达标是需要艰苦的锻炼和努力的。比如来自北京的翟永平同学经过一年多的努力，其他的科目都达标了，最后就剩下 1500m 成了拦路虎，也是班上最后还未达标的同学。卢二哥作为体育委员整天督促他跑圆明园。终于有一天，由卢二哥掐表在西大操场正式测试，在全班同学们的加油呐喊声中，翟永平同学达到了及格线，空八也成为全班达标的班集体。相比之下，空八班 7 位女生的体育平均水平更高一些，参加校体育代表队的有中长跑队的吉华同学、排球队的张慧同学，女生中的大姐胡永清同学长跑也很厉害，许多男生都跑不过她，有同学说这是“阴盛阳衰”。当时入学不久的新生运动会，女生每人报了两项比赛，好几位都拿了名次，最后结束时还得了一个排球奖品。这只排球伴随了空八班的 5 年课外活动，也成就了空八班的体育精神。

说到体育精神，空八班的“三大球”——排、篮、足球也值得一提。如果说校队队员是一级水平、系队队员是二级水平、班队队员是三级水平，那么空八班的男排队员只有一位达到了一级水平——张力生同学（校队男排的主力），其余的都是三级，包括袁小雄、范新、江锋、杨杰、吴志鸿、吕大龙，还有替补队员赵红平、王世侃、林章等。但是，空八排球队却战胜了拥有好几名二级水平队员的燃七班，夺得了热能系男排冠军。空八的篮球基本是二级水平，五大主力是张力生、刘海、季伟、赵红平、袁小雄，长期雄踞热能系前三，获得过热能系冠军，还在全校联赛中获得第 4 名。空八的足球只有吴志鸿同学够二级，可是整体实力并不弱，在系里也是前三名的水平。空八班的体育活动特别有凝聚力，不管是排球、篮球还是足球比赛，场上的队员拼搏，不上场的同学都去助威、做服务，尤其是有女生也去助威，男生打得更起劲（图 4.7-4）。

图 4.7-4　空八篮球队

前排左起：赵红平、刘海、张力生，后排左起：袁小雄、季伟、罗锐、杨杰；
右后背景中的同学是替补队员牛建磊

让班上同学至今还津津乐道的不仅有获得热能系排球冠军的荣耀，还有班上的体育迷江锋同学为空八男排夺冠给学校的投稿“空八精神永存”。他总结空八班赢球的主要因素：阵容齐整，意志坚韧，非常抱团，奉献精神。校广播站连续几天在学生下午锻炼时间播放。后来担任团支书的祁登洲同学去系团委汇报工作，说我们空八班的篮球是第一，排球也是第一。当时他说：“我这样说也有点儿不够谦虚啊，不过这也是事实。”汇报完工作以后，班上的辅导员批评祁登洲说：“你怎么那么不谦虚呀！”祁登洲回答：“要是说我自己，应该谦虚。但说的是咱们班这个集体，没必要谦虚，这是班集体的荣誉。”

空八班 40 位同学有个 39 人的微信群

毛主席写过一首诗句："三十八年过去，弹指一挥间"，那时感觉 38 年就是很长很长时间的一个度量。到清华大学建校 110 周年，我们空八班毕业也已经 38 年了，但是同学们至今仍然感觉空八班是一个非常有凝聚力的集体。这里面最重要的原因就是我们有大哥、二哥这样的领头人和主心骨。由于历史的原因，入学的时候老大哥沙凯逊 31 岁，已经在山东平阴国棉纺织厂有 11 年的工作经历。沙大哥思想成熟坚定，以身作则、勤奋自律，也是一位宽以待人的忠厚长者。他作为首任班长，对班上同学的影响是全方位的，同学们对沙大哥的评价是"这一辈子见过最正直的人"。陈清焰同学回忆说，他每天自习、下课锻炼常和沙大哥在一起，记得有一次自己在宿舍用热得快煮方便面让沙大哥给撞着了，他毫不留情地说："这是第一次就算我没有看见，下不为例。"二哥卢仲炜 29 岁，在京西矿务局王平村煤矿也当了 10 年的井下工人，见多识广，谦谦君子，活得潇洒通透，也是全班同学的良师益友。杨杰同学到现在还记得，卢二哥每天坚持去上自习，在手上写大大的"懒惰"这两个字来警醒自己不要放松学习。而沙大哥、卢二哥对年轻同学的评价是：我们和年轻的同学整天"混"在一起，心理年龄一下子降到十几岁，充满活力，从年轻同学身上学了更多的东西。

说了大哥、二哥，就要说到空八的"老三"刘海。刘海来自重庆，入学时 22 岁，当时也属于大哥的行列。他曾经上山下乡，在农村经受过锻炼。刘海和大哥、二哥的风格不一样，他在生活上不拘小节，也喝酒抽烟，老是用浓重的重庆口音开玩笑，绝对的好脾气，几乎没见他跟谁急过，但也属于那种仗义的"侠客"，如果班上同学挨了欺负，他绝对是该出手时就出手的。但是当他遇到困难时，却自己默默地去克服。在大学期间，他得了急性阑尾炎住院。同学们是早上起来才发现刘海同学不见了，实际上他在阑尾炎发作以后自己悄悄地爬起来去了医院。当时通信也不发达，当同学们找到他时，他已经在医院做完手术了。令空八同学痛惜的是，刘海同学毕业后到四川工作，仅仅几年后就在 1988 年因病英年早逝。所以，40 个人的空八班，微信群只有 39 个人。

在空八同学中，沙大哥、卢二哥是主心骨，历任团支书高建珂、赵红平、祁登洲；班长袁小雄、谢峤、翟永平，还有每一位空八同学，都为这个集体做出了自己贡献。除了专心学习以外，同学们各有特色，形成了灿烂的空八众生相：

清华校园里的第一个学生"包工头"顺应改革的蔡永胜；

知识渊博、"地上的事全知、天上的事知道一半"的林章；

读遍清华图书馆小说的闫孟波；

钢笔字被其他同学拿来当字帖的江锋；

心灵手巧、画风道弯头的高手范新；

兴趣广泛、最早的追（体育、文艺）星族杨杰；

引领空八潮流的时尚新青年阎永良；

思维活跃、热心时事政治的天津刘强；

组织了清华第一次班级烛光化妆舞会的北京刘强；

不动声色的桥牌高手史喜成；
独立研发电子琴的方子刚；
被称“外国人”的文艺范儿朱建章；
清华图书馆的书虫、集邮大王王世侃；
认真执着的空八辩手梁理；
永远微笑的体操王子俞仁贵；
真人不露相的“北京爷们”李丰国；
在《新清华》发表“象棋及其他”的才子吕大龙；
联欢会上出节目背诵毛主席语录的罗锐。

当然还有空八的7位女生，当年有两首歌是空八女生的保留曲目:《邮递马车》和《医疗队员到坦桑》。每逢系里的文艺演出或者歌唱比赛，都有这两首歌的呈现。7位女生身着艳丽的服装，排成一排，在手风琴的伴奏下，用优美的和声演绎着优美的旋律，歌声久久萦绕在人们的心中（图4.7-5）。

图4.7-5　107年校庆是1978级入学40周年，部分同学返校留影

就是这样的群体组成的“空八班”，我们的班名曾作为全校三好集体刻在了图书馆大门对面的墙上。现在空八最小的同学接近花甲之年，但是大家的精气神没有变，还是那么生气勃勃。也许这得益于“春天的工程师”这个专业吧。最后，我们想和大家分享这首当年由林章同学作词、蔡永胜同学作曲的空八班班歌《歌唱空调》（图4.7-6）：

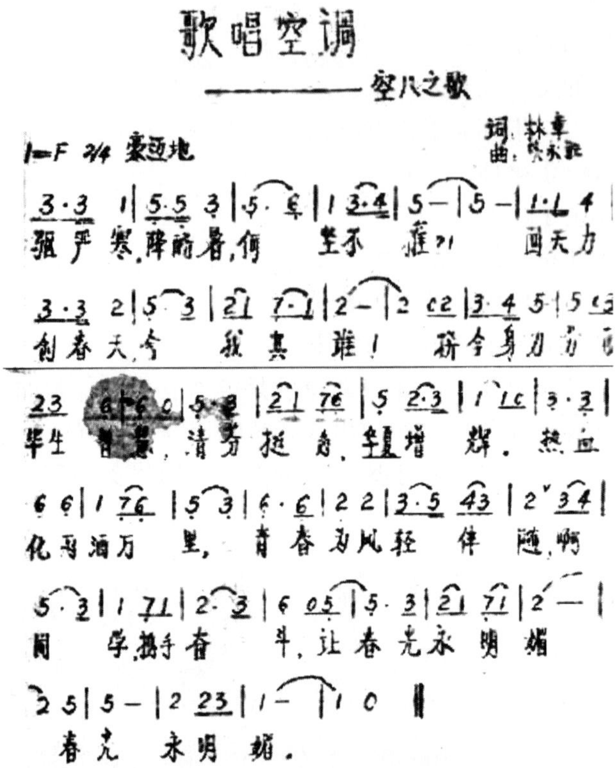

图 4.7-6 “歌唱空调”曲谱

驱严寒，降酷暑，何坚不催？回天力，创春天，舍我其谁！

拼全身力量献毕生智慧，清芬挺秀，华夏增辉。

热血化雨洒万里，青春为风轻伴随，

啊同学，携手奋斗，让春光永明媚，春光永明媚。

（本文赵红平采访 翟永平执笔，2020 年 10 月）

八、

风华正茂　似水流年

——朱颖心大学生活回忆（1979级）

被采访人：朱颖心（热汽系空九班校友）

辅　导　员

1979年的金秋时节，我来到了向往已久的清华大学。不过进入校园的过程可不是那么令人浪漫或兴奋，因为我既没想到清华大学会坐落在一片远离北京市区的、被低矮暗淡的村舍包围的、长满了蔬菜的农田中间，更没有想到北京有这么大！坐上一趟公共汽车，走啊走，走上大半个小时；换一趟破一点的公共汽车，走啊走，又走上一个小时；再换上一趟更破的公共汽车，走啊走，再走上一个多小时。路程好像无限长，周围的景色越来越荒凉，在我几乎从怀疑到绝望的时候，售票员从鼻腔里哼道："清华南门到了！"

走进南门，路人告诉我，新生报到要到1号楼，就在这条一眼看不到尽头的路的尽头，还得向左拐过去一大截！要知道我当年可是一手提着一个没有现在那种轮子的、重重的皮箱，一手提着小提琴，肩上背着一个军绿色的书包，背上背着一大包被褥。除了口袋里面的钱少以外，日用品和学习用品父母是尽量给我带齐，所以行李是一点都不比现在进城务工人员带得少啊！

一步步地终于挪到了1号楼前，拿着"建工系"的录取通知书到处找报到台。探头探脑间，一位肤色白皙、个子高高的，戴着一副白边眼镜、说话文质彬彬的老师过来问我："是采暖通风专业的吗？现在要到热能系报到了。"原来这位极其像当时电影中的"小资产阶级知识分子"的老师就是我们的辅导员张健老师。虽然报到的系莫名其妙地变了，不过我一路上沮丧的感觉却一下子就变得很好了：清华毕竟是清华啊！这正是我心目中的大学老师的形象嘛！

老　师　们

除了辅导员张健老师，我们第二个见到的是班主任——被称作清华园里郭兰英的赵庆珠老师，她是我们空九班的班主任，我们班每次开联欢会的时候都会起哄请赵老师唱歌。那时没有现在的卡拉OK软件可以伴奏，而且联欢会还经常在当时很荒芜的圆明园废墟或者主楼广场前开。赵老师真功夫在手，并不在意这些外部演唱条件的好赖，嗓子一亮就可以唱起来，常引得路人驻足聆听。

当年跟我们接触最多的专业老师，最有名的两位就是彦启森教授和赵荣义教授了，可惜的是他们都没有给我们正式上过课，只给我们班讲过专业历史和发展以及带实习，彦老师还是我的毕业论文指导老师，之后我就成为了彦老师的博士生。我印象最深刻的就是他们各自给我们做专业发展讲座和实习讲座的时候，感觉如沐春风，脑子一下子就开了窍，觉得他们讲的话一下子就都讲到点子上了，生动、易懂，一点都不会叫你走神。当时大学刚处于改革开放、拨乱反正的初期，听有些老师的课真像听天书，还不如我自己看教材明白呢，从那时起我就领会到名师还真是不一样啊！

有意思的是这些名师都并非书呆子，是很有生活情趣和文体修养的。彦老师有三大爱好：足球、二锅头和金庸小说，学生时期还是校足球队队长。我们班大四暑假在金州纺织厂实习期间，已经五十多岁的彦老师竟然跟我们班的男生一起踢足球，而且横冲直撞非常勇猛，搞得我们班男生与他对阵时都不知所措，感觉自己怎么做都不合适。每次世界杯期间，老先生都会半夜爬起来看足球，比学生还兴奋。赵荣义老师给我们班做讲座谈到了热舒适研究，当时我们还对“舒适”二字有负面认识，因此就有同学问赵老师：“我们到底是为工农兵服务的还是为资产阶级服务的?”而赵老师的爱好特长的确也有点“资产阶级”，比如拉小提琴、画画之类，他交谊舞也跳得极好。反观当今清华的中年骨干教授、知名学者，具有类似艺术修养者已经寥寥可数了。

太 学 生

在我们上本科期间，研究生是凤毛麟角的。因此同学们开玩笑地说：我们是大学生，他们是“太学生”，比我们多了一点。不过说实话，我们对于“太学生”是心生景仰的，尤其是对博士生。

进校不久，班主任赵庆珠老师就安排我们班跟两位“太学生”见面座谈。一位是硕士生——后来被称为中国最早的红色资本家的亚都总裁何鲁敏，另一位是博士生——如今的江亿院士。当时除了对二位“太学生”的才能和学术水平万分景仰以外，留下的最深刻印象就是江博士生的形象了。当年的江博士生留着一个傻乎乎的小平头，引人注目的是脚上穿的两只尼龙袜子是不同颜色的，一红一黑。而何硕士生看上去就比较正常，表达能力比江博士生强多了。我们就嘀嘀咕咕地说，看来学问越大，样子就越傻，科学家都得是跟陈景润一样的（当时有报道说陈景润脑子很棒，但表达能力和生活能力都不太强，曾经上课掏手绢擦鼻子却从口袋里面掏出一只袜子）。我们见不到陈景润，所以就认定这位我们专业的第一位博士生是跟陈景润一样的人。会后我们还私下讨论，我们原本的理想都是做科学家，可我们又不愿意被人认为是傻乎乎的，那么我们还要做科学家吗?

后来江博士的轶事层出不穷，由于他不介意老师和学生取笑他，这些“光辉业绩”就一直在学生里面发扬光大。比如他早晨出去跑步，跑了很远才发现自己穿着一只球鞋一只布鞋；比如经常把套头毛衣前后穿反，鸡心领开口常常在后背；他说话常会念错字，比如把“战战兢兢”念成“战战克克”；不认路不会看地图，分不清东南西北；做饭时把洗衣粉当淀粉用……但有一样大家都不得不佩服，就是他的大脑像机器一样永远处于工作状态，哪怕是抱着孩子在二号楼前晒太阳或者是在家里掌勺炒菜，都能发现科学问题。比如一眼瞥到墙上的挂钟不准了，差了几分钟，他就会思考这只挂钟在一周内能有几次恰好是准的，而且谁在跟前他就要别人跟他一起思考，害得人避之不及。所以，同学们一致认为，江博士的大脑不同于常人，无论是休息时间还是工作时间，他把研究问题当乐趣，这是一个典型科学家的境界。因此，如果他没有那些不同于常人的轶事，那才不正常呢。不过这个论断往往也令人感到绝望，因为我们这些人永远也达不到那个境界啊！

美女同学

我们空九班有 35 人，其中女生 10 人，羡煞热能系的“秃子班”燃九班。男生住一号楼，6 人一个宿舍；女生住新斋，5 人一个宿舍。外校的人传说：“清华无美女，新斋少佳人”。可我们班 10 个女生里面就有三个大“佳人”。佳人一号张欢，出身殷实的高知家庭，酷爱读红楼，喜模仿黛玉写多愁善感的古诗，是典型的“文青”。不过刚进清华的她却很朴素：两条半截麻花辫，一件没有腰身的格子衬衣和蓝的卡裤子，皮肤晒得黑黑的，活像刚回城的知青。到了高年级，她却常因为“资产阶级”打扮和“孤傲”做派受非议和批评，也曾因我行我素留披肩发，导致班级被扣分在评先进时落榜。硕士毕业后她以 30 岁的“高龄”和大学教师身份当选天津市市花季军，一时变成热点新闻。但当年的“资产阶级小姐”现在已经变成天津大学教授、副系主任，而且是讲课非常精彩的教学顶梁柱，我行我素的风格却一直没有变。

佳人二号李玢，有 1.73m 的高挑身材，当年戴一副塑料框厚近视镜，留一头没有层次的齐耳短发，经常缩脖子驼背怕显得太高，走路蹭着鞋底。尽管父母都是大学教授，但因当时“造原子弹的不如卖茶叶蛋的”，她只好永远穿着接了半尺裤腿的蓝裤子，不够长的军绿上衣，一双塑料平底黑布鞋。只有当她摘下眼镜的时候，我才会惊叹她的大眼睛是那么漂亮、睫毛是那么浓密而颀长！她的性格是公认的好：大方开朗，脾气温和，永远开心地笑，露出两排整齐洁白的牙齿，感染得周围的人都开心，因此大家昵称她为“大猫咪”。最令人想不到的是，当她的儿子都会下地跑的时候，在设计院的她却报考时装模特成功，体态和走路习惯完全改变，还会训练几位小姐妹在设计院的联欢会上表演时装秀。记得毕业后十周年同学聚会的时候，有几位男同学发呆地问：“这是谁呀?”有眼尖的惊呼：“李玢变成大美妞了？！”他们当年可没有看出这是一个长线“绩优股”。

佳人三号金招芬，上海人，昵称阿芬。她雪肤红唇，是充满了青春活力的运动型美女。她原是校全能队的队员，但一次跳远跌断了臂骨后就改去篮球队打中锋了。最有意思的是我们班有几个男生短跑老是达不了标，班长和体育委员就想了一个歪招，让阿芬跟那几位男生一起跑。发令枪一响，路人都跑来围观起哄，结果那几位男生受不了此般羞辱，拼了老命往前冲，终于完成了短跑达标任务。

阿芬从来不像多数女运动员那样横着膀子走路，她身穿一袭当时罕见但样式极简单的棉布连衣裙，也显得气质恬淡清纯。因此，她有很多的“麻烦”，不得不多次请我们几位姐妹帮她打掩护、挡驾，以逃避过多的干扰。但最令人痛心的是，她在日本取得博士学位后回到系里任教，40 岁的时候就因患癌症不幸英年早逝。我把她办公室里面的盆栽挪到我房间里，聊作纪念，还有就是能在过厅墙上挂着的研究所“全家福”里看到她的笑靥。每年开《建筑环境学》课程的时候，都会想起是她跟我一起主编了这本教材的第一版，我是在她病倒后接过了这门课。我唯有尽力地讲好这门课，才觉得能对得起老同学、老朋友。

大学里我们还尝试过写歌。张欢、金招芬、高世香都写过歌词，我就为她们写的歌词谱曲。有歌颂同学友谊的《我们的友谊》（图 4.8-1）、歌颂大自然的《冬雪》和《春天的柳枝》，有思念故乡的《上路曲》（图 4.8-2），还有带有励志意味的《校园小夜曲》，一共五首。其中张欢作词的《我们的友谊》在班里的联欢会上唱过，是我、张欢、林梅和金招芬四个女生的小合唱。当时就有很多同学提议要把这首歌定为空九班班歌。

我们的友谊

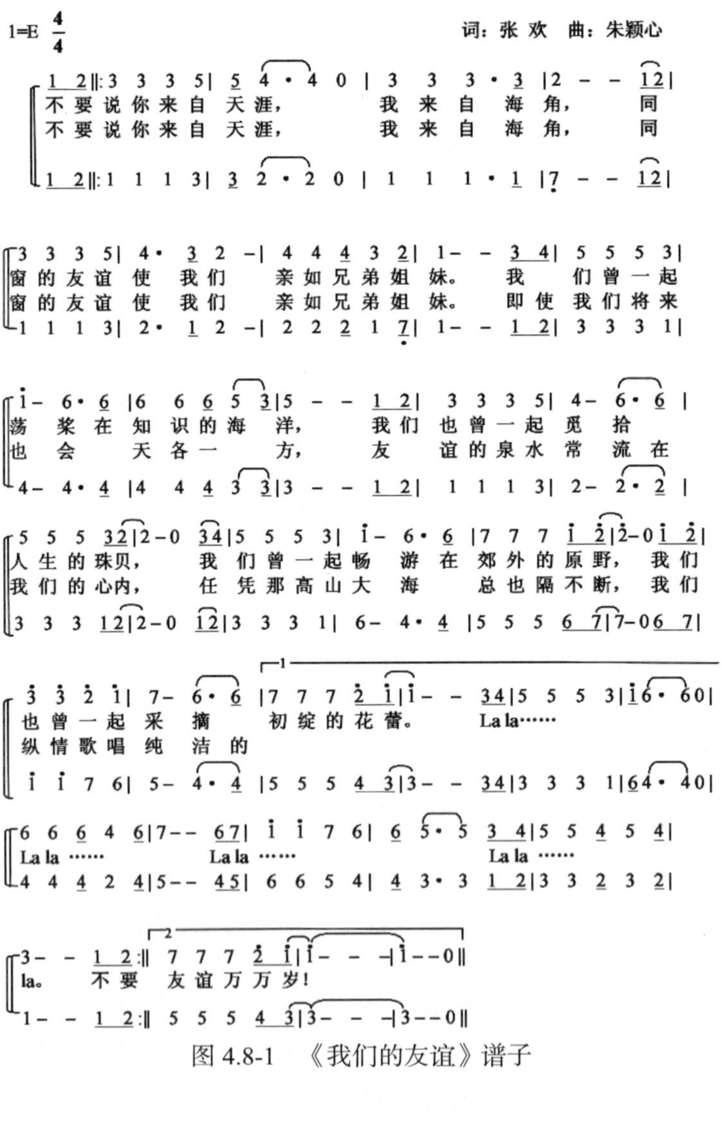

图 4.8-1　《我们的友谊》谱子

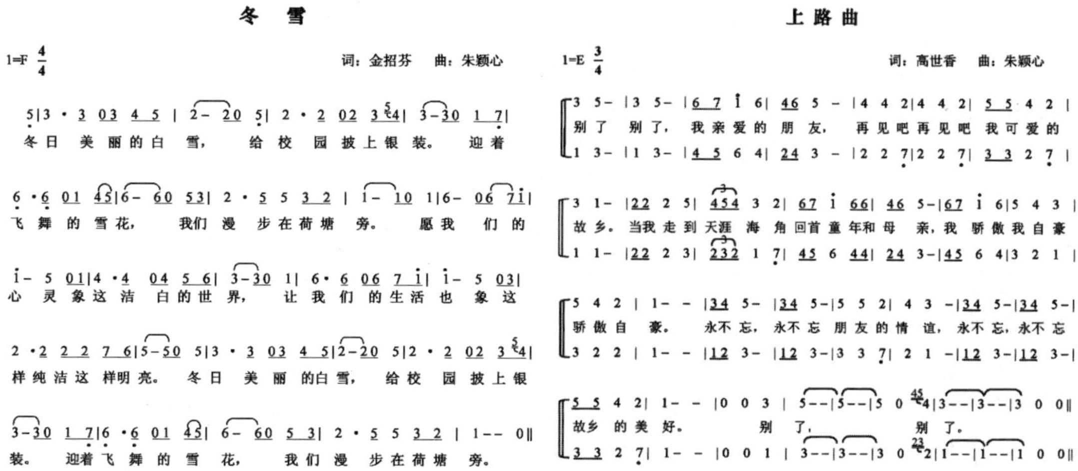

图 4.8-2 《冬雪》《上路曲》谱子

姐妹淘乎？诤友乎？

我在班里有一个姐妹淘：李玢、阿芬、高世香和我，我是老大。四个人的性格特点是除了最小的李玢是温和派以外，另外三个都好争论、好抬杠、得理不饶人、脾气不太好。这样几个人怎么可能一直做朋友的呢？

这四个人中三个爱抬杠者分在同一个宿舍，每晚的夜谈争论是避免不了的，只可怜张欢和王为不得不经常忍受我们没完没了的唇枪舌剑。当年正值社会观念大变动的20世纪80年代初，值得争论的大小话题太多了：遇罗锦的婚姻观对不对、潘晓的“人生的路为什么越走越窄”、穿喇叭裤是不是代表思想不好、自我人生设计是不是应该受到批判，甚至看完一部电影都会为里面某个人物而争论一番。不过大部分话题里我们的基本观点都是一致的，所以求同存异是可以做到的。

当时校园里最风起云涌的是学生会主席竞选和区人大代表竞选，竞选的成本很低。除了在校园各个公告栏都贴上竞选人的简介和主要主张以外，各食堂门口每天都有竞选人在发表演讲，或者跳上人防工程入口的高台，或者站在几辆自行车上，手臂一挥就开始演讲，瞬时就围上一大群端着饭盆的和没有端着饭盆的学生。听众会提问，演讲者不仅会回答，还可能跟听众唇枪舌剑地辩论。大部分的问题都是当时的政治热点，而不是食堂伙食、学生住宿条件一类的话题。某些竞选人的粉丝还会跟着他到下一站去捧场。不过，当时的竞选人多是77级的学生，年龄比较大，阅历较深，对政治问题非常敏锐。有几位的演讲言而有物，观点也很独到，甚合我们几位姐妹的口味。一旦有人知道信息，便跑来呼朋引伴，听完还要大肆讨论一番。每次呼朋引伴必兴冲冲地去听演讲的便是这几位，听完后没完没了讨论的也是这几位，后来遂引为知己。而我跟张欢的交情则是因为另外的共同爱好——做半真半假的“文青”，舞文弄墨。不过经常都不是什么好学生的行为：在课堂上不听课，忙着对对子、和诗、写歌词、作曲、刻薄地点评别人的作品……

现在想来，当时的政治课老师也真是为难。大事件的评价在舆论中已经开始变化，常见上学期按课本这样评价一个人物或事件，下学期课本还没有来得及换，评价却完全颠倒了。一些老师不得不照本宣科，还有的老师是观点没有拧过来，所以政治课堂上常出现师生对立，当然处处有真有假。我们的政治课上就出现过学生递条子驳斥老师观点的现象，更极端的是有人拎起书包昂首挺胸走出教室以示抗议，其他学生还鼓掌，把老师气得火冒三丈。当初我也曾对某位政治课老师怀有很深的对立情绪，但现在回想起来，觉得应该理解和宽容，因为十年“文化大革命”，怎么可能所有人的观念都一下子转变过来啊！

几位姐妹对我的为人处世方式也有很大影响。我们抬杠是对事不对人，吵得一塌糊涂还照样是朋友。争吵不见得都是为了坚持自己的观点，而是想听听对方的反驳有没有道理，考查自己的观点是不是站得住脚。

我的这些诤友们真的是我在大学生活中获得的一大财富，我永远感谢她们对我的帮助和带给我的快乐。尽管大学毕业后大家都很忙，联系也少了，但正所谓君子之交淡如水，内心却是时时牵挂的，一旦见面便好像还在一起上课、打饭、夜谈一般地没有距离感……

作者简介：朱颖心，热能工程系 1979 级空九班文艺委员。1984 年在本校读硕，1986 年转博，1989 年获博士学位后留校任教。先后在热能系任讲师、副教授、教授，曾先后担任空调教研室副主任和热能系党委书记。2000 年随原暖通专业整体转入建筑学院，先后任建筑技术科学系主任、建筑学院副院长。2008 年获评北京市高等学校教学名师；现任教育部建筑环境与能源应用工程专业分教学指导委员会主任委员、国际学术期刊 Indoor Air 副主编（图 4.8-3）。

图 4.8-3　朱颖心教授

九、

心系冷暖　情牵广厦

——我看空调专业三十年

作者：朱颖心
（1979 级热能汽车工程系　空九班）

我 1979 年拿到的入学通知书上写着我们专业叫作“供热与通风专业”，在建工系，简称“暖通”专业。入学的时候整个专业调到了热能系，过来不久就改成“空调专业”，所以我们班叫作“空九班”，不像之前的班级称作“暖 X 班”。至今，Heating 究竟称为“供热”还是“采暖”，业界还有争议，在此不论。

当年空调教研室坐落在三教北面的一个平房里，里面看上去很破旧，实验设备也都比较落后，在热能系里面比较“非主流”。当然这跟热能系的主流专业都是动力工程，而我们是用能工程有关，而且当年我们这个专业的需求在社会上也没有像今天这样被提到很高的地位，自然不会得到重视，不仅很难拿到国家和省部级的纵向科研课题，连来自企业和应用领域的横向科研课题也很少。所以当年在热能系说起空调专业，总是给人一个“小配角”的感觉。

其实暖通专业是一个非常年轻的专业。该专业 1952 年成立于土木系。为了配合国家建设的需要，当年学校把在设计院工作的王兆霖老师调入清华建设新专业，在王先生的领导下白手起家发展起来了清华的暖通专业。20 世纪 60 年代初，土木系与建筑系合并为“土木建筑系”，后又改名为“建筑工程系”，一直到 20 世纪 80 年代初才又分开。之后学校加强院系建设，几经调整形成现在的建筑学院、环境学院、土木水利学院。我们专业很久以来就一直在“土建系”或者“建工系”。

由于我们专业很多基础课与热能系的基础课接近，为了强化基础，1979 年，我们专业从建工系调出，合并到热能系。从 1979 年到 1999 年这 20 年间，在教学方面，与热工基础相关的课程得到了有效的强化。但是在科研方面，我们与土建类专业日行渐远，更多地把着力点落在了空调制冷设备系统的开发方面，对我们的服务对象“建筑本体”方面的相关研究就相对弱化了。

随着国家和公众对建筑节能与建筑环境品质的需求日益增加，我们与后来的建筑学院在科研和教学方面有了更多的交集，例如 1999 年共同申请并合作研究的国家自然基金重点项目“住区微气候的热物理问题研究”，以及与建筑学专业本科高年级同学的课程设计合作等项目。这些合作使得双方都认识到，空调专业必须与建筑设计专业密切合作才能找到新的科研增长点，得到更好的发展，满足国家和公众对建筑领域节能环保的迫切要求。时任建筑学院院长秦佑国教授与江亿院士开始筹划和推动空调专业回归建筑学院，这一主张也得到当年曾任建工系主任的吴良镛院士的大力支持，同时也得到了当时的热能系主任彭晓峰教授的理解。通过数年的论证、研究和统一思想认识，学校终于批准空调专业从 2000 年秋季调整到建筑学院，称作“建筑环境与设备工程”专业，当年入学的新生班级称作“建环 0 班”；成立了“建筑环境与设备研究所”，与原来建筑物理专业的建筑与技术研究所合并成立了“建筑技术科学系”，获得了一个新的起飞平台。

在教学方面，我们这个专业也是经历了一波三折，甚至面临专业被取消的困境。1998 年教育部开始调整专业目录，“供热通风与空调工程”专业被认为缺乏学科核心基础、偏重工种而被确定取消或者合并到其他专业中。方案之一是合并到“热能与动力工程”专业，方案之二是合并到“市政工程”专业。当时担任全国高等学校暖通空调学科专业指导委员会（简称“专指委”）主任的彦启森教授尽管身在外地开会，听到消息后便火速赶回北京，连夜撰写报告阐明本专业对国家建设的重要性，并依据多年来对专业教育改革的思考和实践的经验，为本专业的改革与发展提出了中肯可行的建议。经过艰苦的努力，1999 年教育部同意保留本专业，但要求把原“供热通风与空调工程”专业与“城市燃气供应”专业合并调整为“建筑环境与设备工程”专业，并对专业的教学内涵进行拓宽，对课程体系进行调整。当然，新的专业名称也是“专指委”研讨确定的。所以说，是彦老师领军力挽狂澜使得本专业教育免于灭顶之灾，使我们专业赢得了发展的机遇，从 1979 年的“老八校”发展到当今约 180 所高等院校。为了能够更准确地描述专业的内涵，2012 年本专业名称正式调整为“建筑环境与能源应用工程”专业，涵盖了建筑环境与建筑节能两大国民经济重要领域。

清华能够在空调专业教育面临灭顶之灾的时候力挽狂澜，也跟清华团队之前就在教学研究方面投入了很大精力有关。我是 1992 年 7 月作为日本学术振兴会外国人特别研究员去日本名古屋大学做合作研究，1993 年底回国后不久，教研室就委任我担任教研室副主任，主管教学工作。在彦启森教授和赵荣义教授的鼓励和支持下，我着手了本专业课程体系的研究和改革。当时我在教研室组织了很多次关于教学改革的研讨会，在很多老教师的支持和帮助下，开始了一步一步的改革探索，包括推出新的专业基础课“建筑环境学”，把专业课进行了系统化的更新重组，把散落在各门专业课中共性的内容提炼为理论平台课程“热质交换原理与应用”和“流体网络原理”，大大缩减了专业课的学时和门类数，把跟在每门专业课后面的小课程设计合并成一个大型的综合课程设计，把大块的专业课学时转移到课程设计中，并完全实现运行实习实战化，鼓励更多的老师参与带运行实习。应该说，现在清华建环专业本科生上课的课程门类与学时数与我们当年上课的时候相比已经有了很大的不同，内容、教材和教学方法也有了很大的改变，改变的原因就是为了适应国家发展对毕业生能力的新需求。

在专业被调整的大形势下，彦老师领导“专指委”吸纳了清华教学研究与改革的经验，制定了新的指导性教学计划框架，建立了适应新时代要求的课程体系，推出了新的专业核心课程和教材，并克服巨大的阻力在各相关院校进行推广实践。我是 1998 年担任“专指委”委员，2005 年接替彦老师担任“专指委”的主任。2002 年为了与国际注册工程师教育制度接轨，国家成立了勘察设计相关专业的教育评估委员会，我又担任了建环专业教育评估委员会的副主任。2012 年，在天津大学主管建环专业教学工作的张欢也加盟到评估委员会担任委员，老同学成了新同事。

作为本专业区别于其他专业的核心基础课程“建筑环境学”，尽管通过研讨，大家对该课程的关键内容和目标都已经清楚了，但如何落实还没有实践经验。赵荣义老师担当了第一个"吃螃蟹"的人，开始了这门课程的创立工作，编写讲义和开始试讲。1998年3月，金招芬在日本东京都立大学获得博士学位并回到清华任教。由于她比较了解日本大学的"建筑环境工学"课程的情况，所以就接过了"建筑环境学"课程建设的担子，接替赵荣义老师主讲该课程，搜集资料编写讲义。她在课程中大胆改革考核方法，提出让学生做研究型的大作业，期末用大作业答辩的方式顶替传统的闭卷考试的模式。但是受制于当时的教务管理系统，不允许必修课不进行传统的考试，因此改革受困。为此我找到了当时的教务长反映问题，说明了这样做的理由，最终取得了教务长的支持，成功地迈出了改革的重要一步。

1999年，"专指委"确定把"建筑环境学"定位为建环专业必修的专业基础课，当务之急是需要出教材。于是我跟金招芬一起联手担任了教材的主编，《建筑环境学》教材的第一版终于在2001年问世了。2001年暑假前，阿芬还到山东建筑大学去为全国本课程的任课老师做教学培训工作，受到任课老师们的欢迎，很多任课老师到今天都会说起她那次做的示范课。那时我已经看出她身体很不舒服了，但是为了这门课程，她还是坚持跟我一起去济南做教学培训。我说要给她买软卧，她都拒绝了。不久，阿芬就被确诊为肝癌晚期，我不得不从她手里接过了这门重要的、成长中的课程。此后，我在这门课程的建设上投入了很大的精力。因为于公来说，我要对得起全国兄弟院校师生们的期望；于私来说，我要对得起与昔日同窗好友并肩战斗的情谊。2005年，我主讲的"建筑环境学"课程获得了国家级精品课的称号，到现在为止这本教材也已经出到了第三版。第一版教材可能市面上已经买不到了，第三版的厚度已经是它的两倍还多，封面上的共同主编金招芬和主审彦启森老师已经相继离世而去，但阿芬当时提出的安排学生做研究型大作业和用大作业答辩作为期末考核的形式直到今天我们还在坚持，并作为成功的经验被一些兄弟院校采用。

这些年，清华建环专业的教学改革取得了很多成果，2008年获得了北京市教育教学成果一等奖和国家级特色专业称号，2010年获得了国家级教学团队称号。我们专业的本科生有很多人在本科期间参与科研工作并在权威国际学术期刊上发表学术论文，2009年和2013年分别有本科生参加大型国际学术会议 Building Simulation 并获得"唯二"的 Best Post 奖。这令很多国外大学的教授们感到吃惊，因为本科生参加国际会议并获得奖项在国外大学是很罕见的。我个人也得到了一些荣誉，如2008年获得北京市高等学校教学名师称号，2007年获得了宝钢教育基金会优秀教师奖，两度获得清华大学"教书育人"奖等。

我们专业于2000年并入建筑学院，2001年校庆期间，办公地址从三教北面的小平房搬到了我们专业1952年起步的地方——旧土木工程馆。不同的是当年我们专业在这里只占了两个办公室，现在几乎占了整栋楼。挂上了"建筑"的名字之后，我们也名正言顺地在建筑节能和绿色建筑领域发挥了强大的作用，在建筑环境领域的研究也得到了进一步的促进，在学术和科研领域得到了飞速的发展。江亿院士主导的建筑节能研究已经在国内处于引领地位。2005年成立了由江老师担任主任的清华大学建筑节能研究中心；位于东区建筑馆东南角的建筑面积3000m^{2}的节能示范楼竣工，成为我们专业的实验基地和建筑节能研究中心的大本营。公共建筑节能、北方地区供暖节能、城镇住宅建筑节能、农村建筑节能等方面的国情政策研究与新技术成果均在中国建筑节能领域产生了重要的作用。江老师主导的建筑模拟软件 DeST、温湿度独立空调与间接蒸发式冷水机组连续在 2007 年、2008 年、2009 年三年获得国家科技进步与发明二等奖，2013 年研究所又有一项成果获得国家技术发明二等奖。每年发布的《中国建筑节能年度发展研究报告》在行业中产生了重要的影响。在建筑环境研究领域中的室内空气品质、人体热舒适方面均有独到见解，在 *Indoor Air* 领域国际学术期刊发表 SCI 收录的论文总量全球列首位。本研究团队还主导或者作为核心力量参与了很多与建筑节能、绿色建筑、室内环境、空调设备产品相关的国家、地方和行业的标准制定，近年来主持了十几项国家科技支撑计划课题，五项国家自然基金重点课题，数十项国家自然基金面上课题。

目前清华大学建筑环境与设备研究所已经拥有一位院士、一位长江学者、两位杰出青年基金获得者，以及多位教育部新世纪计划人才。我们的“建筑节能和建筑环境科学”团队也获得了 2009 年教育部创新团队称号。

近 10 年来，我们团队的国际影响力也快速增长。本团队创办的、杨旭东教授担任主编的 *Building Simulation* 国际学术期刊被 SCI 收录。目前清华大学建筑环境与设备工程研究所已经有多位教授担任权威国际学术期刊的主编、副主编和编委，多位教授经常被大型国际学术会议邀请做大会主旨报告，或者应邀到国外的学会、大学讲学，多位教授获得过国际奖项。江老师主持了国际标准化组织《建筑能耗数据表述方式》ISO 12655 的制定，以及国际能源署（IEA）的两个国际合作项目。曾获得室内空气品质国际学会杰出贡献奖的著名学者 Jan Sundell 教授在丹麦技术大学退休后便来到我们研究所正式任职。他在很多场合公开声明，清华建环团队是本领域世界上最强的科研教学团队，这就是他加盟清华的原因。近年来，有多位来自欧美国家的研究生在清华建环专业攻读硕士学位，本科生中外国留学生比例也达到 10% 以上。在本领域很多大型国际学术会议上，清华建环专业的研究生都是非常活跃的力量。美国宾夕法尼亚大学、美国联合技术公司 UTC、香港太古地产公司等国际一流大学、著名大企业均与我们团队成立了建筑节能 / 绿色建筑领域的校级联合研究机构。目前清华建环专业的科研团队，可以说已经跻身于世界一流的行列。

有幸在这样一个出色的团队中工作，我自己也取得了一些成绩。例如与建筑学专业合作的“故宫午门博物馆”获得联合国教科文组织亚太文化遗产保护创新奖，“山东交通学院图书馆”获得绿色建筑创新一等奖，“绿色奥运建筑评估体系”获得北京市科学技术一等奖等。我自己也多次应邀出席大型国际学术会议做大会报告。印象最深刻的是 2011 年在美国奥斯汀举办有一千多人出席的 Indoor Air 国际学术会议上做第一天的大会报告（图 4.9-1），内容是关于自然通风与动态热舒适问题，由于观点新颖，听众反响热烈。

我感到非常幸运的是，我工作所在的清华建环专业的团队是一个精诚团结合作、积极进取、不计个人得失、胸怀大志、以天下为己任的团队。各位同事都各有所长，但又具有很强的合作精神，取长补短，能够把大家的力量捏成一个拳头，在科学与应用领域都做出很好的成绩，承担清华人应承担的责任。从我读研究生开始到现在三十年，与我

图 4.9-1　2011 年在美国奥斯汀 Indoor Air 国际学术会议上接受主席颁发的大会报告证书

共事的有我的老师、我的师兄师弟、从外校引进的学者，还有我自己的学生。我从这些可敬的同事们身上学到了他们很多的长处，使得自己无论是在学术水平还是为人处世方面都得到了很大的提升。在这个团队中工作和生活，我感到心情非常愉快，如果谈起具体的故事实在有太多，可以另外再写一篇长文了。在这里我想着重介绍我的导师彦启森教授对我的影响。

我第一次在期刊上发表论文是 1987 年，论文的思路和写作其实都是彦老师和其他老师做的，我只是做了具体的实验和计算。论文稿费有 40 元，与当时老师们的工资相比是一笔大钱了。但彦老师说："学生最缺钱，把稿费都给朱颖心吧！"不久，彦老师又提出要求，凡以研究生工作内容为核心的论文，都要把学生列为第一作者。这都是很不符合当时的惯例的。当初教研室的房子是一个长条，彦老师课题组在一个端头上。我留校工作后，私下聊天免不了会说"这边的""那边的"。彦老师听到后就批评我说：什么"这边的""那边的"，大家都是教研室的，你留下来是为教研室工作的，不是给我干活的，不能把教研室分成一块一块的，要团结合作，明白吗？后来，我就跟着薛殿华老师助教空调课，教学方面我成为薛老师的接班人，在科研方面我成为赵荣义老师的接班人，把赵老师开创的动态热舒适理论继续发扬光大。

在彦老师的影响下，课题组形成了团结谦让的风气。例如，1992 年学校分房子的时候，陆致成老师（现任上市公司同方股份有限公司董事长）把南楼的两居室房子让给了我，他自己一家人又在筒子楼里多忍了两年。江亿老师多次在报奖排名的时候谦让，把自己往后排，尽管他是课题的主持者。上一代人的高风亮节到现在还在影响着年轻一代。回首清华建环（空调）专业三十年，胸怀天下、团结合作、积极进取应该是最值得我们珍惜的精神财富，也使我本人终身受益。

2014 年 2 月 24 日　于清华园

附　录

一、教职工及博士后名单

（一）教师名单

曾在职教师名单　　附表 1

姓名	入职年份（年）	离职年份（年）	备注
王兆霖	1953	1987	教授退休
吴增菲	1953	1982	调离
车世光	1953	1954	调离
刘同生	1953	1985 逝世	
彦启森	1953	1995	教授退休
刘 泰	1954	1959	调离
赵荣义	1954	2000	教授退休
汪遵华	1955	1986	副教授退休
刘锦梁	1955	1964	调离
王民生	1955	1964	调离
周启华	1955	1957	调离
王荣光	1955	1957	借调人员
陈在康	1956	1958	借调人员
蔡启林	1957	1994	教授退休
吴爱真	1957	1989	副教授退休
陈心良	1957	1964	调离
李元哲	1958	1991	教授退休
张瑞武	1959	1993	调离
陈肇基	1959	1982	调离
陈君燕	1959	1996	教授退休
齐永系	1959	1991	副教授退休
赵庆珠	1959	1997	教授退休
岑幻霞	1959	1999 逝世	教授
时友人	1959	1961	调离

续表

姓名	入职年份（年）	离职年份（年）	备注
钱蓓妮	1960	1993	副教授退休
肖曰嵘	1960	1997	教授退休
汪训昌	1960	1977	调离
薛殿华	1960	1996	教授退休
石兆玉	1962	1999	教授退休
束际万	1962	1993	副教授退休
陈雨田	1964	1998	副教授退休
屠峥嵘	1965	2002	副教授退休
莫詠芬	1966	1976	调离
许为全	1966	2000	教授退休
张罡柱	1966	1976	调离
任尽林	1966	1974 逝世	
葛仲	1970	1985	调离
窦春鹏	1970	2005	教授退休
陈兆祥	1971	1997	调离
倪进昌	1971	1980	公派出国
金伯良	1971	1976	调离
张文成	1974	1979	调离
邓文华	1974	1999 逝世	
张健	1976	1979	调离
吴兴宗	1977	1979	调离
陆致成	1977	1997	调离
方援朝	1978	1979	调离
狄洪发	1981	2010	教授退休
赵红平	1986	1992	副教授退休
杨成汉	1991	1999	离职
李吉生	1994	2007	离职
洪天真	1994	1996	离职
金招芬	1996	2002 逝世	副教授
朱彦武	1998	2001	离职
孙红三	1999	2021	副教授退休
王智超	2000	2003	离职
曲凯阳	2001	2005	离职

在职教师名单 附表 2

姓名	入职年份（年）	备注
江亿	1981	教授
朱颖心	1990	教授
李先庭	1995	教授
张寅平	1997	教授
李晓锋	1997	副教授
付林	2002	教授
石文星	2003	教授
王馨	2003	副教授
魏庆芃	2003	副教授
赵彬	2004	教授
杨旭东	2005	教授（1993 年硕士毕业留校任讲师，1995 年离职出国读博）
燕达	2007	教授
刘晓华	2007	教授
夏建军	2008	副教授
王宝龙	2008	副教授
王福林	2009	副教授
谢晓云	2011	副教授
莫金汉	2012	副教授
曹彬	2016	副教授
单明	2017	助理研究员
张涛	2017	助理研究员
许瑛	2018	副教授
胡姗	2020	助理研究员

（二）实验室人员名单

曾在职实验室人员名单 附表 3

姓名	入职年份（年）	离职年份（年）	备注
孙景芳	1955	1995	退休
孙祥泰	1955	1974	调离
赵桂英	1955	1959	调离
张悦钟	1957	1965	调离

续表

姓名	入职年份（年）	离职年份（年）	备注
邓大仪	1958	1960	调离
张玉峰	1959	1974	调离
王有志	1959	1974	调离
李淑琴	1959	1962	调离
彭淑云	1959	1961	调离
王英兰	1959	1962	调离
兰克强	1961	1977	调离
阎雅丽	1966	2002	退休
周长青	1977	2006	退休
周正	1968	1991	调离
路亚明	1970	1994	调离
邢景珍	1970	1976	调离
刘秀珍	1978	2003	退休
刘玉香	1978	2004	退休
韩冰	1978	2014	退休

在职实验室人员名单　　**附表 4**

姓名	入职年份（年）	备注
吴如宏	2004	软件工程师

（三）博士后名单

1999—2021 年入站博士后名单　　**附表 5**

序号	姓名	入站时间（年）	出站时间（年）	导师
1	马国远	1999	2001	江亿
2	常东来	1999	2001	江亿
3	樊洪明	2000	2002	江亿
4	孙淑凤	2001	2003	赵荣义
5	张士杰	2001	2002	江亿
6	田贯三	2001	2003	江亿
7	王馨	2001	2003	张寅平
8	隋军	2001	2003	江亿

续表

序号	姓名	入站时间（年）	出站时间（年）	导师
9	田长青	2003	2005	江亿
10	傅兰杰	2003	2007	江亿
11	韩旭	2004	2005	狄洪发
12	任承钦	2004	2004	江亿
13	张世钢	2004	2006	江亿
14	余延顺	2004	2006	李先庭
15	陈晓春	2004	2006	朱颖心
16	周国兵	2005	2007	张寅平
17	冯武军	2005	2008	江亿
18	高岩	2005	2007	江亿
19	燕达	2005	2007	江亿、付林
20	夏建军	2006	2008	江亿
21	王宝龙	2006	2008	李先庭
22	张舸	2007	2009	张寅平
23	蔡浩	2007	2011	李先庭
24	赵玺灵	2007	2009	付林
25	胡鹏	2007	2009	付林
26	高鹏	2007	2010	杨旭东
27	董春桥	2007	2009	江亿
28	张金萍	2007	2012	张寅平
29	田野	2007	2009	江亿、栗德祥
30	张群力	2008	2010	狄洪发
31	邢永杰	2008	2010	江亿
32	孙方田	2008	2010	付林
33	姜子炎	2008	2010	江亿
34	王立鑫	2008	2012	张寅平
35	赵辉	2008	2011	江亿
36	苗德俊	2008	2011	李先庭
37	韩宗伟	2009	2011	李先庭
38	高波	2009	2011	李先庭
39	杨启超	2009	2011	石文星
40	夏伟	2009	2011	江亿、栗德祥
41	谢晓云	2009	2011	江亿
42	马勇	2010	2012	李先庭

续表

序号	姓名	入站时间（年）	出站时间（年）	导师
43	吴华新	2010	2012	张寅平
44	邹涛	2010	2012	江亿、栗德祥
45	屈芳	2010	2013	张寅平
46	梁楠	2011	2013	李先庭
47	姜云涛	2011	2014	付林
48	张毛磊	2011	2013	张寅平、袁宏永
49	关军	2011	2013	杨旭东
50	林振娴	2011	2013	付林
51	王潇	2011	2013	付林
52	邓杰	2011	2013	杨旭东
53	贾红书	2011	2013	付林
54	周贤	2011	2013	付林
55	邓翔宇	2011	2014	朱颖心
56	辛山	2011	2014	江亿
57	边海军	2011	2014	付林
58	杜世元	2012	2014	张寅平
59	余娟	2012	2014	朱颖心
60	高凯	2012	2015	杨旭东
61	李久太	2012	2015	朱颖心
62	杨石	2012	2015	李先庭
63	陈敏	2013	2015	杨旭东
64	黄立辉	2013	2015	张寅平
65	刘凤国	2013	2015	李先庭
66	介鹏飞	2013	2015	付林
67	张弘	2013	2016	付林
68	倪坤	2014	2016	杨旭东
69	朱宁	2014	2016	朱颖心
70	张斌	2014	2016	付林
71	勾昱君	2014	2017	张寅平
72	常素芹	2014	2017	张寅平
73	王瑞	2014	2016	李先庭
74	张立钦	2014	2017	付林
75	付宇	2015	2017	杨旭东

续表

序号	姓名	入站时间（年）	出站时间（年）	导师
76	张书华	2015	2017	付林
77	龙虹毓	2015	2017	付林
78	马荣江	2015	2019	杨旭东
79	符黄喜	2015	2017	江亿
80	刘兴伟	2015	2018	张寅平
81	薛雪	2016	2018	石文星
82	祝泮瑜	2016	2018	江亿
83	杨波	2016	2018	江亿
84	毛春柳	2016	2019	杨旭东
85	刘炜	2017	2019	张寅平
86	陈洪银	2017	2019	莫金汉
87	司鹏飞	2017	2019	张寅平
88	孟瑶	2018	2020	朱颖心
89	郭放	2018	2021	杨旭东
90	朱超逸	2019	2021	江亿
91	陈文景	2019	2021	石文星
92	董娴	2019	2021	李先庭
93	李叶茂	2020	2022	江亿
94	吴彦廷	2020	2022	付林
95	张楠	2020	在站	朱颖心
96	李无言	2020	在站	石文星
97	张兆国	2020	在站	张寅平
98	杨韬	2020	在站	张寅平
99	王源	2021	在站	李先庭
100	邓杰文	2021	在站	魏庆芃
101	刘效辰	2021	在站	江亿
102	张吉	2021	在站	江亿
103	徐天昊	2021	在站	江亿
104	姚明瑶	2021	在站	赵彬
105	王启繁	2021	在站	张寅平
106	王笑吟	2021	在站	刘晓华
107	罗开琦	2021	在站	江亿
108	刘学	2021	在站	燕达

二、学生名单

（一）1952—2021 年入学本科生名单

1952—2021 年入学本科生名单 附表 6

入学时间（年）	名单
1952	刘泰、张莹、岳青湘、王家俊、叶奕宪、王亦昭、曹人仲、温之健、张素久、荆元福、郝明超、崔瑞莹、迟连铎、赵荣义、许邦令、赵树铭、王德芳、王洗凡、吴文彬、任守中、张永明、陈再恩、刘和、张淑新、傅琦、项瑾
1953	孔繁达、王学文、李元哲、邵强、李正行、李世全、周志华、张天眷、王渊瀛、刘哲君、苏更生、张海、刘申南、程豪、王珮珣、程佩文、姚德霖、张芳亭、李桂君、刘思雄、王桂侯、张松喜、李明、陈树义、司徒国彬、傅伟英、王炎生、赵金宝、刘德婉、李范阳、丁良士、张岳、林屿崎、王树杰、孙一坚、赵瑞升、李苏兰、郭慧琴、王维珍、刘慧永、张迪之、赵沛标、牟灵泉、赵克强、薛复、张迪光、张悦种、李思唐、郑荣昌
1954	戚务恕、沈素芳、荆硕甫、谢君伦、蔡祖康、蔡秀媚、阎明光、张怀良、王玉棣、樊立言、金宗芸、李鸿霖、岑幻霞、刘健华、王万达、陈君燕、莫詠芬、刘国宝、李明玮、邢士光、章崇清、许钟麟、时有人、周守信、高玉凤、孙宪赐、丁慧英、李景珩、汤家凤、邓荣昌、胡承林、孙格非、胡阿姿、白金鼎、郭日屏、周冠雄、朱旻章、刘思礼、王孟吉、周伟玲、赵顺经、陈肇基、唐玛丽、陈敏、孙恺尧、甄光照、齐永系、王丽英、刘泽清、张永顺、顾锦梅、仝新民、毛蓉丽、张春缉、杨衍有、梁维民、陈仕忠、赵庆珠、邹道福、徐伯南、陈德娴、戚大明、杨芝伦、郭景文
1955	肖曰嵘、秦楷、张巨波、曹淑真、戴振祥、金茂芸、钱蓓妮、傅乐清、汪训昌、马福龄、缪文华、周昌熙、徐自敏、叶世玉、黄文恬、严慧莉、薛韵琴、王宣昭、陈华侨、褚敬止、叶汝裕、叶代鑫、陈其梁、易正熹、吴乃刚、马光正、张述礼、韩信隆、朗达时、周莲、柳西玲、安明义、邓增禄、郑铁、白葆侠、胡泊、潘宗慧、张鸿鹏、温丽、刘树铨、陈理、吴淑仙、陈珍娟、孙艾、周笛娟、苏以静、邬志燕、涂光备、蔡承弗、孙天赐、李惠娟、周端伦、徐立昌、朱道龄、沈庆铎、诸葛治林、蔡玉琢、刘桂水、胡国辉、罗鼎新、朱世琦、杨增鄂、崔明钟
1956	张万亮、罗自强、石兆玉、郭梵林、樊钟琴、李光京、胡铭新、谢遂德、周宝兴、叶宝瑞、陈涛、汪易敏、李岱森、张树华、谢永达、袁国胜、陈碧玉、罗毓琳、钱培生、沈文浩、束际万、邬守春、勾希桂、马光正、张述礼、韩信隆、周祖闻、高庆芬、张文兴、程幼言、施燮琴、刘国志、宋彩妤、赵宝印、赵培森、席荣增、侯岩石、郁杨、王敏、李文英、田振毅、蔡德生、欧阳金链、贺世祥、袁维殷、王福顺、张祖德、张耀华、徐宿、李霆、徐邦熙、叶瑞芳、李绍庭、陈维光、叶遂生、王系均、章继明、陈超云、杨玉国、黄鉴光、袁芸玉
1957	宋蕴玉、张松森、郭恩沛、朱贺荫、王焕钧、吴德绳、徐宝华、赵炳文、段作亭、李清诚、李福娴、李蜀箴、丁崇功、郑智华、竺士文、何尔和、高甫生、李庆华、翁炳溪、李銓、陈焕文、蔡文庆、林科仲、候梅梅、钟国雄、于万海、李英权、周莲、杨玉国、宋世平、尤玉生、陈超六、胡尚文、贾靳民、年福礼、张永仁、李万元、闫宝田、冯士超、耿作良、岳学文、何文超、陈忆云、顾金鈞、杨长友、周福瑞、李厚祥、史承茂、陈立明、丘桂荣、李承鳌、明锦郎、邓华明、杨伯科、罗信义、钟星尧、祁传斌、杨祖敏、李耀民、干家明
1958	宋世平、聂福祥、孔玉泉、冯梅舫、聂志邦、邓守濂、黄如先、刘兴国、王桂娟、陈玉珍、徐仁美、陶静娴、张华英、闫秀琛、宋胜华、卢道卿、卢锋、赵铭萱、杨家昭、李芳洲、曹蓉珍、王国芳、徐寿全、张义慎、韦心证、刘宏德、魏浩、黄铁盛、张正华、王友良、沈潮光、陈敦厚、陈雨田、朱胜年、孙忠君、邢松年、孙美娟、邵震宇、焦凤岐、聂振纲、石景和、徐大銓、吴小莎、孙仪琦、段若安、王超、李俊杰、林美玉、王召庆、林康立、奚龙兴、袁英、殷龙章、王诗萃、黄寿山、杨思勤、崔景龙、曾传钧、张亚仁、李钰清、郭新梅、吕殿阁、刘玉林、林伯章

续表

入学时间（年）	名单
1959	孙启荣、施正玲、王振芹、周妙基、朱学普、吴立生、刘慧敏、吴香楣、王世洪、祝汎广、柳强、刘族光、王公懋、罗传泰、杨武道、陈德权、干冠群、王汝畅、何祖城、陈还勉、蒋敏、许为全、屠峥嵘、俞敖元、王其祥、林承方、赵运生、张利群、张益昌、王银亮、王运考、李仁义、漆明清、邓定金、钟延冠、蔡敬琅、李筱用
1960	冯士俊、王蕴谦、刘明、韩世荣、张罡柱、康祺、马国昌、杨书林、虞永宾、任尽林、王志宏、张爱云、李肇珩、赵克斌、祝家丰、杨同球、杨宝箱、胡友年、陈业激、许壁莉、王大荣、郝文明、艾为学、王铁蕃
1961	程幼言、李东元、奚康生、崔绍基、毛军强、王永福、胡吉士、沃申祥、王朋宇、张永涛、张未迟、宋兰香、林仁生、虞松年、杨明华、梅迪培、武笃福、王自有、王维明、毛金菊、蒋应恒、卫世杰
1962	安仲元、孟竞智、徐伸、马淑秀、严丽文、赵士骐、孙家久、郝阳、陈忠实、朱静远、虞柏龄、黄忠喜、程宝义、胡承汉、周跃华、周化虞、高维庭、陆大文、傅培程、何佩瑶、邬昆华、于世杰、姜长泰、李杭、王德良、陈丽生
1963	杨瑞芬、白佐池、丁世钧、李秀梅、谢祖德、周苏生、吕正、李婉萍、赵忠民、姜朝福、王久征、陈乃新、冯凯生、汤郁苏、房步胜、刘志民、余朗田、赵士怀、林秉墉、张春荫、刘德文、朱志物、狄洪发、李秋安、陈光第、郑祥龙、高昆生、张忠民、蒋镇平
1964	汪琪美、葛仲、刘在辉、蒋世俊、刘注俊、甄衡禤、窦春鹏、刘光曼、龚文忠、沈锡昶、方国昌、胡永琪、路德胜、王菲菲、李世杰、于永湛、张国民、郭福鑫、翁宪忠、潘玉哲、郭剑锋、何炳麟、苏渝嫦、霍新民、李焕孙、陈仰
1965	张国栋、于志敏、陈兆祥、谭圣星、李水金、龙惟定、雷国华、李君平、夏清、金伯良、刘温、章烽贞、高文皂、宋恩宽、郭菁、陈国霖、林良杰、王树林、郑一鸣、王金祺、阮苏苏、吴让、屈高林、韩鸿娟、尹福慈、倪进昌、邹金星、唐安平、郝兰英
1970	王建军、孙敦善、独伊、周平、李则俊、王汉生、吴经定、陆贤平、秦峰泰、张云贵、景红兵、杨治国、李洪江、杨全生、叶凤新、闵凡河、李若林、郁玉金、周宏启、黄文龙、马汉忠、张文波、许吉昌、彭学凡、陈德超、彭振明、朴光律、沈伯青、李广文、刘新才、于京生、孙文泰、邓文华、杨永生、常学民、王洪凡、周香根、郑福、戴桂珍、邵成君、朱传传、任国辉、汪翠玲、张淑琴、周兆星、张文成、宋占雄、刘国发、汪竹英、张计民、杨桂林、付国瑞、陈凤英、魏复兴、朱长海、王运娥、伊连发、侯景芝、刘光才、王守斌
1972	张贵臣、薄克孚、刘武坤、吴盛光、刘康槽、董廷珊、甘洋贵、申玉梅、刁亚华、卢桃金、李灵范、金毅、尹海莲、张朝喜、王亚文、朱连祥、刘英贵、张军、黄月英、刘鹏、陈宗林、李向阳、李源、赵义华、钟友元、谭晓玲、马金德、袁朴兰、孟秀婷、司世明、李祥书、张健、熊炯华、曹淑琴、李连义、余柏林、王岩、梅庆茹、王良学、刘海宁、晋红、杨根科、余兴光、刘志强、侯松山、赵若菊、黄丽、刘龙华、李秀敏、张力、吴龙宝、刘亚珍、付春、李丽丽、徐佩清、白桂花、田峻岭、韩成祥、陈春英、陈永强
1973	徐长利、陈振铁、许文祥、毛望琴、吴常生、孙鲁春、厚炳煦、徐军梅、韩么华、雷德智、杨志军、裴晓利、刘曙光、张京生、魏中华、毛玉祥、许杰、黄连顺、万恩林、周苏文、陈立华、杜云、夏五一、刘宽、夏齐栋、帅文伟、彭裕禄、李玉林、徐希英、王贞怀、孔卫平、李海云、霍尚龙、郁丽平、张伯银、吴兴宗、佟力华、王印富、张家明、包启顺、周玉建、魏大福、刘月莉、王瑚新、罗继杰、唐志宽、汪启学、王淑敏、金久炘、张凤玲、陆致成、李树宏、刘春荣、江亿、温庚寅、彭淑华、何卢敏、白希志、姜绍彬、肖根生、黄世明、李桂芬、郭红星、陈春英

续表

入学时间（年）	名单
1974	赵大华、赵建华、危复开、张永利、刘渭阳、张延宝、梁桂明、戎卫国、张勇、吴登发、李东生、唐行维、方援朝、李洪锋、曲贵敏、付汉秀、孙玉书、赵凤、王传芝、王贵恕、李有立、余永义、王玉连、王志明、韩渊林、钱秀琴、杨素琴、李淑珍、李奇、刘宪章、张全林、苏晓虎、谷珍兰、赵贵忠、栗守余、杨惠波、谭玉兰、杨耀文、丁远珍、陈锦涛、王振英、王瑞乐、胡琼、王翔林、郑同水、谭柳生、武爱香、郭瑞茹、王本书、薛继成、李虹、吕书青、赵德昌、丁志勇、轩世杰、庞长国、张照文、史云兰、许玉洁、王福、高俊启、马广爱、高遵现、冯桂敏、孙耀山、李付林、王宜廷、马长春、崔玖、江贵学、张翼民、张晓阳、刘光勇、樊贻芳、许广斌、关磊、薛春生、於英德、曹明安、徐洲、曾素芬
1975	刘复、曹春云、张丽英、康太泉、高艳彬、李宝台、石翠青、赵立宪、张淑娜、马国炳、孔繁茹、陈冬露、周明、柏朝明、赵淑卿、程雪明、艾昌义、尹少斌、张印胜、夏庆武、王井祥、邱克芝、李长良、刘印？、阴振宗、莫晓萍、刘治水、全立平、刘秀琴、王雅琴、崔伟、李竹光、王月华、朱广荣、高国强、刘华？、张玉民、张玉兰、王宝林、曹民志、龚长海、曹健、蔡长杰、尹建新、单涛、杨敬东、马昌民、龚国顺、沈玉美、吴永远、颜志敏、徐长有、王雅天、靳桂莲、唐家荣、高德华、段桢蓉、龚荣碧、周南富、吴忠诚、刘菊芬、寇柏树、郑学田、张心充、曹宪民、段秋玲、郑淑芬、王桂娟、张华忠、杜荣化、王玉香、陈燕平、王健、崔铁良、王德亢、曾小和、刘延军、韩凤茹
1976	胡建新、王安洪、张永福、孙志国、邵英俊、张辉、钟持政、李文亭、黄荣生、张贺军、马炜、陈建、闫秀春、刘凤兰、张建平、刘江、姜纪建、阮学增、张凤山、吕金国、李存才、王珍、孙洪贵、沈凤秋、姜玉洲、武华、王大地、赵金山、殷幼华、李爱英、韩学廷、莫焯荣、于德海、梁继学、李坚枫、张乾民、赖英武、曹玉恭、颜克伟、王源源、袁生龙、辛树文、唐连如、姚荣华、胡建英、陈邦富、徐仲华、陈居民、马克平、鲍纪庆、孙建立、徐先法、原志军、郑引河、朱祥生、倪振清、苗德远、付桂英、胡素兰
1978	翟永平、祁登州、段晓梅、高建珂、王世侃、方子刚、张力生、杨志芳、刘强、李丰国、胡永清、卢仲伟、马振侠、张黎、江锋、朱建章、刘强、吴志鸿、杨杰、季伟、范新、王桂颖、闫孟波、赵红平、史喜成、郭日生、吉华、张慧、梁理、沙凯逊、吕大龙、俞仁贵、袁小雄、林章、陈清焰、谢峤、罗锐、蔡永胜、刘海、阎永良、牛建磊
1979	李玢、吴宁雁、王为、高世香、焦富兴、魏艳萍、杜建华、许莉、胡运昆、张欢、吴莘馨、陈福田、孙望勋、职建民、郭利、龚茂勤、金招芬、叶明华、林梅、王敏、崔笑千、姜胜耀、周扬胜、俞宙中、朱颖心、常安中、张君跃、江立、王玉华、侯东明、黄学工、姜之毅、范四川、付小勇
1980	刘燕、黄洁、邓岫、张雅锐、霍岩、商旅生、汪逸、张华、邵伟、童媛春、邹凯、陈萍、宋刚、罗为民、刁其忠、周国民、郑力、高泽春、叶蔚、楼振飞、齐文峰、毛镜三、赵子群、杨纯、陈瑞钦、熊岩、殷耀晨、瞿正翔、杜鹊、职建民、郭利、张君跃、黄学工
1981	郭威、李岩、寿晓峰、高嵩、范珑、章继叶、何端练、刘刚、徐伟、赵风羽、赵虹、谭丽萍、尹志强、张靖、纪烈禄、毛国锋、叶四舟、刘恒青、王业纲、卫昌、黄胜强、王辛、王小玲、谢亦伟、应柏平、戴文献、万水娥、张登富、李红焱、殷蓉春、许云岫、张永青
1982	张立军、孙汛、任薇、周红、邸灵、阎鲁冀、孙树晖、王四海、段洁仪、潘志峰、宋立新、王颖、王伟、郑路、邢剑、徐应清、唐明旭、刘耀华、王良海、吴晓明、张友群、于皖、汪昕、付志宝、陈添、周世强、罗毅、莫珍、高云、欧杰
1983	蒲文良、王军、陈卫华、刘洁旻、沈屹昕、纪明、郭玲、周耘、王洁、杨旭东、朱民、李庆旭、李吉生、武雪岩、陆振华、戴忠华、张建国、徐鹏芳、吕先志、高玉国、廖再毅、周莹、陈如维、秦长春、赵毅、陈立强、赖京文、李仙娥、何国驷、刘宾、田涛
1984	韩国华、黄炜、甄丽、王平、孟俊琪、赵欣、刘丽、吕环玲、李方、周志洁、孙伟军、屠肇敏、陈德明、贾晶、吴国良、何唐、陈三莲、赵平、王军、谭建明、吴小卫、薛兴、曾洁、冯东林、汤燕秋、曹莲芳、朴基昊、周海丰、叶虹、谢军、王大维、沈鸿川

续表

入学时间（年）	名单
1985	王旭、张云计、林萍、聂尔森、陈志承、李宏民、陈朝晖、王立、朱清宇、陈立新、丁晓东、李国庆、丁明亮、马国红、王鑫、戴彬彬、张庆平、蔡放、刘若雯、张纪文、赵永刚、李先庭、严育华、陈德国、李晓东、杨婉、罗二仓、张炜、黄慷、梁宏明、庞秀峰、钱炯
1986	叶菁、陈志冰、许军、王卫、刘岩、杨柳、童维捷、陈嘉军、刘建华、卫正、杨晓文、苏飞、高艳玲、李毅、杨绍余、陈霖忠、洪天真、张悦辉、游穆彬、劳文慧、何春光、张志云、方宇、江湧涛、周萍、朱芳宇、栗明辉、李建新、张濛、李永飞
1987	李浩明、陈英杰、戴国强、齐凯、徐长缨、牛立军、陈天舒、薛景悦、卫子端、刘彤、孙延峰、胡安风、黄立波、邢惠娟、朱永健、杨健慧、郭启聪、吴松、王典乐、甘承军、王滨、鄢永红、陈璐、阳朝东、王利华、梁军、李黎、任美娟、张彤、李江、马燕凯、李日淳
1988	刘瑜珂、胡海青、赵伟、赵晓波、须陶、马新辉、杨淑明、刘燕、任照峰、李娜丽、赵晓宇、沈红、王威、王霄虹、张启中、张海、方雷、陈剑波、张秀举、李永振、徐珍喜、朱健柱、陈锋、徐斌斌、刘双、周浩、张立华、刘恒、王田
1989	孟琦、黄涛、荆卫忠、邱锡平、张晓松、高光宁、卢阳、王铭、刘敬辉、白诚、夏益民、冯子兴、姜勇、张俊成、季蓉、潘晓云、郑乔、周海敏、王勇、张悦、黄飙、任立春、张金乾、陈自明、张洪生、张娅玲
1990	解轸、张屹、邓荣辉、林涛、李惠军、刘海麓、楼虹、赵长坤、聂小刚、岑俊平、夏春梅、张强、徐菁、秦绪忠、周继军、吴志锐、安静、陈颖、张志伟、亓民源、邹立军、周波、邱步、林心关、覃建书、邓宇春、江泳、张丽、潘嵩、肖云峰、刑力、严媛媛、张茂勇
1991	姜漪、吴大勇、何莹莹、王文太、李慧林、靳瑞廷、杨智勇、孟富春、曹建军、解旭斌、朱伟峰、杨俊、王鹏飞、郭伟、刘东剑、何德威、叶发廉、徐绚明、莫旭虹、余永涛、刘亚东、刘晓军、尤立山、邹琰、王丹妮、李瀛、乐翔、温丽娜、海娟
1992	柯加林、沈燕芳、夏滨、胡斌、李京、花明、傅千里、吕昶、王青田、朱颖秋、薛志峰、刘海东、史岩峰、高南、蒋应隆、钱亚卓、刘雄富、骆维军、童志杰、李寒春、张弢、戴旭馗、魏庆芃、黄飞育、赵莫辉、李俊、金霞、赵彬、肖智辉、杨伟才、苏萍、杨艳华
1993	何昭娟、狄喆、李晓东、李雯、王欣、左会刚、杨建荣、颜岩、李震、周晓棠、邢晓军、李彦哲、钟志鹏、吴如宏、程利萍、刘刚、陈斌、孙力勇、翟超勤、陈志强、王国杰、曾庆帆、康韵、张舸、谭刚、牛奕、王畅、秦铁昌、邢海云、杨卫峰、李港、施阳、刘方隽、丁一、孙亮、夏啸进、周华亮、孙政、马宁、涂晓雯、徐一、黄炜、王翔、陆弢、胡志瑛、杨旭、孙颖、刘明、申威、张欣、罗培琦、朱欣艾、金炜华、段练、李贺武、王威、王伟荣、孙枕戈
1994	高骥、韩平军、郭大智、谭琳、陈盛、虞静、吴芳、林波荣、陈华俊、胡先旭、石磊、周稚楠、周鹏、陈刚、邵双全、宋素敏、钟敏、连浬煜、徐健、李志刚、南彬、夏建军、周果、陈琪、吴艺霞、杜敬三、秦冰、徐继军、田元媛、曾夏
1995	黄季宜、李佳、李世朋、林泉标、刘荣、刘昕、刘洋、欧阳沁、齐庆梅、任鸿泽、宋凌、孙华、粟燕、王宝龙、王霖、王小亮、王晓亮、肖霞、徐小伟、胥小龙、燕达、杨黎、杨瑞、杨云桦、于震、张宏策、赵滨、宋岩磊、王旭东、蔡翀昱、胡硕实、黎太宗
1996	崔军、曹莉、季元、曾剑龙、卞卡、阎寒、李年长、牛强、秦鹏华、陈宾毅、李冬宁、钱少华、张宇峰、钟光辉、陆俊俊、吕晓辰、郭云枝、王苏颖、彭明锋、方甬、陈玖玖、石晓波、陈涛、陆岩、辛长征、李春林、刘真泉、陶潜、王庆、孙楷龙、王炜
1997	张威、刘南希、许瑛、陈蕾、章宇峰、邵小洁、张榕蓉、林坤平、郝磬、孟彬彬、赵密广、于宁、奚峰、徐轶君、王俊宏、谢晓娜、顾道金、陈海波、张志勤、袁锦超、曾海东、廖云飞、吕晓艳、聂中山、林晗、莫青、何效因、宋延熙

续表

入学时间（年）	名单
1998	曹国光、陈科科、陈晓阳、戴威、胡华芬、黄云峰、姜子炎、刘晓华、罗涛、罗晓熹、王凤阳、王庆苑、王水生、王苏亮、王新轲、马园园、姚冠辉、张骥、张婷、张晓亮、张野、周维、周翔、邹勍、张泳、王宝松、葛文峰、武斌斌
1999	陈曦、张昭、李亮、陈杰、金欣、王悦、徐玫、郎凡、李宏军、苏宏兵、谢莹滢、谢晓云、莫金汉、李敏、孙巍、刘拴强、李岩、葛伟华、张颖、唐振中、廖亮、李刚、武磊、焦锐涵、陈栋、蒋太锋、袁君洋、李勇
2000	张伟荣、刘垚、杨秀、李俊、杨光、李蓉樱、许悦、田新朝、邢天心、赵嘉靖、张蒴、俞晓睿、高恬云、徐秋健、诸群飞、孙春林、曾若浪、邓伟、林冠婧、朱尚龙、袁圆、张岩、张永宁、雷军、李海翔、钱科、谢业贵、赵丽娜、韦一冰
2001	袁伟亮、杨巍巍、关平、张晓东、黄少丹、吴俊、陈实、赵恒、吴彦廷、刘磊、钟雪莉、陈雪峰、马佳、林威、张辉、庄旻娟、王远、陈亮亮、陈亮、庄婷婷、李玉、石和建、窦强、石卉、宋兆培、王鑫、韩铮
2002	常晓敏、封楚宁、刘昕、赵宝、武姿、王嘉、李丞、王博、蔡琰、盖甲子、韩宇光、薛俊伟、刘哲、刘加根、张一擎、周潇儒、秦蓉、曾子辕、余鑫、赖中练、王锦华、常良、王闯、张弘、王明、易晓勤、陈云飞
2003	王闺臣、唐艺丹、郑一楠、綦戎辉、曹彬、韩福桂、张祥靖、冯莹莹、冯旭伟、赵飞、吴穹、严玢、马杰、杨晔、徐佳盛、韩林俊、严伟、苏雅璇、王旭辉、黄宇、李处林、黄寓理、陈明、张声远、刘亚斌、潘品毅、倪达兴、刘晓茜、陈群
2004	王曦、张明瑞、胡奇立、黄曙光、彭琛、刘阿祺、李程、汤宇虹、吴钦侃、肖贺、常晟、王升、钟丹艳、谢俊骏、林辉、陈春寅、陈毅兴、张海强、冯丽洁、余涛、王岳彪、冯超、赵盈盈、李惠琳、叶健提、赵世文、王牧、常谦、陈磊、郑劼、罗晶、聂雪彪
2005	沈启、李菁华、王展、刘宜朋、马至夏、张旭、何恒钊、杨湛、王越、李哲、高雪峰、华金晶、余琮、聂贤、陈淳、李沁笛、石轶砆、张涛、王彧、梁苡瑞、马宇歌、黄莉、曾臻、熊双、吴知慧、王瑾、陶晟臻、徐立、李奇文
2006	崔惟霖、李健平、冯宁、周欣、肖娟、黄河、蒋选、赵康、冯一鸣、王冰、董磊、毛焯、邓光蔚、王悦悦、代允闯、秦菲、胡姗、续宇鹏、江岸、符竹舟、何冰、冯晓硕、许锋、朱丹丹、方豪、缪晟、周斌、朴正浩、权宗昱
2007	李睦、张崎、王静贻、王萌、雷宜众、李紫微、李静原、孙开宇、王秦鹏、程浩蕃、张了、叶雨、庄少阳、王硕、高见、刘乐群、钱苏昕、朱洋莹、高腾、王者、祝侃、江晶晶、李昂、李梦颖、安程、李鑫、李卉、元度渊、朴东灿
2008	李丹阳、毛晓晨、孙筱、郭偲悦、李敏、王美婷、杨乐、任晓欣、李崎、郑姝影、祝瑞、蒋凌飞、田雪冬、吴锋彬、周晚婷、于瑞、裴祖峰、梁孟麟、吴若飒、林熠溦、王亦然、郭雪扉、李欣、郑宇薇、吴泽昊、丰晓航、聂垚、蒋欣怡、王川、李林妍、李贤秀、李淳亨、洪银住、金艺珍
2009	李佳蓉、韩璐、郭明瑾、李秉璋、赵海湉、陈哲良、杨品澍、宋健、于新巧、黄志玮、尤若于、钟文智、吴忠隽、潘琛琪、刘燕、李克琳、林立身、薛斐、黄予衡、朱超逸、唐海达、陆帆、杨晨曦、何材、常译心、李金泽、李权、卢京秀、李相昊、赵秀珍、谭嘉杰、潘源礼
2010	杨鹏、罗璇、李愔、王祎、岳洋、高雅春、安晶晶、李梦惜、齐美薇、翟上、陈慧、谢瑛、李叶茂、冯潇潇、王弈超、栾雅萌、吴曈凌、陈佩章、郭雨桐、钱漾漾、陈晨、章沁、余镇雨、原上青、邸以文、崔莹、李灏如、张双奇、赵冶、马川、郑祺卫、金钟成、黄载旭
2011	纪文杰、耿阳、房钰航、张立、施天明、王莹、石润南、黄太阳、张春晖、周恩永、项翔坚、柳珺、胡景童、罗家俊、张宇、杨月婷、刘畅、赵越、汤雨桥、陈姚波、邬蒙可、陈建泉、郭浩然、胡天乐、禹果、唐巩、潘文彪、赵真、金勇柱

续表

入学时间（年）	名单
2012	张小曼、肖儒、都佳、才华、钱明杨、邓杰文、卢地、罗琴子、罗奥、田恩泽、孙弘历、张亦弛、张婉妮、程嘉颖、万瀚隆、蔡挺、陈忱、何峻州、程兆祺、杨意、叶紫、刘效辰、关博文、孙晓雨、王林珏、徐熙、洪韶英、金上贤、金慧媛
2013	王江龙、段思迪、吴序、张仲宸、李好玥、孙佳琦、李凌杉、周严、王昌、冯晴晴、潘瑾、莫鑫、洪家杰、赵月靖、朱晓玥、梁媚、张越、陈传欣、吴卓彦、尹顺永、乐慧、施雨晨、杜瑞铭、苏玥、孙之炜、张洋、陈昭文、晋远、林琳、李奥、姜龙权、朴正浩、文世真、权正宰、全东哲
2014	胡新语、于一丁、井洋、王嘉迪、苏子怡、郑雯、张沁宜、黄祚栋、唐虹、易禹豪、桂晨曦、杨絮霏、韦发林、陈家杨、江永澎、何适、夏显龙、康旭源、王安东、韩典杉、焦洋、刘宁睿、李鹏超、伍倩莹、孙泽禹、鲁文静、魏文罡、禚翰宸、许多、刘怡洁、全道永、苏惠
2015	胡颖、闫睿、夏凡轩、刘忠尧、赵圣君、蔺文钰、卜凡、陈泽锦、陈其威、刘朝阳、吴业宇、许峥浩、王怡臻、邓悦、黄文秋、赵力戈、刘思静、伍逸文、李雨珂、姚语嫣、南昭晗、余璐、刘震哲、杨晓霖、吴鑫、寇方铖、张睿格、王奇岳、麻志曜、顾宇挺、赵优仁
2016	杨子艺、李彩宇、居益、谭潇、雷潇、曾云一、李自勇、李宇航、舒畅、张浩、杨婷、王艳辉、王佳妮、杨一帆、刘兆濡、陈琪、王睿婷、吴纯凌、李少杰、高铁伦、张晟齐、陈珂、刘羿铭
2017	袁慕风、鞠欣源、孙玮、邹武威、吴奕、罗旭、张傲、李浩、朱俣霖、刘宇舟、柯浪、董皓宇、许同芯、梁博远、陈钊贤、王仕杰、赵子豪、王潇、王立博、强文博、范宇宸、杨世纪、韦柳枝、姚鑫、廖一凡、刘静怡、大城梦
2018	史卓凡、邱宇宸、杨帆、祝子涵、肖敏杰、蒋海华、付智、范佳乐、史发斌、陈瀚然、王正华、许若虞、许环宇、林沛东、戴应彬、李昊澄、施茂栋、韦景银、胡永梅
2019	王业、魏子梁、林雨凡、赵嘉琦、方鼎钊、蒋思杨、贾润喆、王嘉豪、杨赞宇、王荔、岳桓羽、王馨翊、刘沁桓、苏智寒、周政翰、陆俊钊、李雨杰、栾承志、贾铄玮、李尚涛、刘语博、李婧琳、罗紫怡、石乔波、范祖睿、宋明玮
2020	张文喆、陈萌、赵鑫阳、刘实、李方伶、曾俊辉、占子扬、龚雪、季轩宇、刘晨昊、王佳仪、杨名彬、李泽元、周寅奥、祝尔康、韩冬嘉、顾子轩、饶望、王懿垚、谢林锋、曲世童、彭博、侯瑶璞、史雯祺、邓子昂、王匡昊、杨瑞柯
2021	叶洪菲、彭子翾、张讷敏、段颢俊、杨明繁、赵亚栋、银浩然、凌文斐、方正、樊海荻、李坤阳、王福涛、赵子蒙、韦通涛、朱骏焜、钟阅、张钦松、董佳奇、杨玉鼎、楼易天、李恺十、金妍薇、夏景怡、何卓麟、刘晔希、施坦呈、吕垒坤、廖帷宇、郭雨菲

注：“？”为原始资料不清楚，姓名无法确认。

（二）1952—2021 年入学硕士生名单

1952—2021 年入学工学硕士生名单 **附表 7**

序号	姓名	入学时间（年）	毕业时间（年）	导师
1	刘先喆	1959	1963	吴增菲
2	丁慧英	1959	1963	吴增菲
3	胡泊	1961	1964	王兆霖
4	汪训昌	1961	1965	吴增菲

续表

序号	姓名	入学时间（年）	毕业时间（年）	导师
5	白葆侠	1961		吴增菲
6	杨增鄂	1961		吴增菲
7	严惠琍	1961	1965	吴增菲
8	曾传钧	1964	1968	吴增菲
9	张永涛	1978	1981	吴增菲，薛殿华
10	江亿	1978	1981	王兆霖，彦启森
11	狄洪发	1978	1981	李元哲
12	夏靖	1978	1981	吴增菲
13	倪进昌	1979	1983	陈君燕
14	陆致成	1979	1983	赵荣义，张瑞武
15	陈兆祥	1979	1982	彦启森
16	程宝义	1979	1982	吴增菲
17	何鲁敏	1979	1982	彦启森
18	赵士怀	1979	1982	彦启森，李元哲
19	赵柏忠	1981	1984	赵荣义
20	方贤德	1981	1984	彦启森，李元哲
21	范有臣	1982	1984	赵荣义，蔡启林
22	袁小雄	1983	1985	王兆霖，蔡启林
23	赵红平	1983	1986	王兆霖，石兆玉
24	史喜成	1983	1986	赵荣义，叶季生
25	吉华	1983	1986	李元哲
26	陈清焰	1983		彦启森
27	周宪	1984	1986	李元哲
28	张欢	1984	1987	彦启森，薛殿华
29	焦富兴	1984	1987	彦启森
30	朱颖心	1984	转博	彦启森
31	徐永晖	1985	1988	彦启森
32	周大勇	1985	1988	王兆霖，蔡启林
33	侯东明	1985	1988	彦启森，江亿
34	邵伟	1985	1988	王兆霖，陈君燕
35	刘燕	1985	1988	赵荣义
36	范新	1985	1988	李元哲
37	朱熙	1985	1988	彦启森，张瑞武
38	刘钢	1986	1988	李元哲
39	刘恒青	1986	1989	彦启森

续表

序号	姓名	入学时间（年）	毕业时间（年）	导师
40	孟祥君	1986	1989	赵荣义
41	寿晓峰	1986	1989	蔡启林
42	王小玲	1986		赵荣义
43	李玉国	1986		薛殿华
44	段洁仪	1987	1989	蔡启林
45	周一鸣	1987	1989	彦启森
46	敖顺荣	1987	1989	赵荣义
47	王四海	1987	1989	江亿
48	盛国宏	1987		彦启森
49	廖再毅	1988	1990	彦启森
50	杜鹃	1988	1991	岑幻霞
51	李吉生	1988	1991	赵庆珠
52	何其愚	1988	1991	薛殿华
53	郭启民	1988	1991	李元哲
54	蒲文良	1988		赵荣义
55	贾晶	1989	1992	江亿
56	王军	1989	1992	张瑞武
57	王良海	1989	1992	赵荣义
58	刘施玲	1989	1992	蔡启林
59	马国红	1990	1993	李元哲
60	童小玲	1990	1993	肖曰嵘
61	吕先志	1990	1993	薛殿华
62	杨旭东	1990	1993	江亿
63	李先庭	1990	转博	彦启森
64	陈弘	1991	1994	石兆玉
65	朱芳宇	1991	1994	赵荣义
66	袁昌立	1991	1994	陈君燕
67	李锐	1991	1994	蔡启林
68	蒋久铁	1991	1994	赵庆珠
69	朱一文	1992	1995	许为全
70	邢惠娟	1992	1995	陈雨田
71	周强华	1992	1995	江亿
72	刘彤	1992	1995	彦启森
73	鄢永红	1992	1995	岑幻霞
74	徐珍喜	1993	1996	陈兆祥

续表

序号	姓名	入学时间（年）	毕业时间（年）	导师
75	史斌华	1993	1996	彦启森
76	董静	1993	1996	赵荣义
77	滕树叶	1993	1996	薛殿华
78	蒋文忠	1993	1996	石兆玉
79	张晓松	1994	1997	蔡启林
80	王勇	1994	1997	彦启森
81	李晓锋	1994	1997	朱颖心
82	李浩	1994	1997	赵庆珠
83	陈钰	1994	1997	许为全
84	姜南	1994	1997	石兆玉
85	陈涌	1994	1997	陈雨田
86	张雁	1995	1998	朱颖心
87	李丰桐	1995	1998	肖曰嵘
88	刘俊伝	1995	1998	陆致成
89	戴斌文	1995	1998	狄洪发
90	史登峰	1995	1998	石兆玉
91	楼虹	1995	1998	陈君燕
92	张强	1995	1998	陈君燕
93	邓宇春	1995	1999	江亿
94	杨逢君	1996	1999	朱颖心
95	张蕾	1996	1999	李吉生，王子介
96	王鹏飞	1996	1999	陈兆祥
97	李慧林	1996	1999	江亿
98	王丹妮	1996	1999	狄洪发
99	江浥	1996	1999	陆致成
100	武海滨	1997	2000	朱颖心
101	王智超	1997	2000	石兆玉
102	李莹	1997	2000	李先庭
103	朱颖秋	1997	2000	江亿
104	童志杰	1997	2000	李吉生
105	张弢	1997	2000	李吉生
106	薛志峰	1997	2000	江亿
107	蒋应隆	1997	2000	狄洪发
108	谭刚	1998	2001	朱颖心
109	张茂勇	1998	2001	李先庭

续表

序号	姓名	入学时间（年）	毕业时间（年）	导师
110	田元媛	1998	2001	许为全
111	钟志鹏	1998	2001	张寅平
112	狄喆	1998	2001	江亿
113	王威	1998	2001	狄洪发
114	周晓棠	1998	2001	李吉生
115	王福林	1998	2001	江亿
116	马晓钧	1998	2001	窦春鹏
117	骆维军	1998	2001	李吉生
118	马杰	1999	2002	李先庭
119	江泳	1999	2002	朱颖心
120	杨新江	1999	2002	窦春鹏
121	陈盛	1999	2002	狄洪发
122	陈华俊	1999	2002	江亿
123	胡先旭	1999	2002	张寅平
124	杜敬三	1999	2002	金招芬，朱颖心
125	徐继军	1999	2002	李吉生，狄洪发
126	林波荣	1999	转博	朱颖心
127	柴沁虎	2000	2003	江亿
128	吴萍	2000	2003	狄洪发
129	刘翔	2000	2003	李吉生
130	郭非	2000	2003	江亿
131	黄季宜	2000	2002	金招芬，张寅平
132	于震	2000	2002	江亿，曲凯阳
133	任鸿泽	2000	2003	李先庭
134	杨瑞	2000	转博	张寅平
135	徐小伟	2000	2003	李先庭
136	欧阳沁	2000	转博	朱颖心
137	宋凌	2000	2003	朱颖心
138	李冬宁	2000	2003	窦春鹏
139	崔军	2000	2003	江亿
140	秦鹏华	2000	2003	张寅平，杨睿
141	陆俊俊	2000	2003	李先庭
142	王苏颖	2000	2003	狄洪发
143	郭云枝	2000	2003	张寅平，李晓锋
144	辛长征	2000	2003	朱颖心

续表

序号	姓名	入学时间（年）	毕业时间（年）	导师
145	陈蕾	2001		狄洪发
146	袁涛	2001	2004	狄洪发
147	耿克成	2001	2005	江亿
148	宋芳婷	2001	2004	江亿
149	许瑛	2001	2004	张寅平
150	章宇峰	2001	2004	朱颖心
151	孟彬彬	2001	2004	李先庭
152	于宁	2001	转博	狄洪发
153	陈海波	2001	2004	朱颖心
154	林晗	2001	2004	李先庭
155	张志勤	2001	2004	朱颖心
156	曾海东	2001	2004	张寅平
157	廖云飞	2001	2004	李先庭
158	刘靖	2001	2004	张寅平
159	李永红	2002	2005	江亿
160	吴鹏	2002	2005	李先庭
161	许锋飞	2002	2005	杨旭东
162	陈亚芹	2002	2005	狄洪发
163	徐煦	2002		狄洪发
164	刘晓华	2002	转博	江亿
165	张野	2002	2005	江亿
166	戴威	2002	2005	朱颖心
167	王宝松	2002	2005	狄洪发
168	陈晓阳	2002	2005	江亿
169	周翔	2002	2005	朱颖心
170	张晓亮	2002	2005	江亿
171	罗晓熹	2002	2005	张寅平
172	徐慧	2002	2005	张寅平，杨睿
173	尹波	2003	2006	狄洪发
174	刘烨	2003	2006	江亿
175	丁剑红	2003	2006	张寅平，王馨
176	唐振中	2003	2006	朱颖心
177	李亮	2003	2006	朱颖心
178	王悦	2003	2006	狄洪发
179	张颖	2003	2006	李先庭

续表

序号	姓名	入学时间（年）	毕业时间（年）	导师
180	陈杰	2003	2007	江亿
181	陈曦	2003	2005	李先庭
182	李寒春	2003	2006	李先庭
183	金霞	2003	2006	江亿
184	陈权	2004	2007	石文星
185	孙作亮	2004	2007	付林
186	郑竺凌	2004	2007	杨旭东
187	唐家裕	2004	2007	狄洪发
188	张伟荣	2004	2007	江亿
189	杨秀	2004	转博	江亿
190	李蓉樱	2004	2007	李先庭
191	诸群飞	2004	2007	江亿
192	邓伟	2004	2007	朱颖心
193	林冠婧	2004	2006	朱颖心
194	袁圆	2004	2006	朱颖心
195	钱科	2004	2007	张寅平
196	赵丽娜	2004	2007	李先庭
197	颜承初	2005	2008	石文星
198	肖常磊	2005	2008	付林
199	李京美	2005	2008	狄洪发
200	张泽强	2005	2008	张寅平
201	韩铮	2005	2008	朱颖心
202	庄旻娟	2005	2009	江亿
203	张永宁	2005	2008	江亿
204	吴俊	2005	2007	李先庭
205	石卉	2005	2008	杨旭东
206	王远	2005	2008	江亿，魏庆芃
207	林威	2005	2008	朱颖心
208	赵恒	2005	2007	李先庭，赵彬
209	张蓝月	2005		江亿
210	蔡宏武	2006	2009	江亿
211	李俊	2006	2009	朱颖心
212	赵伟	2006	2009	石文星
213	朱奋飞	2006	2009	李先庭
214	赖中练	2006	2009	付林

续表

序号	姓名	入学时间（年）	毕业时间（年）	导师
215	周潇儒	2006	2009	朱颖心
216	张一擎	2006	2010	张寅平
217	王嘉	2006	2009	石文星
218	易晓勤	2006	2009	江亿
219	秦蓉	2006	2009	江亿
220	常晓敏	2006	2009	江亿
221	刘加根	2006	2009	朱颖心
222	陈凤娜	2006	2009	杨旭东
223	唐峰	2007	2010	杨旭东
224	苏雅璇	2007	2010	朱颖心
225	严伟	2007	2009	张寅平
226	曹彬	2007	转博	朱颖心
227	严玢	2007	2010	赵彬
228	张声远	2007	2010	江亿
229	韩林俊	2007	转博	石文星
230	王旭辉	2007	2010	江亿
231	韩福桂	2007	2010	江亿
232	郜义军	2008	2011	李先庭
233	姜峰	2008	2011	王馨
234	周德海	2008	2011	石文星
235	冯丽洁	2008	2011	付林
236	张明瑞	2008	2011	李晓锋
237	张海强	2008	2011	江亿，刘晓华
238	林辉	2008	2012	赵彬
239	刘阿祺	2008	2011	朱颖心
240	肖贺	2008	2011	魏庆芃
241	彭琛	2008	转博	江亿
242	罗威	2008	2011	杨旭东
243	王腾	2009	2012	付林
244	董俐言	2009	2012	李先庭
245	滕小果	2009	2014	王馨
246	李沁笛	2009	2012	杨旭东
247	曾臻	2009	2012	李晓锋
248	陈淳	2009	2012	赵彬
249	张涛	2009	2012	刘晓华

续表

序号	姓名	入学时间（年）	毕业时间（年）	导师
250	李哲	2009	2012	朱颖心
251	华金晶	2009	2012	朱颖心
252	涂壤	2009	转博	江亿
253	李欣笑	2009	2012	张寅平
254	王鹏苏	2009	转博	杨旭东
255	海瑞欧	2009	2012	夏建军
256	格林逊	2009	2012	燕达
257	熊双	2009	2014	李先庭
258	陈彦龙	2010	2013	王馨
259	吴成斌	2010	2013	石文星
260	张宇	2010	2013	张寅平
261	胡姗	2010	2013	江亿
262	蒋选	2010	2013	李先庭
263	冯一鸣	2010	2013	魏庆芃
264	周斌	2010	2013	赵彬
265	肖娟	2010	2013	林波荣
266	崔惟霖	2010	转博	朱颖心
267	朱丹丹	2010	2013	燕达
268	毛焯	2010	2013	王福林
269	江岸	2010	2013	王宝龙
270	黄河	2010	2013	李晓锋
271	李筱	2010	2014	石文星
272	达以仁	2010	2013	朱颖心
273	续宇鹏	2010		杨旭东
274	游田	2011	2014	石文星
275	卓思文	2011	2014	王馨
276	董磊	2011	2014	江亿
277	张崎	2011	2014	燕达
278	江晶晶	2011	2014	刘晓华
279	孙开宇	2011	2014	江亿
280	王萌	2011	2014	江亿
281	王硕	2011	2014	魏庆芃
282	李睦	2011	2014	张寅平
283	祝侃	2011	2014	夏建军
284	杜正健	2011	2014	张寅平

续表

序号	姓名	入学时间（年）	毕业时间（年）	导师
285	李政	2011	2014	杨旭东
286	郑博伦	2011	2014	朱颖心
287	张了	2011	2015	杨旭东
288	李宁	2012	2015	石文星
289	熊帝战	2012	2015	杨旭东
290	吴明洋	2012	2015	江亿
291	王鲁平	2012	2015	李先庭
292	田雪冬	2012	2015	魏庆芃
293	郑宇薇	2012	2015	刘晓华
294	裴祖峰	2012	2015	朱颖心
295	吴若飒	2012	2015	魏庆芃
296	李敏	2012	2015	朱颖心
297	王美婷	2012	2015	江亿
298	毛晓晨	2012	2015	夏建军
299	任晓欣	2012	2015	燕达
300	杨明洪	2012	2015	李先庭
301	蒲中南	2012	2015	张寅平
302	商锐	2013	2016	张寅平
303	马惠颖	2013	2016	李先庭
304	郭明瑾	2013		夏建军
305	李克琳	2013	2015	李晓锋
306	李佳蓉	2013	2016	杨旭东
307	何材	2013	2016	魏庆芃
308	吴忠隽	2013	2016	魏庆芃
309	于新巧	2013	2016	燕达
310	陈哲良	2013	2016	王福林
311	解加荣	2013	2016	杨旭东
312	林立身	2013	2018	江亿
313	熊飞	2013	2019	张寅平
314	黄文宇	2014	2017	石文星
315	刘星如	2014	2017	王宝龙
316	陈佩章	2014	2017	江亿
317	崔莹	2014	2017	燕达
318	冯潇潇	2014	2017	谢晓云
319	李灏如	2014	2017	李晓锋

续表

序号	姓名	入学时间（年）	毕业时间（年）	导师
320	齐美薇	2014	2017	李晓锋
321	钱漾漾	2014	2017	魏庆芃
322	吴瞳凌	2014	2017	朱颖心
323	林炎顷	2014	2017	李先庭
324	姚明瑶	2015	转博	赵彬
325	王莹	2015	2018	李晓锋
326	项翔坚	2015	2018	刘晓华
327	杨月婷	2015	转博	谢晓云
328	刘畅	2015	2018	魏庆芃
329	邬蒙可	2015	2018	燕达
330	郭浩然	2015	2018	付林
331	王建	2015	2018	石文星
332	南硕	2015	2018	李先庭
333	周恩永	2015	2021	燕达
334	潘文彪	2016	2019	江亿
335	丁云晨	2016	2019	王宝龙
336	丁星利	2016	转博	杨旭东
337	丁连锐	2016	2019	石文星
338	黄文杰	2016	2019	杨旭东
339	徐熙	2016	2019	江亿
340	孙晓雨	2016	2020	王馨
341	张亦弛	2016	2019	夏建军
342	田恩泽	2016	转博	莫金汉
343	卢地	2016	2019	魏庆芃
344	才华	2016	2019	谢晓云
345	肖儒	2016	2019	莫金汉
346	马晓明	2017	2020	朱颖心
347	于洋	2017	2020	石文星
348	朱晓玥	2017	2020	杨旭东
349	崔梦迪	2017	转博	王宝龙
350	赵月靖	2017	2020	赵彬
351	梁媚	2017	2020	魏庆芃
352	施雨晨	2017	2020	李晓锋
353	乐慧	2017	2020	谢晓云

续表

序号	姓名	入学时间（年）	毕业时间（年）	导师
354	龚启鹏	2018	2021	王馨
355	桂晨曦	2018	2021	燕达
356	何适	2018	2021	魏庆芃
357	杨絮霏	2018	2021	王宝龙
358	郑雯	2018	2021	夏建军
359	尹佳雯	2018	2021	刘晓华
360	陳宏傑	2018	2021	王福林
361	魏文罡	2019	2022	魏庆芃
362	石萌	2019	2022	许瑛
363	陈泽锦	2019	2022	江亿
364	邓悦	2019	2022	曹彬
365	王怡臻	2019	2022	李晓锋
366	许峥浩	2019	2022	刘晓华
367	闫睿	2019	2022	王福林
368	王明卿	2019	2022	付林
369	顾宇挺	2019	2022	莫金汉
370	申超	2020	在读	王福林
371	魏江辉	2020	在读	夏建军
372	代一	2020	在读	江亿
373	江永澎	2020	在读	夏建军
374	雷潇	2020	在读	莫金汉
375	李自勇	2020	在读	付林
376	杨婷	2020	在读	江亿
377	于佳丘	2020	在读	李先庭
378	庄萌榕	2020	在读	王福林
379	杨建川	2021	在读	付林
380	范俊珲	2021	在读	朱颖心
381	鞠欣源	2021	在读	朱颖心
382	刘羿铭	2021	在读	王馨
383	吴奕	2021	在读	燕达
384	张傲	2021	在读	赵彬
385	何馨	2021	在读	杨旭东
386	李瑾洋	2021	在读	张寅平

1952—2021 年已毕业的工程硕士生名单 附表 8

序号	姓名	入学时间（年）	毕业时间（年）	导师
1	冯莹莹	2013	2017	李晓锋
2	李亮	2015	2021	李晓锋
3	李严	2016	2021	李晓锋
4	黄谣	2016	2021	李晓锋

（三）1952—2021 年入学博士生名单

1981—2021 年入学工学博士生名单 附表 9

序号	姓名	入学时间（年）	毕业时间（年）	导师
1	江亿	1981	1985	王补宣
2	朱颖心	1986	1989	冯俊凯，彦启森
3	李吉生	1991	1994	彦启森
4	洪天真	1991	1994	彦启森，江亿
5	李先庭	1992	1995	彦启森
6	王连泽	1992	1996	彦启森
7	任美娟	1992		江亿
8	陈锋	1993	1999	江亿
9	葛云亭	1993	1997	彦启森
10	文学军	1994		赵荣义
11	彭雄兵	1994	1997	彦启森
12	秦绪忠	1995	2000	江亿
13	孙宁	1995	1999	彦启森
14	夏一哉	1996	1999	赵荣义
15	付林	1996	2000	江亿
16	曲凯阳	1996	2001	江亿
17	石文星	1996	2001	彦启森
18	朱伟峰	1996	2003	江亿
19	贾庆贤	1997	2000	赵荣义
20	康艳兵	1997	2001	江亿
21	赵彬	1997	2002	彦启森，李先庭
22	魏庆芃	1997	2004	江亿
23	李俊	1997	2004	赵荣义
24	李震	1998	2005	江亿
25	曾庆帆	1998	2004	赵荣义

续表

序号	姓名	入学时间（年）	毕业时间（年）	导师
26	杨建荣	1998	2004	彦启森
27	翟超勤	1998		江亿
28	简毅文	1998	2004	江亿
29	李晓锋	1999	2004	彦启森
30	邓伟贤	1999		江亿
31	邵双全	1999	2005	彦启森，李先庭
32	周果	1999		赵荣义
33	秦冰	1999	2005	江亿
34	夏建军	1999	2006	江亿
35	成通宝	1999	2003	江亿
36	田长青	1999	2003	彦启森
37	王宝龙	2000	2006	彦启森
38	陈玖玖	2000	2008	彦启森，李先庭
39	林泉标	2000		赵荣义
40	张宇峰	2000	2006	赵荣义
41	燕达	2000	2005	江亿
42	曾剑龙	2000	2007	江亿
43	谢晓娜	2001	2007	江亿
44	林坤平	2001	2006	张寅平
45	李辉	2001	2006	朱颖心
46	顾道金	2001	2006	朱颖心
47	曹国光	2002	2011	狄洪发
48	姜子炎	2002	2008	江亿
49	薛志峰	2002	2006	江亿
50	欧阳沁	2002	2005	朱颖心
51	林波荣	2002	2004	朱颖心
52	陈斌娇	2002		张寅平
53	王新轲	2002	2008	张寅平
54	徐宝萍	2003	2008	狄洪发
55	谢晓云	2003	2009	江亿
56	刘拴强	2003	2010	江亿
57	李兆坚	2003	2008	江亿
58	韩伟国	2003		江亿
59	张群力	2003	2008	狄洪发

续表

序号	姓名	入学时间（年）	毕业时间（年）	导师
60	李宏军	2003	2008	朱颖心
61	夏春海	2003	2008	朱颖心
62	莫金汉	2003	2009	张寅平
63	杨瑞	2003	2006	张寅平
64	曾若浪	2004	2010	狄洪发
65	刘兰斌	2004	2009	江亿
66	刘晓华	2004	2007	江亿
67	宋芳婷	2004	2010	江亿
68	谷立静	2004	2009	朱颖心
69	于宁	2004	2012	狄洪发
70	肖伟	2004	2010	张寅平
71	徐秋健	2004	2012	张寅平
72	高志宏	2005	2014	江亿
73	郑忠海	2005	2009	狄洪发，付林
74	张晓亮	2005	2010	江亿
75	王鑫	2005	2011	江亿
76	姚远	2005	2011	张寅平
77	黄少丹	2005	2014	张寅平
78	陈海波	2005	2009	朱颖心
79	周翔	2005	2008	朱颖心
80	马晓钧	2006	2012	李先庭
81	王闯	2006	2015	江亿
82	常良	2006		江亿
83	王刚	2006		朱颖心
84	李丞	2006	2013	朱颖心
85	熊建银	2006	2010	张寅平
86	何中凯	2006	2011	张寅平
87	邓琴琴	2006	2010	杨旭东
88	陈云飞	2006		杨旭东
89	孙健	2007	2014	付林
90	田浩	2007	2013	江亿
91	杨秀	2007	2010	江亿
92	邵晓亮	2007	2014	李先庭
93	杨铭	2007	2012	杨旭东

续表

序号	姓名	入学时间（年）	毕业时间（年）	导师
94	刘巍巍	2007	2014	张寅平
95	马杰	2007	2012	朱颖心
96	常晟	2008	2014	江亿
97	王升	2008	2014	江亿
98	宋凌	2008	2015	朱颖心
99	张晓灵	2008	2014	李先庭
100	赵卫平	2008		张寅平
101	刘聪	2008	2014	张寅平
102	杨彩青	2008	2013	杨旭东
103	李岩	2008	2013	付林
104	单明	2008	2013	杨旭东
105	罗涛	2009	2015	江亿
106	沈启	2009	2015	江亿
107	张伦	2009	2014	江亿
108	戴威	2009		朱颖心
109	黄莉	2009	2014	朱颖心
110	蔚文娟	2009	2014	张寅平
111	刘华	2009	2016	付林
112	王超	2009	2014	杨旭东
113	周欣	2010	2015	江亿
114	赵康	2010	2015	江亿
115	代允闯	2010	2016	江亿
116	方豪	2010	2015	江亿
117	曹彬	2010	2012	朱颖心
118	吴伟	2010	2016	李先庭
119	龚梦艳	2010	2015	张寅平
120	程瑞	2010	2015	张寅平
121	吴彦廷	2010	2019	付林
122	韩林俊	2010	2014	石文星
123	梁卫辉	2010	2015	杨旭东
124	邱继哲	2010		江亿
125	佟振	2011	2017	江亿
126	彭琛	2011	2014	江亿
127	鲍力	2011		朱颖心

续表

序号	姓名	入学时间（年）	毕业时间（年）	导师
128	张朋磊	2011	2016	李先庭
129	张堙	2011	2016	张寅平
130	李炳田	2011		石文星
131	施珊珊	2011	2016	赵彬
132	李静原	2011	2016	江亿
133	王者	2011	2017	朱颖心
134	王静贻	2011	2018	江亿，付林
135	张涛	2012	2015	江亿
136	涂壤	2012	2014	江亿
137	杨乐	2012	2017	江亿
138	郑姝影	2012	2022	江亿
139	丰晓航	2012	2017	江亿
140	罗茂辉	2012	2017	朱颖心
141	梁超	2012	2018	李先庭
142	王丽芳	2012	2017	张寅平
143	曹建平	2012	2017	张寅平
144	李子爱	2012	2018	石文星
145	王鹏苏	2012	2015	杨旭东
146	孙筱	2012	2017	杨旭东
147	王敏	2012	2017	李先庭
148	朱超逸	2013	2019	江亿
149	唐海达	2013	2018	江亿
150	崔惟霖	2013	2016	朱颖心
151	冉思源	2013	在读	李先庭
152	沈翀	2013	2018	李先庭
153	薛斐	2013	2018	李晓锋
154	向建帮	2013	2018	张寅平
155	唐道轲	2013		付林
156	艾淞卉	2013	2018	石文星
157	纪文静	2013	2018	赵彬
158	杨珅	2013	2018	杨旭东
159	郭放	2013	2018	杨旭东
160	黄彦祥	2013	在读	朱颖心
161	郭偲悦	2014	2017	江亿，邓卫

续表

序号	姓名	入学时间（年）	毕业时间（年）	导师
162	李叶茂	2014	2019	江亿
163	王祎	2014		江亿
164	杨贺丞	2014	2020	朱颖心
165	游田	2014	2017	李先庭
166	尚升	2014	2019	李先庭
167	蔡超睿	2014	在读	张寅平
168	方琳	2014	2020	张寅平
169	宋鹏远	2014	2019	石文星
170	谢洋旸	2014	2020	赵彬
171	张双奇	2014	2019	杨旭东
172	余镇雨	2014	2022	杨旭东
173	安晶晶	2014	2019	燕达
174	谢瑛	2014	2019	刘晓华
175	郑博伦	2014	2018	李晓锋
176	胡姗	2015	2018	江亿
177	胡景童	2015	在读	江亿
178	胡天乐	2015	2020	江亿
179	张宏	2015	2019	朱颖心
180	张楠	2015	2020	朱颖心
181	纪文杰	2015	2020	朱颖心
182	王欢	2015	2018	李先庭
183	张旭	2015	2020	张寅平
184	王笑吟	2015	2021	付林
185	张国辉	2015	2020	石文星
186	吕孟强	2015	2020	杨旭东
187	邓梦思	2015	2020	杨旭东，邹瑜
188	柳珺	2015	2020	刘晓华
189	程作	2015	2020	王宝龙
190	阿林	2015	2020	李先庭
191	刘效辰	2016	2021	江亿
192	钱明杨	2016	2022	江亿
193	牟迪	2016	在读	朱颖心
194	吕伟华	2016	2021	李先庭
195	魏志远	2016	在读	张寅平

续表

序号	姓名	入学时间（年）	毕业时间（年）	导师
196	华靖	2016	2019	付林
197	陈炜	2016	2021	石文星，曹阳
198	邓杰文	2016	2021	魏庆芃
199	陈忱	2016	2021	赵彬
200	何峻州	2016	2021	杨旭东
201	路菲	2016	2022	杨旭东，邹瑜
202	关博文	2016	2021	刘晓华
203	罗奥	2016	2021	夏建军
204	张洋	2017	2022	江亿
205	王子涵	2017	2022	朱颖心
206	姜思航	2017	2022	李先庭
207	闫帅	2017	2022	李先庭
208	张越	2017	2022	李晓锋
209	孙之炜	2017	2022	张寅平
210	杨子旭	2017	2022	石文星
211	姚明瑶	2017	2021	赵彬
212	陈肖萌	2017	2022	杨旭东
213	邹紫薇	2017	2022	杨旭东
214	晋远	2017	2022	燕达
215	李凌杉	2017	2022	刘晓华
216	林琳	2017	2022	刘晓华，曹阳
217	门异宇	2017	2022	刘晓华
218	尹顺永	2017	在读	夏建军
219	陈家杨	2018	在读	夏建军
220	陈威铭	2018	在读	曹彬
221	陈着	2018	在读	莫金汉
222	冯潇潇	2018	在读	谢晓云
223	贾欣雨	2018	在读	朱颖心
224	康旭源	2018	在读	燕达
225	李鹏超	2018	在读	杨旭东
226	刘宁睿	2018	在读	张寅平
227	刘雨萌	2018	在读	赵彬
228	苏子怡	2018	在读	李晓锋
229	孙涛	2018	在读	杨旭东

续表

序号	姓名	入学时间（年）	毕业时间（年）	导师
230	田恩泽	2018	2021	莫金汉
231	王安东	2018		刘晓华
232	韦发林	2018	在读	王宝龙
233	肖寒松	2018	在读	石文星
234	杨月婷	2018	在读	江亿
235	易禹豪	2018	在读	江亿
236	张勤灵	2018	在读	刘晓华
237	赵家安	2018	在读	李先庭
238	郑功杭	2018	2022	李先庭
239	苏文丽	2018	在读	李晓锋
240	刘朝阳	2019	在读	江亿
241	赵策	2019	在读	江亿
242	刘思静	2019	在读	朱颖心
243	梁辰吉昱	2019	在读	李先庭
244	刘震哲	2019	在读	李晓锋
245	郭勇	2019	在读	张寅平
246	李天成	2019	在读	石文星
247	胡颖	2019	在读	赵彬
248	丁星利	2019	在读	杨旭东
249	聂亚洲	2019	在读	杨旭东
250	卜凡	2019	在读	燕达
251	蔺文钰	2019	在读	刘晓华
252	麻志曜	2019	在读	刘晓华
253	王翠灵	2019	在读	王宝龙
254	杨晓霖	2019	在读	夏建军
255	刘怡洁	2019	在读	谢晓云
256	陈其威	2019	在读	莫金汉
257	寇方铖	2019	在读	莫金汉
258	夏凡轩	2019	在读	莫金汉
259	吴业宇	2019	在读	曹彬
260	宋子栋	2019	在读	许瑛
261	吴依莉	2019	在读	许瑛
262	杨子艺	2020	在读	江亿
263	张烨	2020	在读	江亿

续表

序号	姓名	入学时间（年）	毕业时间（年）	导师
264	侯雨晨	2020	在读	朱颖心
265	王文涛	2020	在读	李先庭
266	王春旺	2020	在读	李晓锋
267	汪益名	2020	在读	张寅平
268	于天蝉	2020	在读	石文星
269	代慧	2020	在读	赵彬
270	郝富霖	2020	在读	杨旭东
271	魏冠琼	2020	在读	杨旭东
272	于希洋	2020	在读	杨旭东
273	刘兆濡	2020	在读	燕达
274	陈琪	2020	在读	刘晓华
275	李少杰	2020	在读	刘晓华
276	崔梦迪	2020	在读	王宝龙
277	孙德熙	2020	在读	夏建军
278	张浩	2020	在读	谢晓云
279	高铁伦	2020	在读	莫金汉
280	汪琰	2020	在读	莫金汉
281	李思师	2020	在读	曹彬
282	范钰杰	2020	在读	许瑛
283	任孝朋	2020	在读	许瑛
284	梁博远	2021	在读	江亿
285	刘浩晨	2021	在读	江亿
286	谢作宇	2021	在读	朱颖心
287	查富海	2021	在读	李先庭
288	朱俣霖	2021	在读	李晓锋
289	姬鹏诚	2021	在读	张寅平
290	牛恒	2021	在读	石文星
291	强文博	2021	在读	魏庆芃
292	吕立鹏	2021	在读	赵彬
293	职远	2021	在读	杨旭东
294	王潇	2021	在读	燕达
295	李浩	2021	在读	刘晓华
296	赵子豪	2021	在读	王宝龙
297	罗旭	2021	在读	夏建军

续表

序号	姓名	入学时间（年）	毕业时间（年）	导师
298	井洋	2021	在读	谢晓云
299	邹武威	2021	在读	莫金汉
300	范宇宸	2021	在读	曹彬
301	年璐颖	2021	在读	许瑛
302	章伟健	2021	在读	许瑛

1952—2021 年入学工程博士生名单　　**附表 10**

序号	姓名	入学时间（年）	毕业时间（年）	导师姓名
1	李永红	2018	在读	付林
2	王现林	2018	在读	杨旭东
3	赵志刚	2019	在读	江亿
4	刘加根	2019	在读	朱颖心
5	张仲华	2019	在读	杨旭东
6	杨楚鹏	2020	在读	李先庭
7	黄国华	2021	在读	江亿
8	石靖峰	2021	在读	石文星

三、本科生教学计划

（一）1952—1977 年使用的所有版本的教学计划

1953 年暖气通风专业本科五年制教学计划　　**附表 11**

	学年	学期	课程名	性质	学时	学期	课程名	性质	学时
1953 年五年制	第一学年	秋季学期 18 周	中国革命史（1）	必修	3	春季学期 16 周	中国革命史（2）	必修	3
			俄文	必修	6		俄文	必修	4
			高等数学（1）	必修	8		高等数学（2）	必修	5
			普通化学（1）	必修	3		普通化学（2）	必修	3
			建筑技术概论	必修	2		物理学（1）	必修	6
			画法几何	必修	6		工程画及机械画（2）	必修	3
			工程画及机械画（1）	必修	3		测量	必修	3
			体育	必修	2		理论力学（1）	必修	3
							建筑材料（1）	必修	3
							体育	必修	2

续表

	学年	学期	课程名	性质	学时	学期	课程名	性质	学时
1953 年五年制	第二学年	秋季学期 18 周	马列主义基础（1）	必修	3	春季学期 16 周	马列主义基础（2）	必修	3
			俄文	必修	2		俄文	必修	2
			高等数学（3）	必修	4		高等数学（4）	必修	4
			物理学（2）	必修	4		物理学（3）	必修	3
			工程画及机械画（3）	必修	2		素描	必修	3
			理论力学（2）	必修	4		理论力学（3）	必修	4
			材料力学（1）	必修	6		材料力学（2）	必修	5
			建筑材料（2）	必修	2		金属工艺学（2）	必修	3
			金属工艺学（1）	必修	3		建筑及装配施工（1）	必修	2
			工厂实习（金工）（1）	必修	2		工厂实习（金工）（2）	必修	3
			体育	必修	2		体育	必修	2
	第三学年	秋季学期 18 周	政治经济学（1）	必修	4	春季学期 14 周	政治经济学（2）	必修	4
			俄文	必修	2		俄文	必修	2
			机器零件及机械理论（1）	必修	3		机器零件及机械理论（2）	必修	2
			工程热力学及热机（1）	必修	5		工程热力学及热机（2）	必修	3
			电工学	必修	6		水力学（2）	必修	4
			热传导	必修	4		建筑及装配施工（3）	必修	4
			水力学（1）	必修	3		建筑力学及建筑结构（2）	必修	5
			建筑及装配施工（2）	必修	2		燃料燃烧与锅炉装置（1）	必修	3
			建筑力学及建筑结构（1）	必修	4		暖气设备及通风（1）	必修	5
	第四学年	秋季学期 15 周	辩证唯物论及历史唯物论	必修	4	春季学期 12 周	建筑学	必修	1
			建筑学	必修	5		燃料燃烧与锅炉装置（3）	必修	2
			燃料燃烧与锅炉装置（2）	必修	7		暖气设备及通风（3）	必修	7
			暖气设备及通风（2）	必修	6		水泵及扇风机	必修	5
			瓦斯供给（1）	必修	4		瓦斯供给（2）	必修	5
			热力供给（及热水供给）（1）	必修	4		给水及下水（1）	必修	5
							热力供给（及热水供给）（2）	必修	3
							建筑组织规划及经济（1）	必修	2
	第五学年	秋季学期 12 周	暖气设备及通风（4）	必修	8				
			瓦斯供给（3）	必修	2				
			给水及下水（2）	必修	4				
			热力供给（及热水供给）（3）	必修	5				
			建筑组织及经济（2）	必修	7				
			安全及防火	必修	3				
			自动学基础	必修	4				

备注：每学期总周数包括上课周数、实践环节周数、考试周数，表中学时为周学时。

1954 年暖气通风专业本科五年制教学计划 附表 12

	学年	学期	课程名	性质	学时	学期	课程名	性质	学时
1954 年五年制	第一学年	秋季学期18 周	中国革命史（1）	必修	3	春季学期16 周	中国革命史（2）	必修	3
			俄文	必修	8		俄文	必修	4
			高等数学（1）	必修	8		高等数学（2）	必修	5
			普通化学（1）	必修	4		普通化学（2）	必修	3
			建筑技术概论	必修	1		普通物理学（1）	必修	6
			画法几何	必修	5		工程画及机械画（2）	必修	3
			工程画及机械画（1）	必修	3		测量学	必修	3
			体育	必修	2		理论力学（1）	必修	4
							体育	必修	2
		实践				实践	测量教学实习	必修	3 周
	第二学年	秋季学期18 周	马列主义基础（1）	必修	4	春季学期16 周	马列主义基础（2）	必修	4
			俄文	必修	4		俄文	必修	2
			高等数学（3）	必修	4		高等数学（4）	必修	4
			普通物理学（2）	必修	4		普通物理学（3）	必修	3
			工程画及机械画（3）	必修	2		素描	必修	2
			理论力学（2）	必修	4		理论力学（3）	必修	3
			材料力学（1）	必修	6		材料力学（2）	必修	5
			建筑材料（1）	必修	3		建筑材料（2）	必修	3
			金属工学（1）	必修	3		金属工学（2）	必修	3
			体育	必修	2		工程热力学及热机（1）	必修	2
							建筑及装配施工（1）	必修	2
							体育	必修	2
		实践	工厂教学实习	必修		实践	生产实习（1）	必修	3 周
							工厂教学实习	必修	
	第三学年	秋季学期18 周	政治经济学（1）	必修	4	春季学期14 周	政治经济学（2）	必修	4
			俄文	必修	2		机械零件（2）	必修	2
			机械零件（1）	必修	3		工程热力学及热机（3）	必修	3
			工程热力学及热机（2）	必修	3		水力学（2）	必修	4
			电工学	必修	6		建筑及装配施工（3）	必修	4
			热工学（热传导）	必修	4		建筑结构及结构力学（2）	必修	6
			水力学（1）	必修	3		燃料燃烧与锅炉装置（1）	必修	3
			建筑及装配施工（2）	必修	2		暖气通风（1）	必修	5
			建筑结构及结构力学（1）	必修	3				
		实践				实践	生产实习（2）	必修	9 周

续表

	学年	学期	课程名	性质	学时	学期	课程名	性质	学时
1954 年五年制	第四学年	秋季学期 15 周	辩证唯物论及历史唯物论	必修	4	春季学期 12 周	建筑学	必修	1
			建筑学	必修	5		燃料燃烧与锅炉装置（3）	必修	2
			燃料燃烧与锅炉装置（2）	必修	7		暖气通风（3）	必修	7
			暖气通风（2）	必修	6		水泵及扇风机	必修	5
			瓦斯供给（1）	必修	4		瓦斯供给（2）	必修	5
			热力供给（及热水供给）（1）	必修	4		给水及下水（1）	必修	5
							热力供给（及热水供给）（2）	必修	3
							建筑组织规划及经济（1）	必修	2
		实践				实践	生产实习（3）	必修	9 周
	第五学年	秋季学期 12 周	暖气通风（4）	必修	8				
			瓦斯供给（3）	必修	2				
			给水及下水（2）	必修	4				
			热力供给（及热水供给）（3）	必修	5				
			建筑组织及经济（2）	必修	7				
			保安与防火	必修	3				
			自动学基础	必修	4				
		实践	毕业设计	必修	17 周				
			毕业生产实习	必修	5 周				

1955 年暖气通风专业本科五年制教学计划　　附表 13

	学年	学期	课程名	性质	周学时	学期	课程名	性质	周学时
1955 年五年制	第一学年	秋季学期 18 周	中国革命史（1）	必修	3	春季学期 16 周	中国革命史（2）	必修	3
			俄文	必修	8		俄文	必修	4
			高等数学（1）	必修	8		高等数学（2）	必修	5
			普通化学（1）	必修	4		普通化学（2）	必修	3
			建筑技术概论	必修	1		物理（1）	必修	6
			画法几何	必修	5		机械制图（2）	必修	3
			机械制图（1）	必修	3		测量	必修	3
			体育	必修	2		理论力学（1）	必修	3
							体育	必修	2
		实践				实践	教学实习	必修	3 周

续表

	学年	学期	课程名	性质	周学时	学期	课程名	性质	周学时
1955年五年制	第二学年	秋季学期18周	马列主义基础（1）	必修	4	春季学期16周	马列主义基础（2）	必修	4
			俄文	必修	3		俄文	必修	3
			高等数学（3）	必修	4		高等数学（4）	必修	5
			物理（2）	必修	4		物理（3）	必修	4
			机械制图（3）	必修	3		材料力学（2）	必修	4
			理论力学（2）	必修	6		建筑材料	必修	5
			材料力学（1）	必修	4		金属工学	必修	5
			工厂实习	必修	5		水力学（1）	必修	3
			体育	必修	2		体育	必修	2
		实践				实践	生产实习（1）	必修	3周
	第三学年	秋季学期18周	政治经济学（1）	必修	4	春季学期14周	政治经济学（2）	必修	5
			机械原理及机器零件	必修	5		工程热力学及热机学（2）	必修	4
			工程热力学及热机学（1）	必修	4		建筑及安装施工技术（2）	必修	4
			电工学及电力拖动	必修	5		建筑力学及建筑结构（2）	必修	5
			传热学	必修	4		燃料燃烧室与锅炉装置（1）	必修	4
			水力学（2）	必修	3		给暖与通风（1）	必修	5
			建筑及安装施工技术（1）	必修	3		水泵及扇风机	必修	4
			建筑力学及建筑结构（1）	必修	4				
		实践				实践	生产实习（2）	必修	8周
	第四学年	秋季学期15周	建筑学	必修	5	春季学期12周	建筑学	必修	1
			燃料燃烧室与锅炉装置（2）	必修	7		燃料燃烧室与锅炉装置（3）	必修	1
			给暖与通风（2）	必修	7		给暖与通风（3）	必修	7
			给水与排水（1）	必修	3		燃气供应（1）	必修	5
			供热（1）	必修	4		给水与排水（2）	必修	4
							供热（2）	必修	3
							施工经济组织与规划（1）	必修	4
		实践				实践	生产实习（3）	必修	9周
	第五学年	秋季学期12周	给暖与通风（4）	必修	7				
			燃气供应（2）	必修	5				
			供热（3）	必修	5				
			施工经济组织与规划（2）	必修	4				
			保安及防火技术	必修	2				
			自动学基础	必修	4				
		实践	毕业设计	必修	18周				
			毕业生产实习	必修	5周				

1956 年暖气通风专业本科五年制教学计划 附表 14

	学年	学期	课程名	性质	周学时	学期	课程名	性质	周学时
1956 年五年制	第一学年	秋季学期 18 周	马列主义基础及哲学（1）	必修	3	春季学期 16 周	马列主义基础及哲学（2）	必修	3
			俄文	必修	5		俄文	必修	4
			高等数学（1）	必修	8		高等数学（2）	必修	6
			普通化学	必修	6		物理（1）	必修	5
			画法几何及工程画（1）	必修	4		画法几何及工程画（2）	必修	3
			徒手画	必修	2		测量	必修	3
			工厂实习（1）	必修	3		理论力学（1）	必修	4
			体育	必修	2		工厂实习（2）	必修	2
							体育	必修	2
		实践				实践	教学实习	必修	3 周
	第二学年	秋季学期 18 周	中国革命史（1）	必修	4	春季学期 16 周	中国革命史（2）	必修	4
			俄文	必修	4		俄文	必修	4
			高等数学（3）	必修	4		高等数学（4）	必修	3
			物理（2）	必修	4		物理（3）	必修	4
			画法几何及工程画（3）	必修	3		材料力学（2）	必修	4
			理论力学（2）	必修	6		建筑材料	必修	4
			材料力学（1）	必修	4		热力，传热，热机学（1）	必修	4
			工厂实习（3）	必修	2		水力学及空气动力学（1）	必修	4
			体育	必修	2		体育	必修	2
		实践				实践	生产实习（1）	必修	3 周
	第三学年	秋季学期 18 周	政治经济学（1）	必修	4	春季学期 14 周	政治经济学（2）	必修	4
			金属工学	必修	4		建筑力学与结构（2）	必修	4
			建筑力学与结构（1）	必修	4		机器零件	必修	5
			建筑学	必修	3		热力，传热，热机学（3）	必修	2
			热力，传热，热机学（2）	必修	7		施工技术	必修	3
			电工学电力拖动	必修	5		燃料燃烧室与锅炉设备（包括水处理）（1）	必修	7
			水力学及空气动力学（2）	必修	4		供暖通风与空气调节（1）	必修	4
							水泵及扇风机制冷机	必修	2
		实践				实践	生产实习（2）	必修	9 周
	第四学年	秋季学期 14 周	马列主义基础及哲学（3）	必修	4	春季学期 14 周	供暖通风与空气调节（3）	必修	6
			施工技术	必修	4		供燃气（2）	必修	5
			燃料燃烧室与锅炉设备（包括水处理）（2）	必修	3		供热（1）	必修	3
			供暖通风与空气调节（2）	必修	4		给排水（包括热水）（2）	必修	3

续表

	学年	学期	课程名	性质	周学时	学期	课程名	性质	周学时
1956年五年制	第四学年	秋季学期14周	水泵及扇风机制冷机	必修	3	春季学期14周	施工经济组织与规划（1）	必修	4
			供燃气（1）	必修	6		供热（2）	必修	
			给排水（包括热水）（1）	必修	3				
		实践				实践	生产实习（3）	必修	9周
	第五学年	秋季学期14周	供暖通风与空气调节（4）	必修	5				
			供热（2）	必修	5				
			自动学	必修	4				
			施工经济组织与规划（2）	必修	2				
			工业经济学	必修	4				
			保安防火	必修	2				
		实践	毕业设计	必修	17周				
			毕业生产实习	必修	4周				

1957年暖气通风专业本科五年制教学计划　　附表15

	学年	学期	课程名	性质	周学时	学期	课程名	性质	周学时
1957年五年制	第一学年	秋季学期18周	中国革命史（1）	必修	3	春季学期16周	中国革命史（2）	必修	3
			俄文	必修	8		俄文	必修	4
			高等数学（1）	必修	8		高等数学（2）	必修	5
			普通化学（1）	必修	4		普通化学（2）	必修	3
			建筑技术概论	必修	1		物理（1）	必修	6
			画法几何	必修	5		机械制图（2）	必修	3
			机械制图（1）	必修	3		测量	必修	3
			体育	必修	2		理论力学（1）	必修	3
							体育	必修	2
	第二学年	秋季学期18周	马列主义基础（1）	必修	4	春季学期16周	马列主义基础（2）	必修	4
			俄文	必修	3		俄文	必修	3
			高等数学（3）	必修	4		高等数学（4）	必修	5
			物理（2）	必修	4		物理（3）	必修	4
			机械制图（3）	必修	3		材料力学（2）	必修	4
			理论力学（2）	必修	6		建筑材料	必修	5
			材料力学（1）	必修	4		热力学，传热学，热机学（1）	必修	6
			工厂实习	必修	5		水力学及空气动力学（1）	必修	3
			体育	必修	2		体育	必修	2

续表

	学年	学期	课程名	性质	周学时	学期	课程名	性质	周学时
1957 年五年制	第三学年	秋季学期18 周	政治经济学（1）	必修	4	春季学期14 周	政治经济学（2）	必修	5
			金属工学	必修	4		建筑力学及结构（2）	必修	4
			建筑力学及结构（1）	必修	4		机械零件	必修	5
			建筑学	必修	3		热力学，传热学，热机学（3）	必修	1
			热力学，传热学，热机学（2）	必修	6		施工技术（1）	必修	2
			电工学及电力拖动	必修	5		燃料燃烧与锅炉设备（1）	必修	5
			水力学及空气动力学（2）	必修	4		供暖通风与空气调节（1）	必修	7
	第四学年	秋季学期14 周	施工技术（2）	必修	5	春季学期14 周	供暖通风与空气调节（3）	必修	4
			燃料燃烧与锅炉设备（2）	必修	5		水泵，扇风机，制冷机（2）	必修	2
			供暖通风与空气调节（2）	必修	6		供燃气（1）	必修	12
			水泵，扇风机，制冷机（1）	必修	4		供热（1）	必修	5
			给水排水（1）	必修	5		给水排水（2）	必修	1
			工业经济学	必修	4		施工组织规划（1）	必修	2
	第五学年	秋季学期14 周	供暖通风与空气调节（4）	必修	3				
			供燃气（2）	必修	2				
			供热（3）	必修	4				
			自动学概论	必修	4				
			施工组织规划（2）	必修	4				
			保安防火	必修	2				

1971 年暖气通风专业本科五年制教学计划 **附表 16**

	学年	学期	课程名	性质	周学时	学期	课程名	性质	周学时
1971 年五年制	第一学年	秋季学期19 周	形势教育	必修	1	春季学期16 周	形势教育	必修	1
			中国革命史（1）	必修	2		中国革命史（2）	必修	1.5
			外文（1）	必修	4		外文（2）	必修	4
			高等数学（1）	必修	7		高等数学（2）	必修	6
			普通化学	必修	3		普通物理学（1）	必修	3.5
			画法几何与工程画（1）	必修	4		画法几何与工程画（2）	必修	4.5
			体育	必修	2		体育	必修	2
		实践				实践	金工劳动	必修	2 周
							公益劳动	必修	2 周

续表

	学年	学期	课程名	性质	周学时	学期	课程名	性质	周学时
1971 年五年制	第二学年	秋季学期 20 周	形势教育	必修	1	春季学期 14 周	形势教育	必修	1
			外文（3）	必修	4		外文（4）	必修	3
			高等数学（3）	必修	4		高等数学（4）	必修	2.5
			普通物理学（2）	必修	6		普通物理学（3）	必修	3
			理论力学（1）	必修	4.5		理论力学（2）	必修	3
			画法几何与工程画（3）	必修	1.5		材料力学	必修	6.5
			体育	必修	1		金属工学	必修	1
							体育	必修	1
		实践				实践	测量实习	必修	2 周
							公益劳动	必修	1 周
	第三学年	秋季学期 19.5 周	形势教育	必修	1	春季学期 14.5 周	形势教育	必修	1
			政治经济学（1）	必修	1.5		政治经济学（2）	必修	2
			流体力学（1）	必修	2		流体力学（2）	必修	6
			电工学	必修	5		传热学（2）	必修	4
			热工学及热机学	必修	4		建筑与建材	必修	2
			传热学（1）	必修	2		结构力学及工程结构	必修	4
			机械零件	必修	4		体育	必修	1
			体育	必修	1				
		实践				实践	农业劳动	必修	7 周
	第四学年	秋季学期 11 周	形势教育	必修	1	春季学期 12 周	形势教育	必修	1
			哲学（1）	必修	4		哲学（2）	必修	2
			燃料燃烧室及锅炉设备（1）	必修	7		自动学原理（1）	必修	2
			供暖与供热（1）	必修	7		燃料燃烧室及锅炉设备（2）	必修	1.5
			体育	必修	1		供暖与供热（2）	必修	4
							通风工程（1）	必修	7
							专题课	必修	2
							体育	必修	1
		实践	专业劳动	必修	11 周	实践	通风运转实习	必修	4 周
							公益劳动	必修	1 周
	第五学年	秋季学期 6.5 周	形势教育	必修	1				
			自动学原理（2）	必修	7				
			通风工程（2）	必修	6.5				
			专题课	必修	4				
			体育	必修	1				
		实践	暖热运转实习	必修	4 周	实践	毕业设计	必修	23 周
			农业劳动	必修	6 周		公益劳动	必修	1 周

1971 年培养方案课程设置：

（1）毛泽东思想课（1114 小时）：以毛主席著作为基本教材，结合政治运动实践，着重学习毛主席无产阶级专政下继续革命的学说，学习党内两条路线斗争史，坚持与批判资产阶级，不断提高阶级斗争、路线斗争和继续革命的觉悟，用毛泽东思想统帅一切。

坚持阅读雷打不动，以“老三篇”为座右铭，结合主席的哲学思想的学习，狠抓世界观的改造，树立辩证唯物主义观点和全心全意为人民服务的观点。

（2）学农学军课：每年约一个月，两年内参加两次结合拉练进行，一次以行军宣传毛泽东思想为主，一次以参加农业劳动为主。

（3）业务课见附表 17

业务课 **附表 17**

名称		学时	主要内容
基础课	数学	300	四则运算，指数算尺，代数，几何函数，一般微积分线算图，实际数据整理
	制图	50	平面图，系统图，透视图，施工图，展开图
	英文	200	一般语法及课文，专业课文
专业基础课	热工理论	250	在先学专业的基础上，提高流体力学、热工、传热的知识
	机械	342	机械制图、一般钳工知识，机械原理和零件，机械设计
	电工	350	电工原理，电子学，电机，自动控制，电工量测
专业课	工业通风	400	局部排气系统的通风罩、风道、排气处理、风机的选择及设计全局通风及自然通风
	空气调节	857	空气的性质及处理过程，各种空调系统的运作分析，负荷计算，各种设备的设计与选择
	供热	708	沸腾式锅炉和外网的设计
	专题	444	结合技术革新和科研进行

（二）1978—1999 年使用的所有版本的教学计划

1979 年空气调节工程专业本科五年制教学计划 **附表 18**

学年	学期	课程名	性质	学时	学期	课程名	性质	学时
第一学年	秋季学期 17.5 周	中国革命史（1）	必修	2	春季学期 13.5 周	中国革命史（2）	必修	2
		体育	必修	2		体育	必修	2
		英语	必修	4		英语	必修	4
		高等数学（1）	必修	6		高等数学（2）	必修	6
		普通化学	必修	5		普通物理（1）	必修	5
		工程制图（1）	必修	4		工程制图（2）	必修	4
	实践	公益劳动	必修	1 周	实践	金工实习	必修	6 周

续表

学年	学期	课程名	性质	学时	学期	课程名	性质	学时
第二学年	秋季学期 19 周	马列主义哲学（1）	必修	2	春季学期 18.5 周	马列主义哲学（2）	必修	2
		体育	必修	2		体育	必修	2
		英语	必修	4		英语	必修	4
		高等数学（3）	必修	6		复变函数	必修	3
		普通物理（2）	必修	4		普通物理（3）	必修	3
		普通物理实验（1）	必修	1.5		普通物理实验（2）	必修	1.5
		工程制图（3）	必修	2		理论力学	必修	5.5
		金属工艺学	必修	2		热力学	必修	3
					实践	农业劳动	必修	1 周
第三学年	秋季学期 16 周	政治经济学（1）	必修	2	春季学期 19 周	政治经济学（2）	必修	2
		体育	必修	2		体育	必修	2
		材料力学	必修	6		机械原理与零件（1）	必修	4
		应用电子及电工学 1	必修	5		应用电子及电工学 2	必修	5
		流体力学与流体机械 1	必修	5		流体力学与流体机械 2	必修	3
	实践 3 周	公益劳动	必修	1 周		传热学	必修	5
		军训	必修	2 周	实践	专业工人实习	必修	4 周
第四学年	秋季学期 17 周	机械原理与零件（2）	必修	5	春季学期 19 周	机械原理与零件（3）	必修	3
		计算机语言及程序	必修	3		空调工程（2）	必修	5
		空调工程（1）	必修	6		冷热源工程（1）	必修	6
		加选课程	选修	3～4		加选课程	选修	3～4
					实践	运行实习	必修	2 周
第五学年	秋季学期 15 周	冷热源工程（2）	必修	7	春季学期 5 周	量测与控制（2）	必修	4
		量测与控制（1）	必修	6		加选课程	选修	7～8
		加选课程	选修	7～8	实践	毕业设计	必修	17 周
	实践	运行实习	必修	2 周		毕业鉴定	必修	1 周

加选课程包括（括号内为总学时）：
第二外语（130）、概率与数理统计（55）、太阳能在暖通工程中的应用（40）、空气处理设备中的热湿交换（40）、计算机的应用等

注：本表为 1979 年空气调节工程专业本科五年制教学计划，表中标出每学期的上课周数，以及实践环节的周数，另外每学期考试周数为 2 周。每学期的总周数为上课周数＋实践环节周数＋考试周数。表中的学时均为周学时。

1981 年空气调节工程专业本科五年制教学计划　　附表 19

学年	学期	课程名	课程性质	学时	学期	课程名	课程性质	学时
第一学年	秋季学期上课 17 周	中国革命史	必修	2	春季学期上课 18 周	中国革命史	必修	2
		体育（辅导）	必修	2		体育（辅导）	必修	2
		大学英语	必修	4		大学英语	必修	4
		数学分析	必修	4		数学分析	必修	4
		线性代数	必修	2		线性代数	必修	2
		工程制图	必修	2		工程制图	必修	1
		普通化学	必修	3		普通物理	必修	2.5
	实践	公益劳动	必修	1 周				
第二学年	秋季学期上课 14 周	体育（辅导）	必修	2	春季学期上课 17 周	体育（辅导）	必修	2
		大学英语	必修	4		大学英语	必修	4
		常微分方程	必修	2.5		普通物理	必修	2.5
		普通物理	必修	3.5		物理实验（辅导）	必修	1.5
		物理实验（辅导）	必修	1.5				
		计算机程序	必修	2		理论力学	必修	4
		概率与数理统计	必修	3				
	实践 8 周	金工实习	必修	6 周		金属工艺学	必修	3
		军训	必修	2 周				
第三学年	秋季学期上课 17 周	政治经济学	必修	2	春季学期上课 18 周	政治经济学	必修	2
		体育（辅导）	必修	1		体育（辅导）	必修	1
		物理实验（辅导）	必修	1.5		机械零件	必修	3
		材料力学	必修	4		金属材料	必修	2
		机械原理	必修	4		流体力学	必修	5
		工程热力学	必修	5		电路与控制	必修	3
		任选课	任选	2		任选课	任选	2
第四学年	秋季学期上课 16 周	哲学	必修	2	春季学期上课 16 周	哲学	必修	2
		体育（辅导）	必修	1		体育（辅导）	必修	1
		传热学	必修	4		热工测试技术	必修	2
		应用电子学	必修	4		空气调节（1）	必修	3
		专业外语阅读（课外）	必修	0		建筑热过程	必修	3
		任选课	任选	2		空调用制冷技术	必修	5
						供热网	必修	3
	实践 8 周	生产实习	必修	5 周		专业外语阅读（课外）	必修	0
		机械零件课程设计	必修	3 周	实践	公益劳动	必修	1 周

续表

学年	学期	课程名	课程性质	学时	学期	课程名	课程性质	学时
第五学年	秋季学期 20 周	空气调节（2）	必修	2.5	春季学期	毕业设计（论文）	必修	15 周
		锅炉及锅炉房设备	必修	4.5				
		空气调节自动控制	必修	2				
		经济管理概论	必修	2				
		任选课	任选	7	实践 16 周	毕业鉴定	必修	1 周
	实践 7 周	空气调节课程设计	必修	3 周				
		空调运转实习	必修	4 周				

任选课（周学时）包括：
科技外语阅读（2）、第二外语（4）、计算方法（3）、太阳能冷暖房（2.5）、吸收式制冷（2.5）、空调节能（3）、测量技术与误差分析（3）、工业通风（3）、热能利用的热力学分析（2）、热传导理论（2）、对流换热（2）、辐射换热（2）、热力设备的最优化（2.5）

注：教学计划采用学时制，计划中课内总学时为 3200 学时，其中讲课与辅导 2841 学时、实验 219 学时、设计 140 学时。课内学时中，公共基础课与工程基础课程 2498 学时，指定性选修课（专业课）528 学时，任选课 174 学时。设计学时中，48 学时的机械零件课程设计和 50 学时的空气调节课程设计分别各用 3 周集中完成。另外，空调用制冷技术课程中有 20 学时的设计作业，锅炉及锅炉房设备课程中有 22 学时的设计作业，均安排在课程中完成，不单独安排时间。另外实践环节为 30 周，外加 2 周公益劳动、2 周军训和 1 周毕业鉴定。

1984 年空气调节工程专业本科五年制教材目录　　附表 20

学年	课程名	开课教研组	采用教材名称	教材编者	出版单位
第一学年秋季学期	数学分析	应用数学系	高等数学（上）	施学瑜	校印刷厂
	普通化学	普通化学教研组	普化讲义及补充普化实验	本校编	校印刷厂
	工程制图	工程制图教研组	机械制图及习题集	石光源	高教版
	英语	外语系	英语（A 班）	吴琼	校印刷厂
	中国革命史	中国革命教研组	中国近代史简要读本	本校编	清华版
第一学年春季学期	数学分析	应用数学系	高等数学（下）	施学瑜	校印刷厂
	工程制图	工程制图教研组	机械制图及习题集	石光源	高教版
	中国革命史	中国革命史教研组	中国近代史简要读本	本校编	清华版
	普通物理	普通物理教研组	普通物理	程守洙	高教版
	英语	外语系	英语（A 班）	吴琼	校印刷厂
第二学年春季学期	普通物理	普通物理教研组	普通物理	程守洙	高教版
	常微分方程	应用数学系	数学分析		
	线性代数	应用数学系	线性代数	栾汝书	高教版
	复变函数	应用数学系	复变函数	西安交大	高教版
	金属工艺学	金属工艺学教研组	金属工艺学	邓文英	校内编
	英语	外语系	大学英语系列读物	吴琼	校印刷厂

续表

学年	课程名	开课教研组	采用教材名称	教材编者	出版单位
第三学年秋季学期	概论与数理统计	应用数学系	概率与数理统计（上，下）	本校编	校印刷厂
	材料力学	材料力学教研组	材料力学	钱文英	校印刷厂
	流体力学	水力学教研组	流体力学泵与风机	周谟仁	建工版
	工程材料	金属学教研组	工程材料（上，下）	郑明新	清华版
	应用电子学	电工学教研组	电工学（上）	秦曾煌	高教版
	政治经济学	社科系	政治经济学材料	蒋学模	上海人民版
	科技英语选读	外语系	科技英语（一，二）	本校编	校印刷厂
第三学年春季学期	政治经济学	社科系	政治经济学材料	蒋学模	上海人民版
	应用电子学	电工学教研组	电工学（下）	秦曾煌	高教版
	流体力学	流体力学教研组	流体力学泵与风机	周谟仁	建工版
	机械设计基础	机械设计教研组	机械设计基础	杨可桢	高教版
	传热学	热工教研组	传热学	章熙民	建工版
第四学年秋季学期	空气调节	空调教研组	空气调节	本校编	建工版
	泵与风机	水力机械教研组	流体力学泵与风机	周谟仁	建工版
	传热的应用与分析	热工教研组			
	微机原理及应用	热工测试技术教研组	微型计算机原理及应用	郑学坚	清华版
	建筑热过程	空调教研组	建筑热过程	彦启森	建工版
	空调用制冷技术	空调教研组	空调用制冷技术	彦启森	建工版
	专业英语阅读	空调教研组	空调专业用英语阅读	本校编	校印刷厂
	哲学	社科系	辩证唯物论历史唯物论	本校编	校印刷厂
第四学年春季学期	哲学	社科系	辩证唯物论历史唯物论	本校编	校印刷厂
	工业通风	空调教研组	工业通风	孙一坚	建工版
	热工测量	空调教研组	热工测量及自动调节	西安冶建	建工版
	微机在空调工程中的应用	空调教研组			
	计算方法	应用数学系	数值分析简明教程	王能超	高教版
第五学年秋季学期	供热学	空调教研组	锅炉与锅炉房设备	同济大学	建工版
	网络计算分析	空调教研组	供热工程	哈建工	建工版
	空调工程专题	空调教研组			
	热过程中数据处理	热工测试教研组	热工过程数据处理(上，下）	李兰馨	校印刷厂
	空气调节自动控制	空调教研组	热工测量与自动调节	西安冶建	建工版
	技术经济概论	技术经济教研组	工业技术经济学	傅家骥	清华大学版

1986年空气调节工程专业本科五年制教学计划　　附表21

学年	学期	课程名	性质	学时	学期	课程名	性质	学时
第一学年	秋季学期	中国革命史	必修	2	春季学期	中国革命史	必修	1.5
		英语（1）	必修	4		英语（2）	必修	3
		体育（1）	必修	1.5		体育（2）	必修	1.5
		微积分（1）	必修	4.5		微积分（2）	必修	4
		画法几何及机械制图	必修	3		普通物理	必修	3.5
		普通化学	必修	3.5		画法几何及机械制图	必修	3
		军事理论	必修	2		军事理论	必修	1
		空调工程概论	限选	1	夏季学期	金工实习	必修	4周
						公益劳动	必修	1周
第二学年	秋季学期	英语（3）	必修	3	春季学期	体育（4）	必修	1.5
		体育（3）	必修	1.5		英语（4）	必修	3
		线性代数	必修	3		普通物理实验（2）	必修	2
		场论与复变函数	必修	2.5		数理方程与特殊函数	必修	2.5
		普通物理	必修	4		工程热力学	必修	4
		普通物理实验	必修	2		理论力学	必修	3.5
		任选课	任选	2		计算机语言与程序	必修	2.5
					夏季学期	军事训练	必修	6周
第三学年	秋季学期	马克思主义原理	必修	1.5	春季学期	马克思主义原理	必修	1.5
		体育（5）	必修	1.5		体育（6）	必修	1.5
		概率论与数理统计	必修	2.5		电子技术基础	必修	3.5
		电工技术基础	必修	3.5		机械设计基础	必修	4
		材料力学	必修	3.5		流体力学	必修	3
		工程材料	必修	2		传热学	必修	4
		流体力学	必修	3.5	夏季学期	机械设计基础课程设计		2周
		外语限选课	限选	2		专业教育与认识实习		4周
第四学年	秋季学期	中国社会主义建设（1）	必修	1.5	春季学期	中国社会主义建设（2）	必修	1.5
		微机原理及应用	必修	3		供热学	限选	3
		热工测试技术	必修	2.5		空调自控	限选	2.5
		建筑热过程	限选	2.5		网络计算与分析	限选	2.5
		空气调节	限选	3.5		任选课	任选	4.5
		空调用制冷技术	限选	3	夏季学期	专业实验课		2周
		泵与风机	限选	1.5		空调运行实习		4周

续表

学年	学期	课程名	性质	学时	学期	课程名	性质	学时
第五学年	秋季学期	技术经济概论	必修	2	春季学期	毕业设计	必修	20
		供热课程设计	限选	2				
		空调课程设计	限选	3.5				
		任选课	任选	6.5				

任选课（周学时）包括：
工业通风（6）、空调节能（2）、太阳能热利用（2.5）、热湿交换原理与设备（2）、热力设备最优化（2.5）、热能转换及利用（2.5）、热能利用的热力学分析（2）、对流换热（2）、能源概论（1.5）、计算方法（2）、人文科学（3）、计算机在空调工程中的应用（2）、空调工程专题（2）、传热的应用与分析（2）、辐射换热（2）、热工过程中的数据处理（2.5）、计算传热学（2）。
注：以上推荐的任选课学生可以自选，也可以在教师指导下选修其他相关课程

注：本教学计划试行制定学分，每 1 学分相当于课内 8 学时，实际上依然执行学时制。该培养方案的讲课部分总学时为 2568 学时，其中包括必修课 1864 学时，限定性选修课 496 学时，以及任选课 208 学时。

1992 年空气调节工程专业本科五年制教学计划 附表 22

学年	学期	课程名	性质	学时	学期	课程名	性质	学时
第一学年	秋季学期	中国革命史（1）	必修	2	春季学期	中国革命史（2）	必修	2
		英语	必修	4		英语	必修	4
		法律基础	必修	2		军事理论	必修	2
		体育	必修	2		体育	必修	2
		微积分	必修	6		微积分	必修	6
		普通化学	必修	4		普通物理（1）	必修	5
		画法几何及机械制图（1）	必修	4		计算机文化基础	必修	3
		空调专业概论	限选	1		画法几何及机械制图（2）	必修	4
					夏季学期	金工实习	必修	4 周
						公益劳动	必修	1 周
第二学年	秋季学期	英语	必修	4	春季学期	英语	必修	4
		体育	必修	2		体育	必修	2
		线性代数	必修	3.5		普通物理实验（2）	必修	2.5
		普通物理（2）	必修	4		理论力学（2）	必修	3
		普通物理实验（1）	必修	2.5		材料力学	必修	4
		理论力学（1）	必修	3		工程热力学	必修	5
		金属工艺学	必修	3		计算方法	必修	3.5
		计算机语言及程序	必修	3		人文社会科学限选课	限选	2
		人文社会科学限选课	限选	2	夏季学期	军训	必修	4 周
						计算机专题实践	必修	2 周

续表

学年	学期	课程名	性质	学时	学期	课程名	性质	学时
第三学年	秋季学期	当代资本主义	必修	2	春季学期	中国社会主义建设	必修	2
		体育	必修	2		体育	必修	2
		场论与复变函数	必修	3		数理方程与特殊函数	必修	3
		概率与数理统计	必修	3		电子技术	必修	4
		电工技术	必修	4		机械设计基础	必修	5
		工程材料	必修	2.5		流体力学（2）	必修	3
		流体力学（1）	必修	5		传热学	必修	5
		人文社会科学限选课	限选	2		外语选修课	限选	2
		外语选修课	限选	2	夏季学期	空调专业认识实习	必修	3 周
						机械零件课程设计	必修	2 周
第四学年	秋季学期	马克思主义哲学原理（1）	必修	2	春季学期	马克思主义哲学原理（2）	必修	2
		微机原理及应用	必修	4		计算机软件技术基础	必修	3.5
		建筑热过程	限选	2.5		技术经济概论	必修	2
		空气调节	限选	3		建筑概论	限选	2
		空调用制冷技术	限选	3		供热工程	限选	2.5
		工业通风	限选	2.5		锅炉与锅炉房设备	限选	2.5
		泵与风机	限选	2		热工测量技术	限选	2.5
		任选课	任选	2		任选课	任选	4
		专业外语阅读	限选	0		专业外语阅读	限选	0
					夏季学期	空调运行实习	必修	3 周
						供热运行实习	必修	2 周
						专业实验课	必修	2 周
第五学年	秋季学期	空调自控	限选	3	春季学期	毕业设计	必修	20
		空调课程设计	限选	5				
		供热课程设计	限选	5				
		任选课	任选	6				

注：专业外语阅读课内学时 / 课外学时为 0/2。
任选课（周学时）包括：
第二外语（4，4）、热能利用的热力学分析（2）、热传导理论（2）、对流换热（2）、能源概论（2）、辐射换热（2）、传热的应用与分析（3）、计算传热学（2）、计算流体力学（2）、专家系统在热工过程中的应用（3）、热力系统及设备最优化（3）、空气洁净技术（2）、小型制冷设备（2）、吸收式制冷机（2）、网络分析与综合（2）、文献检索与利用（2）、供热系统分析（2）、太阳能热利用（2）、工程概预算（2）、室内供配电（2）、电子工艺实习（2）

注：1 学分相当于 16 学时（即与周学时相等），但对于周学时为 2.5 和 3.5 的课程给予的学分数分别是 3 学分和 4 学分。对于夏季学期实践环节和毕业设计，1 学分对应 1 周；对于军训，1 学分对应 2 周；对于课程设计，5 周赋予 9 学分。1992 版培养方案要求课程总计 261 学分、3496 学时。其中校定公共基础课 71 学分、系定必修课（数学课与工程基础课）78 学分，限定性选修课（主要为专业课）58 学分，任选课 12 学分，夏季学期 21 学分，毕业设计 20 学分。

1994 年空气调节工程专业本科五年制培养方案　附表 23

学年	学期	课程名	性质	学分（分）	学期	课程名	性质	学分（分）
第一学年	秋季学期	中国革命史通论（1）	必修	2	春季学期	中国革命史通论（2）	必修	2
		英语（1）	必修	4		英语（2）	必修	4
		体育（1）	必修	1		体育（2）	必修	1
		微积分（1）	必修	6		微积分（2）	必修	5
		机械制图（1）	必修	4		普通物理 C1	必修	5
		法律基础	必修	2		机械制图（2）	必修	4
		计算机文化基础	必修	3		军事理论	必修	1
					夏季学期	公益劳动		1 周
						金工实习		4 周
第二学年	秋季学期	英语（3）	必修	4	春季学期	体育（4）	必修	1
		体育（3）	必修	1		英语（4）	必修	4
		普通物理 C2	必修	4		普通物理实验（2）	必修	2
		普通物理实验（1）	必修	2		材料力学 C	必修	4
		线性代数 B	必修	3		计算方法 A	必修	3
		理论力学 B1	必修	3		理论力学 B2	必修	3
		计算机软件技术基础	必修	4		工程热力学	必修	5
		人文限选课组	限选	1		人文限选课组	限选	1
					夏季学期	军训		5 周
						计算机专题实验		2 周
第三学年	秋季学期	中国特色社会主义建设	必修	2	春季学期	中国特色社会主义建设	必修	2
		当代资本主义	必修	2		体育（6）	必修	1
		体育（5）	必修	1		工程经济学	必修	2
		场论与复变函数 A	必修	3		工程材料 B	必修	2
		数理方程与特殊函数 B	必修	2		机械设计基础 A	必修	5
		流体力学	必修	5		电子技术	必修	4
		电工技术	必修	3		传热学	必修	5
		大学化学 B	必修	2		泵与风机	必修	2
		普化实验 B	必修	1		人文限选课组	限选	1
					夏季学期	机械设计基础课程设计		2 周
						专业认识实习		2 周
第四学年	秋季学期	马克思主义哲学基础（1）	必修	2	第四学年春季学期	马克思主义哲学基础（1）	必修	2
		计算机硬件技术基础	必修	4		热工测试技术	必修	4
		自控原理及热工过程控制	必修	3		专业英语阅读	必修	2
		人工环境学（1）	必修	2				

续表

学年	学期	课程名	性质	学分（分）	学期	课程名	性质	学分（分）
第四学年	秋季学期	概率与数理统计 B	必修	2	第四学年春季学期	空调供热课程设计	必修	16
		空调与制冷技术	必修	4				
		专业外语阅读	必修	2		专家系统在热工过程在应用	任选	3
		供热工程与锅炉	必修	4				
					夏季学期	专业实验课		2 周
						空调运行实习		3 周
第五学年	秋季学期	文献检索与利用（理论类）	任选	1	春季学期	毕业设计	必修	20
		建筑概论	限选	2				
		流体网络原理	必修	2				
		人工环境学（2）	必修	3				
		工业通风	限选	2				
		热湿交换过程与设备	必修	3				
		洁净技术	限选	2				
		HVAC 新技术	限选	2				
		HVAC 典型工程实例分析	限选	2				

注：1 学分相当于 16 学时或者一周。要求计划总学分为 223 学分，包括毕业设计 20 学分，以及课程学分 203 学分（相当于 3248 学时）。课程学分中公共基础课 86 学分、工程技术基础课 68 学分，专业课 30 学分，课程实验与实习 19 学分。

1996 年空气调节工程专业本科四年制培养方案　　　　附表 24

学年	学期	课程名	性质	学分（分）	学期	课程名	性质	学分（分）
第一学年	秋季学期	集中军训	必修	2	春季学期	中国革命史通论（2）	必修	2
		中国革命史通论（1）	必修	3		英语（2）	必修	4
		微积分（1）	必修	5		体育（2）	必修	1
		体育（1）	必修	1		法律基础	必修	2
		英语（1）	必修	4		军事理论	必修	2
		几何与代数（1）	必修	3		微积分（1）	必修	5
		制图基础	必修	4		几何与代数 B2	必修	2
		大学化学 B	必修	2		机械制图	必修	4
		大学化学实验 B	必修	1		大学物理（1）	必修	5
		计算机文化基础	必修	3		大学生音乐知识与欣赏	任选	1
					夏季学期	公益劳动	必修	1
						金工实习 A	必修	4

续表

学年	学期	课程名	性质	学分（分）	学期	课程名	性质	学分（分）
第二学年	秋季学期	当代资本主义	必修	2	春季学期	中国特色社会主义建设	必修	2
		体育（3）	必修	1		体育（4）	必修	1
		英语（3）	必修	4		英语（4）	必修	4
		大学物理（2）	必修	4		物理实验（2）	必修	2
		计算机软件技术基础	必修	4		理论力学 C2	必修	3
		物理实验（1）	必修	2		工程热力学	必修	5
		理论力学 B1	必修	3		材料力学（1）	必修	4
		人文限选课组	限选	1	夏季学期	计算机专题实验	必修	2
						CAD 工程绘图	必修	2
第三学年	秋季学期	工程经济学	必修	2	春季学期	马克思主义哲学原理	必修	3
		复变函数引论	必修	2		泵与风机	必修	2
		随机数学方法	必修	3		计算方法	必修	4
		数理方程引论	必修	2		工程材料 B	必修	2
		流体力学	必修	4		电子技术	必修	4
		机械设计基础 A	必修	5		人工环境学（1）	必修	3
		电工技术	必修	3		热工测试技术	必修	3
		建筑概论	必修	2		传热学	必修	5
		人文限选课组	限选	1		体育专项（2）	限选	1
		体育专项（1）	限选	1		运动训练 A6	任选	3
					夏季学期	机械设计基础课程设计	必修	2
		运动训练 A5	任选	3		生产实习	必修	4
第四学年	秋季学期	计算机硬件技术基础	必修	4	春季学期	流体网络原理	必修	2
		自控原理及热工过程控制	必修	3		热质交换过程与设备	必修	3
		空调与制冷技术	必修	4		空调供热课程设计（2）	必修	4
		供热工程与锅炉	必修	4		体育专项（4）	限选	1
		空调供热课程设计（1）	必修	8		运动训练 A8	任选	3
		专业英语阅读	必修	2				
		体育专项（3）	限选	1		毕业设计	必修	15
		运动训练 A7	任选	3				

1996 年空气调节工程专业本科四年制教材目录 **附表 25**

学年	课程名	开课教研组	采用教材名称	教材编者	出版单位
第一学年秋季学期	中国革命史	中国革命教研组	中国革命史（上）	自编	清华大学版
	画法几何及机械制图	工程制图教研组	机械制图、习题集（三版）	石光源，彭福荫	高教版

续表

学年	课程名	开课教研组	采用教材名称	教材编者	出版单位
第一学年秋季学期	微积分	应用数学系	高等数学教程（一）	施学瑜	清华大学版
	普通化学	实验化学教研组	大学化学	刘国璞	
	计算机文化基础	计算中心	计算机文化基础教程	自编	校印刷厂
	空调工程概论	空调工程教研组	无教材		
	法学基础	经济法教研组	法学基础教程	王承继	高教版
	外语	外语系			
第一学年春季学期	中国革命史	中国革命教研组	中国革命史（下）	自编	清华大学版
	机械制图	工程制图教研组	机械制图、习题集（三版）	石光源，彭福荫	高教版
	微积分	应用数学系	高等数学教程（二）	施学瑜	清华大学版
	工科普通物理	基础物理教研组	大学物理	张三慧	清华大学版
	军事理论	军事教研组	高等学校军事教材	合编	解放军版
	外语	外语系			
第二学年秋季学期	工科普通物理	基础物理教研组	大学物理	张三慧	清华大学版
	线性代数	应用数学系	线性代数	栾汝书	高教版
	理论力学	理论力学教研组	理论力学（上，中）	罗远祥	
	计算机语言与程序设计	热工测试教研组	FORTRAN77 结构化程序	谭浩强	清华大学版
	金属工艺学	金属工学教研组	机械加工工艺基础	金向楷，张万昌	高教版
	普物实验	实验物理教研组	普通物理实验	自编	校印刷厂
	外语	外语系			
第二学年春季学期	理论力学	理论力学教研组	理论力学（下）	罗远祥	高教版
	材料力学	材料力学教研组	材料力学	钱文英	校印刷厂
	工程热力学	热工学教研组	工程热力学	朱明善	
	技术经济概论	技术经济教研组	工程技术经济学（二版）	傅家骥	清华大学版
	普物实验	实验物理教研组	普通物理实验	自编	校印刷厂
	外语	外语系			
第三学年秋季学期	当代资本主义经济	政治经济学教研组	当代资本主义经济特征	刘美珣	清华大学版
	工程材料	金属学教研组	工程材料（二版）	郑明新	
	电工技术基础	电工学教研组	电工学（上）	秦曾煌	高教版
	概率论与数理统计	应用数学系	概率论与数理统计（二版）	盛骤	
	场论与复变函数	应用数学系	复变函数（三版） 矢量分析与场论（二版）	西安交大 谢树艺	
	流体力学	水力学教研组	流体力学泵与风机（二版）	周谟仁	建工版
	外语	外语系			

续表

学年	课程名	开课教研组	采用教材名称	教材编者	出版单位
第三学年春季学期	中国特色社会主义建设	政治经济学教研组	无教材		
	电子技术基础	电工学教研组	电工技术与电子技术（下）	王鸿明	高教版
	流体力学	水力学教研组	流体力学泵与风机（二版）	周谟仁	建工版
	数理方程与特殊函数	应用数学系	数理方程与特殊函数	南工	高教版
	传热学	热工教研组	传热学	章熙民	建工版
	机械设计基础	机械设计教研组	机械设计基础	冯中鎏	清华大学版
	外语	外语系			
第四学年秋季学期	马克思哲学主义	哲学教研组	马克思哲学原理	黄美来	清华大学版
	能源概论	动控教研组	能源概论	叶大均	
	空气调节	空调教研组	空气调节	薛殿华	
	计算方法	应用数学系	数值分析	李庆扬	
	空调用制冷技术	空调教研组	空调用制冷技术	彦启森	
	工业通风	空调教研组	工业通风	孙一坚	
	建筑热过程	空调教研组	建筑热过程	彦启森	
	泵与风机	水力机械教研组	流体力学泵与风机（二版）	周谟仁	建工版
	微机原理及应用	热工测试技术教研组	微机与单元机应用基础	侯朝祯	北京理工大版
	专业英语阅读	空调教研组	空调专业英语阅读教材		校印刷厂
第四学年春季学期	马克思哲学主义	哲学教研组	马克思哲学原理	黄美来	清华大学版
	专家系统在热工过程中的应用	热工测试技术教研组	过程数据计算机处理	李兰馨	清华大学版
	热工测量	空调教研组	热工测量与自动调节	西安冶建	建工版
	锅炉及锅炉房设备	空调教研组	锅炉及锅炉房设备	同济大学	
	供热工程	空调教研组	供热工程（新一版）	贺平	
	空气洁净技术	空调教研组	无教材		
	吸收式制冷剂	空调教研组			
	小型制冷设备	空调教研组			
	专业英语阅读	空调教研组	空调专业英语阅读教材	自编	校印刷厂
第五学年秋季学期	空气调节自动控制	空调教研组	热工测量与自动调节	西安冶建	建工版
	网络分析与综合	空调教研组	流体网络分析与综合	石兆玉	校印刷厂
	供热系统分析	空调教研组	供热系统分析	蔡启林	校印刷厂
	太阳能热利用	空调教研组	太阳能热利用	岑幻霞	校印刷厂

1998 年空气调节工程专业本硕贯通“四＋二”年制培养方案　　附表 26

学年	学期	课程名	性质	学分（分）	学期	课程名	性质	学分（分）
第一学年	秋季学期	集中军训	必修	2	春季学期	毛泽东思想概论	必修	3
		可持续发展与环境保护概论	必修	1		军事理论	必修	2
		思想道德修养	必修	2		英语（2）	必修	4
		法律基础	必修	2		体育（2）	必修	1
		英语（1）	必修	4		大学物理（1）	必修	5
		体育（1）	必修	1		机械制图	必修	4
		制图基础	必修	4		微积分（2）	必修	5
		几何与代数（1）	必修	3		计算机文化基础	必修	3
		微积分（1）	必修	5	夏季学期	公益劳动	必修	1
		大学化学实验 B	必修	1		金工实习 A	必修	4
		大学化学 B1	必修	2				
第二学年	秋季学期	马克思主义政治经济学原理	必修	3	秋季学期	邓小平理论概论	必修	3
		英语（3）	必修	4		英语（4）	必修	4
		体育（3）	必修	1		体育（4）	必修	1
		几何与代数 B（2）	必修	2		材料力学（1）	必修	4
		计算机软件技术基础	必修	4		工程热力学	必修	5
		理论力学 B（1）	必修	3		理论力学 B（2）	必修	3
		大学物理（2）	必修	4		工程材料 B1	必修	2
		物理实验（1）	必修	2		物理实验（2）	必修	2
		人文选修课	限选	2	夏季学期	专业认识实习（含建筑实习）	必修	4
第三学年	秋季学期	随机数学方法	必修	3	春季学期	马克思主义哲学原理	必修	3
		复变函数引论	必修	2		电子技术	必修	4
		数理方程引论	必修	2		传热学	必修	5
		流体力学	必修	4		泵与风机	必修	2
		机械设计基础 A	必修	5		热工测试技术	必修	3
		电工技术	必修	3		人工环境学	必修	2
		工程经济学	必修	2		计算方法	必修	4
		建筑概论	必修	2	夏季学期	生产实习	必修	4
第四学年	秋季学期	体育专项（3）	必修	1	春季学期	体育专项（4）	必修	1
		专业英语阅读	必修	2		空调供热课程设计（2）	必修	4
		计算机硬件技术基础	必修	4		本～硕贯通课	限选	6
		自控原理及热工过程控制	必修	3		专业选修课	任选	1～4
		空调与制冷技术	必修	4				
		供热工程与锅炉	必修	4		毕业论文	必修	12
		空调供热课程设计（1）	必修	8				

本硕贯通课程包括：
流体网络原理（3 学分），热质交换原理与应用（3 学分），建筑热环境学（3 学分），空调系统过程分析与模拟（3 学分）。
专业选修课包括：
建筑网络综合布线（2 学分），燃气应用（1 学分），热电冷三联供应用（1 学分），暖通空调与制冷新进展（2 学分）

1999 年空气调节工程专业本硕贯通“四十二”年制培养方案　　附表 27

学年	学期	课程名	性质	学分（分）	学期	课程名	性质	学分（分）
第一学年	秋季学期	集中军训	必修	2	春季学期	毛泽东思想概论	必修	3
		可持续发展与环境保护概论	必修	1		军事理论	必修	2
		思想道德修养	必修	2		计算机文化基础	必修	3
		法律基础	必修	2		英语（2）	必修	4
		英语（1）	必修	4		体育（2）	必修	1
		体育（1）	必修	1		微积分（2）	必修	5
		工程制图基础	必修	3		大学物理（1）	必修	5
		几何与代数（1）	必修	3		机械制图	必修	4
		微积分（1）	必修	5		几何与代数 B（2）	必修	2
		大学化学 B	必修	2	夏季学期	公益劳动	必修	1
		大学化学实验 B	必修	1		金工实习 A	必修	4
第二学年	秋季学期	马克思主义政治经济学原理	必修	3	秋季学期	邓小平理论概论	必修	3
		英语（3）	必修	4		英语（4）	必修	4
		体育（3）	必修	1		体育（4）	必修	1
		计算机软件技术基础	必修	3		传热学	必修	4
		工程热力学	必修	4		工程力学（2）	必修	3
		大学物理（2）	必修	4		流体力学	必修	4
		物理实验（1）	必修	2		工程材料 B	必修	2
		工程力学（1）	必修	4		物理实验（2）	必修	2
		人文选修课	限选	2	夏季学期	专业认识实习（含建筑实习）	必修	4
第三学年	秋季学期	随机数学方法	必修	3	春季学期	马克思主义哲学原理	必修	3
		数学限选课	限选	2		电子技术	必修	4
		机械设计基础	必修	4		建筑环境测试技术	必修	3
		空调与制冷技术	必修	4		泵与风机	必修	2
		建筑环境学	必修	2		供热工程与锅炉	必修	4
		电工技术	必修	3		建筑自动化	必修	3
		工程经济学	必修	2		计算方法	必修	4
		建筑概论	必修	2		体育专项（2）	任选	1
		体育专项（1）	任选	1	夏季学期	生产实习	必修	4

续表

学年	学期	课程名	性质	学分（分）	学期	课程名	性质	学分（分）
第四学年	秋季学期	体育专项（3）	任选	1	春季学期	体育专项（4）	任选	1
		专业英语阅读	必修	2		本～硕贯通课	限选	3
		计算机硬件技术基础	必修	4		专业选修课	任选	1～4
		空调供热课程设计	必修	12		综合论文训练	必修	15
		本～硕贯通课程	限选	3				
		专业选修课	任选	1～2				

附选修课目：（注：B 为学士学位课程，M 为硕士学位课程）

数学限选课（2 选 1）

B	数理方程引论	2 学分	考查
B	复变函数引论	2 学分	考查

本－硕贯通课程（限选 6 学分）

B/M	流体网络原理	3 学分	考试
B/M	热质交换原理与应用	3 学分	考试
B/M	建筑热环境学	3 学分	考试
B/M	空调系统过程分析与模拟	3 学分	考试

专业选修课

B	建筑网络综合布线	2 学分	考查（春）
B	燃气应用	1 学分	考查（春）
B	热电冷三联供应用	1 学分	考查（春）
B/M	暖通空调与制冷新进展	2 学分	考查（春）
B	小型制冷设备	2 学分	考查（秋）
B	建筑通风工程	2 学分	考查（秋）
B	洁净技术	2 学分	考查（秋）
B/M	建筑模拟分析方法	1 学分	考查（秋）

（三）本科生培养方案（2000—2012 年）

1. 培养目标

培养可从事工业与民用建筑供热、通风及空气调节系统的设计、安装、调试与设备研发，以及各种人工环境系统研究、设计和运行等方面技术工作，具有国际视野和竞争力、扎实基础和创新意识、卓越领导能力和团队精神的高级工程技术和经营管理人才。

2. 基本要求

（1）建筑环境与设备工程专业本科毕业生应具备以下能力与素质：

（2）理论基础：具有扎实的理论和工程技术基础，宽广的自然科学、人文社会科学知识；

（3）学习与实践能力：具有通过自主学习获取新知识的能力，具有较强的实践能力；

（4）沟通与组织能力：具有较强的沟通交流能力和组织协调能力，具有良好的团队领导能力和合作精神；

（5）创新能力：具有创新思维的能力，善于从学习工作中发现问题并提出解决问题的方法；

（6）社会责任感：具有强烈的社会责任感，具有持久的毅力和开阔的胸襟。

3. 学制与学位授予

学制：本科学制四年，按照学分制管理机制，实行弹性学习年限。

授予学位：工学学士学位。

4. 基本学分学时

本科培养总学分 175，其中春、秋季学期课程总学分 143；夏季学期实践环节 17 学分，综合论文训练 15 学分。

5. 专业核心课程 8 门，25 学分

本专业的核心课程包括了下列专业基础课和专业课：流体力学（3 学分）、传热学（3 学分）、工程热力学（4 学分）、建筑环境学（2 学分）、流体输配系统（3 学分）、热质交换原理与应用（3 学分）、暖通空调（4 学分）、建筑自动化（3 学分）。

6. 课程设置与学分分布

（1）公共基础课程　26 学分

1）思想政治理论课　14 学分

10610183	思想道德修养与法律基础	3 学分
10610193	中国近现代史纲要	3 学分
10610204	马克思主义基本原理	4 学分
10610224	毛泽东思想和中国特色社会主义理论体系概论	4 学分

2）体育　4 学分

第 1～4 学期的体育（1）～（4）为必修，每学期 1 学分；第 5～8 学期的体育专项不设学分，其中第 5～6 学期为限选，第 7～8 学期为任选。

3）外语　8 学分

英语课程共计 8 学分（其中至少 4 学分为英语必修课组课程），安排在前四个学期完成。第一学年夏季学期设置外语文化活动月，为非英语专业必修环节。设清华大学本科生英语能力考试作为非英语专业本科生英语水平检测，学生在校学习满一年后可以报名参加。

日语、德语、法语、俄语等小语种外语课程的选课要求详见《学生手册》(2012)。

（2）文化素质课　13 学分

文化素质教育课程体系包括文化素质教育核心课、新生研讨课、文化素质教育讲座课和一般文化素质教育课，除文化素质教育讲座和新生研讨课外，其他所有课程划分为八大课组：① 哲学与伦理；② 历史与文化；③ 语言与文学；④ 艺术与审美；⑤ 环境、科技与社会；⑥ 当代中国与世界；⑦ 人生与发展；⑧ 数学与自然科学。要求在本科学习阶段修满 13 学分，其中文化素质教育讲座课程为必修，1～2 学分；文化素质教育核心课程和新生研讨课为限选，至少 5 门或 8 学分，建议其中 1 门为新生研讨课；一般文化素质课程为任选。

每学期开设的文化素质教育课程目录详见当学期选课手册。

（3）自然科学基础课程　36 学分

1）数学　　21 学分

① 必修课　　13 学分

10421075　　微积分 B（1）　　5 学分（秋）

10421084　　微积分 B（2）　　4 学分（春）

10421094　　线性代数（1）　　4 学分（秋）

② 选修课程　8 学分

10421102　　线性代数（2）　　2 学分

10420803　　概率论与数理统计　　3 学分（春、秋）

10420252　　复变函数引论　　2 学分（春、秋）

10420262　　数理方程引论　　2 学分（春、秋）

选修未在此处列出的课程时，需办理确认手续；同种类型的课程重复选修时只计算 1 门课程的学分。

2）物理　10 学分，中英文二选一

10430484　　大学物理 B（1）　　4 学分（春、秋）

10430494　　大学物理 B（2）　　4 学分（春、秋）

10430344　　大学物理（1）（英）　　4 学分

10430354　　大学物理（2）（英）　　4 学分

10430782　　物理实验 A（1）　　2 学分（春、秋）

3）化学　3 学分

10440012　　大学化学 B　　2 学分（秋）

10440111　　大学化学实验 B　　1 学分（秋）

4）生物　　2 学分

10450012　　现代生物学导论　　2 学分（春、秋）

（4）专业相关课程　68 学分

1）工程技术基础课　40 学分，其中必修 31 学分

① 机械设计课　6 学分

20130423　　机械设计基础 A（1）　　3 学分（春、秋）

20130463　　机械设计基础 A（2）　　3 学分（春、秋）

② 其他技术基础课　25 学分

20040133　　流体力学　　3 学分（秋）

20330314　　工程力学 A　　4 学分（秋）

流体输配系统（英）　　3 学分（秋）

20140064　　工程热力学　　4 学分（秋）

20140083　　传热学　　3 学分（春）

30990063　　热质交换原理与应用　　3 学分（春）

30990012　　建筑环境学　　2 学分（春）

30990022　　建筑概论　　2 学分（春）

20990012　　建筑环境测试技术　　2 学分（秋）

③ 电子与计算机类限选课　7 学分

20220044　　电工与电子技术　　4 学分　建议选修

20740073　　计算机程序设计基础　　3 学分（春、秋）

20220233　　计算机硬件技术基础　　3 学分（春、秋）

00220033　　计算机网络技术基础　　3 学分（春、秋）

其他电子与计算机类课程

④ 工程管理与技术经济限选课　2 学分

30910052　　工程项目管理（1）　　2 学分（秋）

30910042　　建筑施工组织　　2 学分（春）

2）专业课　28 学分，其中必修 21 学分

① 专业主干课程　7 学分

40990120　　暖通空调　　4 学分（秋）

20990023　　建筑自动化　　3 学分（春）

② 课程设计项目　11 学分

40990120　　暖通空调课程设计　　11 学分（秋）

③ 专业必修课　3 学分

40990202　　城市能源系统　　3 学分（春）

④ 其他与专业有关的任选课程　7 学分

40990081　　热电冷三联供应用　　1 学分（春）

40990072　　建筑网络综合布线　　2 学分（春）

40990102　　小型空调制冷系统分析　　2 学分（春）

80000552　　建筑节能原理和应用　　2 学分（春）

80000521　　建筑室内热环境模拟及应用　　2 学分（秋）

40990112　　建筑通风工程　　2 学分（秋）

40990142　　洁净技术　　2 学分（秋）

40990132　　建筑节能综合关键技术　　2 学分（秋）

40990162　　室内空气化学污染控制　　2 学分（秋）

专业英语阅读　　2 学分（秋）

40990181　　室内空气品质和健康概论（英）　1 学分（春）

SRT 项目可以替代 2 学分的专业任选课；经认可的学生竞赛可以替代 2 学分的专业任选课。

（5）实践环节　17 学分

12090043　　军事理论与技能训练　　3 学分

10640852　　大一外语强化训练　　2 学分

21510082　　金工实习 C（集中）　　2 学分（夏）

40000073　　专业认识实习　　2 学分（夏）

40990211　　专题实验　　1 学分（夏）

40000032　建筑实习　2学分（夏）
40990155　运行实习　5学分（夏）

（6）综合论文训练　15学分

40990060　综合论文训练　15学分

综合论文训练不少于15周，集中安排在第8学期。

（四）本科生指导性教学计划（2000—2012年）

1. 第一学年

课程编号	课程名称	学分	周学时	考核方式	说明及主要先修课
12090043	军事理论与技能训练	3	3周	考查	

秋季学期

课程编号	课程名称	学分	周学时	考核方式	说明及主要先修课
10610183	思想道德修养与法律基础	3	2	考试	
10720011	体育（1）	1	2	考查	
10640532	英语（1）	2	2	考试	
10421094	线性代数（1）	4	4	考试	
10421075	微积分B（1）	5	5	考试	
10440012	大学化学B	2	2	考试	
10440111	大学化学实验B	1	1	考查	
20130423	机械设计基础A（1）	3	3	考试	
	文化素质选修课	2	2	考查	
	合计：	23			

春季学期

课程编号	课程名称	学分	周学时	考核方式	说明及主要先修课
10610193	中国近现代史纲要	3	2	考试	
10720021	体育（2）	1	2	考查	
10640682	英语（2）	2	2	考试	
10421084	微积分B（2）	4	4	考试	先修微积分B（1）
10430484	大学物理B（1）	4	4	考试	
30990022	建筑概论	2	2	考查	
20740073	计算机程序设计基础	3	3	考试	
	文化素质选修课	3	3	考查	
	合计：	22			

夏季学期

课程编号	课程名称	学分	周学时	考核方式	说明及主要先修课
21510082	金工实习 C	2	2 周	考查	
10640852	大一外语强化训练	2	3 周	考试	
	合计：	4			

2. 第二学年

秋季学期

课程编号	课程名称	学分	周学时	考核方式	说明及主要先修课
10610204	马克思主义基本原理	4	3	考试	
10720031	体育（3）	1	2	考查	
10430494	大学物理 B（2）	4	4	考试	
10430782	物理实验 A（1）	2	2	考查	
20140064	工程热力学	4	4	考试	
20040133	流体力学	3	3	考试	
20130463	机械设计基础 A（2）	3	3	考试	
	合计：	22			

春季学期

课程编号	课程名称	学分	周学时	考核方式	说明及主要先修课
10610224	毛泽东思想和中国特色社会主义理论体系概论	4	3	考试	
10720041	体育（4）	1	2	考查	
10450012	现代生物学导论	2	2	考查	
20140083	传热学	3	3	考试	先修流体力学
30990012	建筑环境学	2	2	考试	先修工程热力学，流体力学
10421102	线性代数（2）	2	2	考试	先修线性代数（1）
20220044	电工与电子技术	4	4	考试	
	文化素质选修课	3	3	考查	
	合计：	21			

夏季学期

课程编号	课程名称	学分	周学时	考核方式	说明及主要先修课
40000032	建筑实习	2	2 周	考查	
	专业认识实习	2	2 周	考查	
	专题实验	1	1 周	考查	
	合计：	5			

3. 第三学年

秋季学期

课程编号	课程名称	学分	周学时	考核方式	说明及主要先修课
10720110	体育专项（1）		2	考查	
40990120	暖通空调	4	4	考试	先修建筑环境学
	流体输配系统	3	3	考试	
10420252	复变函数引论	2	2	考试	
20220233	计算机硬件技术基础	3	3	考试	
10420803	概率论与数理统计	3	3	考试	
	文化素质选修课	3	3	考查	
	专业选修课	3	3	考查	
	合计：	21			

春季学期

课程编号	课程名称	学分	周学时	考核方式	说明及主要先修课
10720120	体育专项（2）		2	考查	
20990023	建筑自动化	3	3	考试	先修空调与制冷技术
40990202	城市能源系统	3	3	考试	先修工程热力学，传热学
30990063	热质交换原理与应用	3	3	考试	
20990012	建筑环境测试技术	2	2	考试	先修传热学、流体力学
10420262	数理方程引论	2	2	考试	
00220033	计算机网络技术基础	3	3	考试	
40990181	室内空气品质和健康概论	1	1	考查	英文授课
	专业选修课	2	2	考查	
	文化素质选修课	2	2	考查	
	合计：	21			

夏季学期

课程编号	课程名称	学分	周学时	考核方式	说明及主要先修课
40990155	运行实习	5	5 周	考查	
	合计：	5			

4. 第四学年

秋季学期

课程编号	课程名称	学分	周学时	考核方式	说明及主要先修课
10720130	体育专项（3）		2	考查	
40990120	暖通空调课程设计	11	11	考试	
30910052	工程项目管理（1）	2	2	考试	
40990132	建筑节能综合关键技术	2	2	考查	
	专业选修课	3	3	考查	
	文化素质选修课	2	2	考查	
	合计：	20			

春季学期

课程编号	课程名称	学分	周学时	考核方式	说明及主要先修课
10720140	体育专项（4）		2	考查	
40990060	综合论文训练	15	15	考查	
30910042	建筑施工组织	2	2	考查	
	专业英语阅读	2	2	考查	
	合计：	19			

（五）本科生培养方案（2020 级）

1. 培养目标

建筑环境与能源应用工程专业（简称：建环专业）的培养目标是：

（1）道德素养：具有优良的科学素养、职业道德和强烈的社会责任感。

（2）业务能力：胜任民用与工业建筑等人工环境的特性研究与系统设计、运行管理和设备研发工作，并能灵活应用基础理论和专业知识解决全球建筑环境与能源应用领域的相关问题。

（3）学识水平：能够进入国内外一流高校和研究机构开展前沿性技术和 / 或专业项目研究，并具有突出的终身学习能力。

（4）合作精神：具有团队意识和良好的跨学科、跨职能和跨文化的沟通能力，能够在建筑环境与能源应用工程领域处于技术和 / 或管理上的领导地位，具有推动创新的自信和能力。

（5）发展潜力：对专业和社会发展具有敏锐的洞察力，具有独立创业潜力和 / 或体现成为专业协会、政府、工程设计和技术咨询企业、学术机构和国际组织的知名专家和领导者的潜质。

（6）社会责任感：具有良好的人文素养、社会责任感和可持续发展观，在工程实践中遵守职业道德，履行社会责任，并贯穿整个职业生涯。

2. 培养要求

建筑环境与能源应用工程专业评估委员会2019年7月下发了建环专业评估（认证）文件。文件中指出必须有明确、公开、可衡量的毕业要求，毕业要求应能支撑培养目标的达成，并完全覆盖以下内容：

（1）工程知识：能够将自然科学、工程基础和专业知识用于解决复杂工程问题。

（2）问题分析：能够应用自然科学和工程科学的基本原理，识别、表达、并通过文献研究分析复杂工程问题，以获得有效结论。

（3）设计／开发解决方案：能够设计针对复杂工程问题的解决方案，设计满足特定需求的系统、单元（部件）或工艺流程，并能够在设计环节中体现创新意识，考虑社会、节能、健康、安全、法律、文化以及环保等因素。

（4）研究：掌握基本的研究方法。能够基于科学原理并采用科学方法对复杂工程问题进行研究，包括设计实验、分析与解释数据、并通过信息综合得到合理有效的结论。

（5）使用现代工具：能够针对复杂工程问题，开发、选择与使用恰当的技术、资源、现代工程工具和信息技术工具，包括对复杂工程问题的预测与模拟，并能够理解其局限性。

（6）工程与社会：能够基于工程相关背景知识进行合理分析，评价专业工程实践和复杂工程问题解决方案对社会、健康、安全、法律以及文化的影响，并理解应承担的责任。

（7）环境和可持续发展：能够理解和评价针对复杂工程问题的工程实践对环境、社会可持续发展的影响。

（8）职业规范：具有人文社会科学素养、社会责任感，能够在工程实践中理解并遵守工程职业道德和规范，履行责任。

（9）个人和团队：能够在多学科背景下的团队中承担个体、团队成员以及负责人的角色。

（10）沟通：能够就复杂工程问题与业界同行及社会公众进行有效沟通和交流，包括撰写报告和设计文稿、陈述发言、清晰表达或回应指令。并具备一定的国际视野，能够在跨文化背景下进行沟通和交流。

（11）项目管理：理解并掌握工程管理原理与经济决策方法，并能在多学科环境中应用。

（12）终身学习：具有自主学习和终身学习的意识，有不断学习和适应发展的能力。

3. 学制与学位授予

数理基础科学与建筑环境与能源应用工程专业双学位项目学制4年。授予数理基础科学理学学士学位与建筑环境与能源应用工程工学学士学位。按本科专业学制进行课程设置及学分分配。本科最长学习年限为所在专业学制加两年。

4. 基本学分要求

本科培养总学分为165学分，其中，校级通识教育课程44学分，专业相关课程96学分，专业实践环节25学分。

5. 课程设置与学分分布

1. 校级通识教育　44 学分

（1）思想政治理论课：必修 15 学分。

思想政治理论课　　附表 28

课程编号	课程名称	学分（分）
10680053	思想道德与法治	3
10680011	形势与政策	1
10610193	中国近现代史纲要	3
10610204	马克思主义基本原理	4
10680032	毛泽东思想和中国特色社会主义理论体系概论	2
10680022	习近平新时代中国特色社会主义思想概论	2

（2）体育：4 学分。

第 1～4 学期的体育（1）～（4）为必修，每学期 1 学分；第 5～8 学期的体育专项不设学分，其中第 5～6 学期为限选，第 7～8 学期为任选。学生大三结束申请推荐免试攻读研究生需完成第 1～4 学期的体育必修课程并取得学分。

本科毕业必须通过学校体育部组织的游泳测试。体育课的选课、退课、游泳测试及境外交换学生的体育课程认定等请详见学生手册《清华大学本科体育课程的有关规定及要求》。

（3）外语（一外英语学生必修 8 学分，一外其他语种学生必修 6 学分）。

外语　　附表 29

<table>
<tr><th>学生</th><th>课组</th><th>课程</th><th>课程面向</th><th>学分要求</th></tr>
<tr><td rowspan="9">一外英语学生</td><td rowspan="6">英语综合能力课组</td><td>英语综合训练（C1）</td><td rowspan="2">入学分级考试 1 级</td><td rowspan="6">必修
4 学分</td></tr>
<tr><td>英语综合训练（C2）</td></tr>
<tr><td>英语阅读写作（B）</td><td rowspan="2">入学分级考试 2 级</td></tr>
<tr><td>英语听说交流（B）</td></tr>
<tr><td>英语阅读写作（A）</td><td rowspan="2">入学分级考试 3 级、4 级</td></tr>
<tr><td>英语听说交流（A）</td></tr>
<tr><td>第二外语课组</td><td colspan="2" rowspan="3">详见选课手册</td><td rowspan="3">限选
4 学分</td></tr>
<tr><td>外国语言文化课组</td></tr>
<tr><td>外语专项提高课组</td></tr>
<tr><td colspan="2">一外小语种学生</td><td colspan="2">详见选课手册</td><td>6 学分</td></tr>
</table>

公外课程免修、替代等详细规定见教学门户 – 清华大学本科生公共外语课程设置及修读管理办法。

（4）写作与沟通课：必修2学分。

写作与沟通　　附表30

课程编号	课程名称	学分（分）
10691342	写作与沟通	2

（5）通识选修课：限选11学分。

通识选修课包括人文、社科、艺术、科学四大课组，要求学生每个课组至少选修2学分，与写作沟通共13学分。其中未央书院定制通识课7学分。

通识选修课　　附表31

课程编号	课程名称	学分（分）	备注
14720063	中国古代社会生活史专题	3	秋季开课
14720012	《三国志》与三国史	2	
00690912	清史概要	2	
14720043	考古发现与《史记》	3	
10691562	中国史要论	2	春季开课
10691552	中国历史地理	2	
10691233	中国古代文明	3	
10691093	《史记》研读	3	

（6）军事课程：4学分3周。

军事课程　　附表32

课程编号	课程名称	学分（分）	备注
12090052	军事理论	2	
12090062	军事技能	2	

2. 专业相关课程　96学分

（1）基础课程：38学分，必修。

基础课程　　附表33

课程编号	课程名称	学分（分）	备注
10421055	微积分A（1）	5	
10421065	微积分A（2）	5	
10421324	线性代数	4	
20430225	基础物理学（1）	5	
20430234	基础物理学（2）	4	
20430265	基础物理学（3）	5	
10430632	基础物理实验（1）	2	

续表

课程编号	课程名称	学分（分）	备注
10430642	基础物理实验（2）	2	
10431042	基础物理实验（3）	2	
10440012	大学化学 B	2	
10450012	现代生物学导论	2	

研究生进阶课程替代说明：无。

（2）数理限选课程：14 学分，必修 / 限选。

数理限选课程　　附表 34

课程编号	课程名称	学分（分）	备注
必修课程		4	
20430094	量子与统计	4	
限选课程	以下课程限选不少于 10 学分	10	
10430012	复变函数	2	
30430153	数学物理方程	3	
30430233	概率论	3	春季开课
30160213	概率论	3	秋季开课
10421373	概率论与随机过程	3	可替代概率论
40420644	微分几何	4	
30430203	基础拓扑学	3	
40420054	数值分析	4	
40420614	泛函分析（1）	4	
30160263	统计推断	3	
20430103	分析力学	3	
20430204	统计力学（1）	4	
20430054	电动力学	4	
40430354	固体物理（1）	4	
10430713	近代物理实验 A 组	3	

（3）工程与信息类基础课程：7 学分，必修。

工程与信息类基础课程　　附表 35

课程编号	课程名称	学分（分）	备注
20120152	工程图学基础	2	
30040473	流体力学与网络（I）	3	

（4）计算机类课程：限选 2 学分（以下课程任选 1 门，或同类课程）。

计算机类课程　　附表 36

课程编号	课程名称	学分（分）	备注
20740073	计算机程序设计基础	3	推荐
30220392	计算机程序设计基础	2	
20740102	计算机程序设计基础	2	
30250023	计算机语言与程序设计	3	

（5）专业必修课程：21 学分，必修 0。

专业必修课程　　附表 37

课程编号	课程名称	学分（分）	备注
30000473	建筑环境学	3	
30000485	建筑环境热学基础（Ⅱ）	5	
30000513	流体力学与网络（Ⅱ）	3	
30000594	建筑环境测试与自动化	4	
40990255	暖通空调与热源	5	
********	建筑学基础	1	

（6）专业限选课程：4 学分，必修。

专业限选课程　　附表 38

课程编号	课程名称	学分（分）	备注
40000514	城市能源系统	4	课组 I
30000664	室内空气质量	4	课组Ⅱ

注：课组 I 和课组Ⅱ二选一。

（7）理工融合课程：3 学分，必修。

理工融合课程　　附表 39

课程编号	课程名称	学分（分）	备注
	建筑环境热学基础（Ⅲ）	3	

（8）探索式学习课程：9 学分，必修。

探索式学习课程 附表 40

课程编号	课程名称	学分（分）	备注
	课程设计	5	必修
40000552	城市能源与环境工程	2	课组 I
40990262	制冷与热泵装置设计	2	
30000672	建筑环境统计学	2	课组 II
40990142	洁净技术	2	

注：课组 I 和课组 II 二选一。

3. 专业实践环节 25 学分

（1）夏季学期实习实践训练：10 学分，必修 8 周。

夏季学期实习实践训练 附表 41

课程编号	课程名称	学分（分）	备注
21510082	金工实习 C（集中）	2	
40990222	专业认知实习	2	
40990211	专业实验	1	
40990155	运行实习	5	

（2）综合论文训练：15 学分，必修。

综合论文训练 附表 42

课程编号	课程名称	学分（分）	备注
40990060	综合论文训练	15	

四、退休教授简介

1. 蔡启林教授（1957 年入职）

蔡启林教授（附图 1）于 1934 年 2 月生于福建漳州。1953 年考入上海同济大学卫生工程系供热、供燃气及通风专业学习，学生时期加入中国共产党。1957 年毕业分配到清华大学任教，先后工作于土木工程系、土木建筑系、热能工程系的暖通空调教研组。1992 年聘为教授，1994 年 9 月退休。

附图 1 蔡启林教授

蔡启林教授长期担任住房和城乡建设部供热专家组成员、中国城镇供热协会技术委员会委员、《区域供热》杂志副主编。组织参与行业技术培训，编写行业技术发展规划，制定有关行业的技术规范，推动并参与天津、赤峰、烟台等多个城市的集中供热事业的建设发展。

蔡启林教授任教期间，在本科、研究生教学和设计工作中积累了丰富的专业知识和实际工作经验。蔡启林教授长期承担“锅炉工程”“供热工程”等专业课教学，利用自己的研究成果，撰写了“供热系统分析”专著，并根据国民经济的需要和技术的发展更新教学内容。在科研成果的基础上，为本科生、研究生开设了“网络计算与分析”和“供热系统分析”两门新课程。蔡启林教授共指导研究生 9 名。在教学过程中注重理论联系实际，为暖通空调专业培养了一批又一批高水平人才。

蔡启林教授几十年致力于供热行业的技术进步，在科研工作上取得了一系列成绩：主持研究的“国际标准散热器热工性能检测台”项目，荣获 1985 年北京科技进步二等奖；“六五”期间，参加国家重点科技攻关项目，在“研究提高热力网技术”中，负责参数优化课题，荣获 1988 年北京市科技进步二等奖；“七五”期间，主持“地热梯级利用研究”课题；“八五”期间，主持国家自然基金课题“多热源共网的区域供热模式及其最优化”，均取得可喜成果，共发表学术论文 30 多篇。

蔡启林教授在成果应用方面坚持边研究边应用，在应用中不断完善科研成果，使之尽快转化为生产力。在任职期间，承接和主持供热方面的可行性研究、工程改造和工程设计等十余个项目。主要有：“内蒙古赤峰市集中供热规划和红山区第二期工程可行性研究”“福建漳州市区地热资源综合开发利用示范项目第一期可行性研究和工程设计”“内蒙古海拉尔毛纺厂供热系统改造和管理自动化”“天津市核供热工程可行性研究”和“沈阳市沈海热网工程的监控系统设计和实施”等。在工程中，由于应用优化设计和新技术，为国家和企业带来显著的经济效益。经手的项目，都得到专家的肯定。其中赤峰市的供热自动监控系统受到建设部的肯定与推广；沈阳市沈海热网工程是国内的大项目，供热面积达一千万平方米；山东省青州市第二热力站的热网采用无补偿的直埋新技术，减少的补偿器就节省投资约十万元，占热网投资 5% 以上。

2. 李元哲教授（1958 年入职）

李元哲教授（附图 2）1935 年 10 月 30 日出生于北京，籍贯浙江绍兴。1953 年毕业于北京师大女附中并考入清华大学土木工程系学习，1956 年加入中国共产党。1958 年毕业后留清华大学任教，1990 年聘为教授，1991 年退休。期间担任土木系暖通教研室团支部书记、土建系教师团总支委员、热能工程系空调教研室党支部委员。

附图 2　李元哲教授

李元哲教授长期从事太阳能光热利用和空气源热泵研究与教学工作，先后指导研究生 8 人，曾在我国“七五计划”期间担任国家攻关课题“可再生能源”子项“太阳能利用”国家二级课题组长，在中国和德国可再生能源合作项目中做出了令德国人称赞的辉煌成果，主持编写了《被动式太阳房的原理及设计》《被动式太阳房热工设计手册》《太阳能与空气源热泵在建筑节能中的应用》《太阳热水器原理、制造与施工》《空气源热泵在建筑节能中的应用》5 部专著，成为被动式太阳能热利用等方面的经典著作，也为暖通空调专业培养了一大批高水平人才，她的品格和师德深得学生的赞扬和爱戴。

李元哲教授退休后，始终秉持“科研不休、笔耕不辍”的奋斗精神，走上了更艰难的成果转化和产业报国之路。1992 年她以微薄的资金创办了北京清华索兰环能技术研究所，成为海淀区高新技术企业。她将科研成果不断推向市场，在太阳能行业内率先应用了热管技术，并在大面积太阳能热水系统工程上取得了巨大成功。1997 年开始在国内率先进行空气源热泵地板供暖方面的探索，成功开启和引领了中国寒冷地区空气源热泵供暖的新时代。在北方地区的煤改清洁能源行动中，该项技术得到了广泛应用和推广。

李元哲教授一生兢兢业业、奋斗不止，紧跟国家和时代所需并不断创新，在太阳能、空气源热泵以及建筑通风等方面建树丰硕：共发表论文上百篇，申请专利 50 余项，编写专著 5 部，主编或参编相关国家标准、导则等 3 部。由于李元哲教授的卓越贡献，2017 年和 2018 年分别荣获“中国自主创新人物奖”和“太阳能热利用科学技术杰出贡献奖”，并将个人所获奖金全部捐给系里用于鼓励学生们在太阳能利用方面进行更多的探索。

3. 陈君燕教授（1959 年入职）

陈君燕教授（附图 3）于 1936 年 4 月 11 日出生于天津，籍贯浙江绍兴。1954 年从天津南开中学毕业，考入清华大学土木工程系供热供燃气与通风专业学习。1956 年加入中国共产党。1959 年以优秀毕业生毕业后留校，先后在土木建筑系和热能系暖通空调专业任教。1986 年 6 月晋升为清华大学副教授。1995 年 8 月晋升为清华大学教授。1996 年 9 月在清华大学热能工程系退休，返聘 2 年。

附图 3　陈君燕教授

陈君燕教授热爱教育事业，长期担任“空调用制冷技术”“吸收式制冷技术”“空调课程设计”等专业课程的教学工作，并参与编写了《空气调节用制冷技术》等教材；1960 年代初为工程物理系防护专业开设专业交叉性新课和编写其讲义《通风与空气净化》。培养研究生 4 名。陈君燕教授在教学工作中取得了优异成绩：1985 中共清华大学委员会学生部和清华大学教务处给予“优秀班主任”奖励；1995 年荣获 1994 年度“清华之友—优秀教师奖励金”二等奖；1996 年 7 月 10 日获 1994、1995 年度“校级教学工作优秀成果”二等奖。

陈君燕教授致力于能源领域和环境保护领域的研究和实践。涵盖了吸收式制冷技术、工厂余热利用、干燥剂除湿空调、太阳能热利用、核能供热、城市热电冷三联供等多方面内容。其中吸收式制冷与余热利用为主要研究方向。20 世纪 70 年代初为核反应堆项目合作完成设计和试制成功了当时全国最大容量的“溴化锂吸收式制冷装置”。1980 年学习计算机语言，以一己之力完成了“国产溴化锂水溶液的物性方程”和“在电子计算机上进行溴化锂吸收式制冷循环的热力计算与分析”。1983 年在中国制冷学会第三次全国热泵热回收与余热制冷学术会议上，该成果被公认属于国内领先。会议推荐后，以《溴化锂吸收式制冷循环的热力计算与分析》刊登在《制冷学报》。主持研究工作并执笔撰写研究报告的项目有：国家自然科学基金资助项目“区域冷热联供的系统分析”“低温核供热堆为城市供冷的可行性分析”“天津港保税区供热供冷工程可行性方案优选”，与清华大学太阳能电子厂合作开发太阳能热利用于制冷空调的研究等。此外还参与了“关于城市小区的热电冷三联供技术”的中国工程院咨询项目，向建设部提出“垃圾焚烧发电及余热供能技术”的建议等。

陈君燕教授取得了丰硕的科研成果。1987 年 9 月主持完成“华北制药厂发酵消毒废汽余热制冷供暖工程初步设计”。这个复杂的大系统，和几个主要装置都是要创新的。作为主要技术负责人和总体设计者，始终迎难而上、亲力亲为，与教师、学生、工厂技术人员和工人团结协作，形成强有力的大团队，保障了项目 1994 年实施成功。从 1986 年执笔撰写可行性研究报告算起，奋战 8 年，摆脱了该大型工厂 30 年来的困境，达到国家计委节能示范项目的目标。执笔写下了研究报告。“发酵消毒废气余热制冷技术研究与应用”获国家医药管理局 1995 年度科技进步二等奖（第一完成人）。工作期间总共发表论文三十余篇，大多为执笔人和第一作者。最后独自研究新方法写出论文《冷热联供系统的能耗估算》在全国化工热工设计技术中心站 1999 年年会上获得优秀论文一等奖。

1987 年 12 月 24—26 日参与中国科学院广州能源研究所“热水型溴化锂两级吸收制冷系统科技成果鉴定会”，并应邀担任鉴定委员；1992 年 9 月 3 日接受清华大学核能技术设计研究院聘请，担任“5 兆瓦低温核供热堆制冷技术运行试验研究鉴定会”和“非能动式余热排出系统（功能系列试验）研究鉴定会”鉴定会委员兼前者测试小组组长。其中低温核供热堆制冷运行是国家八五重点科技攻关项目。

4. 赵庆珠教授（1959 年入职）

赵庆珠教授（附图 4）于 1937 年 3 月 10 日出生于河南省安阳市，1954 年考入清华大学土木工程系暖通专业学习，1959 年本科毕业，留校任教于本专业教研室工作。1996 年聘为教授，1997 年 8 月退休，并应聘于清华同方人环公司与同方数字城市节能工程技术研究院做技术顾问，2020 年 8 月正式退休。

附图 4　赵庆珠教授

赵庆珠教授在校期间承担了大量的教学工作，曾主讲专业课“采暖（暖气）”“工业通风”“建筑热过程”和选修课“蓄冰制冷”。1980 年获评“北京市优秀班主任”。与彦启森教授合编了《建筑热过程》作为清华空调专业的必修教材，获清华校级优秀讲义二等奖，修改后于 1986 年 12 月由中国建筑工业出版社印刷出版，1991 年获建设部优秀教材一等奖，1992 年 12 月获国家教委颁发的高等教育教材全国优秀教材奖。培养研究生 6 名，主要在空调系统的优化设计与节能运行方面进行了设计优化、运行控制工程实践。

赵庆珠教授主要从事空调能耗控制与冰蓄冷方向的研究。20 世纪 80 年代初，与彦启森教授参与了建设部组织研究建筑设计软件包工作。开始对室外扰量在室内形成负荷的过程与相应的正确计算方法开始系统进行分析研究，获部级科技进步二等奖。

随着科学技术的发展，对空调系统的需求急增，空调系统能耗被广泛重视。赵庆珠教授于 20 世纪 90 年代初开始对冰蓄冷技术进行了系统学习与研究。带领研究生首先在中国对国际上通用的两种蓄冰装置——冰球与冰盘管的结冰与融冰机理进行了实验与数据归纳和整理，参加了多项有关工程的实践与调试。被聘为国家电力公司电力需求侧管理指导中心电力蓄能应用技术专家组成员。参与了多项有关蓄冷工程的设计、施工、调试、验收、评估等方面的技术规范编制工作。

赵庆珠教授于 1986 年获全国计算机应用展览项目一等奖和北京市技术开发优秀项目一等奖。1987 年获纺织工业部科学技术进步一等奖。1989 年获内蒙古海拉尔人民政府科技进步一等奖和内蒙古自治区科技进步二等奖。1991 年获北京市科技进步一等奖。1994 年至 1996 年有四篇论文由中国建筑学会暖通制冷学会评为优秀论文。

2001 年，赵庆珠教授主持的项目"蓄冰空调系统设计、控制和产品成套技术研究与开发"获得北京市科学技术进步三等奖（第一完成人）。2011 年由中国建筑工业出版社印制的专著《蓄冷技术与系统设计》，被列为"十二五"国家重点图书新能源与建筑一体化技术丛书。

5. 岑幻霞教授（1959 年入职）

岑幻霞教授于 1937 年 2 月 25 日出生于广东新会。1954 年考入清华大学土木工程系供热供燃气与通风专业学习，1959 年毕业留校任教于暖气通风教研组，1997 年被聘为教授，1999 年因病逝世。

岑幻霞教授任教期间负责讲授本科生专业课程"太阳能热利用"，累计培养研究生两名，为我国太阳能建筑热利用方面培养一批优秀的专业人才。根据多年教学与科研成果，翻译出版专著《太阳能供热设计：f- 图法》（1982 年 10 月，中国建筑工业出版社），编写出版专著《太阳能热利用》（1997 年 1 月，清华大学出版社）。

岑幻霞教授的主要研究方向为太阳能利用与冰蓄冷方面。

在太阳能利用方面，岑幻霞教授提出了真空管集热器入射角修正系数的计算方法，阐明了不同测定条件下真空管集热器入射角修正系数的变化规律，为真空集热器性能评定标准的制定奠定了基础。分析了双面坡型太阳能干燥器的性能，各朝向集热面全日及逐时阳光得热量及其分布规律和影响因素，实测了双面坡型干燥器温升保证率、日效率，并和自然摊晒干燥速率进行了对比，表明双面坡型太阳能干燥器性能良好。采用正交试验法对不同干燥工况下毛皮物料干燥特性进行试验，给出了干燥曲线和干燥速率曲线，建立了干燥特性方程。

在冰蓄冷研究方面，岑幻霞教授研究了三种脂肪酸及其二元低共熔混合物的热物理性质，提出了一种新的具有良好的可逆性的空调蓄冷材料（于 1998 年获得国家发明专利）。将 UNIFAC 法引入相变材料的选择，用 UNIFAC 法预测二元混合物固液平衡相图，并以之指导相变材料的选择。利用实验测得的等压固液平衡数据，对 UNIFAC 模型进行了修正，用修正后的模型计算脂肪酸体系固液平衡与实验结果符合得较好。

6. 肖曰嵘教授（1960 年入职）

肖曰嵘教授（附图 5）1937 年 1 月 24 日出生于北京。1955 年毕业于北京五中并考入清华大学土木工程系暖通专业学习。学生期间加入中国共产党。1960 年毕业并被评为优秀毕业生留校任教。1996 年聘为教授，1997 年退休。期间于 1993 至 1996 年担任空调教研组党支部书记。

附图 5 肖曰嵘教授

肖曰嵘教授长期承担了热工测试、误差分析和数据处理方向的教学工作，先后指导研究生和访问学者 5 人，编写了《测量误差与测量数据处理》《民用供暖散热器》等专著和教材，为暖通空调专业培养了一批高水平人才。

肖曰嵘教授的科研工作侧重于散热器性能测试与改善研究。主持设计建造了国内首个符合 ISO 标准的散热器热工性能检测台（俗称“K”台），承担了“铜管对流器特性分析”“供暖水质规范化研究”等重点科技研发课题，研究成果先后获得了包括北京市科技进步二等奖（第一完成人，1985）、国家教委科技进步二等奖（第一完成人，1993）等 6 项省部级奖励。由于肖曰嵘教授在散热器测试与研究方向的突出成绩，他先后受邀担任了住房和城乡建设部建筑金属应用专家委员、中国建筑金属结构协会常务理事、采暖散热器委员会副主任和专家组常务副组长等职务。主持编写了中国采暖散热器行业“十一五”“十二五”和“十三五”的发展规划。作为主编或主要编制成员编制了十余部国家标准、行业标准及建筑标准设计图集。肖曰嵘教授为散热器行业的发展做出了杰出的贡献，荣获了行业终身成就奖，是德高望重的专家学者。

7. 薛殿华教授（1960 年入职）

薛殿华教授（附图 6）1935 年 7 月出生于沈阳。1955 年进入列宁格勒建筑工程学院供热、供燃气与通风专业学习，同年加入中国共产党。1960 年本科毕业回国，进入清华大学任教。先后工作于土木建筑系和热能工程系的暖通空调教研组，曾担任教研组副主任等职。1993 年聘为教授，至 1996 年退休。

附图 6 薛殿华教授

薛殿华教授长期负责专业主干课“空气调节”的教学工作，并累计指导研究生 6 人，教学过程注重理论联系实际，及时应用最新研究成果，为暖通空调行业培养了一大批高水平人才。主持及参与完成了大量的本科生教材编写工作，参与编写的高等学校教材《空气调节（第二版）》（建工版）获得建设部首届全国优秀建筑科技图书二等奖、《空气调节（第三版）》获得建设部优秀教材一等奖。另外，薛殿华教授还主编了清华大学出版社出版的《空气调节》教材（1991 年 6 月第一版，2020 年第 25 次印刷）。

薛殿华教授主要从事空调设备的研究工作，取得了丰硕成果。开展大量基础性科研工作，通过理论推导和大量实验研究，先后建立了诱导器、表冷器、喷水室、高速喷雾室以及冷却塔等设备的传热计算公式，多项研究成果被编入《空气调节设计手册》，薛殿华教授还完成多项重要科研项目，其中所主持完成的“矿用防振式空调设备的研制”

项目于 1991 年获得了国家重大技术装备成果奖三等奖（第一完成人），指导多个制冷空调设备厂家开展设备研发工作，其中所研制的室内装配式冷藏库荣获 1991 年度劳动部优质产品称号，立柜式冷（热）风机组荣获 1985 年北京市优质产品称号。其主要学术贡献有：

1）1970 年代，参与研制了新型诱导器，对其性能进行测试分析，绘制成线算图，编入 1983 年出版的《空气调节设计手册》供诱导器选用。

2）在分析已有表冷器热工计算方法的基础上提出了一种计算表冷器湿工况的新方法——焓效率法，并通过上百组实验数据，对表冷器湿工况计算指标、评价指标进行了深入研究，拟合建立了多种概念清楚、使用方便、精度较高的传热计算公式。

3）以正交实验设计的理论为基础，提出了一种空调用水冷式表冷器的热工性能实验方法，回归出另一种形式的传热系数经验公式。该实验方法较常规实验方法完整性更强，目的性明确，且实验次数较少。

4）在热、质平衡和压力平衡微分方程的基础上研究建立了空调用直接蒸发式空气冷却盘管的数学模型。该模型的数值解可以提供空气温度的分布，制冷剂温度、压力、干度的分布，基管表面、肋片表面的温度分布以及盘管各自部分的湿热，潜热交换量。

5）根据实验台上完成的喷射式冷却塔的喷雾引射和喷雾冷却实验，分析了不同喷嘴排列、不同喷压下，冷却塔的引射诱导空气能力以及冷却塔在不同塔长、不同喷压、不同的进塔空气参数和不同的进塔水温时的热工性能，用于指导冷却塔的设计与优化工作。

6）建立了层流片状式硅胶除湿床实验台及其吸附及再生过程的数学模型，并采用了有限差分法进行了求解。对气流状态参数和结构参数对硅胶除湿床的吸附再生性能的影响进行了实验研究，验证了数学模型及其求解法是合理的、可信的。

8. 石兆玉教授（1962 年入职）

石兆玉教授（附图 7）1937 年 12 月 12 日出生于内蒙古包头市固阳县召地村，1945 年至 1950 年于固阳县完全小学读小学。1950 年至 1953 年于固阳县一中读初中。1953 年至 1956 年于呼和浩特一中读高中。1956 年至 1962 年于清华大学土建系供热、供燃气与通风专业读本科。1959 年 4 月 5 日加入中国共产党。大学三年级开始抽调任政治辅导员，曾任系学生会主席。毕业后留校，先后在建工系、热能系、建筑学院任教。曾兼任系分团委副书记、校团委组织部副部长，在校政治部学生组负责学生思想工作。改革开放以来，历任教研室党支部书记、热能系党委副书记等职。1995 年聘为教授，1999 年退休。

附图 7　石兆玉教授

石兆玉教授曾任住房和城乡建设部供热专家组成员，中国城市镇供热协会技术委员会委员，住房和城乡建设部供热专业标准化技术委员会名誉委员，住房和城乡建设部供热质量监督检验中心专家委员会委员，中国电子学会电路与系统分会图论与系统优化专业委员会名誉委员，中国中促会绿色建筑节能产业促进中心专业委员，北京市建筑热能动力学会名誉委员，北京市工程技术系列（水、气、热工程）技术顾问，中国热力产业战略合作联盟等多家供热技术联盟技术总顾问。

石兆玉教授工作在教学和科研第一线近40年，培养研究生累计10名。教学过程中注重理论联系实际，在供热空调与太阳能等学术领域积累了丰富的教学经验，为暖通空调专业培养了一批又一批高水平的人才。主要著作有《供热系统运行调节与控制》（清华大学出版社，1994年1月出版）、《流体网络分析与综合》（清华大学校内教材1993年8月出版）、《石兆玉教授论文集——供热技术研究》（中国建筑工业出版社，2015年2月出版）、新版《供热系统运行调节与控制》（中国建筑工业出版社，2018年12月出版）。在国内外学术会议上和《暖通空调》《电子科学学刊》《区域供热》《供热与制冷》等杂志上共发表论文70余篇。

石兆玉教授在供热空调工程的研究领域，涵盖供热理论和技术，在热媒输配、热网控制、水力建模等多方面取得了多项创新性成果，做出了重大贡献，主要有：

1）在国内外首次提出热力工况概念，并阐明了热力工况与水力工况之间的关系，利用图论、网络理论更新了供热、空调系统的水力工况、热力工况的计算方法，为多热源（冷源）、多泵、多种负荷的环网系统的工况计算提供了可能；

2）对我国在供热行业里长期推行的“大流量，小温差”落后的运行方式从理论上进行了深入的利弊分析，从而使我国克服供热、空调系统粗放型运行方式提供了理论上的支持；

3）在供热、空调水系统的运行调节中，更新了系统定压原理，提出了“变频旁通补水定压方式”，创新性提出了一系列供热运行方案和调节方法，“模拟分析初调节法”和“简易快速初调节法”，为改善供热、供冷效果，提高系统稳定性和节能水平指明了方向，并提供了可行的措施；

4）在供热、空调行业里，首次应用“遗传算法”进行系统优化研究，并开发了国内最早的水力计算软件，至今仍被沿用，为优化设计开辟了新思路；

5）全面、系统地完善了供热、空调水系统的分布式输配系统的原理、设计方法和运行方案，具体到变频循环水泵的设计、运行，混水系统的设计、调控，全网分布式设计等一系列理论和方法，有力促进了行业的技术革新；

6）创新性设计出“供暖分户计量调控装置”（于2013年获得国家发明专利）。集系统调节、室温控制、热量分摊与计量收费为一体，既满足了热量计量，又能直接调控用户室温，进而为彻底解决目前供热计量技术中的难题铺路；

7）带领团队研发了供热专用智能控制器，使得供热系统按照供热规律控制成为可能。对热网自动化架构、统一调度提出了独特的方法并予以实施，为分布式输配的实施奠定自控支撑。在水泵的特性曲线、变频控制技术等具体专项技术都有独到的见解。

石兆玉教授所承担的科研课题“北京市农村太阳房试点工程研究”于1984年荣获北京市科技进步二等奖；课题“研究提高热力网技术”于1988年荣获北京市科技进步二等奖；课题“赤峰市城市集中供热网微机监控系统”于1989年荣获国家教委科技进步二等奖；“小区供热节能控制技术”于1992年荣获中国人民解放军科技进步二等奖；课题“供热系统的稳定性及同程系统的使用范围”于1999年被授予“世界华人重大学术成果”荣誉。

9. 许为全教授（1966 年入职）

许为全教授（附图 8）于 1939 年 10 月 9 日出生于江苏省阜宁县，1959 年进入清华大学土木建筑系供热、供燃气与通风专业学习，1965 年本科毕业进入清华设计院工作，1966 年进入清华大学建工系暖通教研组工作。1998 年聘为教授，曾担任空气调节工程党支部书记职位，2000 年退休。

附图 8　许为全教授

任教期间，许为全教授讲授了“空调工程”“工业通风”两门本科生课程，为暖通空调行业培养了一批高水平的人才。累计培养硕士生 3 名，其中《热湿环境下人体热反应的研究》被评为 2001 年清华大学优秀硕士论文。发表学术论文二十余篇，1999 年出版专著《热质交换过程与设备》。

许为全教授的主要研究方向为通风净化与人体热舒适两个方面。

在通风净化方面，许为全教授于 1994 年赴新加坡标准工业研究院从事船舱通风研究，并获得了科技奖。研究了修船通风设计中的两个主要问题：通风量和通风方案。实验测定了切割和焊接的产尘率，并提出了通风量安全系数的估算方法。根据大型原油运输船（VLCC）修船通风的特点，基于理论分析提出了一种新式的气流组织模型及其相应的末端装置，并通过利用示踪气体法测定通风效率，对气流组织作出了定量评价。参与了国家自然科学基金项目“0.1μm 洁净技术研究”，研究集中在气溶胶浓度检测和颗粒物过滤等方面，应用对象主要包括洁净厂房和医院洁净手术室。该项目 1992 年获得了国家教委科技进步三等奖。此外，还参与研发了可应用于小型医院手术室的净化空调机组 HFJ-13。

在人体热舒适方面，许为全教授采用七节段七单元人体温度调节模型提出了预测动态热环境下人体热感觉的 DPMV 方法，该方法与 P. O. Fanger 的静态 PMV 方法兼容，编制了 DPMV 计算机程序，并用实验数据验证了模型。另外还研究了高热湿环境中的人体热反应，在分析人体散热的基础上，提出了可以对高温高湿环境中人体热舒适进行预测的数学模型。所参与的国家自然科学基金项目“动态热环境的人体热反应及其动态调节”荣获教育部科技进步二等奖（基础类）（1998 年）。

10. 陆致成教授（1977 年入职）

陆致成教授（附图 9）于 1948 年 8 月 27 日出生于上海，1973 年从内蒙古插队知青到清华大学学习，1977 年供热与通风专业本科毕业后留校任教。1979—1983 年担任助教并攻读在职研究生，研究课题为计算机检测与控制。1993 年聘为教授。1997—2015 年担任清华同方总经理、董事长等职。2016—2017 年任中国循环经济协会会长。

附图 9　陆致成教授

陆致成教授主要从事空调和供热系统自动控制方向的教学和科研工作。1986 年为本科生开设了“空调计算机控制”课程，并累计培养研究生 2 名。陆致成教授教学严谨，对待学生认真负责，为暖通空调行业培养了一批高水平的人才，于 1992 年获北京市优秀教师称号、1995 年获首都五一劳动奖章。

陆致成教授几十年致力于空调自控行业的技术进步，在科研工作上取得了一系列成就。参与了供热、空调系统计算机检测、控制与管理的研究与开发工作，并成功研发了拥有自主知识产权的计算器控制硬件、软件产品。

在空调自控方面，陆致成教授应用所研发的产品，1983 年参与完成了科研项目“北京第一棉纺织厂空调计算机控制系统”，该项目获得北京市经济委员会技术开发优秀项目一等奖（1985 年）、纺织工业部科学技术进步一等奖（1986 年）、北京市科学技术三等奖（1987 年）。1984 年与北京电冰箱厂合作开发国内首条冰箱计算机自动检测系统，“微机控制冰箱性能试验装置”项目获北京市科技进步二等奖（1985 年，第一完成人）。此外，其还研究开发了建筑空调的计算机控制系统“RH 系统”。应用这套系统，1990 至 1997 年之间陆续完成了人民大会堂、毛主席纪念堂、故宫博物院地下库等多个重要建筑的空调控制工程。

在热网自控方面，陆致成教授于 1986 年主持完成了“赤峰市热网微机监控系统”项目，研发出的“供热网微机控制系统”在全国首次实现了供热管网的计算机监测、控制和管理，大幅提升大型热网水力平衡与运行管理水平。此后陆续完成了沈阳热网、长春热网、抚顺热网、北安热网等的计算机控制系统工程。“供热网微机控制系统”先后荣获教委科技进步二等奖（1990 年，第一完成人）、国家科技进步三等奖（1992 年，第一完成人）。

20 世纪 80 年代末期，在“科教兴国”“产学研结合”的时代背景下，陆致成与江亿、彦启森、陈兆祥等为了使科研成果能服务于社会，于 1989 年 3 月创建了“北京清华人工环境工程公司”。至 1997 年，人环公司经过八年的发展，其生产产值达到了一亿。同年，与清华其他 4 家企业合并成立清华同方股份有限公司并上市。陆致成教授也进入同方担任总经理、董事长等职，从事高科技企业管理工作，以科技强国为宗旨，以科技成果产业化为基础创办世界一流的高科技企业。在其任职期间，公司市值从几亿增长至近千亿。

1992 年，陆致成教授与全国暖通空调专业指导委员会主任彦启森教授以及江亿院士一起，联手创立了“人工环境奖学金”，迄今已经超过 30 年，在全国建筑环境与能源应用工程专业高等教育领域具有巨大的影响力。

11. 狄洪发教授（1981 年入职）

狄洪发教授（附图 10）1945 年 1 月 10 日出生于山西省襄汾县。1963 年考入清华大学土木建筑系供热、供燃气与通风专业，1968 年毕业。1978 年进入清华大学热能工程系空调工程专业攻读硕士学位，1981 年毕业。毕业后留校任教，先后在热能工程系、建筑学院任职讲师、副教授、教授、博士生导师，曾担任热能工程系空气调节教研组副主任及主任、建筑学院建筑环境与设备研究所所长等职。1999 年聘为教授，2010 年退休。

附图 10　狄洪发教授

狄洪发教授曾任中国城镇供热协会技术委员会副主任、中国工程建设标准化协会城市供热工程委员会委员、北京市土木建筑学会建筑热能动力专业委员会委员、建设部市政公用行业专家委员会委员、全国散热器委员会常务委员及专家组成员等职。

狄洪发教授主要从事集中供热系统和大型公共建筑节能领域方向的教学和科研工作。多年讲授“供热工程与锅炉”“流体网络分析与综合”等课程；获 1996 年度和 1997 年度“清华之友－优秀教师奖励金”一等奖、二等奖；1996 年和 1998 年两次获得清华大学教学工作优秀成果二等奖。累计培养博士生 5 名、硕士生 24 名，在集中供热和空调系统节能等领域给我国暖通空调行业培养了一批高水平人才。在集中供热系统热网调节与供热计量、建筑围护结构及设备系统节能等方面取得了多项创新性成果，在《暖通空调》《区域供热》《建筑科学》等杂志以及多个国际学术期刊发表论文 160 余篇。

狄洪发教授主持完成国家“十一五”科技攻关支撑项目课题子课题“既有建筑供热热源、热网监控及热计算技术研究”；主持完成国家自然科学基金面上项目“室内个体微环境调节研究”。参与完成多个国家自然基金项目，包括：集中热网的热力学和动力学特性的在线识别和故障诊断、定形相变材料储换热性能研究、住宅建筑微环境中的热物理问题。参与完成多个世界银行委托项目，包括：中国供热改革与建筑节能项目、中国热价和收费政策的研究、中国建筑节能现状和可行途径、北京锅炉供热节能示范。

狄洪发教授主持和参与完成多项供热系统设计与节能改造科研项目，包括：沈海热网计算机控制系统、抚顺市热力总公司热网改造工程可行性研究、抚顺市热网改造（河北小区、新华区）、中国地震局大震生命线工程灾害损失评估新技术研究——大震供热系统灾害损失评估方法、天津市人民家园住宅小区节能建筑与燃气供热系统的优化分析等。

狄洪发教授主持或参与完成多项大型公共建筑空调系统设计及节能改造项目，包括：中央电视台空调系统改造可行性研究及一期、二期工程设计，301 医院空调系统（新南楼、康复楼）改进方案，1999 年中国昆明世博会大温室空调设计，双安商场空调系统改造方案及节能分析，北京西客站暖通空调系统智能控制改造等。

其中，科研项目“集中供热网的热力学和动力学特性的在线识别和故障诊断”在 1996、1997 年分别获得国家教委科技进步一等奖和国家科技进步二等奖；科研项目“基于吸收式换热的热电联产集中供热技术”2012 年获得北京市科学技术一等奖；科研项目“相变贮能应用基础研究”2005 年获得教育部自然科学二等奖；中德合作再生能源试验项目“被动式太阳房采暖研究”，在 1983 年获北京市科技进步二等奖；“圆筒式太阳能热水集热器”，在 1983 年获北京市科技进步三等奖。

后　记

《心系天下冷暖——清华建环专业史记 1952—2022》是由清华大学建筑学院建筑环境与设备研究所的多位师生共同执笔编写的。

在江亿院士和李先庭所长的领导下，研究所全体教师参与其中，本书稿历时一年多最终得以完成。在这一过程中，每位教师都亲力亲为撰写了大量文字，并且在江亿院士的细致审核下进行了多次修改。

在本书的编写过程中，研究所的多位研究生积极参与了相关工作。李晓锋老师作为编写组负责人，先后组织了 20 多位研究生参与了编写工作，其中有梁辰吉昱、刘思静、李瑾洋、职远、邹武威、于天蝉、苏子怡、康旭源、门异宇、晋远等。他们竭尽所能查找资料，在清华大学档案馆、清华大学图书馆、北京市科委档案馆等地搜寻建环专业历史信息，他们对学生名单进行逐一核对，努力做到不错不漏，当文字记录不完整时也不放弃，他们通过各位退休教师口述回忆的方式进行核实和补充。

此外，吴增菲、赵荣义、孙景芳、赵庆珠、陈君燕、薛殿华等退休教师和多位老校友提供了很多专业创建早期的珍贵历史资料。

还有很多为此书编写做出贡献的人，在此不一一列举。

最后，谨向为本书编写做出贡献的所有人员表示衷心的感谢！